非常年代

1964–1978

非常年代

1964-1978

下卷

趙園

OXFORD
UNIVERSITY PRESS

OXFORD
UNIVERSITY PRESS

Oxford University Press is a department of the University of Oxford.
It furthers the University's objective of excellence in research, scholarship,
and education by publishing worldwide. Oxford is a registered trade mark of
Oxford University Press in the UK and in certain other countries

Published in Hong Kong by

Oxford University Press (China) Limited
39/F One Kowloon, 1 Wang Yuen Street, Kowloon Bay, Hong Kong

非常年代
1964–1978
[兩卷本]

趙園

ISBN: 978-019-098868-5

4 6 8 10 11 9 7 5 3

目　錄

下　編

第七章

知識分子的文革

　　本章是此書篇幅最長的一章。所以如此，既因知識分子較有歷史敘述的自覺、有「存史」意識，也因其中的一部分，在文革及前此的政治運動中創巨痛深。

　　因涉及廣泛，本章仍然只能觸及若干面向。有必要說明，本書所以使用「知識分子」而非「知識人」，因「知識分子」乃本書所涉及的時代的通行表述；使用「知識分子」更貼近當時的語境。這裏使用的「知識分子」，不循其來自19世紀俄國的原始語義，不過着眼於教育水平——與執政黨的使用方式一致。[1]

7.1　運動檔案（上）：揭發、檢舉、批判會紀錄

　　檔案制度形成已久。1991年出臺《幹部檔案工作條例》，其中有「任何個人不得查閱或借用本人及其直系親屬的檔案」的規定。近些年部分公開的所謂「運動檔案」，除原司法人員李玉臻（寓真）在《轟紺弩刑事檔案》一書中引用者，及收入《王申酉文集》的部分文字屬司法檔案外，其他應係單位的「人事檔案」與政治運動有關的部分。這一部分檔案或因文革後糾正冤假錯案而由相關部門退還本人，或因單位人事部門的疏忽而流出（如杜高檔案），使正常年代本人無緣得見的由「組織」掌握的部分材料——即使這材料對其

1　本書關於「知識分子」的語義、語用，非嚴格合於有拉丁語語源、作為俄語音譯的inlelligenlasia，尤其該詞被賦予的特殊意涵。本書在多數時候所說「知識分子」，指的只是受過某種教育（尤其高等教育）的階層，與其人是否具有批判精神、被認為「社會良心」無關。這也是執政黨「知識分子」一詞的所指。

本人幾於生死攸關——向其本人「開放」。即令僅僅是「部分」，
已經算得一大進步。文革期間對單位檔案室的衝擊，即與以檔案為
控制手段有關。至於極有限的司法檔案的面世，憑藉了何種機緣，
不得而知。儘管有上述開明措施，你仍不妨相信，組織所掌握的你
的檔案之於你，有未解之秘——或竟是永遠的秘密。[2]

　　「運動檔案」例有政治運動中揭發、舉報以及本人的檢查、交
代、思想彙報等項內容。由於相關部門工作失誤而流出的檔案，
較為完整地呈現了這種檔案的原始面貌。[3]「揭發」、「檢舉」，
係他人所為，卻也包括「檔主」對他人的「揭發」、「檢舉」。[4]
「檢查」、「交代」、「彙報」出諸「檔主」本人，或也包括檔
主對所知他人問題的交代。除此之外，還有批判會紀錄等。批判文
章通常並不收入個人檔案。《郭小川全集》外編郭本人所作批判會
記錄，較為少見，傳達出此種場合的現場氣氛，別有價值。以上諸
體均非知識分子專用；使用之普遍，涉及各行各業、各色人等，上
自領導幹部，下至底層民眾；且「非運動狀態」下也隨時使用。尤
其「思想彙報」（無論口頭還是書面），是「組織」據以掌握「思想
動態」的常規手段。只不過如文革這樣的運動中，上述文體的使用
更為集中頻密而已。將「運動檔案」置於本章，蓋因行世的此類文

2　本節所據，僅文革後發還相關人物本人的部分，單位掌握的遠不止此。《何方
　　自述》說，對於所在外交部，自己不放心的有，該部「是否會根據中央統一
　　規定全部銷毀文革中有關我的材料，會不會留幾件作為以後必要時用的把柄」
　　（頁393）。未知關於銷毀或將材料歸還本人，中央有何「統一規定」。據黃宗
　　英《沒有銷毀、也銷毀不了的——寫在趙丹獄中「報告」之前》，趙丹身後有
　　關方面退還趙寫於獄中的材料，要家屬「自行銷毀」。幸而黃未遵此命（《趙
　　丹自述》頁90）。

3　較為完整的「運動檔案」，可以杜高檔案為樣本，包括了上述諸項，以及本人
　　未必能獲知的組織審查意見、政治結論等。

4　徐鑄成1957年「反右」時自述「反黨罪行」，即揭發了章伯鈞、羅隆基、傅雷
　　等人。其中對傅雷的揭發，後果似尤為嚴重。徐涉及傅雷的揭發，文革中也
　　有（如《徐鑄成自述：運動檔案彙編》頁25、50、51）。徐事後想必對此懷了愧
　　疚。葉篤義「反右」後的檢查也有對羅隆基的揭發（《對自己的罪惡的認識和
　　今後改造的意見》，收入氏著《雖九死其猶未悔》）。

獻，主要出諸知識分子，由其本人或親屬公開出版、發表。至於對此類文字的由文體、修辭方面的考察，非我為自己提出的任務。

　　文革前與文革中流行的革命導師的教誨，有「無產階級只有解放全人類，才能解放無產階級自己」，以及「改造客觀世界，也改造我們的主觀世界」等等。共產黨內有所謂的「三大作風」；與本題相關者，即「批評與自我批評」。其日常形式，包括了「民主生活會」等。在「運動」狀態中，「民主生活會」或即批判會。《王力反思錄》寫到文革中高層召開的關於陶鑄的「生活會」（政治局擴大會議），說「打倒劉鄧叫生活會，打倒我也叫生活會，打倒胡耀邦也叫生活會」（頁673）。這種性質的「生活會」上，與會者「奉旨申斥」，被申斥者沒有申辯的餘地。[5]1958年「雙反」（反浪費、反保守），王瑤曾在某次會上說，對於學生的批判，「你只有檢討權，沒有解釋權，而且是越解釋越糟糕。」（《文件中的王瑤》，陳徒手《故國人民有所思》頁188）。說得足夠委婉——何止「糟糕」而已。

　　「運動」中無論揭發、檢舉還是檢查、交代、彙報，均帶有某種強制性，與「批評與自我批評」無關——延安整風及「搶救運動」（「搶救」即所謂「搶救失足者」），或可作為1949年後的政治運動的模板。當然有關方式尚非始於延安，為黨內長期使用。「搶救運動」的過火行為，已有親歷者的證詞。這種「運動」形態在文革中有極致的展演。文革期間大辦「學習班」，源於一條「最高指示」：「辦學習班，是個好辦法，很多問題可以在學習班得到解決。」（《辦學習班是個好辦法》，1968年，《建國以來毛澤東文稿》第十二冊，頁466）。各類「學習班」功能不一。有的近於當下的「雙規」，有的則近於半封閉式的「生活會」。「學習班」這一形式因被濫用，漸失效用，最終徒具形式。文革後仍沿用「生活

5　楊繼繩《天地翻覆》一書有文革期間高層「民主生活會」的例子（參看該書頁392）。關於「民主生活會」的來源，參看盛岳《莫斯科中山大學和中國革命》頁270，北京：東方出版社「現代稀見史料叢書」，2004年3月出版。

會」的形式，只是更趨懈怠，甚至戲謔化了。或許可以視為中國特色的「檢討文化」式微的徵兆。

　　或可與下文將要提到的「檢討文化」配對，有人使用了「告密文化」的說法。如實地說，1950–60年代，「告密」與「檢討」的確是一種「文化」，或曰「文化現象」。1958年的「『交心』運動」中，中山大學教授冼玉清認為，「風俗之良劣，在乎人心之厚薄。自檢舉風興，人心之涼薄極矣」（參看陸鍵東《陳寅恪的最後20年》頁49）。「世道人心」，曾經是傳統社會政治考量的一個重要維度。惜此義早已不為當代官員所知。鼓勵相互告發、偵伺，不難造成以窺測、密報為進身之階的傾險人格。制度設計者出於功利的目的，上述後果非所計也。他們毫不懷疑鼓勵彙報的正當性，只要「革命需要」，或以「革命需要」的名義。即使在文革結束數十年、當局選擇性地提倡「傳統文化」之時，又有誰真的理解冼玉清的上述憂慮？

　　「揭發」，吳宓日記中作「訐發」，對此種行為的惡感毫不掩飾。吳所說「訐發」，涉及私下的交談，私人交往及其他私人事務。其人1967年3月30日日記，記勞改隊中有人告誡他慎言，因整人者「以分化、離間為策，隊員同人亦皆以進讒、告密，競圖自進、自脫」（《吳宓日記續編》第八冊，頁86）。他不久也聽說確有人對其「告密、誣陷、造謠、誹謗，多方中傷，以此立功自進」。曰「按，此等習俗行事，誠新時代之污點也矣。」（同書，頁89。着重號為原文所有，下同）也如對冼玉清所云，吳宓以「此等習俗行事」為「新時代之污點」，執政者會不知其所云的吧。[6]

6　曾流行過「他人是地獄」的說法，未知是否對「存在主義」命題的曲解。1950–70年代的人事環境中，你的領導、上司（由黨支部書記、黨小組長，到班組長）以至同事，確有可能是你的地獄。以吳宓的迂腐，談論時政，會警覺到鄰居某、同事某之「告訐」、「詗察告密」（《吳宓日記續編》第六冊，頁261）；注意到中文系秘書曾詢某人為何「屢謁宓」（同書，頁346）；某人詳詢其親友狀況，疑其告密（頁348）；作函覆某人，述自己「近年應世及辦事之辦法，以圖明哲保身，志意不屈」，後又將此信焚毀（頁355），對自己的處境並

　　楊絳《幹校六記》寫文革初有對錢鍾書的揭發，涉及「惡攻」。錢在兇險情勢中被迫應對。軍宣隊認為告發的內容「情節嚴重」，「雖然查無實據，料必事出有因」，命錢寫一份自我檢討。錢即「婉轉其辭、不着邊際地檢討了一番」（該書六《誤傳記妄》，頁63）。「婉轉其辭、不着邊際」更像是「文字遊戲」。以錢鍾書的才學與機智，自不難於此，卻絕不會有「遊戲」的心境，甚至不可能全無屈辱感。

　　遇羅克關於「出身」問題的系列文章，曾痛批「小彙報制度」（「小彙報」通常也叫「打小報告」），說「積極分子」「以搜尋小是小非、瑣瑣碎碎的新聞為能事」，「誇大、渲染，以便於他們的上級隨時利用」（《論鄭兆南烈士的生與死》，《遇羅克遺作與回憶》頁46）。那確是一種「制度」，使彼此間的告發合法化且正面化了。對他人的「彙報」被作為「政治積極性」的表現，不難出自至愛親朋。也因此，所謂「說者無心，聽者有意」，所謂「隔牆有耳」，都是實實在在的事，非止「世故談」。知道能說什麼，不能說什麼；什麼場合能說，什麼場合不能說；什麼話只能在枕邊說，甚至連枕邊也不能說，是生存之道。禍從口出。有必要管住嘴；當「運動」來臨，即多吃飯少說話。嚴別公私場合，在前一種場合只說公認正確的話，或「正確的」廢話。[7]

　　既有面對面揭發，又有背對背揭發。運動中的恐怖，固然來自「打倒」以至施暴，卻更可能來自「背對背揭發」。較之面對面，背對背因不測也因無質證，更有威懾性。楊絳的小說《洗澡》寫到1950年代初知識分子改造運動，人們關於「粉碎攻守同盟」的瞭解：「對這一個說，對方供出了什麼什麼；對另一方說，對方供出了什麼什麼」（頁270）。到了文革，「背對背揭發」早已成慣例，

　　非渾然不覺，甚至略如驚弓之鳥。

7　楊奎松《「邊緣人」紀事》附錄1966年某廠某車間「四清運動檢舉揭發問題人員登記表」，巨細靡遺；登記在表的，多有私下的言談。可證搜集言論之為日常工作。

是行之有效的手段。《李慎之的私人卷宗》收有李1969年所寫「交
代和揭發」自己和某人之間「相互散佈的反動言論」（頁1147）。所
謂「相互散佈」，即兩人間私下的交談。私人交談中的「反動言
論」，因「背對背揭發」而不斷衍生。被強令「背對背揭發」的，
甚至有夫妻間枕邊的私語。由此「無產階級專政」無遠弗屆、無微
不至地進入了日常生活，進入了生活中最隱蔽最幽深的角落。

　　李慎之「反右」中檢討說，自己「過去強調二、三知己無話
不談是好的」（同書，頁231）。言外之意，即未曾料到即二、三知
己間的言談亦可為罪證。由其《私人卷宗》看，李1957年的右派言
論多發表在私人交談的場合（參看該書頁99、111）。這種「公私不
分」由來已久。「私下」，有可能被認為更具真實性。身為黨員、
黨的幹部，李慎之甚至不能如被認為老朽昏聵的吳宓，對此尚能理
直氣壯地質疑。[8]

　　1957年「反右」前的「鳴放」中，有對於「彙報制度」的激
烈批評（參看沈志華《從知識分子會議到反右派運動》頁574）。[9]北
大教授傅鷹徑說「黨團員像特務」（《傅鷹：中右標兵的悲情》，
《故國人民有所思》頁153）。未必不是一些知識分子的共同感受。
民間將此類揭發、舉報稱為「咬」，俗則俗矣，卻形象傳神。明清
之際的錢謙益批評當時戾氣充斥，就說到了人的自齧與互噬：「拈
草樹為刀兵，指骨肉為仇敵，蟲以二口自齧，鳥以兩首相殘……」
（《募刻大藏方冊圓滿疏》，《牧齋有學集》卷四一，頁1399，上
海古籍出版社，1998）。相互「咬」，乃政治運動中常見一景。
身處此種場合，傳統知識人的自尊、潔癖，不難沖刷淨盡。陳白
塵《牛棚日記》寫到中國作協迫令他和張天翼面對面揭發，使他
「體會到某些家屬被迫揭發親人的痛苦」（頁89）。一向謹慎的譚其

8　　參看本章《1964–1973年日記、書信中的吳宓》一節。

9　　據該書，北京師範大學民盟支部召開的教授座談會上，與會者主張取消黨團的
　　彙報制度。認為彙報制度已成為升官發財的捷徑。要搞情報，就派公安局的人
　　來（同上）。

驤，文革中也曾受命揭發他人（《譚其驤日記》1966年9月24日，頁120）。杜高檔案則公開了政治壓力下朋友間的相互舉報。文革中吳大昌為自救而被迫揭發父母、兄長、遠親以至保姆（《思想者》2006年第3期）。[10]犯罪嫌疑人的近親有權不出庭作證、或在庭審中只提供對嫌犯有利的證詞的「免證特權」，在我們這裏還是「新鮮事物」。那種思路，古代中國的知識人並不陌生：這個被認為「早熟」的民族，有「父為子隱，子為父隱」的傳統，有關於「證父攘羊」的經典案例。[11]

　　在文革的情境中，已無所用武則天時代的告密匭，告密與公開舉報間的界限已然模糊。揭發的公開化，也因「組織」一度癱瘓，致使告密失去了意義，以告密表現「政治積極」失卻了對象。公開的大規模的階級鬥爭，將暗中進行的擺到了明處；街道派出所向紅衛兵提供抄家名單，就將監控公開化了。當着揭發他人被作為改善自身處境的途徑，知識分子間的「分化」不難加速推進。

　　直至文革結束，李慎之才得以由「右派」這頂帽子下走出。戲劇性的是，三十年河東、四十年河西，當年主持「反右」的官員，文革中成了李揭發批判的對象，如吳冷西。李的揭發，對吳刻畫生動，是否也有一吐積鬱的快感？李所寫這類文字，較他的檢查交代順暢，甚至繪聲繪色，筆下不止有了活氣（參看《李慎之的私人卷宗》）。文革中的李慎之，既要自認舊賬，又要奉命揭發他人，雖不免要挖空心思，角色畢竟有了不同。

　　政治運動中的被迫揭發，與日常狀態下領受任務以特定人物為目標搜集言論，仍然不同。一個時期以來，某些被長期雪藏的情事浮出水面，即由有關部門安排對特定的目標人物監視、密報，

10　吳的揭發材料中有些對於被揭發者是致命的。該文作者驚訝於吳的父親的能得善終。

11　《論語·子路》：「葉公語孔子曰：『吾黨有直躬者，其父攘羊，而子證之。』孔子曰：『吾黨之直者異於是，父為子隱，子為父隱，直在其中矣。』」

涉及多位文化界人士。出版於2000年的馮亦代《悔餘日錄》，出版
於2012年的《徐鑄成自述：運動檔案彙編》，披露的事實均令人震
驚。《悔餘日錄》的付梓，出自馮的主動；徐的相關文字的刊印，
則得益於其哲嗣。前者記述了馮在有關人士的具體「指導」下偵伺
某幾位著名「民主人士」的詳細過程；徐的運動檔案則涉及了其
「反右」後受命於統戰部「摸摸」某知名人士(如李平心)的「思想
情況」(《徐鑄成自述：運動檔案彙編》頁104、198)。至於徐文革
中對周邊人物動態的分析、反映(參看同書頁83)，像是依循文革前
的慣性，未知是受命還是自告奮勇，是否屬為了脫罪、改善處境的
有意「表現」。上述行為的確關係知識人的品質，不能僅歸之於環
境。知識社群應當有維繫其傳統、保存其品質的能力。倘若失去了
這種自我淨化的能力，又是誰之過？[12]即使「向組織彙報」被認為
正當，仍然為有潔癖者所不齒，持守的更像是古代知識人的道德。
在「組織」被認為有權知曉個人的一切的1950–60年代，此種操守
已成「古風」。明代知識人警戒至於朝廷言事的使用密摺，無非因
關係「世道人心」。這一種思路，豈是當代官僚所能曉得？

　　通過搜集知識分子(尤其著名學者、文化人)公開與非公開的言
論，掌握其人以及知識界的思想動向，曾經是(至今或也仍然是)黨
組織的一項正常業務。知識分子對此的配合，即包括了「思想彙
報」與彙報他人。檢舉、揭發與彙報(個人「打小報告」)，彙報更
經常而普遍。在黨、團幹部，「彙報」是其職份內事；在「積極分
子」，則作為其「靠攏組織」的表現。對於如馮亦代、徐鑄成一類
污點人物，授意彙報，既以之檢測其「改造」的誠意與效果，更由
之掌控文化界、知識界(以及某個目標人物)的思想狀況，作為決策

12　關於馮亦代、徐鑄成等人奉命「彙報」，朱正的説法較為平情。參看朱《馮
　　亦代徐鑄成臥底異同論——讀〈徐鑄成自述：運動檔案彙編〉》，收入氏著
　　《那時多少豪傑》。楊憲益也曾奉命執行類似任務，後因對其工作不滿意而中
　　止，同時收回了因該任務而給與的特殊待遇(參看氏著《漏船載酒憶當年》頁
　　196–198)。未知與其聯繫的「神秘人物」屬何種機構。也不知在全面掌握了政
　　權之後，有何必要繼續採用類似「地下工作」的方式。

的參考。在其時的氛圍中，充當「組織」的耳目，未必自認為可恥；被委以此種任務者，或許慶幸有機會回報「組織」的信任。你並不需要在道德、道義與「利益」間選擇——前者被空洞、抽象化了，而後者(利益)則被壓進了下意識。你被反復告知，道德是有階級性的。不同於職業告密者(「臥底」、「線人」)，你的告密似乎是無條件的、義務的。那是一種「政治任務」。「政治」本來就具有優先性。只有當那一種「政治」被質疑，「道德」、「道義」一類概念才驚心動魄地浮現。至於鼓勵相互揭發所造成的人與人之間互信的破壞，這一種社會成本，在所不計。[13]

　　長期在中國工作的美國人李敦白發現，「每個黨員都負有觀察、監督同事的責任，並把任何對黨不滿的跡象記錄下來」。「很少人會認為這樣子打小報告是不對的。因為這種事是對黨應負的責任」，對被監督者也有益。他坦承自己也作這種彙報，且確信自己的報告也會在被彙報者的「人事機密檔案」內(《我在毛澤東身邊的一萬個日子》中譯本，頁233)。這種「制度」至今未被否定。我在自己周圍也仍能察覺那一種人格，只不過與前輩的思想根柢有了不同。無所謂感激於「組織的信任」，也不必有哪怕是自欺的「正義感」，不過出於純粹功利的動機，心理更卑瑣陰暗；或竟不過意在打擊陷害某個特定個人，背後倒可能是道德虛無主義與對「政治」的玩視。至於職業告密者，更是將告密做成了一樁生意，或也真的有其所期待的進項。這種「制度」下，受害與加害的界限遠非清晰：鼓勵告密，不難造就陰暗委瑣的人格(古人所謂的「宵小」)，希冀由他人的災難中獲利的冷酷。在良知尚存者，對他人

13　由弗洛里安·亨克爾·馮·多納斯馬(Florian Henckel von Donnersmarck)執導的德國影片《竊聽風暴》(*The Lives of Others*，亦譯作「他人的生活」、「竊聽者」)，或有細節的失實。類似的監視、監聽手段的確為社會主義國家所通用，區別或只在具體操作。較之於所謂的「警察國家」，中國式的「群眾專政」被證明更有效。陷某些人於「人民群眾的汪洋大海」，要有一套制度(或曰規則)。鼓勵彙報(「打小報告」)即屬這樣的制度。在鼓勵揭發檢舉甚至密報的環境中，憂讒畏譏，不難成為一些知識人的常態。

的告發有可能成為終生的隱痛，其個人史中最不敢面對的曖昧晦黯的部分。

　　陳徒手《故國人民有所思：1949年後知識分子思想改造側影》一書，據當年北京大學向北京市委的彙報材料，考察北大校長、教授如馬寅初、馮友蘭、王瑤等人的處境，是獨具一格的「知識分子研究」。由北大黨委到北京市委到中央某部門的層層彙報，材料主要來自基層黨組織、黨團員、積極分子。說者無心，聽者有意。黨組織對私人間言談的及時掌握，靠的即這種彙報制度。[14]可惜的是此種材料仍大量地局鑰在檔案庫中，使關於「知識分子政策」執行情況的研究，缺少了關鍵的根據。當我得知我所尊敬的某黨員教師，經常性地彙報我所尊敬的某著名教授，並不感到驚訝。那曾經是黨員、「積極分子」的義務——甚至無所謂「義務」，是如他們的教學工作一樣的「工作」：青年教師受命「彙報」老教師，黨員受命「彙報」黨外專家、「民主人士」。我猜想被彙報的先生未必就蒙在鼓裏，只是他們仍然不能杜絕「私下裏」的言談，那種言談不可能全是「今天天氣哈哈哈」。

　　也因此，對於被熱議的「告密」，我傾向於使用較為中性的說法，即「彙報」。更值得致力的，是清理使「彙報」作為一項無關道德的「政治任務」的邏輯，使人坦然接受此類任務的環境。那是一個「政治壓倒一切」、「黨的利益高於一切」的時代，政治倫理、個人道德的評估，所持標準與目下不同。更應受到追究的，是濫用權力的「組織」而非奉命行事的個人。但也應當說，某些被「組織」以這種方式「信任」過的人，其行為仍不免令人錯愕，尤其當他們不滿足於「規定動作」、尚有「自選動作」，超出了必要

14　據陳徒手該書，黨內系統關於王瑤「動態消息」的彙報，「時間跨度長達二十多年」。王瑤外，北大中文系搜集的材料，還涉及游國恩、吳組緗、林庚、王力、高名凱等著名教授，「在至今留存數百萬字的北京高校黨內文件中構建了獨特的『北大中文系意見群』。」（《文件中的王瑤》，該書頁178–179）由該書所引高校黨委、北京市委的文件可知，彙報，包括對私人間交談的彙報何等經常、普遍。甘當耳目者人數之多，也證明了這種制度被普遍認為的正當性。

以至自身利害的時候。如若我們這裏也有一天解密相關檔案，其衝擊力之劇，不難想見——這一天很有可能永遠不會到來。

　　我並不想對「彙報」作事後的辯護，只是希望還原使一些文化人當年坦然於此種「玷污」的歷史情境，以便對有關人士的行為有「瞭解之同情」。不考慮到這一點，即會將問題僅僅歸諸「個人德性」，而為那一種政治卸責。令人難以理解的是，當着某些真相終於被公諸於世，那個既抽象又具體的「組織」繼續隱身幕後，不準備現身。

　　至於司法審訊中的「交代」，涉及他人，有情境的特殊性，與「線報」更有不同。如寓真《聶紺弩刑事檔案》所說，聶紺弩的供述，「是在誘供指供的情況下複述了審訊人員掌握的東西，而非本人主動交代了什麼」(頁46)。該書所引聶出獄後的申訴材料所述審訊過程可供佐證(頁47)。聶被捕後，其好友戴浩、向思賡也被迫向司法機關寫了關於聶的揭發材料(同書，頁412–413、416)。指供、誘供，不但陷人於罪，且置供述者於不義，均可能造成難以療愈的創傷。但揭發舉報，確有被迫與主動之別。寓真該書所錄奉命偵伺聶紺弩、解讀聶舊體詩的文字，甚至像是有書寫中的快感。未知寫這種東西，興致何以如是之好？文革後聶致舒蕪信說自己反對註詩，「實感做詩就是犯案，註詩就是破案或揭發什麼的」(《聶紺弩全集》第九卷，頁418)，可證他對朋友以註詩為「揭發」協助「破案」，了然於心。卻也有洋洋灑灑寫了一大篇等於不寫的，寓真以為乃「點者所為」(參看同書頁425–429)，亦當年一種可供玩賞的特別文字。誰說文人的伎倆沒有用處？

　　監獄、看守所鼓勵在押犯、嫌疑人相互檢舉以求減刑或從輕發落，是監獄、看守所、勞改農場的管理手段，也適用於「牛棚」一類變相拘押的場所。季羨林《牛棚雜憶》，徑指「彙報人」為「特務」(頁127)。吳宓日記一再記「勞改隊」中人的相互揭發、「告訐」。這種處境令吳「苦惱之極」，想到「必須力避與眾在空室同

坐聚談，以免惹禍招非」(1972年1月5日，《吳宓日記續編》第十冊，頁8)。縱容同類相殘，不止在此種場合。如《束星北檔案》中的「月子口」，那種右派分子集中勞改的地方，實行的更是「叢林法則」，縱容為爭奪生存機會(由改善處境到「摘帽」)而相互撕咬。因直接關係利害，同在難中的「右派分子」以揭發他人自求脫免，不難作誅心之論(參看該書頁198–204)。但我仍然要說，據我的個人經驗，即使1950–70年代的中國，也未到「道路以目」的程度。因而擬之於某國，稍嫌牽強。[15]

　　文革中的鍛煉羅織，由批吳晗、「三家村」的權威文章示範。本書上文已寫到拆私人信件將人「拆」成了反革命。更常見的，還是批判文章將人「分析」成了反革命。在這一方面，最高當局關於吳晗《海瑞罷官》的要害是「罷官」，最稱範例。抓「要害」，掐「命門」，揭背景，挖動機，抉微闡幽，文革期間隨處都有這類殺機重重的智力遊戲。其時既有作為批判對象的「影射史學」，又有穿鑿附會、以索隱、專事搜尋「影射」為能事的「批判」。令陳白塵百口莫辨的，是將其1930年代紅軍已抵達陝北後的劇作《石達開的末路》，與紅軍長征掛在一起。對此陳指為「誅心之論」、「羅織人罪」，使自己「心痛欲裂」(《牛棚日記》頁10、177)。

　　郭小川運動檔案中郭本人所作1959年11月某日他所供職的作協舉辦的批判會記錄，有的發言說他「向黨鬧獨立性」(《作協批判會議發言記錄》，《郭小川全集·外編》第十二卷，頁67)；更有人說他的主要問題，是「跟黨的關係」，「向黨伸手，反黨反社會主義性質(按原文如此)，向黨鬥爭」(同上，頁64)。那種場合施之於渺小個人的語言暴力，正以摧垮對方的「精神防線」為目標。當面批判自己的同事、同行而面不改色心不動，也要久經歷練才能。

15　英國奧蘭多·費吉斯(Orlando Foges)著《耳語者：斯大林時代蘇聯的私人生活》一書中譯本，由廣西師範大學出版社於2014年出版。

由郭小川的批判會紀錄看，他的那些同行同事不難將其視為無物。這也是久經政治運動者通常的態度。而被批判者記錄對自己的批判，在當時的情境中，亦謙卑的表現，卻仍然需要勇氣。這是今天的人們難以體會的。[16]

　　郭小川外，李慎之、邵燕祥的運動檔案，也收入了當年他們作為被批判者所作記錄，可據以考察批判會——文革中通常作「批鬥會」——的組織方式及現場氛圍。[17]當面批判，較之大字報，衝擊自然更直接。對於邵的某次批鬥會上，甫一開場，就由主持者定了調子：「邵提出『反官僚主義』，實質即瓦解無產階級專政，推翻黨的領導。『干預生活』，即干預政治，干涉無產階級專政。」（《人生敗筆——一個滅頂者的掙扎實錄》頁215）這樣的批判猶如古之酷吏判詞，不由分說，亦無需申辯。批評—批判—審訊—宣判。邵說自己「遭遇的是一個類似法庭調查與法庭辯論相結合的審

16　黨內高層的批判會，亦「群起而攻之」，其蠻橫、不由分說，涉及隱私、爆粗口，甚至動拳腳，與「群眾」無異（參看卜偉華《文化大革命的動亂與浩劫》關於1966年5月19日中央政治局關於彭真、陸定一等人的批判會、1967年7月26日擴大的中央政治局常委碰頭會、1968年10月中共八屆十二中全會小組會的敘述，見該書頁87–91、540、741–744。有的指控極其兇險，如江青在書面發言中影射聶榮臻企圖謀害毛（頁742）。1968年10月中共八屆十二中全會分組會議上，有對陳毅、徐向前、聶榮臻、葉劍英的「圍攻」（逄先知、金沖及主編《毛澤東傳》第六卷，頁2500）。1973年11月21日起，有毛提議召開的幾次批評周恩來、葉劍英的會議，江、姚等「乘機向周、葉進行圍攻」（同書，頁2639）。關於「幫周會議」，尚可參看逄先知、金沖及主編《毛澤東傳（1949–1976）》下冊頁1670–1671。史雲等《難以繼續的「繼續革命」》關於中央政治局「幫周會議」，有較詳的記述（見該書頁172–178）。《天地翻覆》的記述，見該書頁842–843。《戚本禹回憶錄》寫到1966年5月劉少奇曾主持批鬥朱德（頁392）。《天地翻覆》對該次批朱亦有記述（頁172–173）。楊著尚有關於1967年7月擴大的中央政治局常委碰頭會批鬥陳再道、鍾漢華時用「噴氣式」、打耳光的記述（頁539）。上述場合、情景，因等級森嚴，上下懸隔，如無披露，老百姓的確無從想像。

17　邵燕祥在《沉船》一書中記述了「反右」中對自己的一次次批判會，卻說那時的大會，沒有肉體的折磨，「比起十年動亂中的無數鬥爭會來」，「將以溫文爾雅的文明的風貌」為自己所記憶（頁180）。當然邵所在單位的情況不能概其餘。由邵所引批判稿看，其粗暴與文革期間亦只有程度之別。

判程序」（頁152）。這種「法庭辯論」只有檢方而無辯方。邵的應訊未見之於記錄。邵在同書的另一處卻又說，「反黨反社會主義反毛澤東思想」的罪名雖可置人於死地，卻又因用得太濫，「以至幹部群眾大家都『疲』了，習以為常了，見怪不怪了，無動於衷了」（同書，頁229）。[18]李慎之檢討後的答問環節，也像「應訊」。審訊者意在坐實其罪（參看《李慎之的私人卷宗》頁254–257），也既無可能也無需申辯。顧準1970年2月5日的日記說，他得之於批判會的「最大收穫是從此要夾緊尾巴做人」，「念念不忘自己是罪人與敵人」（《顧準日記》頁181）。[19]徐友漁據自己的經驗，說：「一切揭發、鬥爭，都是為了誘使你承認你不願意承認的罪名，以及他們懷疑你犯過，但尚未確切掌握的罪行，並要你自己提供對於那些罪行的證據。」（《我在一九六六年》，《1966：我們那一代的回憶》頁27–28）

　　歷經政治運動，對他人的文字吹毛索疵，幾乎發展成一種准「專業技術」。這種畸形發展的能力，文革結束後的一段時間，仍有施展的空間。你由當時主流媒體發表的「文學批評」即不難發現。大批判中的鍛煉羅織、深文周納，正利用了一些知識分子的「專業知識」、「學術訓練」。「索隱」本是一種學術取向，「穿鑿」亦不失為「學術風格」，當此之時有可能派上了用場。對於文化人、學人的大批判，最具殺傷力、足以致人死命的「誅心之論」，通常正來自他們的同行、同事，更不要說中央文革小組旗下的專事批判的「秀才」、「筆桿子」。

18　邵燕祥《沉船》一書所錄「反右」中的批判會記錄，最初的確「和風細雨」，後逐漸升溫，近於審訊（見該書頁125–130、152–154、156–161、166–172）。邵說自己在圍攻中，「很快就習慣在這種窺伺敵情、捕捉戰機的氣氛中，以玩世不恭的心情來應對或沉默了」（頁175）。那還是在「反右」中。

19　日記說同年1月26日的批判會，着重指出顧是人民的罪人與敵人，「任何『好人犯錯誤』的想法都必須打掉」，顧則認為自己「要以罪人和敵人的贖罪心情，繼續革命下去」（同書，頁182）。反復說要認定自己是「罪人和敵人」，也應因內心深處的抵拒。

　　批判知識分子最致命的，在針對其心血所注的作品，無論文學還是學術。著名的《黃河大合唱》詞作者張光年（即光未然），其幹校日記寫到，幹校組織了對包括《黃河大合唱》在內的作品的批判，「我服服帖帖地誠懇接受了對我的批判，認為是對自己的教育和挽救」（1970年6月22日，《向陽日記》頁27）。但日記的其他處，卻讓你看到了他對自己這部作品命運的關注。[20]

　　批判往往即指控以至聲討。文革中的大批判更追求殺傷力，刺刀見紅，甚至刀刀見血。周一良寫對其時北大批鬥會的印象：「大會批鬥一般是迅雷烈風似的轟炸，罪行務求聳人聽聞，反動得越尖端越好。小會批鬥則另是一景，深文周納，鍛煉冤獄。」（《畢竟是書生》頁59–60）

　　不正常的言論環境，也造就了東方朔式的智慧。王瑤先生被我所在班級的同學批來批去的「黑話」，更像是俏皮話。如說自己「苟全性命於治世，不求聞達於諸侯」，說自己「走鋼絲」，說自己「課堂上是馬克思，課下是牛克思，回到家裏是法西斯」。儘管「骨子裏」反動，卻難據以定讞。那「反動」泥鰍一般，像是被攪住，卻又給它溜掉了。也因此王先生被公認「老奸巨猾」。好像必得反動到「赤裸裸」，才對得起「革命群眾」似的。[21]

　　前不久在居民社區的超市，還聽到兩個售貨員使用「上綱上線」的說法。「綱」即階級鬥爭的綱，「線」則是路線鬥爭的線。大批判中最有威懾力的，即「上綱上線」。所謂「無限上綱」，是

20　同年2月9日，記由報紙得知「首都春節演出鋼琴協奏曲《黃河》」，特別注明該作品「是遵照『留曲不留詞』的產物」（同書，頁9）。這種文革式的處置方式，無疑觸到了他的痛處。同年9月1日，記自己躺在床上，聽轉播的鋼琴協奏曲《黃河》（同書，頁30）。1972年7月28日，聽說「中央樂團在趕排《黃河大合唱》，歌詞經過修改」（頁97）。10月30日，輾轉得知「《黃河大合唱》在排練中，近期演出，歌詞是『集體修改』的」（頁113）。與《黃河大合唱》有關的消息，尤其歌詞的修改，不能不令詞作者有一份牽掛。

21　「馬克思」、「牛克思」云云或非王瑤原話，只是被「一口咬定」而已。對不實的指控持強硬態度、堅持申辯者亦有其人，如武漢大學校長李達（參看卜偉華《文化大革命的動亂與浩劫》頁137–138）。

批鬥中常見的做法。美國人威廉・韓丁在中國北方某村(張莊)看到的如下現象令他困惑不解：該村的齊姓青年有盜竊行為，此行為被「劃成階級鬥爭，並把它歸咎於資產階級思想」(《深翻》中譯本，頁434)。此即「上綱上線」。該村的宣傳隊不關心齊的經濟狀況，卻將抓到齊作為「揭開張莊階級鬥爭蓋子的契機」(同上，頁435)，也是文革期間通常的鬥爭策略。

但「揭發」確有避重就輕、寓「回護」之意者；批判也有「假批判、真包庇」，「捨車馬、保將帥」等一套應對之策。1966年5月8日《光明日報》刊載的何明(即關鋒)《擦亮眼睛 辨別真假》，指《前線》、《北京日報》對「三家村」「假批判、真掩護，假鬥爭、真包庇」(參看王年一《大動亂的年代》頁22)。這類指控常見於相互攻防之時。曲折地為批判對象開脫，乃政治高壓下不得已的對策，與揭發、批判對象彼此心照不宣，甚至暗通款曲——也是良知於此為自己竭力爭取的一隙之地。社會的逐漸回歸理性，也就這樣點滴地進行。此外，發生在運動中的變化也緣於「運動」本身的邏輯：運動的主持者要的是「猛料」，越聳人聽聞越好。揭發舉報者往往有意迎合，添油加醋，甚至無中生有。到了後來，未始不也是在娛樂大眾。揭發者與主持者對此未見得沒有默契。「批鬥」的漸趨戲謔化，也與此有關。

1979年右派問題改正後，李慎之在寫給黨支部的信中說，二十多年來，「我唯一可以自慰的是，我手上沒有別人的血，也沒有別人的淚，但是我自己心上的創口是永遠敞開着的，流着我自己的血。」(《李慎之的私人卷宗》頁1213–1214)1980年的《自我鑒定》說，自己「始終堅持『寧人負我，勿我負人』，決不作任何造成他人痛苦的『交代、揭發、批判』」(頁1217)。在文革這樣的運動中，做到這一點，殊為不易。巨大的政治壓力下，能有一說一、有二說二，不蓄意誇大渲染，就算守住了底線。

尤為難得的，是邵燕祥的自省。《人生敗筆——一個滅頂者的

掙扎實錄》一書的自序《為什麼編這本書？》，說：「在我，無論
違心的或真誠的認罪，條件反射的或處心積慮的翻案，無論揭發別
人以劃清界限，還是以攻為守的振振有詞，今天看來，都是阿時附
勢、靈魂扭曲的可恥記錄。」（頁1）似過於嚴苛。[22]又有幾人有說
出這番話的勇氣！廖沫沙與邵燕祥，是較早公開自己的「運動檔
案」以開風氣者，也是他們對於「文革研究」的特殊貢獻。[23]

　　錢鍾書為楊絳的《幹校六記》寫《小引》，說覺得妻子的「六
記」「漏寫了一篇，篇名不妨暫定為《運動記愧》」。接下來寫到
「歷次運動」均有的三類人：受冤枉、挨批鬥者；一般群眾；以及
充當旗手、鼓手、打手者。他以為後兩類人都應當「記愧」，只不
過最後一類人通常「既不記憶在心，也無愧怍於心」。文革至今，
確也有了一些「記愧」的文字，多半出自知識分子(包括韋君宜這
樣的「知識分子幹部」)，而那些以「整知識分子」或「整其他知
識分子」為業者，卻如錢鍾書所說，像是「無愧怍於心」。

　　國外學者陳佩華(Anita Chan)由訪談中得到的印象是，文革的
派仗中，青年人終於得以「前所未有的在不受約束的氣氛下自由
交流思想，相互訴說自己的想法，用不着擔心有人向團支部打小
報告」了(《毛主席的孩子們——紅衛兵一代的成長和經歷》中譯
本，頁169)。我自己的經驗，1968年「清理階級隊伍」過後，像是
不再有那種迫使人告發的壓力——當然不是當局有意減壓，而是其
權威已不足以維持。儘管文革後「打小報告」仍未絕跡，或因有某
種物質鼓勵而「準職業化」了，卻令人側目而不再公然。這也是政
治環境漸趨正常之一端，要經過與五六十年代的比較才能感受到。

22　該書自承對陳庚的揭發，「是為了自保而置同志於不顧的陷害」(頁128)，儘
　　管不過一年就作了補救(參看同書頁140–144)。

23　據李慎之的後人說，李受邵《人生敗筆——一個滅頂者的掙扎實錄》的啟發，
　　有了出版自己的運動檔案的意向(參看《向黨認罪實錄——李慎之的私人卷宗》
　　一書的《編後說明》)。

社會生活中諸如此類細微的變化有可能意義重大，可以作為一個時期結束的標誌。它們不會被政治史記錄在案，在「社會生活史」上卻非同小可。大的變動也就由諸種細小變動彙聚而成，由諸多個人生活史中的變化彙聚而成。後來的情況證明這些變化是不可逆轉的。「後文革時期」也因此不可能是五六十年代的直接延伸。有延伸，也有斷裂。

1976年「天安門事件」（所謂「四五事件」）後的追查，曾被「隔離審查」的趙世堅說，自己「沒聽說過誰揭發了誰」（阿堅《我在四五事件前後》，《七十年代》頁212）。他對此歸結為「幾千年來傳統中的『不告密』是道德底線之一」，是經不起推敲的。被革命搖撼最甚的，就有這「傳統」。只不過到了「四五」，確實有了變化。話劇《楓葉紅了的時候》追查政治謠言的情節並非杜撰。如若真的有那種「不告密」的「傳統」，也至此方得修復，卻又非因了道德感，而是更多的人以拒絕告密為政治反抗。由1989年「政治風波」後的追查政治謠言，也可以看出「修復」的成效。

對此仍然不可過於樂觀。近年來因言論管控與「反腐」，鼓勵告發、舉報，在使當局獲取所需信息時，勢必影響於世道人心。着眼於長遠，不知得失如何計量。集權制度下從不缺少長於窺探偵伺的宵小。與此有關的政治文化基因，只能經由制度創新改善。

本節所謂的「批判」，不具哲學含義，是當代中國政治文化的特有現象。至於「揭發」、「檢舉」，任何社會都有，亦社會治理的正常手段，區別在於情境、條件——就本書而言，這種區別意義重大。你由上文可以相信，那樣的「揭發」、「檢舉」縱然不為當代中國所特有，也大有別於其他社會的類似現象。[24]至於下一節所涉及的「檢查交代」、「思想彙報」，更有十足的「中國特色」。

24　文革前曾在中國生活的法國人鮑若望，在其《毛澤東的囚徒》一書中提到了城市中「無所不在的檢舉箱」（見該書中譯本頁52），確也是當代中國——尤其「鎮反」、「肅反」一類運動中的一景。

7.2　運動檔案（下）：檢查、交代、思想彙報

　　「運動檔案」中文革後發還本人的，主要係自查部分，檢查交代，思想彙報等。「交代」則如前所說，可能既有檔主對自己問題的「交代」，也有對所知他人歷史及現行問題的「交代」（如杜高檔案中對同案諸人問題的交代），包括應外調人員的要求所寫材料。[25]另一種檔案或許更重要；至少要與本節所談檔案材料對讀，才有可能接近真相，即陳徒手在其《故國人民有所思》一書一再引用的當年黨組織對某人觀察、評價的「內部報告」（如關於俞平伯，見該書《俞平伯：1954年的抵制和轉彎》）。[26]接觸到這些材料，是陳的幸運。

　　鮑彤為李慎之《向黨認罪實錄——李慎之的私人卷宗》所作序，提到了「有中國特色的檢討文化」（《李慎之先生〈向黨認罪實錄〉序》）。這一種文化的確淵源古老。鮑序說，「有中國特色的檢討文化可以追溯到周武王的父親姬昌」即周文王。[27]影響深遠的，仍應推曾子的「吾日三省吾身」（《論語·學而》）。宋明理學倡導的修身活動，更將這種省察技術化了。袁黃（了凡）的《功過格》，以及不如「功過格」流行的東南大儒劉宗周的「遷改格」，設計了供知識群體自我完善、提升的一整套儀式。清初士大夫的「省過會」，以日記一類書寫方式自查、互規，作為修身手段，甚至被早期社會主義者承襲。[28]

25　檢查交代免不了「上掛下連」；「上掛」往往將問題升級，「下連」則勢必牽及他人。如徐鑄成這樣閱歷豐富、社會關係複雜的人物，倘牽及他人即非同小可，「告發」也在所難免。

26　因此本節與上一節用以標目的「運動檔案」，只能是姑且名之。但知識者的文字，正是我使用的基本材料。由這一角度看，雖不足以據此類「檔案」考察「運動」，用於考察知識者，尚能自足。

27　該序引韓愈的《拘幽操》，結句「嗚呼臣罪當誅兮天王聖明」。「臣罪當誅兮天王聖明」，是魯迅一再引用的，確可作為文革中「認罪書」的基調。

28　關於明清之際士大夫的修身活動及此種活動中日記的功能，參閱王汎森關於

　　早期儒家主張的「反求諸己」，宋明理學對「克治」己私的強調，這一脈思想傳統影響極大，綿延至今，用於士人群體道德的完善，也以之對沖功利主義、實用主義，積極意義無可置疑。我在《明清之際士大夫研究》一書《續編》的《經世・任事》一章中，談到士大夫當危機關頭的知不可而為，「自靖」、盡其在我，求心之所安──作為精神、道義上強大的支持力量，在一個缺乏宗教傳統、超越性追求的民族，的確是寶貴的思想資源。

　　當代政治中的檢查交代、思想彙報，與古代知識人的「自省/互規」看似對應卻性質迥異。檢查交代帶有某種強制性，尤其政治運動中；思想彙報亦然。儘管由字面看，「批評與自我批評」與「自查」、「互糾」庶幾近之，具體實施卻可能全無可比性。經由反省，經由自我克治而去「私」，不再是自覺的道德追求。在如文革這樣的情境中，更不過是針對一部分人、尤其知識人的壓制、控馭手段──當局將這一部分傳統資源高度政治化了。一個又一個「運動」強有力地介入了這一過程，直至文革。這自然非理學家的想像所能及。

　　即使如此，理學在塑造當代中國思想文化方面的作用，仍然值得充分估計。嚴於道德修煉的士人，力圖以「無不可告人」自證其磊落，所謂不欺暗室、不愧屋漏。那是知識人的自我規範，非緣於外部的強制。文革前已大力倡導的「鬥私批修」、「亮私不怕醜，鬥私不怕疼」、「狠鬥『私』字一閃念」（「克治」至於意念），以「竹筒倒豆子」強調「暴露」的徹底性，要求和盤托出──由「活思想」到「醜惡靈魂」，[29] 表面看來也如宋明儒者，對所謂的「私」四路把截，卻是在誘導以至強制下進行。政治運動中，倘所

　　清初的省過會的分析，見氏著《權力的毛細管作用：清代的思想、學術與心態》，北京大學出版社，2015）。王汎森關於清初省過會的研究，涉及新民學會、早期共產黨人如惲代英等，提供了當代政治淵源考的重要線索。

29　陳白塵《牛棚日記》記某人說「是否敢於暴露群眾看不見的活思想，是個考驗的標準」（頁164）。

暴露的不夠「反動」、「醜惡」，即不能自證其態度誠懇，難以被「革命群眾」放過。文革中大舉反孔，批儒，在實踐層面，卻將「克治」推向極端，是那一種儒學傳統的扭曲變形。

古代中國知識人的自省曾有十足的嚴肅性，懍然如「上帝臨汝」。[30]專致於修省的士人之間，則有等級制度下難得的平等。「德業相勸」，「過失相規」。在講學一類場合，更是既不計年齒，也不論官階。今人的自查，面對的是「組織」或「組織」的肉身，既非為上帝代理凡間事務的牧師，也非一道修行的同人。世俗權力關心的不是為人解脫(罪錯)，而是對人的掌控。

文革興起，「自省/互規」不再適用，流行的更是相互揭發舉報與「自我批判」(「自誣」、「自污」)。對於運動對象，「檢查」更升級為「請罪」，「批判」則加碼為「聲討」。[31]「請罪」的對象本應是神祇，文革中則是「黨和毛主席」(當時的說法，是「向黨和毛主席請罪」)。要過關更要對自己痛下殺手，無論所說是否實情。

30　《詩經·文王之什》：「殷商之旅，其會如林。矢於牧野，維予侯興。上帝臨女，無貳爾心。」

31　1967年4月經毛審閱的中央軍委十條命令有「一概不要進行群眾性的『請罪』運動。也不要強迫群眾寫檢討。群眾自動寫的檢討書，退還其本人」。其中「一概不要進行群眾性的『請罪』運動」係毛加寫(參看《建國以來毛澤東文稿》第十二冊，頁307、308)。「請罪書」乃文革中流行的一體，格式通常是先三呼萬歲，引用毛語錄，然後自述「罪行」。既是「認罪」，即不免甚其辭，如曰「罪該萬死」。令其人自己羞辱自己，亦一種懲罰手段。檢討中使用「罪行」、「罪惡」一類說法，前此的政治運動中已是慣例。葉篤義1959年2月4日的檢查，就題為「對自己的罪惡的認識和今後改造的意見」(氏著《雖九死其猶未悔》頁114)。邵燕祥則說，「反右」期間「在大庭廣眾裏如果說自己是犯了錯誤而不說犯罪，就會被指責為『輕描淡寫』」(《沉船》頁35。着重號為原文所有)。收入《馮雪峰全集》第九卷的《運動材料》，為1950年代所寫，較之文革期間的檢查交代(該書歸入《外調材料》)，文風與「自誣」的程度有所不同。1950年代已承認「反黨」，自說「政治品質惡劣」(《1957年9月4日在中共中國作家協會黨組第二十五次擴大會議上所作的檢討》，頁348)，使用了「錯誤」和「罪惡」的說法(同上，頁346)；到文革，「罪行」已然「滔天」(《交代我在舊人民文學出版社推行反革命修正主義路線的罪行》，同書頁284)。

　　邵燕祥《人生敗筆》一書的自序《為什麼編這本書？》說，經歷告訴自己，政治運動中，「自我批評已經淪為指供與誘供」。其間有分工，即有人專司批評別人，有人專作自我批評(頁4)。而「所謂檢討交代，即『自我批評』或『自我批判』，其實就是第一人稱的『大批判』。」(同書，頁7)當說或寫違心的話成了習慣，說或寫者自己也會真偽難辨。到了這種境界，自律與他律的界限消泯，倒是會心安理得，而不必面對「良知」的拷問。[32]

　　檢查交代一類形式至今仍在沿用，效果更為可疑。這一點下文還將談到。至於下述信念——即「私」可以經由「克治」全然消滅——的崩坍，其後果不止於1980年代的重新發現「自我」、「慾望」(諸種情慾以至性慾)。實現在1990年代市場化過程中的，更有戲劇性。「自我」進而膨脹為「自我中心」，慾望的表達在文學中，有所謂的「下半身寫作」。當然，這樣說過於簡單，也不免誇大了文學的象徵意義。只是觀念層面一旦引入了「現實力量」，破壞力有可能超乎想像。

　　1949年之後知識分子的自查，應由1950年代初的「三反五反」、「忠誠老實運動」發端。楊絳的小說《洗澡》，即以上述運動為背景。[33]這或許是前國統區的知識分子進入「新社會」後初次與陌生的政治文化遭遇。關於他們如何笨拙地學習、訓練那一套技術，發生在這期間的悲喜劇，《洗澡》有生動的描寫。可以作為該書註腳的，即有顧頡剛、吳宓、譚其驤等人傳世的日記。

　　實施「改造」的每一步，有重點的不同。「三反五反」交代經濟問題，[34]「忠誠老實運動」着重在交清(個人)歷史。1958年的

32　一個造反工人發現，那種「在痛罵自己的大帽子下為自己解釋的檢討書，竟然是文化革命中風行的檢討模式，誰被迫作檢討，誰就用這一套」(陳益南《青春無痕——一個造反派工人的十年文革》頁9)。

33　參看本章附錄《楊絳的〈洗澡〉與1950年代初的思想改造運動》。

34　「三反五反」運動本與知識分子不相干。這一運動與知識分子「思想改造」的關係，參看本章附錄。

「向黨交心」更進一步，要求交代的是思想，尤其與政治有關的思想。黨組織對本黨黨員是否應當有此要求不論，向非黨知識分子要求「交心」，且幾乎被作為了公民義務(其時「公民」的概念遠未普及)，由今天看來，是否逾越了限度？當年卻少有人質疑，像是順理成章。只不過「公民」有「交心」的義務，「組織」卻沒有為之保密的責任。主動說清楚的歷史問題，所交代的思想認識問題，均有可能作為你的檔案材料，被認為必要的時候被「組織」拋出。由此看去，「交代」、「交心」確像是「誘供」；你的供述或許鑄就了你的命運。這種時候，「言者無罪，聞者足戒」中的「言者無罪」，[35]像是從來不準備兌現的承諾；即使不曾當場定罪，事後也不能免罪。[36]修改一句歐美執法人員的口頭禪：你不可以保持沉默，你所說的都將作為呈堂證供。文革回憶錄中，頗有人寫到了從此不但不敢向「組織」、也不敢向別人「交心」：「記住！只要有第三人在場，你就千萬不要說出自己的心裏話！」(周麗《驀然回首》，《那個年代中的我們》頁228)這也許是「血的教訓」換來的

35　1957年4月27日中共中央發出《關於整風運動的指示》，其中有「應該放手鼓勵批評，堅決實行『知無不言，言無不盡，言者無罪，聞者足戒，有則改之，無則加勉』的原則」云云。

36　「向黨交心」或寫思想彙報將自己「交」成、「彙報」成了「右派」的，參看沈志華《從知識分子會議到反右派運動》頁668–669。「交心」材料「反右」中被作為罪證，尚可參看千家駒《從追求到幻滅──一個中國經濟學家的自傳》頁197。類似事例，參看楊奎松《「邊緣人」紀事》一書《「反動」的代價──一個「現行反革命」的發生與發現》。中學生因關於自己性心理的「思想彙報」被公開而受羞辱，甚至被劃為「反動學生」，趙振開(北島)的回憶中有一例(參看趙《走進暴風雨》，《暴風雨的記憶》頁201)。徐幹生《「文革」親歷紀略》中說，1958年「向黨交心」時，自己是重點對象，「交心材料被展覽出來，作為示範教材，供文教醫務界人士觀摩借鑒」(《復歸的素人：文字中的人生》頁338)。這種示眾──圍觀，在徐，是永難磨滅的恥辱記憶。吳宓日記記其在勞改隊聽到的議論，即有歷次政治運動中「直言與『交心』徒致得罪受懲，故宜切戒，而必有所隱」(1967年12月28日，《吳宓日記續編》第八冊，頁336)。這種效果，當局者本不難逆料。與某地將「人犯」(現已統稱「犯罪嫌疑人」)當街示眾而遭到批評相似，2017年初貴州某媒體因將違規企業的「檢討書」公諸於世而受到撻伐，或也是政治文明的一點進步？

一點世故。文革後的「信任危機」，由執政黨的「信用缺失」做了
底子。

　　「任何人都不得被強迫自證其罪」，在我們這裏是長期以來
不為人知的。強迫自證其罪的做法，歷次政治運動都在運用。無論
哪一次運動中，被批鬥者都沒有「沉默權」，也不知曉世間尚有此
種「權利」。這種鍛造得極精緻的社會控制機制——佔有他人的個
人秘密，操控他人的思想、精神活動——不但制度化，而且內化，
即「自查」由強制而自發、主動，甚至像是一種需求。[37]因而有下
文將要寫到的那種強迫症似的自我告發。我就曾目擊過這樣致命的
「交代」：在文革的狂暴氛圍中主動供述，像是身不由己，鬼使神
差。王蒙說「反右」中他把自己「檢舉成了右派」（王蒙、許子東
《1957‧信與服‧形而下》，《上海文化》2011年第5期，頁39）。
文革中把自己「檢舉」成了「現行反革命」的大有人在。我的大學
同班同學「暴露活思想」，就「暴露」出了這種結果。

　　記得「暴露」出「危險思想」之後，該生當即被看管了起來。
回頭看去，該生顯然有強迫症的嫌疑。那種時候絕不會有人想到心
理疾患，甚至也沒有這類心理學的知識。以後的故事，就有點不堪
了。有一時你會聽到男同學說，該生在摳自己鞋底的泥吃；另一時
又聽到，該生吃自己的大便。你會在班上開會的正經場合，看到該
生旁若無人地走進來，手拿一束柏枝，嚼着上面的葉子。對該生真
瘋還是裝瘋，我當時的同學未必不將信將疑。所幸大家尚保有「善
良之心」，不記得有人將那懷疑大聲地説出來。在工宣隊耳目的監
視下，該生也始終沒有露出破綻。倘若他竟沒有瘋，那在他又是怎
樣一段恐懼而又絕望的日子！

　　畢業後一班人風流雲散，該生也消失在了某個地方——究竟哪

37　文革前曾在中國監獄服刑的法國人鮑若望，在其回憶文字中寫到按照獄方要求
　　坦白其「壞思想」竟受到懲罰（《毛澤東的囚徒》中譯本，頁120–121）。該書
　　錄有一篇作者本人在北京第一監獄服刑期間的「思想總結」（頁146–149）。離
　　開中國監獄之前，他發現自己「真心相信」他寫的那些話了（頁149）。

個地方，或許有人知道，我卻不曾打聽過。七十年代初那個春天的畢業離校，在我的經驗中更像是逃離，我自己已夠狼狽，該生是怎麼走的，攜帶了何種身份，自然無暇留意。

　　由問世的運動檔案，約略可以窺見知識分子學習、訓練「檢查」、「交代」的過程。《杜高檔案》（李輝編著《一紙蒼涼——〈杜高檔案〉原始文本》）中杜1955年的「交代」尚未標準化，文字間仍可感文藝青年的熱情與對理解的渴望。雖不免有違心之言，卻還不至於混淆了「罪」、「錯」，一味自誣。檢查、交代的一套技術，是在接下來的政治運動與漫長的「勞動教養」中練就的。最初的那一點真誠，也在此過程中消磨淨盡。[38]

　　較之檢查交代，思想彙報更有常規性。文革前的十七年間，無論黨團員還是「群眾」，均有向組織彙報的義務。也如上文邵燕祥所說「有人專司批評別人，有人專作自我批評」，這裏則是「一派是專門彙報思想的，一派是專門聽彙報的」（遇羅克《談鴻溝》，《遇羅克遺作與回憶》頁66）。[39]文革中被強制「彙報」的，更是「運動對象」。因各級黨組織一度癱瘓，其他人倒是解除了「彙報」的負擔；直至文革結束，這一種制度也不曾全面恢復。傳世的「運動檔案」，相當一部分文字以「思想彙報」標目。這一部分往往水分更多，內容瑣屑、重複，甚至表述大同小異。下文將要談到的徐鑄成的「運動檔案」即如此。奉命「彙報」者不免辛苦：

38　收入《王瑤與現代中國學術》一書的王超冰《父親王瑤：「文革」期間的一個案例》，分析了其父應對「審查」的策略，說對於其父，「面對政治審查時，『相信組織』或『說出真相』都不是最重要的；重要的是要能自圓其說，而且不會被別人揭穿」（參看該書頁578）。

39　何方有類似的說法，即有專司整人與專任被整者（參看《何方自述》頁398）。遇羅克所說彙報，特指彙報自己的思想。至於彙報他人，上文已經涉及。「談心」，是「思想彙報」的一種形式。「彙報」要求彙報者主動，「談心」則可能由聽取彙報者主動。「談心」即在中學生中也普遍使用，作為政治規訓的手段。當年的中學生唐曉峰說，頭一次與要「幫助」自己的幹部子弟談心，「比頭一次搞對象還彆扭」（《走在大潮邊上》，《暴風雨的記憶》頁323）。

為了填充篇幅應對審查而「翻箱倒櫃」、「窮搜苦索」、「深挖細找」、「巨細無遺」(《人生敗筆》頁200)。邵燕祥回頭看自己1969-1970年的「思想彙報」,說「翻來覆去這點事、這些話,雖有耐性也不耐煩了」;那兩年的「思想彙報」雖「還算認真」,卻「也有了敷衍的痕跡」(同書,頁192)。此時尚未到「運動後期」。而徐鑄成運動檔案中最枯燥乏味的,即邵所說的那種「沒話找話說」的思想彙報(同書,頁146)。究竟是誠心誠意還是虛與委蛇,一心一意還是三心二意,徐本人也未必說得清楚。徐也偶爾在「彙報」的題目下發一點牢騷,訴說點委屈,如說自己本以為在過去十年中,「是想改造的,處處小心謹慎,聽領導的話」,仍不免如此(《彙報我近來的思想情況》,《徐鑄成自述:運動檔案彙編》頁82);另如提到所在居民區「里委群眾專政小組」的過火做法,略示不滿。這種牢騷、不滿,也只能借諸「思想彙報」表達。[40]

　　口頭與書面外,運動對象還被勒令使用其他彙報形式,如日記。日記的非私人性並不始於文革,如明清理學之徒的修省日記,1949年後的「思想改造日記」,[41]以至作為範本於本人身後公開發表的《雷鋒日記》、《王杰日記》等。文革中于光遠奉看管他的北師大紅衛兵之命,每天寫認罪日記;該紅衛兵「在上面經常批示的是三個字:『不深刻』。交日記本時要交到他手上,可他還給我們時,卻是扔在地上,讓我們各自去找」(《文革中的我》頁19)。

40　出版於2015年的《閻明復回憶錄》,摘錄了其1967年的若干份「思想彙報」以至「檢查交代」(頁948-967),不乏名為「檢查」、「彙報」、暴露「活思想」,實則「借題發揮,發洩不滿」、表達「不理解」的內容(頁951)。即使馮雪峰,似痛心疾首的檢討中也有委婉的申辯。如《我編輯大叛徒瞿秋白的大毒草〈瞿秋白文集〉的罪行》一篇說,倘自己要辯解,可以用「例如這樣的藉口」、「或者像這樣的藉口」云云(《馮雪峰全集》第九卷,頁287-288)。知識分子的同類文字,往往辭氣更謙卑。文革後徐鑄成文風一變,文采頓出。可證當年被迫的「彙報」不過依樣葫蘆,何嘗真的才盡。

41　由收入《建國以來毛澤東文稿》第二冊毛1951年《給楊尚昆的信》看,其時華北革命大學學員即有「思想反省筆記」(頁255)。「改造日記」、「反省日記」始於何時,待考。

「修省日記」、甚至「思想改造日記」有可能出於主動，其預設即包括了可公之於眾：既自我檢討，亦可供相互監督。「認罪日記」自然不同。即令迂執如吳宓，幾十年如一日以日記記錄其思想、生活、傾吐真情的，文革中竟也被迫練習寫一種可供「檢閱」的日記（參看《吳宓日記續編》第八冊，頁508、509），真的是難為了他。

知識分子精神意氣的斫喪，除了「急風暴雨式的階級鬥爭」如文革外，更是積漸而至的。日常性的檢查、思想彙報之類，即那把斫人的斧子。不一定大砍大殺，只消一點一點地雕琢，令你就範，使你失卻了自主地思考、表達的能力。這種細密的功夫，應當算作當代中國的一項發明，雖有傳統淵源，卻更是「創造」，或非其他社會主義國家所能及。

革命史上的檢查交代，無疑是當代「檢討文化」的近緣，亦更直接的源頭。[42]何方《黨史筆記》反復寫到張聞天在強大壓力下為求「檢查」過關而對自己作不實指控，包括了無中生有、「無限上綱」，說張「認為維護領袖的威信和黨的團結（每次重大的黨內鬥爭，毛澤東都以有分裂危險相警告），給自己的檢討上綱上線，是為了革命的需要，是『顧全大局』。如同許多人1959年承認『右傾機會主義』，『文革』中承認『反革命修正主義』，甚至『黑幫』、『三反分子』等，就都有這一因素，而不完全是軟弱的表現」（頁135）——令人想到了莫斯科審判中的布哈林（Николай Иванович Бухарин）。至於文革中高層人士的「檢查交代」，則與平民百姓無異，共用同一套修辭；從事這種書寫，並不較百姓高明。[43]

42　參看沙葉新《「檢討」文化》一文，刊《隨筆》2001年第6期。商寶昌有《「檢討」：特殊時代的文化現象》一文。徐幹生著、徐賁編《復歸的素人：文字中的人生》編者序言，關於檢查交代這一「註定只能製造虛偽和謊言的機制」（頁29），有細緻深入的分析。

43　參看王年一《大動亂的年代》頁18–20。卜偉華《文化大革命的動亂與浩劫》

　　檢查、交代、思想彙報、認罪書與大批判文章，作為當代中國
「政治八股」的重要類別，都不同程度地格式化了。寫這類文字，
亦如明清間人的作「時文」，但求中「式」，也確有其「式」。因
此有必要作「檢查」、「交代」的文體學、修辭學考察：其文體
淵源，文體規範的形成。這也應當是知識考古學的題目。文革結
束後有對於1950年代至文革期間流行的「毛文體」的考察，亦有關
於「檢討文化」的分析文字。至於文體沿革，則非對文體、修辭
（包括隱微修辭）特具敏感者，所見或只是「千篇一律」，相互「拷
貝」與「自我複製」。

　　1949年之後文風丕變，即使從「舊社會」過來的「老知識分
子」，也不難照貓畫虎，習得流行的表述方式。老派如吳宓者，
殊不多見。收入《徐鑄成自述：運動檔案彙編》的徐寫於1952年的
此類文字（《徐鑄成同志的思想檢查》）已然「中式」，令我不無
訝異。儘管未曾經受革命根據地的訓練，徐對於此種文體，似乎
已駕輕就熟。而他本人1950、60年代所寫「檢查」、「交代」，與
文革中所寫，文體大同小異，文字水平未見長進。顯然可見的，
只是1952年到1957年到1967年，自我批判逐步升級。1957年徐已使
用了「請罪」的說法（見該書頁28），以「滿身瘡疤」、靈魂醜惡自
污（同書，頁26）；文革中更屢屢「請罪」，一再寫《認罪書》，自
說「罪惡滔天」、「反動透頂」、「罪該萬死」，自承「右派翻
天」，說自己是「不齒於人類的狗屎堆」，直至無以復加。徐提到
越劇著名演員袁雪芬的交代「像背臺詞」（同書，頁307），他自己
何嘗不如此。徐鑄成以老報人文字運用的嫻熟，卻不得不模仿流行
文體，事後看來，像是對其智商的侮辱。其「檢查」、「交代」、

摘錄了劉少奇1967年7月8日《向北京建築工業學院新八一戰鬥團及革命師生
員工的檢查》，被指為「假認罪、真反撲的鐵證和宣言書」（頁547）。史雲、
李丹慧《難以繼續的「繼續革命」》摘錄了周恩來1972年6月根據毛的要求在
「批林整風」彙報會議上所作檢查（參看該書頁35–36）。楊繼繩《天地翻覆》
採用了高文謙《晚年周恩來》關於「幫周會議」上周被迫檢討的記述（楊著頁
844），摘錄了鄧小平寫於1968年的《我的自述》的片段（頁847–848）。

「思想彙報」，將自己的文字能力藏在了「標準化」的格式中，幾無一點洩露，也可稱一絕。

當自我告發、自我羞辱成為長期反復上演的劇目，中國當代政治的荒誕面盡顯。陳佩華由訪談中得到的印象是，由小學到中學，多年訓練的「當眾做批評和自我批評的技巧」，如受訪人所說，熟練到了「只要一張嘴那些話就自然而然地湧到嘴邊上來」（《毛主席的孩子們——紅衛兵一代的成長和經歷》中譯本，頁105）。[44]這種訓練有利於造就偽君子，魯迅所說的「偽士」（《破惡聲論》），以口是心非的表演謀取「政治資本」。但也確有一些人，被灌輸的「政治、道德價值觀」終於「內化」，他律轉成自律，由「口頭」到確信。大批知識分子經年累月在重複不已的檢查交代、思想彙報中虛擲光陰、浪費生命，是否被計入了「改造」的社會成本？

正如從來有人頂住高壓拒絕不實的揭發舉報，也有人始終難以為「檢查交代」、「思想彙報」這一整套技術所規訓。《束星北檔案》收入了束「反右」中在不堪承受的重壓下所寫而終未上交的《檢討書》。為救家人也為自救而苦心經營卻終未上交，是那一點磨蝕不盡的尊嚴感拖住了他。儘管由收入該書的《檢討書》看，束已做到了最大限度的謙抑，甚至用了就他而言可恥的流行表述。出於功利考量的違心的「檢討」，終拗不過良知。他不忍踐踏自己。不上交才是束星北。但那份《檢討書》中的「悔恨」，或許是真實的，想到家人，想到一生的事業。我還記得「反右」後「處理」前

44　陳認為這種訓練是有成效的。「這種中國式的教育方法，不斷重複使用高度程式化的道德訓誨式語言來培養青年人的政治、道德價值觀，確實非常成功。這種無休無止的灌輸……的結果，不只是表面上的一致，連人們的日常詞匯和表達方式，也都滲透着一整套特定的價值觀。」（同上）上述觀察不免浮面。經由強行灌輸形成的「價值觀」，不難一朝崩塌。學部歷史所劉重日寫自己幹校期間向軍宣隊員請教如何寫彙報，聽到的答覆是：「我們部隊有句話，叫做：『彙報彙報，連編帶造！』」（《「泡」校》，《無罪流放》頁74）上下欺蒙，亦這種政治文化的特點。

聽到的所住家屬區後排宿舍董姓教師靜夜裏的哀嚎，如魯迅筆下的魏連殳（《孤獨者》），慘傷裏夾雜着的卻不是「憤怒和悲哀」，而是絕望——將無以為生，將無以養活家人。這種意義上的「悔恨」，當然不是「組織」所期待的。[45]

　　學會寫「中式」的「思想彙報」，在束星北是如此艱難，幾於使他不再是他。他終於能不無真心地悔恨，抉發、晾曬自己的「醜惡思想」，將過失表述為「罪惡」（參看《束星北檔案》頁235–243），直至那個「他」在另一時間回歸。一旦「回歸」，周圍的人發現的，是其依然故我，不但對科學的癡迷，而且應對人事的率性以至粗暴：儼然經歷了漫長的一輪「否定之否定」。在政治運動的強大壓力——幾可稱「不可抗力」——下，寧折不彎者固有之，雖曾被壓彎而能復直，也不易得。這種自我修復的能力，難道不也是當代中國知識人大可傲視前人之處？

　　王造時「反右」中曾對他人的指控逐條申辯，據理力爭，態度強硬（《我的當場答覆》，沙葉新編《王造時：我的當場答覆》頁242–244）。不久後即態度軟化，前後判若兩人（參看同書《我的檢查》）。[46]卻直至1959年還說其對黨「雖然有了敬畏的心情，但是還沒有敬愛的心情」（《改造規劃》，同書頁263）。另一份《思想彙報》寫到了自己對黨由「敬畏」到「敬愛」，卻又說自己只是開始「愛黨」，「還遠遠談不到熱愛」（頁267、270）。這份天真，文革中豈能再有！

　　沈從文說自己「幾幾乎每年都自寫份『自我檢查』」（《陳述

45　下面的故事令人不忍述說。這家人被學校「掃地出門」。最初在校外租了間房子，後來就有那婦人在菜市場偷菜的傳聞。再後來聽說一家人回到了鄉下。再見到那位先生時，他已失明，由小兒子攙扶着到老學校挨門「拜訪」。當時還在文革中，想必舊日同事不敢接待的吧。父親也只是拿了點錢，塞在門外的父子的手裏。待到文革後落實政策，回到學校，似乎仍門廳冷清。不知他那些老同事是不便面對還是出於更複雜的心理。

46　《王造時：我的當場答覆》有王1957–1959年檢查交代、思想彙報的「極不完整」的目錄（見該書頁50–51）。目錄中的文字未悉數收入該書。

檢討到或不到處》，《沈從文全集》第二十七卷，頁257）。沈的文字，本來就不是為這種文體練就的。收入北嶽文藝出版社版《沈從文全集》第二十七卷的寫於1950年的「學習總結」、「分析檢討」，一仍原有的筆調。他這一時期的文字，更像是在說服自己接受一個新的社會。反復提到的，是苦於不能融入集體，「難於合眾，群眾路線不會走」（《我的分析兼檢討》，1950年，同書頁74）；「缺少對於『集體』的認識，只知用『走單幫』方式的工作方法」（《我》，1958年，頁163）。說的是文學創作。文學創作本來就適用「走單幫」的工作方式。沈從文竟不像吳宓的迂執。由收入該卷的文字看，他漸能掌握新的文體，儘管仍自認為「措辭不甚得體」（同上，頁164），「寫檢討語句生硬，詞不達意」（同上，頁167）。上綱則由「個人主義」、「經驗主義」到「肮髒靈魂」（同上，頁166、168）；[47]文革期間則使用了「向黨、向人民請罪」的流行說法，違心地說自己「是個對社會主義建設毫無好處的人，是作官當老爺擺臭架子的懶漢，是反黨反社會主義的一分子，是牛鬼蛇神，是應當鬥倒鬥垮鬥臭的一個不折不扣寄生蟲」（《我的檢查》，頁200、207。按沈從無機會「作官當老爺」）；1969年「解放」前的《最後檢查》，更說自己「思想混亂反動」，辱罵自己「是個沒有靈魂的庸人，或靈魂肮髒的混蛋」；本不承認的「罪行」也承認下來，如「向上爬」（頁270、272、277）。終於過關，大約也賴此。[48]前此他曾經抱怨說「寫思想檢查，實在負擔沉重，不知如何是好」（《「反右運動」後的思想檢查》，頁161）。以沈從文對專業工作的癡迷，這種抱怨很可理解。

　　自文革爆發至1968年底，沈曾做過大小六十多次檢討（見該書《我為什麼始終不離開歷史博物館》，頁253）。由該輯看，運動初

47　收入全集同卷寫於1956年的《一個知識分子的發展》，也應歸入這類文字。該文對自己的批評不免言過其實。

48　沈另有「腐蝕」、「毒害」青年、「冒充『作家』」、「高級文化騙子」一類自污（《關於減薪事感想》，頁196），應當取自群眾的大字報、批判性發言。

期，歷史博物館曾為其特闢專欄，僅范曾一人，就為其列出罪狀幾
百條（《表態之一——一張大字報稿》，同書頁171）。面對最初的
攻訐，沈態度強硬，辯解、申訴、説明真相，時有抱怨，甚至反脣
相譏（參看同書頁174、177、179、183、184等）。收入該書的兩篇
《表態》，一篇《回答》，均包含反批評。出於專業態度，他拒
絕對自己的文物工作、也不贊成對歷史博物館的文物陳列全盤否
定（《回答》、《關於服飾資料問題》、《我為什麼搞文物制度》
等）。不但不能低首下心，徹底認罪，對自己的工作還時有表章（如
《我為什麼研究雜文物》）；有的檢查，更像是自己文物工作成績
的清單。一邊辯解，一邊仍積極建議，絮絮不能自休。[49]凡此，最
易觸「群眾」之怒。《我為什麼強調資料工作》説，歷博（按即歷
史博物館）當局「與其要我寫思想材料，使得我頭腦沉重到幾乎發
狂，卻什麼也寫不出，對國家説實在極不經濟」；希望能考慮趁自
己健康狀況許可，「整理一兩個卡片箱」（頁186）。那正是1966年
舉國若狂的「紅八月」。在這幅背景下，他的檢查才稱得上獨具一
格。這種不識時務、不合時宜，確係沈的本色，令人可感此老骨子
裏的倔強。卻又不像有意「抵抗」。沈到此時，仍然活在自己的小
世界中。毋寧説這種「自閉」與對專業的沉迷拯救了他。

　　文革中沈的「檢查」，一旦述及個人經歷，即不免信馬由韁，
使用了散文筆調以至「小説家言」，令人察覺到這種寫作中的快
感（如《文學創作方面檢查》、《我到北京怎麼生活怎麼學習》、
《我到上海後的工作和生活》）。這類文字，掏心掏肺，將其對於
文學對於文物工作的期許，表露無遺，大可與其《從文自傳》互為
補充印證。這種與時式大異其趣的「運動」文字，置於文革的語境

49　其「建議」盡可能使用主流話語，「為人民服務」外，如「古為今用」、「唯
　　物論」、「破」（破/立）；同時為自己的「雜文物」（亦曰「綜合文物」）工作
　　辯護，冀打動有關當局，有相當的説服力（如《以常識破傳統迷信》、《我為
　　什麼始終不離開歷史博物館》、《陳述檢討到或不到處》）。那些洋洋灑灑的
　　長文，不像是寫在「政治運動」中。

中，堪稱一絕。如此寫「檢查交代」而能為所在單位「革命群眾」
所容，已然稀有。儘管對歷史博物館有諸多不滿，沈從文能獲保
全，或也因其不在高校或學部的吧。

　　北大出版社出版的《顧頡剛自傳》，第二部的一組文字，寫於
1950年5–6月，其中《我的性格分析》一篇，開頭就說：「近來各
種從業人員都做自我的檢討」(頁139)。對於原國統區的文化人(以
至其他人等)，這種經歷實在從所未有。有趣的卻是，除吳宓等另
類，對這種「新文類」，知識分子似乎不難習得。由「老區」、
「解放區」進城者固早已熟極而流，如上文所說，徐鑄成這樣以
弄筆為業者，也不難照貓畫虎，適應既經形成的套路，寫得中規
中矩。倒是聶紺弩，雖革命資格足夠老，收入全集的較早的檢查彙
報，並不中式。也證明了個人的「革命歷史」並不足以保障其「改
造」的成效。
　　顧頡剛在1952年的「三反五反」、「思想改造運動」中，已
有寫檢查交代(顧謂之「坦白書」)的訓練(《顧頡剛日記》第七
卷，頁201)。「自我批判」，1958年也曾做過(《在解放後的大事
記》，《顧頡剛自傳》頁180、190)。其1965年的日記，一再記述
有組織地討論「知識分子改造」、「思想改造」等問題，自己因發
言不當而受批評(《顧頡剛日記》第十卷，頁324)。到文革，已算
得「老運動員」了，即使仍然會應對失當。這也是其性情中的堅硬
處，再大的壓力下也不易變形的。
　　「三反五反」時顧頡剛就發現，「三反之時，不貪污不如貪
污。思想改造時，則不反動不如反動，以貪污反動者有言可講，有
事可舉，而不貪污、不反動者人且以為不真誠也。」(《顧頡剛日
記》第七卷，頁154)文革仍然如此。只是顧習得的那一套技巧已不
夠用。他文革期間的日記，一再寫其妻為其所寫「交代」把關，
為其應對即將到來的批判所寫材料把關，一改再改，惟恐不合要

求；顧則不勝其苦。他説，自己「盡心竭力地罵自己」，在其婦看
來，仍是「處處在吹捧自己」（同上，頁615）。説其兩個月五易其
稿，「一次一次寫」，其婦「一次一次改」（同上，頁660），其同
事老友也一再提供修改意見。[50]另一處，説自己的「檢討」「改而
又寫，寫而又改，稿三四易」，成「解放後所作之長文」（同書，
頁668）。另有一處，説修改不已，致使其有「江郎才盡」之感（同
書，頁702），其婦「反復挑眼，直將把我逼死」（頁796）。由此看
來，毋寧説其婦心理的緊張更甚於顧。

　　由1968年顧氏日記看，是年他不但向「外調」人員，且向「街
道」（街道辦事處、居民委員會等）寫「交代」。所寫自我批判（認
罪書）近於自我詬詈。當年12月6日，記續寫《我毒害青年和欺騙
社會的罪行》（《顧頡剛日記》第十一卷，頁53）。12月15日，寫
《一生罪行檢討》（同書，頁56）。12月21日，記自己「把解放後
罪行列出」（頁57）。12月24日，寫完《我在五十年中的罪行》（頁
57–58）。「罪行」的字樣似不見於1967年年底前的日記。1968年年
終，則在日記中錄下《我的五十年的罪行》的提綱，「在舊社會」
計18條，「在新社會」計12條（同書，頁60–62）。所列「罪行」，
應據「革命群眾」由其日記等材料中鉤稽而出，白紙黑字，不容抵
賴，是顧氏當交出日記時絕難料及的。如此「罪行纍纍」，顧的精
神狀態不能不為之一變：看到了自己也幾乎認不出的自己。接下
來的《自我批判》（自註：「大潑冷水」），計十二項（頁62–63），
無不從嚴，自覺「上綱上線」，認戴各種帽子。[51]顧氏對「大批判
文體」的操作，至此已臻熟練，文字流暢，態度誠懇，合於其時

50　顧氏1967年5月17日日記，記章元善為其檢討提修改意見，指點「檢討」所以
　　過關之要領，如「注意避免受愚及委屈氣味」，不要做「自白書」，而應「上
　　降表」，等等。顧氏感激道：「真良友也。」（同書，頁673）

51　如説自己的思想「一貫右傾，本是國民黨一路貨色」、「精神貴族」、「自由
　　主義」、「走上反動路線」、「是附屬於帝國主義、軍閥、官僚的反動知識
　　界」、「做官當老爺」（也如沈從文，顧並無官職）、「御用學者」、「個人奮
　　鬥」、「主觀主義、虛無主義」等等（同書，頁62、63）。

「認罪書」的標準。1969年年終錄入日記的交代材料的提綱(同書頁169–174)，亦可作為其時「認罪書」的樣本。提綱中《我在新社會所犯的罪行》計13條；説自己既是「老反革命」，又是「新反革命」(頁173)；甚至列出九條針對自己的標語口號(頁174)，急於脱罪的心情溢於言表。[52] 其中《反魯迅的本質》若干條及有關分析(頁171–172)，由此後的日記看，絕非由衷。[53]《〈古史辨〉與反封建》的自我批判，也絕非由衷(頁170–171)。《我的總結》六條，則有辯解的成份。即使如此，仍然應當承認，顧氏的善於學習(模仿)，是吳宓難以企及的。

至於上文提到的顧頡剛的《我的性格分析》，的確只能説得上「性格分析」，不符合此後政治運動「檢查」、「彙報」的要求。該篇名為自我批評實則自我表揚太多；若用於後來批判的場合，必被斥之為「美化」自己。文中記其曾對勸其信教的基督教牧師説：「我是一生不做罪過的，自己既不需懺悔，上帝也無所用其赦免。」(《顧頡剛自傳》頁141)。這種自信，後來自然動搖，只不過對之懺悔的，是另一個「上帝」而已。

1965年「社會主義教育運動」，同事某為吳宓自我批判「過關」指示門徑，即於群眾所揭批各項，「舉出最反動、最醜惡之若干事例」，「而今則鄙棄、痛恨，全部否定並根絕」(《吳宓日記續編》第七冊，頁34。着重號為原文所有。下同)，也是深諳「政治運動」者通常的對策。另有人傳授經驗，要吳想像自己「是一

---

52 與魯迅間的過節，1968年11月所寫《魯迅和我矛盾的總結》，到1969年，即加碼成《我對於魯迅先生犯下的罪行》(同書，頁48、95)；與胡適的關係，也升級為《我和大反動分子胡適的關係》(頁96)。同年5月22日，寫《解放後我的種種反動行為》(頁105)；同月28日寫《我所認識的反動派》(頁107)；31日寫《我為美帝國主義服務》(頁108)；6月6日寫《我接觸並補助的一切牛鬼蛇神》(頁109)；6月11日寫《我用經濟主義對資產階級青年作更大的腐蝕》(頁111)；6月12日寫《我包庇了地主和牛鬼蛇神》(同上)；6月29日寫《我包庇了一批地主和反革命分子》(頁115)。如此等等。

53 1975年5月10日，顧氏向廣州中山大學註釋魯迅者坦然出示自己的日記，説：「看其所注魯迅集出版，對予作何評價。」(同書，頁353)。

無產階級人員」，「而談論、批判彼人吳宓之種種言論、行事」
(同書，頁38)。對於此類指點，吳均不能得要領，卻也仍略有改
進。當年5月18日日記，自說發言中「作真心愧悔之狀」(同書，頁
127。)。迫人「作……狀」，真的是運動主持者所需要的？[54]

　　有革命經歷的知識分子的檢查、交代，與「舊社會過來的知
識分子」，文體、辭氣往往相差無幾。文革爆發前夕自我否定之徹
底，郭沫若就作了示範。他關於自己以前所寫的東西「應該全部把
它燒掉，沒有一點價值」的表態(1966年4月14日在全國人大常務委
員會第三十次會議上的發言，刊同年4月28日《光明日報》)，雖係
其人一貫的誇張風格，卻也有某種自覺不自覺的表演性。

　　廣西師範大學出版社出版於2000年的《郭小川全集》，以
《外編》收入郭運動中的檢討，是較早面世的「運動檔案」，引
起了知識界的關注，或有開風氣之功。[55]據該書第十二卷的《本卷
說明》，郭現存的檢查交代和批判會記錄共有40餘萬字，該卷編
入約25萬字。由收入《外編》的有關文字，不難察知郭小川在歷
次政治運動直至文革中，因日益增大的壓力，不得不以自污為代
價，由「缺點」、「錯誤」到「罪行」，由「檢查」、「交代」
到「請罪」，極力抹黑自己以求脫罪的掙扎。即如說自己的「錯
誤和罪行，最根本的是對毛主席、對毛澤東思想的態度問題」(頁
222)；「關鍵中的關鍵、核心中的核心、大節中的大節、要害中
的要害」，是「懷疑甚至抗拒」毛和毛思想(頁162)。至此，「上
綱」已到頂點，無以復加，與批判者「瘋狂反對毛澤東思想」(頁
194)的說法終於吻合。1969年的《向毛主席請罪，向革命群眾請

54　陳徒手《1955年險境中的梁思成》一文，說到梁在危急關頭所寫檢討，緩解了
　　面臨的衝擊，改善了其難堪處境。「檢討文章姿態謙卑，善用合適的『自污
　　性』詞匯，態度誠懇」(《隨筆》雜誌2013年第3期)。

55　後由中國工人出版社2001年出版《檢討書——詩人郭小川在政治運動中的另類
　　文字》。《檢討書》以編者的敘事為穿插，非郭的「運動檔案彙編」。

罪》、1974年的《關於我參與炮製毒草劇本〈友誼的春天〉的交代材料》，由題目到文風，都有十足的文革特色。郭身為黨員、作家協會領導層幹部，檢討的內容往往涉及「左」「右」，以及個人與黨組織的關係，個人交往、「朋友圈子」的「非組織活動」，與誰接近，有何交談等等(參看《郭小川全集》第十二卷《外編》，頁42)，難免牽連他人。

　　郭小川1950年代末直至文革一再「檢查」、「交代」，自承為「反黨」罪行、「特大毒草」、「最毒的大毒草」、是自己「全部陰暗思想的大暴露」、「全部醜惡靈魂的大暴露」的，是並未公開發表的敘事詩《一個和八個》，以延安「審幹」、「肅反」的冤獄為背景。[56]該詩由「第五代導演」文革後拍攝同名電影(張軍釗執導)，仍被認為觸犯禁忌，被迫一改再改，直至「化神奇為腐朽」。

　　上個世紀五六十年代之交的「反右傾」，郭小川被中國作家協會列為「重點幫助對象」。「重點幫助」雖不同於文革中的「批鬥」，卻令人可知所謂的「上綱上線」，早已有之；批鬥對象自覺「上綱上線」亦然。[57]文革不過極端化了而已。郭小川寫於1971年的《贈友人》一詩，還檢討說「我們」沒有什麼「稱得起是真正的貢獻」，「而你和我，尤其是我/那些嚴重的過失呵，/卻真正為人民招過禍患」(《郭小川全集》第二卷，頁301–302)。一個詩人，又能「為人民」招致何種樣的「禍患」？

　　黨內知識分子中也有某些久經歷練者，與普通知識分子或有不同。他們畢竟有革命經歷作為「本錢」，有深諳政治鬥爭三昧

56　郭小川關於此作的說法，參看《郭小川全集》第十二卷《外編》，頁39、102、103、174、187–188、210、212。

57　陳垣1955年曾檢討其「官僚主義」、「資產階級腐朽思想」(《陳垣校長入黨波瀾》，陳徒手《故國人民有所思》頁67、68)。葉篤義「反右」後承認自己「同中共競爭領導權」(《對自己的罪惡的認識和今後改造的意見》，收入氏著《雖九死其猶未悔》。

的底氣，不易被催眠。如聶紺弩，縱使不能全無「自誣」、「自污」，[58]仍未失倔強自信。

　　無論黨內黨外，聶紺弩均堪稱奇人；或者說亦庸亦奇，其庸可及，其奇不可及。檢討書也別具一格，在力求合格的文字間，仍有真情流露。文革中身陷囹圄，決不說假話或許做不到，卻也另有種種文字技巧可供選擇，如避重就輕，關鍵處保留，皮裏陽秋等等就是。寫下的或許是實話，但實話未必就寫。不一定說真話，卻盡可能不說假話。關於聶，寓真(李玉臻)說，「看他的那些反省材料，檢討都很懇切很深刻，但仔細捉摸他的話又都似是而非」(《聶紺弩刑事檔案》頁160)。這才是聶之為聶。「肅反」後聶曾對友人說：「當我承認我是胡風分子，是反革命的時候，就是最不相信黨的時候。」(同書，頁160)另有詩曰：「文章信口雌黃易，思想錐心坦白難。」(《歸途》，《聶紺弩詩全編》頁185)聶紺弩確屬另類——當局者並沒有誤判(參看本節附錄《聶紺弩的運動檔案》)。

　　文革之初最先被拋出的「三家村」人物之一廖沫沙，編自己的運動檔案，也未失幽默感。這一點僅由「甕中雜俎」的書名即可感知。廖即令大禍臨頭也不亂方寸，屬異秉，非誰人都能。見諸該書，其人當年在巨大壓力下所寫檢查交代，多限於陳述事實，包括「時代背景」，自己寫該文的立意(隱含了自我辯解)，甚至有對批判者的反詰，並不一味「臣罪當誅」，也應性情使然。雖也不免有違心之言，往往限於「歷史觀」之類，而不迎合「革命群眾」的口味。廖1969年講述自己1966年遭到公開批判時的反應，說自己「不是驚慌，而是怒火突發」，因為「事先一點都不知道要這樣批判我們」(《甕中雜俎》頁323)。到了運動後期，即使寫信給專案組，也不一本正經，竟將自己奉命所寫材料超出了預計，表述為「發生『通貨膨脹』」(同書，頁208)。當然，與專案組耍貧嘴，

58　出版《聶紺弩全集》的武漢出版社，將該書第十卷的《運動檔案》以單冊印
　　行，題作「自誣與自述」(《自誣與自述——聶紺弩運動檔案彙編》，2005)。

説俏皮話，決不會在剛被「打翻在地」之時——那已是1975年。這篇發生「通貨膨脹」的文字，開頭就説：「攻擊魯迅先生是犯罪行為，這點我是承認的。不過我得訴點苦情，喊幾聲冤屈，然後作檢討。」（頁209）這種態度，豈是「革命群眾」所能容忍？尤其在運動之初。同篇還説，批判「三家村」既被當作了發動文革的「導火點或着火點」，自己作為小人物，躬逢此「偉大的歷史盛舉」，「足以引為『榮幸』而自得其樂」（頁211）。即使在運動初期等待批鬥的間隙，廖也仍有寫打油詩的「閒情逸致」（頁215）。以這種心態寫檢查交代，自不免莊諧雜出，部分地消解了此種文本應有的嚴肅性，不妨視作「別體」，供文體研究之用。如聶如廖，倘在古代，當是滑稽列傳中人物的吧。有這份強硬，無怪乎直至1975年，廖仍拒不在「中央專案組」的「結論」上簽字（參看同書頁332）。[59]「三家村」中人唯廖存活，當非偶然。

　　值得提到的還有《甕中雜俎》編輯體例的特別：文革中所寫檢查交代後，附其被批判的文章，供對照閱讀。倘能將代表性的批判文章也附在後面，則更完整，更適於作為「深文周納」的標本。「檢查交代」這種高度政治化、規格化了的文類，竟也能被聶紺弩、廖沫沙這類當代名士寫出性情！讀多了千篇一律的此類文字，也要聶、廖的運動檔案，才能令人耳目一新，感覺到了趣味。

　　收入了（部分）檢查交代而書名醒目的，應推邵燕祥的《人生敗筆——一個滅頂者的掙扎實錄》。經歷過那年代的，人生幾無可能全無「敗筆」，只是能坦然承認甚至公然標出者，未必多見。其實就該書看，運動檔案「檔主」中態度強硬如邵者，已然稀有，自審卻有如是之嚴屬。儘管邵一再自慚於當年姿態的卑屈，讀者讀到的卻是，其人一遇機會即反彈，鋒芒畢露，咄咄逼人——由其1967

59　見諸《甕中雜俎》的「思想彙報」，也盡可能不作過情的表述；亦曰「罪行」、曰「毒草」，卻對自己不痛罵，不痛悔；甚且有「頑抗」的表現，在「檢查錯誤」的題目下發牢騷，對自己的被拉去陪鬥表「不平」（《檢查我的頑抗態度》，1967年3月，同書頁269）。

年2月批判「資反路線」的文字，與1968年初《致廣播局軍管小組的信》均可看出。由於誤判形勢，他甚至借流行的口號（「造反有理」、「自己解放自己，自己教育自己」），斗膽為自己辯誣（見該書頁14、131）。更試圖「以其人之道，還治其人之身」，抓對方表述上的漏洞（頁135-136）。下文還將談到，李慎之始終有「不服罪」的問題，邵燕祥亦然。[60]「改造」之於他，成效可想。經得住千萬次捶打的，是何等堅硬的骨頭！廖是1930年入黨的老黨員，邵14歲加入共產黨的外圍組織，16歲即參加革命工作，或也因此，多了一點抗壓的能力。也賴有抵抗，保全了他們各自的人格。[61]

但你也不要以為邵燕祥會一味硬頂。1966年4月到7月，他即順應形勢，將自己的問題自動升級。即使材料還是那些材料，自我批判的措辭卻大有不同。只不過「篡改毛主席制定的文藝方向，鼓吹修正主義文藝路線」、「按照黑線的政治和藝術標準，製造反黨反社會主義的毒草」、「鼓吹復古崇洋，為封建主義和資本主義反動文藝鳴鑼開道」之類文革中標準化的表述，看起來像是真誠悔罪，實則因千篇一律易地皆然，方便了「大帽子下開小差」。邵事後也說到了「自己『上綱』上到了無可再高的高度」，反倒使得對方無以復加。應對「上綱上線」，這豈不是一種有效的策略？

邵燕祥由《郭小川全集·外編》的文字中，讀出了郭的「天真與熱情」，「他長期宣傳工作訓練出的政治敏感，以及長期文書寫作（總結報告等）訓練出的曲筆表達等」，「在政治運動的生死關頭，這些潛質都調動起來，凝聚在這些特殊文體中」（《以郭小川為鏡，審視我們的靈魂》，郭曉惠等編《檢討書——詩人郭小川在

60　王造時1957年劃右，1959年寫《改造規劃》，承認自己「口裏雖然說服了，心裏基本上還沒有服」（沙葉新編《王造時：我的當場答覆》頁263）。

61　如廖沫沙的《甕中雜俎》，邵燕祥《沉船》的編寫方式亦別具一格。該書摘引作者本人1957年反右期間的檢查交代，同時錄入成為自己「罪證」的詩作、雜文，以及相關文件、領導講話、批判文章（甚至「反右」前自己對他人的批判文字）、批判會記錄、有關的「動態」報道、組織的處分決定等等，較為完整地呈現了當年的語境。

政治運動中的另類文字》附錄二，頁375）。這種評論毋寧說更適用於他本人。

　　以如此粗暴野蠻的方式讓人悔過服罪，談何容易！田漢完稿於1967年6月9日的《自傳》，申辯說自己不是「反共老手」，不是「特務」，不反對毛主席（《田漢全集》第二十卷《難中自述》，頁542–543）。他承認了加之於他的有些罪名，卻不能承認上述罪名。洪子誠文革中為編《文藝戰線兩條路線鬥爭大事記》，有機會接觸文藝界的運動材料，說自己由邵荃麟、張光年的檢討、交代，「多少看到他們在逆境中可能保持自己的自尊，在維護人格尊嚴上的勉力堅持。也批判自己，但更多是講述事實本身；既不是竭力將責任推給他人，也沒有將難堪的罵名加在自己頭上期待寬恕」（《思想、語言的化約與清理──「我的閱讀史」之〈文藝戰線兩條路線鬥爭大事記〉》，《我的閱讀史》頁167–168）。在非痛罵自己、痛批他人即不能過關的情況下，能不將他人的指控照單全收，已屬難得。[62]

　　我所讀過的「運動檔案」，由數量（數量/質量）而言，首推李慎之的《向黨認罪實錄──李慎之的私人卷宗》，竟有一千二百多頁。若不考慮內容，稱得上「煌煌巨著」。可知其人一生銷磨在此等事上的，有多少光陰！李慎之將自己最有思想活力的歲月，耗費在這種往往是自我重複的文字操作中。[63]據說明太祖對能直言的解縉，欲「老其才」而用。此所謂「老」，應當指老成即今人所說

62　王瑤寫於1967年5月的《關於我的「材料」的一些說明》，對揭發的問題，逐條反駁，主動澄清，要求調查，力圖自證清白（《王瑤與現代中國學術》頁518–529）。

63　曾彥修晚年受訪時自嘲由字數言，自己是「大作家」，所寫檢查交代，「從延安到『文革』結束，恐怕在百萬字以上」（《曾彥修訪談錄》頁287）。吳宓學術作品傳世者不多。1969年12月致郭斌龢一札，講述自己文革中一再「奉令」寫大量「交代批判」，甚至被命作長篇「總批判」，以一個月的時間寫若干萬字，「多次被批為『不合格──不足深刻』，命再寫，另寫」（《吳宓書信集》頁425、427）。

的「成熟」。據《明史》本傳，解縉是醉酒後被埋積雪中死掉的。李慎之的才華也曾為某些高層人士欣賞；任其銷磨以至於老，不過是對人才的輕視，沒有任何深意。

　　由《私人卷宗》看，反右中李的罪案，除同事間的個別談話與發表於單位牆報、內部刊物上的有限文字外，致命的，是應黨的最高領袖之約表達的意見。在上級黨組織或黨的領導人向黨員徵求意見之時，黨員表明自己的觀點，即使屬危言，也符合組織程序；何況李的所言，出於「憂黨憂國」的拳拳之心。卻仍然被拋了出來，作為公開批判的材料(參看《私人卷宗》頁248–251)。

　　黨內知識分子本不乏有識之士，如曾彥修，如李慎之，如顧準。不同於大中學校的激進青年，他們穩健謹慎，出於為黨為國的一片忠忱，更是體制內的批判性思考者，卻不見容於其所憂思的黨。李慎之1957年「整風」中的言論，涉及體制，不同於聶紺弩憑直覺與經驗的率爾而談，確係經了反復思慮，縝密周全，包含了較為系統的「資產階級民主要求」，又力求應對中國的現實政治。或也因此，被視為更危險的思想者。[64] 李慎之回答質疑時並沒有明確表示放棄其基本觀點。如關於黨政關係，認為「黨不是權力機關，人民沒有給它權力發號施令」(同書，頁266)。讓李這樣有系統的思想主張者說服自己有罪，談何容易！此後李的罪過之一，即「不服罪」。收入《私人卷宗》寫於同日(1958年7月16日)的兩篇短文(或即「思想彙報」)，題目分別為「我對黨有疏遠的傾向」、「我並沒有完全心服」(頁428、429)，是老實話。李慎之1960年代的交代，一再涉及「服罪」問題。他也確實未被壓服，曾對某人說，自己的錯誤不過是「大聲地想」或「想出聲來了」(頁667)。

　　李1957年的檢討，承認蘇共二十大之後，自己「對黨的正義性

64　《李慎之的私人卷宗》邵燕祥序，說李承認自己「是就國家政治的根本制度進行思考和建言的」，其「政治思想帶有綱領性」(頁4)。李1965年的一次檢查，對自己的主張有簡明的表述(參看同書頁679–680)。聶紺弩1960年代私下的言論，有不少切中肯綮，卻不系統。

發生了懷疑」，「對黨的作用也產生了懷疑」，「對於黨作為工人階級隊伍的先進性也發生了懷疑」(同書，頁258)，不免「歧路興悲」。檢討交代至此，無異於將自己放了火上烤。他不但力圖澄清事實，且一再分析、陳述自己複雜矛盾的心理，希冀組織和群眾明鑒。他承認自己「交代」不多，「解釋與說明」不少(同書，頁134)。「解釋與說明」亦不容已，不吐不快，何況是向着他未失信賴的「組織」。雖然有承認「反黨」一類表態，大部分時間卻是在談問題，不隱瞞觀點，承認自己的主張，態度毋寧說是坦然的。而他的主張迄今也仍屬「異端」，不可能為執政黨接納。

　　由李的《私人卷宗》看，「反右」過程中他的自我批判也曾因壓力增大而升級。1957年10月28日的檢討，一上來就說：「我現在是作為一個黨和人民的罪人站在同志們面前，向黨、向人民請罪。」(同書，頁302)文革中人們熟悉的，不正是這一類表述？聶紺弩有對組織上原本瞭解的「歷史問題」反復陳述不獲解脫的苦惱，李慎之則有問題被批判者曲解、簡化、致使自己被迫以簡化回應以求過關的無奈。李對批判者說，他覺得自己的問題「在思想上是互相牽連的，在有一些問題上不能很簡單直接明確地答覆」(同書，頁232)。這只能被當作遁詞的吧。

　　如李慎之、徐鑄成、邵燕祥這樣的「老右派」，文革中承認其罪名，重申其罪行，不過燙冷飯，內容往往不出前此檢查交代的範圍，甚至不及前此的「深刻」，有誠意，有痛感。儘管1961年李慎之已「摘帽」，卻仍一再被迫檢討其罪行而不獲通過。文革則回到了原點，繼續糾纏於「服罪」與否，如此周而復始。卻仍有前此所沒有的時式表述。如1969年1月奉命寫《寬嚴大會後的感受、體會和收穫》，說自己1957年後的各種胡思亂想，都是因為沒有做到「三忠於」；「自己的一切罪行和錯誤，中心的一點是對毛主席不忠」(同書，頁1091)。[65]

───────────────

65　其時有「三忠於」、「四無限」。「三忠於」即永遠忠於毛主席、永遠忠於毛

　　在文革這種充滿戲劇性的運動中，縱然「老運動員」，也會遭遇「突發事件」。1969年因某人被「揪出」，李慎之不得不一再「交代」、「揭發」他與該人間「相互散佈的反動言論」（同書，頁1147–1161）。由此，「老右派」被發現了新問題。李慎之前此還因自己係老問題而被「冷處理」為幸。這意外的變故無異於晴天霹靂。兩人間的「背對背揭發」，勢必使問題升級。李此時的交代，顛覆了他前此的檢查刻意塑造的自我形象，證明了他對文革絕非冷眼旁觀，而是保持了相當的敏感與活躍的思考。李承認他與該人的私人交談，「是兩個沒有改造好的右派分子」在文革中犯下的新的現反罪行（頁1154。按現反即現行反革命）。這次意外事件使李慎之關於文革的思考得以暴露。李的思想仍不失犀利，鋒芒並未被1957年後的「改造」磨平。亦可證明在眾口一詞的表象下，即使極其狹小的私人空間，也可能有依然活躍的思想與言論。李慎之這次的悔過、認罪，誰說不是又一次違心的表白！李說自己「思想反動，腦筋複雜，舌頭更快，話說到一定的時候，就會冒出一兩句尖端的話來」（同上）。他的罪過，仍然不過是「大聲地想」或「想出聲來」。

　　無論李慎之「反右」中的檢討有多少出於自救的動機，多少屬真誠悔罪，他「鳴放」中的言論較之他「反右」中的檢查交代更經得住時間，則是無疑的。《李慎之的私人卷宗》邵燕祥序，說收入該「卷宗」的「雖是在特殊年代語境中的文字」，自己「仍然從中讀到了他的真聲音」。那些材料保存了李「對自己原始思想狀態的清醒描述」，可由之「找到了他晚年思想的源流」；那些文字「不像是僅僅為了迎合權力者的指供誘供」，「不排除更深遠的用心，就是『立此存照』，留待歷史的公論」（頁2）。的確不應排除邵所說的這種情況，無論其人當書寫時是否明確、自覺。

澤東思想、永遠忠於毛主席的無產階級革命路線；「四無限」即對毛無限忠誠、無限熱愛、無限信仰、無限崇拜。

　　我所讀「運動檔案」，時間跨度不等，有的到「反右」，有的到文革。如李慎之的《私人卷宗》時間截止於1980、90年代之交，其中有關於1989年「六四」的檢討的，止此一份。在檔主，確屬有始有終；其「運動檔案」也因此是更為稀有的樣本。「六四」後的清查中，李承認自己「鼓吹了一下新聞自由」（頁1227），卻未及於自己一貫的「資產階級民主思想」。李還說自己「總是不能在和平建設的時代看到你死我活的階級鬥爭，總是不能在學術探討的範圍來看到敵我鬥爭」（頁1247）。這種「總是不能」，在領導幹部中，毋寧說太難得。李對「六四」的態度合於他一貫的思想邏輯。足證李慎之還是那個李慎之。[66]

　　文革中陳毅曾公然聲稱自己的檢討是「假檢討」（參看《王力反思錄》頁273），說自己的檢查「是被迫的」（署名「外交學院革命造反兵團」的《陳毅反動言論錄》，譚放等《文革大字報精選》頁322）。陳敢於公然說，更多的人則心裏說，私下裏說。增訂紀念版韋君宜的《思痛錄》收入了《我的老同學王瑤》一篇，其中寫到文革前某年楊述帶北京市委的大學工作組去北大，向王瑤瞭解其應對批判的情況，問：「系裏叫你檢討，你心裏到底服氣嗎？」答：「跟你說實話吧，我的嘴在檢討，我的腳在底下畫不字！」（頁271）文革中武漢大學生魯禮安被捕入獄後交代其「罪行」，寫進了自己「將來翻案的密碼」，「相信總有一天人們會讀懂它（《仰天長嘯——一個單監十一年的紅衛兵獄中籲天錄》頁286）。這種設置密碼、「埋釘子」的技巧，年輕人竟也無師自通。[67]

66　李的私人卷宗關於1989年「六四」的檢查，承認「未能與黨中央保持一致」（頁1246）。1980年李的《自我鑒定》說，自己「並不能始終堅持真理而屢次被迫作不切實際的檢查」（頁1217）。這次如何？是否仍有因「被迫」而「不切實際」之處？僅就收入此書的材料看，李這次過關並不太困難，未被要求深挖「思想根源」——看來那次「清查」有「走過場」之嫌。

67　收入《七十年代》的趙世堅的文字，記自己1976年「四五事件」後，借「隔離審查」寫「檢查」練習鋼筆書法，「有時以《蘭亭序》的筆意寫，有時以懷素

如本節開頭所說，文革開始前，「檢討」（亦作「檢查」）即已
「制式化」了。兒女向父母寫檢查，學生向老師寫檢查；更不消說
群眾向領導，下級向上級，組織成員向組織。文革中的檢討對象則
可能是任何人，任何人群。直至文革後，還聽說有家庭夫（或妻）令
妻（或夫）寫「檢查」之類的事，一本正經，恬不為怪。

邵燕祥《人生敗筆》一書的自序《為什麼編這本書？》，寫
到了運動中「聲討」與「認罪」的藝術，猶如「推擋」，具體生
動（頁5），是身歷也看過了無數次攻防演練者才有的經驗。即如避
重就輕，在「主觀/客觀」、「認識問題/立場問題」、「動機/效
果」上做文章；承認一般性的指控，由致命的罪名下脫身等一整套
對策。至此，無論聲討還是認罪，都不可避免地戲謔化了。於是姑
妄言之，姑妄聽之，莊諧雜出，臺上臺下配合默契。檢查（或請罪）
者半是懺悔，半是撒嬌，以至有意過甚其辭，繪聲繪色，添油加
醋，以討好聽眾，增添趣味。越到後來，這種場合越需要噱頭，戲
劇性，故事，以刺激漸就麻痺的神經。[68]

假作真時真亦假。因「假檢討」流行，真檢討也會被指為假。
葉篤義《雖九死其猶未悔黨前言》：「說來可笑，反右、『文革』
時，自己寫過的檢查千千萬，絕大多數被批為假的、違心的，今
天，當『文革』被徹底否定時，我倒要開誠佈公地說，當時我確實
從『靈魂深處』認識到了自己的『反動』。」（頁2）動輒指別人的
檢討為「假」，亦因誠信、互信、甚至運動主持者自信的缺失。
毛對於上述現象並非不知情。1969年4月的一次會議上他說，有的
人，「要他檢討也檢討不清楚。不要寫了，寫了大家更不滿意，
還不如不寫。這事總檢討，就養成一個我們通常的習慣，叫做不滿

和尚的草書寫」（《我在四五事件前後》，《七十年代》頁220）。

68　徐鑄成說，他所在上海市政協文革前的「學習」、「討論」，「大概都是照搬
　　《聖諭廣訓》和《人民日報》已闡述的論調，誰也不敢暴露任何真實思想」
　　（《徐鑄成回憶錄（修訂版）》頁264）。「組織」與「積極分子」未嘗不知，裝
　　聾作啞而已。

意。」（參看卜偉華《文化大革命的動亂與浩劫》頁769）

　　文革期間有「打態度」的說法。態度較之於「犯罪事實」更重要。為此你切勿「抗拒」，最好涕淚橫流——亦一種「過關」的技術。「呼我牛也而謂之牛，呼我馬也而謂之馬」。「以天下為沉濁，不可與莊語」。[69]到得對一切（包括對自己）均不莊，即難免於自輕自賤。直至文革結束後，你仍能看到這種政治文化的遺留——慣於充當丑角，當眾抖摟自己的劣跡醜行，不過為了博人一笑。「真誠」被政治過度消耗，其後果，即虛無，油滑玩世。對莊嚴的輕褻，作為文化現象，文革後期即漸成常態，延續至今。

　　楊絳的小說《洗澡》所寫1050年代「改造」之初的知識分子尚天真。到了文革，即使迂夫子，也已老於此道，對所說是否真話不那麼在意了。寫檢查交代成了技術活兒。作痛心疾首狀而並不動心，或「上綱上線」而無關痛癢。何西來說自己的檢討「寫得洋洋灑灑，誠懇而又熟練」，有人建議其到上海擺攤兒代寫檢討（《往事如煙》，《無罪流放》頁3）。確也有一則笑話，說的是某落魄文人擺路邊攤兒，招牌書曰：「代寫情書，保證成功；代寫檢討，保證觸及靈魂。」代寫者允諾「觸及」的，是主顧的靈魂。令人絕倒的，是這後一句。這也是文革中才有的幽默。倘若不知曉「檢討」為何物，「觸及靈魂」典出何處，是不可能領略其中的妙趣的。[70]

69　《莊子·天道》：「老子曰：『夫巧知神聖之人，吾自以為脫焉。昔者子呼我牛也而謂之牛，呼我馬也而謂之馬。苟有其實，人與之名而弗受，再受其殃。吾服也恒服，吾非以服有服。』」《莊子·天下》：「以天下為沉濁，不可與莊語，以卮言為曼衍，以重言為真，以寓言為廣。獨與天地精神往來而不敖倪於萬物，不譴是非，以與世俗處。」

70　1966年4月召開的中央政治局常委擴大會議上毛提到「這是觸及靈魂的鬥爭」（逄先知，金沖及主編《毛澤東傳》第六卷，頁2374）。同年召開的中共八屆十一中全會通過的《關於無產階級文化大革命的決定》（即「十六條」）寫道：「當前開展的無產階級文化大革命，是一場觸及人們靈魂的的大革命」。1966年9月5日《人民日報》社論《用文鬥，不用武鬥》：「毛澤東同志反覆地告訴我們，無產階級文化大革命是一場觸及人們靈魂的大革命。」毛語見《建國以來毛澤東文稿》第十二冊，頁115，題為《要用文鬥，不用武鬥》。

這類書寫與「皮肉」、「靈魂」均不相干，卻毀了不少書生，陷入「檢討體」、「大批判體」而難以解套，「文革遺風」也借此延續。[71]

　　如若沒有在文革過後及時燒掉，你會在自家的箱底或抽屜深處，發現一兩份認罪書或檢查材料，恭楷謄錄，抬頭必寫着「敬祝萬壽無疆」以及「最高指示」，通常所引，無非「凡是錯誤的東西，凡是毒草……」還記得文革中代父親寫「檢查」、「交代」，不假思索，那一套詞匯像是自動由筆下流出，輕車熟路，手到擒來，既不費腦子，也不消耗感情。寫了之後讀給父親聽，父親笑道，寫得很好，只是不太像我的口吻。我自己也寫了不計其數的檢查、彙報，半是懺悔，半是賣弄，甚至力求行文漂亮——可惜那些東西早已毀掉了。

　　所幸時下的年輕人已無須訓練這一種應世的技巧。卻又得知有網絡寫手，專為「民主生活會」發言操刀；以至動用高科技手段，直接由網上下載。近年來網民總結「民主生活會萬能發言金句」，是我們曾經熟悉的「表態」的當下版，令人想到魯迅所說「做戲的虛無黨」；[72]甚至愈趨愈下，做戲也做得更拙劣。誰也不信（包括說者自己），卻誰都在說，且不能不說。我們的政治生活中有太多歷史的遺跡，歷歷可辨。季羨林晚年有名言曰，不一定都說真話，卻一定不說假話。不能說真話，已自可悲。為什麼讓人敢說真話、不逼人說假話有那麼難？

71　未收入個人運動檔案的，尚有「表態」。或曾記入官方檔案（如「會議記錄」）。承受表態壓力的非止知識分子。「思想彙報」係個人呈交「組織」，表態則往往在公開場合。對於知名人士，「表態」的壓力幾不可抗拒。不表態被認為一種「態度」。這種表態在政治運動中亦有強制性，「人人過關」，「不留死角」。

72　「做戲的虛無黨」，《華蓋集續編·馬上支日記》：「要尋虛無黨，在中國實在很不少；和俄國的不同的處所，只在他們這麼想，便這麼說，這麼做，我們的卻雖然這麼想，卻是那麼說，在後臺這麼做，到前臺又那麼做……。將這種特別人物，另稱為『做戲的虛無黨』或『體面的虛無黨』以示區別罷，雖然這個形容詞和下面的名詞萬萬聯不起來。」（《魯迅全集》第三卷，頁328）

7.3　批鬥、強制勞動、降低待遇到「給出路」

　　自「士」作為社會力量登上歷史舞臺，近代意義上的知識分子由「士」蛻變而出，作為群體的知識人從未經受過文革那樣粗暴的對待：由精神上的凌辱，到肉體懲創。儘管此前有以知識分子為主要打擊對象的「反右」，打擊面之大，打擊力度之強，仍遠不能與文革相比。文革期間對於知識分子，以批鬥摧殘其身體、踐踏其尊嚴，以強制勞動為懲罰、折磨、羞辱，以降低物質待遇迎合民眾「平均主義」的要求，將文革前即已進行的「知識分子改造」推向了極端。

　　中共八屆十一中全會1966年8月通過的《關於無產階級文化大革命的決定》（即「十六條」）申明，「這次運動的重點是整黨內走資本主義道路的當權派」，卻將走資派與「反動學術權威」同列為打擊的主要對象。「十六條」第一條有「在當前，我們的目的是鬥垮走資本主義道路的當權派，批判資產階級的反動學術『權威』」；第十條則說，「在這場文化大革命中，必須徹底改變資產階級知識分子統治我們學校的現象。」後一句收入經毛審定、人民出版社1967年12月出版的《毛主席論教育》一書。

　　文革對知識分子的打擊，知名人士固首當其衝，被波及的遠不限於知名人士。

批鬥

　　1966年2月2日至20日，江青在林彪的支持下在上海召開部隊文藝工作座談會。座談會紀要經毛的修改以中發〔66〕211號文件發出，文藝界、批評界聞風而動。「軍隊的文藝工作者成了《紀要》的第一批受害者，也是文化大革命開始以後最早的一批受害者。」（卜偉華《文化大革命的動亂與浩劫》頁50）

　　1966年4月毛《對〈在京藝術院校試行半工（農）半讀〉一文的批語》，有「『學問少的打倒學問多的，年紀小的打倒年紀大

的』，這是古今一條規律」（《建國以來毛澤東文稿》第十二冊，頁35）。文革則將「打倒」體現為對知識分子的批鬥，甚至動用拳頭棍棒。

　　文革期間對知識分子較為集中、較具規模的打擊迫害，由工作組時期開始。王年一《大動亂的年代》記工作組主持下北京大學1966年6月18日的批鬥會：「40多名校系幹部和教授、學者被帶上『鬥鬼臺』，揪上去，轟下來，掛牌子，抹黑臉，戴高帽，扣字紙簍，搞『噴氣式』，遊鬥，個別女性被鬥者遭到猥褻污辱。」（頁39）時稱「六一八事件」。毛肯定該事件是「革命事件」（同書，頁39–40）。[73]以文革中北大所處特殊位置，上述做法的示範效應可想。

　　由當年北大哲學系學生陳煥仁1966年6月5日的日記看，該校批鬥中的施暴，起始尚早於6月18日。日記寫道：「昔日被視為黨的化身的校、系領導，昔日奉為神聖的教授、權威，如今全都成了牛鬼蛇神，一個個塗着花臉，戴着一尺多高的紙帽子，身上貼滿大字報，脖子掛着黑牌，由師生們牽着押着遊鬥」（《紅衛兵日記》頁14）。次日的日記中則寫有「平常看上去斯斯文文的老師同學，不少人一夜間變成了湖南農民運動中的『痞子』，校系領導和專家教授毫無例外地成了當年的土豪劣紳，即使過去不得輕易涉足的教授府上，隨便啥人都可以去將他們抓來遊鬥」（同上）。同書1967年5月15日記北大批鬥翦伯贊，説幾個人將翦「反剪着」，「像鷹抓小雞似的」，「拼命地壓住他的脖子要他低頭」（頁327）。翦的苦難還遠未結束。郝斌《老來憶「牛棚」》一文記所見翦被命站在馬車上在校園中游鬥，路邊的學生如看猴戲（《南方週末》2013年4月11日E27版）。翦致死的直接原因固然因「中央專案組」的威逼，也應屬積不能堪。

73　關於北大的「六一八事件」，尚可參看卜偉華《文化大革命的動亂與浩劫》頁158。麥克法夸爾、沈邁克《毛澤東最後的革命》一書説，北京大學1966年6月18日工作組主持下對「牛鬼蛇神」的批鬥，「開啟了使用體罰暴力之先河」（中譯本，頁90）。

　　有人寫文革初期北大所見：「人如海，聲似雷，熙來攘往，熱鬧非凡。幾百名被揪出的『走資派』、『反動權威』、『牛鬼蛇神』，個個脖子上掛着大牌子，或胳臂上裹着白袖章，上面標有本人姓名和『罪』名。他們按照強令，分別站立在指定的不同地點，或坦白罪行，或接受批判，或頂着高帽子四處遭遊鬥，或畫着醜態亮相示眾，等等。很像農村廟會上的雜技表演、耍猴賣藝，被人們競相圍觀；又像動物園的動物，供遊人欣賞取樂，但比動物園對待動物的待遇差之千里，常遭眾斥群罵，耍笑戲弄，甚至痛打。」（李德堂《殘害者與被殘害者》，《那個年代中的我們》頁602–603）

　　據卜偉華《文化大革命的動亂與浩劫》，1966年6月11日開始，「清華園內出現亂抓『黑幫』戴高帽子遊街的現象。12日，遊街現象愈演愈烈」（頁156）。遊街示眾這一種古老儀式的震懾效果，有目共見。1950年代初「鎮反」即有此經驗。文革中的公開批鬥與遊街示眾，亦不但意在羞辱，也在震懾。直至近年來，司法機構面向公眾公審公判、當街示眾的方式才漸被廢止，可證慣性之強大。

　　戴高帽子，靈感來自毛的《湖南農民運動考察報告》無疑。[74] 至於掛牌子，季羨林認為是北大小將的發明（《牛棚雜憶》頁22），未知然否。戴帽子、掛牌子，是文革中最為普遍以至輕微的羞辱方式。《譚其驤日記》1966年9月1日記自己及同被「勞動改造」者各人所掛標明身份的牌子，其名目計有「反動學術權威」、「反動學閥」、「大右派」、「反共老手」、「牛鬼蛇神」、「漢奸賣國賊」、「右派分子」、「反黨反社會主義分子」等多種（頁117）。他還留心及於別人和自己的名字上是否打×（1967年7月28日，頁150）。吳宓注意到大字報「凡書吳宓名，均加紅叉××，蓋以罪人

74　《湖南農民運動考察報告》關於將「土豪劣紳」戴上紙紮的高帽子遊鄉，見《毛澤東選集》第一卷，頁25。

視宓矣」（1967年12月10日，《吳宓日記續編》第八冊，頁315）。
日記中還記有被命自製勞改隊「牛鬼蛇神」的大小黑旗。凡此，文
革中實在是「小小不言」者；吳鄭重寫出，可知所感受的刺激。

　　暴力模式一旦開啟，即不難迅速升級。即如高帽子由紙糊的
到金屬鑄的；牌子由木製到鐵製，直至繫牌子的鐵絲嵌入肉中。
1966年6月20日顧頡剛日記記聽說「清華為蔣南翔作一鐵帽，重達
十七斤」，感歎文化大革命「威力如此，我輩如何可以不震動耶」
（《顧頡剛日記》第十卷，頁480）！

　　季羨林的《牛棚雜憶》，詳細記述自己「陪鬥」時被掌摑、拳
打、腳踢、痰啐、「噴氣式」、遊鬥示眾、被端下汽車、被猛擊面
部致口鼻流血、被群毆、追打、被打倒在地、被在水泥、石頭路面
上拖拽、被小孩子向眼裏撒石灰（頁74–77、80、89、99）。誰能想
像晚年被奉為「國學大師」的季羨林，文革中曾有如此之狼狽！

　　發生在中央美術學院的如下一幕，與致老舍投湖的那場批鬥相
似。「火燒舊教具，把石膏模型統統砸碎，堆在操場中央，又搜集
舊講義、舊畫冊作燒料，燒起熊熊大火，從『牛棚』拉出全體『牛
鬼蛇神』，跪在大火周圍」（王明賢、嚴善錞《新中國美術圖史
1966–1976》頁5）。[75]

　　文革初期上海高校對知名學者的凌虐，既效仿北京，又各有發
揮、創造（參看李遜《上海文革運動史稿》頁82–84）。安文江記自
己所見批鬥蘇步青的場面，說主持大會的是一位質樸善良的女同
學，「她聲嘶力竭地聲討、斥問。突然把一瓶紅墨水噴灑在蘇教授
謝頂的頭上，隨即推到臺下，責令他在曬得冒泡的柏油路上作狗
爬」（《我不懺悔》，周明主編《歷史在這裏沉思——1966–1976年
記實》第五卷，頁305）。

　　倪美生寫哈爾濱師範學院的紅衛兵令被批鬥者自己以墨汁塗面

---

[75]　楊繼繩《天地翻覆》第七章引用目擊者的文字，記述了1966年8月發生在大學
　　　的暴行，包括錢偉長受辱、被打的慘狀（頁254）。

塗手，腰間紮草繩，名曰「狐狸尾巴」。在關押「牛鬼蛇神」的教
室門上大書「狗洞」，令受害者四肢着地爬，「藝術系老師從三樓
爬到一樓，從一樓爬到三樓」（《「掃地出門」記》，《那個年代
中的我們》頁247、248），以示其非人。文革中充斥了關於「鬥爭
對象」非人的明示與暗示。既然非人，人人得而毆打、羞辱之。其
時的人們夢想未及「動物福利」一類概念。人以外的一切（物，動
物）都為人、因人而存在。「自在」的自然，必為「自為」的人類
所征服，徵用，何況被視為非人的「敵對勢力」！

　　吳宓1968年6月18日被批鬥後，在日記中寫道：「宓自1904冬
夜，為祖母痛打一次之後，一生未受鞭笞如今日者矣！」（《吳宓
日記續編》第八冊，頁482。着重號為原文所有，下同）。是年的
吳宓，已75歲高齡。其日記詳記批鬥尤其施暴過程。如同年6月21
日，記「紅衛兵一群，從後猛挾、拉、掀、推，且以拳及鞭打擊。
宓一再倒地爬起」（同書，頁486）；批鬥會後，被命「滾出去」，
被紅衛兵多人「挾、拉、推、排宓跟蹌出會堂，下階，跌到在馬
路上之雨水潦中……宓急逃，彼追及，最後在宓右股之外側，用力
着一鞭，乃退止。宓痛極，淒然急行」（頁487）。另一次批鬥會，
被「挾推」入會場，「翻滾在地，並受拳擊」；散會時，「仍被
數人挾擁，翻滾地上，並施拳擊」（同書，頁661、662）。日記還記
有在校內行走時，被某男生強命「跪於三岔路口之一大石上」，
男女生將其「打翻在地，滾得滿身泥土」，「拳足交加」（同書，
頁630）；命其跪階上，「推倒在地，群施拳亂擊宓全身」（同書，
頁645）。1969年3月6日在中文系被批鬥時，「擁拖入場，翻滾」，
右臂扭傷；「推趕出場，從後從旁猛烈打擊」（《吳宓日記續編》
第九冊，頁77）。在西南師範學院梁平分校，批鬥時被挾拖疾行，
「乘向前奔衝之勢，放手」，「猛推」，使其向前傾倒在地上，致
左腿重傷，終身殘疾（同書，頁103–104）。日記記述此事，文字之
外，尚有示意圖，示以倒地的姿勢，不像只為了記憶。他顯然有期

待的讀者。吳宓關於施之於自己的暴力的細緻記述，未必不可以視為弱者、受害者隱蔽的報復。他不甘被「白打」。他不但以敘述為抗議，且當場抗議，「故意大聲呼『痛極』，且抗言毛主席指示『要文鬥，不要武鬥』『不要動手打人』」（1969年4月18日，同書頁93）。於此也可見此老的倔強。吳宓所寫種種，發生在工、軍宣隊已進駐學校的「清隊」時期。

　　懲罰性的儀式行為，遊街示眾外，尚包括勒令背誦「老三篇」或毛語錄，往往伴以刁難、羞辱甚至惡作劇。[76]《譚其驤日記》1966年9月8日記紅衛兵命背誦「十六條」、毛語錄（頁118）。次日記被點名背誦語錄某頁某條，「以神經緊張，竟脫落二句」，受斥責（頁118–119）。郭小川文革期間的日記，一再寫被迫當眾背誦及是否出錯。1969年1月30日日記，記工宣隊員問自己「一二一」批示是什麼，自己因不能回答而聽訓（《郭小川全集》第十卷，頁367–368）。顧頡剛日記亦有類似內容。

　　肉體虐害方面，中學生較之大學生更有想像力，也更無忌憚。文革提供的舞臺，使他們有機會充分展示少年人的殘忍。[77]北京師範大學女附中總支書記、副校長卞仲耘之死，是被一再提及的例子。《動盪的青春——紅色大院的女兒們》作者之一的葉維麗，講述了她所在的師大女附中女生打死卞的事件，說那是文革中北京第一起打死人的案子，在全國範圍，可能是第三起（頁107）。可備一說。收入《那個年代中的我們》一書的馮敬蘭《記憶的瘡疤》，也寫所知卞仲耘之死。這篇回憶與葉維麗的講述，都提到一個勇於施暴的身材胖大的女孩。馮說那女孩是初一學生，相貌和名字自己「至今未忘」（頁473）。[78]北京的中學領導人被學生毒打、折磨致

76　「老三篇」指毛的三篇文章《紀念白求恩》、《為人民服務》、《愚公移山》。

77　麥克法夸爾、沈邁克《毛澤東最後的革命》一書說，「最恐怖的罪行發生在中學甚至小學裏，而不是北大或其它高校。」（中譯本，頁119）

78　關於此事件的真相續有披露，涉及高層人士的子女。顧頡剛1966年6月25日的日記，記由其就讀該校的女兒處聽到的批鬥卞的情況（《顧頡剛日記》第十

死或被迫自殺的,非止卞仲耘。另有八中黨支部書記華錦、女三中黨支部書記兼校長沙坪、師大二附中黨支部書記姜培良(參看卜偉華《文化大革命的動亂與浩劫》頁242)。

據楊繼繩《天地翻覆》,卞仲耘死後,「身上遍佈青紫,還有幾十處血窟窿」;北京一○一中學教員陳葆昆被打死,十多名教員與領導幹部被迫在煤渣路上爬行,有紅衛兵以軍用皮靴踩碾一女教師的手指;八中副校長被繩牽脖子,打昏過去;教育局長孫國樑被打斷三根肋骨;外國語學院附中紅衛兵打死兩名教師;第三女子中學校長沙坪被毆打致死;第十一中學紅衛兵抄家中打死女教師,在學校操場焚燒校圖書館藏書,令部分教職員跪在火堆旁,炙烤手臂,女校長林瑾被推倒火堆上燒傷……尚有多名校長、教師自殺的例子(參看該書頁266–268)。遇羅克《論鄭兆南烈士的生與死》,記述了出身不好的中學教員鄭兆南被施虐致死的過程(《遇羅克遺作與回憶》頁49)。某校中學生甚至將工作組組長打得「遍體鱗傷」、「血肉模糊」(參看卜偉華《文化大革命的動亂與浩劫》頁180)。

據說其學生較為理性的北京四中也在風氣中:「小監獄」關押社會上的牛鬼蛇神,本校領導及一些教師關入「勞改隊」;雖「內外有別」,對後者,過火的行為也在所難免。陳凱歌回憶道:「暴力事件開始發生。教室的門被打開時,總有老師被推出來,或者嘴角淌血,或者頭髮被剃掉一半;眼鏡被敲成碎片」(《少年凱歌》頁68)。牟志京則寫到了老師被「游鬥示眾」、「抽打推搡」、「潑墨汁」、剃「陰陽頭」、被迫唱「嚎歌」;有老師和丈夫一同自盡,有老師自殺未遂(《似水流年》,《暴風雨的記憶》頁5–6)。[79]勒令當眾唱「嚎歌」(又作「牛鬼蛇神歌」),是中學生的

卷,頁482)。7月9日記某女士「以勸其孫勿過分批判老師,被其孫斥為『老封建』,氣至嘔血」(同上,頁491)。

79　孔丹口述《難得本色任天然》一書說,四中「始終沒人敢像在師大女附中那樣,像在六中、八中等學校那樣,在場面上就公然劈里啪啦動手打老師」(頁

創造。于光遠注意到「『嚎歌』沒有作為一個詞條收入巢峰主編的
那本《「文化大革命」詞典》」。他所知某「黑幫分子」即因被迫
唱「嚎歌」而自殺（《文革中的我》頁137–138。按「嚎歌」為文
革初期紅衛兵所作、迫令「牛鬼蛇神」辱罵自己的「歌曲」）。

　　外地中學生對老師施暴絕不輸於京城。據楊繼繩《天地翻
覆》，西安九中有學生將汽油桶綁在老師背上用火點燃，將老師活
活燒死（頁271）。梁曉聲寫自己所見一所中學的校長「頸上被拴了
鏈子，被抹了『鬼臉』，狗似的被牽着繞操場爬。還在被踢着被喝
着的情況下學狗叫」（《知青與紅衛兵》，《那個年代中的我們》
頁622）。1970年代初以出逃臺灣的某人經歷為藍本的《天讎》一
書，當面世時很可能令人驚駭，懷疑其真實性。幾十年後讀到其
中學生打老師的情節，以為很平常，絕非奇聞。張戎出版於境外
的《鴻——三代中國女人的故事》，也寫到了發生在作者所在四
川某中學的暴行，學生對老師採取的血腥的「革命行動」（中譯
本，頁229）。

　　徐賁輯存其父徐幹生遺文的《復歸的素人：文字中的人生》一
書，收入其父當年的日記與《「文革」親歷紀略》。蘇州某重點中
學教師的徐幹生，寫到了被學生勒令戴牛鬼蛇神牌子，其上除「狗
名」、「主要罪行」等外，尚用大字書寫「望革命群眾見到就打」
的字樣；被命「鑽狗洞」，在碎石場上爬行，致使雙膝「皮肉盡
去」、「血肉模糊」（見該書頁390–394）。《紀略》對文革中表現
搶眼、態度粗暴的學生，直書其名；筆下少數學生的冷酷無情，
令人不寒而慄。對教師的誣陷、羅織，似無師自通，甚至老於此
道（參看該書頁349–350、371）。在徐的經驗中，中學生沒有耐心也

54。按孔有限定，如「場面上」、「公然」）。秦曉也說過類似意思（參看秦
　《四中往事》，《暴風雨的記憶》頁98。收入同書的劉輝宣、劉東、王祖鍔、
　趙振開（北島）、印紅標的回憶文字，都寫到四中學生對校領導、教師的羞辱以
　至施暴（參看該書頁57、75、153、191、203、228）。趙振開也寫到了該校教師
　的自殺事件（頁204、206）。

沒有經驗像他那些同事那樣「行陰使壞」，卻偶有與年齡不稱的陰險。文革中的「青年學生」，有的提前進入了成人社會，正由那個社會所塑造，映現出「未來中國」的形象。

文革中以「革命」為名義的，往往有出於私怨的報復。群眾運動的無政府狀態，方便了「有冤報冤，有仇報仇」。運動初起時的學校，將老師整到死去活來的，就可能有因了一次低分或一次處罰而心懷怨恨的學生。王友琴女士作過專題調查的「學生打老師」，大可找到這類實例。

高華《身份和差異——1949–1965年中國社會的政治分層》寫到了1953年後農村中小學教師(尤其小學教師)「普遍得不到尊重，運動一來就成為批判鬥爭的對象」(頁35)。文革中發生在廣西壯族自治區多地的對教師的迫害，由地方當局組織實施。自治區欽州地區1966年7月中小學教師集訓，「採取的批鬥手段殘忍、刑罰名目繁多：如掛牌戴高帽遊鬥，扛幡跪拜，丟塘浸水，烈日下暴曬，燙屁股，跪石子，針刺，拳打腳踢，假活埋等」，多人致傷致殘，被逼死、打死(中共廣西壯族自治區委員會整黨領導小組辦公室編寫的《廣西文化大革命大事記》，香港版《文革機密檔案——廣西報告》頁30–31)。主持集訓的主要為工作隊幹部。1968年7月蒙山縣中小學教師學習班，致死三人，致殘六人，重傷七十二人；批鬥中的刑罰「慘不忍睹，令人髮指」(同書，頁301)。1968年8月藤縣中小學教師的「學習班」，二百二十五人被打傷，六十三人被打致殘，二人被炸死(同書，頁306)。同年9月陸川縣搞「鬥批改」「清理階級隊伍」，陸川中學職工八人被殺，校長被批鬥一百二十多次後去世，米廠中學教職工七人被殺(同書，頁329)。同年11月廣西大學「階級鬥爭展覽」，「一批教師被當作禽獸展覽」(同書，頁336)。殘虐程度，當非其他地區所能想像。

文革中大中學校針對教師的暴力受到了較多關注。知識分子中，暴力的受害者不限於大中小學教員。1968年當地駐軍負有直

接責任的廣西賓陽慘案，遊鬥中被當街打死的，就有縣人民醫院院長、副院長，內科、外科、婦產科、藥劑科主任(《文革機密檔案——廣西報告》頁298)。據陳東林主編《1966–1976年中國國民經濟概況》，文革期間中國科學院被迫害致死的達229人(頁286)。

　　顧頡剛1966年6月15日記：「聞本所副所長侯外廬受近代史所之當面批判，近代史所之劉大年亦將受批判，考古研究所之夏鼐，文學研究所之何其芳，亦同樣受批判」(《顧頡剛日記》第十卷，頁477)。8月27日，記學部批鬥會，「戴高帽者約七八十人」，翁獨健、錢鍾書、陸志韋等皆在其中(同書，頁517–518)。該篇日記說，「被鬥僅一星期耳，已有度日如年之感，疲勞之極，直如將死之狗。」(頁518)顧氏日記一再提到所聞考古所「鬥爭」手段的嚴酷。同年9月10日，聞陳夢家已自殺，認為「當以考古研究所鬥爭劇烈所致」(同書，頁528)；10月5日，記徐旭生先生，年已七十九，「考古研究所鬥得最兇，令跪在凳上，及暈而踣，則曰：『令他死！』」(同書，頁542)不知所聞確否。1967年3月21日，「聞文學研究所鬥爭，令人跪，及喚之起，則陳翔鶴、余冠英二人已癱瘓在地，起不來了。」(同書，頁642)學部學者還承受來自所外的衝擊。顧氏1966年10月3日記，記聽說「俞平伯家被二中紅衛兵所抄，取出其母之『壽衣』令其穿上，而平伯夫婦跪於其前，藉以表示封建家庭之醜態」。顧氏說這種惡作劇未免過分(同書，頁541)。

　　楊絳《丙午丁未年紀事》記自己與錢鍾書經歷的批鬥，掛牌子、戴高帽子、剃「陰陽頭」或其他「怪頭」、罰跪、遊街示眾外，還被命赤腳跑步。錢鍾書「背上給抹上唾沫、鼻涕和糨糊」(《楊絳全集》第二卷，頁57–60)。實施羞辱的，包括了紅衛兵與職工家屬。韓石山《李健吾傳》記述了同一場面：「牛鬼蛇神」被勒令「脫去鞋襪，排成一隊，彎下腰，後面的人扶着前面的人的脊肩，繞着院內的圓形花欄跑圈兒，誰停步不前或直起身子就挨鞭打」(頁366)。

其他文化機構批鬥中的施暴也在所難免。陳白塵《牛棚日記》記下鄉麥收時文聯各協會與生產隊聯合舉行的批鬥會上，「被施以『噴氣式』且挨敲打」，「每人都汗流如雨，滴水成汪。冰心年近七十，亦不免。文井(按即嚴文井)撐持不住，要求跪下，以代『噴氣式』，雖被允，又拳足交加。」(頁98)文藝團體中，音樂學院院長被迫吃草，中央歌舞劇院副院長被逼舔廁所便池，芭蕾舞演員白淑湘被人將腳踩在腰背上(《笑談殘酷》，《無罪流放》頁286)。批鬥中趙丹被打裂了瞳孔(黃宗英《但願長睡不願醒》，同書頁376)。徐鑄成說自己被批鬥而未挨打，「但每次必『坐噴氣式』，稍一抬頭，即被強力按下」(《徐鑄成回憶錄(修訂版)》頁271)。被施以噴氣式，廖沫沙有「滑稽感」(《甕中雜俎》頁338)。當年批鬥中有此「感」的想必不多。他有打油詩《嘲吳晗並自嘲》，中有「高士如今愛折腰」、「扭臂栽頭噴氣舞」云云(同書，頁48)。

無論「噴氣式」、掛牌子、戴高帽，還是墨汁塗面、剃「陰陽頭」、勒令唱「嚎歌」，都有戲謔性質。必令被批鬥者醜態百出，才足以快人心。那是一種殘忍的娛樂。「觸及靈魂」畢竟不如「觸及皮肉」速效且痛快。文革被作為「盛大節日」，多少也應來自這類快感的吧。[80]

1967年4月毛《對中央軍委關於支左工作十條命令稿的批語和修改》，有「不允許體罰和變相體罰。例如，戴高帽，掛黑牌，遊街，罰跪，等等。」(《建國以來毛澤東文稿》第十二冊，頁307)卻既不能懲前，又不能毖後。諸多暴行即發生在上述「最高指示」發佈後。[81]

也如文革中有「保護性羈押」、「保護性抄家」，也有「保護性批判」。這種批判的特點，是「胡亂堆砌一堆不着邊際的政

80　「革命是被壓迫者和被剝削者的盛大節日。」語出列寧《社會民主黨在民主革命中的兩種策略》，《列寧選集》第一卷，頁601。

81　由逢先知、金沖及主編《毛澤東傳》第六卷看，毛對批鬥領導幹部時的虐待行為一再批評，對發生在校園、文化機構針對知識分子的類似行為卻未見表態。

治詞匯」，或「向挨批的人吼一聲『滾下去』」（周明《獨立的人格》，郭德宏等編《我與「五七幹校」》頁96）。該篇記劇協原秘書長李超說過，「『文革』中，我最喜歡聽的一個字是『滾』」。荒蕪《牛棚抒懷》有「鬥『鬼』欣聞『滾蛋』聲」句（轉引自木山英雄《人歌人哭大旗前——毛澤東時代的舊體詩》中譯本頁43）。喝令「滾蛋」無異於開釋；被鬥者之「滾」唯恐不及。這種幽微之處，非親歷那時代則難以想見。[82]

也如聶紺弩，楊憲益夫婦受到的，非「保護性羈押」，卻終承「大牆」的「保護」。楊說，在他被捕後的幾年裏，他的「許多同事都挨了打，不少人被活活打死，或被迫自殺」。當時他因入獄而「躲過了這種劫難」。由此看來，「或許監獄歸根結蒂並不是一個很壞的去處」（《漏船載酒憶當年》頁215）。

文革中意識形態宣傳的實際效力，是可供考察的題目。即如在上述迫害行動中，出於意識形態鼓勵的，與出於其他動機的各佔何種比例；公開申明的動機與隱蔽的動機間關係如何。那些痛毆自己的校長、老師的學生，有多少真的認定受害人有罪、確信自己的行為合於正義？也如農村的「鄉里鄉親」，對朝夕相處的同學、老師的暴行，「階級意識」顯然不足以解釋。

曾彥修晚年受訪時一再說，受虐時痛心的是那種做法「把我們國家的青年毀掉了」，從良心上、道德上毀掉了（《曾彥修訪談錄》頁342）。近期一再引發輿論關注的校園霸凌，顛覆了關於「少年兒童」的既有認知。那種殘忍性未必與文革直接相關。也如同文革，其被何種環境、條件、因素誘發、鼓勵，尚需付諸具體分析。

強制勞動

以勞動——特指體力勞動——為人（不限於知識分子）的改造的

82　關於「清隊」期間高校、科研院所、體育、文藝界審查、揪鬥知名科學家、學者、著名運動員、藝術家，造成嚴重後果，參看楊繼繩《天地翻覆》頁608–616。

必要條件，基於毛的一貫信念。他一向主張幹部參加勞動(亦特指體力勞動)，知識分子下廠下鄉，和工農打成一片。[83]文革前夕的「社會主義教育運動」，「幹部參加勞動」即參加「生產活動」，被作為一項內容。幹部有「脫產」、「不脫產」之別。「產」即一線的生產活動，尤指體力勞動。以勞動為知識分子改造的路徑，於此也一以貫之。至於實踐中「勞動─改造」變質為「勞動─懲罰」，卻又未必與執政黨對知識分子的蓄意懲創無關。

文革前「勞動改造」的說法適用於特殊人群，「五類分子」即地、富、反、壞、右，以及犯人(有為此種人特設的「勞改農場」)。有關政策與設施預設了「勞動」對於人的「改造」功能。政治運動施之於「鬥爭對象」的強制勞動，沿用了上述做法。[84]

對知識分子的「勞動─改造」具體實施中變質為勞動懲罰，亦不自文革始。「反右」後對右派分子的「勞動教養」，聲稱意在「保障其生活出路」，[85]即使被「勞教」者形同苦役犯，不能免於凍餒。即如楊顯惠筆下的夾邊溝(《夾邊溝記事》)，《束星北檔案》中的月子口，叢維熙《我的黑白人生》中的渤海灣勞改農場。

83　參看其1957年《在宣傳工作會議上講話(提綱)》，《建國以來毛澤東文稿》第六冊，頁375；同年《在中國共產黨全國宣傳工作會議上的講話》，《毛澤東選集》第五卷，頁408；同年《中央關於整風和黨政主要幹部參加勞動的指示》，《建國以來毛澤東文稿》第六冊，頁447；其他相關文件、表述，參看同書頁452、462等。

84　「漢文帝十三年(公元前167年)廢除肉刑，中國古代的刑罰體系就開始了其以勞役刑為中心的歷史」(吳豔紅《明代充軍研究》頁246，北京：社會科學文獻出版社，2002)。據楊曦光說，對犯人的處罰依輕重順序，有「勞動教養」(簡稱「勞教」)─「強制勞動改造」(「強勞」)─「勞動改造」(《牛鬼蛇神錄》頁101)。

85　參看國務院1957年8月3日《關於勞動教養問題的決定》，8月4日《人民日報》社論《為什麼要實行勞動教養》。「勞動教養」據說來自前蘇聯的相關制度。1955年8月25日，中共中央發佈《關於徹底肅清暗藏的反革命分子的指示》，第六條規定「用勞動改造與勞動教養」的方法處理反革命分子和其他壞分子，並涉及勞動教養場所的設置問題。2013年12月28日，全國人民代表大會常務委員會作出廢止有關勞動教養法律規定的決定。

上述以「改造」為名的場所，將重體力勞動與饑餓作為手段，無不物質條件惡劣，管理非人性；大饑荒中更聽任被改造者自生自滅，無異於虐殺。[86]

文革結束後，知識分子講述較多的，是「牛棚」的故事與「幹校」的故事。「牛棚」、「幹校」，是一些知識分子文革經歷中的基本場景。無論牛棚還是幹校，勞動均屬「強制」。於批鬥中的體罰之外，強制勞動也被用作了體罰——尤其牛棚。牛棚式的勞動改造，是對右派分子勞改的繼續——在勞動作為懲戒的意義上。據說1966–1970年，全國各省、市、自治區陸續宣佈撤銷勞教、少年管教和強制勞動，不知確否。這一時期，卻正是對「牛鬼蛇神」的強制勞動普遍實施的時期。牛棚往往即勞改隊，有的徑稱「勞改大院」。

季羨林說北大牛棚中人無不「囚首喪面」，被稱之為「勞改罪犯」。他本人被斥為「沒用的廢物」（《牛棚雜憶》頁110、115、90）。季將其曾在該處勞動改造的北大煤廠，形容為「渣滓洞閻羅殿」（同書，頁109）。你能想像一代宗師季羨林，曾在「小將」、「中將」（指教員）們的棍棒長矛下，拖着病體，「在地上爬來爬去」服苦役嗎（參看同書頁105）？同書寫北大牛棚（亦稱「黑幫大院」、「勞改大院」、「監改大院」）「晚間訓話」之為供人圍觀的儀式。季說自己瞥見「席棚外小土堆上，影影綽綽地，隱隱約約地，在暗淡的電燈光下，在小樹和灌木的從中」，滿是觀看對「牛鬼蛇神」實施羞辱的人（頁123）。

文革爆發時廖沫沙已是花甲之年，且曾罹患重病，仍被迫從事重體力勞動，致使兩腿發腫，大便不能下蹲（《甕中雜俎》頁288–289）。1966年11月，歷史學家向達因發病延誤治療而死在「勞動改造」中。自然科學家也未能如1957年那樣受到保護。中國昆蟲學會理事長劉崇樂，年近七旬，患有嚴重的糖尿病，全身浮腫，步

86　叢維熙《我的黑白人生》中《蘆花蕩》一篇寫到呂熒之死。叢維熙輾轉幾處勞改農場，曾一度在井下挖煤。

履蹣跚，仍被押解去農村勞動，終被折磨而死(王年一《大動亂的年代》頁628)。吳宓文革期間的書信，寫自己以「牛鬼蛇神」在教職員的勞改隊中，「滿身泥巴，兩掌鮮血」，此種經歷，為「此生第一次」(《吳宓書信集》頁424)。夏鼐自1966年8月9日，以「三反分子」的身份被監督勞動(《夏鼐日記》卷七，頁234)；8月11日「掛牌勞動」(同書，頁234)。「強迫勞動」到1969年3月告一段落(頁247)。徐鑄成的《思想彙報》，寫到自己被勒令在單位、里弄、到工廠、農村監督勞動，說自己「百無一能，只會糟蹋勞動人民的糧食」，「是十足的廢料」(《徐鑄成自述：運動檔案彙編》頁169)。沈從文應命寫關於勞動的思想彙報，老老實實地說該日「勞動體力擔負感覺重了點」(《勞動感想》，《沈從文全集》第二十七卷，頁198)。其時沈已年過六旬且病。馬思聰出逃前，四中學生牟志京曾見其胸前掛着大牌子在校園中鏟煤(《似水流年》，《暴風雨的記憶》頁7)。

　　《譚其驤日記》記始於1966年8月31日的「勞動改造」，改造對象包括了他本人與王造時、程博洪、陳守實、吳傑等人，「由陳手執『牛鬼蛇神勞動改造隊』木牌前導，兩旁紅衛兵夾持而行，高呼口號」。譚因體弱而遭斥責，背上被貼「牛鬼蛇神某某」等字，終至「疲極累極」，「僵臥」(頁117)。9月2日鋤草，5日至學生宿舍打掃廁所，致傷足；8日至學生宿舍擦玻璃(頁118)。此一時期譚的日記，一再寫到勞動「疲累」、「疲極」、「疲甚」，仍被斥以「磨洋工」。1967年6月年下鄉收麥，致「腰痛難忍，疲乏不堪」，仍被命開會，「彙報」。

　　1966年11月12日，顧頡剛記文學所俞平伯、吳世昌「罰最重，至今猶每晨掃地」(《顧頡剛日記》第十卷，頁560)。[87]打掃衛生

87　其時顧氏已解除勞動。顧僅於1966年「每晨到所掃地一小時許」，歷時一個月。是年顧73歲(《在解放後的大事記》，《顧頡剛自傳》頁203)。1967年4月18日，記吳世昌勞動歷八個月，至此解除勞動，「且付以審查資料之任務，殊堪慰也」(《顧頡剛日記》第十卷，頁657)。

技術含量低，本屬簡單勞動；令牛鬼蛇神掃地，取其「當眾」。羞辱是需要觀看的。劉士傑《長夜孤零的日子》引荒蕪的舊體詩句，「如今掃地盡斯文」（《無罪流放》頁27）。[88]據卜偉華《文化大革命的動亂與浩劫》，中南海內的造反派竟勒令劉少奇自己做飯、打掃衛生、洗衣服（頁474）。

　　較之掃地，掃廁所更有羞辱的用意。2018年上映印度劇情片《廁所英雄》，使人知道了印度種姓制度影響下清理廁所之為最低等階層的工作。中國沒有種姓制度，以「掏糞」、清潔廁所為下賤，則有同然。文革前的政治運動，掃廁所即為懲罰之一種。據易彬《穆旦評傳》，被定為「歷史反革命分子」、判處管制三年後，穆旦1959年的「監督勞動」，就包括掃廁所（頁400）。這種懲罰包含了對某種行業根深蒂固的鄙薄、輕慢。儘管文革前國家主席劉少奇表彰過「掏糞工人」時傳祥，宣傳機器反覆申說「革命工作沒有高低貴賤之分」，對「環衛工人」（「清潔工」）的賤視仍難以改變。

　　文革前夕「極右派」束星北的一篇題為《刷毛（茅）房對思想改造有重大的意義，能刷掉資產階級臭思想》的「思想彙報」，可為文革中知名人士的掃廁所做註腳（《束星北檔案》頁290–292）。束尚寫有《申請長期洗涮（刷）茅房》（頁292–293）一篇，令人不忍卒讀。文革初期沈從文曾要求「作一個勤雜工，專門打掃本館各個毛房（按即茅房）」（《關於減薪事感想》，《沈從文全集》第二十七卷，頁197）。晚年沈從文向人談及掃廁所的經歷，嚎啕大哭（參看張新穎《沈從文的後半生》頁337）。曾彥修說自己文革中成了「打掃廁所的真正的專家」，可以寫一本小冊子談此種「學問」（《曾彥修回憶錄》頁337）。沈從文也說過類似意思。

　　以掃廁所為羞辱、懲罰，各地各單位「革命群眾」所見略同：

88　劉或記憶有誤。據木山英雄《人歌人哭大旗前》，荒蕪《牛棚抒懷》作「莫謂低頭非好漢，可憐掃地盡斯文」（中譯本，頁43）。

掃廁所固低賤，「廁所」又喻示了清掃者的髒與臭。于光遠寫自己在內的「走資派」不但被命打掃廁所，而且得到紅衛兵的如下訓示：「每天看看這廁所，就知道你們自己的思想有多髒，可以很好地得到教育」（《文革中的我》頁19），不失為一種有趣的說法。沒有人推敲這種做法在意識形態方面正確與否，與「勞動光榮」的說教是否扞格。

一流的生物學家童第周，長期被勒令打掃廁所（王年一《大動亂的年代》頁628）。吳宓日記中詳記所參加之體力勞動及清掃辦公室、道路，刷洗痰盂、清理廁所等。錢鍾書被命掃院子，楊絳則打掃女廁所（《丙午丁未年紀事》，《楊絳全集》第二卷，頁57）。何其芳曾掃廁所（參看劉士傑《長夜孤零的日子》，《無罪流放》頁25）。關於巴金掃廁所，參看王西彥《煉獄中的聖火——記巴金在「牛棚」和農村「勞動營」》（《歷史在這裏沉思——1966–1976年記實》頁38、45）。冰心、鳳子曾被命掃廁所。徐鑄成曾被命洗廁所（《徐鑄成回憶錄（修訂版）》頁271）。復旦大學被命掃廁所的牛鬼蛇神中，有老右派王造時（參看葉永烈《斯人獨憔悴》，氏編《王造時：我的當場答覆》頁59）。有過掃廁所的經歷的，尚有著名翻譯家楊憲益，等等，等等。

不少知識分子、藝術家，掏廁所、挑糞，由牛棚掏到了幹校。戲劇家吳祖光曾在幹校掏露天廁所（吳祖光《掏廁所》，收入《無罪流放》一書）。電影評論家鍾惦棐在幹校與吳「同行」，且掏出了專業水平；幹校結束前在履歷表「特長」一欄填「掏廁所」，「志願」一欄寫「清潔工人」（同書，頁93）。「樣板團」幹校的藝術家白淑湘、蔣祖慧、李凌等人，都曾到北京胡同廁所掏糞（於川《笑談殘酷》，同書頁287）。甚至聶元梓在1968年後，也被懲罰性地勒令掃廁所，自稱「打掃廁所的『專家』」（參看《聶元梓回憶錄》頁331）。[89]

89　文革中對被認為有問題或犯過錯誤的大學生，也以勞動為懲罰。如對上海華東

多年後陳凱歌寫到了當時所見父親「衣服破舊、牙齒脫盡，整日拄着掃帚站在廁所門口，有人出入他就進去打掃一次」。「他對所有的人彎下腰，熱情地頻頻點頭，不時地用因寒冷和勞作而裂了口子的手抹去鼻涕」（《少年凱歌》頁73–74）。你由上述文字讀出的，毋寧說是一個少年難以忘懷的屈辱感。

被命掃廁所的不惟知識分子。如原北京市副市長劉仁(參看吳德口述《十年風雨紀事》頁25)。瀋陽市公安局的劉麗英，說該局的「造反派」強令該局某幹部「打掃完廁所後就待在廁所裏」，以此為「人格侮辱和精神折磨」（《往事回首》頁81）。

毛澤東對上述情況顯然知曉。他在1969年4月的一次講話中提到，「有些人戴高帽子，掃茅廁，有些知識分子掃掃地，是可以的，搞點清潔衛生工作，有好處。」（逄先知、金沖及主編《毛澤東傳(1949－1976)》下冊，頁1550–1551)語調輕鬆。也應當說，文革雖遍設「牛棚」，成批地圈進「夾邊溝」那樣的勞改營任其自生自滅，畢竟沒有發生。

文革前「勞動光榮」以至「勞動神聖」的教育深入人心。1964年5月23日竺可楨日記，記「國家根本政策是要勞動來根除修正主義」；「勞動是根除修正主義的保證，能不能勞動是考驗共產黨員的一個標幟。」（《竺可楨全集》第十七卷，頁138)勞動創造的諸種價值中，「改造思想」這一種價值，至今未獲證實。馬克思主義經典著作有關於「勞動創造世界」的論述，未聞有勞動可以「改造世界觀」的論述。「勞動改造」預設了「勞動人民」在精神上、道德上優於知識分子——並不能成立。

他國監獄安排生產活動，出於創造價值的目的，或也意在以技術訓練以使人犯獲取謀生手段，甚至為了消耗受刑人過剩的能量。以右派分子的身份被「勞教」的巫寧坤在其自述中說，他們被告知

師大學生王申酉、復旦大學群眾組織頭頭勞元一、安文江等(參看《王申酉文集》、李遜《上海文革運動史稿》)。

「強迫勞動只是手段，不是目的。公開宣佈的目的是要把罪犯改造成新人」。他在勞改農場體驗到的卻是，「無限制的勞動時間，累得直不起腰來的勞役」，更是對生命的榨取，「不給思想改造留下多少餘地」（《一滴淚——從肅反到文革的回憶》頁110、111）。[90]季羨林由切身經歷認為，「這種『勞動改造』只能改造『犯人』的身體，而不能改造思想，改造靈魂」。這一點，季不厭重複地說到（《牛棚雜憶》頁129、149）。季由其所經歷的「牛棚」，說非人的處境使人「猥瑣」，失掉「羞惡之心」，「自暴自棄」（頁148、149）。《束星北檔案》中改造「右派」的「月子口」，可為季的上述說法佐證。事實證明知識分子非即「好逸惡勞」（這裏的「勞」也特指體力勞動）。但讓束星北這樣的物理學家幹最簡單粗重的體力活兒，由「公」的方面看，至少是「社會資源」的浪費。惡劣的生活條件，更是對尊嚴的恣意踐踏，與任何一種意義上的「改造」無關（參看《束星北檔案》13《月子口沒有尊嚴》）。[91]

　　據寓真《聶紺弩刑事檔案》，聶1967年初被捕後，接受審訊時關於自己的《北荒草》，說，那些詩固然「歌頌勞動」，「同時說明這麼多勞動好的人都劃為右派，認為毛主席有不民主的地方」（頁40）。這一層意思本不難讀出。同書收入了舉報人對聶《北荒草》中「反動詩」所作詮解，解出的自不是「歌頌勞動」，而是反革命牢騷，如《冰道》一首歎人才的被棄置（頁68）。聶紺弩也說自己的歌頌勞動，乃「勉強歌頌，以阿Q精神歌頌」（《〈散宜生詩〉後記》，《聶紺弩全集》第九卷，頁87）。諷刺的是，司法人員也不相信一個勞改人員會「歌頌勞動」，對「歌頌勞動」之說不予採信，斥其詩為「發洩」（《致舒蕪》二五，同書頁402）。文革

90　由該書看，巫寧坤的受難，1958–1961年較文革更甚。文革中的巫是「死老虎」，雖關「牛棚」，但如清河勞改農場的那種瀕死體驗不曾再有。這一點與束星北相似。無論在束還是在巫，大饑荒中的勞改農場均無異於人間地獄。

91　即使在解除了「管制」之後，對束的「改造」仍有意棄長用短，刻意不提供發揮其技術專長的機會，以打擊其自信（參看同書頁208–209）。

後聶說，自己的病「係獄中超重負載和冬日露天幹活所致」（《致高旅》，同書頁341）。「冬日露天幹活」，即在北大荒。聶紺弩行世的《北荒草》，並非寫於北大荒的原作。即使係「原作」，又豈宜作為「歌頌勞動」的文學樣本！[92]與聶紺弩有類似經歷的荒蕪，也有憶北大荒伐木諸詩。其《感懷十首之三》頷聯、頸聯：「伐木寒宵人喘月，鑿冰鳥道命如雞。三年邊塞悲猿鶴，十載青春付土泥。」（轉引自木山英雄《人歌人哭大旗前》中譯本，頁54–55）

　　文革中施之於「牛鬼蛇神」的懲罰，毋寧說包含了對於體力勞動根深蒂固的歧視，足以使「勞動光榮」的教育破產，也應屬文革影響深遠的後果之一。價值觀的混亂體現於制度性的安排，「勞動改造」外，另如「下放」。無論對打入另冊的知識分子的強制勞動，還是知青上山下鄉以及各地的五七幹校，都在事實上瓦解着與勞動有關的意識形態教義。文革後知青返城大潮，農民的「逃出農門」，繼續上述過程，使包含在有關論述中的合理性不得伸張。重建「勞動光榮」之為價值觀，其途徑則應以實質意義上的社會平等、職業平等，使勞動重獲尊嚴──僅僅提升宣教技巧是不夠的。[93]當然，與「勞動」有關的倫理問題，遠非如此簡單，本應作為專題討論的題目，這裏只不過淺表地觸及罷了。

　　不便套用阿多諾（Theodor Adorno）奧斯威辛之後不再有詩的說法，但說夾邊溝之後頌揚勞動有必要加註，則可以相信。經歷了夾邊溝、月子口和文革中的「牛棚」之後，勞動與「改造」的關係已

92　聶紺弩反右中承認，自己不怕窮，「但怕艱苦，怕勞動和拘束」，表示願意下鄉、上山，「直接參加體力勞動」（《最後全面檢查材料》，1957年11月28日，《聶紺弩全集》第十卷，頁315、317）。不待他「請求」，轉過年來，聶就被送北大荒勞改。對於聶，北大荒勞動，輾轉關押於多處看守所、監獄，正對其「怕勞動和拘束」的症候。《聶紺弩生平年表》：1958年，55歲：「時逢『大躍進』、『全民寫詩』，作長、短古風多首，開大量創作描寫勞動的舊體詩之端。冬，因燒炕不慎失火，被懷疑故意破壞，天天挨批判鬥爭，後以『反革命縱火罪』關進虎林監獄，但久不被提審。」（同書附錄三，頁429）

93　近年來倡導「工匠精神」，無論效果如何，收效遲早，由「文宣」的角度看，至少較為高明。

有待重新界定。適度的勞動(這裏也專指「體力勞動」)確有利於人的健全發展,懲罰性、虐待性的勞動則另當別論。

降低待遇

降低待遇作為懲罰手段,其來有自,也非自文革始。「反右」後對右派分子的處理就涉及待遇。體現於待遇的懲創最易於被感知,因此區分不厭其細(參看沈志華《從知識分子會議到反右派運動》頁682–686)。「反右」後束星北的工資由幾百元降至20元(《束星北檔案》頁221)。直至1962年,才由20元破例增至82元(同書,頁259)。著名報人徐鑄成,劃「右」後撤去《文匯報》社長兼總編輯職務,撤銷人大代表,薪給降六級,賴出售舊衣物、(經特許)為港報寫稿補貼日用。「摘帽」後,不但薪給不予恢復,且「政治上受歧視如故」。文革中一度只能領取50元生活費,依舊要「靠賣舊衣抵補」。1972年,其「生活費」由50元改為100元,1973年恢復「反右」後的工資(《徐鑄成回憶錄(修訂版)》頁263、273、282、284)。[94]

毛1958年中央政治局擴大會議上說:「等級制度,腦力勞動者工資多,體力勞動者工資少等,這是資產階級法權。」(史雲、李丹慧《難以繼續的「繼續革命」》頁506)降低腦力勞動者的物質待遇,已箭在弦上。[95]文革前的反修論戰中,有對於「蘇修」(即蘇聯修正主義)「三名三高」的批判。[96]文革中批判「三名三高」的

94　關於徐劃右後被特許為港報寫稿補貼家用,限定只能用筆名,參看《徐鑄成日記》頁355註4。一旦沒有此進項,即「經濟奇窘」(同書,頁470)。

95　參看陳徒手《故國人民有所思》中《湯用彤:五十年代的思想病》一篇關於1958年「雙反」(反浪費、反保守)後北大校方針對「教授不公待遇」問題採取的措施(參看該書頁121)。

96　「三名」即名作家、名記者、名演員;「三高」則指高工資、高獎金、高稿酬。1964年7月14日《人民日報》發表的《關於赫魯曉夫的假共產主義及其在世界歷史上的教訓》一文提到「高工資、高獎金、高稿酬」,針對的是「蘇聯特權階層」(尤其官僚階層),並非特指知識分子。

大字報，如收入譚放、趙無眠《文革大字報精選》的《揭觸目驚心的高薪階層》。收入、待遇，最易扯動公眾敏感的神經。1966年8月25日，北京九中「抗大紅衛兵提出立即廢除高薪制」(卜偉華《文化大革命的動亂與浩劫》頁235)。1968年1月北京地質學院的群眾組織宣佈「堅決處理我院走資派及反動學術權威的高薪問題」，決定取消高薪，發給其本人及家屬、子女生活費(同書，頁238)。降低待遇，當時無統一標準，各行其是。「破四舊」中抄家，抄沒的財物就包括存單及其他貴重物品，係「仇富」者借「革命」的名義實施劫掠。對「牛鬼蛇神」扣發工資、凍結存款則更為普遍。各地各單位的「革命群眾」，於此有不謀之合。

陳寅恪文革中遭停發工資，「只給幾十元難以維持生活的生活費」(陳流求等《也同歡樂也同愁——憶父親陳寅恪母親唐篔》頁274)。扣發工資，使長期「濟助」多位親友的吳宓，不得不依賴親戚的接濟，甚至一再向「故妻」陳心一求助。其因經濟拮据而降低生活水準——由日記所記每日飲食可知。1972年2月19日的日記，記「廚室中眾人譏宓儉，而不知有『扣發』之事，及宓僅有三十五元之月入也」(《吳宓日記續編》第十冊，頁38)。1973年1月始恢復全薪。至此扣發工資計29個月。吳宓甚至有了「扣發恐懼症」。據其妹吳須曼回憶，其1974年5月寫給其妹的信中，說到自己決定至死也不脫離所在學校，考慮之一就是，有保障，可以每月領到全薪；「如若作為退休而回西安，工資一定會打六折、八折發給」(吳須曼《吳宓回陝前後》，《追憶吳宓》頁462)。[97]

季羨林在「牛棚」時，生活費每月十六元五角，家屬十二元五角(《牛棚雜憶》頁117)。1970年後恢復全薪，補發了所扣工資(同書，頁170)。同在北大的周一良，也寫到其夫婦被扣發工資，抄走

97　關於文革中因扣發工資而影響生活的情況，吳在1970年致家人吳學淑、吳學文、陳心一的信函也有敘述(參看《吳宓書信集》頁429–430)。此札中吳宓祈求其妻陳心一「念一生之恩愛」，「賜助」一百元整(同上，頁432)。吳宓被扣發工資的情況，尚可參看《吳宓日記續編》第九冊，頁138。

存摺，「包括家屬，每人只給十二元五角的生活費」（《畢竟是書生》頁66）。周有光說自己「最少的時候只有三十五塊錢一個月，付房租都不夠」，「連養孩子的錢都沒有」，靠借錢過日子。由幹校返回，扣的錢發還，用以還債（《我的人生故事》頁145、146）。豐一吟《我和爸爸豐子愷》說其父的工資「從每月220元降到60元『生活費』」，存款凍結；甚至凍結其女兒的存款（頁192）。豐家被迫變賣傢具、器物（同書，頁194–195）。即使1972年「解放」後，仍不恢復原薪。歷史博物館一度扣發沈從文的工資，按家中每人十二元付生活費（張新穎《沈從文的後半生》頁192）。1969年11月，沈從文早已被宣佈「解放」，上繳的存款仍未被發還（《致張兆和》，《沈從文家書》頁476）。1970年，扣發的工資、上繳的存款似已「照政策發還」。

　　《譚其驤日記》1966年9月6日，記紅衛兵宣佈「暫不發工資，每人每月可借支20元」（頁118）。10月7日，記「補發九月份工資」（頁122）。11月29日，記「一紅衛兵囑少支薪」（頁128）。派仗中更競相顯示「革命」。1968年1月3日記某群眾組織貼出聲明，「規定走資派及反動權威今後每月領18元，家屬12元，房屋重新調配」（頁164）。1月6日同一組織「責令副教授以上自動減薪」，譚即將一部分款項交還財務科（頁165）。3月9日另一群眾組織「宣佈凍結存款」；4月26日譚交出存款單（頁166）。1971年2月24日日記：「自69年2月25日解放，至此二年整，始恢復工資」（頁241）。8月2日，發還凍結存款（頁255）。8月20日，發還首飾白金（頁256）。扣發、凍結、抄沒如是之輕易，發還、解凍卻這樣遷延。[98]

　　楊絳《丙午丁未年紀事》記自己被「揪出來」之後，「革命群眾」即宣佈「不發工資，每月發生活費若干元」（《楊絳全集》第二卷，頁57）。顧頡剛亦被扣發工資（《顧頡剛日記》第十卷，頁

98　譚其驤曾在壓力下表示自願減薪。1968年2月，譚的工資僅75元，「其餘全部被凍結」（葛劍雄《悠悠長水：譚其驤後傳》頁22）。

524–525）；以其負擔一家六口生活，扣發後為一百八十元。同年11
月7日，所扣工資曾一度發還(同書，頁558)；此後仍扣發。1970年
7月22日，顧說自己四十餘年高薪，今天則「捉襟見肘」（《顧頡剛
日記》第十一卷，頁228)。

　　據黃宗英《但願長睡不願醒》一篇，「巴金從來沒拿過單位
的任何工資，可他一生的稿費收入還是全部被凍結了。王西彥、
孔羅蓀、吳強……無一例外都被扣了工資，僅發最低生活費」，
自己家的最低生活費是15元/人（《無罪流放》頁384–385)。直至
1971年2月，中央專案組尚命扣發張光年的工資(張《向陽日記》頁
41)。日記寫到扣發後的「拮据」、「節省」(同書，頁92、93)。
事後得知，其家人不得不數次到舊貨店變賣未被紅衛兵砸爛的「精
美瓷器」(同書，頁127)。直至1975年6月，才發還扣發的工資(頁
230)；7月，發還存摺(頁233)。陳白塵《牛棚日記》也寫到所在江
蘇省文聯的「凍結工資」(頁103)。即江蘇已恢復發放全薪，「專
案組」、幹校當局仍繼續扣發(頁109、110、195–196、204)。[99]

　　即使沒有政策，也不妨先有措施。文革期間政出多門。由上文
看，扣發工資，扣發的比例、數額，由單位「革命群眾」自定。返
還所扣工資的時間也有先後之異。據胡金兆《虔誠，幾近悲哀》，
1968年初中央發文件下令立即查封凍結所有被揪出的「走資派」和
「反動權威」的私人存款，不許他們以這些資金「破壞文化大革
命」（《那個年代中的我們》頁478)。未知確否。收入《周恩來選
集》的《關於保護幹部的若干文電》，有《不應改變被批鬥幹部的
工資》，說「即使已定性的，也暫不改變」(下卷，頁452)。未涉
及知識分子。

　　並非知識分子都在意物質待遇。當局對此未見得知曉。吳宓文
革前即一再表示自願減薪(參看其1964年10月28日日記，《吳宓日

99　韓少功《革命後記》一書不止一處提到知識分子的「高薪」；說「除了丟掉公
　　職的，大部分知識分子的高薪在『文革』期間受到政策保護」(頁145)，似與
　　事實不符。

記續編》第六冊，頁389），文革中更祈早日退休。固因其在物質生活方面一向淡泊，亦為避害全生。沈從文屢次說自己所需不多，看到鄉民的貧窮，「心裏極難受」，不免為自己的高薪而「負疚在心」（《覆張兆和》，《沈從文家書》頁498、499）。其寫於1966年的《關於減薪事感想》，說其所在歷史博物館「宣佈黑幫分子每人按家中人口計，月各支生活費十二元」。這種情況下，沈還提出降低標準（《沈從文全集》第二十七卷，頁196–197）。《夏鼐日記》記1966年11月4日，補發其9–10月扣發的工資（卷七，頁241）。12月5日，夏寫報告給考古所黨支部，「擬將這幾月的節餘工資連同補發工資，繳交作黨費」（同書，頁242）。

　　甚至並非知識分子都在意是否「平反」、「改正」——或許更在當局者意想之外。聶紺弩1976年獲釋後，生活費一時尚無着落。他在寫給舒蕪的信中說，「苟有四十元，則三公不足易吾之介，平反於我如浮雲」（《聶紺弩全集》第九卷，頁391。着重號係我所加）。較之那些視「政治結論」、待遇如性命者，聶的闊達為不可及。

　　降低住房條件作為懲罰手段，文革前已然。王造時因1957年劃為「右派」而被迫遷居（參看葉永烈《斯人獨憔悴》，氏編《王造時：我的當場答覆》頁53）。據賈植芳《獄裏獄外》，施蟄存由1950年代到文革，所住私宅一再被擠佔，終於將一家人擠入亭子間（頁60）。吳宓文革期間曾被迫為他人出讓住房而一再遷居。1969年元旦期間被命搬遷，再三「叩辭」舊宅，心境淒涼（《吳宓日記續編》第八冊，頁6）。熊十力被紅衛兵勒令搬出淮海中路2068號小樓（郭齊勇《熊十力傳論》頁114）。徐鑄成也被勒令搬遷（《徐鑄成自述：運動檔案彙編》頁193），由知名人士居住的高檔公寓，遷至「勞動人民居住的里弄」，「七家人合住一幢單開間的房子」（《徐鑄成自述：運動檔案彙編》頁193）。至1973年「落實政策」，住房條件才略有改善（《徐鑄成回憶錄(修訂版)》頁275、

284）。俞平伯、馬連良、豐子愷等人私人宅邸被強佔、擠佔；梁漱溟被迫遷居。[100]俞平伯被由祖寓正院趕出，住入作為書房的偏院（參看何西來《往事如煙》，收入《無罪流放》，見該書頁4）。[101]上述對「高知」的懲罰手段，文革中易地而皆然。[102]

　　小民世代相承的「均貧富」的要求，文革中針對特定人群（或人物）的「革命行動」中得以誇張地表達。這也是阿Q式「革命」的常態。填平補齊，一勞永逸地消除不平等，將「損有餘而補不足」的古老理想，以剝奪（由財產到尊嚴）與劫掠的方式實踐，不能不夾雜了逞一時之快意的報復。[103]對知識分子的打壓，借力於民眾中原本就強大的民粹主義，不難一煽而起，卻難以再次裝回籠子。延燒至文革後，即不難成為衝擊「權貴資本主義」的力量。

　　待遇無關乎「改造」；降低待遇只是懲罰，無助於改造。也應當說，文革期間止於「降低待遇」，不曾「趕盡殺絕」。降低待遇也限於十年中的一段時間（長短因具體單位而有別）。扣發工資畢竟不同於（「開除公職」的）取消工資，尚能維持較低水準的生活；存款雖凍結卻非沒收；改變住房條件（強制搬遷、強行擠佔），亦尚有住所，不至流落街頭。文革爆發之初，沈從文提醒其兄長，說：

100　關於馬連良住房被強佔，參看《無罪流放》中馬小曼《鹹滋味淡滋味》一篇。梁漱溟被迫搬遷，見收入《梁漱溟全集》的梁氏日記。豐子愷被擠佔住房，見豐一吟《我和爸爸豐子愷．「日月樓」只剩一半了》）。

101　張新穎《沈從文的後半生》一再寫到1949年後及文革中、文革後沈從文的住房問題。由此一端也可知改善待遇之難。

102　對高幹，亦以遷居、惡化住房條件為懲罰。文革之初即命陸定一、楊尚昆、田家英、王稼祥、胡喬木等一批人搬出中南海（參看《王力反思錄》頁595）。文革爆發時任公安部副部長的劉復之，回憶錄中寫到1967年秋，被「掃地出門」，「全家被攆到西單靈境胡同互助巷一間堆煤的小屋裏」（《劉復之回憶錄》頁221）。降低待遇還包括降低醫療待遇（參看豐一吟《我和爸爸豐子愷》頁262）。對於年事已高的知名人士，這種措施可能是致命的。

103　吳宓「勞改隊」的同人一再提醒其高薪招忌，告誡其盡最大可能將姿態放低，以免引起注意。即如1968年2月5日記某人說其「薪資太高太多，為眾所嫉忌」，勸其「捐助鉅款與某一革命組織」，以圖自保（《吳宓日記續編》第八冊，頁371）。

「今後有許多事變化必十分大，你手邊若還有點點錢，可決不要隨意花去。我們或許有一天會兩手空着回到家鄉的。」（《致沈雲麓》，《沈從文家書》頁404）係據「歷史經驗」而云然。吳宓周圍的人一再催促其積儲錢財，也因「前車之鑒」。事實卻證明了前此政治運動的經驗對於文革不盡適用。[104]韋君宜卻仍寫到了知識分子改善待遇之難，摘帽子之難，恢復尊嚴之難，平反冤獄之難（《思痛錄》頁174）。

還應當說，「待遇」除「物質待遇」，尚有「政治待遇」。較之物質待遇，知識分子看重的，或在此而不在彼的吧。對於領導幹部，「政治待遇」包括了能否聽傳達（文件、報告），能否看「內參」甚至公開發行的《參考消息》，能否開某種會、參與某種活動，當然更有「規格」（包括排名、座次）等等。待遇往往即刻兌現。批鄧拓的文章發表前後，北京市委即派人到鄧家收走了供黨內高級幹部閱讀的《參考資料》（卜偉華《文化大革命的動亂與浩劫》頁109）。為知識分子中的知名人士「落實政策」，除上述方面，還包括了名字見報，出席某項活動。茅盾1973年享受了有關待遇，標誌着其三年「靠邊站」的結束（參看韋韜、陳小曼《父親茅盾的晚年》頁112）。不過兩年前，他甚至沒有聽林彪事件傳達的資格（同上，頁100）。[105]至於其他知識分子，政治待遇則落實於文革中的宣佈「解放」，與文革後的平反、改正。

104　李遜《上海文革運動史稿》寫到受衝擊的幹部，一般編制不變；恢復工作後即補發扣發的工資；降級使用而工資不降。「這樣的處理與文革前不同」（頁19）。

105　「待遇」落實的方式，參看《周恩來選集》下卷《對參加國慶招待會名單的意見》（1974年9月29日）。高層亦然。1971年11月6日，鄧小平獲准「第一次聽傳達中央文件」（《難以繼續的「繼續革命」》頁200）。1974年7月，毛提出讓呂正操、楊成武等出席慶祝「八一」建軍節招待會，名單見報。「這是當時常採取的『解放幹部』的一種方式」（逄先知、金沖及主編《毛澤東傳》第六卷，頁2665）。

「給出路」

　　文革中有被特殊賦義的「解放」。包括恢復「牛鬼蛇神」的「群眾」身份這一意義上的「解放」。因有1949年的全國「解放」，上述「解放」，被誇張地稱之為「第二次解放」。其中的「走資派」、「黑幫分子」，前一次是「解放」別人，這一次則是被人「解放」。曾參與過「解放」別人的于光遠，說自己在文革中的某段時間盼過「解放」（《文革中的我》頁149）。「盼解放」在1949年之前，只應當是「受苦人」的事。推遲或不予「解放」，成為了新的控馭手段。你會在大量回憶文字中讀到對「解放」的渴盼。即使淡泊如豐子愷，也不能不為此焦慮；因不止關係物質待遇，更關涉作為人是否重獲尊嚴，以至有無行動的自由。[106]

　　「給出路」的提出也非自文革始，儘管能否落實另是一個問題。1956年毛對《一九五六年到一九六七年全國農業發展綱要（草案）》稿有如下修改：「對於由合作社管制生產的反革命分子，合作社應當採取同工同酬的原則，給他們以應有的勞動所得。」（《建國以來毛澤東文稿》第六冊，頁3）這裏難以做到的，或更是「同工同酬」。同年4月毛《論十大關係》，其中有：「不殺頭，就要給飯吃。對一切反革命分子，都應當給以生活出路」（《毛澤東選集》第五卷，頁283）。1957年6月29日中共中央《關於爭取、團結中間分子的指示》關於「極右分子」，有「暫時保留他們一部分職權或地位，以示留有餘地，給以出路」（參看沈志華《從知識分子會議到反右派運動》頁625）。同年7月26日國務院全體會議通過的《關於勞動教養問題的決定》，將右派分子勞動教養，作為「安置就業的一種辦法」（參看同書，頁681）。勞動教養即其時的「給出路」，包括夾邊溝、月子口式的勞動教養。[107]路翎出獄後掃馬路，亦一種「出路」。

106　參看豐一吟《我和爸爸豐子愷》頁229、238–241。

107　統戰部關於對右派分子的處理意見，中共中央關於右派分子處理的原則的規定，參看沈志華《從知識分子會議到反右派運動》頁682–686。

　　1969年1月28日毛批示「照發」中共中央轉發的《清華大學貫徹執行對知識分子「再教育」、「給出路」政策報告》（《建國以來毛澤東文稿》第十三冊，頁3）。「再教育」係「改造」的另一種說法。「給出路」針對的是「資產階級學術權威」，條件則是「經過充分批判」（同上）。「給出路」是一種彈性的提法。如何給，並無具體政策。出了「牛棚」的季羨林，一度為所在北大東語系當門房（參看其《牛棚雜憶》第十九章），或也是該系「革命群眾」理解的「給出路」。

　　前此，毛在1966年8月1日寫給清華大學附中紅衛兵的信，就有「給出路」的說法：「對於犯有嚴重錯誤的人們，在指出他們的錯誤以後，也要給以工作和改正錯誤重新作人的出路。」（《建國以來毛澤東文稿》第十二冊，頁88）8月12日《在中共八屆十一中全會閉幕會上的講話》：「對犯錯誤的同志總是要給他出路，要准許改正錯誤。」（同書，頁101）中共八屆十一中全會通過的《關於無產階級文化大革命的決定》（即「十六條」）亦曰「對反對社會主義的右派分子⋯⋯同時給以出路，讓他們重新做人」。由上下文看，《在中共八屆十一中全會閉幕會上的講話》與「十六條」，「給出路」更是幹部政策。[108]1968年，毛在各種場合一再談到「給出路」。如該年8月31日《為準備發表調查報告〈上海工人技術人員在鬥爭中成長〉寫的〈紅旗〉雜誌編者按》說，「不給出路的政策，不是無產階級的政策。這些是我黨長期以來一貫的傳統政策」（同書，頁543）。同年9月3日《為發表調查報告〈從上海機械學院兩條路線的鬥爭看理工科大學的教育革命〉寫的〈紅旗〉雜誌編者按》，說了同樣的意思；尤其提到「上述各項政策，無論對於文科、理科新舊知識分子，都應是如此。」（同書，頁550–551）。12月1日尚有《對北京新華印刷廠在對敵鬥爭中執行「給出路」政策

108　1967年7至9月《視察華北、中南和華東地區時的談話》所說「擴大教育面，縮小打擊面」，「要允許幹部犯錯誤，允許幹部改正錯誤」（同書，頁387），由上下文看，也是幹部政策。

的經驗報告的批語》（同書，頁606）。同年10月31日中共八屆擴大
的十二中全會的閉幕會上，毛説，「對於學術權威，注意不要做得
太過分。馮友蘭、翦伯贊可能還有某種用處。批是要批的，保還
是要保的。」（王年一《大動亂的年代》頁315）即所謂的「一鬥二
保」。其他尚有「一批二養」、「一批二用」等。12月1日毛致信
林彪、周恩來及中央文革，建議將《北京新華印刷廠革委會在對
敵鬥爭中堅決執行黨的「給出路」政策的經驗》轉發各地參考（同
書，頁318）。

　　《夏鼐日記》1969年4月12日，學部在宗教所召開高級知識分子
座談會，「傳達黨的知識分子政策；清華大學經驗是『一批二
用』或『一批二養』」（卷七，頁248）。「一批二用」，即批其人
而用其專業知識。前於此，1957年7月9日毛《打退資產階級右派的
進攻》一文就説過，對於知識分子、「大知識分子」，不「一棍子
打死」，也因其還「有用」（《毛澤東選集》第五卷，頁455）。無
論「用」還是「養」，均有露骨的歧視，在當時卻已屬恩典。毛
説的是「不要做得太過分」；至於「可能還有某種用處」，可以作
多種理解。1953年痛斥梁漱溟後建議將梁選入政協「充當活教材」
（《批判梁漱溟的反動思想》，《毛澤東選集》第五卷，頁112），
即屬此類。[109]輕侮是隨心所欲的。北大教授傅鷹「反右」中被欽
定為「中右標兵」，逃過一劫（參看陳徒手《傅鷹：中右標兵的悲
情》，《故國人民有所思》頁153）。未知傅對於欽賜的名號作何感

---

109 優容中包含了輕侮，不止對於知識分子中的知名人士，也對手執政黨的高級
　　幹部。中共八屆十二中全會上，毛徑説陳毅「可以當個右派代表」（參看楊繼
　　繩《天地翻覆》頁709）。徐景賢則遵照張春橋指示通知陳毅，「推選」其「作
　　為右的代表出席『九大』」（《十年一夢》頁171）。王洪文更在中共九大上海
　　代表團會議上，將準備好的《陳毅反動言論小集》當面送陳。會議期間，毛
　　指示將「幾個老機會主義」作為「反對派」選進中央委員會（《天地翻覆》頁
　　724）。麥克法夸爾、沈邁克《毛澤東最後的革命》對此的敘述是，毛説：「有
　　幾個反對派有什麼要緊？」「反對自己的人不一定是壞人。」（中譯本，頁
　　301）

想。由此看來，將翦伯贊之死僅歸過於中央專案組某人，略嫌牽強。相關部門領會的「聖意」已包含了輕蔑。

文革這樣在放任凌辱、懲創之後「給出路」，多少會令人感到被權力玩弄於股掌之上。恩威兼施，剛柔相濟。文革中對馮友蘭、翦伯贊，將此演示得很精彩。落實最高指示的北大工宣隊更其誇張。陳煥仁《紅衛兵日記》1968年11月21日，記工宣隊當面向馮友蘭傳達毛主席的指示：「對你這樣的反動權威，還是要一批二保，批判你的反動思想，生活上給出路，把你養起來，作為一個反面教員。」馮聽後「激動不已」，「突然高呼：『毛主席萬歲！』『毛主席萬歲！』」（頁601）12月6日記馮在上述「感召」下，給工宣隊交了一份自我批判材料《一丘之貉——我和蔣介石》（頁605）。由此，吳宓對自己的前景，有如下估計，即給予他的最後處理，「將是作為『反動資產階級學術權威』，一批二養，——批判鬥爭之後，責令『改造思想』，而給以生活及出路」（1969年2月，《吳宓日記續編》第九冊，頁136）。文革前的「社會主義教育運動」，吳宓一再表示不願被「養起來」。事關尊嚴，彼時的吳宓，對於削減自己的教學工作而仍待遇優厚，並不領情（參看本書上編第一章附錄二）。吳不計較物質待遇，以傳授知識為職份所在，希望的是自證有用，且也樂在其中。這本應當是學術官僚了然於心的。但教書在西南師範學院有些人看來，卻是吳「放毒」的機會。

「贖買」、「利用」，為稍有自尊的知識分子所不忍聞。無論使用還是利用，均像是對於「物」的態度。至於「養起來」，則近於對待動物（家畜，寵物）。有種種「使用」、「利用」，如網羅進某御用「寫作班子」，如被特許從事某項專業工作——顧頡剛的主持校點二十四史，譚其驤的主持編纂《中國歷史地圖集》——當年被作為「政治任務」，亦對其人最好的保護，儘管未必因此而減壓。復旦大學對譚其驤，就強調「批」，即使在其承擔緊迫的科研任務的情況下。「批」是真「批」，絕不敷衍；「用」也是真

「用」，用得狠，不管對方死活。當年駐清華大學毛澤東思想宣傳隊《堅決貫徹執行對知識分子對「再教育」「給出路」的政策》說：「選定梁思成、劉仙洲、錢偉長三個典型」，發動師生員工批判(王年一《大動亂的年代》頁330)。充當「反面教員」亦一種「用」。據《陳寅恪的最後20年》，1969年中山大學對陳寅恪等人落實「一批二用」，即「劃為反動學術權威」，「批得比狗屎還要臭」，「給予一定的生活費，養起來作反面教員」(頁483)──對毛的指示的領會並不離譜。

　　「給出路」也即給飯吃。[110]較之「反右」後的開除公職，令其「自謀生活出路」，尚屬人道。徐鑄成、束星北「反右」後保留了公職。相當一些右派分子被原單位開除，掃地出門。[111]所能「自謀」的生計，或苦力(扛大件)，或掃街，從事街道作坊的手工勞動。文革爆發則被「遣返」回鄉，無論其有無勞動能力，能否存活。

　　1957年7月毛在《一九五七年夏季的形勢》中說，即使右派分子中的「死硬派」，「也給他們一點事做，也不剝奪他們的公民權」(《建國以來毛澤東文稿》第六冊，頁543)。中央關於處理右派分子的六條辦法，也有不按反革命處理，不剝奪公民權，大部分不開除公職，給飯吃，給工作做等內容(參看《建國以來毛澤東文稿》第七冊，頁101)。事實卻如李維漢所說，「全國五十五萬餘被劃為右派分子的人半數以上失去了公職，相當多數被送勞動教養或監督勞動，有些人流離失所，家破人亡。少數在原單位留用的，也大多數用非所長。」(氏著《回憶與研究》下冊，頁838–839)[112]吳

---

110 毛在「三反」運動中曾說：「不管什麼人，部長、局長……官僚主義，手上不乾淨的，一律撤職，撤職後不給飯吃。」(轉引自楊奎松《中華人民共和國建國史研究1》頁274)

111 1947年根據地、解放區土改，1949年解放區的土改，曾對地主「掃地出門」，或「恩賜」給「壞地」、「壞房」(參看楊奎松《中華人民共和國建國史研究1》頁45、46、49、105)。此「掃地出門」指趕出家門。

112 據蕭冬連《從撥亂反正到改革開放》，文革後右派「改正」，「對失去公職的27萬人恢復了公職」(頁115)。

宓「濟助」的親友，大多是因「土改」、「反右」而生計無着者。
寫給友人的信中，吳提到所在西南師範學院中文系某君，「反右」
後「開除教籍，不給一文工資(初許作註釋，千字給二元，繼則並
此不許)。最後逼其遷居校外鄉村(自尋房)」，吳每月助以10元至
15元。及1959年病歿，吳應其妻之求，「立給25元以殮以葬，妻含
淚道深謝，從此永絕消息」(《吳宓書信集》頁342)。吳於此強調
的是某君及其家人的「慎默」，使自己免受追究，以此為例告誡其
他受助者。

　　公有制條件下，國家壟斷了幾乎所有資源。知識分子失去公
職，非但難以自存，更無從養活妻兒老小。最終只能由鄉村(原
籍)、城市街道收容。沒有工作單位的「社會閒散人員」，身份
可疑，屬城市中最為邊緣的人群。即使知識分子中的「自由職業
者」，生存空間也極其狹小。不在體制內，物質生活難以保障，如
文學翻譯家汝龍。體制內外，關係重大。顧頡剛1952年的「思想改
造運動」結束後，正式任教於復旦大學。前此他曾權衡「專任」
與「兼任」的利弊，以為在當局看來，「一作專任便控制得住，
每一運動不得不參加，庶乎可以改造一舊知識分子也」(同書，頁
193)。理解得不錯。

　　較之生存，尊嚴不能不是第二義的。束星北1961年的一份「思
想彙報」說，「黨是一個黨，這個學校不要你，別的學校也不會要
你」；「『有錢』也沒有辦法」，人民不供給你糧食，「你有錢也
買不到，那只有活活地餓死」(頁240)。說得過於直白，未必為當
局所樂聞。在束，卻是實實在在的「覺悟」，即認識到了命運乃至
生死掌握在誰的手裏；將對毛「皮之不存，毛將焉附」的理解，落
實到了生存(吃飯/活着)，是束星北經歷了「勞改營」中的苦役與
饑餓後達到的。

　　中共建政後，對社會控制之嚴密，堪稱史無前例。古代中國，
除極暴虐的君主治下，往往容忍(即使不是優容)逸民，山曲海陬，

甚至市井閭巷間，有不臣之士、化外之民。雖曰「無所逃於天地之間」，事實卻並非如此。文革後的社會即使弊病多端，人的生存空間畢竟擴大了。你可以「炒」你所在單位——前此只有單位命你捲舖蓋走人。這確是一點進步。知識人有了更多擇業機會，體制外知識分子迅速增加。據說2006年後，統戰部原黨外知識分子工作局（六局）下設自由擇業知識分子工作處；後又將自由擇業知識分子工作處由六局分出，成立了新的社會階層人士工作局。可證體制外知識分子被認為一種新的社會力量。「自由擇業知識分子」之為類別，是社會進步的表現；雖因科技進步的推動，亦以體制鬆動為條件。

7.4　幹校記憶

「五七指示」

　　儘管「五七幹校」的遍地開花在1968、1969年，毛致信林彪、後來被稱為「五七指示」者，卻寫於1966年5月7日；同年5月15日由中共中央向全黨轉發，成為幾年後關涉無數人、無數家庭的大遷徙的前因。

　　「五七指示」有如下內容：「只要在沒有發生世界大戰的情況下，軍隊應該是一個大學校……第二次世界大戰的八年中，各個抗日根據地，我們不是這樣做了嗎？這個大學校，學政治、學軍事、學文化。又能從事農副業生產。又能辦一些中小工廠，生產自己需要的若干產品和與國家等價交換的產品。又能從事群眾工作，參加工廠農村的社教四清運動；四清完了，隨時都有群眾工作可作，使軍民永遠打成一片。又要隨時參加批判資產階級的文化革命鬥爭。這樣，軍學、軍農、軍工、軍民這幾項都可以兼起來。但要調配適當，要有主有從，農、工、民三項，一個部隊只能兼一項或兩項……」「同樣，工人也是這樣，以工為主，也要兼學軍事、政治、文化。」「農民以農為主（包括林、牧、副、漁），也要兼學軍

事、政治、文化，在有條件的時候也要由集體辦些小工廠，也要批判資產階級。」「學生也是這樣，以學為主，兼學別樣，即不但學文，也要學工、學農、學軍，也要批判資產階級。學制要縮短，教育要革命，資產階級知識分子統治我們學校的現象，再也不能繼續下去了。」「商業、服務行業、黨政機關工作人員，凡有條件的，也要這樣做。」（《對總後勤部關於進一步搞好部隊農副業生產報告的批語》，《建國以來毛澤東文稿》第十二冊，頁53–54）。「商業、服務行業、黨政機關工作人員，凡有條件的，也要這樣做」中的「黨政機關」，與五七幹校之設直接相關。

「五七指示」兩周年紀念日，1968年5月7日，黑龍江省革命委員會在慶安縣柳河辦農場，名曰「五七幹校」。同年9月30日毛寫信給姚文元，其中有「廣大幹部下放勞動，這對幹部是一種重新學習的極好機會，除老弱病殘外都應這樣做。在職幹部也應分批下放勞動」云云（《對〈柳河「五·七」幹校為機關革命化走出條新路〉一文的批語》，同書頁573）。同年10月5日，《人民日報》發表《柳河「五七」幹校為機關革命化提供了新的經驗》，按語中發表了毛的上述指示。[113]

毛的「五七指示」既與馬克思的如下經典論述，也應與他本人早年的經驗有關。馬克思設想的共產主義社會高級階段，「迫使人們奴隸般地服從分工的情形已經消失」，「腦力勞動和體力勞動的對立也隨之消失」，實現了「個人的全面發展」（《對德國工人黨綱領的幾點意見》，《馬克思恩格斯選集》第三卷，頁12）。上述理想社會的圖景曾引人遐想。當大批幹部、知識分子下幹校之時，文革的黑暗面盡顯，馬克思論述中的詩意已無從體會。雖援引「五七指示」作為依據，全國遍設的五七幹校，與那個指示在實踐層面無甚相干。關於五七幹校，當局宣稱的目標，在實現「機關革

---

113 關於興辦五七幹校的背景，參看史雲、李丹慧《難以繼續的「繼續革命」》頁461–462。據該書，「中國還幫助老撾開辦了各種『五七幹校』」（頁463）。

命化」。由工、軍宣隊實施嚴格的封閉式管理的五七幹校，與毛設
想的「公社」式的共同體，沒有任何相似之處。[114]

　　戰鳳翰《憶柳河「五七幹校」》，梳理了毛由1957年始與幹
部下放參加勞動以至「安家落戶」有關的指示，足證文革中辦
五七幹校，絕非一時興起(郭德宏等編《我與「五七幹校」》頁
116–119)。也如教育改革，毛的有關思路一貫而連續。1963年5月
毛《轉發浙江省七個關於幹部參加勞動的好材料的批語》，將幹部
參加勞動作為反修防修、保證中國永不變色的重大措施(《建國以
來毛澤東文稿》第十冊，頁292–294)。消滅「三大差別」之一的
「腦力勞動與體力勞動的差別」，以改革教育與幹部參加勞動為
入手處，文革前已在進行。[115]知識分子「勞動化」，被作為「革命
化」的條件。在當時的語境中，「勞動」特指「體力勞動」；毛所
説「三大實踐」之一的生產活動，通常亦理解為體力勞動。儘管有
「腦力勞動」一名，使用「腦力」卻不被認為「勞動」，亦一種怪
現象。知識青年的上山下鄉與幹部、知識分子的「下幹校」，均與
「消滅三大差別」的基本國策有關，實際效果卻有違初衷。

　　從事咸寧五七幹校研究的李城外認為，全國五七幹校的歷史應
從1968年5月到1979年2月，長達十一年。中央、國務院所屬各部及
豫、贛、鄂、遼、吉、黑等18個省均創辦了五七幹校。僅中央部委
一級的幹校就有106所。全國各省的幹校共有1497所，知名的有黑

114　吳敬璉為徐方《幹校札記》所作序《回望幹校年代》對「五七指示」與毛關於
　　人民公社的構想的關係有清晰的梳理。吳序説：「『五七』指示和人民公社的
　　制度設計和馬克思、恩格斯對共產主義社會的設想很不相同。馬克思和恩格斯
　　強調的是：共產主義社會將是一個『自由人聯合體』，『在那裏，每個人的自
　　由發展是一切人自由發展的條件』(馬克思、恩格斯《共產黨宣言》，《馬克
　　思恩格斯選集》第一卷，人民出版社1995年版，第294頁)。政社合一和工農兵
　　學商一體化的社會組織和社會秩序，顯然較之每個人的自由發展權利在毛澤東
　　的思想中佔有更加重要的位置。」(頁3)
115　據王學泰《監獄瑣記》一書附錄，文革前夕北京市委大學部勞動生產處即設有
　　勞動據點，稱「高校大隊」，「是北京市委為了反修防修需要，率先在高校系
　　統搞的勞改基地」。王認為這種基地與五七幹校類似(見該書頁272)。

龍江慶安柳河幹校、江西進賢中央辦公廳幹校、寧夏石嘴山(平羅)國務院直屬口幹校、河南息縣中國科學院(哲學社會科學部)幹校、上海奉賢幹校、湖北沙洋幹校等。李城外認為，「原文化部咸寧向陽湖『五七幹校』，是其中最有研究價值的幹校之一」(《「五七幹校」研究：從文學到史學》，《中華讀書報》2015年9月30日第9版)。《無罪流放》一書賀黎、楊健《前言》説，中央、國務院所屬各部委在河南、湖北、江西等18個省、區創辦的幹校，「共約10萬名幹部及工勤人員，5000名知識青年，3萬名家屬。據有關材料，我們初步估計在『文革』中全國各省市『五·七幹校』下放幹部達百萬人次以上。」(頁2)

　　據當年北京四中學生趙振開的回憶文字，與其同校的初中學生趙京興曾以大字報的形式「公然反對『上山下鄉運動』」，認為「因每畝地平均人口增加，必然加重農民負擔，把城市危機轉嫁給農民」(《走進暴風雨》，《暴風雨的記憶》頁212)。趙京興本人的回憶也提到了這張題為「我為什麼不去上山下鄉」的大字報(《我的閱讀與思考》，同書頁291)。未聞幹部、知識分子有人公然質疑五七幹校。1976年9月被捕、1977年被處決的華東師大學生王申酉，入獄後應司法當局要求所寫陳述，對與「五七指示」相關的毛的思想，有系統的批評(《供詞》，《王申酉文集》頁63–66)。當年的幹校學員，似乎沒有王申酉的見識，包括顧準這樣成熟的思想者——在幹校式監控下的集體生活中，批判思想確也沒有表達的空間。王申酉1964年10月23日的日記，由「社會分工」的角度，質疑腦力勞動者參加體力勞動的必要性(《日記摘抄》，同書頁143–144)。

　　李遜《上海文革運動史稿》據上海的情況，認為五七幹校被作為解決機關冗員這一「文革難題」的手段(頁1077)，尚不能解釋大批知識分子——大學教員、科研人員、作家藝術家——的下幹校。事實是，大學恢復招生、科研機構、作家協會等恢復運作前，上

述知識分子亦「冗員」。[116]「閒散人員」被視為亂源，乃執政者的一貫思路。以幹校收納「冗員」的「實用主義」做法，並不符合「五七指示」的精神，不過借諸該指示的名義而已。也因此幹校除勞動外，繼續「運動」（大批判、「清查五一六分子」等），不過將運動搬到了鄉村。

　　五七幹校遍設之際，與兩三年前「五七指示」發表時，社會環境、氛圍已大大地不同。被「運動」得身心俱疲且產生了種種「消極情緒」的幹部、知識分子被驅離機關學校，讓他們為「五七指示」描繪的「美麗新世界」感染，相信這是一種必要的革命行動，已太難太難。晚年毛的「脫離實際」，一廂情願，由此也得一證明。由主動發起改革，到被動地應對亂局，曾經激動人心的設想，早已是明日黃花。況且辦五七幹校，並非基於精密的制度設計，而是用了「大轟大嗡」的「運動」方式；除了體力勞動，毛的其他設想均無法落到實處，以至「變相勞改」、「勞動懲罰論」一時流行——亦「大躍進」後偉大領袖的烏托邦構想在實踐中扭曲變形之一例。

「下幹校」

　　「下幹校」的意味，有因人之異。有些人甚至有「解放感」：由城市、單位的惡劣環境中脫身，親近自然，重返學生時代的「集體生活」，等等。尤有解放感的，是由「牛棚」放出者。由陳白塵的《牛棚日記》看，陳曾惟恐不能去咸寧五七幹校，怕被作為異類孤立於「群眾」之外。于光遠定義「牛棚」，說「『牛棚』者，牛之棲息之所也！牛非人，亦即非人棲息之所也」（《文革中的我》頁36）。他說自己「在北京過了三年不許亂走，隨時聽候批鬥，沒完沒了的外調和審問的生活之後」，對下幹校等待處理，「竟然有

---

116 循名責實，「幹校」即幹部學校。高校、科研院所，文化部下屬作家協會、文聯的作家藝術家大批進幹校，乃因「知識分子」的體制身份。「事業單位」（事業/企業）的工作人員均屬「幹部」（幹部/自由職業者），亦當代中國的「特殊國情」。

一種輕鬆的感覺」（同書，頁45）。還特別提到下幹校的路上，自己「和革命群眾平等地坐在包下來的硬座車廂裏」（同上）。這一點非同小可。龔育之寫「下幹校」對自己來說是「大好事」，因有了「被解放」的希望，且不再受「群眾專政」，與其他幹部同為「幹校學員」了（《幹校探親瑣記》，唐筱菊主編《在「五七幹校」的日子》頁98）。王蒙也說到五七幹校的最大收穫，是「受寵若驚」地得知自己也是「五七戰士」（《烏拉泊「五七幹校」記趣》，同書頁111）。張中行也以為幹校的「優越性」在「平等」；身份、地位本來不同者，到了勞動場所「就平了等」（《幹校瑣憶》，同書頁21）。未曾被踐踏過的，很難體會此種「平等」之可貴。

　　曾彥修說他「自願地以勞動懲罰來代替精神懲罰」；「天天在大自然中，與自然相處、對話，再怎麼苦，怎麼累，自然不會侮辱人」（《曾彥修訪談錄》頁350、352、362）。蕭乾說，下幹校雖並不情願，一旦由北京的蝸居走出，「望到遠山近水、風景如畫的鄂東南一帶農村，胸襟還是為之開闊」（《在向陽湖的難忘日子》，《咸寧「五七」幹校回憶錄》頁4）。韋君宜說幹校期間，自己曾在一個暖融融的秋日，找了一個附近沒有人的大草堆，「伸腳躺下，仰望藍天」，「一下子就讓我脫離了這個受苦受難的人的世界，躺在了地母的懷裏」（《思痛錄》頁107）。吳宓隨勞改隊到西南師範學院的梁平分校，見「民家」雞犬，說「近曉必聞雞鳴，又時聞犬吠之聲，宓皆樂之」，因其「皆自然社會所恒有，而學校、機關所必無者也」（1969年4月30日，《吳宓日記續編》第九冊，頁99）。無論「批鬥對象」還是長時間在城市投閒置散者到了鄉間，有可能身心舒泰；原本就有「鄉村情結」者得以親近土地、莊稼，也可能欣欣然。由「田園詩」培養的對田父野老、農圃稼穡的感情，從來是中國士大夫的一種「鄉愁」。俞平伯詠幹校的詩作，在此種脈絡中本不難讀解。[117]

---

117 北京大學的張少康說，「鯉魚洲是知識分子的煉獄」，陳一新放牛，悠然自

　　久在古代詩歌中浸淫的文人，在鄉野間感受了那一種風情。
王世襄放牛，賦詩曰：「日斜歸牧且從容，/緩步長堤任好風。/我
學村童君莫笑，/倒騎牛背剝蓮蓬。」（《昂首猶作花，誓結豐碩
子》，《無罪流放》頁114）俞平伯幹校詩抄，寫村居門前的水塘：
「落日紅霞映水村，西塘小坐似公園。晚來更對柴門月，一歲情
蹤共講論。」「脫離勞動逾三世，回到農村學績麻。鵝塘池邊新綠
繞，依稀風景抵還家。」境界澄明。據他的外孫說，詩中所謂「鵝
塘」，「只不過是鄰屋前的一個小水塘，除池邊一棵開紫色花的楝
樹，其實並無風景可言」（引自韋奈《俯仰無愧──「文革」中的
俞平伯》，刊《人物》雜誌2007年第8期）。[118]

　　曾在文化部五七幹校的崔道怡，回憶文字中說，幹校「曾有
一批『國寶』級的文化名人，被迫把精神財富和珍貴年華，白白
拋灑於雲夢澤中」（《回憶在咸寧「五七幹校」的日子》，《我與
「五七幹校」》頁263）。該文提到了「向陽情結」，說諸多文化名
人，對幹校的「向陽湖」「懷有溫馨的親切感」，應與曾在此「避
難」有關（同上，頁264）。[119]

　　汪東林《在全國政協「五七幹校」的歲月》，寫到了幹校中的
「革命群眾」與專政對象間的關係逐漸「解凍」，說想不到「同
吃同住同勞動」，「竟能取得這種效果」（《在「五七幹校」的日
子》頁240）。由楊絳的《幹校六記》與《丙午丁未年紀事》可知，
錢鍾書、楊絳周邊環境的改善，始於下幹校前後。兩篇都寫到了來
自同事、尤其文學、外文兩所年輕人極細心、體貼的關照。楊甚至
用了「有事弟子服其勞」的說法（《丙午丁未年紀事》），雖則那些

　　　得，也許是「將之當作陶淵明、王維的田園生活一般來求得自己心靈上的超脫
　　　的」，以下引陳《鯉魚洲竹枝詞》（《鯉魚洲紀事》頁27）。

118　文學所荒蕪的《幹校》一詩亦田園詩風，心情未必不如所寫。擬之於古代隱士
　　　固略嫌不倫，心情的悠然卻有可能近之（詩見木山英雄《人歌人哭大旗前》中
　　　譯本，頁45）。

119　臧克家有詩集《憶向陽》。「向陽」即「向陽湖」，咸寧文化部五七幹校附近
　　　的小湖，原作「斧頭湖」。其地乃古「雲夢澤」。

年輕人名份上未必是「弟子」。陳白塵也説，幹校期間「人與人之間的關係也大有好轉，友誼又逐漸抬頭；一些曾被鬥得很慘的人，也有人敢於和他接近」（《憶雲夢澤》，《咸寧「五七」幹校回憶錄》頁22）——也應屬大破壞後倫理修復過程的一部分。幹校知青（即隨父母到幹校的中學生）也發覺到了幹校，「派性的火藥味不那麼濃了」（閆建琪《小「五七戰士」幹校追記》，《在「五七幹校」的日子》頁340）。上述效果，或為主持者始料未及。

　　幹校生活的新鮮感，既來自城市/鄉村，也來自個人/集體。幹校初期，集體勞動的樂趣或更在「集體」。日常偶有往還的人們，一旦同吃、同住、同勞動，彼此的瞭解、相互的關係就有了不同。縱然知識分子（尤其人文知識分子）的「生產方式」較為個人化，偶爾的集體生活，在其中的一些人，也有經驗層面的新鮮性。楊絳《幹校六記》就寫到了如下於她而言陌生、新鮮的經驗，即在幹校漸漸產生的「集體感」或「合群感」，「也可説是一種『我們感』」（《鑿井記勞》，頁21）。集體「下放」畢竟與個人下放不同。將「知識分子成堆的地方」連鍋端下去，仍然「成堆」；即使「摻沙子」，幾個工、軍宣隊員也不足以改變那成色。至於集體生活中的不便，是不難體驗的。集中住宿無隱私可言。單身男女的情慾無處宣洩，於是就有了高粱地裏的幽會——倒也算得返樸歸真，回歸了自然（參看何西來《往事如煙》，《無罪流放》頁10）。[120]

　　《幹校六記》錢鍾書《小引》，説該書漏寫了一篇，「運動記愧」。其他人的幹校回憶往往另有一記，即「記趣」。《六記》也有「記趣」，只是未用此名目而已。當年的趣聞，半屬書生在陌生環境中不可免的「洋相」。如收入《無罪流放》一書的原學部中人記俞平伯買蝦（頁18）。這類趣事，結集的幹校回憶中隨處可見，往

120　反右後王造時曾説，對於「體力勞動」和「集體生活」，自己「勉強能夠適應」，「但主動的成份少，被動的成份多，遠遠談不到喜愛體力勞動和集體生活。」（《改造規劃》，1959年1月，葉永烈編《王造時：我的當場答覆》頁262–263）應當是老老實實的話。尤其「集體生活」。

往是同一幹校中人的集體記憶。這種記憶，固然因了空間距離密邇而對於人別有發現，也應因生活與心境漸有餘裕，儘管同一時期仍有人在受難——尤其被審查的「五一六分子」。

　　當年傳為笑談的，今天已令人唏噓；即「洋相」也讓人讀來鼻酸。如何西來記錢鍾書、吳曉鈴最初在幹校燒鍋爐，冬天水不易燒開，有人不能體恤兩位老人的辛苦，打熱水洗臉洗腳，「兩位老人就會用充滿『忿恨』的眼光盯着這些人」（《往事如煙》，同書頁6）。同篇又記何其芳養豬，雨夜打着手電找豬。其《養豬三字經》曰「豬憂亦憂，豬喜亦喜」（同上，頁6–7）。該篇還錄有俞平伯的賦搓麻繩（頁7）。

勞動：改造/懲罰

　　蘇聯以龐大的勞改營著稱於世。當代中國的「勞動改造」政策，「勞改農場」、「勞動教養」等設施及相關制度性安排，或部分借鑒自蘇聯。事後的回憶中，有人將幹校擬之於勞改營。不可否認的是，文革的邏輯勢必支配幹校的實踐。「五七指示」在實踐中難以避免地變了味道。「六廠二校」中的二校北大、清華，幹校選址在江西鄱陽湖畔血吸蟲尚在流行的鯉魚洲，如語言學家林燾所說，「真不知是何居心」（《浮生散記（摘錄）》，陳平原主編《鯉魚洲紀事》頁20）。關於兩校教職員工因此而罹患血吸蟲病的情況，有關的幹校回憶中一再寫到。[121]文化部咸寧五七幹校在沼澤地，圍湖造田對當地生態有負面影響。該部另一五七幹校所在的天津靜海團泊窪亦鹽鹼地，幹校種的四百畝水稻「顆粒無收」（屠岸《眉頭莫皺》，《無罪流放》頁108）。上海文化人的奉賢五七幹校，也選址在鹽鹼地（王西彥《焚心煮骨的日子》，同書頁368）。千家駒寫到了商業部五七幹校以有利於改造為名有意選址在條件

121　參看收入《鯉魚洲紀事》一書的陸穎華《扁擔和小竹椅》、樂黛雲《北大教育革命的一個怪胎》等篇；收入《無罪流放》一書的《與「蟲」同行》、《鯉魚洲跳龍門》等篇。「六廠二校」，見前注。

艱苦的遼寧盤錦地區（《從追求到幻滅──一個中國經濟學家的自傳》頁264）。據說學部曾將幹校選址在「東北一個沒人煙的山區」（劉重日《「泡」校》，《無罪流放》頁66）。以艱苦條件為有利於「改造」，至此也更像是說辭。至於選擇不適於農作物種植的地區，作無謂的人力消耗，甚至不惜破壞生態。此種「勞動」已不止於「異化」。也有的五七幹校，設在原勞改農場，不難由此讀出露骨的暗示。周有光所在五七幹校，即在寧夏的勞改農場（周《我的人生故事‧寧夏五七幹校》）。上文提到的文化部靜海團泊窪幹校，則是勞改農場的一角，與勞改犯、勞改的右派分子為鄰。曾在此幹校的陳劍雨記某軍宣隊長要幹校學員「認清形勢」，説：「在你們北邊，是勞改隊，在你們南邊，是右派隊，如果你們不老老實實，敢亂説亂動，我一個電話，就可以把你們弄到那邊去！」（《八級木工的徒弟》，《無罪流放》頁152）北京有色金屬研究院的馬元，因幹校在雲南的勞改農場，說他們接受的是「刑滿勞改犯人的再教育」（《漫漫「五七」路》，《我與「五七幹校」》頁165）。以原勞改農場為幹校的，另如公安部（參看《劉復之回憶錄》頁222）。以勞動為懲罰──如夾邊溝一類勞改農場之於右派分子，如文革中對於「牛鬼蛇神」──適足以抵銷「勞動光榮」的意識形態宣傳而有餘。

　　「樣板團」的幹校（「紅藝五‧七幹校」）較為特殊，在京郊小湯山。[122]但毀果園種莊稼、蔬菜，由經濟效益看，有弊無利。小湯山幹校因與江青間的瓜葛，其中的藝術家飽受羞辱摧殘。據曾在「樣板團」幹校的李凌回憶，江青將「妨礙她的人」、「黑線人物」全都送到了幹校，如知名藝術家戴愛蓮、李和曾、阿甲、白淑湘、張新蓉、張東川、趙燕俠、張文綱等等。這些人在幹校「被批鬥得最狠」（《幹校裏的「特務」》，《無罪流放》頁265）[123]地方

---

122 樣板團，參與樣板戲演出的文藝團體，乃江青進行「文藝革命」的試驗田。

123 該篇説，江青「把一批她討厭的舊領導人、藝術尖子，給她提意見的人」和所

上某些五七幹校也有「另冊」性質，以「讓你去『五七幹校』」、「把他送到『五七幹校』」為恫嚇、威脅(參看同書魯大良《我在「五七幹校」的見聞》、楊德富《鎮康「五七幹校」回顧》等文。魯、楊曾分別在隴川、鎮康五七幹校)。威廉‧韓丁在其所著《深翻》一書中提到，北京的一位老幹部説，「文化大革命很快就演變為一場看誰能把誰送到幹校的競賽。」(中譯本，頁470)

　　既以遣送幹校為懲罰，老弱病殘者就難以倖免。楊絳《幹校六記》寫所見學部文學所的下放隊伍，「紅旗開處，俞平老和俞師母領隊當先」；俞平伯年逾七旬，令楊絳不忍看(頁8)。[124]1969年夏，豐子愷以七十一歲高齡下鄉勞動。與他一同勞動的，尚有七十八歲的朱屺瞻(豐一吟《我和爸爸豐子愷》頁221、222。按豐當年歲末返滬)。王世襄「肺結核病復發，醫生開了證明，不能參加體力勞動」，軍宣隊卻不開恩(見氏撰《昂首猶作花　誓結豐碩子》，《無罪流放》頁112)。鍾惦棐有嚴重的肝病，卻在幹校掏廁所、挑糞(邵牧君《「靜海」做筆名》，同書頁148)。沈從文高血壓，「心臟動脈粥樣硬化」，亦不獲赦免(《曲折十七年》，《沈從文全集》卷二十七，頁452)。儘管毛的指示有「除老弱病殘外」。[125]

　　適度的體力勞動確能帶來快感。那可能是由生理到心理的愉悦。條件是，力所能及，非屈從於沉重的生存壓力，有可預期的勞

謂的「五一六分子」送進五七幹校，是為了便於糟蹋這些人，讓他們「慢慢消失」(頁268–269)。幹校中的藝術家，尚有方嘯天、蔣祖慧、卞祖善、李世濟等(參看同書頁286、287)。關於李和曾在幹校，參看收入該書的《曾經被冤》一篇。

124　1969年11月21日葉至善寫給其父葉聖陶的家書，説到俞平伯「居然也進了『五七』學校，這樣的生活大轉變，他如何適應，難以想像」(《葉聖陶葉至善幹校家書(1969–1972)》頁45)。

125　其他「老弱病殘」而「下幹校」者尚有蕭乾、臧克家、陳白塵、郭小川(《向陽湖紀事——咸寧「五七」幹校回憶錄》頁2、9、12、22)、吳作人、李苦禪、蕭淑芳、李斛、巴金等(《無罪流放》頁293、297–298、298等。張光年有腎病，下肢浮腫，右手麻痺，雖風裏雨裏泥裏水裏堅持超負荷的勞動，仍被指摘「不夠主動積極」(《向陽日記》頁11)。

動成果。如若所承擔的勞動有一定的技術性，可能使知識人另有「成就感」。將與勞動有關的正面記憶視為矯情，不免狹隘。

即使聶紺弩在「北大荒」，是實實在在的「流人」，那段經歷在他，也非如別人所想像的那樣不堪。聶1984年寫給舒蕪的信中說，當年「右派勞動先後幾百隊員，如吳祖光、尹瘦石、胡考、劉尊棋、黃苗子、丁聰等，除了我年近六十，幹不動活，不免多被吆來喝去以外，大家和全體都一樣幹得歡，吃得歡，玩得歡，講自己如何被劃為右派的經歷講得歡」（《聶紺弩全集》第九卷，頁434–435）。[126]亦如陶淵明的田園詩，即「幹得歡」，也不宜為「勞動—改造」的正當性作證。聶已然證明了自己的不可改造。聶的可敬可愛，也在他的不可改造。

聶紺弩所謂「歡」，條件可能是多方面的：以類相聚；舒展筋骨，有生理的快感。在聶，即使入了獄，也隨遇而安，何況從事體力勞動。因此其「歡」基於生存意志與生存能力，與「勞動神聖」的教義無關。只要想到上文所引聶紺弩筆下的那些名字，你不認為將他們投放到北大荒是人才的浪費？[127]同理，幹校詩作也不宜為那一種施之於知識人的「勞動改造」的正當性作證。沈從文說到幹校「名為『改造』，『改造』什麼？向軍管領導詢問，也說不明白」（《曲折十七年》，《沈從文全集》第二十七卷，頁452）。張中行更斷言幹校「只能改造語言，即作偽」（《幹校瑣憶》，《在「五七幹校」的日子》頁20）。幹校式的勞動，與「人的本質力量的對象化」一類經典論述無關。不但因其強制性，違拗人的意志、意願，且棄長用短，造成人才、「人力資源」的虛耗。對於

---

126 與束星北曾在同一勞改營者，也寫到該處固然是「不折不扣的『集中營』」，卻有一種「生龍活虎戰天鬥地的『集體』氣氛」，至今回顧當時的勞動場面，「仍會有短暫的陶醉感」（《束星北檔案》頁207）。

127 以蘇聯時期集中營為題材的瓦爾拉姆·沙拉莫夫《科雷馬故事》，扉頁有勞改營懸掛的如下標語：「勞動是光榮、豪邁而英雄的事業」，正是我們熟悉的口號——在無論中、蘇的有關場所，都更像黑色幽默。《科雷馬故事》中譯本，桂林：廣西師範大學出版社，2016。

知名知識分子，更像是蓄意戲弄，體現的無非權力的傲慢。[128]

　　幹校中人對勞動的感受的確人各不同。于光遠說，自己「沒有感到勞動之苦，而是覺得其中自有樂趣」（《在「五七幹校」的日子》頁52），並不就是違心之言，即使不便理解為普遍經驗。圍棋名將陳祖德也體驗到了勞動帶給人的「透心的歡快」（《「五好戰士」》，同書頁289）。李學愚的幹校回憶也寫到了由勞動而生出的「成就感」（《「五七戰士」生活散記》，同書頁321）。一個從事心臟血管及人體皮膚血管研究的專家，由搭腳手架而生此「感」，畢竟有點滑稽。收入《鯉魚洲紀事》一書的北大吉常宏記文字學家裘錫圭「挑着極大的兩捆稻子，邁着大步」，高唱裘派名段（《鯉魚洲紀事》，該書頁46–47），固然令人神旺。但裘的崗位，難道不應當在課堂與研究室嗎？[129]

　　周有光說「五七幹校實際是勞改營」，自己是「優待的勞改犯」（《我的人生故事》頁143）。楊絳寫下幹校，說：「經受折磨，就叫鍛煉」（《幹校六記》一《下放記別》，頁6）。一再感歎「最經磨的還是人的血肉之軀」（頁10）。張中行、王西彥、周而復無不痛說勞動之苦，之為肉體折磨。張中行說他所承擔的勞動，「有的重到幾乎非己力之所能及，不得不盡全力掙扎」（《幹校瑣憶》，《在「五七幹校」的日子》頁20），如「基建」，如收麥，如採石運石。另有重而髒的勞動，以及「意在折磨」的苦役犯式的勞動（同上，頁21）。蕭乾的幹校回憶也寫到以勞動為懲罰、打擊（同書《咸寧述往》）。

128　文革中長期在工廠勞動的吳亮，以勞動（特指體力勞動）為奴役，說「自己體驗到什麼叫個人時間以體力勞動的形式被廉價出賣，無論誰將這樣的勞動神聖化，都會讓我覺得虛偽並對其產生厭惡與憎恨」（《我的羅陀斯——上海七十年代》頁96）。如此犀利的表達，未見於前幹校學員。

129　勞動的辛勞確有補償。北大李一華說，「看着一擔擔金燦燦的稻穀」，喜悅之情前所未有（《鯉魚洲瑣記》，同書頁66）；樂黛雲則說，「吃到自己親手種出的新大米和碧綠的新鮮蔬菜時，心中之樂真是無與倫比」（《北大教育革命的一個怪胎》，同書頁74）。

　　沒有人能由超負荷的勞動、對體力的榨取中獲得「樂趣」。由顧準幹校期間的日記看，其勞動強度相當大，托坯，拉磚，出豬圈，割麥等。顧氏當時即咯血(應為肺癌初期)，且患有胃疾。幹校回憶中不乏因勞累誘發疾病而死亡的事例。被毛作為樣板的柳河五七幹校，不但有人因傷病而亡，且不少人落下了後遺症(戰鳳翰《憶柳河「五七幹校」》，《我與「五七幹校」》頁108)。

　　2000年由他人代筆的臧克家《咸寧幹校散記》，與出版於1978年的臧的詩集《憶向陽》，口吻大為不同。《散記》寫到勞動強度讓他「真是吃不消」，以至誘發了心臟病；作為「黑幫」被嚴密看管，「有病也得堅持出工」。由該文看，臧對幹校的美好記憶，在勞動強度減輕、被分配看菜園之後(《咸寧「五七」幹校回憶錄》頁12–13)，也應如楊絳《幹校六記》的《學圃記閒》。

　　當初惟恐不能進幹校的陳白塵，進了幹校卻苦不堪言，一再怨歎勞動之苦。關於侯金鏡之死，直斥迫使侯連續擔水十擔的某個「積極分子」是「間接的殺人犯」(《牛棚日記》頁216)。張光年《向陽日記》記侯金鏡腦溢血猝發病逝後，宣佈「解放」。該篇日記錄有對侯的結論，說「結論貫徹了黨的政策的寬大精神」，自己「很受感動」，「遺憾的是侯本人來不及親自聽到。……」(1971年10月14日，頁58)寫得一本正經，卻令人覺得意在言外。

　　鄒荻帆寫到了「有拖拉機不用，而用人拉犁」(《5．16部隊》，《無罪流放》頁44)。徐鑄成說自己所在五七幹校開墾鹽鹼地，「工程浩大」，幹校學員中的技術人員有能力減輕勞動強度，為工、軍宣隊制止，「說知識分子下鄉，本為勞動改造，利用機器，豈非偷懶，豈非逃避改造？」(《徐鑄成回憶錄(修訂版)》頁278)。[130]

　　也有人因禍得福。王世襄患病而仍奉命下鄉，肺結核居然痊

130　由北京大學王理嘉的回憶文字看，「二校」(即北大、清華)仍較特殊，農場配備了履帶式拖拉機與手扶拖拉機(《從「教育與生產勞動相結合」到江西鯉魚洲「五七幹校」》，《鯉魚洲紀事》頁96)。

癒(《昂首猶作花　誓結豐碩子》，《無罪流放》頁113)。臧克家
也寫到老毛病在幹校「不治自愈」(《咸寧幹校散記》，《咸寧
「五七」幹校回憶錄》頁13)。勞動健體的效果，另有其他人寫
到。[131]有此收穫者，應不乏其人。

　　文革初期對「牛鬼蛇神」的「勞動—懲罰」之後，幹校被賦
予的意識形態功能受到了更為普遍的質疑。顧準1969年的日記記
幹校批判「勞動懲罰論」(《顧準日記》頁164)。張光年的《向陽
日記》記有1971年在幹校檢討自己「有勞動懲罰論作祟」(頁40)。
「勞動懲罰論」的能獲共鳴，也因沒有更合理的解釋。不待此時，
知識分子對官方説法早已不再篤信。

　　不像本章下節作為分析材料的日記乃當時所寫，幹校回憶寫在
遠離「現場」的事後。曾經的「五七戰士」(「幹校學員」)關於幹
校記憶的差異，與入校前的處境、狀態有關，也應基於性情、生活
態度，以及回憶時形成的認知。收入《在「五七幹校」的日子》一
集，王西彥的一篇色調陰慘(《和巴金在奉賢「五七幹校」》)，接
下來于光遠的一篇即色調明亮，談到「我們幹校」，口吻親切。王
蒙更其誇張，説「上幹校如同飲甘露、濯清泉、吃仙藥、沐天恩、
其樂無窮，三生有幸」(《烏拉泊「五七幹校」記趣》，頁113)。
有人説在咸寧幹校放鴨子的文化部長周巍峙，「看上去是那麼孤獨
無助，淒涼無奈」(韓俊英《我看見文化部長放鴨子》，者永平等
編《那個年代中的我們》頁655)。畢竟是別人「看上去」。由該文
所寫周的狀態，那年頭與鴨群為伴，未必不自得其樂。北京大學教
授林燾説自己初入幹校，從事較重的體力勞動，後被分配了「好差
事」，即放牛。每天清晨「看着廣闊田野東方太陽冉冉升起，呼吸
着清新的空氣，低吟昆曲《慘睹》中『眼見得普天受枉，眼見得忠
良盡喪，彌天怨氣沖千丈，張毒焰古來無兩』，久被壓抑的心情得

---

131 張光年為臧克家《憶向陽》所寫「詩跋」《采芝行》：「來時病骨何嶙峋，歸
　　時健步何輕巧！」(頁87)周有光也説自己的失眠症被體力勞動治癒(《我的人
　　生故事》頁145)。

到暫時的舒緩」（《浮生散記(摘錄)》，《鯉魚洲紀事》頁20）。楊絳、于光遠，前者的《六記》更可感敘事策略，後者則像是繫於其人的幽默感。讀楊會「莞爾」，讀於則讓人忍俊不禁：未必是「強顏歡笑」、「故作達觀」。[132]此外，幹校回憶呈現出的豐富的差異，也因遍佈全國各地的幹校管理方式、管理者的「政策水平」、對於幹校學員的態度、學員的生活待遇等等互有不同。

　　話劇演員方掬芬關於幹校，說那是「1000多個令人痛苦的日日夜夜」（《下放》，《在「五七幹校」的日子》頁303）。邵牧君的幹校回憶記有人說，「即使我死了以後，也不會回到團泊窪！」（《「靜海」作筆名》，《我與「五七幹校」》頁72）說的就是郭小川詩作《「團泊窪」的秋天》那個團泊窪。彙集了中科院學部、文化部所屬藝術院、團、大學等幹校回憶的《無罪流放：66位知識分子「五七幹校」告白》，書名即有「調子」。封面尚有如下題字：「用血水和淚水未必能寫出最好的歷史，真實的歷史卻一定浸透血水和淚水」。封底則有「肉體摧殘——生命中不可承受之重，精神摧殘——生命中不可承受之輕」等字樣。收入該書的文字，卻並非所寫都是肉體或精神的摧殘，更非都浸透了血淚。張光年《向陽日記——詩人幹校蒙難紀實》的書名及《引言：生命史上最荒謬的一頁》，「荒謬」固然，由我讀來，會覺「蒙難」稍嫌誇張，疑心作者受了誘導。文化部幹校的周明，在回憶文字中甚至說：「幹校是把人用血泡三遍，城水煮三遍，淚水洗三遍。」（《獨立的人格》，《我與「五七幹校」》頁98）係由阿·托爾斯泰《苦難的歷程》的題詞剝撦而來。[133]我也疑心對苦難的過度渲染多少得之於暗示。

---

132 于光遠說，「我把自己受迫害的那幾年經歷寫成現在這個樣子，一方面當時的實際狀況就是如此，另一方面它也反映出我的哲學，我的行為準則，我的性格。我有一個『革命的阿Q主義』……」（《文革中的我》頁136）

133 阿歷克賽·尼古拉耶維奇·托爾斯泰(Алексей Н. Толстой)《苦難的歷程》一書的題詞：「在清水裏泡三次，在血水裏浴三次，在城水裏煮三次，我們就會純潔得不能再純潔了。」1950–60年代，這部小說一度風行。

　　書信寫在「現場」，感受也人各不同。家書中沈從文的夫人張
兆和在向陽湖的日子並不黯淡(參看《沈從文家書》)。張是「受大
隊嘉獎的五七戰士」(《張兆和致沈從文》，同書頁549)，沈則是
鄉民口中的閒人「沈老頭」。不惟沈從文夫婦，葉聖陶、葉至善父
子的「兩地書」，也沒有那種生離死別的悲情。在幹校的兒子態度
積極，留守京城的老父則讚賞有加。家書中的兒子向父親講述自己
在幹校的「養牛經」，留在京城的父親則向兒子通報家人親戚的瑣
屑消息，一派溫軟的親情(《葉聖陶葉至善幹校家書》)。[134]

「運動」在幹校

　　幹校對一些人，不過另一間牛棚。據李遜《上海文革運動史
稿》，上海的幹校「普遍建立了『牛棚』，專門關押『隔離審查』
的對象」，不止對被審查的「五一六分子」限制人身自由，且對原
「牛鬼蛇神」也變相羈押，甚至使之形同囚徒(頁1078–1079)。由
王西彥《焚心煮骨的日子》一篇看，巴金、趙丹、茹志鵑、王元化
等人所在的奉賢五七幹校，即嚴於「牛鬼蛇神」與「革命群眾」的
區分。其他幹校也有類似的歧視性安排。張中行、蕭乾等，都極寫
在幹校所經歷的屈辱。

　　「大批判」在幹校中繼續。幹校前期，在工、軍宣隊組織下，
知識分子仍相互攻訐。千家駒所在的商業部五七幹校也如其他幹
校，所謂的「學習」即開「批判會」(《從追求到幻滅——一個中
國經濟學家的自傳》頁266)。由回憶文字看，各幹校對「政策」的
掌握有寬嚴之別，中央單位與地方亦有不同。袁學昌所記臨滄專
區孟定五七幹校，一度「打人成風」，「從臨滄打到孟定，從校
內打到社會，從當權派打到一般群眾，白天打、黑夜打、會前打、
會上打、會後打、集中打、分散打……」「據清查結果有117人被

134　葉至善的子女整理其父在潢川團中央五七幹校期間與其祖父的家書，該書前言
　　《我們為什麼要整理出版這本〈家書〉》說，家書中的三代人是快樂的，和他
　　人對同一事件的書寫反差很大，「但是那一切都是真實的真誠的」(頁2)。

打傷，28人被打殘，造成4人死亡，釀成了一批冤假錯案」（《臨滄專區孟定「五七幹校」親歷記》，《我與「五七幹校」》頁160）。據魯大良回憶，隴川縣五七幹校戾氣充斥，「批鬥會上把人打得頭破血流」，甚至動用酷刑，直至其人自盡（《我在「五七幹校」的見聞》，同書頁212–214）。更有人以「五一六分子」的身份下幹校，其幹校經歷可知（參看鄭土生《亂世鳥驚心　幹校路難行》，收入《無罪流放》）。中央各部有「清查五一六」的重災區。據楊繼繩《天地翻覆》，外交部和中央其他部門一樣，「清查五一六」在幹校長時間進行，大部分人都成了「五一六分子」或嫌疑分子（頁568）。[135]

　　咸寧文化部五七幹校的崔道怡，記「軍代表」在幹校群眾大會上殺氣騰騰的講話：「你這些個『臭老九』，還不老實接受改造，要是真的打起仗來，我先把你們都『突突』嘍！」崔說「把你們都『突突』了」這一句，「子彈一樣深深地嵌進我的心裏」（《回憶在咸寧「五七幹校」的日子》，《我與「五七幹校」》頁265）。該幹校「深挖『五一六』」，竟以蛇當作鬥爭武器，「威逼有懼蛇症的被審查者」。有人因被整而致瘋癲（同上，頁271、273）。學部歷史所劉重日記軍宣隊在幹校主持清查「五一六分子」，言行粗暴，竟劈頭對被審查人員威脅道：「你是交待問題，還是交三毛錢？」三毛錢是槍斃人一顆子彈的價錢（《「泡」校》，《無罪流放》頁74）。[136]

135　農林口機關「清查五一六」的情況，參看同書頁570、571。糧食部五七幹校「清查五一六」中施暴，參看同書574–576、583。同書還記有江蘇省幹校的「清查五一六」，說該省幹校3千多人中，點名審查1,600多人，「幹校已變成集中審查關押『5.16』的勞改營」（頁583）。

136　曾在「樣板團」幹校的於川說，軍代表「根本不把我們當人」，在幹校受到的人格侮辱「無以復加」（《笑談殘酷》，同書頁288）。也有講政策、對知識分子較有善意的軍宣隊幹部戰士。對此，《無罪流放》一集有多處寫到（參看該書頁192、268、276、306、329、330）。張英敏《「左」事不忘》還提到「38軍比較講政策」（同書，頁306）。

　　韋君宜《思痛錄》一書説，「當時『五一六』最大的『黑窩』實際上是造反派最大的黑窩，就是哲學社會科學部的『紅衛兵聯隊』」（頁112–113）。學部僅經濟所被抓的「五一六分子」，就包括了吳敬璉、周叔蓮、方留碧、經君健、張守一、黃範章、烏家培、張曙光等。「1972年幹校撤銷時，全學部還有69個『五一六骨幹分子』不許回家」（龐暘《顧準身邊的小女孩》，《中華讀書報》2016年2月17日第9版）。吳敬璉為徐方《幹校札記》作序，寫到來自朋友的構陷（《回望幹校年代》，頁7）。賀黎、楊健所撰《無罪流放》的《前言》，説學部揪出的「五一六分子」達整個人數比例的25%至30%（頁6）。劉重日説其所在歷史所260人左右，幾乎全都是「五一六」（《「泡」校》，同書頁73）。周叔蓮則説他所在經濟所100多人被打成「五一六分子」，佔全所人數的三分之一多（《我渴望自由》，同書頁81）。[137]

　　《幹校六記》寫學部清查「五一六分子」槁葬自殺者。以平淡的文字寫殘酷，是楊絳的長技。只寫自己遠遠地看到的草草埋人的動作，遙見死者穿的是藍制服，後來才得知其三十三歲。未加渲染，只説自己囑錢鍾書「留心別踩那新墳，因為裏面沒有棺材，泥下就是身體」；還說怕那墳雪後塌裂，屍體給野狗拖出來（《幹校六記》三《學圃記閒》，頁32、33）。另一處提到有幹校學員在磚窯裏上吊（同書五《冒險記幸》，頁56）。也只是「提到」，卻讓你的脊背生出寒意。與楊絳同所的葉廷芳，表達較為直接，説：「常有噩耗傳來：這裏上吊死一個，那裏自殺了一個。一共死了十幾個，但那感覺好像是隨時都在死人。」（《無罪的流放》，《無罪流放》頁50）[138]

137　關於學部的「清查五一六」，《天地翻覆》一書有記述（頁560、562）。學部清查的「五一六分子」所佔比例，及在此期間的「非正常死亡」，參看該書頁577、《無罪流放》頁17。

138　其他幹校也有自殺事件。參看同書頁191–192、266。詩人聞捷幹校期間自殺（黃宗英《但願長睡不願醒》，同書頁384）。

　　上文提到《幹校六記》錢氏《小引》，說「六記」漏寫了「運動記愧」。在錢鍾書看來「學部在幹校的一個重要任務是搞運動，清查『五一六分子』。幹校兩年多的生活是在這個批判鬥爭的氣氛中度過的……『記勞』，『記閒』，記這，記那，都不過是這個大背景的小點綴，大故事的小穿插」（頁1）。學部中人有「記愧」者，如欒勳的《人事與狗事》（《無罪流放》）。「狗事」即包括了整人、清查「五一六分子」。出自參與「清查」者，已屬難得。[139]

文革期間的流動、遷徙

　　發生在文革期間的人員流動、人口遷徙規模驚人。

　　在個人遷徙自由受限於戶籍制度，人員為「單位」所有，物資普遍匱乏的條件下，文革前期的「大串連」堪稱奇觀。運動初期城市對「牛鬼蛇神」及其家屬的「遣返」，始於1968年的幹部、知識分子赴五七幹校、知青「上山下鄉」，[140]以及與上述活動不同而又有交叉的以「戰備」名義的「疏散」，牽動之大，涉及人口之多，即戰亂中也得未曾有。[141]有人寫到為了下幹校而賤價變賣家當；北京的舊貨店前排起長隊，以至因應接不暇而拒收舊貨。其中就有後來被作為時尚藏品的硬木傢具與個人藏書（參看李學愚《「五七戰

139　欒勳幹校回憶寫到了「清查」所用「戰術」，亦歷次政治運動中的一套技術，如「暗示法」（即誘供）、「蒙詐唬騙」、肉體征服（該書頁18）。

140　1968年10月5日《人民日報》發表毛與「五七幹校」有關的指示；12月22日公佈毛關於知識青年上山下鄉的「最新指示」。有人估計文革中全國各省市五七幹校下放幹部達百萬人次以上（見上文）。史雲、李丹慧《難以繼續的「繼續革命」》：「從1967年到1979年，共有1647萬知識青年上山下鄉」（頁472）。

141　據逄先知、金沖及主編《毛澤東傳》，1969年10月15日毛到達武漢，兩天後「林彪也以『緊急戰備』名義『疏散』到江蘇省蘇州市。根據中共中央關於緊急疏散的通知，在京的黨和國家領導人、大批黨政軍領導幹部先後『戰備疏散』到外地」（第六卷，頁2530）。當年「疏散」的尚有獄囚。《聶紺弩生平年表》1969年：「10月19日總參謀長黃永勝發佈加強戰備的《林彪副主席第1號令》，當即由北京監獄被押送至山西臨汾第三監獄」（《聶紺弩全集》第十卷附錄三，頁438）。關於《林副主席指示第一個號令》，參看楊繼繩《天地翻覆》頁737–738。

士」生活散記》，《在「五七幹校」的日子》頁316–317）。這裏
尚未計及大規模武鬥中的逃亡。麥克法夸爾、沈邁克《毛澤東最後
的革命》寫到了多省「武鬥難民」的湧入上海（中譯本，頁228）。
趙瑜《犧牲者》也寫到了晉東南的「武鬥難民」向周邊地區流
動。[142]

　　發生在大致同一時期的流動、遷徙尚不止此。另有動員城鎮
居民到農村落戶、動員國有企業職工下鄉的大動作。1968年甘肅
省會寧縣部分城鎮居民到農村安家落戶。當年12月22日《人民日
報》刊發報道《「我們也有兩隻手，不在城市裏吃閒飯！」》，
動員城市人口向農村轉移。楊繼繩《天地翻覆》頁884註25引董國
強《1974：南京的「第二次文化大革命」》：「在江蘇實施軍管後
的兩三年中，全省約有350,000城鎮居民被迫到農村安家落戶，僅
南京市就下放了130,000多人。」據王年一《大動亂的年代》，有
的地方（如南京）把許多工人連同家屬搬遷到農村（頁342）。據李遜
《上海文革運動史稿》，上海在文革中，還以派出知青「帶隊幹
部」、「知青慰問團」等名義向外地轉移人員，並將大批幹部遷移
到上海在江蘇、山東、安徽的原料基地（頁1080、1080–1081）。[143]
鄉村被當局作為安置城市「剩餘人口」以紓解壓力的容器。讓城鎮
居民與原即貧困的農民爭食，決策者的不負責任、隨心所欲，到了
不計後果的地步。

　　上述由行政力量主導、組織的流動、遷徙，其規模，在同時
期的世界史上堪稱奇觀。流動、遷徙者通常沒有選擇的餘地。事
後沈從文關於1969年末的下鄉，使用了「被脅迫」的字樣，以示非

---

142 另有其他有逃亡性質的流動。朱正琳1969年在雲南邊境發現數百名潛逃者
　　（《裏面的故事》頁161），與紅衛兵越境「支援世界革命」性質迥異。

143 中共廣西壯族自治區委員會整黨領導小組辦公室編寫的《廣西文化大革命大事
　　記》，有廣西各地動員、驅趕城市人口下鄉的記載（參看《文革機密檔案——廣
　　西報告》頁357–358）。趙瑜《犧牲者——太行文革之戰》記述了山西省及晉東
　　南地區「遣送幹部下放農村」（下冊，頁165）。

自願，不情願。説自己的下鄉甚至不能如古人充軍的從容（《曲折十七年》，《沈從文全集》第二十七卷，頁451、452）。文革的政治高壓下，上述流動均順暢地進行，後果卻難以收拾。

發生在文革期間的怪現狀之一即是，一方面大規模地動員下鄉，一方面文革前下放的幹部職工、下鄉的老知青（甚至文革中上山下鄉的知青）尋求回流，要求重新取得城市戶口與在城市工作的權利。不同方向的流動彼此衝撞。[144]文革中下放農村與邊疆地區的城市人口，部分地區下放的國企職工、城鎮居民的返城要求，成為文革後一段時間裏當局不得不應對的難題。更有文革結束後雪崩般的知青大返城。蕭冬連《從撥亂反正到改革開放》一書説，1960年代精簡下放的二千多萬人，與文革期間下鄉的一千七百多萬知青，「形成中國兩次人口大倒流」（頁152–153）。文革結束後更有農民的進城務工潮，對城鄉二元體制的衝擊，前所未有。

正常時期以戶籍制度嚴控人口流動。甚至災荒饑饉也寧其餓斃，不許饑民外出就食。文革中卻有上述強制、半強制流動。無數人拖家帶口，僕僕道途，不知有無歸程。幹校回憶或深或淺地觸及了這一層。即如家庭離散，家人天各一方。楊健《文化大革命中的地下文學》錄有舒蕪的如下幹校詩作：「曆紙明朝又立秋，/年華無語水東流；/珠簾殘夜蛾眉月，/待到團圓是白頭。……」（頁206–207）周有光説自己在寧夏幹校，「一家人在三個地方」（《我的人生故事》頁145）。張光年説其家六口人，分散到六個省市（《向陽日記·引言》頁4）。[145]吳祖光説1974年春節，其夫人被批准來團泊窪探親，是其七年來第一次和新鳳霞團聚（《無罪流放》頁95）。何西來直至寫幹校回憶，仍不能忘記幹校的軍宣隊在其要

---

144 參看李遜《上海文革運動史稿》第十六章《回鄉職工要求遷回戶口》、《支內職工和支疆下鄉青年要求回城》等節。

145 1972年7月16日的日記，寫到「被迫離家四周年」（同書，頁95）。同年8月，寫申請探親不獲准，「全家精神上很受折磨」（同書，頁100）。張患肝病，請求留京，幹校當局三令五申促其返回（同書，頁132、133）。

求探視、照顧病弱妻子時的刁難(《往事如煙》，同書頁9)。[146]出版於2013年引起關注的丁午的《小艾，爸爸特別特別地想你》(北京：人民美術出版社，2013)，乃繪本形式的幹校書簡。令人動心的，就有分隔兩地的父親對稚齡女兒刻骨的思念。

即使同下幹校，以至在同一幹校，或也分居兩地或一地。如沈從文與張兆和，如同在學部幹校的錢鍾書、楊絳。沈從文、張兆和同在湖北咸寧，相去五六里或數十里，書信往來。[147]錢鍾書、楊絳同在學部幹校，分住男女宿舍，亦書信往來。錢探視楊，成幹校一景，直至幹校遷往另一地(明港)。基於對於人的工具化，對人的基本需求的漠視由來已久。上述種種，非始自文革的苛政。韋君宜說幹校的準軍事編制，「男歸男營，女歸女宿，孩子也編連，大約是1958年早就想實行的『共產主義』幻想」(《思痛錄》頁72)。令人想到太平天國的制度設計。五七幹校的上述做法與任一種實驗無關；或不過為便於管理以至監控。

其時有由「鬥批改」衍生出的「鬥批走」、「鬥批散」。[148]「鬥批散」的「散」，被理解為「遣散」。下幹校，有的單位尚有留守人員，文化部門、科研機構往往「連鍋端」。楊絳《幹校六記》寫到「連鍋端」，「就是拔宅下放，好像是奉命一去不復返的意思」(頁6)。《夏鼐日記》1969年後的「補記」，有如下內容：是年「12月11日學部五七幹校的先遣隊出發，17日文學所和經濟所

---

146 不少回憶文字提到限制探親。王世襄說其到咸寧，三年不許探親(見氏撰《昂首猶作花　誓結豐碩子》，同書頁113)。限制請假回京、親人探視，監控通信，甚至刁難外出就醫，所在多有。

147 沈從文作為咸寧文化部幹校的編外人員「下放」該地。到了丹江，夫婦才住在一處。也有幹校對夫妻生活有照顧。即如靜海團泊窪幹校的「對兒房」。

148 「鬥批改」，即鬥垮走資本主義道路的當權派，批判資產階級的反動學術「權威」，改革教育，改革文藝，改革一切不適應社會主義經濟基礎的上層建築。語出「十六條」。「鬥批走」、「鬥批散」，語見1968年7月28日毛、林、周等接見北京「五大領袖」時的談話(參看《建國以來毛澤東文稿》第十二冊，頁517)。

二所全部去幹校。動員下去的人要『安家落戶』，便是理論家康生所說的『到鄉下去滾一身泥巴』，也叫做『連鍋端』，拔宅下放，但可以帶東西，要比『掃地出門』、光身子下去好得多。文學所有俞平伯老夫婦，錢默存、吳世昌、何其芳諸公。他們先到羅山，住了一個多月，搬到息縣東嶽。我們考古所是次年5月21日離京到息縣五七幹校的。」（卷七，頁257）據日記，夏鼐1970年5月21日赴幹校（《夏鼐日記》卷七，頁260）。因妻病同年10月22日請假返京（頁270），在幹校僅五個月。回京後參與了「外事活動」且「見報」（即見諸媒體）。事後聽錢鍾書說，「留在幹校的高級研究人員看見後，不禁低吟：『同是舊日銜泥燕，飛上枝頭變鳳凰。』（吳梅村《圓圓曲》）但是不敢大聲發牢騷」（同上，頁271）。可資考幹校中知識分子心理。

　　文化部下咸寧五七幹校者也被軍宣隊告知，「作協是砸爛單位」，「幹校屬安置性質」（《咸寧「五七」幹校回憶錄》頁66）。許多人舉家遷徙。據說馬列學院的研究人員被「就地遣散」，學部原來也要解散，因了周恩來的意見而保留下來（參看劉煉《余江「五七幹校」生活》，《在「五七幹校」的日子》頁223）。[149]文革後任職社科院的溫濟澤說：「幸虧周總理讓他們集體下去，又集體回來，才得以保持住一個完整的集體，沒有散夥。」（《溫濟澤自述》頁333）溫說返京後的學部人員，研究室兼宿舍，「家家戶戶門口都支着爐灶」（同上），可證確未留後路。荒蕪在文學所研究室一角以報紙糊書架棲身，稱「紙壁齋」，有《紙壁齋集》（哈爾濱：黑龍江人民出版社，1981）。

　　劉士傑《長夜孤零的日子》說，對於自己，下幹校「如充軍一般」（《無罪流放》頁27）。韋君宜以下幹校為「流放」（《思痛錄》頁105）。本書上編第二章由文革初期發生在城市的「遣返」，

149　何西來《往事如煙》寫到所聞高層關於學部存廢的不同意見。有一種意見即　　在幹校「就地解散」（《無罪流放》頁11）。樂勳受訪時，也提到「遣散」（同　　書，頁16）。

說到古代五刑之一的「流」。王夫之對「充軍」的質疑，説穿了一個事實，即所謂「充軍」，隱含了對於「軍」的輕視、歧視。我們對於邊疆、農村的隱蔽的歧視，值得緣「下放」、「下幹校」之為懲罰手段而追問、究詰。

香港學者嚴志雄考察清初的「流人」，説，「當流放、遷移（migration）、離散（diaspora）已成為現當代人類生存經常不得不面對的處境和狀況時，我們回顧、探究中國前現代時期的一段先行經驗，也許不無一定的歷史與現實意義」（《流放、帝國與他者——方拱乾、方孝標父子詩中的高麗》，刊臺灣中央研究院中國文哲研究所《中國文哲研究通訊》第20卷第2期，頁95–96）。[150]上個世紀三四十年代因了戰亂、饑荒的大遷流之後，1949年後因了教育資源重組、文化中心重建的流動，以支農、支邊、支援「三線」為號召的流動、遷徙，1957年後的易地「勞改」，遣送邊疆，幹部下放，直至文革中的上述流動，文革結束後知青的返城潮、「出國潮」（「洋插隊」），農民的進城潮，蔚為大觀，構成了一幅動盪的圖卷。

嚴志雄在其上引論文中説，「流放或貶謫作為一種懲罰，還有一個刻意的『漏洞』，它嚴格限制流人的生存範圍或內容，卻不禁錮流人的思想活動」；嚴氏對此的推測是，當局要流人們「雖『思』猶死」（同上，頁101）。這種或許用心刻深的「漏洞」，卻正是當代流人渴望而不可得的。清初東北流人的詩酒唱和，社團雅集，豈當代的政治流放者所敢從事？因言因文而得罪者，更是噤若寒蟬，哪裏敢如清初的流人似地公然表達怨望、訴説煩憂？

---

150 文革前夕就有施之於政治人物的「流」。據卜偉華《文化大革命的動亂與浩劫》，1965年9月中央工作會議上，「毛澤東提出，考慮到戰備形勢，彭德懷、黃克誠、習仲勳等人不宜留在首都，建議把他們掛職下放，分配到外地去。」（頁20）文革中的「疏散」，也包括對政治人物（劉、鄧、陶等）的「流」。

荒廢

湖北咸寧、江西鯉魚洲、信陽息縣、靜海團泊窪、京郊小湯山、南苑、河北磁縣、上海奉賢等地的幹校，無不人才濟濟。「下去」的知識分子並不懼怕體力勞動。黃宗英記杜宣、王元化赤膊掄鎬、挑糞桶，王「曬得又黑又壯，像奧塞羅」（《但願長睡不願醒》，《無罪流放》，頁382）。趙丹又黑又瘦，也時常「赤膊大戰」（丁景唐《柘林殘夢》，同書頁395）。該書《前言》：「『紅學家』俞平伯，帶着妻子，在河南信陽東嶽鎮上，為幹校蓋房搓麻繩。年近七旬的作家巴金，在上海文聯幹校運糞水……美術家蔡若虹、華君武和美學家王朝聞，在團泊窪被大家稱作『蔡華王』（菜花王）。電影理論家鍾惦棐、劇作家吳祖光、戲曲史家張庚、畫家丁聰，都在團泊窪當過『糞夫』。學者錢鍾書、吳曉鈴，在河南信陽燒過鍋爐……」（頁8–9）年過七旬、一部《中國古代音樂史稿》尚待完成的音樂史家楊蔭瀏，在幹校搓煤球（范慧勤《不美麗的池塘》，同書頁162）。打成右派後從事勞動的程千帆，晚年說「自己最適當的做學問的年齡，全給放牛放掉了」（《桑榆憶往》，《程千帆全集》第十五卷，頁34）。吳敬璉為徐方《幹校札記》作序，寫到學部分批下放五七幹校的，有二千多位學者，「其中包括數百位中國頂級學者」（《回望幹校年代》，頁1）。如此多的專業人士荒廢近十年時間，任何一個正常國家都無法承擔其代價。中國能。並非因中國有過剩的人才儲備，而是因中國的執政當局不計量此種成本。這種損失確也難以換算成數字。當年有所謂的「政治賬」、「經濟賬」，卻沒有「人才損耗」這一本賬。

夏鼐記各連(按幹校採用軍隊編制)有郵遞員，到郵局送取郵件。聽說文學所的郵遞員是錢鍾書。「據云，他幫助郵局裏工作同志辨認難識字，尋出偏僻的地名，解決不少問題，所以很受優待，常得茶水款待。這真是『大才小用』，他自己卻謙虛地說：『廢物利用！廢物利用！』」（1970年7月30日，《夏鼐日記》卷

七，頁265）10月21日記歷史所張政烺飼豬，謝國楨、尹達打麻繩，
吳世昌管理工具器材（同書，頁270），無不是「大才小用」。劉士
傑《長夜孤零的日子》寫某次縣公安局將錢鍾書接去「看檔案裏的
英文」，把同事們「嚇了一跳」（《無罪流放》頁28）。大約只有在
文革中，縣公安局能如此奢侈。無論錢鍾書做郵差、鍋爐工，何其
芳當豬倌，蔡儀充任「夥頭軍」（同書，頁19），俞平伯搓麻繩，無
不一絲不苟，正與其做學問風格一致，[151]足證「大知識分子」並非
「四體不勤」、不能「鄙事」。只是人才如此使用，於公於私有何
益處？

　　錢鍾書、楊絳在幹校，最焦灼的是空耗歲月。直至文革爆發，
沈從文念茲在茲的，仍然是其有關文物的知識能得其用，傳之於他
人。這種癡迷，即專業人員中亦屬稀有。沈寫於1968年12月的《我
為什麼始終不離開歷史博物館》，寫於翌年春的《陳述檢討到或不
到處》，竟向歷史博物館的文革領導要求工作（兩文均收入《沈從
文全集》第二十七卷）。為此反覆申說，一再陳情，其「愚」實不
可及。俞平伯在幹校賦《鄰娃問字》（參看何西來《往事如煙》，
《無罪流放》頁7）。沈從文家書也提到鄰娃問字。他們的學問總算
有了用處。沈事後慨歎道：自己明白，「這是在國內正在進行的一
種離奇『教育』。有百十萬學有專長的高級知識分子，各在相似或
更困難情形下，享受這種特別待遇，度過每一天。」寫作上述文字
時文革已結束，故沈將這種荒誕的安排歸結為「『亞細亞式』迫
害狂歷史傳統模式的重演」（《曲折十七年》，《沈從文全集》卷
二十七，頁451–452）。對於專家（尤其人文社會科學）、專業知識、
專業能力的蔑視，非自文革始。

151　何西來說俞搓麻繩「一絲不苟」，「他跟何其芳一樣，虔誠地勞動，虔誠地改
　　　造。」（《往事如煙》，同書頁7）

幹校後期

下幹校前除「牛棚」中人，居住分散。幹校將同一單位、部門者圈在一處，便於使之相互廝殺（幹校前期），也便於消極情緒的互相傳染（幹校後期）。

已有的幹校敘事，林彪事件是一拐點。不少篇回憶寫到了「幹校後期」的無所事事。舒蕪說他們通常的消遣是聊天，一聊聊到深夜，「睡覺之前，用小煤油爐子煮兩個雞蛋吃吃再上床」（《在「五七幹校」的日子》頁164）。雷達則說幹校解散前的一大景觀，是「每一排房子面前，出現一個個棋攤」（《荒廢與荒誕》，《無罪流放》頁120）。不止一篇回憶文字寫到，幹校中人千方百計解饞，滿足口腹之欲。學部幹校撤到明港軍區後，幹校中人「去散步、釣魚、摸蝦、逛明港、跑武漢，吃狗肉，吃甲魚。一夜之間每人都有了一個煤油爐子，一個小鋁鍋，人人都弄吃的，無一例外」（朱大渭《摧殘》，同書頁62）。[152]

人心渙散。曾在文化部幹校的周明說，幹校後期，「學員們思想很苦悶」，有的人學縫衣，有的人做傢具，也有人抓緊讀點書（《獨立的人格》，《我與「五七幹校」》頁98）。奉賢也一樣，「有釣王八的、有撿黃泥螺的，有用小石子擺弄原始的『廁坑棋』的，也有用竹片、鉛絲製作衣架、敲打鐵皮罐做炊具的」（丁景唐《柘林殘夢》，《無罪流放》頁393）。「樣板團」幹校遷至大興黃村，「打牌、敲三家兒、下軍棋、象棋都有」，願去就去，願走就走（鄒功甫《曾經被冤》，同書頁285）。正所謂不做無益之事，何以遣有涯之生。

盼歸，亦幹校末期成員的常態。與知青的策略相似，託病（甚至找病）請假回城滯留不歸，是幹校學員消極對抗的方式。少數知

152　王世襄說，自己1972年「獲解放」（按即由「牛鬼蛇神」的身份中解脫），「那時幹校物資豐富起來，鴨子、肥豬、活魚，成為家常便飯。」（《昂首猶作花誓結豐碩子》，同書頁114）何方也談到了幹校後期所享口福（《何方自述》頁365、367）

青的偷雞摸狗，與(也應當是少數)幹校學員的「吃光喝光拿光」
(參看《無罪流放黨前言》頁8)，是抵制，也難免於自我敗壞。這
種自暴自棄，足證幹校式「改造」的失敗。千家駒直接說幹校三年
對自己的「思想改造」，「只有負面而沒有正面的作用」(《從追
求到幻滅——一個中國經濟學家的自傳》頁267)。[153]知青「上山下
鄉」、幹部、知識分子「下幹校」實踐上的失敗，與以上山下鄉紓
解城市就業壓力，以幹校為懲罰，不無關係。證明了即使包含了合
理性的構想，在不正常的政治環境中，也勢必扭曲變形，甚至改變
了性質。

　　不少回憶文字寫到了幹校的虎頭蛇尾、草草收場。不知何所為
而來，達成何種目標而去。牽動了千家萬戶的大遷徙，最終回到了
原點，像是一種「黑色幽默」。

　　1970、1971年之交中共中央、國務院各部門召開關於五七幹校
的工作會議，強調幹校必須長期辦下去；1973年《人民日報》發
表社論，要求將五七幹校形成制度；1979年2月17日，國務院發出
《關於停辦「五七」幹校有關問題的通知》。此前，五七幹校大多
已自行解體。中央辦公廳的五七幹校，1979年初停辦(參看鄔吉成
《在中央辦公廳「五七幹校」輪訓》，《在「五七幹校」的日子》)。
外交部竟又「動員」一批幹部回幹校(參看《何方自述》頁374)。

　　設立幹校，財力物力的靡費，包括安置費、農機費、運輸費、
生活補貼等等，至今未見一本明細賬。王蘊玉說他所在單位不過二
機部一個研究所，去五七幹校「據說運費花了幾十萬。當時大學
畢業生每月工資只有56元」(《我走過的「五七道路」》，《我與
「五七幹校」》頁222)。應當算的經濟賬尚不止此。有人寫到在向
陽湖這一分洪備用區「圍湖造田」的得不償失，以及對農民利益
的侵犯(《咸寧「五七」幹校回憶錄》頁49–50)。關於知青的安置

153　北京大學王理嘉說，「從20世紀50年代起就在思想改造的道路上奮勇邁進的知
　　識分子」，至此「似乎已經走到了盡頭」(《從「教育與生產勞動相結合」到
　　江西鯉魚洲「五七幹校」》，《鯉魚洲紀事》頁82)。

費，史雲、李丹慧《難以繼續的「繼續革命」》：「據統計，不包括木材、建房等物資及各企業提供資金，1962年至1979年國家共撥付知識青年經費多達75.4億元，大多數用於『文革』時期，平均每人450元以上。」（頁466）

　　幹校收場，下放、支邊、支援三線建設的幹部職工回流，知青返城——曾經強大有效的社會動員不再，也應當是對於濫用權力、透支信任的懲罰。帶有強制性的「下鄉」、「下放」，背後隱藏、掩蓋的問題並未消失。文革後農民反向流動，大規模進城——人員流動方向、動因的多元化，推動了城鄉一體化進程。

幹校與農村、農民

　　1949年《論人民民主專政》有「嚴重的問題是教育農民」（《毛澤東選集》第四卷，頁1414）。文革中知識青年上山下鄉，卻以「接受貧下中農的再教育」為名義。回憶文字中，幹校與農民的關係不免曖昧。無論與貧下中農「相結合」，還是「接受貧下中農的教育」，均未被作為目標。設在鄉村的幹校實行封閉式管理，而非如以往提倡的「三同」（與農民同吃、同住、同勞動），與農民缺少交集。由諸多幹校回憶看，幹校像是並不打算在幹部、知識分子與農民的關係中定位、定義自身，不過是不同於「牛棚」的另一「勞動改造」的機構。若僅止於「勞動改造」，城郊即可，何須如此興師動眾，以至幹校學員尚不能如部分知青，有「認識農村」這一種收穫。

　　學部歷史所劉重日寫到初下幹校，軍宣隊組織「訪貧問苦」，農民訴說的，都是五六十年代之交「大饑荒」中餓死人甚至人吃人的苦。軍宣隊「怕給社會主義抹黑」，不再組織此類活動（《「泡」校》，《無罪流放》頁66-67）。[154]幹校設在農村，卻無

---

154 收入同書的學部中人幹校回憶，惟此篇較為具體地記述了所聞信陽地區、息縣「大饑荒」，及所見當時農村的極度貧困。吳敬璉為徐方《幹校札記》所作序，寫到了非得之於他本人直接調研所知的信陽地區農村的慘狀（《回望幹校

助於知識分子對農村、農民的瞭解。何方説，「五七幹校並沒有
實行知識分子向貧下中農學習，也沒有改善吃公糧的同農民的關
係」，卻與農民爭奪生產要素和資源，引起某些物價上漲（《何
方自述》頁377）。無論咸寧還是小湯山的幹校，都侵犯了農民的
利益。李凌説，「樣板團」的幹校，「佔了老百姓的地，佔了農
民的果園」，「老鄉不服，也恨我們這幫人」（《幹校裏的「特
務」》，《無罪流放》頁266）。倒是「編外」的沈從文居住鄉民
間，多了一些與當地各色人等的交往，有機會用了小説家的眼光，
對鄉村作細緻的觀察（參看《曲折十七年》，《沈從文全集》第
二十七卷）。

　　由行世的幹校回憶看，幹校與農民的疏離，農民對幹校隱蔽的
敵意，似乎易地而皆然。這固然因了幹校與農民爭奪資源，更因擺
在眼前的貧富差距。即使幹校成員衣着刻意破舊，仍然將城鄉間的
巨大差別赤裸裸地呈現。物質待遇的天差地別，對困守鄉間的農
民無異於「啟蒙」。這是一種殘酷而危險的另類「啟蒙」。陳白塵
的《憶雲夢澤》，引了當地農民為幹校編的順口溜，其中有「穿
得破，吃得好，手上戴着大手錶」（《咸寧「五七」幹校回憶錄》
頁19–20）。類似謠諺，也見之於他地幹校回憶。如何方所在的江
西（《何方自述》頁378）。似乎各地農民有不謀之合。學部幹校周
邊流傳的童謠則有「高級點心高級糖，高級老頭蹲茅房」（何西來
《往事如煙》，《無罪流放》頁9）。河南潢川團中央五七幹校的葉
至善，1969年10月的家書中對其父葉聖陶説，幹校「頓頓大米飯、
白麵饅頭，魚、肉、豆腐也經常吃到」（《葉聖陶葉至善幹校家書
（1969–1972）》頁23）。餐桌上的豐盛豈是當地農民所能夢見！

　　圈在幹校中的知識分子與知識分子出身的幹部，甚至不能像
二三十年代的梁漱溟那樣從事「鄉村建設」——因與「被改造者」

　　年代》，頁10–11）。今天看來，當時人文社會科學工作者對鄉村狀況的漠視，
殊不可解。

身份不符。早已適應了這種身份的幹校中人，絕不敢有改造農村、教育農民的妄念。毛所肯定的「幹校」，確也不承擔上述任務。《幹校六記》寫到周邊農民對幹校無所不「偷」，蘿蔔、白菜、黃豆、白薯，樹苗，綠肥，廁所的木柱、門簾，且偷得理直氣壯(頁22)。鄒荻帆《5．16部隊》寫到聽息縣農民說大饑荒中挖死人肉吃，才「更能理解那一群群『拾荒隊』怎麼敢拔幹校菜地裏的菜，挖地裏的白薯，捲走草席子」，甚至幹校搬遷前就「半夜來撬窗戶的玻璃」(《無罪流放》頁45)。農民計算幹校學員的勞動成本，算的是其人在幹校每天創造的價值與其薪資之比。算這個賬並不需要數學訓練。計算的結果超出了農民樸素的經驗與理解能力。對幹校的偷與搶也就顯得十分合理。崔道怡說，幹校在當地老百姓眼中，「簡直就是一頭『怪物』」(《在咸寧「五七幹校」的日子》，《在「五七幹校」的日子》頁176)。知青的來而又去，也將城鄉間的鴻溝，直觀地展現在了農民面前。收入《七十年代》一書的閻連科的文字，由鄉村少年的視角，冷眼看知青的「受難」，寫對那種「人生而不平等」的刻骨銘心的體驗。闖入的城裏人攪動了古老鄉村綿延已久的平靜，被刺激了的「慾望」尋找出口，一些年後有爆炸性的表現。至於設立幹校的必要性的一套說辭，因鄉村的極度貧困，也因鄉民對幹校物資的「劫掠」而顯出了滑稽，令人啼笑皆非，想到這一番折騰所為何來。

　　身在京城的葉聖陶，在寫給潢川幹校的兒子的家書中說，「真要受到教育，真要有所作為，最好從幹校轉而插隊」(《葉聖陶葉至善幹校家書(1969–1972)》頁61)。這卻未必是當時幹校學員的願望。本來，社會學、人類學、民族志的方式，是專業人士進入、深入鄉村的路徑；文學研究也需要鄉村作為「實物」參照。幹校的「去專業」，甚至不鼓勵「田野調查」，使幹校中的知識人錯失了瞭解農村的寶貴機會。卻也應如實地說，那個年代「調研」、「調查」確有危險性。吳亮寫到他插隊的朋友迅速發現了農村真相，憑

藉的「恰恰是毛澤東的《湖南農民運動考察報告》」，「他們模仿
青年毛澤東，在他們插隊的村子裏展開了『調查研究』……」(吳
亮《我的羅陀斯——上海七十年代》頁70)結果可想而知。

　　知青中較有觀察與思考能力者，得之於插隊的，較幹校中人豐
富。張木生、孔丹插隊期間都有關於農村問題的思考，未聞幹校學
員有這方面的思想成果。曾在內蒙古草原的秦曉説，他們當時儘管
生活在草根階層中，仍然有「精英思想」，把接受「再教育」「作
為體驗和感受真實世界的實踐」(《回憶與反思——紅衛兵時代風
雲人物》頁123–124)，與文革前文革中備受摧折的知識分子，狀
態先已不同。無論知青的上山下鄉，幹部、知識分子的下幹校，還
是工宣隊、軍宣隊進駐大中學校、文化機構，均不同程度地抵銷了
毛關於「相結合」、接受「再教育」的指示，侵蝕了那一套意識形
態宣教的説服力。

　　幹校既難以產生思想、理論成果(即使如顧準這樣的思想史
人物，于光遠這樣的經濟學家)，也難以產出文藝作品。于光遠
所經歷的幹校，「是一個沒有文娛生活的時代沒有文娛生活的一
角」(《文革中的我》頁66)。文革後有「知青文學」卻沒有「幹校
文學」，或也因幹校的封閉性與生活內容的單調。幹校間仍互有
不同。王蒙的經驗即不然。他所在幹校辦壁報，舉行文藝演出，
「在戈壁灘上，在明月之下高歌猛唱」(《烏拉泊「五七幹校」記
趣》，《在「五七幹校」的日子》頁113)。「向陽湖」畔楊子敏
記憶中的文化部幹校，「也唱歌，也演戲」，還集體創作了兩部
組歌和一出小歌劇(《回眸「向陽湖」》，《我與「五七幹校」》
頁31)。一機部的幹校有宣傳隊(陳向陽《往事追憶：「五七幹
校」》，同書頁200)。即使搞「殘酷鬥爭無情打擊」的隴川幹校，
也有文娛活動(同書，頁219)，亦上個世紀五六十年代承自「革命
戰爭時期」的一種風氣。上述活動，不過是幹校中人的自娛自樂。

　　郭小川寫在湖北咸寧的詩作，大多屬「豪言壯語」，包括歌

頌「五七道路」的表決心式的作品。「我們要緊緊地跟哪／快快地走！／走在『五七』路上／就像在／長江的大風大浪中暢游。」（《長江邊上「五七」路》，《郭小川全集》第二卷，頁351）稍有個人感懷如《團泊窪的秋天》，即戒慎恐懼，申明不過是「初稿的初稿，還需要做多次多次的修改」，說該詩「屬《參考消息》一類」，叮囑「萬勿外傳」（同書，頁400）。你難以由郭寫於幹校的詩知悉其心情。《團泊窪的秋天》不過證明了郭小川尚未全失詩人的感知與表達能力。如若使之享有「免於恐懼的自由」，其成就當不止於此。[155]

與文革有關的記述，知青與幹校作為話題較為開放。已知的「知青文學」與「幹校回憶」多係公開出版物。相比之下，知青文學有精彩，幹校回憶則乏佳作。知青有可能與生活過的鄉村維持了情感聯繫，甚至「淡淡的鄉愁」，幹校學員記憶最深刻的，卻是封閉、半封閉空間中的彼此。這些鄉村的過客，大轟大嗡地到來，迫不及待地離去，其間「哄抬」了當地物價，使農民對於城鄉差別有了痛切的感受，然後回到城市，回到慣常的生活軌道，將這段記憶封存，待一些年後開啟。殘留在記憶中的，除了農村的窮，更是幹校內部的運動，與耳聞目睹同事的趣事。至今仍然由楊絳的《幹校六記》獨領一份「代表性作品」的榮譽。並不因楊的記憶有特殊的深刻性，或更因她找到了為敘說所適宜的方式與筆調。楊絳以嫻熟的文字技巧，將那段記憶調製成了即使較為挑剔的味覺也可以接受的一盤菜，適於細細地咀嚼；「深意」藏在似不經意的筆墨間，看似輕巧卻極用心思的筆觸間。有《六記》在前，其他有關文本，不難察覺其影響的痕跡。尤其以平淡、平和的態度寫荒誕。《六記》的平淡、平和，多少出於敘事策略，不便認為作者的人生態度；卻

---

155 黃永玉寫在幹校期間的長詩《老婆，不要哭》（「老婆，不要哭」也作「老婆呀！不要哭」），寫幹校生活的《餵雞謠》；至少前一首，係地下狀態的秘密寫作。

因越出了苦/樂二分，有一種將荒誕作為人生的一部分的包容。

　　五七幹校也如知青下鄉，未被劃入「禁區」，我猜想，或多或少與楊絳的《幹校六記》有關：《六記》的刻意溫婉散淡，或使人以為這一題材的「無害」。只是楊絳之後再無楊絳。即使有《六記》，幹校敘事的整體水平仍低於知青文學。上文已提到葉聖陶家書中對兒子說，「真要受到教育，真要有所作為，最好從幹校轉而插隊」。無論是否「受到教育」，真要瞭解農村，寫出好作品，也最好插隊。知識分子經驗的受限，亦處境使然。文革後「紅衛兵—知青」的反思，與文革中遭受迫害的知識分子，確有深廣度的不同。

　　陳平原主編北大中文系教師的幹校回憶《鯉魚洲紀事》，約稿時有「請不要觸犯忌諱——我們只能在目前允許的範圍內『說真話』」的叮囑（《回首煙波浩渺處——〈鯉魚洲紀事〉前言》，頁15）。由所編該書看，違礙處確不多見——倒不見得因避時忌，可能更由於敘述以及反思的能力，儘管作者們出身並任教中文系。較之知青，幹校回憶較為趨同，仿若「自我複製」。作者們經歷了「制式化」，無論思想還是文字，有更顯然的1950–60年代語文教育的印記；資源貧乏，書寫受限於既經形成的套路。差異既是代際的，又基於身份、所處環境、所在人群。「知青點」內外的思想交流，不可能發生在幹校。[156]準軍事化的幹校生活，難免大同小異；儘管任一環境，均會有經驗的不可重複的個人性。于光遠說：「我覺得有一些經歷可以寫一寫，但又寫不出有重要史料價值的回憶錄，供研究這段歷史的人參考。在文革中前幾年是群眾專政的對象，後來是待處理的走資派，這樣的地位使我有相應的感受。但也正因為處在這樣的地位，文革中發生的許許多多歷史事件，我不可能知道。我能確切瞭解的只是身邊的事，知識受到很大的限制。」（《文革中的我》頁135）其文革回憶寫幹校的一節，題為「坐井觀

156　個人與個人間的交流除外。如吳敬璉與顧準（參看吳為徐方《幹校札記》所作序《回望幹校年代》）。

天」。對於一個深度介入政治的經濟學家，這不能不是苦境。

　　幹校回憶的結集出版，係因人成事。文化部湖北咸寧五七幹校，得到了較多敘述，中央辦公廳所在的江西進賢五七幹校，記述就較少。[157]「向陽湖」的廣為人知，也因集中了一批文化人。咸寧五七幹校、學部所在的息縣五七幹校，亦賴有地方人士的資料整理甚至原址的保留。[158]更多的五七幹校沒有回憶文字行世。上述不平衡，不能不影響到對五七幹校作為現象的認知與想像。

7.5　1964–1973年日記、書信中的吳宓

　　1969年年底，吳宓寫給南京大學教授郭斌龢而被工宣隊由郵局截留的長信，分階段地講述了自己自文革爆發至此的經歷，可讀作一篇較完整的關於所歷文革的自述(參看《吳宓書信集》頁424–428)。

　　1973年5月25日，吳宓回頭讀自己1968年日記，說「覺1968年之宓，實為最緊張、最忙、最苦矣」(《吳宓日記續編》第十冊，頁395)。1968年下半年至1969年，他的日記被「抄沒」並構成其罪案；[159]被扣發工資(致不得不向「故妻」求助)；居室為人覦覬，被

157　出版於2015年的《閻明復回憶錄》，提到中央辦公廳的「專政對象」145人，1969年1月被押送到江西進賢縣中辦五七幹校，「在長達近十年的強制性勞動改造過程中受盡了各種慘無人道的折磨」(頁944)。

158　咸寧的文化學者李城外編有七卷「向陽湖文化叢書」。向陽湖「文化名人」舊址列入「全國重點文物保護單位」。湖北省成立「向陽湖文化研究會」。湖北咸寧外，尚有其他地方將幹校遺址作為歷史文化旅遊資源進行開發(《「五七幹校」研究：從文學到史學》，《中華讀書報》2015年9月30日第9版)。河南省第七批文物保護單位名單第46號為中國科學院哲學社會科學部息縣五七幹校舊址(按當時中央黨政機關的五七幹校，僅信陽地區就有20個，息縣有8個。學部的八個研究所都在息縣東嶽(龐暘《顧準身邊的小女孩》，《中華讀書報》2016年2月17日第9版)。類似的「保護」、「開發」，或不止以上兩例。

159　他一再說到其日記1968年6月22日被某監管人員「發現、抄沒」(如《吳宓日記續編》第八冊，頁662)。

迫數度搬遷。吳宓在日記中說：「今者『高明之家，鬼瞰其室』，
已成風氣。」（同書，頁650。按「高明之家，鬼瞰其室」見《漢
書》揚雄傳）說「屢記 De Quincey『人生作任何事，明知其為最後
一次，必生悲感』之言，不免凄然」（1969年1月5日，《吳宓日記
續編》第九冊，頁6）。2月10日的日記，又提到「最後一次」（同
書，頁50。着重號為原文所有，下同）。這年元旦的日記則說：
「宓生平過新年之孤獨悲凄，未有如此次1968–1969之甚者：蓋不僅
1968六月二十二日（日記全部被抄去）以後所遭之大不幸，而除夕、元
旦辛苦籌備遷居，生活無定，心情尤多煩惱也。」（同書頁3）[160]

　　也在這兩年間，吳宓在批鬥會上被痛毆，翻滾泥中；隨中文系
下鄉，過「集體管制生活」。其他更日常的困厄，如被命當眾背
誦「老三篇」；被「兒童」堵截辱罵，令其背誦語錄、唱《東方
紅》；一再被某紅衛兵截擊，不得不為此繞行甚至告饒。1969年6
月8日日記：「近日中文系學生，在廣場見宓挂木棍，行步艱難，
輒曰：『吳宓，你這樣痛苦地活着，實不如死去。讓我們用鋤挖一個
坑，把你這隻老狗埋了吧！』」（《吳宓日記續編》第九冊，頁118）

　　顧頡剛文革中最難熬的，也正是1968、1969年。收入《徐鑄成
自述：運動檔案彙編》的徐氏的檢查、「彙報」，也集中在1968、
1969兩年。作為「國家級重點保護對象」的饒毓泰、翦伯贊的自
殺，也在此期間。[161]

160　1965年7月吳宓曾寫過對文化村一舍舊居的懷戀，說「每日上班，開會、批
　　　判、學習，夕晚歸來，尚能城城坐擁，此間又是宓惟一之樂園，捨此又將安
　　　歸？」（《吳宓日記續編》第七冊，頁163）1966年2月則請求「終身住居西南師範
　　　學院校內，且即長住文化村一舍106室不動」（同書，頁359）。吳文革前曾婉謝住
　　　房方面的特殊待遇，文革中卻一再被迫遷居，也就一再為遷離舊居而感傷。

161　季羨林在牛棚中度過的1968年，亦不堪回首（參看其《牛棚雜憶》）。關於1968
　　　年的「清理階級隊伍」的分析，參看錢理群《毛澤東時代和後毛澤東時代——
　　　另一種歷史書寫（下）》頁101–102。金大陸《非常與正常——上海「文革」時
　　　期的社會生活》據官方文獻，說1968年上海居民的死因，「損傷及中毒（稱意
　　　外死亡，包括交通事故、自殺等）」居第三位，認為或與該年的「清理階級隊
　　　伍」、「一打三反」有關（頁22）。

　　文革中的吳宓，最大的困擾，乃開口便錯，而又沒有不開口的自由。

　　文革的許多場合，拒絕表態即一種表態。你無可逃避。吳宓的日記、書信，一再寫到「表態」的壓力（《致金月波》，《吳宓書信集》頁318），說自己「苦於『不知如何說法』，不能效他人巧言，非不肯屈服、效顰也」（《致金月波》，同書頁345）。由日記看，吳的確「不知」、「不能」。那種技巧，也確非不學而能。

　　吳宓的「開口便錯」，文革前已然。1964年1月29日記其關於「地、富、反、壞」的發言被糾正，使其「且愧且憂，心情頹廢」（《吳宓日記續編》第六冊，頁152）。不能不發言、表態，所說又必有違「時式」，是吳宓的一大苦境。此一時期吳宓日記頗有悔發言不當、不得體的內容。[162]發言——悔——再發言——再悔，「甚悔」，「深悔」，「大悔恨」，「十分悔痛」；不能已於言——發言即失言——自恨多言而圖補救，再發言再失言，如此循環往復，自知不合時宜而無計可施。由其日記追記發言內容，確也足見其迂。甚或因發言而結怨招尤。則發言（表態）之於吳宓，實在是一種折磨。[163]

　　吳宓的天真，在好「以自己之思想感情向人宣洩」（《吳宓日記續編》第七冊，頁83）。即自我批判亦天真。如說「凡宓當時所畏避者，今知皆發自毛主席；而凡宓當時所喜愛者，今知皆來自劉少奇」（《吳宓日記續編》第八冊，頁651），未必不是真話。尚有

162　6月2日記發言後始悟「當局之所責望於宓者，亦是自貶自斥，加強思想改造」，而非自我表揚（同書，頁240）。次日仍為發言、表態不當而緊張不安，力圖補救（頁240–241）。4日，又因此類事而「恐致咎」，「甚悔輕率」（頁243）。甚至警覺到不應稱某副教務長「先生」（同上）。

163　不但發言而自悔失言，即私人信件亦有一改再改者，不可謂不謹慎；只不過失言乃見其真面目。即使如此，吳仍勉力表態，力求中式。批判《北國江南》、《早春二月》，皆積極發言。發言內容，吳宓日記幾乎必記，令人可感吳內心的緊張，畏禍避害的努力，卻往往為「故入人於罪」者提供口實（「故入人於罪」，見同書頁414）。吳宓易衝動，不能忍，每齗齗爭辯。對於所認為不實的指控，甚至憤激而當場抗辯。是年10月四川省政協會議期間，亦不能「慎默」。

其他對自己極為不利的供述，適足以坐實其「反共」、「反動」、「反革命」(尤其「反文化大革命」)之罪(參看同書頁670)。一次被他人勸導後，他在日記中寫道：「諸君之説法，皆是『站在正確之立場』，即是認定毛主席所主張、發動之階級鬥爭、思想改造、文化革命皆是正確而必要，不容絲毫懷疑或反抗：然此在宓之思想與感情上，斷斷不能接受，不能屈從與苟同。」(同書頁297)吳另有自語的「惡習」。1972年1月7日，記開會時呢喃自語：「懷德耶，抑畏威耶？」被周圍的人斥責，追問其所言何字，吳「堅不吐露」(《吳宓日記續編》第十冊，頁7)。這一回，他總算管住了自己的嘴巴。

開口便錯的吳宓，文革期間竟然堅持記日記，不能不是災難性的——不惟對他本人。吳宓的一大厄，正由日記引起。我在本書第六章寫到了文革中的「公域」與「私域」，尤其對「私域」的恣意侵犯，包括對日記、私人信件的任意沒收、審查、公之於眾，甚至作為罪案。該章已提到吳宓是知名人士中，因日記而被打成「現行反革命分子」(且「罪大惡極」)的例子。吳1968年12月17日的日記，説其全部「反動日記」被抄，「宓1967–1968對文化大革命之誤解，又適成為宓『反對』毛主席最大之罪狀，嗚呼，哀哉！」(《吳宓日記續編》第八冊，頁659)同年12月18日日記説，批鬥者的指控，「皆引據宓歷年日記及《吳宓詩集》中例以實之；其所舉1967–1968宓日記中之語句，對宓更為致命之傷」(同書，頁662)。此後的批鬥，日記與詩集是坐實其「反革命」的主要材料。「一打三反」運動中，西南師範學院將吳作為打擊「反革命破壞活動」揭發出來的「反共老手」、「現行反革命分子」，甚至有人主張將其送交公安局，依法懲辦(1969年3月30日，《吳宓日記續編》第九冊，頁141)。他曾為自己辯護，説因「生性孤僻，不喜與眾人接近」，故「長有寫日記之習慣」，因「所寫者無人得知，無人能

見」，即「未加辨析，未多思考」（《吳宓日記續編》第八冊，頁
663）。還說日記係他本人交出，非「秘密私藏」；日記被摘出者，
「盡是單詞、只句」；摘出的是文字（即思想），不是事實、行動，
不應當構成「文字獄」（《吳宓日記續編》第九冊，頁141–142）。

及至日記成了紅衛兵們的「公共讀物」，吳宓也就無所遁形。
連早餐食用兩個饅頭兩枚雞卵，也成了紅衛兵大聲譏嘲的內容。也
應當說，吳宓文革期間的日記，的確大有犯忌的言論。如說某人的
種種爭鬧，「足見盛倡階級鬥爭而不言道德教育，其結果為何如
矣！」（1967年4月13日，《吳宓日記續編》第八冊，頁101）校內有
人侮辱、痛打教員，他在日記中竟書「嗚呼，人道何存？公理何
在？毛主席應負其責也！」（1968年6月1日，同書頁465）更有直接
針對當前運動之議論，如別人談到十年後再來一次，他則說「屆時
已無文化存留」（1967年11月28日，同書頁303）；感歎報紙「無新
聞，無紀事，只有宣傳與教訓（毛澤東思想）而已」，「學校中所談
所寫所讀者，亦惟是此種毛澤東思想之宣傳與教訓：至於中西古今
之學術文化，已無人眷念及稱道及之者矣」（1968年2月27日，同書
頁391）！1968年8月14日日記，記監管人員斥責其「1967文化大革
命中屢次指責毛主席之言論（均載宓日記中）」（同書，頁529）。更
其特別的是，在因日記得禍之後，仍不「吸取教訓」。1973年8月
31日由《人民日報》讀到因張鐵生事件而停止高考，議論道：「此
劣生之讕言，何足注意，政府大錯矣。」（《吳宓日記續編》第十
冊，頁468）這一種「自抒己見」的天真率性，實在是致命的。

讀他的日記，不但為吳，也為他寫及的諸人捏一把汗。因為
其日記不但提供了自己的罪證，且勢必累及他人。別人勸其「勿
寫日記」，[164]他將此勸告也寫在了日記上；別人為他應付批鬥支
招，他將有關建議也記在了日記上；他記監管人員的言行至櫻其人

---

164 如1966年12月23日，《吳宓日記續編》第七冊，頁563；1967年12月12日，
　　《吳宓日記續編》第八冊，頁318。

之怒，將其人的訓斥也記在了日記上（《吳宓日記續編》第八冊，頁507–508）。日記被逐日「檢閱」，被一再當眾引用，作為「揭發」他人的材料，[165]被刊登在「群眾組織」的小報上，[166]他將此種種也都記在了日記上。因日記累及他人而一再受到責難，[167]卻將此責難也寫在了日記中。他一再轉移、托人保藏日記，也無不記入日記。[168]迂執一至於此，無論同情者還是迫害者，都不能不啼笑皆非的吧。在那種情境中，「迂執」確有可能是一種「罪過」。他卻堅持説，日記中有對文化大革命的誤解處，「此外日記無錯誤，不應稱曰『反動』，亦不能據日記以定宓罪」（《吳宓日記續編》第九冊，頁73），説得不錯；他堅持認為，自己「一生之錯誤，主要是在學術、文藝方面，思想和言論上之錯誤，而絕無反革命之活動及行為」（同書，頁136），也不錯，卻只能是所謂的「雞對鴨講」，加罪的一方另有邏輯。

　　為應對監管人員的「檢閱」，他每日所記「止於當日之經歷，而不涉及個人思想感情」，將不便納入者「另書於零星紙片，置

165　參看同書頁492、496、497、501、541、542、548、596。吳氏1968年7月12日日記説，監管人員責斥各人或全隊之事，必欲舉宓日記為證據、為材料，此宓目前最以為苦者也！」還説一段時間以來他「從不與任何人交言，眾亦似畏忌宓，恒不坐宓之近旁」（同書，頁497）；同年9月4日日記，記監管人員「恒喜舉吳宓日記，宓心滋痛」（同書，頁548）。

166　參看其當年7月17日日記，同書頁504。

167　西南師範學院最稱吳宓小友亦詩友的凌道新，吳的日記頗多涉及。吳對凌竭力「濟助」，應有憐才、愛才之意。至日記令該人受累，則是以吳的天真不曾料到的。1968年10月24日日記記對吳一向關照的某人「憾宓之日記『害及其全家之人』，宓惟自引咎」（同書，頁596）；1969年1月13日，記某人重申與其絕交，「祈勿再接近；又責宓之日記害及友生非淺」（《吳宓日記續編》第九冊，頁15）；2月24日，記某某人「一再責宓私寫日記之害及諸君」（同書，頁64）。此種內容尚多。如此，吳氏即難以再享有勞改隊同人的慰藉，陷於更孤立的境地。

168　關於轉移、托人保藏日記，參看《吳宓日記續編》第八冊，頁403、425、434、452–453等。

於別處」。[169]1960年代有對於修身日記的倡導。吳氏也記被命寫
思想改造日記、勞改日記。他1968年7月21日記説，自己的「新日
記」，「除仍是『自己寫自己讀賞』外，亦兼為呈供謝管理員隨
時查閱，希記(疑為「冀」)其能洞鑒宓之一切」；説既被其人「責
訓」，「今後當於每日日記中，特立思想改造一欄，簡記數條，以
供謝君之所需求而已」，卻又説「苦於無範本可模仿」，「遂終未
成一字」(《吳宓日記續編》第八冊，頁508、509)。

　　同一時期梁漱溟的日記，記述極簡，不大可能為「大批判」提
供彈藥；由其日記看，文革中也不曾被勒令交出以供「檢閱」。文
革爆發後吳宓曾想到日記「從簡」(1966年11月24日，《吳宓日記
續編》第七冊，頁538)，當時未做到。在轉移、保藏的種種努力失
敗之後，在日記被公然「檢閱」、公佈之後，自1968年11月，終於
從簡。涉及人事，仍不能避忌，即如將別人偶然的提示記錄在冊。
監控稍許鬆弛，即依然故我。被抄沒，因「審查」而散失(1970年
全年的日記即全部丟失)，被某紅衛兵強行取之並據以要挾，索要
錢財(1966年8月23日日記，同書，頁528)。處境險惡至此，依然強
迫症似地記之不輟；據我有限的經驗，幾乎説得上絕無僅有。

　　1968年重慶的大武鬥期間，他拒絕避難，説「宓早決在校安居
不動，死生恭俟天命，冀能如1967年之終得苟全，無災無禍；每日
惟恭肅書寫日記，記此一段生活。——若遇難，到時乃輟筆耳」(3
月22日，《吳宓日記續編》第八冊，頁420–421)！可知日記在他，
攸關生死。在一切創造性的精神活動都被壓制的條件下，記日記成
為了如此莊嚴的事情。

　　在西南師範學院梁平分校，曾為其日記牽累的劉某説：「人
之本性難改：我知吳宓回到渝碚本院後，有暇，必仍續寫其日記
也。」「宓按：此確係知我之言。」(1969年6月18日，《吳宓日記

169 《吳宓日記續編》第八冊，頁494注。該注説，吳氏此一時期之日記，「即按
　　紙片所書時間編入」，「而以不同字體加以區別」。編者還説：「作者1967年
　　日記，全係鋼筆書於廢信紙背面，未經整編謄抄之日記草稿。」(頁3)

續編》第九冊，頁122）吳《梁平日記》所記勞改隊同人在此期間對
他的「揭發」、「斥責」，未見得沒有表演性質——供吳宓記錄而
任他人「檢閱」。吳宓卻至死不悟。1971年4月20日記某人說「宓
一生之大錯，厥為寫日記之習慣。宓之罪行，皆由於寫日記。以
宓凡事必寫入日記，許多人畏受累，不敢與宓接近或因此而恨宓
焉」，其人勸吳「亟改之：日記中，勿寫宓自己之思想、感情，而
多寫每日讀馬列主義及毛主席著作之心得」（同書，頁261–262）。
他自然將此勸告也寫在了日記中。[170]無怪乎其同事對其不耐，不
敬，挖苦說此老為何要寫那些，寫寫每日進饅頭、牛乳、雞卵幾
何，不就得了！吳的自行其是，雖危及他人而不顧，的確到了令人
痛恨的地步。由此而言，吳宓文革中的生存環境，至少部分地是由
他本人參與造成的。他是他的苦難的一部分原因。

　　因日記得禍的故事，文革中決不鮮見。不止因日記，還因了私
人信件——「胡風反革命集團案」即使不能說開啟、也鼓勵了這種
坐實人罪的方式。吳宓故事的特別之處在於，雖有上述種種卻始終
不停止記日記。而在其他與日記有關的故事中，日記的主人會即刻
停筆，甚至終身不再記。你只能說，吳宓有一種一半活在現實中、
一半活在非現實世界中的罕見稟賦。卻也因了吳將自己的因日記而
得罪，而累及他人，而被周圍的人們「畏忌」、憎嫌、避之惟恐不

170　1971年3月16日日記，記學生某與自己交往，「唯恐人知，再三諄囑宓，勿寫
　　彼入宓日記，並促宓將日記中凡敘及彼處，悉塗毀去，勿令人得見」；吳則
　　「漫應之，然而從未肯自毀其日記，或塗改之也」（同書，頁221）。3月19日記
　　曾因其日記而受害的某人問其仍寫日記否，他「詭應曰否」，對方似不信（同
　　書，頁223）。4月17日，記某人信其「必仍寫日記，謂『宓之獲罪純由寫日記
　　耳』」（同書，頁258）。4月22日記其人「再力勸宓『勿寫日記，以免自招禍
　　患，而連累所有相識及來往之人』——宓允遵辦，而實未能改也」（同書，頁
　　263）。1972年4月7日記他人「力戒」其數事，說「宓所不能遵行事，惟『勿寫
　　日記』耳」（《吳宓日記續編》第十冊，頁81）！在梁平吳不但記日記，且逐日
　　到郵局黏貼。早在文革初起的1966年6月，吳宓即記有其「遙呼父靈，行四跪
　　十二叩禮祈求父保佑宓此次運動平安度過；然後安置宓之日記，文稿、書籍
　　訖，即早速死去，侍父於彼世」（《吳宓日記續編》（第七冊，頁470）。可知對
　　其日記的珍視。

遠，而勸告其停止記日記，懇請其刪抹與自己有關的記述，統統記入日記，使這部日記本身的命運充滿懸念，有了一種特別的「故事性」。

　　1950、60年代的思想掌控方式，鼓勵了記錄他人言動用於「彙報」；吳宓令周圍的人們痛恨的記錄他人所言的習慣，性質自然不同。他不過將「所見所聞」，作為了自己生活的一部分，如此而已。1964年的「社會主義教育運動」（簡稱「社教運動」），工作隊就有人發現了他的記錄別人言論的習慣，提醒他只記關於自己的，其他不要記。「宓答：謹遵。」（《吳宓日記續編》第六冊，頁456）然後照記不誤。那種環境中，此種私人記錄一旦公開，就既是「自我暴露」又成為了對他人的告發。吳宓在政治壓力下如實記錄自己的所思所感，或可視為勇敢的行為；但在已經因日記記錄他人的言行而累及他人的情況下，仍堅持記錄他人的言行，確又近於任性及不負責任。即使在文革過去了數十年之後，吳宓日記的刊行仍有可能對所涉及者造成困擾，尤其某種指控，某些出於個人好惡的評斷。

　　由此看來，吳宓的頑固的確含義複雜。對此，自然首先要歸過於不正常的時代。但處「不正常」也有其倫理：在非自己所能選擇的惡劣環境中，如何自處與如何對他人負責。有趣的是，記錄他人言行為什麼被吳宓認為是必要的、必不可少的？這出於他對日記一體的認知，還是僅止於習慣？在已經牽累他人之後仍拒絕變通，這種習慣是否有點可怕？你會希望知道，日記對於吳宓意味着什麼，除了他所聲稱的之外，還是什麼。或許可以用了現成的説法，日記猶如其人的「第二自我」？

　　有人比較吳宓日記與季羨林的《清華園日記》，以為季的日記更敢暴露，更能罵人，卻有意忽略了季的上述日記寫在何時（以及何時刊出）。倘有「日記學」，吳宓的「日記的故事」，當大有研究價值的吧。吳宓的上述經歷，乃太平世界的奇聞；在較我們正常

的後人聽來，必定荒誕到了不可解——或許只宜於用卡夫卡的方式
處理？日記的故事中，吳宓當然是受害者，是恣意踐踏私域的受害
者，卻又參與了加害。他是受害者，他對別人因他而受害是否負有
責任？使用這個詞兒，「責任」，會否被認為為加害者卸責？但我
仍然要問，在某種如文革這樣的情境下，即使一個人難以自主，他
的行為是否仍然應當為他人負責？顯然，對這一種思路吳宓是陌生
的。在這一點上，他的確是我們曾經熟悉的那種意義上的「個人主
義者」。他的執拗，可欽可敬而又可憫可恨。對於分析文革中的加
害與被害，吳宓日記的故事提供了一份較為複雜的材料。當然更值
得分析的，是文革中發展到登峰造極的據私人書寫坐實人罪的方
式。也因其荒謬性暴露無遺，「後文革時期」已不再公然使用，算
是一點代價高昂的進步。

　　這只是這個故事的一部分情節，而且不應當是主要的情節。主
要的情節，是吳宓以日記保存自我的艱苦努力。

　　《吳宓日記》出版，有出面「澄清事實」者，尤其吳所記具體
的人事糾葛。日記一體的局限本來顯然，個人的偏見成見、情緒性
等等在所難免，其作為史料的運用自應謹慎。糾纏於日記涉筆的人
事，以吳的是非為是非，最應避免。當吳宓寫作時，即有宣洩的
動機在其中。委屈，鬱悶，憤懣不平。況其人本率性而不諳世故，
且有種種人所不免的心性的弱點。其所寫或有「歪曲」，如欲「澄
清」者所說的「隱諱、遺漏、與事實不符之處」（王興運《我所瞭
解的吳宓教授》，《南方週末》2009年10月1日E30版），所感卻是
「真實」的，憂懼，焦慮，屈辱，絕望。作為一個人所感受的文
革，在這一意義上確有史料價值，儘管因被抄被沒收而有殘缺，[171]
仍是一份難得「完整」、足稱珍稀的「文革日記」。也賴有吳宓的
迂執、不善於應世，才可能有此「完整」。

---

171 吳宓文革期間的日記，1966年數月，1970年全年及1974年的日記，因紅衛兵抄
　　沒或革委會搜去而迄無下落。

　　據整理者所說，吳宓書信較之日記，更有搜集之難，卻也因此有更多懸念，可供想像有關的故事。即如致其詩友金月波的一組，令人不禁牽掛吳氏與諸詩友的聯繫因文革而中斷期間，金月波等人是否因與吳的唱和而受累；詩友中因劃「右派」而生計無着長期受吳「濟助」的黃有敏(吳稱其為叔度)，文革中將以何為生。《書信集》中吳致金的最後一信發出在1971年，或許可以歸入吳宓重建他的生活的最後的努力。[172]那種「舊派文人」的小圈子，在1950–60年代的氛圍中已顯得古怪，由日記也由書信看，卻實在是吳宓生活中不可或缺的部分。

　　可惜吳宓的書信存世更少，否則會是對日記的重要補充與註釋；尤其寫於文革中的數札，往往在數年的聯繫中斷之後，欲將個人遭遇和盤托出。這種經了濃縮、整理的敘述，自不同於逐日所記。如若你在讀其殘存的書信時，意識到其中的幾封被其所在學校與郵局合謀截留，更會有荒誕感。這些當吳氏書寫之時已註定了不能抵達對方的信，將一個人的渺小無力無望無助呈露無遺。如此公然實施對一個人的監控，對象竟是吳宓這樣對當局構不成任何威脅的既迂且老的書生。

　　書信集中的幾封寫得極警覺的信，也如某段時間寫得警覺的日記，倒更令人感到吳宓不可抑制的傾訴的願望，他的撞出孤絕處境的掙扎。這在吳宓，與生存渴望同樣強烈——或許就是生存渴望。他要友人親人聽到他的消息，他要獲知親人友人的消息，他要回到正常生活，做一個正常地生活着的人。[173]

172　互聯網上有金月波之子金鏗《心畫心聲難失真，詩詞依稀見為人——吳宓與父親金月波的詩詞情緣》一文。吳函抵達武漢三個月後，金月波讀到並回覆，未知吳宓是否收到金氏的回信。

173　吳宓1952年的日記，就談到了他所以不焚毀且續寫日記的三個理由「(1)日記所載，皆宓內心之感想，皆宓自言自語、自為問答之詞。日記只供宓自讀自閱，從未示人，更無意刊佈。而宓所以必作此日記者，以宓為內向之人，處境孤獨，愁苦煩鬱至深且重，非書寫出之，以代傾訴，以資宣洩，則我實不能自聊，無以自慰也。(2)宓只有感想而無行動。日記所述皆宓之真實見解及感

傳記作者對吳宓的厭世傾向與自殺衝動及其後的宗教背景有細緻的分析。1964年10月西南師範學院領導報告強調階級鬥爭及思想改造，吳反應強烈，說自己「極為憤懣，但祈速死，或可免於投江自殺」（《吳宓日記續編》第六冊，頁361）；同年12月7日座談會後，記自己「深恨諸人語氣神態之粗惡橫暴，私歎舊中國與今之歐美皆無如此之審判方式」，慨歎道：「不幸哉，吾儕乃生於此時代之中國也！又不幸哉，宓不早死！倘在1964年八月以前，宓即死去，亦可免見類此之奇恥大辱。今陷身此運動中，真有『求生不易，求死亦不得』之苦況也。」（同書，頁433–434）[174]此後即使在最不堪的1968、1969年，卻並未認真地作投江想，仍然在百般羞辱之下頑強生存，應當與其知足、隨遇而安的生活態度有關。

　　我在吳宓1966–1973年的日記中感到的，就有其人對世俗生活的熱愛與享受態度，對食物之美，[175]對風物之美，對女性之美，等等。吳的心理似乎有強韌的抗壓性，能忍他人所不能忍。批鬥者曰其「罪該萬死」，他在日記中説：「謂宓『罪該萬死』誠是；惜生

觸，然卻無任何行事之計劃及作用。日記之性質，無殊歷史與小説而已。……(3)日記中宓之感想，竊仿顧亭林《日知錄》之例，皆論理而不論事，明道而不責人，皆不為今時此地立議陳情，而闡明天下萬世文野升降之機，治亂興衰之故。皆為證明大道，垂示來茲，所謂守先待後，而不圖於數十年或百年內得有採用施行之機會……以上乃宓真實之意思，亦預擬之供狀。倘異日發現宓日記而勘問宓時，敬請當局注意此段自白」（《吳宓日記續編》第一冊，頁112–113）。上述自白之(1)之(2)，道理至明，奈當局有意不察何。至於(3)，則可見吳的自我期許。仿《日知錄》，守先待後，垂示來茲，則仍以日記為著述，只是不期待當世刊佈而已。

174　陳寅恪、吳宓都曾預卜死期。死期的延後無論在陳在吳，均屬不幸。可知生當其時固不易，死得是時候也難。

175　吳好美食。1966年12月6日的日記，記西南師院廚工罷工，「多人無所得食」，慶幸自己「仍可得美食如恒」（《吳宓日記續編》第七冊，頁547）；同月15日記其發現「食堂可口佳美之食品甚多」（同書，頁555）。11月16日的日記中記自己「近日注重飲食，以食自慰」（《吳宓日記續編》第九冊，頁353）。1972年3月7日的日記記由食堂捧了麵條至勞改隊食之，「甚適」，甚至説「宓今樂於在此地(按指梁平)之生活，不欲去之矣」（《吳宓日記續編》第十冊，頁55）！

固艱危，仍不易即死耳！」（1968年12月18日，《吳宓日記續編》第八冊，頁662）吳宓日記，「吃喝拉撒睡」是必記的內容。他也確能由此日常瑣屑得到滿足，無論食之美，還是排便的順暢，冬衣之暖，睡眠之酣。關於自己的飲食起居，所記極細。飲食，不但記食何種飯菜，且記所食的量（「饅」幾個，麵條幾兩），以及米飯的軟硬；記「入廁」，且記「用力」多少次。依舊嗜書如命。珍視自己的著述（包括日記）。對金錢出入有詳細的記錄。對自己的愛惜，對生的留戀，對（可能的）傷害的極力規避，屢屢見之於文字。

　　吳宓對環境、待遇並不苛求，較顧頡剛更能隨緣。在「非正常死亡」（尤其自殺）頻發的十年間，毅然「了斷」的，或許倒是被認為距厭世輕生最遠者，而吳宓這樣看似心性柔弱、「浪漫」且敏感病態的，儘管有種種焦慮甚至絕望的表示，卻仍然示人以強韌的求生意志，為了生的堅忍。甚至有了一點縫隙，即不難自得其樂。買到了法文、德文、俄文版的毛語錄，「比較細讀」，以為「深可玩味」，說「平生用力之外文知識與政治學習、思想改造，兩俱有益，誠樂事也」（1968年9月2日，同書頁547）；讀毛的《實踐論》，「有所啟悟，甚為欣快」（1969年4月15日，《吳宓日記續編》第九冊，頁92）。得到為其幫傭的唐氏與「故妻」所制冬衣，說「論宓生活（衣食起居）之安適，近年未有如今冬者也」（1968年1月8日，《吳宓日記續編》第八冊，頁347）。甚至說「只要不鬥爭，生活萬事足」（1969年4月7日，《吳宓日記續編》第九冊，頁88）。說「深感一生（七十五年中）所歷之生活，得家庭、學校、友生之輔助，蓋無時無地而不豐裕、舒適也」（1969年6月2日，同書頁114）。即在運動壓力極大的時期，處境偶爾寬鬆，也會有一種「享受」的心情。1968年11月12日，記「休息時，眾立晴日中、草地上閒話，目觀野景」，說在勞改隊時，「不敢想像能有此樂也」（《吳宓日記續編》第八冊，頁620）。[176]1971年1月8日

176　此時的吳宓漸有行動自由，説自入勞改隊後，「不許在校內往來露面者四個月

的日記:「回舍,入門,即是洞天福地」(《吳宓日記續編》第九冊,頁157)。同月21日的日記中說,「即此是福,由天賜。惟當靜居俟命,以每日能讀書自愉自樂,則但覺時日之飛逝而已!」(同書,頁171)[177]他似乎能隨時回到讀書而自得其樂的狀態。1965年雖因「社會主義教育運動」飽受衝擊,卻在寫給友人的信中說,自己「每於夜靜、燈前,忘卻百事,任取古書、舊詩舊文讀之」,立覺自己「在另一世界中,甚為快樂」(《致金月波》,《吳宓書信集》頁344)。1972年12月1日:「回舍,日出雲中,彩霞甚美。宓乃坐窗前,案上攤展Larousse法文字典,觀其中之圖畫及人像,作為消遣,至為樂適。」(《吳宓日記續編》第十冊,頁241)即使如此,他仍然不能不感到隱隱的威脅。1971年4月17日日記引蔡邕文,說自己「恒『憂怖焦灼』」,引《史記》朱英謂春申君語,說自己「處無望之世」,必「有無望之禍」,「但今日仍得安居逸樂,且自用功研讀,準備任何日趨死就刑戮耳」(《吳宓日記續編》第九冊,頁258)!「今在此地,生活安適,環境熟諳,但仍感覺:若有大禍即將降臨我身者!」(《吳宓日記續編》第十冊,頁56)他的預感並沒有錯。

1971年到梁平,一年後返回北碚,直至日記終止的1973年末,

有半」,終於可以出校門,「乃徘徊江邊及市街」(同書,頁625)。

177 1971年1月14日日記:「安居待時,不為過度之憂懼,在久眠及飽餐中,尋取快樂,再則隨意讀書,以自適為主」(同書,頁164)。2月4日又在日記中說,自己感覺「今竟成為一純粹之個人主義者。每晨至晚,惟注意自己之眠食、起居,享受飲饌,無異孩童。再則讀書自樂,此外無任何思想、感情與主張、計劃,惟遵令學習,隨眾接受、服從、發揚毛主席思想及黨國法令政策,恪勤而被動,渺小而無我,自樂其生,苟且等死而已」(同書,183)!12月26日的日記寫道:「今日為宓快樂之一日,因交代撰寫成,如釋重負。安心過年矣!」(同書,頁379)次日則寫「今日真閒適,自由讀書」(同上)。1973年1月20日,「以晴日可愛,遂拄杖在校園內游步」(《吳宓日記續編》第十冊,頁287)。2月11日,記翻閱某書,「深感八十之年,時日無多,此類佳書,皆不能再讀。死去所恨者,此耳。」(同書,頁304)7月14日,記枕上得一聯:「近死得安(逢)無事樂,平生恒效苦行僧」(同書,頁432)。

吳宓的處境似乎在逐漸改善，壓力漸減，生活近於常態。恢復了全薪，補發了部分減扣的工資。1974年「批林批孔」前，吳一度生活安逸，日記所記，均日常瑣事，人事酬應。如若沒有此後的運動，即使未經「平反」，吳宓的文革也像是已然過去。據日記，1972年7月由梁平回到北碚，曾有領導來訪，「表示對宓關懷與尊重之意」（同書，頁159）。吳的心態亦有變化，說「決專力辦宓自己之事，不顧中文系領導小組」（8月11日，同書頁163）。

由書信看，早在1950年代，吳宓即自知不能被改造，也拒絕改造，為此而不惜與家人疏遠，與老友絕交（參看其《致柳詒徵》、《致黃有敏》，《吳宓書信集》頁401、403）──態度之決絕有如是者。他甚至以表面接受改造為「降志辱身」（《致黃有敏》，頁403）。[178]文革期間吳宓在日記中說，同事的勸告固是「善意忠言」，「然若衣飾形貌之見於外者，宓尚可以改；其學術思想之在內心、精神者，宓實不願改，且決不能改也。禍福死生，聽之而已矣！」（1968年1月4日，《吳宓日記續編》第八冊，頁345）[179]直至1971年，他在發言中極力委婉，說的卻是自己「素怯懦守法，今目盲耳塞，生命垂盡」，恐難思想改造「及格」（7月5日，《吳宓日記續編》第九冊，頁292）。

對如吳宓這樣的不接受改造與不可改造，當時有一種侮辱性的說法，「茅廁裏的石頭，又臭又硬」。吳的迂執頑梗，確有過

---

178 吳宓1958年受批判、衝擊的情況，參看同書頁407–409。其所說「降志辱身」，或即指此次運動中自己的表現。

179 勞改隊中他對同人說，自己不能如他們的「靈敏巧妙，善於表現」。自己「曾聞中西古今聖賢之教，多讀文史書籍，寶愛中國及世界文明，不忍見其漸滅」，因而不能如他們的「專誠一心，接受毛澤東思想，參加階級鬥爭」，所以自己的「思想改造」實難，前途禍福難料（同年1月27日，同書頁365）。別人警告他在此情境中「仍閉門離世，自讀舊書」，非為得計，他卻想，「宓對中西古今學術文藝，道德政治之全盤思想（以及宓對天、對人、對物、對事之深固感情）焉能改造？宓在舍，得安居靜處，不讀舊書，則將作何事」（同年2月16日，同書頁378）？

於常人，在1949年後知名文化人中堪稱稀有。他的日記中記有該校
教員、學生對他的評價，曰其為「老古董」（《吳宓日記續編》第
八冊，頁340）；「老舊、頑固，無法改變之人，其性行愚癡可笑」
（同書，頁362）；「無往而不愚謬」（同書，頁29–30）；「其思想
自五四運動迄今毫無變化」（同書，頁395），「糊塗、愚蠢至不可
救藥」（《吳宓日記續編》第七冊，頁568）。吳宓曾私下裏批評被
劃為「右派」的某詩友「矜才使氣」，「不知衛生之道」（《致金
月波》，《吳宓書信集》頁326），其自以為尚能「衛生」可知。由
日記亦由存世的書信看，吳宓確也嘗試着「隨眾」、「從眾」。
1966年6月4日日記，記因所得教訓，終於悟到「尚不如與人雷同」
（《吳宓日記續編》第七冊，頁448）。他也曾表示與某人「劃清界
限，並隨眾聲討其罪」（同上，頁453）。勞改隊同人也以為他的態
度「應如『魚相忘於江湖』，我在眾中，絕無特立獨異之處，與眾
親近和睦而為一體」，如此才能安全（《吳宓日記續編》第八冊，
頁371）。還在日記中記某同人說「宓若不能與群眾和同、融洽，仿
效群眾之思想、言詞、態度，而矯然特異」，則不但批鬥難以過
關，「且直不能在此時代、此社會中生活下去」（1968年6月7日，
同書頁469）。中國知識人傳統的人倫鑒識，在「一體化」、「輿論
一律」、知識分子被要求「緊跟」、「脫胎換骨」的時代，已蕩然
無存。[180]

　　由我所讀1964至1973年間的吳宓日記、書信看，此老確乎「一
肚皮不合時宜」，[181]在周圍人們的眼裏，言行迂怪，不像此世界中
人，卻仍然渴求貢獻其知識技能於斯世。無論教授何種課程，他

180　曾任吳宓助教的王興運，在發表於2009年的文章中，仍然說吳的「史學觀點遠
　　離辯證唯物主義和歷史唯物主義的指導」，「談不上歷史科學」；說吳到中文
　　系後，「思想仍未有多少進步，觀點謬誤」，為此受到「批判和抵制」（《我
　　所瞭解的吳宓教授》）。

181　1964年7月22日，吳宓在日記中錄某人寫給自己的祝壽詩，中有「肚如坡老不
　　時宜」句（《吳宓日記續編》第六冊，頁279）。

都樂在其中。甚至1977年病廢回到家鄉陝西，仍然想貢獻其外語知識，以救當時此種人才之匱乏（參看收入李繼凱等編《追憶吳宓》一書的吳須曼《回憶先兄吳宓教授》）。那麼何不用其所長，而任他依了自己的習性生活？

　　吳宓的「不可改造」似基於天性，以此不同於自覺地拒絕改造。在二十餘年持續的「改造」壓力下，他的「不可」有悲喜劇的意味；不全是「可敬」，或者說更可憫笑──事實上周圍對他並無惡意的人們，正有這種反應。這種「不可」也見之於「改造」之外的場合。即如他屢次被勒索欺詐，卻依舊輕信，且在錢財上慷慨無度。應當承認，讀吳宓文革期間的日記，最覺「驚心動魄」的，是他所處人事環境。對於這一個缺乏起碼的自我保護意識與能力的迂書生，其孤老的生存不能不「險象環生」。吳宓應付人事的迂、執，或許可以部分地歸因於極端的專注，以至不能懂得關注以外的事務，的確適於某公的紀念文章所用題目，「君子可欺以其方」。[182]也應當說，正由於他的經驗世界的封閉性，對外部影響保有了天然的抗力。

　　數十年來知識分子的易「化」，成為致命的缺陷，對自身品性的最大損傷。知識者以能「化」（適應時代、順應潮流）為榮，當局則以能使人「化」為政績，為成就，不容有化外之地，不容有化外之人。某種意義上的「操守」，成了可悲可笑以至可鄙的東西。三軍可奪帥也，匹夫不可奪志也。雖千萬人吾往矣。吳宓倘活在別一時代，或因此堅守而稱「粹儒」；在此時代，只能被斥之為「頑固不化」。這種意義上的「頑固不化」，也要在此時代，才不可容忍。由「頑固」這一點看，吳宓或竟是「《學衡》派」中特具操守者。吳宓外，另有幾個頑梗的人物（其一即梁漱溟），一再被人提起，作為知識人殘存的「氣節」的證明，卻也證明了保有「氣節」

182　見唐振常文《君子可欺以其方，難罔以非其道》，收入李繼凱等編《追憶吳宓》。

之難。頑梗，拒絕「改造」的，肯定不止這幾位，只是不都能成為
敘述的對象罷了。諷刺的是，不難如此「化」的，也就不難如彼
「化」——「後文革時期」價值觀的崩解，豈當局者所曾料到的？

　　一波一波的政治運動，「百煉鋼」不難化為「繞指柔」，何
況不「鋼」者！顧頡剛文革期間的日記，記其妻指摘他對批判者
「不自卑屈」，「不合被專政者之身份」，顧氏則說自己一生處
順境，「不曾向人低頭服小」，承認這是自己的「大病」（《顧頡
剛日記》第十卷，頁608）；說自己「實在是一個謹小慎微的人」
（同書，頁615），又說「自恨性情倔強，不能隨時屈伸」（同書，頁
644）。較之吳宓，顧已極力順應，只不過不能「隨時屈伸」而已。
不同於顧頡剛的雖在政治運動中仍念念不忘「事業」，吳宓的姿態
毋寧說是謙卑的：希望「單位」忘了自己，放過自己，讓自己保持
其愛好（如讀書，寫舊體詩），做一個無害於人的閒人。他自知不適
於此社會，文革前即曾意欲退休，文革中更一再懇求退休，如他本
人所願地將其視為棄物，甚至寧降職降薪以求保全，均未蒙恩准，
直至「批林批孔」的最後一劫。[183]

　　由日記與存留下來的書信看，吳宓也非一味頑固。文革初期
的劇烈衝擊下，他也曾努力使身段柔軟。據1967年1月22日日記，
吳當日撰成《交代我的罪行：第五篇　崇仰孔子，宣揚孔子之道，
且為此來渝碚》（《吳宓日記續編》第八冊，頁22）。卻在1974年
的「批林批孔」中，堅拒批孔。那種不計利害、甚至不計生死的
堅持，竟然發生在1974年，文革已近結束的時間點上。普遍的經
驗是，彼時的「運動」，已是強弩之末。我所在中學的「評法批
儒」，就形同兒戲——吳宓的感受顯然不如是。當着隨處可見「做

183　1958年「拔白旗」中飽受批判的陳寅恪，曾要求「馬上辦理退休手續」（陸鍵
　　東《陳寅恪的最後20年》頁248）。文革中徐鑄成暴露「活思想」，說自己「只
　　盼望文化大革命早日結束」，「只求在以後的歲月裏，能夠有飯吃，過極簡單
　　樸素的生活」（《思想彙報》，《徐鑄成自述：運動檔案彙編》頁158–159）；
　　「爭取早日退休或退職，了此餘生」（《勞動改造小結》，同書頁162）。

戲的虛無黨」，不惟沒有任何信仰、信念，且沒有價值立場，吳宓「衛道」之誠，勇敢決絕，令人稱奇。他畢竟有其底線亦極限，再向前走即人格失墜，萬劫不復。由此看來，他至死仍然是《學衡》時期的吳宓，那個吳宓與文革中抗拒「批林批孔」的吳宓，一以貫之。

　　刊行的吳宓日記止於1973年末。整理者說：批林批孔運動中吳「明確表示：批林，我沒意見；批孔，把我殺了，我也不批。為此，再次作為『現行反革命分子』被批鬥。西師(按即西南師範學院)革委會又報請上級黨委批准為吳宓判刑戴帽，重慶市委仍未予批准。讓背靠背、不點名地批判」(《吳宓日記續編》第十冊，頁570)。「據新華通訊社重慶分社一位記者告訴家屬，因為吳宓在批林批孔運動中的發言非常尖端，分社寫了《內部參考》上報」；該期《內部參考》尚未解密，故未能查見(同書，頁571)。「把我殺了，我也不批」，確是此老的聲口。此時地方當局的不為已甚，也可以相信。「讓背靠背、不點名地批判」，確也較為「客氣」，與1968年不同。也應當說，此時吳宓的敢于堅拒，與文革後期漸趨寬鬆的環境，不無關係。

　　1940年代戰亂中的流徙，影響於學人的生活與命運，吳宓自非孤例。吳文革前及文革中，對當初選擇「渝碚」一悔再悔。[184]其日

184　吳1949年6月的信中，說自己何以是年由武漢到四川(《致吳協曼》，《吳宓書信集》頁349)；1949年由武漢飛四川，後又「甚悔輕離武大」(同上，頁350)。吳勸其在臺灣之弟留臺，說倘定要回大陸，也應「設法到平、津、京、漢，在北大、清華等上好之大學」，而非來西南。到西南則「如棄大海而飲蹄涔」(《致吳協曼》，同書頁362)。可知其留在西南乃不得已，尤其不出於發展學術的考慮(他曾說其所以留渝，亦因「地位穩固，免與人爭」，見《致李賦寧》，同書頁368)。1950年代「土改」、「三反」後，吳宓已有詩曰「率土王臣悔西來」(《致金月波》，同書頁314)。1950年10月，陳寅恪勸其「以回清華為較妥」(參看吳學昭《吳宓與陳寅恪》頁131)。但至少到1964年初，吳尚以自己的選擇為得計。1962年寫給李賦寧的信中，他說自己「樂居蜀，並不思遷地改校」，甚至「決願終老此地」(《致李賦寧》，《吳宓書信集》頁382、383)，詳述不願「長居北京」、在京工作的理由(頁384)。1964元旦致李賦寧的信中，再次申明「決不肯回京」(同書，頁391)。1964年2月20日記與人書，

記中「反動言論」的「反動」程度，依文革中的標準，確係劃「現行反革命」而有餘；較之某些因「現反」、「惡攻」罪投入監獄者，或猶有過之。倘其人不在西南而在西北以至京城，命運會如何——當然先要假定其日記也被「檢閱」，信件亦遭截留——實難斷定。顧頡剛的日記，不是也被學部歷史研究所的工宣隊與「革命群眾」「檢閱」並從中搜證嗎？由此看，吳宓的厄運不便由地域（渝碚）或所在學校（西南師範學院）解釋，亦如陳寅恪的應邀北上或留居廣州，禍福殊難判定一樣。

吳宓1974年運動中的處境，1974至1977年返回陝西前在西南師範學院的日常生活，雖有回憶文字，卻無以替代吳宓的自述。吳宓日記的故事，似乎止於所不當止，難免令人對其生命中的最後四年有了一種事後的「牽掛」。比如我們不能知曉吳宓最後歲月的心境。通常記述所說的「孤苦」、「淒涼」，不過他人代為設想。吳宓是迂夫子，大約不能如共產黨人于光遠，參透了政治鬥爭的玄機，前於此即預感到運動即將過去，預知不久即有可能峰迴路轉、柳暗花明（參看于光遠《文革中的我》）。發生於1976年10月的事件對於他有何影響，也無從知曉。

錢鍾書對自己1937年有關其師吳宓的議論，晚年有痛切的自省。但錢氏當年所說吳宓的「當眾洗髒衣服」，近乎「玩火」，「勇敢得不合時宜」（參看傅宏星《吳宓評傳》頁268–269），卻

寫到其「在渝碚生活之安適、身心之靜樂，極不欲居京任清華外語總教授，亦不願與心一（雖已復合）長期同居」（《吳宓日記續編》第六冊，頁164。按心一，陳心一，吳之「故妻」）。是年12月「社會主義教育運動」，吳想到自己的「大錯」，「在1949四月之來渝碚」，說倘不在西師，「禍累當不至如此之重也」（《吳宓日記續編》第六冊，頁452）。1965年致函胡喬木等，說「俟此運動完結後」，求助成其「調職（或退休）而移至北京安居終老」（《吳宓日記續編》第七冊，頁10）。至1966年文革爆發，想離蜀已不可得。1969年底，在致郭斌龢一札中，說「甚悔前多年，不去清華、北大、陝西師大而留在西南師院，受此種種」（《吳宓書信集》頁428）。陳寅恪的未北上就任學部歷史研究所二所（中古史研究所）所長一職，未為不幸。也如吳宓，北上或留在廣州、四川，命運未見得不同。

的確可用以解釋吳宓的處境與命運，無論1949年之前還是之後。吳宓確有「真性情」，是所謂的「性情中人」。但「真」未必就「美」。傳記作者對吳宓的性情，力圖由其人的早年經歷尋求解釋，未必不可以作為進入其人的路徑。

讀關於吳宓的回憶，我發現有些他西南師範學院的同事，雖在數十年之後，仍流露出當年那種看待吳的戲謔態度，且坦然承認沒有參加該校中文系組織的悼念活動。我相信直到今天，吳宓的軼事仍然是有些人茶餘飯後的消遣。即使在潮水般一波波追念之後，那個老悖的人物仍然不能使他們「莊視」。我對此能夠理解。的確，吳宓身後的故事也如生前的故事那樣，令人心情複雜甚至啼笑皆非。忍受這樣一個人物，他的同事的確要有相當的耐心與同情心。「瞭解之同情」，人世間原本稀有。不妨承認，我們已喪失了古代知識人那種欣賞異人異行奇人奇情的能力，而「鄉土社會」排斥非常態的文化卻得到了弘揚。

據楊絳回憶，錢鍾書曾說過，吳宓日記在中西各種日記中別具風格（《吳宓先生與錢鍾書》，《人民日報》1998年5月14日）。有人以為，將吳宓日記與胡適日記以及近年來刊行的顧頡剛日記、夏鼐日記比較，少了「宏觀材料」，固與其人個性有關，也緣於其在文化界所處相對邊緣的位置（史記會《〈書信集〉呈現的吳宓晚年生活》，《中華讀書報》2012年2月29日第9版）。由我看來，吳宓日記的價值，也未必不得之於其所處位置。吳宓苦心經營的書寫策略，使其日記充滿了暗示，作為特殊時世的文本，足以映照那時世的語境，不惟「個性化」而已。吳宓天真，其「策略」也天真：那是迂執書生的「狡黠」，欲蓋彌彰，掩蓋適成暴露。如此豐富的心理的人性的內容，是由其他知名人士面世的日記難以感到的。應當承認，吳宓吸引了我的，不是他的學識（談論其「學術貢獻」，沒有必要過甚其辭），而是這個人，是這個無論1949年之後抑之前，都如此稀有的人。吳宓，以及梁漱溟，均屬現代中國知識人中的稀有品種，難以再現，不可複製。

　　吳宓身後引發的話題，與其遺稿有關的葛藤，作為現象已有研究的價值。這是吳宓故事外的故事，吳宓傳的後傳。在20世紀中國學人，也是一道奇特的風景，令人看得心情複雜。這故事與後傳想必被吳宓本人視為贅疣，卻也正由他的晚年處境與行事方式造成，只能是吳宓的故事與後傳。

　　文革中，針對其意欲「推翻共產黨」的指控，吳宓斷斷申辯道，自己「1948不謀赴美國講學」，「1949冬卻臺灣之聘」，「又辭不往香港新亞書院任教，而決留居中國」，「豈有至今日，七十五歲衰老之宓乃『想要推翻共產黨，恢復舊中國』也耶」（1968年12月19日，《吳宓日記續編》，第八冊，頁663）？吳宓文革期間的「交代材料」，另有關於自己1949年拒絕赴國外、香港，決意留在大陸的表白（參看吳學昭《吳宓與陳寅恪》頁127–128）。對這一點，他曾反復申述；卻也要與其相關書信比對，才更能得其真相。

　　1940年代末政權更迭的關頭陳寅恪、吳宓的去留問題，已有諸多討論。吳宓的考量，他自己說得很清楚。他曾有到臺灣任教之一念（參看其《致吳協曼》，《吳宓書信集》頁361、361–362），並非出於對國民黨政府的好感，只不過認為以自身條件，或較適於彼方而已——也即非基於政治立場，或者說更基於文化方面的衡斷。他無意於在政黨間選擇，所選擇的只是宜於其生存、發展其學術的文化環境。[185]吳宓雖迂，在這件事上未必不清醒。只不過雖有先見之明，卻又有一貫的優柔寡斷，也像1964年間他反復規劃的出行那樣，設想周密而仍然留在了原地。[186]上個世紀四五十年代之交的選

185　1965年9月2日的日記還說，頗悔自己「將解放時之不遠走高飛，則對中國之文化學術或可稍有貢獻也」（《吳宓日記續編》第七冊，頁215）。

186　吳宓1951年4月5日的日記，說「自知一生之大缺點，為多思慮而遲疑寡斷，無當機立行之能力」（《吳宓日記續編》第一冊，頁105）。至本節涉及的這一時期，依然如故。其1964年計劃中的武漢、廣州之行一再遷延，終至取消，前後

擇，無論在陳寅恪還是吳宓，均不是選擇政治，而是選擇生存與文化環境。由發生在文革中的事情看，那在他們，誰又能說不是致命的選擇？

　　四五十年代之交知名學人的去留及相關選擇，長時間地保持了敏感性，直至文革，仍然是要被迫「交代」的內容。顧頡剛一再憤憤於1954年由滬到京後，學部歷史所的尹達說其所以同意來京，乃因在滬等待蔣介石「反攻大陸」而未得(參看下一節)。在當時，這種猜忌的嚴重性，不問可知。同一年陳寅恪的謝絕赴京，也是其文革中不能不「交代」的內容(參看吳學昭《吳宓與陳寅恪》頁133)。既以文革為國共鬥爭的繼續，此種問題的嚴重性可想。時過半個多世紀之後，這個曾經極度敏感的話題，應該到了「脫敏」的時候。

　　吳宓自擬遺民，對吳梅村、顧炎武情有獨鍾，此種心跡不欲掩蓋。1949年後的吳宓，日記中涉及吳、顧者，隨處可見。對吳梅村的不得已而仕清的創痛，感同身受。1949年其步陳寅恪《乙丑元旦》詩韻所作《先入蜀，先寄蜀中諸知友》一詩，還提到了「月泉吟社」(參看《吳宓與陳寅恪》頁129)。[187]雖也逢場作戲，應時「表態」，其自我認同從未改變。當然，吳所自居的「遺民」更是文化意義上的，卻不便說無關於政治，對此已無需避諱。

　　2007年初冬，隨臺灣友人遊臺北近郊陽明山的林語堂故居，不勝感慨，想到了陳寅恪——當時還未讀到吳宓日記。

　　楊絳寫自己在幹校時，曾問錢鍾書：「你悔不悔當初留下不

　　過程詳見於日記及現存書信。吳宓曾自說其性情，說自己「生性好謀而不能斷，事前思慮周密，費力佈置，臨陣則忽退縮，以至功敗垂成」(《吳宓日記續編》第六冊，頁293)。

187　吳說：「葉天寥甲申國變時五十六歲。正同宓值解放之年，恨宓未能為僧耳。」(《吳宓日記續編》第六冊，頁437)，說讀《葉天寥年譜四種》，「以作者當時所處情境與宓等比較，則百感刺心，覺其趣味濃深」(同上)。文革中隨校遷往梁平，無書可讀，「惟以默誦中國古賢之詩詞(尤以杜詩及吳梅村七古長篇為主)自遣」(《致金月波》，《吳宓書信集》頁345)。

走？」(《幹校六記》頁64)錢的回答是意料中的，即不悔。只是錢
未見得不曾對自己有過這一問。當年那些對於知名知識分子努力勸
留的「進步青年」，面對發生在後來的事該作何感想？「悔不悔當
初留下不走？」這一問應當使當局者心驚的吧。我不願相信他們竟
對此全無反省、無動於衷。[188]

7.6　1964–1980年日記中的顧頡剛

　　顧頡剛不像吳宓那樣「一肚皮的不合時宜」。顧頡剛對所處
時代，那個時代的意識形態基本認同，並勉力追隨，有「思想改
造」的願望。甚至在1964年5月28日的日記中說：「使我早治馬列
主義，所成就必當超過今日。」(《顧頡剛日記》第十卷，頁71)[189]
吳宓絕不會作如是想。顧頡剛日常的苦惱，更在「政治」(他往往
寫作「學習」)與業務(專業研究)孰輕孰重，如何平衡二者，分配
其本已有限的精力。日記中的吳宓較少這一種煩擾；他不像顧頡剛
似的以學術為名山事業、念茲在茲，於熱心教學、傳授知識外，只
求有一己的空間安置其個人興趣，與詩友往還唱和，隨興讀書。儘
管有旅歐的背景，生活態度更像「傳統文人」。[190]

　　吳宓「邊緣」。「邊緣」這種説法不適於顧頡剛。但顧也不在
「中心」。雖進入了全國政協，作為「團結、教育、改造」的對
象，與被信任、依靠者顯然有別。顧對自己的處境、位置了然於
心。他有讀報的習慣，關心時事，文革期間堅持讀《人民日報》、

188　關於吳宓，本書的其他章節多有涉及，這裏所寫，是未納入那些議題的部分。

189　直至去世的當年，還說社會科學院胡喬木院長的文字「細膩」「通暢」，「使
　　予所讀文皆如此，予早入馬克思主義之門矣。」(《顧頡剛日記》第十一卷，
　　頁711)

190　吳宓自説「甚少『名利思想』」(《吳宓日記續編》第六冊，頁240)，大致合
　　於事實。文革前吳宓即在書信中説自己「決定不作任何詩文或翻譯」，力求自
　　己的名字「不見於任何報紙刊物」(1964年10月5日，《吳宓書信集》頁340，
　　以此種放棄為保全之道。

《解放軍報》、《紅旗》雜誌，即其時所謂的「兩報一刊」。日記
對時事、政治的判斷，往往與當日的宣傳口徑一致，[191]亦「追隨」
之一證。據其1964、1965年的日記，顧氏不但讀毛，讀恩格斯，且
讀報章上「學毛著心得」一類文字，讀《王杰日記》。同一時期的
日記，常議論時事、社論及其他政論文字(如林彪的《人民戰爭勝
利萬歲》)，偶或摘入日記。至於文革爆發後顧氏對運動的關注，
也應因其子女捲入其中。但「運動」的詭異，匪夷所思，也每每令
他不知所以。得知王力、關鋒出事的消息，1967年10月8日寫「白
雲蒼狗，倏忽變幻，真可訝也」(同書，頁760)。讀顧氏此一時期
的日記，你不免會想，一個終其一生以研究歷史(即使是古史)為業
的學人，對於他晚年所經歷的時代的認識如此膚淺，是「思想改
造」的成果，還是「專業化」對於人的限制，對人的思維、認知能
力的抑制？

　　或也因此，當1967年12月22日顧氏被迫交出幾十冊日記時，像
是還鎮定，說數十年中，惟1941到1946年間「與反動政權發生關
係」，「大部分時間仍為治學」(同書，頁797)。其時未能料及的
是，在工、軍宣隊的領導下，他那些有學術訓練的同事，能由其日
記中「爬梳」、「鉤稽」出怎樣駭人的「罪行」。[192]這樣說也嫌誇
張。其實這種「爬梳」、「鉤稽」，在當時近於「技術活兒」，不
待「學術訓練」也能操作。

　　在顧頡剛這樣的書生，到了「事實俱在」，也就不難「伏

191　如關於阿爾巴尼亞，說：「世界上惟我二國為最先進也」(《顧頡剛日記》第
　　十卷，頁488)。

192　專案組將顧氏日記的部分內容以油印本的形式公開，批判火力猛烈。1969年
　　3月13日，顧氏記因自己1962年的日記「激眾怒」，在批判尹達的大會上被命
　　「站出低頭」，並不許申辯(《顧頡剛日記》第十一卷，頁83)。也如吳宓，顧
　　氏不免因日記而累及朋友。1969年8月22日，即被命解釋日記中章元善的詩(同
　　書，頁131)。9月5日，大字報揭出其「黑關係」，「帝國主義方面」共十人，
　　「國民黨方面」共二十一人，「修正主義方面」(應指蘇聯學者)共二十四人，
　　「讀之心悚」(頁137)，也應係由日記中鉤稽而出。

罪」。經此一劫，他的日記的書寫方式一變，已隨時意識到「上
帝(『革命群眾』)臨汝」，幾近流水賬簿；避免議論時政，更求
「政治正確」；[193]不再點評時事(某種「國際時事」除外)，記錄傳
聞；[194]對學部的運動也極少涉及。你無法直接由其本人所述，知曉
1968年上半年他的處境。卻也偶有溢出。如1968年7月27日，記他注意
到理髮店「那個最喜歡説話的理髮師不説話了」(同書，頁11)。

　　顧氏1968年1月3日至6月25日的日記，為其妻所燒(同書，頁
3)，想必因了日記招致的禍患，卻也因此為讀者留出了想像空
間。1967年尚能優遊的顧氏，在經歷了怎樣的六個月後，被「改
造」得近乎「面目全非」。日記中不再表達對學術的饑渴。偶爾
仍會寫一則與學術有關的筆記，更多的時間則用來讀「毛主席著
作」。這一時期的顧頡剛，往返學部、歷史研究所，寫「思想彙
報」、認罪書，接受批判，聽訓，應付外調，自説「疲甚」，
「疲累甚」，「十分疲憊」。曾因在會上「瞌睡」，「被解放軍
所呵」(同書，頁91)。

　　1966年8月26日，面對歷史所某人對其「反黨」的批評，顧氏
理直氣壯地聲稱：「我不但沒有反黨之心，且很愛黨。」日記則
寫道：「予面子已撕破，書籍古物亦擬交公，一切任之。」(《顧
頡剛日記》第十卷，頁517)同月28日日記中説：「疾風暴雨之臨為
我生平第一次，自幸多活數年，得見世面，甘苦之嘗，亦見一鍛
煉也。」(頁518)日記對大字報、批判會關於自己的批判，一再辯
駁，如駁以其辨古史為「虛無主義(同書，頁532)；另如駁某人誣
自己向歷史所要錢(同上，頁538)；駁某人説自己「是封建主義武

193　1968年8月13日的日記，記因其妻「教育」自己，「晚飯分二次吃」(同書，頁
　　17)，寫的是「教育」，而非一向所用的「吵」、「訓」。前此一再説怕天不
　　假年，不能完成《尚書今譯》、《尚書‧大誥譯證》，1968年6月28日日記，
　　卻説怕不能看到文革勝利(同書，頁4)。

194　其自擬「罪行」即有文革中「亂抄街上大字報入日記，突出了陰暗面」(同
　　書，頁62)。

裝起來的」。顧氏說自己「一生反封建，所以積聚若干舊書，正是
『不入虎穴，不能得虎子』也」（同上）。到了1968、1969年，日記
中的顧頡剛，已全無此種意氣。雖記述極簡，仍不難察知顧氏的
處境與心境，大不同於1967年。1969年3月21日，記自己奉命所寫
大字報被評為「毒草」，「予伏罪」（《顧頡剛日記》第十一卷，
頁85）。儘管也會因「受誣」而「不成眠」（同書，頁87）。是月月
底，日記錄有其批判尹達兼批自己的大字報稿，說自己是「國民
黨的殘渣餘孽」，不曾改造好「反動的世界觀」，「一出口就放
毒」，「一生罪行纍纍」，「是一個被管制的人」（同書，頁88、
90）。但看到題為《魯迅先生怒斥顧頡剛》的大字報，仍不免「心
情激動，覺心旌搖搖，如船在漩渦中轉，將掌不住舵」；由此後的
日記看，他對這種說法，絕不能接受，當天日記寫的卻是「真觸動
靈魂矣」（同書，頁133）。至此，有學部歷史研究所、街道居委會
「加持」，以「被揪之人」，待罪之身，生活幾無餘裕。是年顧氏
已76歲。

據說年輕時的顧頡剛「桀驁不馴」，我由這段時間日記讀出的
顧氏，則既倔強又脆弱，雖仍未「化為繞指柔」，卻也有了相當
的柔韌度。1966年8月20日日記，說自己「平生性不能忍，今既確
認予從前立場為反動，遂安然受之」，卻仍因心理緊張而不能成
眠（《顧頡剛日記》第十卷，頁513）。到1968、1969年，更鋒芒盡
斂，年輕時「勇猛精進」的銳氣，銷磨殆盡。

日記中顧頡剛在文革劫難中對學術的不捨，令人動容。這種
癡，迂，已難見於後輩學人。

文革前夕的1965年6月11日，顧頡剛在日記中寫道，自己「體
力就衰，眠食均不佳，獨於研究問題卻大有青年氣象」，只能恨人
類生命短促，無可奈何（同書，頁286）。直至文革爆發後的1966、
1967年，他仍然有時不我待的感慨，作學術研究如恐不及。

　　文革期間的「自我批判」，顧頡剛一再説到自己為「名」所累。前此，1966年5月9日，他稱道孫楷第對小説戲曲的研究，與周祖謨對音韻的研究「異曲同工」，説「此等真學人，世間知之者少，亦幸而名不高，得以潛研專精」（同書，頁458），別有感慨。1967年4月30日的日記自述諸種病狀，「希望此次運動完了之後」「許我退休，俾得整理宿稿，不管能否刊出，總是了一心事。」「盡量減少參加集體活動，避免緊張，以適應體力」（同書，頁664）。可知對「集體活動」適應不良，乃極大的負擔。

　　縱然反應遲緩，文革前的顧氏仍然感受到了來自時局的壓力。1965年1月11日，記在政協大會及民進（即中國民主促進會）的會議上大受觸動，決心將「業務第一，學習第二」，改為「學習第一，業務第二」（同書，頁196）。如上文所説，「學習」（亦作「政治學習」）在顧頡剛的使用中，即「政治」（政治/業務）。1966年4月15日，寫自己讀到批判吳晗的「讀書觀」，不能不「警惕」。説自己「一生專心業務，不問政治」不知該如何「使紅高於專」。既要「突出政治」，又不能捨棄「業務」，這種矛盾實在不易解決（同書，頁443–444）。5月29日，説因吳晗提到自己，「不得不加以批判」，「日內《尚書》工作當暫停」（同書，頁468）。[195]實則並不能停，因此一再被其妻干預。6月10日的日記，又説「自今日起暫停業務」（同書，頁474）。6月28日，抄《毛主席語錄》，卻仍修改學術文字（頁484）。這一時期的顧頡剛，既讀毛的著作（如反復讀毛《在中國共產黨全國宣傳工作會議上的講活》）、社論、大批判文章，看大字報，聽廣播，參加批鬥會，又繼續學術工作，分身有術。7月6日的日記，記其妻禁自己讀舊書，説：「要我放下業務，如何可以完全做到！」（同書，頁489）7月16日的日記，又記其妻禁其讀古書，而自己「如蠶食葉，有一肚子絲要吐」，不願在人間留下遺恨（頁494）。7月31日日記，説兼顧政治、業務，「事難兩

---

195 在此期間，顧寫有《斥吳晗》一文。「斥……」亦流行題目。

全，真此生一恨也」（同書，頁502–503）。當日擬《予之工作及任務》，甲「突出政治」，乙「鑽研業務」，丙「治療疾病」，丁「整理家務」。關於「業務」的規劃，以《尚書》研究為中心，有嚴格的時間要求。此時文革爆發已近兩個月，打砸搶抄的「紅色風暴」將至。

1966年8月13日，歷史所貼出大字報「把反動史學權威顧頡剛揪出來」，次日顧卻仍然「整日續寫《周公執政稱王》約二千字」（同書，頁510）。同月22日，被「宣佈」為「資產階級反動權威」，戴紙帽，遊街示眾（顧氏寫作「遊行」，同書頁514）。此一時期，陪鬥，抄家，封書房，[196]強制勞動。「戴高帽」這種羞辱，出乎意料（「為想不到之事」），令顧氏震動（同書，頁514）。為準備「交代」，他先編年譜——即使應對批判，用的也仍然是「學術方式」，足見積習之深。[197]8月28日書房被封，「遂不得隨意看書寫稿」（頁518）。稍能偷閒，仍着手學術，哪怕只是讀自己的舊作，或「將上年寫入手冊中之古史筆記轉寫入新冊」（1967年1月24日、2月1日，《顧頡剛日記》第十卷，頁607、613）。1967年4月6日書房啟封，即刻回復工作狀態。5月7日，「記筆記一條，論『后』字義」。說有關思路「久蓄於心，以書室被封，未能為也。今日始得寫出，為之一快」（同書，頁668）。甚至又圍繞《尚書》研究，制訂了讀書計劃（同書，頁669）。此時學部派仗正酣，倒是為顧氏留出了一隙空間。一邊寫「檢討」，一邊迫不及待地動手做學術工作（頁678），請假在家，弄古籍，作研究（頁695）。3月26日，因翻閱日記，想到自己「無月不病，亦無月不

196　還將顧氏原住房屋分出一部分，住入單位其他人家。顧頡剛在日記中，寫到了因此而引起的不便（同書，頁679）。

197　顧氏早年與其慕戀的女性（譚慕愚）交往，作「年月表」；與亡婦（殷履安）的共同生活，亦作「年月表」（《顧頡剛日記》第一卷）。參看收入該書的余英時《未盡的才情——從〈日記〉看顧頡剛的內心世界》一文。

工作，如此勤懇，而不為世諒」（同書，頁644），不免黯然。[198]

　　他也試圖由大批判中總結教訓。聞北大批語言學家王力欣賞乾嘉學派及羅振玉、王國維，想到：「我輩寫作，恒從資料中歸納出史實，而不先正其觀點與立場，此所以犯錯誤也。考據學者不分主次，不別大小，一例待遇，是故流於玩物喪志，不得為科學。戒之哉！」（《顧頡剛日記》第十卷，頁660）他不止一次夢見毛。1967年6月8日的日記自釋其夢，以為「足徵予參加運動十個月，對毛澤東思想已漸能接受，思想改造已有端倪」（同書，頁688）。1968年10月1日，顧氏被「街道」限制外出，當日的日記中寫，「從今日起，立志精讀《毛選》，兼作筆記」，即寫讀《中國社會各階級的分析》的筆記，擬送研究所，作為「思想彙報」（《顧頡剛日記》第十一卷，頁33）。他甚至對流行的「表忠心」的套路也竭力仿效。1967年11月23日日記，記因住房老舊、缺乏取暖設備而「足冷不可堪，惟有默念毛主席『下定決心，不怕犧牲，排除萬難，去爭取勝利』以克服之耳」（《顧頡剛日記》第十卷，頁781）。[199]到1968年10月28日，更決定自即日起，「每晨盥洗後即向毛主席請罪，讀老三篇，期於徹底改造思想」（《顧頡剛日記》第十一卷，頁42）。同年12月4日，則模仿「時式」，自擬如下儀式：「1.向毛主席、林副主席致敬；2.高唱《東方紅》；3.背毛主席最新語錄；4.讀老三篇；5.不定(或讀語錄，或背語錄前言)。」（同書，頁53。按「語錄前言」指林彪的《〈毛主席語錄〉再版前言》)1969年1月8日日記：「從今日起，每天朝請示，晚彙報。」（同書，頁66)同年2月16日星期日，「全家七人合向毛主席作彙報」（頁77)。其他

---

198 寫於1968年5月的交代材料，說自己1967年一度又看「舊書」，其妻「強行制止」，他則用毛「抓革命，促生產，促工作」自辯，實屬「打了紅旗反紅旗」（《在解放後的大事記》，《顧頡剛自傳》頁206)。顧氏藏書室後又被封，故1975年7月30日日記有「予藏書室自一九七一年啟封後」云云(《顧頡剛日記》第十一卷，頁384)。

199 1967年12月4日日記，記歷史研究所配給的煤，亦減少四分之三，「取暖大成問題」(同書，頁790)。

尚有與其妻「同讀」毛、林(彪)。當年那個桀驁不馴的顧頡剛有如此表現，只能令人感歎文革這一運動威力之大，之不可抗拒。

　　由日記看，到1969年年底，顧頡剛像是已不再為「運動」所苦，得以在家養痾，生活回復了常態。又開始到公園散步、看花。對其學術性閱讀(如讀《左氏會箋》、《性命古訓辯證》等)，其婦只是偶有干預(同書，頁218)。顧氏甚至有了餘裕與其妻、女「談中國重要史籍」(同書，頁196)。1970年4月30日，記當日政協派人來，問其次日能否去天安門看焰火(頁205)，亦可作為顧氏的文革劫難已然過去的證明。日記中又漸多時事。如同年5月3日，記「沈元以扮黑人期逃出國，日前槍決」(同書，頁207)，[200]似不再顧忌「革命群眾」斥其「亂抄」大字報、突出「陰暗面」。5月7日，工宣隊、「大聯委」(按即「革命大聯合委員會」)來人「問疾」(頁208)。11月，學部、歷史研究所均有人來視疾、慰問。應對「外調」，偶用「交代」，卻也曰「報告」，曰「答覆」。當年7月24日，歷史研究所召開赴豫南息縣「五七幹校」的誓師大會，顧氏屬「老弱病殘」，得不去(同書，頁209)，此後更可「逍遙」。由日記看，應當不遲於1970年底，發還了1968年取走的電視機。[201]是年10月1日，參加了國慶觀禮。到1975年，心態更鬆弛。也不再以考據為「玩物喪志」。該年9月13日日記，對批判吳世昌關於《紅樓夢》的「煩瑣考證」不謂然，認為「考證文字本是給專家看的，不是給一般人看的」，擬之於鐘錶的內部構件，說「此非煩瑣，乃複雜也」(同書，頁403)。

　　1971年4月受命主持標點二十四史，對顧頡剛，是一種特殊形式的「解放」；在那一代學人中，自然是殊遇。[202]錢鍾書1974年秋

200　沈元案，參看本書上編第二章《越境》一節。

201　1968年9月27日，研究所來人，取走了顧頡剛的電視機(同書，頁32)。取走電視機，或為了限制信息的獲取；未知電視機是否顧氏私人物品，還是由單位配給。

202　此前雖已減壓，仍在「運動」中。1970年11月16日，歷史研究所尚來人，囑其寫

重新參與因文革中止的毛澤東詩詞英譯本的定稿工作，也應屬此類。顧氏由1971年4月起，恢復原薪(同書，頁300)。接下來，是「待遇」的逐項落實(即如研究所派車送其檢查身體、就醫，重新安裝電話等)。甚至居委會保健科來人為其打針(頁320)。據他的女兒顧潮說，也是到此時，才得「將被審查的日記索還」(《顧頡剛日記·前言》，《顧頡剛日記》第一卷)。顧氏雖在此後接受訪談時，表達了「解放感」，日記中的顧氏，卻有點「寵辱不驚」的樣子，看不出大悲大喜。雖諸病纏身，仍依其慣性，即刻進入了工作狀態。他本來就能隨時進入「工作狀態」。

　　諷刺的是，批林批孔、評法批儒，使顧頡剛的學問派上了用場，以至「社會任務接疊而來」，令其窮於應付(《顧頡剛日記》第十一卷，頁355)。早在1971年，他讀到《人民日報》所刊《批判孔丘的教育思想》一文，就在日記中評斷道：「空洞無物，殊不能打到痛處」(7月22日，同書頁330)，依然是五四新文化運動健將的口吻。對抗批孔，卻是吳宓文革中的最後一劫。新文化運動中對立的兩造，至此所堅持的，仍是各自當年的立場。

　　儘管被委以標點二十四史的重任，顧頡剛仍然更在意他的「專家之學」。1970年着手制訂學術計劃，就歎息着，說自己「百骸皆衰，存日無幾，而心頭總有欲著之書」，以下即列「春秋史」研究有關諸項(錄於當年4月日記末，頁206)。同年11月22日，記老友章元善勸其專讀《毛選》，勿讀古書，顧謝不能(「然此一生癖好，何所能也」，同書頁261)。1971年7月15日的日記，說自己「甚願此後專精《左傳》及《水經注》二書，對人民有所貢獻」(同書，頁328)，卻已有心無力。前於此，1968年10月17日，記自己身體的衰變，說既因年齡，又因「運動中的大風大浪」，使自己「永遠在緊張狀態中」(同書，頁38)。1971年3月23日證實所患乃心臟病，歎道：「著述之事，從此結束，成為廢人，少年以來一片著述

「批評自己學術思想的文字」(同書，頁260)，妻、女共同為他所寫文字把關。

雄心不可復現，悲哉！」說：「此皆五年來日在驚風駭浪之中所造成者也。」（同書，頁295）1975年，日記中寫「志氣與力量之相反如此」（6月15日，同書頁367），與老友「相顧悲歎」（同書，頁370）。直至去世的前一年還說，自己「非憚死，惟恐胸中數篇文章未能寫出耳」（同書，頁704）。去世的當年五月，曾夢中「見縹緗千萬疊，大喜而醒」，自歎「癡於書者如此」（頁712）。

　　較之吳宓，顧頡剛的頭銜甚多，「社會活動」頻密，不勝其苦。文革前他曾表示「願辭去民進中委及不參加學習」（《顧頡剛日記》第十卷，頁201），既因對「集體活動」的不適，也因耗時誤工。[203]顧氏所懼怕的，不止於某種特定的「集體活動」。他三十年代就說過，自己因「早歲知名」，致得不償失，開會、筵宴、慶弔、通信，無一不是在剝奪自己的時間（《通訊一束》，刊《禹貢》半月刊，轉引自王學典主撰《顧頡剛和他的弟子們(增訂本)》頁42）。於此，顧氏的態度有其一貫。他說自己「數十年來讀書成為痼癖，由自覽新出書報而求改造，較為自然」，而不宜「在開會中改造」；至於說「倘得常至公園，藉茶座以覽書報，必有進於開會者」（《顧頡剛日記》第十卷，頁431），在1966年3月的情境中，實在是異想天開。[204]

---

203 顧在日記中抱怨其妻強其參加體力不能勝任的政治活動，說其妻「為人，太機械，太教條，左一個『政治任務』，右一個『政治學習』，只要有通知來，就逼着我參加。」而自己年老體衰，更不能放下許多已着手的學術工作，那才是許多人「盼望」於他的(同書，頁342)；抱怨自己的病情發展，皆民進與其妻「不把老年人當病人看待」(同書，頁350)。

204 顧氏1967年10月15日的日記說，自己老年病廢，寫筆記手顫，理書籍心宕，「出門一走，在公園小坐，便覺鎮定」(同書，頁759)。關於開會及其他社會活動之佔用時間，其文革中所寫交代材料亦可佐證。如《在解放後的大事記》1955年：「秋，參加『中國民主促進會』，自是經常到會學習。」次年參加全國人大、政協組織的參觀活動，用時三個半月；同年被民進選為中央委員，「參加開會更多」(《顧頡剛自傳》頁188)。顧的焦慮可想。束星北也自承其「怕開會」(《束星北檔案》頁169)。當年的「會」，除顧頡剛出席的「兩會」及民主黨派的會議外，尚有「傳達報告」、「政治學習」及諸種「例會」。由國外回來任教的巫寧坤，最初的不適應，即來自「硬性規定的政治學

　　由日記看，1964年顧氏在民進所受批評，有「欲與黨爭奪下一代」一條（《顧頡剛日記》第十卷，頁185），應指對青年學者的培養。腐蝕、拉攏青年，爭奪下一代，這種指責針對黨外人士，為當年的人們所熟聞。[205]上個世紀五六十年代的語境中，「毒害青年」、「與黨爭奪青年」，都屬嚴重的指控。這種壓力，不能不使愛才、惜才，視人才為性命，以培養、獎掖人才為己任如顧頡剛者無所措手足，不得不為遠嫌而壓抑自己的這種衝動。因對學術的癡迷而愛賞人才，為中國學術發展而珍重人才，此種情懷，非「學術官僚」所能理解，難免猜忌，視之為經營「學術勢力」，何況顧頡剛確有學術派別。[206]事後看來，當年主政學部歷史研究所者刻意隔離顧氏與青年學者，[207]對於顧氏未必不是幸事。

　　學術史所重的學術淵源、學術傳承，在1950-60年代的空氣中，竟有了敏感性。顧頡剛一再提到他受蔡元培愛才的影響。他樂於成人之美，樂見人才事業有成，不遺餘力地提攜後進。寫於1950年5-6月間的《我的性格分析》，引《尚書·秦誓》「人之有技，

<hr />

習」（《一滴淚》頁40）。這種制度性的安排，直至文革結束後一段時間才不再繼續。

205　吳宓1964年11月21日日記記有西南師範學院校方將其與助教間的交談，歸為「腐蝕」黨員幹部的階級鬥爭動向（《吳宓日記續編》第六冊，頁410）。甚至時任文化部長的茅盾，也在1964年中國作家協會黨組提交的內部材料中，被指為「與黨爭奪青年作家」（參看陳徒手《矛盾中的茅盾》一文，刊《中堂閒話》2013年第6期。

206　1976年8月5日夏鼐日記，記閱童書業《中國古代地理考證論文集》，以為「雖頗新鮮，然蹈《古史辨》派的偏見」（《夏鼐日記》卷八，頁43）。

207　顧氏1969年3月31日日記錄其所寫批判研究所領導尹達的大字報稿，其中說尹不要自己和本所青年接近（《顧頡剛日記》第十一卷，頁88），可見對顧的防範。顧文革中的交代材料《在解放後的大事記》提到，1962年范長江、周揚即提出為顧配備《尚書》工作的助手；秋，「中華書局徵得科學院南京檔案整理處同意，調劉起釪來京，助我整理《尚書》」（《顧頡剛自傳》頁195）。歷史所對於顧氏配備助手的請求一再拖延，或也出於與「爭奪青年」有關的猜忌。至於顧所期待的組建團隊，更屬奢望。直至1977年12月19日，日記仍寫到長期不為其配備助手，致不能成事（《顧頡剛日記》第十一卷，頁522-523）。

若己有之。人之彥聖，其心好之，不啻若自其口出，是能容之」，
說「這幾句話真寫盡了我的心」(《顧頡剛自傳》頁143–144)。他
的「愛才」，文革中成了罪孽：徒眾多，有幫派之嫌；熱衷於對
青年傳道授業，則被視為「爭奪下一代」。顧1966年8月15日的日
記，以自己「門弟子多」為失(《顧頡剛日記》第十卷，頁511)；
同月23日，說自己的三「罪」，就有「名望太大，門下雜流駢至，
成為學閥」(同上，頁515)。但他對「革命群眾」的批判，仍然不
全盤接受，堅持說自己雖「到處有徒黨」卻「沒有組織」。這實在
是必不可少的辯解。[208]

　　傳統文化有對「黨與」、「朋比」的高度警戒。當代中國的政
治文化，則以「非(黨、團)組織活動」、「結黨」為雷區。胡風與
其追隨者的「反革命集團」，屬驚天大案。在此氛圍中，文人、
知識人的「以文會友」，即有可能被與「結黨」混為一談。在對任
何「黨、團組織」之外的「組織」、準「組織」以至疑似「組織」
都存有戒備的環境中，門徒多而師弟子關係緊密，不能不遭忌招
尤。[209]由此一端亦可見當年學界的生態。

　　顧頡剛有大氣魄。他的大計劃，以眾多同道的合力(「集眾
力」)為條件。他確也以學術研究為共同事業，長於大規模學術文
化「工程」的設計。[210]他的「愛才」，也有由「共事」方面的考

208　1969年4月30日錄所擬《我的罪惡史》提綱，第十三條，即「我訓練資產階級
　　的青年」(《顧頡剛日記》第十一卷，頁98)。同年12月31日寫對自己「罪行」
　　的認識，有「自以為愛惜人才」，卻不能作階級分析。與所往來及友好的人
　　「日夕薰染」，成了他們的「頭子」，故「到處有徒黨，雖沒有組織，但可以
　　號召」(同書，頁168)──應係接過「革命群眾」的說法。「沒有組織」云云，
　　則寓有辯解之意。

209　顧氏本人也引為「教訓」。其1978年5月5日記記錢鍾書勸自己「勿與社會上無
　　聊人往來，浪費垂盡的精力」，說顧氏「一生為眾矢之的，即因門下太雜之
　　過」(同書，頁546)。另一則日記則記錢氏以洪邁詩「不將精力作人情」相勉
　　(頁573)，可知錢氏的處世態度(顧氏說錢「謝絕一切人事」，卻不免作過)。

210　王學典主撰《顧頡剛和他的弟子們(增訂本)》中說，顧氏「有制定大規模學術
　　規劃和指揮學術團隊的魄力」(頁360)。顧文革中所寫交代材料《在解放後的

量。他強烈的「事業心」，對於朋儕、後輩的號召力，尤其非同尋常的組織能力，在1949年後的環境中，是如此不合時宜。1950–60年代的中國，不會為這樣的「學術領袖」留出一隙之地。

顧頡剛的愛才情見乎辭，對別人的學術往往稱道不置。文革中人才的隕落，一再使之黯然神傷。1966年6月19日的日記，對李平心被華東師大批判，以煤氣自殺，不勝痛惜，說李「神經脆弱」，當1952年上海「三反」時，即曾「舉斧砍額，經救未死」；說其人「平生刻苦治學，於古通甲骨、金文，於外通英、俄、德文，以書多，不能住集體宿舍，賃公寓以居，房金費其工資之半，以至永在窘境，良可傷也！」（《顧頡剛日記》第十卷，頁479–480）1967年5月25日日記：「王國維之弟子，以徐中舒為最篤實，發現亦最多，今聞其在川大中列為重點，頗為不平」（同書，頁677）。1975年5月17日聞黃少荃已死於運動中，惋歎不已，說「此君文史兩學俱佳，得耗痛惜」（《顧頡剛日記》第十一卷，頁355）。說余嘉錫治宋史，孟森治明清史，「實為近日史學之雙峰」，自己不過「濫竊浮名，為可慚也」（同書，頁399）。1978年聞誤傳齊思和去世，說：「如此史學專家，培養一個洵非易事。如聶崇岐、馮家昇，皆燕大中俊才，乃都在運動中倒下，可痛之至！」（同書，頁562）他一再寫到研究南明史的錢海嶽的慘死，痛心疾首（同書，頁571）。8月16日稱讚吳世昌（子臧）為文學研究所之「第一流學者」（同書，頁584）。[211]

余英時為臺灣聯經版《顧頡剛日記》作序，題作「未盡的才情」，可以用於包括顧氏在內的一批人。你甚至難以確認這「一

大事記》，談到自己應檢討、批判的事項，包括1961年據他所理解的學部領導的要求，為培養研究人員開參考書目，份量較多，「不合於社會主義建設的要求」；1963年建議建立中國古籍研究所，出版大量古籍，「供應全國以至全世界人民的需要」（《顧頡剛自傳》頁194、198）等。

211　聶崇岐死於文革前，馮家昇文革期間病故。李平心、錢海嶽之死，參看王友琴《文革受難者》。

批」中有多少人。你會想，給顧頡剛他所渴求的條件(即如為其配備助手、容其組建「團隊」)，使盡其才於經學、古史研究；給吳宓留出空間，使其於講課授徒外，保存其文化信念、價值立場，有何不可？那種不使一人漏網的強制性「改造」，無論於公於私，有何益處？這當然是今天才敢有的一問。

陸鍵東《陳寅恪的最後20年》一書收束處，因陳寅恪《論韓愈》一文關於「韓門」、「韓學」的論述，說該文強調「華夏學術最重傳授淵源」，陳則以「獎掖後進，開啟來學」自期。因環境的限制終不得實現，與顧頡剛的具體處境有同有異；其傳學的願望不被當局支持，則有同然。在一種學說、一種「學派」獨尊，其他「學派」(不止「古史辨派」)為禁忌的時代，這種知識人的古老傳統自難延續。

文革後「學派」(如所謂的「清華學派」)、「師門」為人所豔稱，而如章門(章太炎及其門弟子)、顧門(顧頡剛及其門下)那樣的「門」，已成絕響。弟子為其師打工，或借「師門」壯聲勢、爭資源，徒有「師門」之名而無其實，更是常態。當然也不便作一概之論。成為絕響的，或更是境界，意境，足以作為學術衰落的一種表徵。

顧頡剛寫自己1964年5月2日「夢在北大，聞蔡校長將到，喜躍曰：我志其得酬矣，因擬研究民俗學計劃，並選定翻譯人才以相佐，心花既發，遽然而醒。」(《顧頡剛日記》第十卷，頁56。按蔡校長即蔡元培)。顧氏1954年調入學部後，對學部領導潘某、歷史所領導尹某深為不滿，說自己因在舊社會得名，「便在新社會得謗」；將自己1964年的到北大授課，直當作屈原的賦《離騷》，感歎道：「噫，予之獻身學術乃不得求解於生人而惟乞援於逝者，是可痛矣！」(同上)

文革前令顧家老小甚至親戚都緊張了一陣子的，是顧頡剛在民

進的會議上批評了學部歷史研究所第一所副所長尹達。1964年12月
25日顧氏日記中說自己的發言「犯大錯誤」，其妻聞之「大驚」，
「即開家庭會議，由兒輩批評」。顧精神高度緊張，當日即寫「檢
討書」，隔天就到尹達處「請罪」(同書，頁184、185)。當時不止
顧氏本人相信「反領導即反黨」，他的讀中學的子女也篤信「反
右」中流行的判斷：反單位領導即「反黨」。[212]

　　那次的批評，或不過是壓抑既久後的爆發。到1966年8月31日
批鬥尹達時，顧氏「陪鬥」(顧使用的字面是「陪站」)，說見尹達
「戴的帽有如舊劇之皇帽而黑，上書『尹皇』字樣」，對此評論
道：「彼真如法帝路易，有『朕即國家』之感，今日被鬥，真是除
一霸也。」(《顧頡剛日記》第十卷，頁520)[213]態度近於天真，竟
不顧及自己「陪鬥」者的身份，可知怨懟之深。至此，顧頡剛到歷
史所已十二年。前此，1965年12月31日的日記，錄同年10月26日預
立遺囑。因係「遺囑」，少顧忌，徑說被「組織上懷疑」，十一年
來在歷史所工作「受到了不少冤枉氣」，「許多想做的工作因無人
幫助而擱置」，使自己一生的勞動「無法貢獻於人民」(《顧頡剛
日記》第十卷，頁384)。[214]

212　顧氏錄其女語，有「所長就代表黨」云云(同書，頁209)。顧氏日記記其妻
　　　說，「今日既扣定我輩為『資產階級知識分子』，民主黨派為『資產階級民主
　　　黨派』，則只有竭力革自己的命，方能不反黨，不反人民」(同書，頁186)。
　　　關於批評尹達而又「請罪」事，1968年5月所寫交代材料的記述，可注其日記
　　　的相關內容(《在解放後的大事記》，《顧頡剛自傳》頁200–201)。

213　是年日記前有顧氏所擬「大事記」，也特別將此事拈出，曰：「此一惡霸打
　　　倒，予心甚快」(同書，頁390)。

214　顧氏1968年5月作為交代材料寫《在解放後的大事記》，說初到學部，尹見了
　　　他，說：「你就害在這幾百箱書上了。」(《顧頡剛自傳》頁185)甚至說顧不
　　　肯來北京，是在上海等待蔣介石反攻大陸(同上)。1969年3月底顧氏日記所錄
　　　他本人批判尹達的文字，列舉了尹對其「冷嘲熱諷」、刻意冷遇的實例(《顧
　　　頡剛日記》第十一卷，頁88–90)。顧對尹的怨憤與鄙夷，直至1975年，日記中
　　　仍有流露，指其人為「一物不知而忝顏居科技機關之領導地位」者(同書，頁
　　　495–496)。關於顧頡剛與尹達交惡背後的學派背景，王學典《顧頡剛和他的弟
　　　子們》初版本小引可備一說(小引見該書增訂本)。

　　政治待遇、工資待遇、生活條件，對於當年的知識分子，前者
更為他們看重。因家累，對於生活條件，顧也並不就不在意。文革
前「反修」中批判「三名三高」（按「三名」即名作家、名演員、
名教授；「三高」指高工資、高稿酬、高獎金），如顧頡剛這樣的
名教授，與演藝界大腕收入仍然懸殊。顧1964年的日記抱怨「收入
少而支出多」（《顧頡剛日記》第十卷，頁40），稿酬低（同書，頁
345），一再致不滿於生活及工作條件，抱怨學部歷史所分配的工作
室令其「不堪其寒」，住房不能保暖（同書，頁42–43、45）。

　　不同於顧頡剛的自認為受單位領導壓制，文革前的吳宓，雖政
治運動中不免於衝擊，尚自覺為西南師範學院校方所「優禮」（參
看其《致金月波》，《吳宓書信集》頁328）。吳對於副院長方敬
（吳稱「方公」），即使說不上「知遇」，但那一點好感，信任感，
卻是他極其需要的。[215]只不過文革一起，方非但不能對吳庇護，還
不免為吳所累罷了。文革之初吳宓致信西南師範學院黨委，解釋自
己所以拒絕揭發方敬（《致西南師範學院黨委等》，同書頁419），
態度天真。此一時期對方敬的衝擊，使吳宓有失卻依傍的緊張與惶
惑。方的「罪狀」，則少不了「包庇」、「重用」吳這樣的「資產
階級反動學術權威」一條。「包庇」、「重用」、「保護傘」，亦
文革中學術官員普遍的「罪狀」。

　　文革中尹達一度被「打倒」，使顧頡剛的積怨得以宣洩，儘管
是在「交代材料」這樣屈辱的形式中。[216]顧頡剛筆下的尹達，確近
於不情。那種「學術官僚」對「黨外專家」的歧視與輕慢，難免令
顧不堪忍受。或正因同為「知識分子」且為同行（尹係有革命資歷

215　吳1964年2月14日日記：「上午着衣起，方公來視宓疾……執雙手，丁寧『保
　　重』而去。」（《吳宓日記續編》第六冊，頁160）。按文革前（至少到1964年
　　初），吳在西南師範學院待遇優厚。是年1月吳欲出行，校方即擬為其購船票，
　　派吉普車送其入城、上船（同書，頁151）。

216　要將「交代」的內容與顧的雄心與計劃對照（參看顧寫於1950年5–6月間的《我
　　的治學計劃》，收入《顧頡剛自傳》），才可知顧所感受的傷害之深。

的黨內專家），才更有可能擊中「資產階級專家」的「要害」：非
止尹、顧之間如此。政治運動中類似事例屢見不鮮。

　　本節以顧頡剛日記為分析材料，無意於分剖顧、尹兩造的恩怨
是非。值得討論的，或許更是顧的處境在當年的某種普遍性。尤其
「黨外專家」。在社會流動無論縱向還是橫向均不順暢──農民束
縛於土地，公職人員（包括專業人士）則為「單位所有」──的條件
下，你所在單位，你的「領導」，甚至你的同事，某種程度上也即
你的命運。交代材料中顧徑直說：「如果在舊社會裏，碰到這樣的
上司，我早已投向別處去了。」（《在解放後的大事記》，《顧頡
剛自傳》頁187）但這是新社會。吳宓曾釋其舊體詩所用「籠」字，
說：「籠，指工作單位。宓屬西南師院中文系之古典文學教研組，此
即宓之籠也。」（《致金月波》，《吳宓書信集》頁336）顧頡剛的受困
於中科院學部歷史研究所，對「工作單位」的感受同樣深切。

　　不同於吳宓，顧頡剛性本倔強卻也不難屈服。雖羞辱在所難
免，[217]也仍然應當說，依當時的標準，顧頡剛的問題較吳宓性質嚴
重，文革中所受衝擊卻較吳為輕。顧的文革，到1971年已大致結
束，而吳的文革，直至其去世的1978年仍在延續（生前未獲平反）。
凡此，與其說與「中央／地方」有關，不如說更繫於所在單位。由
日記看，其時學部歷史研究所對「鬥爭對象」尚不為已甚。1966年
9月2日記歷史所批鬥尹達，使包括顧在內的戴高帽者「席地而坐」
（《顧頡剛日記》第十卷，頁524）；9月7日的批鬥會，已不戴高帽
及掛牌子（同書，頁527）。較吳宓幸運的還有，顧氏未受皮肉之
苦。顧的日記一再據傳聞提到考古研究所「鬥爭劇烈」（同書，頁
528）。

217　1966年8月17日記被某人「喝」（《顧頡剛日記》第十卷，頁512）；同年8月20
　　日記被某人「斥責」（同上，頁513）；9月7日，被女孩拋石子（同書，頁527）；
　　9月15日記兩次為人斥責，引起圍觀；9月20日，一再遭紅衛兵、工人斥責（頁
　　533）。

　　由顧氏日記看，情況似乎是，1968–1969年劇烈衝擊後，由親戚而同事、老友，正常的人際交往漸次恢復。顧居京城，不同於僻處重慶北碚的吳宓，環境一旦寬鬆，即頗不寂寞。他是蘇州人，情感細膩，對花木情有獨鍾，似不宜於1950–60年代已然粗糲的北方。即使在1966年嚴酷的情境中，仍有心情於中秋時分觀燈、步月(同書，頁538)。梁漱溟較之顧，更健於行，常到京城各公園讀書、散步、習拳、會友。

　　顧文革中別有收穫，即學會了下廚做飯。1966年6月17日，記自己「第一回下廚房」，曰「亦思想改造之應有事也」(同書，頁478)。6月22日：「予一生不下廚房，以孟子云『君子遠庖廚』，故為長輩所禁止也。」至此，不得已而破例(同上，頁481)。[218]上文已提到顧氏當年7月31日的工作規劃。此規劃將「整理家務」作為一項列出，將此歸入了「自我改造」的內容。12月20日記其妻患病，「予開始作飯，此亦一可紀念事」(同書，頁580)。此一時期，對所做點滴家務無不鄭重記錄。1967年11月25日：「今日為我買甜麵醬及黃醬之第一次。此等事為之不難，只是向日為了『面子』，不去做耳。今已放下架子，撕破面子，便覺與工農分子合流，即此便是改造。」(同書，頁782)[219]對這種「改造」，你不免心情複雜。

　　文革中有上述收穫者非止顧氏。陳白塵《牛棚日記》1966年12月31日，尚「炒西紅柿雞蛋成糊狀」(頁18)，不久即有長進。1967年1月21日：「終日無事，試煮米飯成。」且做了白菜紅燒肉(頁21–22)。也並非「老知識分子」均像顧氏的「遠庖廚」。由日記看，梁漱溟不但能「自炊而食」，且以買菜、購物(包括購衣料

218　6月19日：「做一點家務事，一來可以直接接觸生活，二來可以燒去身上之老爺氣，作為思想改造的初步工作。」(同書，頁479)

219　1968年所寫交待材料，說因家中勞動力缺乏，自己參加家務勞動，學習做飯，「上街排隊購物，和工農群眾站在一起，世界觀漸有改變」(《在解放後的大事記》，《顧頡剛自傳》頁203)。

等)為經常性活動，甚至洗鍋碗，洗、縫衣物。梁的平民作風於此可見。

　　顧頡剛也如吳宓，將日記(原作「日程」)作為一項功課，在危機四伏的當兒也堅持書寫，即使因此而賈禍，仍不能輟。顧氏更以其史家的職業敏感，不但以日記為個人生命史的記錄，且希望為「歷史」留一見證。他不能忍受自己的日記有「闕文」；倘有空缺，即就記憶補記，務求「系統」，「藉存此一大時代之痕跡」(《顧頡剛日記》第十卷，頁606–607)。寫作日記的動機，與吳宓有別。他的女兒顧潮説，父親「作為一位歷史學家，搜集、積累、驗證史料是他的職業習慣，亦是他『風雨飄搖的九十年』生命價值的體現；被他視作『生命中最寶貴之材料』(《日程》1939年12月25日)的日記，已經融入他的生命，成為其中重要的組成部分，同時亦成為近現代學術史、社會史重要的組成部分。他既要實事求是地從中尋覓自己的足跡，自我檢討，又自覺自願地留給後人去翻覽、檢驗。」(《顧頡剛日記·前言》，《顧頡剛日記》第一卷)「自覺自願地」云云，或許意在證明出版日記不違其父的意願。由近期出版的若干種日記看，如此堅持的，更是那一代學人；且書寫的態度、方式，與後輩學人不同——只消比較吳宓、顧頡剛與顧準的日記，就不難感到。這或許要溯源及於中國文人的有關傳統。

　　《雷鋒日記》、《王杰日記》不論，知識分子的「思想改造日記」，本有預期的讀者，甚至如吳宓那樣，當書寫之時就準備了他人的「檢閱」。除此之外，吳宓日記更像是向自己的傾訴；日記以此種面貌發表於身後，未必當日計及。即顧頡剛的日記，也不免於個人情緒的宣洩。只是吳宓更少忌憚，顧則較能自我約束，不過偶爾失控而已。

　　顧頡剛長期抱怨的冬季取暖問題終於得到了解決。1978年2月，遷至三里河為知名人士所建寓所。是年3月20日的日記，記其

遷居後第一次徒步出門，「覺得環境良好，適於養老，當然更適於讀書寫作」（《顧頡剛日記》第十一卷，頁543）。

兩年後顧頡剛去世。

7.7　梁漱溟、譚其驤、沈從文、夏鼐日記、書信中的文革

在不正常的環境中，知識分子——若非如吳宓似的迂腐——往往對「政治氣候」反映靈敏：是「早春天氣」，還是「嚴寒的日子」。其中尤為敏感者，對山雨欲來每能預知。僅由日記、書信看，本節涉及的下述人物，並非都捕捉到了風暴將至的消息；各人的文革經歷，也互有不同。

梁漱溟1964、1965兩年的日記缺失；存世的書信中，有1965年1月5日致全國政協主席、副主席一札，措詞強硬：「大會臨末覃異之委員等二人書面發言指斥我在小組上的發言為唯心反動，陳（毅）執行主席偏聽一面之詞，遽加肯定，殊不足以服人。今大會既無我申辯機會，而且大會亦非彼此辯論之地。我願於會後在政協學委會中與覃委員等當眾展開辯論，以明是非。且不論是非之誰屬，其必大有教益於我則無可疑也。」（《梁漱溟全集》第八卷《書信》，頁86–87）[220]可略感梁氏當日神情與其時政協的氛圍。若僅由日記看，似乎直到1966年4月，梁漱溟對其時風起雲湧的批判運動並無特別的關注；即涉及也因記述極簡，無從知曉他的反應。直至文革爆發前後，日記才漸涉時局，有關於運動的消息。

較之於吳宓、顧頡剛，梁漱溟的文革幾乎算得上安然度過，儘管仍不能倖免於衝擊。這與他不屬全國政協外的任一具體單位有關，也應當因所在街區較為平和，1966年「紅八月」抄家的紅衛兵使用暴力尚有節制。當然更有可能的，是他與毛的那一層關係——

---

220 據《全集》注，覃異之、黃啟漢的書面發言，指責梁「否定階級鬥爭」（同上，頁87）。關於1964、1965年間梁在政協所受批判，參看鄭大華著《梁漱溟傳》頁458–460，北京：人民出版社，2001。

無論是什麼樣的關係——有可能對他構成保護。「關係」的某種神秘性或令人忌憚。

　　梁漱溟似乎並不像顧頡剛那樣，以集體活動(包括開會)為負擔。由日記看，1966年文革爆發前，他就經常到政協聽報告、聽傳達、開學習會，卻也漸有發言(即表態)的壓力。5月26日，記自己參加政協的小組會，對發言的反應有「誤聽」，罕有地抱怨了一句「甚矣立言之難」(同書，頁716)。6月7日，又説對其發言「有人不瞭解」，自己「不無悶悶」(同上，頁717)。7月5日，記對其發言「各方反應不佳，似有對我之意」(同書，頁720)。由日記看，這一時期政協會議、學習活動頻密，梁則連日為發言作準備，甚至「夜來曾起寫稿」(7月12日，同書頁720)。梁「面折廷諍」的故事早已為人們所熟悉。這一時期的梁，卻因了與會者對其發言的負面反應而「思慮縈繞，不能入睡」(6月30日，同書頁719)。據梁氏日記，一度中斷後，1970年後政協的活動漸多，又有了「學習會」，有了「發言」的壓力。是年6月1日，記自己「發言清楚，反響不佳」(同書，頁854)。至於1974年「批林批孔」中的梁漱溟，下文還要談到。

　　1966年文革爆發後，直至8月中旬，梁漱溟仍每日依慣例到公園散步、習拳，與馬、郭、李、黃一班「同人」聚談。[221]

　　由日記看，梁氏所感受的衝擊，始於1966年8月下旬。是月23日，記「有大字報，要拆碑」(同書，頁724)。所謂「碑」，即積水潭南岸梁氏之父殉道紀念碑。次日日記記有「摘下先父母照片及各字畫」，並主動覓人拆碑。同日紅衛兵抄家，政協來人對其夫婦「鬥爭」；「書籍文稿及衣物均被拉去，用具多被打碎」(同上)。26日，「早起監督勞動，掃街道廁所」(同上)。28日，記其妻被毆「受輕傷」(同上)，30日又記妻「因傷重不能起床勞動」(同書，

221　馬，馬仰乾；郭，郭大中；李，李淵庭；黃，黃艮庸。後馬、黃被遣返廣東；重返北京後諸人仍有聯繫、往還，公園小聚卻像是未再恢復。

頁725)。9月6日，街道革委會封北屋五間(同書，頁726)。8日「房管局來人宣佈收房」，指定梁氏夫婦所用房(頁727)。[222]

橫逆之來，梁氏似能平靜應對，甚至「夷然不動心」。抄家當日雖因改換住室且燈光太強而睡不好，「然心境尚平」(同上)。日記中梁掃街也頗坦然，應與其一向的平民作風有關。9月27日記中有如下活動：掃街，在院內活動身體，買菜購物，「思索寫《儒佛異同論》之二，又思索寫社會文化的組成成份及人生三大問題」，讀《矛盾論》(頁730)。當年寫給兩個兒子的信，說自己在「事情發生的初期幾天內」，「稍有些不自然」，「卻從內心到外表基本不改常度」，無論精神還是身體，「幾天之後到現在就完全平平常常了」(同書《書信》，頁381)。《梁漱溟自述》說，他自是年9月21日始，「在沒有一本參考書的情況下」，憑記憶動手寫《儒佛異同論》；「全文四萬字完成後，又接着寫《東方學術概觀》」(頁159)。上述寫作未受到干預。

如實地說，即使有上述「劫難」，較之吳宓、顧頡剛，梁所受衝擊仍然有限。不但工資僅1966年9月扣發，10月即恢復全薪且補發了扣除部分，且是月歸還了抄去的現金、銀行存單存摺、布票、工業券、部分衣物及他視若生命的文稿(同書，頁734–735)。掃街到11月底也停止。12月開始為《中國——理性之國》一稿搜集資料(頁742)；1967年3月25日，開始寫此書(頁752)。1967年2月，恢復到各公園散步、習拳。5月1日，遊香山碧雲寺，登高眺望，覺風景「絕佳」(頁756)。除應付外調(日記中作「訪問」、「訪詢」)，每日依舊散步，習拳，讀書，寫稿，購物，訪友(張申府、朱謙之等)。偶爾寫到聞某人自殺，某人被鬥，某省武鬥，某醫院被砸；也記在街上看大字報，只說「於某些情況有所瞭解」(頁766)。1968年1月3日到天壇散步，發現「祈年殿三字不見」(頁799)。

---

222 或因處境變化，梁氏晚年自述，對這段經歷的敘述，語氣有所不同(參看《梁漱溟自述・「文革」劫難》)。

　　1968年「清隊」期間的梁漱溟，遭遇了較之1966年「紅八月」稍劇的衝擊。是年4月24日，新街口革委會某人來，言其「被劃為右派，囑多勞動少出門；遠出必先請假」(同書，頁789)。梁恢復掃街，卻仍就近散步、習拳。因歸入「五類分子」，不免要聽訓話(頁790)。最嚴重的一次，是5月4日在群眾大會上被批鬥、遊街。梁當日的日記説，自己「思想上頗有鬥爭，最後決定服從」(同上)。這決定自然明智。7月8日，被命由其老宅(其父所置產)遷出，住進某處大雜院(頁797)，一再遭「頑童」騷擾(「吵鬧圍攻」，破壞室內器物等)。是年梁氏76歲。

　　1975年梁在信中説自己「遭遇不可謂不慘：先曾祖、先祖、先父三代書畫軸冊兩大皮箱盡被焚毀，內人被捶打以至脊背血透內衣，被拉去開鬥爭大會，我未被打亦罰跪一次」(同書《書信》，頁183)。由日記看，在此期間，梁也仍堅持散步、習拳、讀書、寫稿，所寫即上文提到的《中國——理性之國》——是否有諷刺意味？[223]

　　即使如此，梁的1968年仍然不像吳宓、顧頡剛的難熬。影響一個人文革處境的因素，包括了所在單位、所居街區、周圍人事(單位的以及家庭內部的)等等，由此而有諸多差異。1969年5月16日，梁所在街區派出所召其領取所失財物，「居然大致收回」(同書，頁824)。1972年在致友人的信中説，政協已將自己的許多文稿著作發還，「基本上無缺失」(同書《書信》，頁134)。梁漱溟、吳宓對物質待遇均淡然視之。梁漱溟自奉甚儉，曾勸導他人説：「吾輩無貢獻於革命，無權分享革命果實。公家照顧，可以接受，不宜自己要求。」(同書，頁134)無論1966年還是1968年，梁均一再上書最高當局，也致函全國政協革委會，力圖改善自己的處境(參看同書《書信》)，但訴求不在物質待遇。他的處變不

223　據梁氏1982年致友人書，《中國——理性之國》1969年春寫出(同書，頁238)。
　　梁氏文革中著述不輟，後又有《人心與人生》、《東方學術概觀》等的寫作。

驚，佛學修養外，多少也應基於對毛的信任。梁說自己「一生傾心佛法」（同書，頁306），說自己是「佛教徒」（頁384）。此意他一再說到。1966年的衝擊中，悟「佛號在喚醒自心」，以「偈語」自我慰勉（同書《日記》，頁728）。至於書信中的梁之於毛，參看1982年《致胡應漢》（同書，頁244）、《覆黃河清》等札（頁286–287）。後一札說到自己1953年9月在會議上遭毛斥責，「即緣彼此相熟之故」（頁287）。1980年《致言申夫》，說自己「自1938年春訪問毛公於延安之後，1946年春再度往訪，以迄於1950年，51、52、53年在北京承其邀晤談話多次」；自1953年9月會議席上「言語冒犯」之後，即「不再邀請，逐（按應為「遂」）無從容談話機會」（同書，頁306–307）。

梁漱溟自信極強，以為負有「溝通古今中西學術文化」的「歷史使命」，自說「是一『非常人物』」，其著作「將為世界文化開新紀元」（同書《書信》，頁187）。另札說，「外間有人因誤解而詬罵我，是常事，『名滿天下而謗隨之』，但當自省，不必計較」（同上，頁230）。梁氏沒有吳宓的那種躁鬱，養生有道，闊達大度，能隨遇而安（所謂「一任自然」）。即使抄家，夫人被毆，不得不席地而睡，仍能「不失常度」，「胸次」也只「小小不愉快而已」。十幾天後即「操筆為文，寫出《儒佛異同論》一、二、三短篇」（同上，頁184）。1968年的困境中，他自讀其舊著，仍「欣賞不置」（8月14日，同書《日記》，頁800）。如此自信的梁氏，也一再承認自己「病在不謙虛，不謹慎」（10月1日日記，同書頁731），不但上書毛，讀毛著作，且隨俗張掛毛語錄，剪製「紅太陽」（5月17日），十幾次向街道革委會寫「報告」（應即「思想彙報」）。

1969年梁漱溟收到了「五一」天安門觀禮的邀請，同年又收到「十一」觀禮請帖，可以理解為「政治待遇」的部分恢復──略早於顧頡剛。儘管住房條件的改善還要延後一段時間。1975年10月16日毛《對〈學部老知識分子出席國慶招待會的反映〉材料的批語》

説：「可惜未請周揚、梁漱溟。」（《建國以來毛澤東文稿》第
十三冊，頁477）。

　　不同於顧頡剛，1974年的「批林批孔」，無論梁漱溟還是吳
宓，均屬在劫難逃。兩人的頑梗則略同。由日記看，梁氏的應對批
孔，1973年11月即已開始。當月7日，記某人「挑戰」而自己「不
應戰」（頁953）。14日，聽白壽彝批孔（頁953）。16日，梁「發言表
示保留意見」，某人「發言粗惡」（同書頁954）。1974年1月3日，
「將着手寫《今天我們應當如何評價孔子》一文」（頁957）。2月
12日，説當日會議「進攻者三人，不置答」（頁961）。次日，「閱
《理性之國》舊稿，殊不滿意」（同上）。2月22日，梁致信政協學
習小組長，抗議小組會上宋希濂對自己「厲聲的、粗野的辱罵」，
聲稱「假如負有維持會上秩序之責的三位先生沒有適當的表示」，
自己「將拒絕出席這個小組的學習」（《書信》，頁89）。約略令人
想到了梁氏當年的風采。3月11日，「首先作聲明」，然後聽發言
（頁963。按《我的聲明》，收入《梁漱溟全集》第七卷）。25日，
記「發動新進攻」（頁964）。4月5日，記某人發言「炮火烈」（頁
965）。9月23日，記某人徵問其感想，以「三軍可奪帥也，匹夫不
可奪志」答之（頁977–978）。為此而被會議主持者要求作出解釋（參
看頁978註1）。11月18日，寫完《批孔以來我在學習會上經過》一
文（頁982）。22日，記「馮友蘭、季羨林及一女生發言一塌糊塗」
（頁983）。即使如此，梁氏1975年3月28日寄香港周植曾一札未被
「截留」。該札説自己「以拒不批孔，政治上受到孤立」；自己的
態度是「獨立思考和表裏如一，無所畏懼，一切聽其自然發展」
（同書《書信》，頁251）。[224]當時的情勢下，知識界中如梁漱溟、

224　1982年梁氏在致香港友人的信中迴溯此段經歷，説：「1974年毛忽發起批孔運
　　動，一時無恥文人大學教授南有楊榮國，北有馮友蘭，以至許多刊物紛紛附
　　合，我獨發言表示拒絕，並寫出《今天我們應當如何評價孔子》一長文，送交
　　政協會，當時遭到各黨派開聯席會批判我，我靜坐不發一言。會後有人問我的
　　感想，我答：『三軍可奪帥也，匹夫不可奪志。』」（同書，頁244）

吳宓者，寥若晨星。卻也可證到1974年，儘管當局推動「繼續革命」，文革初期與「清隊」時期的情勢已不能再現。

　　寫作本書期間，我才由一本傳記讀到了1953年9月梁對毛「面折廷諍」的過程，仍然感到了震撼。近些年流行一種修辭，即「最後的……」，無論吳還是梁，都可信是「最後的」（梁已被稱為「最後的儒家」，儘管其自認為佛徒）。很可能另有頑梗倔強者，只是根柢、成色未必與梁、吳同。文化流失之外，也因了土質的持續退化後「種」的蛻變。

　　此一時期梁漱溟的信札，說幸而熊十力先生「先批孔運動而去，否則，其情懷更不知如何也」（1975，同書頁183）；說自己「態度堅強、穩定」（1974年6月，同書頁145）；說「受到圍攻，雖不愉快，亦不氣惱。人們訝之云『紋絲不動，若無其事』，蓋信然也」（1975年1月，同書頁182）。這期間的「劫難」，不過政協內部會議上的「圍攻」；對其寫《今天我們應當如何評價孔子》一文則聽便（該文當時未公開發表）。且容忍其不表態——梁所謂「不置答」，「不加答對」，「暫不答」，不理某人「挑戰」——與文革高潮中已有不同。應當說，較之身處重慶北碚、同樣抵抗批孔的吳宓，梁氏實在是幸運得遠了。吳宓1974年日記散失。《吳宓日記》整理者據西南師範學院落實政策辦公室負責人的說法，「1974年春批林批孔，人人對運動表態，吳宓明確表示：批林，我沒意見；批孔，把我殺了，我也不批。為此，再次作為『現行反革命分子』被批鬥。西師革委會又報請上級黨委批准為吳宓判刑戴帽，重慶市委仍未予批准。讓背靠背、不點名地批判。」（《吳宓日記續編》第十冊，頁570）「背靠背、不點名地批判」，已屬「寬大」，與運動初期、「清隊」中不同。

　　孔子評價外，梁氏直接與文革牴牾的，自然更有其關於「階級鬥爭」的思想——亦有其一貫，至死不變。直到文革末期1975年，他還在信札中說：「西洋是階級社會就要講階級鬥爭以求向上發

展，列寧之崇尚鬥爭在此。中國缺乏階級，厭棄鬥爭，如我所説（見《中國文化要義》）是散漫而和平的社會，我們的感情當然與列寧異趣。」（同書，頁146–147）[225]

　　梁氏日記記述簡略節制，極少關於時事的評述；即使被搜檢，也不便據以羅織——未必基於防範意識，或不過習慣而已。梁本人似乎不以日記為「著述」，這一點不同於吳宓。

　　顧頡剛1968年5月所寫交待材料，有《在解放後的大事記》。1954年記范文瀾、吳晗「接受毛主席交下的任務」，其中有「改編楊守敬《歷代疆域圖》」，由譚其驤主持，顧助之（《顧頡剛自傳》頁183）。《夏鼐日記》1965年8月10日記譚其驤、韓儒林等人參與「楊圖」事（卷七，頁149）。「楊圖」，即重編改繪清末民初木刻本楊守敬《歷代輿地圖》，工程浩大。完成後的，即《中國歷史地圖集》。此項工作文革開始後曾中斷。

　　僅由日記看，無論顧頡剛還是譚其驤，對運動最初的反應均較遲鈍。刊行的日記，直至1966年5月，譚仍未放鬆業務工作（參看《譚其驤日記》頁107）。該年6月4日，譚見「全校張貼大字報，聲討周予同」，自己則既「學毛選」，又寫《唐宋瀘領羈縻州考》。以下的幾天，校內的運動應已鼎沸，譚看、寫大字報，讀毛選，仍有心情讀《方輿勝覽》（同書，頁109）。這種情況自不能持續。6月17日，記「意志消沉，未能工作」。6月20日，見關於朱東潤、談家楨等人的大字報已貼上馬路；「風聞周谷城來校，幾被打」。21日，記「強迫談家楨高聲讀其大字報」；「吳斐丹入校，幾被打；關於蘇步青等人的大字報亦上馬路（同書，頁110）。至此，似已無心讀古書。

　　譚注意到不但大字報貼上馬路，且被批判者的名字打了×。8

225　參看同書《思索領悟輯錄》關於「中國缺乏階級」的幾點分析（頁64）。《輯錄》中也有與時論相近的內容（如頁61）。

月8日，譚在學生宿舍「被鬥，戴高帽，污以墨汁，被按下跪，汗衫被撕，被迫脫鞋遊校園」（頁114–115）；此種羞辱，當為譚平生未經。當日譚「皮膚被抓破多處，頸部、腰部扭傷」。8月9日，因傷請假不獲准，被「文鬥」，「以『滾回去』結束」（頁115）。9月1日被掛「反動學術權威」紙牌子，被命進校門即須掛上，出校門取掉（頁117）。9月8日起免掛牌子（頁118）。羞辱的手段花樣翻新。譚其驤也如吳宓、顧頡剛，被勒令背誦「老三篇」之類；譚且以系主任而與黨總支書記「雙雙擔任『牛鬼蛇神勞改隊』的隊長」。在為其作傳的葛劍雄看來，這是「復旦大學歷史系史上最悲慘、最可恥的一頁」（《悠悠長水：譚其驤後傳》頁22）。[226]

　　特別的是，在此期間，雖被強制勞動及寫「彙報」，譚其驤仍不放棄專業工作。1967年2月8日記自己「連日翻閱東北地志地圖，注意其城市位置及所受鐵路線之影響」，讀日本人所著有關書籍（《譚其驤日記》頁134）。8月1日，「開始寫札記『同城二縣』」（頁150）。10月27日，看《世界通史》（頁157）。這份癡，當年的紅衛兵何嘗能理解？ 1969年2月，「有人已安排業務時間」（頁173），譚未能享受此種待遇。甫出「牛棚」的譚其驤，即有一隙空間，也用於其專業，幾近本能。3月3日，因「珍寶島事件」而查有關的地圖文獻（頁174），對時局由專業的角度作出反應。

　　1968年，經整理的譚其驤日記，斷斷續續且記述極簡。或與「清理階級隊伍」有關，也應因在「牛棚」書寫不便。關於「牛棚」情況（包括其何時進牛棚），幾未涉筆。那也應當是其處境最艱難的時期。1969年2月25日，「落實給出路政策」，當日「即刻出牛棚回家」（頁173）。其時的復旦大學或對高層的精神更有領會，於「給出路」前冠以「批字當頭」（同上）。此後對於譚，確也「一批二用」而「批字當頭」；縱然「使用」，亦與顧頡剛、夏鼐處

---

226 8月31日後侮辱性的「勞動改造」，見本章《批鬥、強制勞動、降低待遇到「給出路」》一節。

境、待遇有別。出「牛棚」後蒙恩准從事專業工作前的譚其驤，繼續為「思想彙報」所苦，「至夜半不成文」(3月2日，頁174)；甚至專業工作恢復後，仍被迫以大量時間耗費於此無益之務。

環境畢竟日見寬鬆。5月17日，記《解放日報》記者約談「今後學術研究工作打算」(頁183)。5月22日，「談論圖的問題」；23日「決定先搞清圖」；25日，「在家修訂清圖改編草案」；26日，「討論清圖草案」(頁184)。因文革而中斷了的「楊圖」這一項目終於重新啟動。至於「先搞清圖」，則應與中蘇邊界問題、「珍寶島事件」有關。

匪夷所思的是，此後的一段日子，譚焚膏繼晷，投入研究項目，卻仍然從事體力勞動，且於「天天讀」時繼續被批判，包括批譚的專業研究「還是老一套」(頁185)；「批判清圖體例及目前在工作中譚的表現」(6月21日，頁185)。如此，邊做當局交下的項目，邊被批判及被責令「自我批判」，以至規定「每晚寫一篇自我批判」，「每早發言一遍」(10月14日，頁195)。由日記看，即使如此譚仍工作不輟，往往至夜深(參看其1970年5月1日日記，頁212)。甚至發現甲狀腺瘤亦未停下。[227]由後人看去，在批判、斥責聲中工作，實在是一種荒誕的情境，令我想到了明代某君主的令臣工「戴鐐治事」。將「一批二用」如此貫徹，未必最高當局的意圖；或許更是當年領導復旦運動的人物自行加碼，以迎合上意罷了。既用又疑，則出於根深蒂固習為常態的猜忌與戒備。壓力下的譚其驤雖柔弱，卻不乏堅忍——或更出於對專業的癡情。

即使在項目上加大投入，仍不免要分出精力講「政治」。1970年10月31日，記討論歷史圖冊「如何突出政治」的問題；11月3日，晚間尚要與「讀者」「討論圖的政治方向」(頁229)。以下幾日均記有這方面的討論。11月26日，不但「天天讀」(即天天讀毛

---

227 關於譚的上述處境，尚可參看其12月10日、12月12日日記(頁200)。葛劍雄《譚其驤後傳》也寫到，恢復編繪「楊圖」的1969年至1971年間，對譚批判不斷(頁89)。

著)、發言,且勞動(翻地),還要「為寫接受工人階級再教育作思想準備」(頁231)。上述活動外,尚要談學習(毛選等的)體會、「學唱樣板戲」、勉為其難地寫頌聖詩、批判文章。直至1971年,所在單位仍在批判譚的「資產階級生活」(3月15日,頁243),勒令其為此作檢查,由群眾批判(4月12日,頁245)。10月29日讀文件時「有瞌睡現象」,即遭工宣隊員斥責,「指出此乃對毛主席態度問題」,奉命作檢查(頁262)。在此期間,譚雖患高血壓,仍不能不聽報告,看大字報,參加批判會(即如批「天才史觀」),「自學」(當時所謂的「自學」,指非集體的政治學習),寫「思想小結」,談學習體會,座談時事,出席「改造交流大會」(頁271)。直至1972年,仍然苦於「終日在家考慮寫體會,始終寫不出」(3月5日,頁274),以至斷斷續續寫了多日。不同於顧頡剛,譚其驤是黨員,故「學習」的負擔更重。至1971年12月27日,始取消「天天讀」,改為每週二、四、六上午半天學習(頁267)。同一時期,譚尚在批改歷史地圖,着手標點二十四史,看《辭海》的有關條目。

由日記看,也是在這幾年,工作/學習(所謂「學習」均特指政治學習)兩者,工作時間漸多,學習時間漸少,多少脫出了「運動」狀態。有了日益增多的外事活動,如參與接待費正清(John K. Fairbank)。顧頡剛曾焦慮於封閉狀態下學術研究落後於境外。《譚其驤日記》1970年9月5日記「瀏覽近年所出《史語所集刊》」(頁224。按史語所乃臺灣中央研究院歷史語言研究所)。封閉狀態也在漸次打破中。譚希望「教學、標點、研究三頭並抓」(頁294)。是年12月26日,譚被任命為系革委會副主任委員(頁305),「三頭」外應另有行政工作。

譚的文革日記止於是年年底,他的文革至此也大致結束。

荒唐的是,1969年譚即恢復專業工作;至少到1970年底,歷史圖冊已完工的部分,陸續呈交京城有關部門;卻直至1971年2月24日,才恢復扣發的工資(頁241);1972年1月19日,發還凍結的

存款(頁270)；11月20日，方得「認辦『九‧五』行動中被抄走物件」(頁301)。據葛劍雄《譚其驤後傳》，更其荒唐的是，儘管譚於恢復編繪《中國歷史地圖集》中「實際起着業務領導的作用」(頁44)，卻出於政治的考量，一度被排除在定稿小組之外，《地圖集》署名為「編輯組」(同書，頁92、117)。署「編輯組」亦如署「寫作組」，亦文革中的流行做法，原為防範「成名成家」的「個人主義」；至於《地圖集》的署名，自然也有貶抑譚其驤的用意。

緣於所從事的專業，譚其驤受到的最兇險的指控，無過於涉及臺灣、西藏等方面的內容(參看葛劍雄《譚其驤後傳》頁20)。「莫須有」，「欲加之罪，何患無辭」，是其時大批判中的常用語，也正是大批判中的普遍現象。

葛劍雄的《譚其驤後傳》，將譚參與《中國歷史地圖集》的過程講述得相當完整，原文照錄了一些當時的文件、文獻(包括譚的表態)，還原了一個被作為「政治任務」的學術項目在文革中的運作，介入其間的各種「政治力量」，對地圖集的功能設定與效用期待，很可以作為個案，考察文革中「學術」的境遇——當然還有譚其驤這樣深度參與其事的學者的個人遭遇。譚的專業態度，在其被「一批二用」的忍辱負重中得到了悲劇性的展現。這種遭遇，似乎顧頡剛、夏鼐文革中均不曾有。

編繪《中國歷史地圖集》，不但有來自多方的干預，且有項目參與各方間協調之難，政治與學術(「學術為政治服務」與專業精神)、學術與人事的纏結。直至文革結束，仍有與「某部門」(按應為外交部或該部某司)間就歷史上邊界問題的交涉。[228]涉及民族關係、國家關係，高度敏感性至今仍在。這種壓力，似乎是顧頡剛、夏鼐不曾承受的。可知譚其驤的學術工作在現實環境中的特殊艱難。由此看去，譚早年的專業選擇，有宿命的悲劇性。

---

228 參看葛劍雄《譚其驤後傳》頁136–137。葛氏該書涉及人名，往往有「技術性處理」；某些處關於人事，卻又表述得相當直接——未知出於何種考量。

　　葛劍雄筆下，文革後期的譚其驤，對各項「政治任務」窮於應付；參與校點二十四史之外，尚要為毛澤東註釋古文。一流學者為當局提供此種「服務」，文革中是尋常的事。1978年10月，譚在給周一良的信中說，自己「二十餘年來始終置身於集體工作中。集體著作不能盡如吾意表達，有時甚至發現顯著錯誤亦不克改正，其間個人讀書有得，又絕無時間整理成文」（參看葛劍雄《譚其驤後傳》頁290）。這種苦境，固與所在單位有關，更繫於所屬專業、該專業所處位置、與時政的關係。

　　1971年，顧頡剛的待遇已大有改善。譚其驤雖然也如夏鼐，1971至1974年間一再受命接待國外與港澳來賓，卻事先授意，事後彙報，更像是在演戲，與「學術交流」無涉。僅由日記看，夏鼐雖尚未正式「解放」，處境卻較譚為好。直至1973年，譚其驤才於文革後「第一次獲准出席學術會議」，即此也仍然在校方的監督之下（同書，頁36、38）；1976年第一次出訪。由譚其驤日記可證，1970年代最初幾年，對外學術交流逐漸恢復；中美建交後，交流已不限於「社會主義陣營」國家；但「外事紀律」嚴苛，接待外賓，往往遵照指示，「嚴陣以待」，幾無個人間的交往空間。

　　葛劍雄同書寫譚其驤晚年重病的囈語，說到「毛主席」、「林彪」、「文化革命」，認為譚對此「至死不忘」，「是帶着對『文化大革命』的極度恐懼和深切痛恨離開這個世界的，儘管這場噩夢已經過去十多年了」（頁74）。[229]

　　沈從文以其久經訓練的敏感，較之梁、譚諸人，對將至的變局更有心理準備。文革前夕的沈，不但關注高校的教學改革，關於自己古代服飾方面著作的出版，也不免顧慮，尤其怕遭到思想批判。1965年下半年寫給張兆和的信中他說，「老擔心將來出亂

---

[229] 經整理刊印的譚的日記，記述極節制，只偶有議論。如1971年12月26日說所讀郭沫若《李白與杜甫》，「偶有新解而考訂甚疏，仍是老風格」（《譚其驤日記》頁267）。1972年1月23日提及作書覆顧頡剛師。與顧的聯繫，應已恢復。

子」，「想來擔心怕人」(《致張兆和》、《覆張兆和》，《沈從文家書》頁382–383、394。着重號為原文所有，下同)。寫信給程應鏐，說自己「經常在『鬥爭』呼聲來覆中如臨深履薄，深懷憂懼」(《沈從文全集》卷二十一，頁490)。對花費了大量心力的有關古代服飾的著述的出版不敢報希望(參看同書頁505、506)。即使對自己出路的估計偏於悲觀，由其這一時期的家書看，沈的心情尚淡定，似乎無可無不可。無可無不可也是一種態度，儘管夾雜了無奈、認命。

家書中的沈從文一再以1949年後轉向文物研究為得計；事後看來，確可證先見之明。他說自己「過去不依賴國民黨，解放後又不走閻王殿小路」，[230]故文革中不至於如巴金、冰心、老舍狼狽；且自信所作的工作於國家有益，不致被完全否定(《致張之佩》，《沈從文家書》頁438)；說自己「能耐得住平凡，也換來了平安」(《致張兆和》，同書頁547)。這層意思，他對家人反復說到。

沈對所在單位也心存感激，說其任職的歷史博物館對自己「也夠好了」(《致沈虎雛》，同書頁432)，牢騷不盛，像是很知足。1968年「清隊」期間，卻說自己有「神經分裂症」的前期徵兆，「有時上街見生人即害怕，小孩子在院中叫嚷也感到害怕」，甚至於妻子說話也害怕，「心裏空虛軟弱之至」(《致沈虎雛》，同書頁441)。直至隨幹校到了鄉下，還說自己「已十分怕事，還是一開口即錯」，「一和人事碰頭，特別是和年輕人一道搞學習，即十分低能」((《覆張兆和》，頁509)。這一年是吳宓、顧頡剛文革期間最難過的一年，沈從文的文革或也如此。上繳存款，扣發工資——沈對此反應平淡，或曰表述平淡。家書中卻有寫了而又塗掉的字句，或更能透露他內心的不安(參看《覆沈虎雛》，同書頁445–446)。

---

230 「閻王殿」指中宣部。毛澤東《打倒閻王，解放小鬼》，1966年3月30日，《建國以來毛澤東文稿》第十二冊。

　　風暴中的沈從文仍能隨遇而安。1968年10月寫給兒媳的信中，說自己「曾許下個願心，每月只拿點生活費(不要超過三四十元)，作個普通勤雜工，專職負責搞館中十個衛生間，也覺得很好，因為工作已有了一年經驗，作得相當順手」(《致張之佩》，同書頁448)。可知他打掃歷史博物館廁所至少有一年之久。這些話由沈說來，不像是牢騷，也非故作達觀，大致合於沈的處世之道，亦其生存之道。但「專職負責」云云自然出於最壞的打算。他何曾放棄過對自己的文物工作價值的信念。

　　或出於對其健康狀況的照顧，沈從文並未入幹校，只是全無必要且尷尬地被安排在了幹校所在地區，更近於臨時性的「下放」或「疏散」。[231]在鄉鎮他也仍隨遇而安，只是以家人閒話的平淡態度，講述了對於老而病的他，生活上的種種不便；甚至「寫了些小詩讚美五七種種」(《覆張兆和》，同書頁489。按「五七」應指「五七指示」、「五七幹校」)，卻讓人想到令沈從文離開北京，毫無道理。沈自己也說，他「這點剩餘生命，主要意義還是工作」，倘搞體力勞動，「事實上比十歲的鄰居張小春就不如」。說「把我放在博物館裏作改陳準備，我還可說是個常識豐富相當得力的研究員」，來到這裏，則毫無用處，「比小的不如，比老的也不如」(《覆張兆和》，同書頁499。按改陳，即調整文物陳列)，是老老實實的話。另札說，「如回北京，則還可望將那六七十萬字加以整理，上交公家」(《覆張兆和》，同書頁510)。有計劃中待作的大量文物研究工作，卻不得不在湖北雙溪空耗所餘不多的歲月。

　　沈從文對自己文物研究極其自信。自得，自喜，醉心其間。積累既久，即使隻身在鄉間，「只能坐在床上，無一本書，無一圖像，也居然能全憑記憶回想，寫成兩個約五百個圖的文章」(《覆張兆和》，同書頁510)。「連日陰雨中，在床上已初步完成了《關於馬的應用歷史發展》一文。一切全憑記憶，大幾百匹，甚至於

231　沈雖另住且不必勞動，行政、工資和供應關係仍隸屬幹校(同書，頁539註1)。

過千匹馬的形象，在頭腦中跑來跑去，且能識別他們的時代、性能和特徵，和相關文化史的百十種問題」（《覆張兆和》，頁514）。這種活躍的狀態甚至令他本人驚奇。另札說自己在「又悶熱，又潮濕，還相當『臭』的房間裏，一面揩汗一面寫」，忍受着關節疼痛，既無文獻又無實物，僅憑記憶，為八千平方米陳列、上萬件文物寫説明文字（《致張兆和》，頁525）。這又是幹校中的「五七戰士」所不能指望的，亦其得自獨居（而非「集體生活」）的一份補償。同為「疏散」，沈從文之為「散兵游勇」，較吳宓的隨校外遷，處境為優。吳宓極其不宜於「集體生活」，沈從文則不難適應鄉村。他説自己和當地「上百老中青幼全熟了」，相處融洽（頁527）。

對沈的這一份癡情與恢復研究工作的熱望，歷史博物館的當政者不屑一顧。對於沈「用其所長」的請求，該單位領導的反應卻是兜頭一瓢冷水，要沈不要高估了自己的學術工作，要「正確對待群眾，正確對待自己」（《沈龍朱複沈從文》，同書頁500–501），惟恐沈這樣的專業人員「翹尾巴」。

困在湖北鄉鎮的沈從文，心情有因時的變化，一時「積極」，一時「消極」，如當地氣候的陰晴不定，亦孤獨中老人的常態。家書用文字描摹鄉村小景，本是他的長技，所寫確乎如畫（如《致張兆和》一札，同書520頁）。沈對鄉村有親和感，寫雞、羊、狗、孩童，無不有趣，可愛。看到鄉民的生活，説：「億萬人多是一生這麼過的，我們就太不足道了」（《致張兆和》，頁524）。這本是沈一向的思路，也因此不難於自我排解。

沈習於用平淡的態度寫憂患焦慮，寫不安與不甘（尤其對於自己辛苦積累的文物知識歸於無用）；「平淡」或更是一種寫作姿態，不全反映內心生活。他的向親人反復傾訴，亦可證被投閒置散而前景不明的寂寞。他焦慮於歲月空耗，擔心相關研究人才斷檔，「接手無人」，自己已有的積累作廢；放不下計劃中的文物研究，

念茲在茲，無時或忘。計劃中的，不但有錦緞、瓷器，且有小說（見《致張之佩》、《覆沈雲麓》兩札，同書頁451、458），說「學而不用，真可惋惜」（頁458）。

1972年返回北京後，沈從文在極其簡陋的條件下，主動恢復了文物研究，寧願用自己的材料，由別人出名（參看《覆沈虎雛》一札，同書頁553、554）。即使其工作不被「館中首長」賞識，也熱情不減（《覆沈虎雛、張之佩》，頁615）。他甚至有意寫五十萬字的回憶錄，比較「過去」與「現在」，卻又想到「會因為各種原因，出不了版」（同上，頁555）。可惜的是，這部回憶錄始終未寫。1974年2月寫給其妻的長信，係為求得充分理解與溝通，與老妻的一次長談，亦沈的長篇自述。其中寫到了榮辱甘苦，人事曲折，自己從事文物工作不居功、不好名，「為而不有」的種種，將此歸結為自己「近廿年好些大運動能平安無事的原因」。他告訴老妻，上述努力的意義，「比三個月不理髮重要得多」（《致張兆和》，頁589）！沈從文感到需要寫一篇大文章，對自己的積極態度作一說明，不但為求得老妻的體諒，也因普遍的消極怠惰。把失去了的時間搶回來，如沈這樣的精神狀態，在一部分知識分子中並不罕見；但作此完整詳盡的表述，我尚未讀到。

北嶽文藝出版社版《沈從文全集》第二十七卷收有沈1969年6月的《最後檢查》，係沈文革中獲「解放」前所寫最後一次檢查稿。卻要到由幹校返回，沈的文革才近於結束。沈從文受到的衝擊不太大，文革後期又及時恢復了工作（半賴他本人努力爭取），幾未被「批林批孔」等運動波及。他的較為積極健康的精神狀態，又賴父子夫婦間的正常關係，減少了運動中的消耗。

沈從文以小說家而有歷史視野。文革中寫給妻兒的信，講述所見，評點「運動」，有見事之明，絕不顢頇昏瞶。雖局處書齋，政治方面相當敏感，對大局的推測亦準確。只是沈文革中的處境、心境，不能僅據家書瞭解。

因了身份與工作的關係，夏鼐較顧頡剛、梁漱溟，先一步得知「運動」的消息。《夏鼐日記》1964年1月14日，記在學部聽何其芳傳達關於文藝工作的指示，「興無滅資」(卷七，頁4)；同年7月4日，記在所內黨團活動中，談「所內鬥爭形勢」，未知係何種「鬥爭」(同上，頁39)；7月17日，因中宣部指示，開考古會議、成立考古學會，不合「思想鬥爭」的潮流，決定延期(頁41)；10月8日，記《外國史學動態》自10月份暫行停刊(頁64)；11月5日赴學部聽傳達關於批判楊獻珍「合二為一」的報告(頁70)；12月12日，讀毛的《矛盾論》(頁77)；12月13日，記羅爾綱寫出關於李秀成供狀研究的檢討(同上)；1965年3月10日、16日，均提到機關、所內「革命化」問題(同上，頁95、96)；3月17日，詳記參加通縣農村「四清」運動鬥爭會的經過(頁96–97)；4月2日，所中舉辦學習《毛選》心得報告會(頁101)；11月5日，黨組織生活，「討論《毛選》中為人民服務問題」(頁166)。是月赴山西「參觀」，其內容既有考古發掘、古文物，又有當地「四清」。參觀「四清」，應意在對知名專家的「社會主義教育」。對此，日記記述較詳。同年12月5日，讀12月3日《人民日報》姚文元《評新編歷史劇〈海瑞罷官〉》(頁177)；12月17日，閱《王杰日記》，説「所中正在學習此書」(頁181)；1966年1月21日，聽羅爾綱議論批《海瑞罷官》(同書，頁188)；1月23日，聽説中華書局正在審查全部已出版的歷史小叢書(同上。按該叢書係吳晗主編)；2月25日，讀《解放軍報》的《論突出政治》4篇及肖華的報告(頁194)；3月4日起，全所學習「突出政治」一星期(頁195)。是月的日記一再提到討論「學術批判問題」，但未及具體內容。3月27日，「《人民日報》又發表一篇史紹賓批判吳晗、翦伯贊『資產階級史學路線』的文章：《堅持歷史科學的革命方向》」，説「繼吳晗之後，翦伯贊也成為被指名批判的對象」，對此未加評論(頁199)；4月16日，記「報載繼批判吳晗之後，又揪出鄧拓、廖沫沙，與吳為『三家村』」(頁

207）；5月9日，赴學部參加黨員所長會，院方佈置學術批判及學習（頁213）。

　　至6月1日，記《人民日報》社論《橫掃一切牛鬼蛇神》（頁218）；6月2日，由報紙讀到北大聶元梓等人的大字報，學部宣佈召開聲討楊述的會(同上)；6月3日，聽廣播《人民日報》社論《奪取資產階級霸佔的史學陣地》，「並攻擊近代史所的《為什麼替吳晗打掩護》及《吳晗投靠胡適的鐵證》的前言」(同上)。僅由日記看，似乎至此夏鼐才進入「臨戰狀態」，心理的緊張由使用「矛頭指向」、「攻擊」一類字樣約略可知。7月21日，讀毛語錄，「切望能活學活用」（頁231）。此時所讀，除毛語錄外，尚有陶宗儀《輟耕錄》、洪邁《容齋隨筆》，甚至有金敬邁的《歐陽海之歌》。

　　夏鼐日記中的「政治空氣」是逐漸濃重的。由夏氏所記看，直至1966年文革爆發，正常的專業活動與對外文化交流仍然在進行。涉外的學術活動，參加者除日本外，多為「第三世界」國家。與歐美學界幾無交流。某次「國際性」的學術討論會，「哲學歷史組」討論的題目有「哲學作為思想武器在反帝鬥爭中的作用」、「現代歷史潮流和亞非拉前進道路問題」（1964年8月27、28日，《日記》卷七，頁53）。[232]

　　《夏鼐日記》1970年1月1日，說自己在牛棚中過了四年新年之後，「解放出來後第一次在家過節」（卷七，頁258）。由此後的日記看，夏還只是由「牛棚」中「解放」。但處境確在改善。2月3日，工宣隊來人將自1966年8月25日即已加封的客廳「啟封開放」（頁259）。當此之時，工宣隊員還不忘「宣傳黨的政策，強調紅衛兵抄家的必要性」（同上）。作為領導幹部，夏氏要到1972年年底，才被軍宣隊宣佈「解放」。駐學部軍宣隊指揮部所作「結論」是：「根據黨的政策，我們認為：夏鼐是具有資產階級學術思想和犯有

232　夏鼐1965年5月曾出訪巴基斯坦，係官方活動。夏氏對此次活動有詳細記述，涉及文物考古，持專業態度。日記內容或也為歸國後的彙報預作準備。

錯誤的好人，應予以解放。」（頁322）對此，日記未予置評。文革中查抄的日記、筆記，次年3月才發還（頁337）。

1970年5月赴五七幹校，10月返京。即使在幹校期間，夏鼐對出土文物仍保持着專業敏感，甚至利用假日「採集陶片標本」、「調查遺址」、「參觀出土文物」（參看其該年8月22日、8月25–30日、9月11日、10月1日日記）。回到北京後即參與《中國歷史地圖集》的編繪工作。夏鼐分任石器時代遺址分佈圖部分（頁272）。由日記看，即使在1974年的「批林批孔」中，夏的工作也仍然以專業活動為主。

1971年涉外活動漸多。為阿爾巴尼亞修復古書的工作，夏鼐「以所長名義出面」（頁273）。與日本的文化交流尤為頻密。5月31日，日記中寫道，接待日本代表團，是自己「1966年以後第一次接待外賓，聽說也是科學院自1966年以後第一次接待外國代表團」（頁275）。接待井上清一行，科學院尚在「軍管」時期，參與接待者竟有軍代表。劉大年、夏鼐以「中日友協工作人員」的身份名列其中，事出偶然（頁276）。這種奇怪的做法，文革中每有。夏氏6月1日的日記，詳記接待日本外賓時的安排，可據考文革期間「外事活動」的原則，以及參與者「身份」的極端敏感性，對外交流被認為的嚴重政治性。某種掩耳盜鈴的安排、佈置，無非緣於此，亦一種「文革特色」。[233] 在此期間一再率團出訪。1972年9月率團經蘇聯、匈牙利出訪阿爾巴尼亞，乃其文革爆發後第一次出訪。1973年訪問秘魯、墨西哥、英國。儘管「交流」之初的某些安排，令人啼笑皆非。如1972年2月參與尼克松訪華的接待工作，說「這次為尼克松訪華安排了一個不冷不熱、不卑不亢的接待計劃」（頁284）。[234]

233　由夏鼐日記看，文革期間對日文化交流恢復較早。日本的「友好人士」紛至沓來。由其記述可感日本左翼知識界對中國文革的關注，如座談會上「井上清教授詢問關於考古所鬥批改情況」（5月28日，頁275）。

234　關於文革後期對外科技交流、文化交流的恢復，參看陳東林主編《1966–1976

　　有意思的是，夏一再將《人民日報》刊登的新華社訊照錄，或提到《人民日報》「刊有賓主步入宴會廳時照片」(頁277)。當年最吸引關注的，是此種活動係何種規格，有何人參與，由此判斷知識界知名人士的政治處境、地位。夏鼐這樣擔任領導工作的黨內知識分子，難免看重體現在報道、排序中的評價。

　　夏鼐同一時期的處境較譚其驤為好。譚從事歷史地圖集的編纂工作，政治方面的壓力仍在。由日記看，1971、1972年的夏鼐似已回到考古所的「領導崗位」；1972年7月20日，且搬回原來的所長辦公室(頁291)。日記重新使用「視察」、「審閱」一類字樣。[235]卻直至次年，才進入考古所「領導班子」。

　　由顧頡剛、夏鼐、譚其驤日記看，學術活動的部分恢復，大致在同一時期。1971年7月22日，郭沫若「送出上報周總理的報告，其中提到：『《考古學報》、《文物》、《考古》(此為簡報性質)三種雜誌擬復刊，以應國內外之需要。』(7月24日周總理簽『同意』二字。)」(同書，頁279)8月10日，考古所《考古》、《考古學報》將復刊(頁280)。1974年4月16日，記與劉大年、黎澍談《歷史研究》復刊的報告稿(頁422)。另據夏鼐日記，故宮由上一年夏天起，開始接待外賓(同書，頁274–275)。是年「五一節總理指示，故宮依原狀陳列」(頁278)。7月1日，故宮慈寧宮展出「文化大革命期間出土文物」(頁279)。歷史博物館也在為正式開放做準備(頁276)。9月，故宮籌備出國文物展(頁280)。1976年2月27日，夏鼐「應邀去參觀出國文展準備到澳大利亞去的文物預展」(《夏鼐日記》卷八，頁11)。由是年的日記看，考古發掘大舉進行，出土文物可觀。[236]

　　　　年中國國民經濟概況》頁288–289。

235　由日記看，夏鼐因從事學術領導工作，文革前後，均以大量精力「為人作嫁」，如「審閱」之類。

236　據顧頡剛日記，歷史博物館、故宮博物院等，於1971年7月1日開放。歷史博物館將展覽五年中出土文物，曲阜亦籌備舉辦「三孔」(孔林、孔廟、孔府)展覽

文革結束前時有「運動」。夏鼐的情況，屬「兩手抓」，既要應付「運動」，寫批判文章，又關注文物、考古，審閱、審校考古所的專業刊物。科學院對外也依舊設防。1974年7月3日，「收到院外事局指示，對於英國學術院來函關於通訊院士問題，主張婉拒」（《夏鼐日記》卷七，頁434–435）；7月23日，「收到英國學術院來信，說已於7月10日被選為通訊院士，去函請示院外事局，說『可暫不理』」（頁438）；12月9日，「收到英國R.A.S.[皇家人類學會]的來信，選為名譽會員，徵求同意，轉呈院外事局請示」（頁461）。倒像是英國人在一味糾纏。

1975年1月，夏鼐出席了四屆人大一次會議。由日記看，心情激動至於失眠(同書，頁469)。據葛劍雄《譚其驤後傳》，那是「新中國歷史上最保密的一次全國人民代表大會」(頁67)，戒備森嚴。

經了整理的夏鼐文革前後的日記，罕有臧否人物的內容。1971年6月24日，有關於陳垣的一段文字。當日夏參加陳的追悼會，日記寫道：「陳援庵先生為我國史學泰斗，今年以90高齡去世。治學方法是承繼乾嘉樸學而又引進資產階級的考據學，積習既深，改轍不易。解放後，政治思想上是進步的，晚年仍學習文件及報紙社論不輟。但學術方面，無法應用馬列主義歷史唯物論，故自謂盤旋空中，無法下筆，但亦舊史學的光榮殿軍也。」(頁278)本人也被認為「具有資產階級學術思想」的夏鼐對陳垣的上述評價，雖未脫時論的調子，尚屬平情。[237]

（《顧頡剛日記》第十一卷，頁311–312）。

237 考慮到《夏鼐日記》也如《譚其驤日記》曾經人整理，並非原貌，上文中的判斷難以準確，特此說明。

7.8　對知識分子的改造與統戰[238]

知識分子政策

　　當代中國執政黨的知識分子政策，體現於1949年以降的一系列文件與高層的指示，其間有因時的調整。通常説「團結、教育、改造」，係對於不限於知識分子的統戰對象的政策，[239]卻更以「知識分子政策」而為人所知。1945年毛的《論聯合政府》，關於知識分子，談到了「團結和教育」（《毛澤東選集》第三卷，頁1032）。1957年3月《在中國共產黨全國宣傳工作會議上的講話》關於知識分子改造，有集中論述（《毛澤東選集》第五卷，頁407、415）。沒有相應的「工人政策」、「農民政策」（有「農村政策」）而有「知識分子政策」者，自然因視其為特殊人群。[240]1981年6月中共第十一屆六中全會通過的《關於建國以來黨的若干歷史問題的決議》，提到文革後「宣佈原工商業者已改造成為勞動者」，未提及持續了二十多年的「知識分子改造」及其成效。[241]文革後「團結、

238　楊奎松《忍不住的「關懷」：1949年前後的書生與政治(增訂版)》一書的《前言》討論「知識分子」的語源與界定。討論此問題，超出了我的能力。姑置不論。至於本書使用「知識分子」而非「知識人」，也更貼近歷史語境。

239　1951年12月23日毛有《關於印發華南軍區政治部團結改造知識分子問題指示的批語》（《建國以來毛澤東文稿》第二冊，頁620）。1952年9月毛《對黃炎培一篇講話稿的覆信、批語和修改》關於資本家，説：「要很好地團結他們，教育他們，改造他們」（《建國以來毛澤東文稿》第三冊，頁536）。1957年《關於正確處理人民內部矛盾的問題》：「對民族資產階級採取團結、批評、教育的政策」（《毛澤東選集》第五卷，頁365）。

240　青年毛澤東關於知識分子的「階級—政治」分析，參看發表於1925年12月出版的《革命》半月刊的《中國社會各階級的分析》（《中國農民》1926年2月號、《中國青年》1926年3月號先後轉載，廣州、汕頭出版了單行本），或可作為毛關於知識分子的思想的較早表述，可據以作1949年後「知識分子政策」的源頭考察。該文收入《毛澤東選集》第一卷時作了修訂。關於原文與修訂稿的比較，參看王來棣《毛澤東的知識分子政策》一文，刊《當代中國研究》（*Modern China Studies*）2003年第3期，P. O. Box 6036 Norfolk, VA 23508 U.S.A.

241　《決議》提到「輕視教育科學文化和歧視知識分子的完全錯誤的觀念」，未有關於「知識分子改造」問題的完整表述。儘管不久發生過的對於知識分子最

教育、改造」除歷史考察的場合，已不再被提起。不宣示未必即放棄。有可能隱性地存在。「知識分子成堆的地方」，大專院校、文化機構、人文社會科學科研院所，依舊是某些部門重點關照的對象。即使如此，文革後消失的政策性話語，仍有一一清理的必要。

　　考察1949年以降的知識分子改造，應由1952年的「三反」、「思想改造運動」，1957年的「反右」，1958年的「向黨交心」、[242]高校的「拔白旗」，1963年後的「教學改革」、「社會主義教育運動」，1966–1976年的文革作全面的梳理。本節觸及的，僅若干面向而已。[243]

　　執政黨的知識分子政策，不但有因時的調整，且高層的表述有因人之異。1956年1月7日，中央辦公廳印發《中共中央關於知識分子問題的指示草案》。1月14日至20日，中共中央在北京召開關於知識分子問題的會議，周恩來代表中共中央作了《關於知識分子問題的報告》。報告指出：知識分子已經成為我們國家各個方面生活中的重要因素，他們中間的絕大部分是工人階級的一部分。該報告談到「全國解放以後，黨在全國範圍內對於知識分子實行了團結、教育、改造的政策」。說：「所謂高級知識分子和一般知識分子，中間並沒有嚴格的界限。」報告有一些不免令知識分子浮想聯翩的內容，如「工人、農民、知識分子的兄弟聯盟」。報告批評了不認為知識分子「是工人階級的一部分」（《建國以來重要文獻

　　　大規模最為嚴酷的迫害，是前此「改造」的延續。

242　關於「向黨交心」，參看沈志華《從知識分子會議到反右派運動》頁654，該頁註109。

243　不惟一次次政治運動。賈植芳說，胡風一案，「與五十年代初批判電影《武訓傳》、批判肖也牧、黃碧野等人的小說、批判俞平伯《紅樓夢》研究的學術觀點等等，都不過是知識分子改造一系列步驟中的一環」（《獄裏獄外》頁44）。陳徒手《故國人民有所思》一書以十一位著名學者為例，呈現了1950–60年代「知識分子改造」對思想、學術創造力的壓抑，知識分子在政治壓力下的艱難處境。

選編》第八冊，頁13、15、16、18、20）。[244]2月24日，中共中央政治局通過《中共中央關於知識分子問題的指示》。《指示》對知識分子的估計與周的上述報告一致，如說：「知識分子的基本隊伍已經成了勞動人民的一部分；在建設社會主義的事業中，已經形成成了工人、農民、知識分子的聯盟。」（同書，頁133–134）批評黨內在知識分子問題上的「宗派主義」，「不把他們當作自己人，不用同志式的態度同他們共同工作，也不尊重他們的職權和他們合理的意見。」（頁134）由執政黨的知識分子政策與親歷者感受的角度，1956年被作為重要的時間節點，即知識分子所說的「小陽春」。[245]

　　1957年9月23日鄧小平在《關於整風運動的報告》中說，資產階級和知識分子「是這次反右派鬥爭的主要範圍」，「右派分子活動的主要場所是知識分子成堆的地方」（沈志華《從知識分子會議到反右派運動》頁648–649）。1958年中共八大二次會議認為，中國存在兩個剝削階級與兩個勞動階級，兩個剝削階級中就包括了「正在逐步地接受社會主義改造的民族資產階級和它的知識分子，他們的大多數人在社會主義和資本主義兩條道路之間處在動搖的過渡狀態」（中共中央文獻研究室《〈關於建國以來黨的若干歷史問題的決議〉註釋本》頁260）。[246]

　　1960年代初氣候轉暖。[247]1962年3月2日，周恩來對在廣州召開

244　關於周恩來在知識分子問題上的主張，尚可參看中共中央文獻研究室《〈關於建國以來黨的若干歷史問題的決議〉註釋本》頁259–263。

245　《關於建國以來黨的若干歷史問題的決議》認為，「一九五六年一月黨中央召開的知識分子問題會議和隨後提出的『百花齊放、百家爭鳴』方針，規定了對知識分子和教育科學文化工作的正確政策」。

246　據高華《身份和差異——1949–1965年中國社會的政治分層》，1958年劉少奇在中共八大二次會議上提出「資產階級知識分子是剝削階級」（頁49）。

247　1961年中共中央向全國轉發聶榮臻《關於當前自然科學工作中若干政策問題的請示報告》，批准了《關於自然科學研究機構當前工作的十四條意見(草案)》、《關於當前文學藝術工作若干問題的意見(草案)》、《國營工業企業工作條例(草案)》、《教育部直屬高等學校暫行工作條例(草案)》（參看《〈關於建國以來黨的若干歷史問題的決議〉註釋本》頁260–261）。

的全國科學技術工作會議、全國話劇、歌劇、兒童劇創作座談會等
會議代表發表講話(《論知識分子問題》，收入《周恩來選集》)；
3月6日陳毅有《在全國話劇、歌劇創作座談會上的報告》。1957年
「反右」後使知識分子備感安慰的，即周、陳的廣州講話。[248]同年
3月27日至28日周恩來向全國人民代表大會第二屆第三次會議所作
《政府工作報告》，對知識分子也有積極評價。

對於1956年至1957年「反右」前，以及1962年兩個時間節點，
知識分子津津樂道，懷念不置。[249]回頭看去，雖兩度短暫的「春
天」不過是持續加壓間的緩衝期，仍不妨認為包含了諸種可能性。
陸鍵東《陳寅恪的最後20年》、劉海軍《束星北檔案》均大段摘引
了陳毅1962年3月6日關於知識分子問題的講話。其中有如下幾句：
「如果對立的形勢現在不改變，那我們共產黨就很蠢了；人家住
房、吃飯、穿衣什麼的都給包下來，包下來又整人家，得罪人家，
不是很蠢嗎？反動統治階級，還高明一點。科學家、知識分子的吃
飯問題他不管，工作也不管，什麼都不管。他也不一定強迫人家搞
思想改造，他跟科學家、知識分子和平共處。」陳毅由功利的方面
論述，應係特為某些人說法，分剖利害，意思淺白，卻已足夠驚世
駭俗。表面看似乎是，陳關心利害，而他的同志強調「原則」。實
則陳的思路不過更合於常識，更通情達理而已，卻不過是某高層人
士的個人見解，並非其時執政黨領導層的共識。[250]

陶鑄的如下表態，更有個人色彩。據陸鍵東《陳寅恪的最後20
年》一書，陶在1961年9月28日廣東省委召開的「高級知識分子座

248 關於1962年廣州會議前知識分子問題上的左的傾向，參看《故國人民有所思》
　　一書頁46–49。

249 吳宓1968年4月24日日記，說1956年「時方有優待知識分子之舉」；到後來
　　「反右、四清、卒至文化大革命諸運動，宓亦愈苦矣」(《吳宓日記續編》第
　　八冊，頁438。着重號為原文所有)！

250 1962年1月30日毛《在擴大的中央工作會議上的講話》中關於知識分子，説：
　　「他們不是一個階級。他們或者附屬於資產階級或者附屬於無產階級。」
　　(《建國以來毛澤東文稿》第十冊，頁26)。

談會」上，建議「今後一般不要用資產階級知識分子這個名詞」；
「凡屬思想認識問題，一律不准再搞思想批判鬥爭會」；「不准用
『白專道路』的帽子」（頁338–339）。陶的上述建議在他主政的廣
東即非共識。同書提到，持異議者「絕大部分本身就是知識分子，
甚至不少人還是在民國年間的舊制大學中畢業的」，「在1958年還
屬被批判的那一類人」（頁352–353）。方面大員中，柯慶施被許為
毛的好學生。據徐鑄成回憶，1957年反右之初，柯在與自己的談話
中說，「知識分子的習性，有兩個字可以概括。一是懶，平時懶於
深刻檢查自己，問題成堆就難挽救；二是賤，三天不打屁股，就忘
乎所以了。」（《徐鑄成回憶錄（修訂版）》頁268）[251]

　　毛確曾說過「無產階級和革命人民」均有必要「改造」，「改
造客觀世界，也改造自己的主觀世界」（《實踐論》，《毛澤東選
集》第一卷，頁272–273）。1957年《在中國共產黨全國宣傳工作會
議上的講話》中說：「知識分子也要改造，不僅那些基本立場還沒
有轉過來的人要改造，而且所有的人都應該學習，都應該改造。我
說所有的人，我們這些人也在內。」（《毛澤東選集》第五卷，頁
407）有意混淆了普適意義上的改造，與政策意義上的對特定人群——民
族資產階級、工商業者、知識分子——的改造。前此，《關於正確處
理人民內部矛盾的問題》中的如下表述較為明確：「在建設社會主義
社會的過程中，人人需要改造，剝削者要改造，勞動者也要改造……
當然，剝削者的改造和勞動者的改造是兩種不同性質的改造，不能
混為一談。」（同書，頁382。着重號係筆者所加）

　　文革後期幹部政策逐步落實。臨終前的毛，對知識分子仍堅持
其一貫的評價；關於「知識分子改造」，強辯道：「有些人站在資

251　關於周恩來、陶鑄、陸定一在知識分子定性問題上的異同，參看《建國以來
　　毛澤東文稿》第十二冊毛《對〈評陶鑄的兩本書〉一文的批語和修改》註6，
　　頁404）。《陳伯達：最後口述回憶》：「關於陸定一反對為知識分子摘掉『資
　　產階級知識分子』的帽子這件事，絕大多數中共黨史著作都採取了迴避的態
　　度。」（頁226）

產階級知識分子立場，反對對資產階級知識分子的改造。他們就不
用改造了？誰都要改造，包括我，包括你們。工人階級也要在鬥爭
中不斷改造自己……」(《毛主席重要指示》，《建國以來毛澤東
文稿》第十三冊，頁489)——所用仍是他本人所説將「不同性質的
改造」「混為一談」的言述策略。

　　針對特定人群的依據特定政治標準、意識形態規範的帶有強制
性的改造，與以道德完善為目標的自覺的改造，確是「不同性質的
改造」。據執政黨的表述，以「剝削階級」為對象的改造，在使其
成為自食其力的勞動者；對於知識分子，更是「思想改造」，使
其「拋棄資產階級的世界觀而樹立無產階級的、共產主義的世界
觀」。[252]拒絕上述改造固然要付出代價；弔詭的卻是，歷次政治運
動中知識分子的受難，又與是否拒絕無關。[253]

　　無產階級改造世界(包括知識分子)的任務，理論上經由其「先
鋒隊」執行。「先鋒隊」——在當代中國即執政黨——不是抽象的

252 1951年10月毛在中國人民政治協商會議第一屆全國委員會第三次會議的開會
　　詞中説：「思想改造，首先是各種知識分子的思想改造，是我國在各方面徹
　　底實現民主改革和逐步實行工業化的重要條件之一。」(《三大運動的偉大勝
　　利》，《建國以來毛澤東文稿》第二冊，頁482–483)同年12月24日有《中央轉
　　發西南局關於學校教師思想改造問題報告的批語》(同書，頁627)。《關於正
　　確處理人民內部矛盾的問題》：「……知識分子必須繼續改造自己，逐步地拋
　　棄資產階級的世界觀而樹立無產階級的、共產主義的世界觀。世界觀的轉變是
　　一個根本的轉變，現在多數知識分子還不能説已經完成了這個轉變。」「過去
　　的思想改造是必要的，收到了積極的效果，但是在做法上有些粗糙，傷了一
　　些人，這是不好的。這個缺點，今後必須避免。」(《毛澤東選集》第五卷，
　　頁384–385、頁385)接下來的「反右」，已非做法「有些粗糙」、「傷了一些
　　人」所能描述。

253 即如潘光旦心悦誠服地接受改造，受難依舊(參看楊奎松《忍不住的「關
　　懷」》第三章《潘光旦的「思想」與「改造」》)。帶有強制性的改造僅對特
　　定人物豁免。如章士釗。毛在就章的《柳文指要》給康生的信中説「不要求85
　　齡之老先生改變他的世界觀」(《建國以來毛澤東文稿》第十一冊，頁430)，
　　對其他「老先生」卻未必一視同仁。1975年2月27日毛《關於釋放戰犯問題的
　　意見》中説：「不要強迫改造。」「強迫人家改造也不好」(《建國以來毛澤
　　東文稿》第十三冊，頁421)。

符號，而是一個個有七情六欲的具體的人。「團結、教育、改造」
知識分子的，實際即各級黨的幹部，包括本身即知識分子的幹部。
政策的執行，端賴各級黨組織對政策的理解、詮釋，幹部的「政策
水平」以至個人品質。顧頡剛強烈地感受到「學部」歷史研究所副
所長尹達的壓抑，尹達卻坦然地說自己不過在「執行黨的政策」
（1964年12月27日，《顧頡剛日記》第十卷，頁185），應即他所理
解的對顧氏這種資產階級學者的「知識分子政策」。尹達對「政
策」的理解未見得離譜，不過更夾雜了學派偏見與個人成見，甚
至他本人的好惡而已。魯迅曾擬某些左翼文藝界的「大人物」為「手
執皮鞭」、亂打苦工脊背的「工頭」；[254]顧頡剛由尹達那裏感受的，
是「征服者」對「被征服者」的傲慢與歧視，憤然說「到此方知獄吏
尊」（參看其1955年3月17日日記，《顧頡剛日記》第七卷，頁666）。[255]

　　1950–60年代知識分子通常直接面對的，是文化官員、學術官
僚。幸遇開明的文化官員、學術官僚，與不幸落在生性忮刻的領
導手下，命運會大大地不同。1952年「三反五反」、「思想改造
運動」，顧頡剛記主持運動的李琦竟在小組會上破口大罵，說自
己「真有『到此方知獄吏尊』之感」（《顧頡剛日記》第七卷，頁
250）。還說：「李琦說話，直是謾罵。閻王好見，小鬼難當，奈
何！（同書，頁259）」顧說「學委會」派來的幹部，「自居於征服
者而迫人為被征服者」；[256]程千帆正有類似感受，晚年回憶錄中

254　見《魯迅全集》第十三卷《19350912 致胡風》（頁211）、《19360405 致王冶
　　　秋》（頁349–350）、《19360515 致曹靖華》（頁379）等。

255　顧說尹對其「壓制」、戒備，不令組織大規模的學術活動，如身處「鐵圍山」
　　　中，不得施展長才。由日記看，顧頡剛對尹達的上述感受，刻骨銘心，至死未
　　　變。1956年1月14日周恩來《關於知識分子問題的報告》中就提到了「一部分
　　　同志對於黨外知識分子的某些宗派主義情緒」（《周恩來選集》頁161）。1957
　　　年「反右」前的「鳴放」中，涉及較多的，黨政關係、黨群關係外，即黨與非
　　　黨的關係。楊奎松《忍不住的「關懷」》寫到王芸生在《大公報》與黨組書記
　　　的關係，也是任職領導層的黨外人士通常的困境。

256　「學委會派來幹部，每盛氣凌人，一副晚爺面目，自居於征服者而迫人為被征
　　　服者。……安得毛主席化身千萬億，解除此偏差乎！」（同書，頁253）他何嘗

説，武漢大學校長徐懋庸，「滿腦子征服者的特權味道」，「魯迅
罵他是『奴隸總管』，這個判斷實在非常準確」（《桑榆憶往》，
《程千帆全集》第十五卷，頁31、32）。

　　實則學術文化機構的官員，通常也正是知識分子甚至專業人
士——無論顧頡剛痛感壓抑的尹達，[257]吳宓深感知遇的方敬，[258]還
是束星北曾與之對抗的華崗，[259]傅鷹面對的北大化學系黨總支。陳
序經、杜國庠則是特別的例子。[260]陸鍵東《陳寅恪的最後20年》寫
杜陳交誼，說杜國庠是陳寅恪晚年第一次接觸到的「有着高風亮
節的優秀共產黨人」（頁56）。這種際遇，在1950–60年代，太難太
難。杜國庠、方敬，亦未脫書生本色的黨內幹部。黨內有這樣的一
批幹部。「改革開放」後以歷史反思為人矚目的，也是這樣的幹
部。他們的可貴，也在不以「教育」、「改造」者自居；「團結」

想到那種偏差正自上而下，絕非與最高領袖無關。晚爺，繼父。「到此方知獄
吏尊」，見清代陳文述《卿憐曲》。同年10月9日顧氏日記，記讀剪伯贊《怎
樣研究中國歷史》一文，以為「甚好」，說：「新時代之理論確使人佩服，但
一想起要執行工作之幹部之面目與作風，則立刻起反感矣」（同書，頁285）。

257　尹達，考古學家。1938年赴延安，同年4月加入中國共產黨。曾在陝北公學任
　　　教，後在馬列學院研究部等處工作。「學部」歷史研究所副所長，兼任考古研
　　　究所副所長。

258　方敬，歷任西南師範學院外語系教授、系主任、副教務長、教務長、副院長、
　　　黨委副書記。

259　華崗，1924年加入中國社會主義青年團，1925年加入中國共產黨。曾任山東大
　　　學校長。1955年被審查、處理，長期關押，1972年病逝。束星北與華崗，參看
　　　《束星北檔案》第五章。束、華一例較為複雜。束星北與華崗的受難，均始於
　　　1955年的「肅反」。華死於獄中，束得以倖存。不同於顧頡剛日記中的尹達，
　　　當年山東大學教員回憶中的華崗，「本身就是個黨內高級知識分子」，「尊重
　　　知識，愛護人才」（頁70）；而束星北在華崗冤獄初興時的反應，坦誠率真（同
　　　書頁114–115）。儘管束、華也有衝突，甚至影響於束的處境，在知名人士與領
　　　導幹部的關係中，仍罕有其例。

260　尊重、照顧陳寅恪的陳序經不同於方敬，本人就是「黨外專家」、教育家。陳
　　　序經，著名學者，曾任嶺南大學校長，中山大學副校長。文革中被迫害，在南
　　　開大學病逝。

非盡出於功利目的，有一份人與人之間的真實感情。[261]

知識分子命運繫於政治氣候以及政治人物的個人取向，也繫於所處具體環境、人事關係，為上述諸種外力所左右。政策條文不及態度、臉色來得直接。那是寫在臉上、流露在話語中的「知識分子政策」。「不測的威棱使人萎傷」（《搗鬼心傳》，《魯迅全集》第四卷，頁617）。在那個你的任一上司的口吻、臉色都被認為包含了暗示——「組織」對你的態度——的年代，這種「冷暴力」造成的持久的傷害，惟親歷者能感同身受。[262]

1957年「反右」中被劃為右派的中山大學教授董每戡，有被作為其罪狀的短詩：「書生都有嶙嶒骨，最重交情最厭官。倘若推誠真信賴，自能瀝膽與披肝。」（參見陸鍵東《陳寅恪的最後20年》頁205）[263]經了十數年「改造」的書生，即使已沒有了「嶙嶒骨」，也仍有可能「厭官」。而「官」們能「推誠真信賴」者，委實少見，談何「瀝膽與披肝」！

執政黨將形成於「革命戰爭時期」的一整套經驗帶進城市，包括以「運動」方式進行的「知識分子改造」。韋君宜《思痛錄》記所親歷的「搶救運動」，「搶救」到夫妻離異、自殺、甚至舉家自焚。抹黑自己，自承莫須有的罪名，在那一運動中已隨處發生。韋說，從那時起，自己仍然「相信共產黨，相信只有共產黨能救中國」，同時「痛苦地覺得」，自己「那一片純真被摧毀了」（頁19）！[264]

---

261 也如吳宓之於方敬，程千帆對於南京大學校長匡亞明，也有知遇之感（參看《桑榆憶往‧晚年生活》，《程千帆全集》第十五卷）。吳稱方「方公」，程稱匡「匡老」。尊重是相互的。這是知識分子嚮往的關係，卻可遇不可求。

262 顧頡剛1954年調入「學部」歷史研究所，即不能忍受尹達的冷遇，其寫於文革中作為「交代材料」的自傳，說到某人為尹、顧調停，尹「此後依舊對我冷冰冰的，使我失去了到所工作的勇氣」（《顧頡剛自傳》，頁188）。

263 董每戡，著名戲劇家、戲曲史研究專家，中山大學教授。董與其夫人被劃為右派後，困頓潦倒，仍堅持戲曲研究。1979年平反回到中山大學，次年病逝。

264 賈植芳說其對何其芳「沒有好感」，「特別是聽從延安回來的一些朋友說起他

1974年1月江青在中央、國務院直屬機關「批林批孔」動員大會上引毛的話：「秦始皇算什麼，他只坑了460個儒……我們坑的比他多。我們在鎮反運動中鎮壓了幾十萬反革命，我看有46000個反革命的知識分子就坑掉了。我跟民主人士辯論過，你罵我們是秦始皇，不對，我們超過了秦始皇一百倍。」（參看王年一《大動亂的年代》頁483）

據沈志華《從知識分子會議到反右派運動》，1957年「反右」前的「鳴放」中，北京師範大學副校長傅種孫指出：對知識分子的失策，也許是中共近幾年來最大的失策之一。中共所標榜的知識分子政策與知識分子所感受的幾乎完全相反……每一運動起來，知識分子就會心驚肉跳。對於統治者衷心奉承而一再受白眼、挨耳光，這是史無前例的。我想不起來哪一個興朝盛世是這樣糟蹋知識分子的……（頁580）如此痛心疾首直言不諱的批評，此後再難聽到。曾彥修《平生六記》引文天祥《過零丁洋》「人生自古誰無死，留取丹心照汗青」，說：「這是中國歷代知識分子的最高抱負，專門打擊這點，真是自取麻煩。」（頁122）這層意思，執政黨內有幾人能懂！

在康生領導的『搶救運動』中的種種作為後，更覺得反感」（《獄裏獄外》頁68–69）。在何，亦一種「玷」，未必僅止於白璧微瑕。何方《黨史筆記》認為，「中國黨對知識分子的『左』的政策並不自延安整風始，但由於延安整風確實繼承、實踐和系統化了這一整套『左』的政策和做法，才使它能夠長期傳下來。」（頁254）「延安整風無論理論上還是實際上都開了輕視知識的先河。」（頁256）「延安整風開創了用群眾運動進行思想改造的先河，加深了黨對知識分子的不信任和偏見，並進而造成對一切知識的輕視。」（頁235）建國後，「改造知識分子的辦法還是延安整風時用過的兩手，即說服（思想教育）和壓服（批鬥和肅反）」（頁257）。同書還說：「在中央黨校的負責人中，就有些人過去也曾被自己人幾乎整死，現卻對以同樣方法整人的搶救運動，或熟視無睹，或參與其中。」（頁362）「我還親眼看到有些在延安被搶救過的人，在建國後的肅反等運動中，搞起逼供信來並不手軟，甚至連方法都和搶救運動時一樣。」（頁362–363）同書還說，毛領導的一方面軍和所轄地方打「AB團」中，「殺掉的中小知識分子就不知凡幾」（頁244。關於毛與打「AB團」，參看該書頁327註1，頁357）。「至於張國燾在鄂豫皖和四川、鄧發在閩西、夏曦在湘鄂西，殘害的知識分子更是無法統計。」（頁245）對此，尚可參看同書頁261–262。

「知識分子政策」因將知識分子置於被動地位(被團結、被教育、被改造)，使之不可能延續「自省/互規」一類自我道德提升的既有傳統，以至能動性亦賴有外部的激發。文革後因創巨痛深激起的反彈，使知識分子道德完善、提升的問題討論無從，加速了知識群體的分化與部分知識人道德的潰敗。[265]

諸種區分

當代中國的語境中，「知識分子」的界定並不明晰，既與受教育程度又與所從事的職業有關。這不妨礙知識分子的諸種區分，如黨內/黨外知識分子，後者中尚包括黨外積極分子；如青年知識分子/老知識分子，後者通常指「從舊社會過來的知識分子」。據李新回憶，延安時期有「洋包子」與「土包子」之分；整風審幹，「倒霉的多半是『洋包子』」(《流逝的歲月：李新回憶錄》頁331)。[266]1940–50年代之交來自根據地、解放區的知識分子，地位優越於原國統區的知識分子。但諸多場合並不細分。儘管有「革命知識分子」，[267]在籠統的「知識分子改造」中並不單列。「知識分子改造」這一意識形態表述，不同程度地適用於所有的知識分子——正常情況下，職司改造他人的知識分子幹部除外。「知識分

---

265 佩里·安德森(Perry Anderson)談到文革「為自己設定的目標是用平等主義改造世界觀，拒絕接受『三大差別』：城鄉差別，工農差別，以及——最重要的——腦力勞動和體力勞動的差別」(《兩場革命》，中文譯文刊臺灣聯經出版有限公司《思想》第18期，頁161)，或許有誤解。文革似乎並未將縮小城鄉差別、工農差別作為目標(也未收這一方面的成效)。至於縮小群體差別，倘若將其具體實踐歸結為發動批鬥「反動學術權威」、使高校近於停辦，及將不限於知識分子的「幹部」送進「五七幹校」，也難以自圓其說。同文說，「文化大革命的理念——通過改造思想來改造社會，似乎社會關係是由思想觀念決定的——應更多歸因於儒家，而非任何馬克思主義的歷史變遷理論」(同上，頁161)。

266 該書說，1949年之前，「『土包子』吃香，已是普遍現象」；蘇聯專家來華後又有變化(同上)。

267 1952年4月毛《對中華人民共和國懲治貪污條例草案說明稿的批語和修改》，「革命知識分子」被歸為正面力量(《建國以來毛澤東文稿》第三冊，頁414)。

子幹部」的地位未必穩定。據文革史專家考察，文革初期被拋出的黨內幹部的共同特點，「大多是知識分子幹部或1949年前的地下黨幹部，這也是歷次政治運動的規律」（李遜《上海文革運動史稿》頁164）。「抓叛徒」狂潮興起，主持文化界、文藝界工作的前地下黨的知識分子幹部遭遇重創。被歸為「三十年代黑線人物」者，幾無一倖免。[268]

對「三十年代文藝黑線人物」的批判固屬重磅炸彈，首輪批判被置於「靶心」的，另有北京市副市長、黨員專家吳晗，與其他兩位任職北京市黨政領導機關的鄧拓、廖沫沙。事後看來，最初的打擊對象更像是用來為文革祭旗。前此的「胡風反革命集團案」、「反右」，均已波及黨內知識分子。但發動政治運動而由黨內專家開刀，文革仍前所未有。某些一向批判他人者，初次嘗到了鬥爭的血腥。接下來，是黨內外著名學者、文化人。在各級黨政機關尚未弄清發動文革的意圖、該運動的主要打擊目標前，將這批人拋出，也是習慣動作。最高層之下的各級領導想到的，是複製「反右」，批判對象由黨組織內定。[269]

對於知識分子，由階級的方面，有「資產階級知識分子」與「小資產階級知識分子」的定性。毛1939年在《中國革命和中國共產黨》中，將「廣大的知識分子」歸入「小資產階級」。該篇說：「從他們的家庭出身看，從他們的生活條件看，從他們的政治立場看，現代中國知識分子和青年學生的多數是可以歸入小資產階級範疇的。」（《毛澤東選集》第二卷，頁604）1957年2月《關於正

268　據卜偉華《文化大革命的動亂與浩劫》，1968年「清理階級隊伍」及「抓叛徒」中，上海科技界、文化界大事株連。科技界「株連到全市科技系統十四個單位的639人」，「上海文化界原有相當於文藝六級以上的知識分子幾乎全部遭到衝擊，八成以上被立案審查。」（頁677）

269　關於上海，參看李遜《上海文革運動史稿》頁70–71、頁72。陳煥仁《紅衛兵日記》1967年5月15日記當時學生中的議論，說毛請范文瀾、翦伯贊當歷史顧問，「還將女兒李訥，送到北大歷史系學習，……現在卻揭發他們是反共老手，又一下變成了不恥（原文如此）於人類的狗屎堆」（頁327）。

確處理人民內部矛盾的問題》將「資產階級分子」和「從舊社會來的知識分子」並提，作為資產階級意識形態的主要來源（《毛澤東選集》第五卷，頁390）。同年3月《在中國共產黨全國宣傳工作會議上的講話》中說：「我們現在的大多數知識分子，是從舊社會過來的，是從非勞動人民家庭出身的。有些人即使是出身於工人農民的家庭，但是在解放以前受的是資產階級教育，世界觀基本上是資產階級的，他們還是屬資產階級的知識分子。」（同書，頁409）說的是「大多數」。同年5月《事情正在起變化》一文說：「資產階級和曾經為舊社會服務過的知識分子的許多人總是要頑強地表現自己⋯⋯要改造他們，需要很長的時間」（同書，頁426）說的是「許多人」。7月在《一九五七年夏季的形勢》中說，「社會主義改造」的對象，包括「資產階級和資產階級知識分子」、「小資產階級（農民和城鄉獨立勞動者），特別是富裕中農」（同書，頁457）。這一時期毛反復使用「資產階級和資產階級知識分子」的提法。「反右」主要在「資產階級和資產階級知識分子」較為集中的民主黨派、知識界、工商界中進行（同上，頁461）。[270]

　　「資產階級」、「小資產階級」雖一字之差，涉及階級屬性，不容含混。知識分子敏感於上述區分。自認「小資產階級」雖有不甘，較之「資產階級」畢竟略勝。「資產階級」是敵對階級，「小資產階級」則可以是同路人、團結對象；儘管「同路人」、「團結對象」云云也包含了歧視。毛洞悉此種心理。1957年10月毛的《做革命的促進派》一文，拆穿了羅隆基的「花招」，說羅自稱「小資產階級」，不對，「其實他是資產階級」（《毛澤東選集》第五卷，頁479）。

---

270 據何方《黨史筆記》，「主管文教工作的錢俊瑞在八大二次會議的小組發言中也說，『主席指示對知識分子必須戴上「資產階級知識分子」的帽子，而把他們放在應該改造、消滅的階級之內。』」（頁258。按中共八大二次會議1958年5月召開）比較上文徵引的陳毅、陶鑄等人的有關表述，可知執政黨高層對知識分子基本估計方面的歧異。

　　1966年3月召開的中央政治局常委擴大會議上，毛對文化界狀況有如下基本估計：學術界、教育界「事實上是資產階級、小資產階級掌握的」；「大學、中學、小學大部分被資產階級、小資產階級、地富出身的人壟斷了」（逄先知，金沖及主編《毛澤東傳》第六卷，頁2372）。1969年4月毛在中共九大的講話中說，文革「觸及了上層建築，從中央一直搞到工廠、機關、學校。過去這些不都在我們手裏，大都在國民黨手裏，都在資產階級知識分子手裏，而且他們還有後臺。」（同書，頁2518）

　　區分既有政策層面的，也有較為隱性的。上文已引1956年1月中共中央在京召開的關於知識分子問題的會議上，周恩來所作《關於知識分子問題的報告》中談到，「所謂高級知識分子和一般知識分子，中間並沒有嚴格的界限。」但確有「高級知識分子」、「普通知識分子」的區分。後者如中小學教員，大學的普通教師，科研機構的一般研究人員，企事業單位的工程技術人員、工作人員等。[271]另有所謂的「大知識分子」。《做革命的促進派》針對羅隆基所說「無產階級的小知識分子怎麼能領導小資產階級的大知識分子」，說：「無產階級的『小知識分子』就是要領導資產階級的大知識分子。無產階級有一批知識分子為它服務，頭一個就是馬克思，再就是恩格斯、列寧、斯大林，再就是我們這些人。」（《毛澤東選集》第五卷，頁479）馬、恩、列、斯和「我們這些人」不只是「革命知識分子」，且是革命領袖。自稱「知識分子」，毛這一時期的表述中殊不多見。[272]

271　1957年毛《在中國共產黨全國宣傳工作會議上的講話》中使用的，是高級知識分子/普通知識分子（《毛澤東選集》第五卷，頁404）。

272　「大知識分子」、「小知識分子」的用例，另見毛《工作方法六十條（草案）》，1958年1月，《建國以來毛澤東文稿》第七冊，頁51；《卑賤者最聰明，高貴者最愚蠢》，同書頁236。關於「高級知識分子」、「大知識分子」，參看沈志華《從知識分子會議到反右派運動》頁27。該書引1956年12月張聞天在外交部全體幹部會議上的報告，談到對「大知識分子」「不夠信任」、「尊重不夠」（同頁）。「據統計，在1956年初十萬高級知識分子中，黨

「大知識分子」／「高級知識分子」／「上層知識分子」／「資產階級知識分子」，「大」、「高級」或由成就、社會地位而言。黨內專家中亦有「大知識分子」。「上層」、「資產階級」則更是階級定性。「上層知識分子」往往也即「資產階級知識分子」。知識分子中的統戰對象，應以上述諸類——黨內「大知識分子」除外——為主。

1966年3月17日至20日的政治局常委擴大會上，毛説：「我們在解放後對知識分子實行包下來的政策，有利也有弊。現在學術界和教育界是資產階級知識分子掌實權。」「各地都要注意學校、報紙、刊物、出版社掌握在什麼人手裏，要對資產階級的學術權威進行切實的批判。」（閻長貴《點燃「文化大革命」的三把火》，閻長貴、王廣宇著《問史求信集》頁27）閻長貴以為《五一六通知》）中毛直接加寫的兩段話，構成了文化大革命的實質和基本綱領。兩段話中就有：「高舉無產階級文化革命的大旗，徹底揭露那批反黨反社會主義的所謂『學術權威』的資產階級反動立場，徹底批判學術界、教育界、新聞界、文藝界、出版界的資產階級反動思想，奪取在這些文化領域中的領導權。」1966年召開中共八屆十一中全會，8月8日通過的《關於無產階級文化大革命的決定》（即「十六條」）中説：「在當前，我們的目的是鬥垮走資本主義道路的當權派，批判資產階級的反動學術『權威』」，將「反動學術『權威』」與「走資派」並列為主要打擊對象。上述情勢下，「大」、「高級」、「上層」、「資產階級」一併受到衝擊，甚至黨內「大知識分子」。[273]這種對學術共同體公認的評價體系的破壞，文革後至今難以修復。

普通知識分子並非就能超然於運動之外。洪子誠説自己在文

外知識分子佔93%，建國後增加的數字約佔35%。」（同書，頁39）

273　1966年3月召開的中央政治局常委擴大會議上，毛説：「我的意見，還要打倒什麼翦伯贊呀，侯外廬呀等等一批才好，不是打倒多了。」（逄先知，金沖及主編《毛澤東傳》第六卷，頁2370）

革中的經歷較平常，「但是『生活』對我來説，仍有非常困難、痛苦的方面，這就是不斷地要求對『立場』表態，不斷地要求分辨『路線』的正誤，及時確定自己的位置：一種經常違背心願而作出的關於信仰的『表演』。那時，我們受到最多訓練的恐怕是當代的『站隊學』這門學問：旨在培養靈敏的嗅覺與有效的反應方式。」（《回答六個問題》，收入氏著《當代文學的概念》，頁10）這是較為敏感認真的知識分子才能深味的「痛苦」。

考察文革，受到關注較多的，是「大知識分子」。事實則是，運動一起，「玉石俱焚」，落難者中更為大量的，是「普通知識分子」。他們付出的代價最高，受到的關注與補償最少。徐賁為其父徐幹生《「文革」親歷紀略》所撰序言中説，「至今還沒有一個作者以其親見親聞，專門而系統地反映過當時中國下層知識分子——中學教師所遭遇的種種厄運」（《復歸的素人：文字中的人生》頁335）。[274]

同係知識分子，尚有科技知識分子與人文社會科學知識分子的區分。1952年「三反」中特別強調對於「有用的專門科學家和學者」適用的處理方法（《在中央關於三反中處理科學家、學者的問題的指示稿上加寫的話》，《建國以來毛澤東文稿》第三冊，頁326）。這裏「有用的……」應指自然科學方面的專門人才。「反右」中對自然科學方面的專家，實施了較為有效的保護。由張勁夫、杜潤生推動，由杜起草，1957年9月8日中共中央批准並發佈了《關於自然科學方面反右派鬥爭的指示》。同年9月23日鄧小平《關於整風運動的報告》談到對於知識分子中的右派，社會科學界與自然科學界要分別處理，「對前者要嚴些，後者要寬些」

---

274 這種情況或已有變化。1990年代以降，普通知識分子借諸網絡、自媒體、微信公眾號，有了發聲的空間。尚有更多「邊緣」、「下層」以至「底層」知識分子的故事有待講述。還應當説，所謂大/小，上層/下層、底層，有時僅繫於所在位置，與學養、知識水平無關。我們看文革的眼光過於依賴知名人士給定的視角，正需要來自這一精英人群外的補充、豐富與校正。

(沈志華《從知識分子會議到反右派運動》頁649)，亦應出於「有
用/無用」的考量。文革期間卻未能複製對自然科學專家的保護。
1966年中國科學院黨組提出保護自然科學家的意見，文件仍由杜
潤生起草，不但未獲恩准，「反而將黨組班子都搭了進去」(《杜
潤生：不僅僅是農民的朋友》，刊2015年10月15日《南方週末》
B10版)。[275]即非文革，自然科學家也並非總能倖免。束星北即一
例(參看《束星北檔案》)。著名農學家蔡旭是另一例。北京市委
大學部曾提出過一條工作原則：「在自然科學中，一般不要開展
學術批判運動。」未獲高層人士首肯(參看陳徒手《蔡旭：大躍進
「小麥王」的苦惱》，《故國人民有所思》頁208)。儘管中共八屆
十一中全會1966年8月通過的《關於無產階級文化大革命的決定》
(即「十六條」)第十二條關於科學家、技術人員和一般工作人員
有如下政策性表述，即「只要他們是愛國的，是積極工作的，是
不反黨反社會主義的，是不裏通外國的，在這次運動中，都應該
採取團結、批評、團結的方針，對於有貢獻的科學家和科學技術
人員，應該加以保護。對他們的世界觀和作風，可以幫助他們逐
步改造」；[276]科技人員——包括「有貢獻的科學家和科學技術人
員」——除受到高層保護者外，不同程度地遭受迫害以至「非正常
死亡」者，仍非個例。

　　毛所說「三項實踐」，包括了「科學實驗」(《對〈中共中央
關於目前農村工作中若干問題的決定(草案)〉稿的修改》，1963年
5月，《建國以來毛澤東文稿》第十冊，頁300)。1965年12月21日

275　文革中仍有保護科學家(通常指自然科學的專家)的意見。陳東林主編《1966–
　　1976年中國國民經濟概況》據《周恩來年譜》：1966年12月7日，周提出「有
　　重大貢獻的科學家當然要保護，一般的科學家不反黨反社會主義，也應當保
　　護」(頁288)。這種指示未必有效。由中國科學院、國防科委下屬單位、清華
　　大學文革中打擊迫害之烈即可想見(參看同書頁286)。顧頡剛1967年1月23日日
　　記：「聞科學院中曾開上自然科學工作者應保護之名單，毛主席圈去『自然』
　　兩字」(《顧頡剛日記》第十卷，頁607)，應得之於傳聞。
276　毛關於此條的修改，參看《建國以來毛澤東文稿》第十二冊，頁83–84註6。

他在杭州會議上的講話，有「要改造文科大學，要學生下去搞工業、農業、商業。至於工科、理科，情況不同，他們有實習工廠，有實驗室，在實習工廠做工，在實驗室做實驗」（《建國以來毛澤東文稿》第十一冊，頁493），可用以佐證毛關於「實踐」的界定。人文社會科學，尤其社會科學，1950年代初的「院系調整」中遭遇重創。著名學者「反右」中陷落的，大有其人。[277]《關於正確處理人民內部矛盾的問題》所說「藝術上不同的形式和風格可以自由發展，科學上不同的學派可以自由討論」；不應當「利用行政力量，強制推行一種風格，一種學派，禁止另一種風格，另一種學派」（《毛澤東選集》第五卷，頁388），似乎從不認為對人文社會科學適用。[278]陳寅恪《清華大學王觀堂先生紀念碑銘》所說「獨立之精

277　1957年「反右」，高層認為「政治學、社會學、經濟學、法律學、文藝學是重點，必須批判費孝通、馬寅初之流的中國資產階級的社會科學觀點」（參看沈志華《從知識分子會議到反右派運動》630）。關於社會學、法學、人類學、經濟學、政治學在「院系調整」、課程改革中，參看楊奎松《忍不住的「關懷」》第三章《潘光旦的「思想」與「改造」》。關於社會學在「反右」中，參看同書頁357–359、362、365。1958年1月《工作方法六十條（草案）》中（三十九）至（四十三），依次為「學點自然科學和技術科學」、「學點哲學和政治經濟學」、「學點歷史和法學」、「學點文學」、「學點文法和邏輯」（《建國以來毛澤東文稿》第七冊，頁61）。毛1962年9月在對北京大學教授周輔成《希臘倫理思想的來源與發展線索》一文的批語中說：「所謂倫理學，或道德學，是社會科學的一個部門，是討論社會各階級各不相同的道德標準的，是階級鬥爭的一種工具。」（《建國以來毛澤東文稿》第十冊，頁186）亦當時通行的對社會科學的定性。1963年11月，周揚《哲學社會科學工作者的戰鬥任務》一文，經毛修改後有下述一段文字：「作為意識形態、作為社會的上層建築之一的哲學社會科學，在我國，同自然科學一道，是為社會主義的經濟基礎服務的，是為革命的政治鬥爭服務的。不為經濟基礎服務，不為當前的政治鬥爭服務，是不行的。」（《對周揚〈哲學社會科學工作者的戰鬥任務〉講話稿的批語和修改》，同書頁400）近於律令。

278　1957年「反右」前《人民日報》編輯部邀請十位教授座談，參與座談者紛紛呼籲社會科學的教學和研究實行「百家爭鳴」的方針，認為「左」的教條主義阻礙了「百家爭鳴」政策的貫徹（參看沈志華《從知識分子會議到反右派運動》頁527）。而此時社會科學某些學科（如政治學、社會學）已處於取消狀態；人口學、民族學、社會思想沒有人專門研究（同上）。

神，自由之思想」（《金明館叢稿二編》頁246，北京：三聯書店，
2001），1953年口述《對科學院的答覆》時依舊堅持，說：「沒有
自由思想，沒有獨立精神，即不能發揚真理，即不能研究學術。」
（《陳寅恪的最後20年》頁111）。1952年「思想改造運動」之後，
這種議論惟陳能發，當局也尚能優容，卻絕不會提倡。

　　文革前夕，1965年12月21日毛在杭州會議上談教育，強調了
文科大學改造的必要性（《改造學校教育讓學生接觸社會實際》，
《建國以來毛澤東文稿》第十一冊，頁492–493）。文革爆發、大
中學校停課兩年後，1968年7月12日毛說：「大學還是要辦的，我
這裏主要說的是理工科大學還要辦⋯⋯」（《建國以來毛澤東文
稿》第十二冊，頁505）該語錄當月二十二日由《人民日報》發表
後，對人文社會科學知識分子的衝擊可想而知。儘管毛事後補救，
說其本意並非文科不再辦，卻像是欲蓋彌彰。前一次表述更能反映
他心目中理工科與文科的權重。[279]1969年「學部」人員下幹校時，
關於該單位將「鬥批散」（「散」即遣散）的傳聞，自非空穴來風。

　　對待知識的功利主義態度，與對待知識分子的功利主義（「利
用」）一致。[280]自然科學為經濟建設服務，成效立見，而以官方意
識形態整合人文社會科學，幾乎是不可能的任務。人文社會科學不
止關係學術，且關涉價值觀、道德立場以至信仰，難以為意識形態

[279] 當年7月28日毛在接見聶元梓等人時說：「我說大學還要辦。講了理工科，但
沒有講文科都不辦。但舊的制度，舊的辦法不行了。」（參看同書頁517）9月3
日《為發表調查報告〈從上海機械學院兩條路線的鬥爭看理工科大學的教育革
命〉寫的〈紅旗〉雜誌編者按》談到「給出路」，特別說到：「上述各項政
策，無論對於文科、理科新舊知識分子，都應是如此。」（同書，頁551）
[280] 毛一向關注歐美發達國家的科技發展。沈志華《從知識分子會議到反右派運
動》：「從整體上看，中共的知識分子政策，着眼於如何爭取知識分子為我所
用，因而具有明顯的功利色彩。」（頁54）1956年的知識分子會議上，「周恩來
的報告及整個會議似乎主要在強調自然科學知識分子的重要性，而對人文社會
科學知識分子則較少提及」（頁58）。中共中央關於對右派分子處理的原則的規
定，也包括對從事自然科學和工程技術工作的人，處理宜「比一般人寬些」等
內容（頁685）。

所規範，不能不令當局忌憚。陳寅恪所説「獨立之精神，自由之思想」，尤其是人文社會科學發展的必要條件。在最高領袖的一句話可以決定一個學科存廢的條件下，人文社會科學的發展是無望的。當然，人文社會科學是否發展，或被認為無關緊要。[281]

　　政治運動中直接影響知識分子命運的，尚不止於上述區分。對於知識分子，政策的剛性與柔性、彈性體現於對知識分子(主要即知名人士)的差別化對待。陸鍵東《陳寅恪的最後20年》説到「尊老，一向是第一代中國共產黨領導人一份獨特的文化情結」；所舉出的「倍受照顧禮遇」的「元老」，就有馬一浮、章士釗、朱師轍等(頁56)。但是否禮遇照顧，又不像全由年紀，更與最高當局的個人偏好有關。

　　政治運動中對特定人物的「保護」，不始自文革，無論提供護佑的是何方神聖。如「三反五反」、「思想改造運動」中的榮毅仁、顧頡剛被命「保護過關」(1952年8月10日顧氏日記，《顧頡剛日記》第七卷，頁254)；胡子嬰、王芸生等在「五反」、「思想改造運動」中被「保護過關」(參看楊奎松《忍不住的「關懷」》頁139、154)；[282]如「反右」前夕毛向黃炎培、陳叔通提前「吹風」(參看沈志華《從知識分子會議到反右派運動》頁611)；[283]

281　文革後，在中國科學院哲學社會科學部(即「學部」)的基礎上組建中國社會科學院。「中國社會科學院所轄研究所由『文革』前的十四個增加到1980年的二十六個。具有標誌意義的是，過去長期被視為『資產階級偽科學』而成為禁區的社會學、政治學等學科得以恢復。」(蕭冬連《從撥亂反正到改革開放》頁444)

282　「五反」中上海將「上層資本家」分為「應予保護的、一般保護的和堅決打擊的三大類」(參看《建國以來毛澤東文稿》第三冊，頁306)。是否保護及保護的比例、程度，依需要而定。關於「五反」運動中對相當一些「上層資本家」「不同程度上保護過關」，參看楊奎松《中華人民共和國建國史研究1》頁348。

283　葉篤義説有「未講過任何話」而被劃「右派」者，舉潘光旦、劉王立明為例；也有在會上説了「錯話」、「受到保護而未劃的」，如張奚若、王昆侖(《雖九死其猶未悔》頁112)。

再如對陳垣個人歷史的「保護性評價」（《陳垣校長入黨前後波瀾》，《故國人民所有思》頁59）。據韋韜、陳小曼《父親茅盾的晚年》，「反右」中茅盾受到「保護」，以其表態為條件（頁83–84）。

　　文革中有所謂的「國家級重點保護對象」。據逄先知，金沖及主編《毛澤東傳》，1966年8月30日毛在章士釗的來信上批示，對章「應當予以保護」，周恩來對章「立即採取保護措施」，「並寫了一份應予保護的名單」（頁2408）。這張名單上，既有政界也有知識界人士。此後名單還續有擴大。[284]毛在1969年4月中共九大的

284　《周恩來選集》中收有《關於保護幹部的若干文電》，其中有《一份應予保護的幹部名單》，列入名單的有宋慶齡、郭沫若、章士釗、程潛、何香凝、傅作義、張治中、邵力子、蔣光鼐、蔡廷鍇、沙千里、張奚若。名單下尚有「副委員長」等及李宗仁（下卷，頁450–451）。收入的「文電」中，尚有《應當尊重宋慶齡》（1966年9月1日）、《應給華羅庚以保護》（1970年3月4日）。據王年一《大動亂的年代》，「『西糾』等還受周恩來重托，保護了宋慶齡、何香凝、郭沫若、傅作義、張治中、邵力子、章士釗、程潛、蔣光鼐、蔡廷鍇、沙千里、張奚若、李宗仁的宅第的安全。」（頁77）。另據卜偉華《文化大革命的動亂與浩劫》，周恩來還通過「西糾」，保護過批鬥中班禪的安全。其住宅受到保護的，尚有程硯秋（頁226）。據同書，周曾命三〇一醫院接受張治中、章士釗、程潛、傅作義等「高級民主人士」入院（頁234註68）。被保護前章士釗曾被抄家（參看同書頁233）。據韋韜、陳小曼《父親茅盾的晚年》，茅盾、張治中家亦未倖免一「抄」（頁23）。文革前夕的批判運動中，毛即提出保郭沫若、范文瀾（參看《文化大革命的動亂與浩劫》頁64、67）。《王力反思錄》提到1964年9月毛曾說「對郭沫若、茅盾、范文瀾不准批」，還說「再加一個翦伯贊」（頁598）。《戚本禹回憶錄》寫到1966年12月毛的生日宴會上，聽毛說到高亨、楊榮國「要保」（頁542）。據《百年潮》2012年第五期謝甲林文，文革之初，周恩來指示，周培源、翦伯贊、馮友蘭、饒毓泰、聞家駟、溫特六人為「國家級重點保護對象」。1968年10月31日中共八屆十二中全會閉幕式上，毛在講話中提到馮友蘭、翦伯贊、吳晗，還提到北京的華羅庚、趙紀彬、任繼愈，上海的周谷城、劉大杰、談家楨、蘇步青，廣州的楊榮國（逄先知、金沖及主編《毛澤東傳》第六卷，頁2499–2500）。毛的上述講話並沒有拯救吳晗及其家人。1969年10月11日吳晗瘐死，其妻袁震同年3月18日先他而死。1969年3月毛又在一次講話中提到錢偉長、梁思成（同書，頁2509）。1970年1月毛《在康生轉送陳垣來信的報告上的批語》，有「要爭取這樣的知識分子」云云（《建國以來毛澤東文稿》第十三冊，頁76）。屬特殊關照。直至文革末期，毛對個別知識分子仍有特殊關照（參看其1975年《對華羅庚來信的批語》、

一次講話中説，「有些犯錯誤的人推一推就下去，拉一拉就上來了。」(同書，頁2519)「推一推」或「拉一拉」，有時只在最高領袖的一念之間。恩澤施之於特定對象，知識界中的特定人物，亦一以貫之。[285]據説毛「念舊」，所念或更是其私人之舊。對曾與中共合作的舊人，未必顧念。權勢者的好惡影響於一個知識人的命運，《陳寅恪的最後20年》中有康生之於陳寅恪的例子(參看該書頁364–372)。這種故事本不應發生在現代社會。

文革前與文革中對特定對象的保護，與「鎮反」中殺小不殺大、統戰中統大不統小，有其一致。[286]文革的特別之處，在打擊面之大前所未有，保護與否即出於更為複雜的考量。也因此有關名單有仔細推敲的價值。即如何以某些更為著名的學者不在名單上。詭異的是，名列「國家級重點保護對象」的饒毓泰、翦伯贊的自殺。[287]被「重點保護」者尚且如此，不予保護，更形同「放棄」，任由「群眾」處置──包括陳寅恪這樣的學者。

你還會注意到，某些前此曾蒙保護者，文革中不再有此殊遇。據郭齊勇《熊十力傳論》，「熊十力1949年以後得到新政府的禮遇，特別是周恩來、董必武、陳毅等人的關懷。……在『文化大革命』以前他是國內少數幾個沒有受到批判、沒有寫過檢討的文人

　　《對〈學部老知識分子出席國慶招待會的反映〉材料的批語》，同書頁476、477)。

285　毛對章士釗體貼備至，文革爆發前的大批判中即有關照(參看《建國以來毛澤東文稿》第十一冊，頁404)。關於章士釗「反右」中被「保護過關」，參看白吉庵《章士釗傳》頁393。比較毛對文革中李達、章士釗求救信的不同態度(參看《建國以來毛澤東文稿》第十二冊，頁98、116)，或可證保護與不保護，後果之不同。

286　「統大不統小」，即以知名人士、大知識分子為統戰對象(參看楊奎松《忍不住的「關懷」》頁368)；「鎮反」中的殺小不殺大(參看本書上編第二章附錄《文革前非戰爭狀態下的暴力》)。

287　1968年10月16日饒毓泰自縊；同年12月19日翦伯贊夫婦服安眠藥死，當日遺體匿名火化，不留骨灰(翦伯贊夫婦自殺日期，一説18日。《戚本禹回憶錄》的説法則是12月16日下午，見該書頁352)。饒、翦之死，或可作為權力的有效運用受制於複雜的環境、條件的例子。

之一。」（頁211-212）但「禮遇」是不可必的。熊文革中的遭遇，參看同書頁114-115。好運文革前已用完的，另有顧頡剛。顧「三反」、「思想改造運動」中曾被「保護」，文革中已無此幸運。[288]

　　文革前陳寅恪受到的保護也來自領導層。如陳毅、陶鑄。《陳寅恪的最後20年》不隱沒陶鑄、廣東省委厚待陳寅恪的事實（參看該書頁390-392）。1962至1966年文革爆發，陳寅恪是在陶鑄、廣東省委、中山大學校方的關照下度過的。在當年，亦所謂的「特事特辦」。卻也因此，風暴一起，對落差的感受尤為尖銳，摧殘也更加致命（陳死於1969年10月）。執政黨內本不乏有識之士，他們的聲音卻要待「政治氣候」適宜才能發出。應當承認，有關方面對陳寅恪的「優容」——如特許其不參與行政事務以至人人必得參加的「政治學習」，不從事「思想改造」等——是其1949年後完成那些著述的條件；也由一個方面，證明了學人從事學術所需要的環境，解釋了一些學人之所以未盡其才。著名知識分子（「大知識分子」）的命運尚且如此，況不知名、不甚知名以及數量龐大的普通知識分子。

　　保護／不被保護，毋寧說展示了當代中國知識分子托庇於權力、不能掌握自身命運的悲劇性。那些蒙受恩寵者的屈辱感，是權力者難以設身處地地想到的。時任中科院副院長的竺可楨在保護之列。據說竺眼見得他人受難，無力拯救，備受煎熬，以自我削減物質待遇、竭力實事求是地寫外調材料為救贖（《竺可楨全集·前言》）。韋韜、陳小曼《父親茅盾的晚年》寫到了處在「保護」下的茅盾的心境，尤其對於邵荃麟之死；也寫到了茅兩年間，接待了一百三十多批外調人員，寫了近百份證明材料，字斟句酌，「有的

288　楊憲益《漏船載酒憶當年》一書說：「中國有一個有趣的社會現象，那就是：對於中國知識分子的評價，並不以他們在學術上、藝術上的成就而定，卻以他們的政治、社會地位而定。」（頁246）葉篤義「反右」前的「鳴放」中說，「目前國家的制度，造成政治地位超過一切，並且代替了社會地位。過去是行行出狀元，現在是行行出代表（人大代表），行行出委員（政協委員）。」且落實於待遇，「造成了人們都是從政治地位衡量一個人在各行各業的地位的高低。」（《雖九死其猶未悔》頁104）這種諍言，至今仍切中時弊。

材料甚至寫了兩三天」（頁41）——亦受保護者對於他人力所能及的一點「保護」。

即使如此，也應當說，1949年後知識分子與「新社會」與執政黨、政權的關係，更宜於深入的個案分析，不便作一概之論。即使未得權力護佑、未蒙明令「保護」的知名人士，文革前文革中的命運仍然有因人之異。風波迭起1950–60年代，甚至文革的洪濤巨浪中，仍有人安然度過，如在世外，憑藉了各種際遇、機緣，靠了運氣、福分。但這些例外所能證明的，不也仍然是無從掌握個人命運，禍福由人？一大批知識人的命運操之在我，畢竟是「傳統社會」才會有的現象。古代中國尚有宋朝君主的「不殺言事的士大夫」，為明人豔羨。對於當代中國知識分子的處境與命運，欲以個例推翻基本事實，不免徒費精神的吧。「底層民眾/知識分子」，亦文革辯護者常用的口實。「社會公正」並非對某一特選階級、人群，「社會正義」也不因階級地位、職業而有區分，本是常識。何況辯護者所關心的，何嘗真的是「底層」的公平與正義！

文革期間因黨的各級組織不同程度地癱瘓，「改造」的實施權掌握在了無主名、非責任主體的「群眾」手中。就暴力程度而言，是前此「知識分子改造」的升級版與加強版。但文革仍然並非對知識分子的無差別打擊，照例有依靠對象與打擊對象——是不難知曉的。

「改造」之為折辱

某報紙曾有欄目曰「在這裏讀懂中國」。中國之難懂，不在民情，而在當代的政治設施、政治文化——不惟不同於西方（歐美），即在東方（前「社會主義陣營」、今「發展中國家」），某些方面也罕有其比。近代中國知識分子由古代中國的士大夫蛻變而來，晚清、民國是其發育期。因了時局的持續動盪，發育並不充分。經1949年後一輪輪政治運動，儒家政治理想的土壤不復存在。到

文革，除卻梁漱溟等少數迂執不化者外，如張東蓀那樣自居「國士」、「天下士」，以「修齊治平」為己任的知識分子難有孑遺。

　　上文談到知識分子經驗中的時間節點。在韋君宜的經驗中，1957年的「反右」是一個節點，「骨鯁敢言之士全成了右派」，「唯唯諾諾、明哲保身、落井下石、損人利己」的作風開始風行並受到鼓勵。由下文看，還應當加上「賣友求榮」；她說，那類事情文革中「成百倍成千倍地翻版」（《思痛錄》頁50、51）。[289]吳宓1964年7月7日記其覆其女吳學昭信，其中說：「蓋自1957–1958以後，所有知識分子（尤其民主人士）無不極力揣摩迎合遵照當前之政策、運動及領導人、上級之旨意而發言，而決不表露自己之思想、看法，決不作任何建議主張，至多只增飾詞藻，或聯繫自己，以示忠誠而已」（《吳宓日記續編》第六冊，頁267。着重號為原文所有）。吳因反感於其女促其「思想改造」，寫上述文字不免負氣。但所說1957–1958以後知識分子（當然不是「所有」）、尤其民主人士的狀況，較近於實情。

　　政治運動對知識分子精神意氣的摧折，「反右」前已然。據《束星北檔案》，1951–52年的「三反」中，浙江大學有人誣指蘇步青「貪污」。對那檔子事兒，知情者眾，「卻沒有人站出來為蘇步青講話」（頁48）。這種情況，此後的政治運動中即成常態。[290]聶紺弩在「反右」中，談到了駱賓基民國時期對敵鬥爭中的堅強，「幾次出入反動監獄」而不為所屈；這樣一個人「卻在肅反運動中完全弄得精神崩潰」（《關於周穎的發言》，《聶紺弩全集》第十卷，頁241–242）。聶也談到過自己的「恐怖」，説「還不是簡單

289　韋君宜在《思痛錄》中講述過如下故事：蔣介石的「文膽」陳布雷的女兒陳璉曾勇氣十足地背叛家庭，參加革命，「但是到1957年，她卻沒有勇氣去對抗當時如大山一樣壓下來的政治壓力，她和袁運熙（『一二·九』運動的戰友）離了婚，後來一直沒有再結婚，獨身，至『文化大革命』又遭批鬥，終至自殺」（《思痛錄》頁48）。

290　關於1951–52年的「三反」、「思想改造運動」，參看本章附錄《楊絳的〈洗澡〉與1950年代初的思想改造運動》。

地怕死，而是頂着反革命的頭銜而死，這比別的死更恐怖」（《檢討》，同書頁296）。楊憲益生性豁達，説自己面對國民黨兵士的槍口時也沒有害怕過，1966年「紅八月」被孤立時，卻「真的感到害怕了」；因恐懼而幻聽，以至於「快要瘋了」（《漏船載酒憶當年》頁211、214）。周一良説自己1968年在北大「勞改大院」時，聽説翦伯贊夫婦自殺，「大為震驚」，「心想他解放前經歷過多少艱難險阻，都未被嚇倒，何以如今頂不住」（《畢竟是書生》頁70）。

　　經了一波波運動，到文革，懲處胡風反革命集團時大聲發表異議的呂熒，[291]「反右」後到上海提籃橋監獄探視林昭的張元勳，批判陳寅恪時維護其師、代其受難的劉節，已像是再世重生的古代義士。當然，巨大壓力下敢於站出來的，仍然非止呂熒、張元勳、劉節。1957年「反右」前的「鳴放」中，冰心接受新華社採訪，認為「肅反」中對知識分子的錯誤打擊，應當有一個交代：「士可殺，不可辱。」知識分子受了傷害，是終身不忘的。現在，共產黨把他們打了一巴掌，揚長而去。他們心上的傷不治癒，整風要他們説真話是不可能的(沈志華《從知識分子會議到反右派運動》頁581)。冰心的估計不盡準確。未治癒傷痛的知識分子，仍有人説真話，只不過付出的代價更其沉重罷了。

　　據説某老詩人在反省當年知識分子接受「思想改造」的後果時，使用了一個令人不寒而慄的成語「骨軟可卷」（見《上海文學》2009年第12期唐曉渡文，頁90）。[292]使「骨軟可卷」或曰「百煉鋼化為繞指柔」的，是怎樣的控馭手段，怎樣不可抗拒的「規訓」。那些在國民黨的酷刑、屠刀前凜然不屈的同一些人，被「自

---

291 叢維熙《我的黑白人生》寫到呂熒之死。

292 1957年「反右」前的「鳴放」期間，冰心接受新華社記者採訪時説，自己的有些朋友，敵偽時期，蔣介石統治時期，坐牢、受刑，從敵人的監獄出來，腰板更硬了。「肅反」運動中無辜挨整，就像是被抽掉了脊樑骨似的，成了軟體動物，再也直不起來了。這太過火了(參看沈志華《從知識分子會議到反右派運動》頁581)。可注「骨軟可卷」。

己人」的審查、批鬥、監禁所壓倒，其過程，或許需要較卡夫卡、索爾仁尼琴更有力的筆，才能有說服力地呈現出來——無關乎個人的勇氣與意志力，而根源於文化基因與近代革命史的邏輯，根源於以「革命」的名義的意識形態操控、掌控人的強大無比的意志。這種「改造」之為過程，有十足卡夫卡式的荒誕，卻尚未得到相近力度的再現。

　　知識分子的「思想改造」，使之「拋棄資產階級的世界觀而樹立無產階級的、共產主義的世界觀」，更是理論上即原則性的。具體落實處，往往在改造「清高」、「個人主義」（個人主義/集體主義）等令黨組織側目、使其感到權威受到挑戰的知識分子特性。[293]「清高」，在1950–70年代的語境中，被視為知識分子的頑症痼疾。其表現即包括了不能融入「集體」，不能「靠攏組織」（即「靠攏」特定的黨團組織成員）。有必要時刻警惕的，是知識分子「翹尾巴」。1958年北京高校的「燒教授」，目標就包括「打下架子、打下尾巴」（參看陳徒手《故國人民有所思》頁43）。「架子」、「尾巴」均關係尊嚴。執行「改造」者意欲打掉的，正是知識分子骨子裏的那點傲氣。物理學家束星北，據說其人的個性

293　「個人主義」被作為知識分子的劣根性之一。1958年的「雙反」運動（按「雙反」即「反保守、反浪費」），在大專院校，即包括了「搞臭資產階級個人主義」，批判資產階級學術思想（亦稱「拔白旗」）。1958年4月13日《人民日報》發表社論《搞臭資產階級的個人主義》。臺灣學者王汎森有對相關歷史脈絡的梳理（參看氏著「『煩悶』的本質是什麼——『主義』與中國近代私人領域的政治化」，刊臺北聯經出版事業有限公司2014年出版的《思想史》第1期）。1920年代新道德的提倡，其中就有「服從團體的紀律，服從真正的領袖根據團體的意志的指揮」（林根《青年的革命修養問題》，刊《中國青年》，轉引自上述王汎森的文章，見該刊頁111）。「集體主義」的倫理要求並非僅針對知識分子，只是在1952年的「思想改造運動」尤其「反右」之後，用於規範特定人群的思想行為，有了前所未有的壓抑性。郭小川1950年代初的《自我鑒定》中，有「完全按照黨的要求做工作，肅清任何一點的個人打算」云云（《郭小川全集》第十二卷《外編》，頁10）。這也是郭在各種「檢查」、「思想彙報」中不斷重複的主題（參看同書頁25、頁26）。對「個人主義」的反復清算，嚴重地擠壓了知識分子創造性發揮的空間，其結果只能是截長補短，集體平庸。

「鮮明如刃」（《束星北檔案》頁40）。在那個時代，僅此即已足鑄就悲劇。[294]

　　《束星北檔案》中束寫於「反右」運動對右派「處理」前夕卻未上交的《檢討書》，有自己「改造」的計劃，第一步是「完全聽黨的話」，第二步是「使個人自由服從集體自由，養成集體主義的思想習慣」（頁174、175）。這無疑是使他不再是自己的兩步。為妻子兒女計，《檢討書》中束星北低首下心，「懇求」黨「再伸一次手，末了一次的手」（《束星北檔案》頁177）。説出這樣的話，在束，萬不得已，極難極難。束手握《檢討書》在校長辦公室外深夜徘徊(參看同書頁179)，其内心的掙扎，無非在「人格尊嚴」、「良知」與現實考量之間，與面子實不相干。終於沒有交出，也才更是束星北。經歷了「勞改營」之後的束星北，在舊日學生的眼裏「像個機器人，上面説什麼他就幹好什麼」；平日「不與任何人講話，也沒有任何表情」，開會學習「幾乎一言不發」（同書，頁247）。《檔案》中的束，被巨大而無形的權力玩弄於股掌之上：給予的一點人的待遇，正常地從事專業工作的權利，隨時會被收回。那種侮辱性的擺佈，足以摧毀一個知識人殘存的尊嚴。

　　1957年10月毛在中國共產黨第八屆中央委員會擴大的第三次會議上的講話，承「反右」之餘，關於政治與業務、「紅」與「專」的論述，影響深遠。[295]你熟悉有關表述的那種毛式「辯證法」。「只專不紅」、「白專道路」，被作為了貶低專業人士、專業知識的口實。「專」尚可衡量，「紅」否端賴領導、積極分子判定。那種看似周嚴的表述，在實踐中對知識分子的壓抑，值得作為考察的題目。

294　吳宓日記1966年12月22日記某人發言中説到「改造思想＝『磨性子』」，吳按：「此言極中肯，可謹記」（《吳宓日記續編》第七冊，頁562）。

295　毛的講話談到了政治與業務的統一，「政治是主要的，是第一位的，一定要反對不問政治的傾向；但是，專搞政治，不懂技術，不懂業務，也不行。」「先專後紅就是先白後紅，是錯誤的」，應當「又紅又專」（《做革命的促進派》，《毛澤東選集》第五卷，頁471）。

　　打擊知識分子的自尊、自信，無過於貶低其文化創造的價值。
對於學人，則是賤視其念茲在茲的學術。1958年3月毛《在成都會
議上的講話提綱》中有如下文字：「對於資產階級教授們的學問，
應以狗屁視之，等於烏有，鄙視，藐視，蔑視，等於對英美西方世
界的力量和學問應當鄙視藐視蔑視一樣。」（《建國以來毛澤東文
稿》第七冊，頁118）同年5月18日毛在中共八大二次會議代表團長
會上說，要用材料證明「卑賤者最聰明，高貴者最愚蠢，來剝奪
那些翹尾巴的高級知識分子的資本」（《建國以來毛澤東文稿》第
十二冊，頁373註2）。既要青年學知識，又要他們鄙視為其傳授知
識的師長。「以狗屁視之」、「剝奪那些翹尾巴的高級知識分子的
資本」，文革中有富於想像力的盡情發揮；對不限於「高級」的知
識分子也百般羞辱，致使斯文掃地以盡。[296]

　　1969年6月1日的吳宓日記中，記勞改隊同人斥責其「毫無專
長」、沽名釣譽（《吳宓日記續編》第九冊，頁112）。以沈從文
的自信，面對文革初期橫逆之來，不得不違心地承認其為「濫竽
充數」的「假專家」、「假裏手」（《表態之一——一張大字報
稿》、《關於服飾資料問題》，《沈從文全集》第二十七卷，頁
172、179）。夏鼐文革初期的日記，說自己的書也如郭沫若所說，
都錯了，「都應該燒掉」（《夏鼐日記》卷七，頁226）。[297]

　　文革中高層導演的「考教授」的鬧劇，以令知識分子出醜為
一部分目的，近於公然的羞辱。據王年一《大動亂的年代》，1973
年12月毛提出將北京八大學院的教授集中起來出一批題目要他們考

296　參看本章第三節《批鬥、強制勞動、降低待遇到「給出路」》。

297　這樣打擊的效果，未必如當局所預期。王瑤1961年「文科教材會議」的發言中
　　說，「按常理說，一個學術工作者最怕人家說自己不學無術，但現在聽人說自
　　己不學無術連臉也不紅，因為這是最輕微的批評，沒有提到政治上來，聽到後
　　反而安心一些……」（引自王超冰《父親王瑤：「文革」期間的一個案例》，
　　《王瑤與現代中國學術》頁593）

（頁472）。[298]對於不但以學術為業、且賴以安身立命者，這裏傷及的，是其命門。[299]

　　沈從文不待文革結束，在手中無任何資料的條件下，即在農舍恢復了學術工作（參看《沈從文家書》）。束星北掃雪，女兒發現，「路兩旁的雪地上竟是密密麻麻的數學公式和演算符號」（《束星北檔案》頁320）。這份癡情，是自以為有權「改造」其人者無從理解的。韓少功《革命後記》一書將文革期間的科學成就歸因於「精英們」的「降尊紆貴」，何嘗不出於根深蒂固的偏見。該書作者未見得真的不知道使「兩彈元勳」鄧稼先、「雜交水稻之父」袁隆平、2015年諾貝爾生理學或醫學獎獲得者屠呦呦這樣的知識精英捨身忘我，並不需要「降尊紆貴」。文革後有中國知識分子「物美價廉」的說法，無論是否切當，都可讀作對於積久的偏見的校正。

　　「舊知識分子」學術思想方面的執着，令新社會的年輕知識人詫異——並非將此看作「操守」，而是一概斥為「頑固」（參看陳徒手《故國人民有所思》中《賀麟：轉型時代的落魄和轉機》，頁

298　1974年1月中央、國務院直屬機關「批林批孔」動員大會上，江青、遲群、謝靜宜講到了在北京17所院校考教授（同書，頁485–486）。復旦大學的試題，見葛劍雄《譚其驤後傳》頁36–37）。這一動作應以毛1966年4月《對〈在京藝術院校試行半工（農）半讀〉一文的批語》中「知識分子和工農分子比較起來是最沒有學問的人」等說法為直接依據（參看本書上編第一章）。前此，1964年7月5日與毛遠新談話中就曾說到「教員就那麼點本事，離開講稿什麼也不行」（《教育制度要改革》，《建國以來毛澤東文稿》第十一冊，頁97）。據史雲、李丹慧《難以繼續的「繼續革命」》，被迫應試的教授中，許多人以種種方式「表示反對和抵制」（頁77）。

299　程千帆說剝奪從事學術工作的權力，「是處理知識分子、虐待知識分子最惡毒的一個方法」（《桑榆憶往》，《程千帆全集》第十五卷，頁34）。同樣特具殺傷力的，包括控制知識分子文化成果的出版。沈從文說其1949年後，「得書店通知，全部作品並紙版皆毀去」（《我為什麼始終不離開歷史博物館》，《沈從文全集》第二十七卷，頁249）。楊憲益發現其譯作的出版受到限制（《漏船載酒憶當年》頁205）。《陳寅恪的最後20年》寫到了陳寅恪《論再生緣》書稿的遭遇（參看該書頁369–373）：政治人物（這裏是康生）的一個表態，決定了學者心血所注的著作的命運，絕非僅此一例。對於以著述為生命的知識人，這種暴力較之施於肉體的，造成的創傷未見得不若。

133）。在對知識分子持續的「改造」中，甚至「清高」、「操守」
一類概念已然陌生。安於被當眾貶斥、羞辱，被迫對自己痛詆，也
就不難唾面自乾，甚至不妨同處糞溷中。通行於勞改營一類所在的
叢林法則，更是鼓勵人相噬。收入章品鎮《花木叢中人常在》一
書的寫陳寅恪之弟陳方恪的一篇，題曰「徜徉在新社會中的舊貴
族」。[300]一輪輪的整肅、改造之後，「徜徉在新社會中的舊貴族」
掃蕩淨盡，不惟有名士風者如聶紺弩，即束星北這樣的人物，也幾
近滅絕。這才真的是文化之厄，人文之厄。

　　跼天蹐地，拘手攣腳。胡金兆《虔誠，幾近悲哀》提到鮑揚的
短篇小說《紙銬》，「說一個知識分子被打成『反革命』關押入
獄，監管人員竟然用白紙剪了一副紙『手銬』給他戴上，說這『紙
銬』也代表『無產階級專政』，要是『紙銬』破了撕了，那就是抗
拒國法破壞專政，要嚴辦的。這位手戴『紙銬』的虔誠者，竟雙
手懸着一動也不敢動，惟恐『紙銬』有損而『犯國法』。」（者永
平等編《那個年代中的我們》頁477）小說構思極佳，不知有無「本
事」、原型。更有不具形的即連紙銬也無需的鐐銬，使拘攣成為你
的常態，不再感到外力的強制。應當承認，改造者有可能比知識分
子更瞭解他們自己。

　　何方說經過長期磨練和延安整風，「張聞天早已失去昔日的風
采，變得說話謹慎，沒什麼幽默感，似乎已不會和人聊天了。」
該書引張「少年中國」時的舊友左舜生1945年訪問延安時的印象：
「張聞天少年也是英氣勃勃的，這個時候居然變得規規矩矩，不敢
放言高論了」（《黨史筆記》頁196–197）。[301]楊憲益說1972年出獄

300　《花木叢中人常在》，北京：三聯書店，2003。以陳方恪的政治經歷，能於
　　　1966年1月善終，且生前未被政治運動波及，依舊與人詩酒倡和，實屬異數。
　　　倘其活到幾個月後文革爆發，斷不能如此優遊。

301　知識分子出身的黨的幹部之於「改造」、「勞動改造」，李銳的女兒李南央編
　　　輯刊印的《父母昨日書——李銳、范元甄1938年–1960年通信、日記集》，有
　　　可供考索的豐富材料。如李銳這樣的黨的高級幹部，其應對「改造」的思想邏
　　　輯，自不同於一般知識分子，內心的苦痛也不同。

後，到了「批鄧、反擊右傾翻案風」，自己「早已變得十分虛偽，決不發表任何不受歡迎的評論」（《漏船載酒憶當年》頁239）。明知所謂「黑畫展」「統統都是莫名其妙的胡說八道」，仍然「很聽話地去參觀了」（同上，頁240）。在《幹校六記》中，楊絳說當年「捨不得祖國」而不肯離開，「解放以來，經過九蒸九焙的改造，我只怕自己反不如當初了」（頁64），是極沉痛的話，雖則用了平淡的文字寫出。劉士傑回憶幹校的文字寫何其芳，説何「始於《畫夢錄》，終於《毛澤東之歌》」。感歎道：「知識分子的改造，造就了許多偉大的悲劇」（《長夜孤零的日子》，《無罪流放》頁32）。至於知識分子品質的敗壞，非自文革始。環境鼓勵了曲學阿世，工於揣摩、逢迎者，不難左右逢源。「批林批孔」中沈從文發現，「有不少知分（按即知識分子）在『獨出心裁』的寫批孔文章，都近於採用新的儒術作為基本功，巧佞取悅於上。文章受讚許，反映的便是舊儒術在新社會還大有市場。」（《沈從文全集》卷二四，頁97–98。着重號為原文所有）季羨林《牛棚雜憶》則現身説法──關於非人的處境，被肆意踐踏，使人「猥瑣」，失去「羞惡之心」（頁148）。這種痛，需要纖敏的道德感才能覺知。

　　經歷了那個時代而俯仰無愧的，確也少有其人。建築學界關於梁思成、地質學界關於李四光，均有物議。[302]由本書的角度，較之梁、李的私德，毋寧説更值得討論的，是特殊政治環境中人性的扭曲。其他如馮友蘭，如陳垣，無不可以作如是觀。我寧將此看作「犧牲」：這類人格之玷，豈不也屬知識分子為不正常的政治環境支付的代價？徐鑄成去世前的1987年寫有一詩：「胸有是非堪自慰，事無不可對人言。清夜捫心無愧怍，會將談笑赴黃泉。」

---

[302] 有人説，1949年後李四光的種種表現，「並非在思想改造運動的壓力之下被迫做出的，他沒有承受過大多數知識分子在思改運動中曾經承受的壓力，不僅如此，對於一般科學家來説，李四光倒是以他先前發明的『海歸─買辦』論而成為一位施壓者」（《李四光與地質學界的歷史糾結》，《南方週末》2014年5月29日C19版）。另如錢學森在「批鄧、反擊右傾翻案風」中（參看楊繼繩《天地翻覆》頁937）。

(《徐鑄成回憶錄(修訂版)》頁333)在有了類似徐的經歷之後，能說「清夜捫心無愧怍」者，不知有幾人。具體到徐，說「無愧怍」，尚不能十分坦然的吧。

魯迅說：「假使我的血肉該餵動物，我情願餵獅虎鷹隼，卻一點也不給癩皮狗們吃。」(《半夏小集》，《魯迅全集》第六卷，頁597)在文革(以及前此的政治運動)中，你甚至沒有可能選擇被何物種所吃。因此眾多沒有反抗可能的受難者，與有沒有「風骨」、「節操」無關。當然，仍有人不堪其辱而寧為玉碎——巨大的自殺數字可以為證。

強調知識分子的依附地位(「皮之不存，毛將焉附」)，工具性角色(「有用/無用」)，為知識劃分層級，作意識形態定性(自然科學/人文社會科學)；輕易斥某學科為資產階級的「偽科學」，等等，卻又網羅著名學者進「梁效」一類御用寫作班子，在某些場合(如批孔、「評法批儒」)中令其扮演文學侍從的角色——亦不妨視為玷污。[303]知識人對知識人，一向更少寬容，更難有「瞭解之同情」。不惟揚雄、陸機、王維，即柳宗元、劉禹錫，也不能免於謗議。

司馬遷《報任少卿書》所言「文史星曆，近乎卜祝之間，主上所戲弄，倡優蓄之，流俗之所輕」云云，沉痛之至，至今令人感慨。陳寅恪1930年《閱報戲作二絕》中有「自由共道文人筆，最是文人不自由」。捲入政治的知識人的命運，並不遠於古人。一流學者奉命為不學無術的政客打工，原本就是荒誕的一幕，療傷尚且不及，況一辱再辱。這卻是文革結束後急於「清算」者不會想到

---

303 周一良在《畢竟是書生》中，講述了自己入「梁效」備顧問、「梁效」的內部情況及因入「梁效」文革後受審查的經過。1977年11月24日顧頡剛日記，記聽說「周一良作《再論孔丘其人》文，譏諷周總理，特罪最重」；又聽說「楊寬與『羅思鼎』關係多，在滬亦大受批判」(《顧頡剛日記》第十一卷，頁514)。

的。[304]文革後聶紺弩在給舒蕪的信中説，舒「應有極大成就，偶因一挫而毀，真我輩之不幸也」（《聶紺弩全集》第九卷，頁414）。「因一挫而毀」者，何止舒氏。「胡風集團」被難諸公或不作如是想，可以理解。對被斥為「猶大」者，聶紺弩的上述感慨，備極悲憫而體貼，見識為常人難有。聶還對舒説，「人們恨猶大，不恨送人上十字架的總督之類，真是怪事」（同上，頁416），豈不切中時論之蔽？

　　回到與「風骨」有關的話題上。縱然有1952年的「三反」「五反」「思想改造運動」，1955年的「肅反」，1957年的「反右」，文革中向劉少奇開刀，黨內幾不聞反對質疑之聲，致信毛澤東表達異議的，是宋慶齡、章士釗；[305]直至「林彪事件」後，梁漱溟仍在政協學習會上談劉少奇、彭德懷與林彪之不同（參看王年一《大

304　季羨林記文革後見某文藝界極負盛名的老幹部，對方第一句話就是：「古人説：『士可殺，不可辱』，『文化大革命』證明了：『士可殺亦可辱』」（《牛棚雜憶》頁174）。使士「可辱」，是否一項成就？

305　宋慶齡1955年1月致函毛澤東，質疑「社會主義工商業改造」；1957年致信中共中央質疑「反右」；文革中致信中共中央，質疑批判劉少奇（參看尚明軒、唐寶林《宋慶齡傳》頁505、506、514）。儘管宋慶齡1957年也曾發表過表態性質的文章（刊《人民日報》6月21日）。關於章士釗1967年3月致信毛澤東，試圖諫阻打倒劉少奇，參看逄先知、金沖及主編《毛澤東傳》第六卷，頁2502。王年一《大動亂的年代》中説，「出於種種原因，黨內（包括黨內上層）沒有為劉少奇鳴不平的。這是值得深長思之的。倒是黨外知名人士章士釗毅然上書。」（頁230）卜偉華《文化大革命的動亂與浩劫》也説，毛所領導的批劉的一系列政治舉措，「在黨內並沒有遇到很大的阻力……尤其在黨的高層幹部中，筆者尚未聽説有人為劉少奇鳴不平，説公道話的。在黨的基層幹部中出現了極少數敢冒天下之大不韙而為劉少奇聲張正義的人，如張志新等。黨外人士章士釗直接給毛澤東寫信，欲調解毛劉分歧，並致信劉少奇，明確表示對劉的同情，他在信中指斥那些批判劉少奇的所謂『十大罪狀』等等，是『黑白驊爾變色』，是『欲加之罪，何患無詞，斯殆別有用心』。」（頁469–470）至於劉少奇、周恩來、鄧小平、葉劍英等在文革初期「彭、羅、陸、楊」一案中的態度，卜偉華《文化大革命的動亂與浩劫》、美國漢學家麥克法夸爾（Roderick Macfarquhar）、沈邁克（Michael Schoenhals）《毛澤東最後的革命》均有生動的記述。也仍有例外。如朱德對批彭、羅、陸、楊持消極態度（參看卜偉華《文化大革命的動亂與浩劫》頁89）。

動亂的年代》頁497–498）；據史雲、李丹慧《難以繼續的「繼續
革命」》，1972年10月，民主人士周世釗、胡愈之、楊東蓴、楚
圖南、薩空了通過各種渠道向毛進言（頁54）；[306]批孔，反對乃至公
然抗拒的，是梁漱溟、吳宓。[307]知識分子何嘗真的沒有所謂的「風
骨」！如梁漱溟，如馬寅初，抗壓能力似與生俱來。1968年中共八
屆十二中全會上，拒絕擁護將劉少奇「永遠開除出黨，撤銷其黨內
外一切職務」的，僅陳少敏一人。

　　據此也仍不能認定黨內人士不比黨外知識分子更有操守骨氣。
如文革中第一批犧牲者中的鄧拓、田家英；如拒絕揭發第一書記彭
真終至瘐死秦城獄中的北京市委第二書記劉仁（卜偉華《文化大革
命的動亂與浩劫》頁71）。鄧拓有一枚圖章，刻有「書生習氣不
可無」，後被批判為「抗拒毛主席的批評」；田家英與好友最後
的談話中說到「士可殺不可辱」（同書頁108註37、頁113）。至於
「反右」中敢於抗命甚至不惜自我犧牲的，尚有溫濟澤、曾彥修
等。在嚴重官僚化的今天，在領導層求一有「書生習氣」者，已
幾不可得。[308]

　　陶鑄所寫《松樹的風格》（北京：中國青年出版社，1959），文
革中與陶一道落難。該書所談乃思想修養，包括操守、「風骨」；
由黨的高級幹部提倡，已不免書生氣。毛一再鼓勵「五不怕」（參
看本書上編第五章第一節），卻不曾解釋為何堅持信念、原則，要

306　至於普通知識分子的冒死發聲，參看余習廣主編《位卑未敢忘憂國——「文化
　　大革命」上書集》、宋永毅、孫大進主編的《文化大革命和它的異端思潮》、
　　《王申西文集》等。

307　關於梁漱溟撰文《我們今天應該如何評價孔子》，參看王年一《大動亂的年
　　代》頁497–498。

308　1957年「反右」中李慎之檢討，說自己的「思想根源」之一，即「濃厚的所謂
　　『知識分子氣質』實際上是隱藏在知識分子外貌下的資產階級乃至封建階級
　　的思想感情」（《李慎之的私人卷宗》頁166）。有「知識分子氣質」者在革命
　　中，瞿秋白、張聞天均為著例。何方《黨史筆記》說張聞天「性格、品德都和
　　瞿秋白極為相似」（頁97）。又說張「也可算是或多或少反映革命知識分子氣質
　　以及他們的長處與短處、高尚品格和軟弱性格的代表性人物」（頁210）。

準備付出「老婆離婚」、「坐牢」以至「殺頭」一類代價。文革中前仆後繼的思想者，多半是相信思考的合法性，並認真踐履「五不怕」的知識分子(無論黨內黨外)，儘管「五不怕」原是對黨的幹部的要求。

　　對知識分子持續加壓的累積效應不難想見。錢鍾書有詩曰：「四劫三災次第過，華年英氣等銷磨。」(《再答叔子》，《槐聚詩存》頁123，北京：三聯書店，1973)葛劍雄為其業師譚其驤作傳，一再寫到譚晚年的哭。1990年譚在社科院考古所見到夏鼐的塑像，「涕淚橫流」；1991年病重住院，見到熟人，「常常激動得號咷大哭」(《譚其驤後傳》頁303、頁319)。譚其驤感情豐沛，其積鬱長期壓抑而未得發抒。張新穎《沈從文的後半生》也寫到沈從文晚年的「老淚縱橫」以至「嚎咷大哭」，如決堤崩岸(參看該書頁336–337)。非創巨痛深，不至於如此的吧。啟功尋常以通脫、達觀的面目示人，卻在詩中說「淚收能盡定成河」(《對酒二首》，《啟功韻語》頁43，北京師範大學出版社，1996)。還只是他一人之淚。倘知識分子及其他政治運動受難者的淚能「盡收」，又當如何！[309]

　　對中俄兩國知識分子品性的比較，往往被引向對中國知識人的批評。2016年楊絳去世後，尚有關於錢鍾書、楊絳夫婦由道德勇氣方面的質疑，令人想到《莊子·田子方》一篇溫伯雪子所說「吾聞中國之君子，明乎禮義而陋於知人心。」當代人的見識，或更陋於古人。古代中國本不乏「雖千萬人吾往矣」的豪傑之士。與其以道學口吻責難前人，不如分析將人摧折壓彎的力何以幾「不可抗」；比較中俄(蘇)知識分子應對政治迫害的表現，何如考察兩國知識人

309　前文化官員也有淚流不止者。溫濟澤就曾一再親見周揚流淚(《溫濟澤自述》頁456–457、462)；他本人也一再「止不住眼淚」(頁484)。曾彥修也談到哭，「想到民族的災難就要哭」(《曾彥修訪談錄》頁345)。據說文革中毛曾幾次慟哭(參看李慎明《毛澤東晚年緣何幾次慟哭》，載《百年潮》雜誌2013年第3期)，所哭者想必與上述諸人不同。

的不同傳統，尤其不同的現實境遇，探究使「風骨」、「節操」漸失承傳、賦有此類品性的人物漸成稀有的條件，包括具體的制度、方式，中國特有的「知識分子政策」及其實施。有曾與束星北同在月子口「改造」的右派，以月子口與古拉格群島，比較中蘇對政治異見者不同的處置方式，說「古拉格群島是『消滅人』，而月子口是改造人……把人的屬性給改造掉了」（《束星北檔案》頁189）。這是否是中方較蘇方高明之處？錢鍾書為楊絳《幹校六記》寫《小引》，說該書少寫了一篇，「運動記愧」。季羨林有隨筆集，題曰「賦得永久的悔」（《賦得永久的悔》，北京：人民日報出版社，1996），或也宜於描述眾多知識人的心情。儘管更應有「愧」知「悔」的，絕非知識人。[310]

詰問

漢娜·阿倫特（Hannah Arendt）在《第三部〈極權主義〉序言》中關於中國式的思想改造，說「我們」的經驗不足以支持對此的判斷，因為「我們從來不知這一切如何在日常生活中實行，誰能逃避它——也就是說，誰執行改造（remolding）——而且我們也絲毫不知『洗腦』的結果究竟如何，以及它是否持久地並且在事實上造成了人的個性變化」（《極權主義的起源》中譯本，頁20）。他們確也無從想像。發生在中國的事情在他們的經驗之外。甚至我們自己，也未必能有說服力地還原那一過程。但我們對她的疑問尚可回答。相信本章第一、二節《運動檔案》，有可能部分地回答了漢娜·阿倫特的上述問題。那一整套「規訓」方式，或許確屬「中國特色」。以一整套程序化的方式（揭發、檢舉、批判、檢查、交代、思想彙報、表態）為陶範，工夫細密，正是在「在日常生活中實行」；部分黨員幹部、積極分子「執行改造」（即使角色有可

---

310 據蕭冬連《從撥亂反正到改革開放》，中共十一屆三中全會前後平反的二百多萬文革中的冤假錯案和二百多萬文革前的冤假錯案，「其中相當部分是知識分子」（頁137）。

能互換）；那種改造的確「持久地並且在事實上造成了人的個性變化」，雖則有部分例外（見下文）。已經和正在問世的諸種傳記（包括自述、「口述實錄」），都在嘗試重現這一過程。

沈從文1950年代初被命進入「華北人民革命大學」期間，即對該校政治學習、思想改造的方式不能適應，認為那種方式一無是處，對此並不諱言（參看張新穎《沈從文的後半生》頁45–46）。這種適應不良（並非自覺拒斥），在沈從文，似乎始終未變。1957年「反右」前北大教授傅鷹在「鳴放」的發言中說：「我最討厭『思想改造』，改造兩字，和勞動改造聯在一起。有了錯才要改，我自信一生無大錯，愛國不下於任何黨員，為什麼要改？」（轉引自《束星北檔案》頁138）顧頡剛文革中所寫交代材料，說1965年不斷地「開會」、「學習」，自己「天年已屆」，還不被容許安心工作，遂「狂妄地宣稱」自己「不願改造了」（《在解放後的大事記》，《顧頡剛自傳》頁201）。以為自己不可改造也拒絕（或一度拒絕）改造的，不止上述諸人。熊十力說，「我是不能改造的，改造了就不是我了。」還說自己「確乎其不可拔」（郭齊勇《熊十力傳論》頁208註3引自楊玉清《關於熊十力》，《玄圃論學集》頁66，北京：三聯書店，1996）。楊憲益自說「歷盡風霜鍔未殘」（轉引自木山英雄《人歌人哭大旗前》中譯本頁6），[311]楊絳說自己「改造」後「依然故我」（《幹校六記》頁67）。程千帆則說「改造來改造去，不是認罪，反而加強了對自己的認識」（程千帆《桑榆憶往》，《程千帆全集》第十五卷，頁32）。

吳宓1962年在信中對李賦寧說自己何以「不長居北京，不在北京工作」，理由中就有「最怕被命追隨馮、朱、賀三公，成為『職業改造家』，須不斷發表文章，批判自己之過去，斥罵我平生最

---

311 文革後右派分子「改正」，荒蕪《五七年錯案得平，感賦》的尾聯是：「但使片言能活國，甘心輕擲老頭顱。」（轉引自木山英雄同書，頁47）可知不但血還熱，甚至英雄氣還在。令人想到鄧拓被痛批的「莫謂書生空議論，頭顱擲處血斑斑」（「莫謂」一作「莫道」）。書生報國，其意志之頑強有如是者！

敬愛之師友」（《吳宓書信集》頁384。按馮、朱、賀，應指馮友蘭、朱光潛、賀麟。着重號為原文所有，下同）。由後來發生的事情看，「不長居北京，不在北京工作」，對吳未見得是福。作為西南地區一所不著名的大學中的著名人物，吳更承受着「表態」的巨大壓力。對於「思想改造」，吳宓反應之激烈，實屬罕見。1964年1月8日，吳在日記中寫自己在「政治學習」中被迫發言，「而因痛恨思想改造，念中國之文化德教遷流墮落，至於此極，不勝悲憤，雖勉自壓抑，而不獲掩飾」（《吳宓日記續編》第六冊，頁133）。1965年5月17日在日記中寫道：「甚矣，吾儕不幸而生於今日之中國，而需受此『思想改造』之苦也。」並進而説：「所謂黨＝(1)God(2)天(3)專制君主。韓愈曰，『天王朝聖，臣罪當誅』。舊諺云『天下無不是的父母』。其黨之謂乎？」（《吳宓日記續編》第七冊，頁125–126)此時正在文革前夕的「社會主義教育運動」中。[312]

　　據檔案，1950年代初的「三反」運動中，束星北曾經是浙江大學惟一一個抗拒「改造」的高級知識分子，拒絕參加這樣的「毀滅尊嚴的運動」，拒不書寫「不堪其辱懺悔錄」（《束星北檔案》頁85註10）。問題的關鍵之一，是知識分子與黨的關係。束認為知識分子與黨「是『朋友』或『主與客』的關係」，他與政府的關係則是「『東家』和『僱主』的關係」，「將個人與黨的關係放在一個對等的關係水平上」（《束星北檔案》頁49；另見同書頁174）。在

312　1951年「思想改造運動」之初，吳宓《感事》詩中即有「洗髓刳肝難換骨」句（《吳宓日記續編》第一冊，頁267）。文革中吳對同事坦承自己不能接受「改造」，於此已「大異1952之心與境矣」（1968年2月16日，《吳宓日記續編》第八冊，頁470）。關於吳宓在1952年的「思想改造」中，參看本章附錄《楊絳的〈洗澡〉與1950年代初的思想改造運動》。吳宓曾在1965年「社會主義教育運動」中的一次發言中，將「改造」易為「批評」（即「團結─教育─批評」），自非無心之錯（參看《吳宓日記續編》第七冊，頁157）。或許他尚能接受的，不是「改造」而是「批評」。即使吳宓，也並非一味拒絕「改造」，只是要依他自己的認識「改造」，改造他確以為當改造者。

當時，黨與知識分子，是主/從而非主/客，自居「朋友」即不免於「僭越」，至少「位置」沒有擺正；以為與黨、政府是契約關係，係僱傭而非隸屬，更非臣屬，與主流意識形態絕不兼容。

待到墮入了似將永劫不復的地獄，倔強的束星北終於說，經由這一次教育（按應為「教訓」），認識到了「黨要我『怎麼地』，就可以把我『怎麼地』」（同書頁238）。甚至不厭重複，在寫於1961年1月的同一份「思想彙報」中又說，「黨願意『把我怎麼地，就可以把我怎麼地』；黨是一個黨，這個學校不要你，別的學校也不會要你」；「而且有我沒我對黨的建設、社會主義並不發生影響」；「事實上人民完全有權不給我飯吃，除接受（群眾）改造之外，就沒有第二條路可走」（同書頁240、240–241）。1957年的「鳴放」中，束曾有題為《用生命維護憲法的尊嚴》的發言（參看同書頁148）；其上述言說，依據的已不再是憲法，而是權力下的現實條件。即使如此，在「強制改造」二十二年後，一旦壓力解除，束仍然迅即回復故我——證明的仍然是其不可改造。

1975年廖沫沙寫交代材料給專案組，說所謂的「三家村」中，「吳晗是有改造前途的」，「因為他幼稚而純樸」（《甕中雜俎》頁216）。將「幼稚」作為了「改造」的條件，也可讀作廖承認自己沒有「改造前途」。文革後聶紺弩在致舒蕪的信中說，「桀驁之氣亦所本有，並想以力推動之，使更桀驁」（《聶紺弩全集》第九卷，頁373）。其難「化」如此。[313]李慎之「反右」中檢查自己「好

---

313 聶尚不止於「桀驁」。他批評吳梅村的《悲歌贈吳季子》（按吳季子即吳兆騫，字漢槎），說自己「所經歷的遠比漢公經歷的深廣得多，但一點也未覺得像梅公所說的那樣，倒是覺得處處都是生活、天地、社會，山繁水複，柳暗花明（這是說主導的一面，其他暫略），以及歌不盡頌不完的東西，才覺悟到梅公詩是以自己和朋友漢公之類，是高等明人或清人，應味列八簋而天下不以為泰，而今竟如此，所以云云，否則就是文字遊戲。」（《致舒蕪》，《聶紺弩全集》第九卷，頁380–381）聶的豁達，經牢獄之災、流放之苦而未失。你大可相信聶氏說得是真話，非故作放達，而是別有心胸；故即使在荒寒之地，所見也無非「生活、天地、社會」。當然，聶氏也提到了非「主導」的一面，只是無意於渲染而已。此老的倔強堅忍，的確異於常人。

為高論」、「發危言」、「好想遠事」、「好立險論」（《李慎之的私人卷宗》頁104）。1979年右派問題改正後，李在寫給黨支部的信中說，自己二十多年來，「竭盡一切力量維護我那已經破裂的人格」（同書，頁1213）。由李後來的思想軌跡看，這種「維護」確乎有效。廖、聶、李均為黨內人士。廖曾任北京市委宣傳部副部長，聶更是資深黨員，李則曾因才華蒙高層賞識。

儘管在當代中國的體制下，以個人的微渺，無所逃於天地之間。上述諸例，仍然部分地回答了漢娜·阿倫特的問題：中國確有不可改造甚至拒絕改造的知識分子。

卻仍然應當說，「吾非故吾」、「吾喪我」，是更普遍的事實。那種對於人的「生存能力」的殘酷訓練，對於相當一些知識分子是有效的。他們被不同程度地改變；如楊絳在小說《洗澡》中所寫，調整姿勢，練習並掌握一套新的修辭，養成新的處事態度，直至學會「檢討」，等等。調適的過程有因人之異，通常有不同程度的「化」。這背後，或許就有「傳統」暗中協助。不介意行權（經/權），必要時即蠖屈。和光同塵，物來順應，「一以己為馬，一以己為牛」（《莊子·應帝王》），「處乎材與不材之間」（《莊子·山木》），從來是處亂世、亂局的策略。甚至無需懂得哲學（如莊、禪），那毋寧說更是一種祖傳的「智慧」。[314] 至於不難於此時「速化」者，也不難於彼時的「速化」。終至於言行不相顧，失卻了本心。

在文革的環境中，順承、順受而又不犬儒，非常人所能。即令解壓，習於佝僂拘攣不再能復原者也大有人在。文革後譚其驤對其弟子葛劍雄說自己「不中用」，「幾次運動下來，只會跟形勢了」（《譚其驤後傳》頁3）。至於束星北，「回復」的也只是性情（桀驁不馴），不能找回的，是荒廢的專業，流失的才智。同事目擊了束發洩「幾十年的積怨和悲憤」（《束星北檔案》頁353）；那也只是

---

314 王瑤先生將其處世方略表述為「苟全性命於治世，不求聞達於諸侯」，是我們當年一再批判的「黑話」之一。

一面，另一面即「『過去』的烙印」——「『過去』像咒符一樣附
在他身上」（頁356）。[315]

　　以文革為樣本，既可進一步確認執政黨對知識分子的基本判
斷，又可據以檢視1949年以降直至文革「知識分子改造」的成效。
文革末期的1975年，毛説：「教育界、科學界、文藝界、新聞界、
醫務界，知識分子成堆的地方，其中也有好的，有點馬列的。」
（《關於知識分子的兩句話》，《建國以來毛澤東文稿》第十三
冊，頁431）不過「也有」、「有點」而已。直至臨終前的1975、
1976年之交，他仍然説：「大量未改造好的知識分子不是都在
嗎？」（《毛主席重要指示》，同書頁487）可謂有始有終。倘若如
此，豈非證明了文革式「改造」的失敗，與前此一次次運動式「改
造」的無效？

　　文革結束，終於有知識分子關於「改造」發聲。李慎之1957年
的檢討中，説自己想到，「究竟應該讓誰來教育誰(指是否讓黨教
育人民)的問題，黨有權力教育人嗎？」（《李慎之的私人卷宗》頁
276-277）1957年之後，誰敢有此一問？經歷了文革——或曰正因經
歷了文革——「無產階級先鋒隊」、「工農兵」一類表述失卻了説
服力。列寧説：「工人本來也不可能有社會民主主義的意識。這種
意識只能從外面灌輸進去。」（《怎麼辦？》，《列寧選集》第一
卷，頁247）毛則説過，「嚴重的問題是教育農民。」（《論人民民
主專政》，1949年6月30日，《毛澤東選集》第四卷，頁1414）——
與「接受再教育」的論述不無扞格。經歷了「上山下鄉」、「五七
幹校」、「工宣隊」、「軍宣隊」進駐學校、文化機構等等，的確
應當有「誰教育誰」的詰問。[316]

315　應當説，梁漱溟的不為所「化」，也賴有當局的容忍。較之陳寅恪，梁漱溟更
　　是異數。梁雖以佛教為信仰，仍被目為「最後的儒士」。梁固有自我保全之
　　道，倘沒有當局的優容，也難免於玉碎的吧。

316　以「無產階級」的名義，以「人民」的名義，以「工農兵」的名義，一旦落實
　　到具體的人，如知青插隊地的農民，幹校周邊的鄉民，進駐大學、文化機構的

　　文革後張中行在回憶文章中徑説，「不信別人有改造我的思想的權利，甚至資格」（《幹校瑣憶》，唐筱菊主編《在「五七幹校」的日子》頁20）。[317]誰有資格與權利改造他人的思想，本是知識分子不難有的一問。此前未必沒有人作如是想，只是不能如李慎之所説「出聲地想」而已。接下來的詰問有可能是，「知識分子改造」有何正當性？文革以及前文革的「改造」方式有何正當性？導致大量人才毀滅，大批知識分子聰明才智不得發揮、報國之志不得施展、精神意氣橫遭斲喪的「改造」有何正當性？將「脱胎換骨」作為「改造」的目標，有何合理性？馮雪峰文革中檢討自己的「反動修正主義文藝思想」，説自己三十年代初期主張「文藝大眾化」，所採取的，「完全是資產階級啟蒙主義者的立場和態度」（《我的反動修正主義文藝思想的重新認識》，《馮雪峰全集》第八卷，頁19）。「啟蒙」，豈不正是知識分子所應承擔的任務？這毋寧説是我設想的「詰問」。上引文字中，僅1957年的李慎之有類似的詰問。其他表述，甚至不如老共產黨人曾彥修的有力：「羞恥之心，人皆有之，一個人必須檢討一輩子，受辱一輩子，這算什麼生活？」「人不能永遠生活在饑餓中，也不能永遠生活在屈辱中。此而不改，一個民族的尊嚴何在？」（《平生六記》頁165）[318]

　　「工宣隊」、「軍宣隊」員，問題的複雜面即呈露出來。知青經驗稍有複雜；「幹校」，派駐工、軍宣隊向「知識分子成堆的地方」「摻沙子」的實踐，毋寧説是失敗的。「工農兵學員」、「工人作家」、「工人通訊員」一類實踐，也乏善可陳。工宣隊、軍宣隊的功過，不便作一概之論。對於知識分子，工、軍宣隊執行的，往往是打擊政策。李遜《上海文革運動史稿》關於死於「思想罪」的華東師大學生王申酉，説：「置王申酉於死地的是駐學校的工宣隊」（頁1492）。季羡林《牛棚雜憶》中説，「軍宣隊」、「工宣隊」一經接觸，發現其中有的人「政策觀念奇低」，「作風霸道」，個別人甚至「違法亂紀」（頁179）。

317　王學泰《監獄瑣記》説「中國監獄的別名是『勞改場』」，「附有改造犯人思想的功能」。以下即質疑監獄的此種功能。王認為「監獄的職責在於關押犯人、管理好被法院判刑的人犯」（頁155）。對於因政治思想、主張而收押者，尤其不適用「改造」。

318　季羡林在《牛棚雜憶》最後一章《餘思或反思》中，問的是「為什麼一定要這

　　籠統地説「知識分子整知識分子」，更像是在為體制與權力開脱。本應追問、也不難有此一問的，是何種知識分子憑藉了何種條件「整」其他知識分子，追問使一部分知識分子有可能「整」其他知識分子的機制。文革中與一些知識分子同期受難的，即有前此的政治運動中充當加害者的知識分子，學術、文化官員，即如陳徒手筆下曾任文化部要職的徐光霄，如程千帆對其作風不能忍受的徐懋庸。改造他人者與被改造者殊途而同歸，[319]這種角色、身份的顛倒錯亂，亦成為「知識分子改造」的正當性遭受質疑的一部分原因。這屬那種諷刺性的時刻：曾經手握改造他人權力者與其改造對象關在了同一「牛棚」，出現在同一批鬥會上。顧頡剛就曾在批鬥尹達時以「陪鬥」者的身份而不無快意，是一個略有喜劇性的例子（參看本章第六節）。

　　但也仍然要説，即使大知識分子中，仍然有諸種差異。楊奎松筆下的潘光旦飽受衝擊，不幸之至，對苦難的感受卻有可能與我們代為設想者不同。他的學生費孝通説潘「至死都是恪守着推己及人的儒家思想，對建國後自己的遭遇和命運，始終『沒有抱怨，沒有感到冤』」（《忍不住的「關懷」》頁215）。這是要逼近了觀察才能知曉的。[320]我們對苦難的理解也不自覺地模式化了。被「改造」折騰了近二十年的潘，以自己的性情、思想邏輯「接納」了一個對

　　　樣折磨知識分子？」（頁176）

319　周揚、徐光霄等文化官員在文革中，參看嚴平《潮起潮落：新中國文壇沉思録》（北京：人民文學出版社，2016）。上文提到的尹達、徐懋庸等學術、文化官員，文革中均在劫難逃。

320　該書説「潘光旦是一個所謂『牛皮筋』式的人物，性格倔強，凡事易認死理，不易轉圜。然而，當他的思想轉變過來之後，他也同樣會轉變得很徹底，甚至會自覺地融入到共產黨的隊伍之中，時時處處按照共產黨的要求來思考和認識一切。」（頁369–370）潘的例子令我想到了王夫之《讀通鑒論》中如下的人性洞察：「樂違人者，決於從人。一有所從，雷霆不能震，魁斗不能移矣。」（嶽麓書社1988年版《船山全書》第10冊，頁911）以後來的認知覆蓋、改寫既往，亦人情之常。文革前知識分子承認「原罪」、勉力「改造」者，絕非個例。討論「改造」、「改造之餘」而避免偏蔽，確有必要。

其不公的時代。這或許與一些人的拒絕、或接受而後拒絕，同樣值得討論。中俄知識分子之不同，不便僅以「風骨」論，或也在此。

　近年來雖強化了言論禁制，仍陸續有湮沒已久的人物由地層深處浮出，有被遺忘的稀有人才重新被記起。如死於1966年第一波衝擊中的吳興華，如死於勞改地、死因不明的契丹文字專家厲鼎煃。相信這種記憶修復的過程還將繼續。那些死於政治迫害者的冤魂會被逐一召回。這樣，當代中國的文化史才可能修補得較為完整。

　「知識分子」正在被重新塑造。不久的將來──或許就在當下，本章討論的「知識分子」成為了歷史，成為「知識考古學」的對象。但一段歷史，知識分子的歷史，與此相連的當代中國史，不會因此而被抹去。使知識分子成為歷史的，不再僅僅是權力意志，而是新的文化。將新的文化再次裝入籠子，終將是徒勞。本書涉及的歷史將一次次被翻開，即使接受層面變幻無窮，但這一頁已然刻印在了時間中。

　文革式的知識分子改造，不過是前此改造的升級版或曰加強版，與前此的改造邏輯貫通。文革以其空前的粗暴(參看本章第三節)，使「改造」的邏輯荒謬性盡顯，以至難以為繼。「知識分子政策」亦如與「出身問題」有關的「階級路線」，因被文革推向了極端，出現了改變的契機──既與文革中知識分子遭遇的重創也與政策在運動中的「自我否定」有關，並非基於對該項政策的反省。至今也仍然沒有進行這種反省的必要空間。儘管文革後的知識分子未必都否定其改造成果，改造卻不能以政策的形式公然維持。[321]既有的知識分子政策由官方話語中退出，可歸入文革的積極成果，甚至足以影響歷史走向的大變化之一。「後文革時期」意識形態調

---

321 據蕭冬連《從撥亂反正到改革開放》，1978年10月，「中央組織部分批召開落實知識分子政策座談會，中組部長胡耀邦在座談會上宣佈，建國之初提出的對知識分子的『團結、教育、改造』的方針已經不適用了。」1979年1月4日《人民日報》發表特約評論員文章，指出：「我們黨在解放初期提出的，以資產階級和小資產階級的知識分子為主要對象的團結、教育、改造的政策現在對於絕大多數知識分子來說，已經不適用了。」(頁136–137)

整，呈現於原有表述的存廢，大有考察的餘地——縱使能指的棄用未必意味着所指的消失。某些政治話語所指涉的，或許要有相當長的時間，才能退出中國的社會生活。

　　鄧小平在中國人民政治協商會議第五屆全國委員會第二次會議開幕詞中說：「我國廣大的知識分子，包括從舊社會過來的老知識分子的絕大多數，已經成為工人階級的一部分」（《新時期的統一戰線和人民政協的任務》，《鄧小平文選》第二卷，頁186）。對此，也僅可認為理論上關於知識分子地位問題的重新表述，至於政策實踐，則需另作考察。但無論如何，文革有可能是最後一場以知識分子為打擊對象的政治運動，儘管不意味着「改造」以至打擊不再以其他形式進行。知識分子政策微調以至較大幅度調整之後，那種「優容」、「屈尊俯就」的意味從未褪盡。那已是頑症痼疾。知識分子的群體意識因長期被壓抑，能量的釋放至今受阻。對「非（黨、團）組織」活動的高度防範，對知識人自組織的設限，使得知識分子的固有傳統難以承續。「知識社群」、「學術共同體」一類概念，至今仍為媒體所慎用。而1990年代以來知識界內部的裂變，也使得「社群」、「共同體」不復存在。想到半個多世紀以來知識分子付出的高昂代價，上述情況不能不令人感慨系之。[322]

統戰

　　僅由字面看，「統一戰線」中的各派政治力量應地位平等，事實上卻有主/從。「統戰」作為（及物）動詞使用，主、賓明確。[323]

322　無論討論1949年後的知識分子改造，還是知識分子命運，1957年均為重要的時間節點。對此已有大量專題研究，本章不再展開。

323　「統戰」係「統一戰線」的簡稱。「各派政治力量聯合」這一意義上的「統一戰線」，其較為完整的表述，在毛的《論聯合政府》（收入《毛澤東選集》第三卷）中。關於中共建政前後對「聯合政府」、「統一戰線」的重新考量，參看楊奎松《中華人民共和國建國史研究1》第九章。「統一戰線」歷經「民主聯合陣線」、「抗日民主統一戰線」、「人民民主統一戰線」等，1981年定名為「愛國統一戰線」，沿用至今。統一戰線曾被作為中共革命戰爭時期的「三

據1948年9月26日《中央關於城工部改名為統戰部及該部工作任務等問題的指示》，統戰部(全稱中央統一戰線工作部)的工作任務在「管理國民黨統治區的工作，國內少數民族工作，政權統戰工作，華僑工作及東方兄弟黨的聯絡工作」(《中共中央文件選集(一九四八)》第十七冊，頁342)。由該文件看，彼時知識分子尚未納入統戰工作範圍。1951年2月18日《中共中央政治局擴大會議決議要點》關於「統一戰線工作」，明確將「知識分子，工商業家，宗教家，民主黨派，民主人士」作為工作對象(《建國以來毛澤東文稿》第二冊，頁129)。由職能而言，執行對於黨外知識分子的「團結、教育、改造」的，是執政黨的統戰機構。政治協商會議即統一戰線的基本組織形式。[324]

上文已經說到，知識分子中的統戰對象，以「大知識分子」(黨內「大知識分子」除外)、「高級知識分子」、「上層知識分子」、「資產階級知識分子」為主。[325]對知名知識分子、大知識分子的政治排隊，應屬統戰部門的職能範圍。由《故國人民所有思》一書看，這種排隊隨時進行。反右前即已認定某些知識分子為「右派分子」、「右翼分子」(參看收入該書的《馮友蘭：哲學鬥爭的個人掙扎史》)。當然，排隊的結果由黨組織掌握，秘而不宣。

1962年1月30日毛《在擴大的中央工作會議上的講話》，關於知識分子、資本家和其他民主人士，主張以「愛國」為最大公約數，對其團結，實行民主(《建國以來毛澤東文稿》第十冊，頁26–27)。1963年5月27日中共中央統戰部副部長徐冰《關於中央統戰部幾年來若干政策理論性問題的檢查總結》，關於對「資產階級

大法寶」之一。毛《〈共產黨人〉發刊詞》(1939年10月4日)：「統一戰線，武裝鬥爭，黨的建設，是中國共產黨在中國革命中戰勝敵人的三個法寶，三個主要的法寶。」(《毛澤東選集》第二卷，頁569)

324 麥克法夸爾、沈邁克《毛澤東最後的革命》認為「中央統戰部是一個十分機密的組織」(中譯本，頁112)，顯係誤解。

325 至今官方制定的「履歷表」，「黨外人士」特指有一定社會地位的知名人士，不知名的非黨知識分子，歸入「群眾」(「黨員/群眾」)一檔。

分子和資產階級知識分子」的改造，認為即使是他們中的一些人已
經改造成為勞動者或勞動人民的知識分子，我們同他們在思想上有
時甚至是政治上的兩條道路的階級鬥爭，也還要繼續一個很長的時
期(參看《建國以來毛澤東文稿》第十一冊，頁18)。[326]

　　文革前「統戰對象」既意味着你是對於執政黨的他者，又意味
着某些特殊照顧；儘管一旦你被認定為敵人，相關待遇會隨之取
消。[327]被歸為「統戰對象」者的複雜心理，或為執政黨、統戰部門
的官員疏於體察。作為「統戰對象」的知識分子，反應亦人各不
同。據統戰部門分析，如馮友蘭、潘光旦這樣的「中右分子」，
「很想通過黨派多有表現的機會」，「躋於『統戰』之列」(參看
《故國人民所有思》頁82所引北京高校黨委統戰部《關於北京市
高等學校中民主黨派工作的報告》。未知統戰部門的情報是否可
靠)。

　　曰「舊知識分子」，曰「由舊社會過來的知識分子」，以區隔
不同於「我們」的「他們」，「自己人」與非「自己人」。葉篤義
在1957年「反右」前的鳴放中，在統戰部座談會上發言道：「稱我
們叫『朋友們』有點不大親熱，如果稱『同志們』將是很大的鼓
舞。」他在會上「以『同志』、『朋友』的稱謂為例，談進行拆
『牆』填『溝』的問題」(見氏著《雖九死其猶未悔》頁108)。馮
亦代在該次「鳴放」中則說，自己三十年代接觸黨，感到黨對自
己的信任，沒把自己「當成外人」(《悔餘日錄》頁1)。均可見知
識分子在與黨的關係上，對於「自己人」/「外人」的敏感。馮在
發言中還說，1949年後感到黨將自己「當做人看待」；後在外文出
版社，則像機器一樣被使用(同上)。「歧視黨外人士」(同書，頁

326　該報告關於統一戰線的性質，說它一方面含有社會主義性質的內容，另一方面
　　又是階級的聯盟。不能說統一戰線已經是社會主義統一戰線了(同上)。

327　吳宓1967年12月到所在學校醫院就醫，記起了1962年就醫的情景，說現在自己
　　處境如此，「烏得如彼時之尊崇與優待耶？」(《吳宓日記續編》第八冊，頁
　　334)政策因時而變化；對知識分子如此，對其他統戰對象無不如此。

3)，「非黨幹部不受信任」（頁5），是「反右」中較為尋常的「右派言論」。不被當作「自己人」，曾經是黨外知識分子、尤其「由舊社會過來的知識分子」感受痛切處，今天已不成其為問題——卻並非因為被當作了「自己人」。這一種變化，實在值得當局者作深長之思。[328]

1950–60年代流行過「贖買」政策的說法，來自列寧1918年《論「左派」幼稚性和小資產階級性》。該篇談到馬克思，説，「在一定條件下，工人決不拒絕向資產階級『贖買』」。考慮到俄國的特殊情況，「工人們目前才有必要對那些最有文化、最有才幹、最有組織能力、決心為蘇維埃政權服務並相當認真地幫助安排大的和最大規模的『國家』生產的資本家實行特殊的『贖買』」（《列寧選集》第三卷，頁548、550)——説的是對於部分資本家的政策。[329]「贖買」在漢語語境中，有歧視的意味。陳徒手《故國人民有所思》中《湯用彤：五十年代的思想病》一篇引1959年6月北京市委大學部、統戰部所擬《關於高等學校教授病假期間生活待遇的請示報告》，上報市委請求批准，其中有「黨對他們的政策是高薪贖買，扣減一部分教授的薪金，不利於調動他們的積極因素」云云（見該書頁121)。對於「積極要求進步」、渴望被當作「自己人」的知識分子，「贖買」的説法不能沒有刺激，因形同交易；而交易行為被傳統知識分子認為不潔。即使交易，他們也更願

328　1957年5月毛所擬《中央關於對待當前黨外人士批評的指示》中有如下表述：「不正確地甚至是完全不合理地對黨外人士發號施令，完全不信任和不尊重黨外人士，以至造成深溝、高牆……雖非全部，但甚普遍」。對於上述「錯誤方向」，應「完全搬[扳]過來」（《建國以來毛澤東文稿》第六冊，頁477）。此義「反右」後未見重申。按「牆」、「溝」之説出自章乃器（參看同書頁489註2)。

329　《關於建國以來黨的若干歷史問題的決議》涉及對「資本主義工商業」的「社會主義改造」，有如下表述：「對資本主義工商業，我們創造了委託加工、計劃訂貨、統購包銷、委託經銷代銷、公私合營、全行業公私合營等一系列從低級到高級的國家資本主義的過渡形式，最後實現了馬克思和列寧曾經設想過的對資產階級的和平贖買。」

意相信物有所值，自己配得上所享受的待遇。這層心事本不難知曉。到文革，降低、部分地剝奪知識分子的生活待遇，再看「贖買」，已相當人道，作為修辭不值得計較。毛所說「一批二用」，更將「利用」這一功利目的明白宣示，毫不顧及被「利用」者的感受。1968年10月31日中共八屆十二中全會閉幕式上，毛在講話中說，對於一些學者，所謂學術權威，不要做過分了。馮友蘭、翦伯贊，還有吳晗，也還有某種用處。你如果要問唯心主義，要問帝王將相，還得請教他(逄先知，金沖及主編《毛澤東傳》第六卷，頁2499–2500)。意含輕侮。

　　對於「高級知識分子」的政策性照顧，或可追溯至延安時期。只不過較之物質方面的格外施恩，知識分子更期待的，是平等態度。其中的敏感者甚至可能由大事張揚的「優待」感受到了屈尊俯就的意味。有關政策傳遞給相關人士的，確也是複雜微妙的信息。1957年的「鳴放」中，北大教授傅鷹說：「知識分子的要求就是要把我們當自己人，如此而已，並不需要優待。」(轉引自《束星北檔案》頁138)清初唐甄談到過「善施」(《潛書·善施》)。我們的官員對此至今不解，也因他們不需要懂得人情的體貼。

　　循名責實，統戰部既職在「統戰」，政治運動中理應保護其「統戰對象」，實際功能或相反。有必要梳理1949年以來歷次政治運動中該部的作為。[330]葉篤義《雖九死其猶未悔》一書說，1957年「從5月8日到6月3日，中共中央統戰部先後召開了各民主黨派負責人和無黨派民主人士座談會共十三次，號召大家放手鼓勵批評，堅決實行『知無不言，言無不盡』、『言者無罪，聞者足戒，有則改之，無則加勉』的原則。」(頁101)若由此而指望該部在接下來的

---

330 《故國人民所有思》多處涉及統戰部及其下屬單位在政治運動、「知識分子改造」中扮演的角色。該部1950年代至文革前與知識分子有關的日常工作，即推動「改造」；政治運動中則配合對特定鬥爭對象的打擊，所從事者與字面意義上的「統戰」無關。

「反右」中起緩衝作用，未免太書生氣。[331]統戰部門既不能在黨與非黨的緊張關係中充當潤滑劑，也無力在政治運動中為知識分子（無論黨內黨外）伸張權利。

　　統戰機構以搜集知識分子的思想動向為一部分職能。掌握黨外人士的思想動向的具體運作，包括了安插眼線，定點監控。這或也是被認為行之有效的工作方式。對陳寅恪，既有崇隆的禮遇，同時搜集其「思想動向」（參看吳定宇《守望‧陳寅恪往事》，北京：中國社會科學出版社，2014）。由寓真《聶紺弩刑事檔案》所錄關於聶的揭發舉報材料看，當局（不限於統戰部門）對聶的佈控，至遲1962年已在進行，聶對此卻渾然不覺。該書所引「領導同志」的批示，令人毛骨悚然（頁60）。該書所錄關於聶的彙報材料，有些屬「記敘文」，記述生動傳神，繪聲繪色，兼有對白、表情、動作，超出了專政機關的要求（參看同書頁421–424）。溢出的部分，即「文學性」。文人長技用在這裏，實屬浪費。[332]

　　「反右」後在中央社會主義學院學習期間，馮亦代即奉命從事偵伺；[333]結束學習、恢復正常工作後，繼續這一特殊「工作」。由《悔餘日錄》看，馮1959–1960年間「帶了任務」有意接近的，章伯鈞外，尚有錢端升、費孝通、潘光旦、陳銘德、劉熙眾等。向馮佈置窺伺特定對象的神秘人物，以「地下工作」的方式與馮「接頭」，聽取彙報。要求馮當「對方（按即窺伺目標）以進步面目出現時，也要從中發現問題，因為談話中不能不透露他真實的思想」

---

331 關於中央統戰部在1957年「反右」中，參看沈志華《從知識分子會議到反右派運動》第九章。

332 《故國人民有所思》亦引有北大黨組織收集而用於彙報的關於知名學者的材料。

333 中央社會主義學院設立的背景、定位，參看沈志華《從知識分子會議到反右派運動》頁269。關於此學院，尚可參看千家駒《從追求到幻滅──一個中國經濟學家的自傳》。該書說，中央社會主義學院成立於1956年，由全國政協領導，「主要是為高級民主人士改造世界觀，學習馬列主義、毛澤東思想而設立的」（頁195）。

(頁252)。既以馮為耳目，也即以此為對馮掌控的手段。[334]

　　據《徐鑄成自述：運動檔案彙編》，徐曾受命於時任上海市政協副秘書長的江華，「做一些『高知』的所謂『思想工作』」，內容包括「『量量溫度』，看他們頭腦發熱到什麼程度」、「送送養氣」（按「養」應係「氧」之誤），將自己「對形勢的體會以及改造的心得」向他們談談，並「如實反映」（《交代我的社會關係》，該書頁51、52）。徐受命瞭解的對象，包括李平心、金兆梓、傅東華、王造時、劉海粟、浦熙修、宋雲彬等。對於馮、徐的上述行為，曰「彙報」可，甚至曰「線報」，亦無不可。至於「臥底」，名實相副的另有其人，甚至未見得深藏不露——於此亦可感執政黨的底氣。這種「地下工作」方式曾為「革命戰爭年代」所需要，卻不能由共產黨的執政地位得到合法性的解釋。[335]

　　曾任中共中央統戰部部長的李維漢，其某些主張不但當時、迄今看也依然超前，如「掌握民主黨派的動態」「不能靠少數人打聽小道消息」；「必須嚴格地尊重各民主黨派和人民團體在憲法賦予的權利義務範圍內的政治自由和組織獨立性，任何黨派和團體對其他黨派和團體的這種自由和獨立都沒有權力加以干涉」（參看沈志華《從知識分子會議到反右派運動》頁284–265）。[336]

　　文革前的政治環境中，統戰工作具有高危性質。1962年6月14

334　其人「代表組織」對馮的要求，就有「做黨的馴服工具」，「做到無話不可對黨言」（同書，頁232）。馮的兒子的升學，女兒的入團，則屬補償，與馮承擔的任務有對價關係。

335　民主黨派中中共秘密黨員的身份，是逐步公開的。這也是當代中國政黨政治的特色之一。楊奎松《忍不住的「關懷」》寫到張東蓀於北平解放前得知其苦心經營的北平民盟組織中多有共產黨人，深感意外，「大受刺激」（頁30），足證其迂。民主黨派中的中共黨員，身份逐漸公開——亦中國式「政黨政治」的一大特色。如早年即已加入共產黨、長期擔任民盟要職的胡愈之。

336　關於李維漢1956年與民主黨派、統一戰線工作有關的主張，參看沈志華該書頁268–271、頁274。關於聶紺弩與曾任統戰部長的張執一，參看寓真《聶紺弩刑事檔案》頁88–89。由對歷任統戰部長的評鑒，其人的「宦海浮沉」、個人榮辱，可考官員的品質與其履職方式。

日中共中央在統戰部《關於全國統戰工作會議的報告》的批示，有對統戰工作「寧左勿右」的批評。「寧左勿右」，亦統戰部門的自保之道。收入譚放、趙無眠選輯《文革大字報精選》的《三十三個反革命修正主義分子》一篇，李維漢的罪名之一，即「階級投降主義」（見該書頁220）。李維漢文革後撰寫的《回憶與研究》一書，關於當年對自己主持統戰工作的批判，有「回顧與再認識」（《兩場錯誤的批判(1962年、1964年)》，頁682–695）。據該書，李當時的罪名，「投降主義」外，尚有「修正主義」（頁683），此後更有「反黨反中央反毛主席」（頁684）。批判集中於李主張的所謂「五社一短」，即「社會主義統一戰線、社會主義政黨、社會主義合作共事關係、社會主義民族、社會主義宗教和短期消滅資產階級」（同上）。據卜偉華《文化大革命的動亂與浩劫》，1963、1964年間，毛點名批判李維漢。李「關於統戰工作的許多主張，被說成是『不講階級鬥爭』，『向資產階級投降』」（頁3）。上文所引1963年徐冰《關於中央統戰部幾年來若干政策理論性問題的檢查總結》「主要是不點名地批判統戰部部長李維漢自一九五六年以來在政策理論方面提出的若干意見」（《建國以來毛澤東文稿》第十一冊，頁17）。1964年12月25日中共中央決定撤銷李中央統戰部部長職務(同書，160–161)。曾任同職的徐冰，文革中也未能逃過一劫，被指為夥同李維漢，「大肆推銷『階級調和論和階級鬥爭消滅論』，在統戰中放棄無產階級的領導權，統而不戰，向資產階級投降」（《三十三個反革命修正主義分子》，《文革大字報精選》頁221）。統戰工作的風險往往在解決不好「統」與「戰」的關係、以及「誰統誰」的問題。

　　上文已涉及黨外專家與學術、文化官員的關係。非「自己人」的黨外專家令有關部門、官員高度戒備的，即包括了腐蝕拉攏黨的幹部、黨團員、積極分子，與黨「爭奪青年」（即爭奪「接班

人」）。這也是懸在黨外專家頭頂、令人慄慄自危的一把劍。高校、研究機構中熱心培養青年教師、研究生，往往觸犯此忌。如上文寫到的顧頡剛，如陳徒手筆下的馮友蘭（《馮友蘭：哲學鬥爭的個人掙扎史》，見《故國人民有所思》頁95）。更可畏的是，被扶植、培養的青年，一旦運動到來，也樂於坐實此類指控。沈從文主動向年輕同事提供幫助，卻被對方誣為「存心毒害」（《表態之二》，《沈從文全集》第二七卷，頁174）；因此只能疏遠，以免被斥為「爭奪接班人」（同上，頁175）。即使以茅盾的資歷與地位，亦不免於此種猜忌（參看陳徒手《矛盾中的茅盾》，《讀書》雜誌2015年第1期，頁158）。

　　較之「爭奪青年」更兇險的指控，則是「爭奪領導權」。[337]韋韜、陳小曼《父親茅盾的晚年》寫到毛建國前後動員茅盾出任文化部長，說「你可以掛個名」，實際工作由我們為你配備的助手去做（頁4）。所謂「掛名」，或僅止於「榮銜」，不必、不須、也不能處理某些實際事務。上文提到的《矛盾中的茅盾》，就寫到了茅盾「掛名」的苦惱（《讀書》雜誌該期頁161）。「掛名」亦對民主黨派領袖、知名人士、社會賢達「安置」的普遍方式。如此「職」、「權」分離，自然避免了權力「旁落」。

　　身居高位的民主人士「有職無權」，乃1957年「右派言論」之一種。[338]1949年3月5日毛《在中國共產黨第七屆中央委員會第二次

337　參看陳徒手《傅鷹：中右標兵的悲情》，《故國人民有所思》頁160。

338　黨員幹部李慎之1957年檢討其「右派言論」，其中就有「黨員掌握實權，副職比正職權還大」（《李慎之的私人卷宗》頁254）。另一次會議上舉例說，「李德全整天在外面跑，實際上管不了什麼事，李四光也是這樣」（同書，頁263）。關於黨外人士的有職無權，徒充門面或曰「牌位」，參看《故國人民有所思》中《馬寅初在北大的苦澀舊事》、《陳垣校長入黨前後波瀾》等篇。該書中陳垣的姿態與馬寅初不同，較能「與時俱進」，對校務少知情權、發言權，則與馬同。這也是非黨領導人在「班子」中通常的尷尬處境。楊奎松《忍不住的「關懷」》寫到「自覺自願地進行思想改造，始終堅持擁護共產黨」的王芸生（頁210），照例有職無權。千家駒晚年的回憶中，也談到了他本人體驗的黨外人士的有職無權（《從追求到幻滅──一個中國經濟學家的自傳》頁194）。

全體會議上的報告》中說到，「我們必須把黨外大多數民主人士看成和自己的幹部一樣」，「使他們在工作崗位上有職有權」（《毛澤東選集》第四卷，頁1375）。1956年1月14日周恩來《關於知識分子問題的報告》中，又提到了對於黨外知識分子，「應該讓他們有職有權」（《周恩來選集》頁170）。1957年5月毛在發動「反右」前夕，還在《事情正在起變化》一文中說，知識分子「要求信任，要求有職有權，是對的，必須信用他們，必須給以權責」（《毛澤東選集》第五卷，頁472）。[339]「反右」後未見對此的重申。1966年3月30日，毛在與康生、江青等人的談話中說，解放後，「我們把資產階級知識分子全部包下來」，他們中很多人，「並不想真正改造」，「還掌握着文、史、哲、藝術、戲劇、出版、電影的實權。對這些人的辦法是：第一駁倒；第二給飯吃，有職無權。」（卜偉華《文化大革命的動亂與浩劫》頁67）。由上下文看，這裏的「資產階級知識分子」，既包括黨外，又包括黨內。

那種根深蒂固的不信任，戒備，猜忌，防範，至今仍不難在學術文化界察覺。獲釋後的1977年10月，聶紺弩在寫給黃苗子的一封信中說，自己覺得黃苗子，自己，吳祖光，尹瘦石，陳邇冬乃至黃永玉，「固均屬落後分子，但實皆高知，並不反社，有時抑且歌社而並不違心」（《聶紺弩全集》第九卷，頁358。按「社」即社會主義）。不知當局信也不信。我是信的。

民主黨派正是上文所引1957年鄧小平《關於整風運動的報告》中所說「知識分子成堆的地方」。

1949年1月22日有《中央關於對待民主人士的指示》，收入《中共中央文件選集(一九四八)》第十七冊。該指示曰：「我黨對待民主人士的方針應該是以徹底坦白與誠懇的態度，向他們解釋政

---

339 在此期間他還說：「過去是共產黨員有職有權有責，民主人士只有職而無權無責……現在黨內外應改變成平等關係，不是形式上的而是真正的有職有權。」（參看沈志華《從知識分子會議到反右派運動》頁520）

治的及有關黨的政策的一切問題，積極地教育與爭取他們。對政策問題，均予以正面解答，不加迴避。」（頁69）「反右」前的政治運動如「三反」中，顧及統一戰線，要求對民主黨派和民主人士「酌予照顧」（參看毛《中央轉發北京市委關於三反鬥爭的報告的批語》，《建國以來毛澤東文稿》第三冊，頁22）。[340]即使如此，著名民主人士亦有未能倖免者。[341]1977年以現行反革命犯被處決的王申酉，1976年11月應司法機構要求所寫文字中說，1957年的反右，「基本上摧毀了資產階級民主黨派的力量，黨外資產階級從此基本上退出了中國的歷史舞臺。黨內和黨外的關係也從此發生了變化。」（《供詞》，《王申酉文集》頁58）。[342]1956年1月25日中共中央統戰部向中央的請示報告中提到，應當肯定民主黨派已經是社會主義性質的黨派。此請示報告經毛審閱，「覺得可用」（《對統戰部關於民主黨派若干問題的請示報告的批語》，《建國以來毛澤東文稿》第六冊，頁29）。1963年5月27日中共中央統戰部副部長徐冰《關於中央統戰部幾年來若干政策理論性問題的檢查總結》中談到民主黨派的性質問題，說1962年全國統戰工作會議期間提出的，對民主黨派今後一般不再叫它為資產階級性的政黨，模糊了民主黨派的階級性質，應當加以糾正(參看《建國以來毛澤東文稿》第

---

340 另見毛《轉發饒漱石關於華東各地三反鬥爭情況的報告的批語》，同書頁40；《對統戰部關於各民主黨派三反運動結束時幾項問題的處理意見的指示稿的修改》，同書頁361–362。

341 顧頡剛說郭紹虞「為民主人士，任華東監察委員，而不免於此難，可見前進分子亦殊不易為」，由此想到「諸運動所起之『反作用』實大也」（《顧頡剛日記》第七卷，頁286）。按郭所任為華東軍政委員會監察委員。

342 楊奎松《忍不住的「關懷」》：據「反右」後民盟中央統計，反右運動中民盟組織被揪出右派分子3378人，佔盟員總數的10.5%。其中中央委員59人(含候補中央委員19人)，佔中央委員、候補中央委員總數1/3。中央常委11人，佔中央常委總數35%。各省、市委主委、副主委30人，各縣(市)分部主委74人，分別佔省、市和縣主委、副主委和分部主委總人數的30%、32%(頁354)，堪稱「重創」。「惡性發展盟員」，被作為徐鑄成的罪狀，直至文革中的1970年仍在「交代」（《交代我在舊〈文匯報〉搞的「以盟代黨」的反黨陰謀》，《徐鑄成自述：運動檔案彙編》頁305）。

十一冊，頁18）。[343]文革爆發，作為統戰對象的工商業者、民主人士、其他黨外知名人士，除少數由高層圈定的「保護對象」外，均失去了庇護，暴露在暴民的掃蕩、洗劫中。「據統計，各民主黨派在京中央委員、後補中央委員約有一百多人先後被紅衛兵鬥爭或抄家，佔總數的36.5%」（卜偉華《文化大革命的動亂與浩劫》頁233）。[344]

　　有「保護」名單，就有不受保護者；有被保護的機構，也就有不受保護的機構。即如民主黨派機關。文革初期的一段時間裏，民主黨派機關處在任由衝擊的狀態。1966年8月24日，北京八中紅衛兵發出致各民主黨派的「最後通牒」，「限令七十二小時內解散並登報聲明」（《文化大革命的動亂與浩劫》頁233）。關於「民主黨派」被紅衛兵勒令解散，黨派機關被強佔，著名工商業者、民主人士被暴力批鬥、個人財產被侵犯的情況，參看王年一《大動亂的年代》頁70–71、卜偉華《文化大革命的動亂與浩劫》頁233–234。由紅衛兵對民主人士所下命令可知，他們將民主人士等同於「剝削

343　關於中共建政前關於民主黨派存廢的考量，對民主黨派存在期限的預估，參看沈志華《從知識分子會議到反右派運動》一書頁261–263、頁264。何方《黨史筆記》：「實際上，各民主黨派和人民團體只不過是中共中央統戰部具體管理下的吃大鍋飯的(他們的經費也和共產黨一樣，仰之稅收撥款)附屬單位，因此我們嚴禁使用『多黨制』的名稱。他們提建議和參加政府工作只能稱『參政』，而不得用『執政』。就是這樣，也還是斯大林干預的結果。……即1947年毛澤東在向斯大林請示彙報時曾提出取消一切民主黨派，斯大林沒有同意。在這點上，我國各民主黨派倒是應該感謝斯大林。」（頁598–599。關於毛與斯大林的交涉，參看同書頁628註3）

344　據卜著，1966年9月2日，周恩來起草了《有關紅衛兵的幾點意見》（未定稿），其中有關於「統一戰線政策」的有效性，保護「在國家和統一戰線中具有合法地位的民主人士」、「有貢獻的科學家和科學技術人員」等內容。該《意見》因康生等人的否定沒有發出。據工作人員回憶，周清楚，「康生等人的反對意見，在很大程度上反映了毛主席的主張」（頁276–277）。廣西文革中對民主人士的迫害，參看中共廣西壯族自治區委員會整黨領導小組辦公室編寫的《廣西文化大革命大事記》即香港版《文革機密檔案——廣西報告》頁332–333）。該自治區著名民主人士所罹慘禍，參看徐勇《韋國清剿殺四二二派》（《文革大屠殺》頁241）。顧頡剛1967年1月7日日記，記「聞八寶山所葬民主人士，除聞一多一塚保存，餘如羅常培等皆為紅衛兵所搗毀」（《顧頡剛日記》第十卷，頁598），應得之於傳聞，未知確否。

階級」(見卜著頁233)。關於民主黨派的中央機關文革中被紅衛
兵組織佔據,尚可參看《回憶與反思——紅衛兵時代風雲人物》
中對李冬民的訪談(該書頁174-175)。由當年紅衛兵領袖的敘述
看,民主黨派機關未被「砸爛」者,托庇於「講政策」的紅衛
兵,處境堪憐。[345]

　　1969年5月4日,周恩來有《不要批鬥民主黨派的領導人》的文
電(《周恩來選集》下卷,頁454)。1971年11月20日毛談到保留民
主黨派比較有利(參看史雲、李丹慧《難以繼續的「繼續革命」》
頁45-46)。1972年11月12日中國國民黨革命委員會(民革)在京舉行
孫中山誕辰一百零六周年紀念儀式,是民主黨派文革以來第一次恢
復活動(同書,頁46)。直至1975年召開四屆人大,仍「沒有正式代
表民主黨派的代表」,「只指定了原來民主黨派的一些知名人士作
為代表」(同書,頁410)。[346]

　　暴露在衝擊之下的,甚至有政協。《中國共產黨歷史第二卷
(1949-1978)》:「中國人民政治協商會議十年內根本沒有召開」
(下冊,頁967)。1966年8月30日,「全國政協宣佈自即日起停止活
動」(《文化大革命的動亂與浩劫》頁231)。北京赴內蒙古自治區
串聯的某紅衛兵組織,要求內蒙政協解散(同書,頁258)。被迫停
止活動的,民主黨派、政協外,尚有各宗教團體、知識界各種學
會協會、工青婦等官方「人民團體」、國家華僑事務委員會等等,
「乃至中共中央統一戰線部本身」(蕭冬連《從撥亂反正到改革開
放》頁189)。對於民主黨派、政協的態度,有關於「統戰」、「政

345　顧頡剛1966年8月28日日記,記其「得民進信,知民主黨派已限三日內解
　　散」;「又得政協信,悉政協委員中在舊社會血債纍纍(者),宜即責令回鄉」
　　(《顧頡剛日記》第十卷,頁518)。不知所得民進(按民進即中國民主促進會)
　　「信」由誰發出,亦不知政協通知係出自該機構,或不過紅衛兵所為。顧1967
　　年10月27日記記某人接到民進通知開始學習的函件,知「民主黨派依然存在」
　　(同書,頁765)。

346　關於1970年後「恢復已被『文革』破壞的統一戰線」,恢復某些民主人士的地
　　位,參看該書頁394-395。

治協商」的普遍認知作為背景。正因上述衝擊非由官方組織，或
更可證民主黨派、政協在中國的曖昧地位，公眾對此類機構、組
織——也包括對執政黨的統戰政策、民主黨派政策——的觀感、態
度。即如以「統戰」、「協商」為權宜的策略性安排，不值得認真
對待。[347]

　　據《難以繼續的「繼續革命」》，1971年12月18日，「停止活
動達六年之久的政協全國委員會機關成立臨時領導小組，恢復了全
國政協機關的日常工作，主要是組織原來的政協成員梁漱溟、黃維
等人學習和參加一些統戰、紀念活動，而且各地革命委員會中仍然
沒有政協和『民主黨派』的機構和組織。」（頁46）《梁漱溟自述》
的說法是，「全國政協機關於1968年下半年開始軍管」；次年絕大
部分人員下放到湖北沙洋「五七幹校」。杜聿明、宋希濂、范漢
傑、溥儀、溥傑等人，身體好的在機關從事體力勞動，梁本人則主
要在家呆着（頁160）。1970年下半年，「政協的軍代表決定恢復政
協直屬組的學習」；1973年，不限於「直屬組」，八個民主黨派和
工商聯的成員也編組學習（頁160、163）。[348]1977、1978年，文革前
的統一戰線領導機構和社會各界別組織開始恢復活動（蕭冬連《從
撥亂反正到改革開放》頁189）。

　　知識分子外，尚有必要考察抗日戰爭時期作為統戰對象的「開
明士紳」在「土改」、文革中；[349]工商業者（「民族資本家」）在

347　「反右」中李慎之檢討其錯誤言論，談到自己認為選舉協商「不是真民主」，
　　選舉中「黨的安排權太大了」（《李慎之的私人卷宗》頁256）。另一次檢討
　　中，李說自己認為「中國民主集中制太集中，對於協商以求得一致的做法常
　　表示懷疑」（同書，頁259）。2018年的憲法修正案將政治協商會議寫入憲法第
　　三十三條，並未引起廣泛關注。或因人們的注意力被另一項修改吸引，也應因
　　對政協的憲法地位問題從來關注度不高。

348　梁漱溟日記中的全國政協，似乎有一種福利性質，承擔了某種「生活服務」的
　　功能。梁1966年的日記，每有去政協洗澡、修面、修腳一類記述。偶爾也觀看
　　電影、演出。梁在政協領工資，那是他的「單位」，也就常來常往，甚至在該
　　處習拳。

349　抗戰期間實行「三三制」，即根據地權力機構中「共產黨員佔三分之一，非

「三反五反」、「公私合營」、文革中；[350]國民黨起義人員在「鎮反」、「反右」、文革中；[351]少數民族領袖、宗教界人士在文革中；[352]支援過共產黨革命的外國人士、1949年後留華或來華的外籍專家在文革中。是否講情義，重然諾，涉及執政黨的信譽。將「統一戰線」權謀化，是對現代政治道德基礎的敗壞，何以取信於人？

據說文革後對非公有制經濟人士(工商業者)的統戰方針，由「利用、限制、改造」，改為「團結、幫助、引導、教育」。與其預設了道德優越而居高臨下，不如切實推進政治民主化，以善治修復、重建公序良俗；對於知識分子，則尊重其「獨立之精神，自由之思想」，較之一意馴化，務使歸順、依附，或更有利於培植民族的生機。[353]未知今天還有多少人以被「統」為榮。何不放下身段，

黨的左派進步分子佔三分之一，不左不右的中間派佔三分之一」(毛《抗日根據地的政權問題》，1940年3月6日，《毛澤東選集》第二卷，頁700)。抗戰結束後上述制度的執行情況，參看楊奎松《中華人民共和國建國史研究1》第一章。1948年5月31日，有《中央關於三三制仍應執行的指示》，收入《中共中央文件選集(一九四八)》第十七冊。

350 宋慶齡1955年致函毛澤東，質疑對工商業者的「社會主義改造」，提到了曾經的承諾，指「改造」為「自食其言」(尚明軒、唐寶林《宋慶齡傳》505)。

351 文革結束後「落實原國民黨起義、投誠人員的政策」，「政治上平反者15萬人，撤銷因追究歷史問題而被錯誤判刑的10多萬人」，「對被錯殺的人或在服刑期間死亡的人的家屬在經濟上作了撫恤」(蕭冬連《從撥亂反正到改革開放》頁142)。

352 據蕭冬連同書，「幾乎所有的少數民族上層愛國人士都在『文革』中受到打擊迫害。有的被遣送到農村，家屬子女受到株連失去工作，有的因錯鬥而被迫逃亡國外」(頁145)。文革後落實政策，參看本書下編《札記之二》。

353 1981年中共十一屆六中全會通過的歷史決議中，放棄延稱多年的「革命統一戰線」的傳統提法，稱為「愛國統一戰線」。1981、1982年之交召開的第十五次全國統一戰線工作會議上，胡耀邦提出「愛國統一戰線」應包括「十大對象」，即民主黨派、無黨派知名人士、黨外的知識分子幹部、起義和投誠的原國民黨軍政人員、原工商業者、少數民族的上層人物、愛國的宗教領袖人物、去臺灣人員的家屬和親友、臺灣同胞和港澳同胞、歸國僑胞和海外僑胞(蕭冬連《從撥亂反正到改革開放》頁192。按胡的說法是「黨外的知識分子幹部」)。據同書，1979年8月，在聽取全國統戰工作會議彙報時，鄧小平把知識分子確定為統一戰線的重要對象，要求統戰部「管知識分子」。對於知識分子

與民更始，探索與民主黨派、知識分子相處之道，將「天下為公」落到實處。

我喜歡的一種說法，是「想像另一種可能」。那麼，想想看，1949年後的執政黨與知識分子，以至中國革命與知識分子，有沒有「另一種可能」？

據聞2015年「統一戰線學」首次作為獨立學科被納入國民教育序列。承擔「統戰」任務的中央社會主義學院開設了統一戰線學概論、政黨制度、知識分子理論等課程，並培養統戰學博士(參看《南方週末》2017年7月13日A5版)。令我好奇的是，「統戰學」是否包含對「統戰」實踐的反省；「知識分子理論」如何展開對「知識分子改造」的論述。

結語

文革前的知識分子改造，主要集中於「由舊社會過來的知識分子」，尤其其中的知名人士。本章討論「知識分子的文革」而以這一部分知識分子的表述為基本材料，亦基於上述事實。儘管文革不同於前此政治運動的是，打擊對象空前擴大，不同身份、背景的知識分子，均有可能在運動的某一階段成為鬥爭的目標。

即使如此，「文革中的知識分子仍不可作一概之論。有受難者(因其中多知名人士，當時事後均引起了較大關注)，有捲入派仗者，有旁觀、並無沾濕者，甚至有受高層寵幸、不但得以保全且有機會一展長才者。[354]知名人士中，受到的衝擊亦有程度之別。沈從文的文革就遠較吳宓、顧頡剛、譚其驤輕鬆；甚至梁漱溟的厄難也

已經屬「工人階級的一部分」，何以又成了統戰對象，鄧的解釋是：「社會主義勞動者之間也有統一戰線」(頁137)，說服力似不足。

354 文革中境遇優裕者非止「丁學雷」、「梁效」等寫作班子中人。沈從文1967年5月的一封家書中，說到汪曾祺的處境因「革命樣板戲」而改善，「過去他在北京市文聯，工作了多年，老舍不認識他的長處，搞事務性多，長處難發揮。極可惜。現在搞戲改，可搞對了」(《致沈虎雛、張之佩》，《沈從文家書》頁422)。

不足以與吳宓相比。上述諸種差異,在關於文革敘事中,不免被忽
略了。

附錄一
楊絳的《洗澡》與1950年代初的思想改造運動

　　據人民文學出版社版《楊絳全集》第九卷《楊絳生平與創作大事記》，楊絳1984年有意寫《洗澡》，1986年4月5日動筆，1987年底「殺青塗改完畢」（頁484），1988年11、12月先後在香港、大陸出版。1992年2月，《洗澡》及《烏雲與金邊》法譯本在巴黎出版。該小說敘述了知識分子最初為適應「新社會」的艱難轉身，包括「政治學習」、應對「檢查交代」、「揭發批判」等一整套陌生的形式，發生於其間的悲喜劇。關於《洗澡》，賈植芳說其作者「畢竟是局外人」（《獄裏獄外》頁49）。實則只是與楊的履歷與所處環境不同。同一時期的知識分子改造，不但高校與研究機構，且高校間也互有不同。「學院知識分子」——其中有所謂的「大知識分子」——亦不能概其餘，如人數更多的普通知識分子，包括中小學教師、普通技術人員、公務員，等等。由歷史考察的角度，《洗澡》更宜於讀作一種樣本。即使如此，《洗澡》之後，至今未見關於知識分子這段歷史的更有份量的作品；也如《幹校六記》後的幹校紀事，不曾超出《六記》達到的水準。

　　《洗澡》所寫知識分子經歷的「三反五反」與「思想改造運動」，是他們所歷第一波帶有強制性的「改造」。1949年後的知識分子改造，到文革達於極致——不止於強度，且暴力程度。大劫難之後回首「第一波」，自然別有一番滋味。經驗的疊加，自然也構成了該小說寫作的一部分背景。

　　「洗澡」之為語義刻露的隱喻，至遲延安整風時期已然流行。收入《胡喬木文集》第一卷的胡為1942年3月9日《解放日報》撰寫的社論《教條和褲子》，即有「洗澡」、「脫褲子、割尾巴」一類表述；且強調當眾脫，即「在群眾面前脫」（語見該卷頁49）。

當局者顯然不以為不雅。有意粗鄙，或取其通俗、形象，便於訴諸文化水平普遍不高的工農幹部，同時褫奪了知識分子(「小資產階級」)的自尊。當時的文獻中，應有大量「洗澡」、「脫褲子」等等的用例。[1]

　　1952年毛《轉發志願軍十九兵團黨委三反報告的批語》，使用了「人人下水洗澡」的說法(《建國以來毛澤東文稿》第三冊，頁95)。[2]另有所謂「下樓」，較之「洗澡」、「脫褲子」，已相當委婉，甚至過分客氣。有「但聞樓梯響，不見人下來」之說，批評改造對象不肯付諸實際行動。[3]文革前夕的「社會主義教育運動」，見之於中央與地方文件，有大量類似用語(參看《建國以來毛澤東文稿》第十一冊頁45、242)。1963年2月毛在中央工作會議上談「社會主義教育」問題，有「洗冷水澡」、「洗滾水澡」、「洗溫水澡」云云(參看逄先知，金沖及主編《毛澤東傳》第六卷，頁2277)。同年5月，毛主持修改《中共中央關於目前農村工作中若干問題的決定(草案)》時，又提到了「洗手洗澡」(《對〈中共中央關於目前農村工作中若干問題的決定(草案)〉稿的修改》，《建國以來毛澤東文稿》第十冊，頁304)。同年10至11月《關於印發和宣傳農村社會主義教育運動的兩個文件的批語、通知和對〈後十條〉的修改》也提到「洗手洗澡」(同書，頁389)。至於「脫褲子」，1949年後的知識分子，至少在1952年「三反」運動中即已聽

1　據《溫濟澤自述》，「延安整風時流行一句話，把檢查和改正缺點錯誤說成『脫褲子』、『割尾巴』。」(頁420)

2　另有更暴力的說法。1955年內蒙古自治區創造了對知識分子、資本家「思想剝皮」的經驗(參看高華《身份和差異——1949–1965年中國社會的政治分層》頁34)。

3　「下樓」的說法亦熟語。1957年6月毛在《中央關於加緊進行整風的指示》中有「主動下樓」云云(《建國以來毛澤東文稿》第六冊，頁492)。1964年12月毛《對政府工作報告稿的批語和修改》中也提到「下樓出院」(《建國以來毛澤東文稿》第十一冊，頁272)。

到(參看楊奎松《中華人民共和國建國史研究1》頁282、283)。[4]
「四清」運動使用了「洗手洗澡」、「洗溫水澡」、「搓澡」一類
説法(參看收入郭德宏、林小波編《「四清」運動親歷記》一書的
薄一波、宋任窮、江渭清、劉晉峰等人文章)。文革前夕的中央政
治局會議上,林彪説黨中央要朱德「脱褲子」(參看卜偉華《文化
大革命的動亂與浩劫》頁90)。這一套奇特的政治修辭,文革後似
已棄用。2014年「黨的群眾路線教育實踐活動」中「照鏡子、正衣
冠、洗洗澡、治治病」云云,雖令人有關於「洗澡」的聯想,畢竟
較為雅馴。

　　不難想像知識分子最初遭遇這一套修辭時的不適。楊絳小説
的人物説,「每個人都得洗澡,叫做『人人過關』。」有大盆、
中盆、小盆,「人多就是水多,就是『澡盆』大」(《洗澡》頁
222)。另一人物在「洗澡」之後發牢騷道,「洗傷了元氣了!洗螃
蟹似的,捉過來,硬刷子刷,掰開肚臍擠屎。一之為甚,其可再
乎!」(頁285)洗澡本是私密行為,公開言説,已經超出了書生的
承受力,何況當年的知識分子在各種場合聽到的,尚不止於此。即
如「把屁股挪過來」(同書,頁29)。小説寫到那個名詞(按指「屁
股」),令在場的「舊知識分子」不敢當眾重複。[5]如此全不顧及被
改造者的顏面,令書生們情何以堪!較之「脱褲子、割尾巴」,
「洗澡」已屬較為溫婉的説法。小説人物説:「難聽着呢!」「女
教師也叫她們脱褲子!?」(頁222)難聽,係有意刺激知識分子的尊
嚴與潔癖,剝去「遮羞布」,迫使你赤裸裸地面對眾人。運動的主
持者顯然相信必得如此,才能令改造對象暴露其靈魂。

　　1952年的思想改造,是(除來自根據地、解放區的)知識分子從
所未有的經驗。縱使這一次勉強適應,此後接踵而來的運動,不堪
羞辱的,仍大有人在。到文革,斯文掃地以盡,即使想「洗澡」也

4　羅瑞卿關於公安部三反情況的報告有「『脱褲子』,洗乾淨」云云(參看《建
　　國以來毛澤東文稿》第三冊,頁33)。
5　該小説中的人物還使用了後來流行的「翹尾巴」、「夾着尾巴」一類説法。

不可得。其暴烈程度，是1950年代初的知識人不能想像的。吳宓卻
仍有心情將那些詈罵呵斥、劈頭蓋臉的髒話一一錄入日記，證明了
神經仍未磨粗，對語言暴力的感覺依舊纖敏。

1951年10月，毛在中國人民政治協商會議第一屆全國委員會第
三次會議的開會詞中說：「在我國的文化教育戰線和各種知識分子
中，根據中央人民政府的方針，廣泛開展了一個自我教育和自我改
造的運動」（《三大運動的偉大勝利》，《建國以來毛澤東文稿》
第二冊，頁482）。其時任教復旦大學的譚其驤，寫於1952年的《虔
誠的懺悔——思想改造手記》有如下記錄：「1951年11月30日，
中共中央發出《關於在學校中進行思想改造和組織清理工作的指
示》，提出必須在一二年內，『所有大、中、小學校的教職員中和
高中以上學校的學生中進行初步的思想改造工作』，在大、中、小
學校的教職員中和專科學校以上的學生中組織忠誠老實交清歷史的
運動，清理其中的反革命分子。」（《譚其驤日記》頁307）[6]

1951年底至1952年，關於「三反」的文件密集下達。1951年11
月20日毛有《中央轉發高崗關於三反鬥爭報告的批語》（《建國以
來毛澤東文稿》第二冊，頁513）。11月30日有《中央轉發鄧小平
關於西南區黨政軍三個會議情況報告的批語》（同書，頁524）。12
月1日，中央印發經毛修改的《中共中央關於實行精兵簡政、增產
節約、反對貪污、反對浪費和反對官僚主義的決定》（參看同書頁
532）。12月8日有《中央關於三反鬥爭必須大張旗鼓進行的電報》
（同書，頁548–549）。1952年1月1日毛的《元旦祝詞》，有「開展
一個大規模的反對貪污、反對浪費、反對官僚主義的鬥爭」（《建
國以來毛澤東文稿》第三冊，頁1）。1月4日發出《中共中央關於立
即抓緊三反鬥爭的指示》（同書，頁12–13）。1月13日毛有《在薄

6　譚所引文件，參看《建國以來毛澤東文稿》第二冊頁526–527。譚的記錄與相
　　關文件有個別文字的出入。

一波轉報李富春關於中國科學院三反運動情況報告的信上的批語》
(同書，頁44)。經毛同意的李富春關於中國科學院三反運動情況報
告，談到不要勉強非黨人士進行反省(同書，頁45)。「三反」運
動1952年3-4月結束，「五反」運動已於同年1月開始。關於「三
反」、「五反」及其關係，參看毛1952年1月26日《中央關於首先
在大中城市開展五反鬥爭的指示》(同書，頁97)。[7]

　　《建國以來重要文獻選編》第三冊收有1952年1月5日通過的
《中國人民政治協商會議全國委員會常務委員會關於展開各界人士
思想改造的學習運動的決定》。收入該書的尚有同年1月11日李富
春《中國科學院「三反」運動的情況報告》、1月22日《中共中央
關於宣傳文教部門應無例外地進行「三反」運動的指示》。3月13
日《中共中央關於在高等學校中進行「三反」運動的指示》，其
中有「每個教師必須在群眾面前進行檢討，實行『洗澡』和『過
關』」，以及「分批過關」的具體部署(頁118、118-119)。5月
2日《中共中央關於在高等學校中批判資產階級思想和清理「中
層」的指示》，對高校教職工亦有細緻區分，對「自我檢討以後
迅速過關」、「經過適當批評以後再行過關」、「經過反復的批
評檢查以後始予過關」、「不能過關」，各有具體的比例(百分
比)要求(頁175)。[8]

7　「三反」即反貪污、反浪費、反官僚主義。「五反」即反行賄、反偷稅漏稅、
　　反盜騙國家財產、反偷工減料、反盜竊國家經濟情報。其時有些城市發動的
　　是「四反」運動，即「反行賄、反欺詐、反暴利、反偷漏稅」。關於「三反」
　　「五反」運動，參看楊奎松《中華人民共和國建國史研究1》第五、六章。該
　　書的說法是，「三反」運動起止時間為1951年底至1952年6月，「五反」運動緊
　　隨「三反」而起(參看頁261)。該書第五章梳理了「三反」與「五反」的關係，
　　未及上述運動與大致同一時期針對知識分子的「思想改造運動」的邏輯關聯。

8　前此，1951年5月21日《中共中央關於清理「中層」「內層」問題的指示》，
　　清理對象即包括「一部分新吸收的知識分子」；清理中有「交清歷史」的要求
　　(《建國以來重要文獻選編》第二冊)。據楊奎松《忍不住的「關懷」》，1950
　　年錢俊瑞傳達毛的指示：全國227所高校，社會主義性質的新型學校只佔15%，
　　學生數只佔21%(頁313)。

　　由收入《建國以來毛澤東文稿》第二冊的毛《給楊尚昆的信》
(1951年4月20日)看，其時「忠誠老實運動」已在如華北革命大學
等處進行(頁255)。同年5月，毛有《關於轉發華北革大開展「忠誠
老實政治自覺」運動情況報告的批語》(同書，頁271)，旨在推廣
有關經驗於機關學校部隊。其時的華北革命大學，學員主要為知識
分子、民主人士。

　　《建國以來毛澤東文稿》第三冊有《轉發南京市委關於宣教系
統打虎情況報告的批語》。南京市委的有關報告說，打虎以來，文
教系統是「清水衙門」、「小貪污難免大貪污沒有」等麻痺思想一
掃而空(同書，頁232)。該報告提到該市「文教系統」已落網的大
中小虎數字，提到對高級知識分子既要洗澡，又要堅決幫助其過
關。擬在他們對自己問題交代得差不多時轉入對資產階級思想影響
的批判(同上)。據此可知由本不針對知識界的「三反」「五反」到
知識分子思想改造，正出於高層的設計。

　　中央關於三反中處理科學家、學者的問題的指示稿中說：「三
反鬥爭中對於這類有用的專門科學家和學者的處理，應該以思想改
造為主，對於解放以前有貪污行為者，均作為思想問題來解決。對
於解放以後有貪污行為者的處理的方法，必須事先經市委批准，以
免造成偏向。」毛在「市委批准」後加寫了「有些人須經省委或中
央局批准」(《在中央關於三反中處理科學家、學者的問題的指示
稿上加寫的話》，同書頁326)。執行中的問題是，「有用的專門科
學家和學者」如何認定。這裏「有用的專門科學家和學者」或更
指自然科學方面。該年3月27日毛《對統戰部關於各民主黨派三反
運動結束時幾項問題的處理意見的指示稿的修改》(同書，頁361–
362)不惟對民主黨派，對知識界的「三反」也應有指導意義。由下
文看，相關的指示精神似並未在高校、科研機構貫徹。「用思想檢
查的辦法」，強令其本人「表示態度」，應當是普遍的；甚至為達
目的不惜造成高壓態勢。4月《對中華人民共和國懲治貪污條例草

案說明稿的批語和修改》有：「經過『三反』和『五反』運動……知識分子的不利於人民事業的舊思想也獲得改造了，或者正在改造中。」（同書，頁414）可知知識分子思想改造，正是運動的構成部分。6月《中央轉發出版總署關於發動交代關係和思想檢查的總結報告的批語》（同書，頁468），這裏的「交代關係」、「思想檢查」，無疑包括任職該署的知識分子、文化人。[9]

　　要在上述歷史語境中，才能體察1952年「三反」「五反」、「知識分子改造」中當事人的處境、心理狀態；尤其「從舊社會過來的」對新的政治文化毫無精神準備的知識分子。知識分子與新的政治的初次遭遇，較之此後的「反右」、文革，毋寧說只是小風小浪，卻因「初次」而有「操演」的性質。近年來印行的顧頡剛、吳宓日記，《譚其驤日記》中譚1952年的《虔誠的懺悔——思想改造手記》，與楊絳寫於三十餘年後的小說，不消說有互文性；且各有大量生動的細節。日記、手記中細節之豐富，或超出了文學文本，可補小說所未及——卻仍不足以概其餘。因顧、吳、譚也如楊絳，屬「大知識分子」、「學院知識分子」。

　　僅由字面看，「三反」的主要對象應當是官員，「五反」則針對工商業者（當時所謂的大小「資本家」），與知識分子思想改造卻不止於捆綁，且將知識分子納入鬥爭範圍，由下文所引文獻看，確有當局出於政治需要的一套考量。在知識分子中「反貪污」，初看像是一種奇怪的安排。譚其驤《思想改造手記》記當時華東行政區教育部某領導的講話，說學校主要是批判資產階級思想，主要對象是教師，但「必須從三反入手，對資產階級思想的批判才能展開」

9　沈志華《從知識分子會議到反右派運動》的說法是：「1951年秋，知識分子思想改造運動，實際上就是由北京大學校長馬寅初首先在北大師生中發起的。」（頁43）相關情況參看該書記述。是年9月29日周恩來應邀在北京大學作關於知識分子改造問題的報告（《關於知識分子的改造問題》，收入《周恩來選集》下卷）。

(《譚其驤日記》頁318)。某教授傳達領導的意圖，說得更明白，即以反貪污「破了面子、架子，下面的鬥爭更深入，更劇烈，更細緻」(頁319)。如此看來，的確是針對知識分子特點(「清高」)的特殊的路徑設計。

時譚任教於復旦大學歷史系，《手記》記述該校的「三反」、「思想改造運動」，相當完整：由運動的組織(領導的佈置、指導)、到教員的發言(檢查、交代，相互批評)。檢查、交代則包括了家庭背景、社會關係、個人經歷；階級根源、思想根源；政治態度、教學觀點、生活作風等等。所記復旦大學教師最初的交代，以佔小便宜為「貪污」；抖摟的，不免是陳穀子爛芝麻，即如「追求享樂，喜歡跳舞」，講究衣着(周谷城，《譚其驤日記》頁308)；用公家的木板做了書架、私用多餘的試卷試題紙(胡厚宣，頁311)；借書未還，用偽軍留下的木材做了桌椅(周予同，頁314)，等等。半個多世紀後讀來，難免令人啼笑皆非。事雖微末，卻足以損傷自視清高的知識分子的自尊。另有一些教師，坦白的內容與金融投機有關，更具「上海特色」。包括了買賣甲骨(頁310)，買賣黃(黃金)、白(銀元)、綠(美鈔)，放高利貸(頁311)之類。即使這些，也屬個人的經濟活動，無關乎「貪污」、「浪費」、「官僚主義」。涉及思想，則少不了自私自利、自高自大、名利思想、個人主義、「純學術」，以至「崇美奴化思想」等等。雖有對自己的醜化，以文革的標準看，尚說不上「要害」。卻仍可想見自我作踐時的挖空心思、搜腸刮肚。

被迫承認貪污，更是在打態度。直至交代個人歷史、思想，才切入正題。由《洗澡》也由譚其驤手記、顧頡剛日記等材料看，交代歷史更應當是此次運動的重心——或出於新政權掌握知識分子資訊的需要。而知識分子前此從未面對過這樣的需索。由譚其驤所記，可知同一人往往作多輪交代，不得不自我重複，當時就有「擠牙膏」的說法(《譚其驤日記》頁373)。這種交代不能不使一部分

知識人備感屈辱，尤其在大庭廣眾之下。

最傷自尊的，仍然是涉及男女間隱私的「交代」。儘管知識人涉足商業或金融活動，素為清高者所不齒，卻仍以將兩性間事公諸於眾，猶如當眾剝去衣裳，殺傷力可想。這種「暴露」無疑增添了「運動」的趣味性。對於「風化事件」，群眾的窺視欲是難以饜足的。「政治」深入知識分子私域，1949年後，也應由此次運動發端。

茅以升的女兒茅青回憶其父在1950年的「忠誠老實運動」中不得不承認自己向妻子隱瞞已久的「外室」問題，致使妻子和他均陷於痛苦之中（《我們家的人和事兒》頁80，南京：江蘇文藝出版社，2009）。納妾固然是陋習，「但是新中國並沒有建立起尊重個人隱私的習慣和空間，也不給那些既成事實的家庭解決問題的時間和方法，因此讓很多家庭陷入痛苦和矛盾之中」（同書，頁81）。

《洗澡》由人物的感覺寫強制「改造」中的肅殺氣氛，由受壓者的角度寫施壓的方式，寫知識分子應對「改造」的不同姿態、方略，自我「暴露」中自覺與不自覺的表演性。後來政治運動中的一些做法，在知識分子初次遭遇的「改造」中已然成型。即如被要求深挖「階級根源」、「思想根源」。被改造者為求過關，不惜過甚其辭。《洗澡》的一個人物說，自己「可沒本事把自己罵個狗血噴頭」，說那些被示範的檢討都是「罵來罵去罵出來的」（頁222）。同一人物還說，「我現在明白了。一個人越醜越美，越臭越香。」「人越是作惡多端，越是不要臉，檢討起來才有話可說，說起來也有聲有色，越顯得覺悟高，檢討深刻。」（頁226）另一人物困惑道：「為什麼老把最壞的心思來冤我們呢？」（頁233）小說中某人物「愛做文章，每個細節都不免誇張一番，連自己的醜惡也要誇大其辭」（頁236）。因表演過火，檢討中群眾追問其「說的是句句真話呢？還是句句撒謊呀？」（頁257）

即使如此，無論由譚其驤的《思想改造手記》還是楊絳的《洗

澡》均可看出，當年運動中知識分子的「交代」及相互批評，較之
此後，仍多了幾分真誠。有些知識人也確有「改造」的意願。群眾
評議雖不免於苛，也較後來認真，較少敷衍。類似的形式註定了會
在反復運用中磨損，尤其在經歷了文革的鍛煉周納、剝皮論骨式的
揭發批判之後。

　　主要針對知識分子的政治運動，是層層剝奪尊嚴的過程。經
歷了1950年代初當眾自暴其醜的最初演練，知識人的心理承受力或
有所提升，為此後變本加厲的打擊作了準備。「反右」，1958年的
「雙反」（按「雙反」即「反保守、反浪費」）、「拔白旗」，文革
前的「社會主義教育運動」、「教學改革」，直至文革。當自誣、
自污習為常態，人們見慣不怪；「老運動員」更是駕輕就熟，自覺
配合演出，無所用其「真誠」。至此，那層自尊反倒像是負擔。這
或許正是當初「洗澡」的預期目的。

　　讀有關「三反」「五反」的歷史研究，難免毛骨悚然。由史家
的相關考察看，「五反」對工商業者的衝擊足夠猛烈，自殺（乃至
舉家自盡）事件頻發，甚至有使用肉刑的例子。顧頡剛日記記其所
聞此類社會新聞，文字間不難感知當年人心的悸動。

　　李新說，「三反」運動在自己腦子中留下的印象是不好的
（《流逝的歲月：李新回憶錄》頁334）。曾志回憶錄《百戰歸來認
此身》寫到了工業系統「三反」中「採取延安整風『搶救運動』的
那種方式，比如開群眾大會、點名批判、搞逼供信、吊打關押、威
脅利誘、車輪戰術等，無所不用其極」（頁317）。

　　《顧頡剛日記》記李平心因不能維持其「書室生活」，至以
斧擊頭自殺（第七卷，頁195），當得之於誤傳。錢伯城《上海出版
界「文革」劫難記》（《湖南文史》2003年第12期）關於李，說：
「1951年思想改造運動時，他受不住那種任意誣陷的批評幫助（後
有個名詞叫『無限上綱』），氣得用根木棍打頭，雖未死去，從此

得了頭痛毛病。思想改造運動時，上海文化界有副對聯：『劉大杰跳黃浦，李平心捶腦袋』，指的就是此事。」《顧頡剛日記》同卷9月27日記聞之於他人，「復旦中半年來死者有四五人，或氣死，或縊死。自劉大杰投黃浦後，陳其五到復旦演講，漸漸轉寬」（頁280。按劉大杰自殺未遂）。由顧氏日記看，上海「三反五反」中屬「經濟犯罪」的，尚有文化界人士，如瞿子陵、謝稚柳，「均判機關管制一年」（同書，頁223。顧氏所聞確否，待查）。我曾在一篇隨筆中，寫到當時的我還是個孩子，對父母承受的壓力全無所知。多年後聽父親說，較李平心的「捶腦袋」更有甚者，他參加的那次運動，有人割去了自己的陽具。

　　上文提到賈植芳說楊絳「畢竟是局外人」。由《洗澡》看，對賈這種1949年前即追隨共產黨、參與「地下工作」的知識分子，楊確有隔膜。賈在上海高等教育界第一批參加思想改造的名單中。1952年8月調入復旦大學，說自己在那所學校「度過了人生史上最恥辱也最難忘的後半生」（《獄裏獄外》頁56）。賈寫所見復旦大學「思想改造」後的「新氣氛」：「教授們都灰灰的，熱情不高。」更有一種「亂穿衣」的現象，「有的教授把西裝上衣改成又緊又窄的中山裝，有的教授制辦了當時幹部穿的藍色棉布列寧裝，有的則把長的呢大衣改為幹部式的短列寧裝」。賈想到了阿Q辛亥革命後的「咸與維新」，覺得可悲又可笑（頁57）。

　　1957年「反右」前北大教授傅鷹在「鳴放」中說，「黨和黨外人士關係不好，首先是由於『三反』時的偏差。」（轉引自《束星北檔案》頁138）所謂的「糾偏」照例在劇烈折騰之後。譚其驤手記記有某領導就中文系教授劉大杰跳黃浦江自殺未遂一事講政策，講「三反」與思想改造的關係，說學校主要是批判資產階級思想而不是貪污、浪費和官僚主義，主要對象是老師（《譚其驤日記》頁318–319）。過火—糾偏，也習為常態，是政治運動中重複上演的劇目，更是操縱運動的策略。

「三反五反」、「思想改造」運動興起之時，顧頡剛雖在復旦大學任課，尚不在編，其任職的大中國書局的「三反五反」雖激烈，對顧衝擊有限；任教的上海學院不在第一期運動中，日記略有隔岸觀火的意味。[10]1952年1月10日：「自反貪污、反浪費、反官僚主義運動以來，被檢舉者多為共產黨，蓋惟黨中人乃能把握經濟也。此與去年懲治反革命異，去年人嫌其嚴，今則惟恐其不嚴耳。使其嚴，則人心服，統治日固矣。」(《顧頡剛日記》第七卷，頁172)後來則發現所衝擊的，不止執政黨中人。同年5月2日，記自己在大中國書局「悔過」。因「不負經濟及事務責任，故悔過時只能說自己犯了嚴重的官僚主義」(同書，頁216)，還不甚狼狽。

經濟問題方面尚能坦然的顧頡剛，尚未被「思想改造運動」觸及，先已感受到了壓力。是年1月20日日記，說土改加上學習，「實將逼死予」(同書，頁177。按當時組織高校師生參加土改。顧實未參與)。說某某因連續開會，「不堪其勞」「一病即死」(同上)。由日記看，上海學院的「思想改造」運動，於是年5月中旬開始。檢討會的批評「嚴厲」至於不情(5月13日，頁220)。大致同一時期，尚有「忠誠老實運動」。顧對此運動的理解是，「過去行為一切交代，交代了即無事」(頁229)。事後證明絕非如此輕鬆。[11]

7月9日，上海學院的「思想改造」正式開始。顧在當日的日記中抱怨所聽舒同的報告令人「困怠」，說「共黨開會，無不如是」，以之為「虐政」(同書，頁241)。[12]顧氏「此次學習，可怕

10　上海學院存在僅一年，其部分系科後併入復旦大學。顧頡剛即入復旦。

11　「忠誠老實運動」早在中共建政前即已在進行。參看1949年3月2日《中央關於華北大學畢業生的分配和在學生中進行忠誠老實教育問題給華北局的指示》(《中共中央文件選集(一九四九)》第十八冊，頁160–162)。1949年後的「忠誠老實運動」不止在知識分子中。參看高華《身份和差異——1949–1965年中國社會的政治分層》頁25。

12　中國當代政治文化中的開會、報告，更是儀式行為，預期效果在強化權威。即使在信息傳輸方式已大大變化的當下，會風、「話風」依舊。顧以之為「虐

者三」，一因天熱，二者「刺戟太甚」，三即開會太多。顧氏始終
不能適應開會這種政治生活方式。令他為難的是，寫文章說自己過
去「如何如何的不好」(7月13日，同書頁243)，又不習於在批評會
上指摘他人。而這些正為政治運動必不可少。

　　「思想改造運動」中的顧頡剛，聽報告之外，在該校參加大組
學習、小組會，「作《六十年來我的生活的總檢討》」(7月15日，
同書頁243)。仍慶幸壓力不大，「較之第一期之復旦、交大，第二
批之滬江、聖約翰，則輕鬆多矣」(7月21日，頁246)。由日記看，
顧氏在「思想改造運動」中雖不免心理緊張，終順利過關，確較譚
其驤輕鬆。顧的幸運固因所在單位，也應賴有關方面的關照。這一
點要到稍後他才知曉。到文革，顧的好運氣已經用完。各種已知的
「保護」名單中，未見他的名字。

　　或也因壓力不大，1952年日記，顧會用了戲謔的態度，寫自己
如何寫檢討，說自己在「三反」中「是一個不重要的腳色，本想
不出什麼來。自聽了兩天的報告和提意見，居然想出十一條，然皆
雞毛蒜皮也」(7月19日，同書頁246)。還說自己「所開貪污單，解
放前一千二百餘萬，解放後四十八萬」。「戲語」某人說：「可套
金剛經語曰：『所謂貪污，即非貪污』」，對方大笑(7月24日，頁
248。按當時的幣值萬、千、百，不考慮貨幣貶值的因素，略相當
於後來的元、角、分)。見諸顧氏日記、譚其驤手記，知識分子交
代的「貪污」大多極其瑣屑，有損於運動的嚴肅性。如上文所說，
在文化機構運動的主持者，更意在使有所玷污，不能不「夾起尾
巴」，在「思想改造」中低首下心。

　　思想改造運動中，顧頡剛借檢討「立場問題」，說自己「胸中
有積疑二：烏蘇里江東之東海濱省，黑龍江北之阿穆爾省，帝俄時
代所奪地也，既對我友好何以不還？一也。帕米爾高原，唐努烏梁

政」，當局必不知所云。調至北京後，顧氏更苦於有「開不完的會」(《顧頡
剛全集·顧頡剛書信集》卷三，頁413)。

海，皆中國地也，蘇聯何以不聲不響地拿了去？二也。此事，我政
府或有難言之隱，然對我輩高級知識分子必當有一交代。」(7月29
日，頁249)用了文革的思維，則無異於「放毒」。在顧，應屬骨鯁
在喉，必欲吐之。他人未見得沒有此「疑」，懾於「一邊倒」的高
壓，不敢明言罷了。

　　此次運動刺痛了顧的，或許是其門下童書業、楊向奎對其《古
史辨》的批判。顧則堅持認為自己無「資產階級思想」，日記中譏
兩個弟子「作競賽」(7月31日，頁250)，仍然是居高臨下的態度。
前此就曾因門弟子的批判而不無得意地說，《古史辨》一書「至今
猶勞打倒」，可見「影響思想界者偉矣」(3月12日，頁198)。如顧
頡剛這樣的「大知識分子」，打掉其自信，還真不太容易。

　　是年8月10日，顧聞之於他人，主持運動的舒同命學委會對自
己「保護過關」，「聞上海得如此待遇者僅予一人，與工商界之
榮毅仁等」。顧對此不無感激，說自己「受此優待，益不敢自懈」
(頁254)。無論保護顧還是榮，均應是高層的意思，非舒同所能決
定。此後顧雖仍參加運動，心理壓力當已卸卻。依楊絳《洗澡》中
大、中、小三種澡盆說法，顧洗的應當是小盆。顧繼續參加小組
會，檢討交代，自我上綱。曾因寫檢討而抱怨「真正逼死人」(頁
255)。說自己「終日交代，不勝其憊」(頁261)。記某同事被逼得
大哭(同上)。卻也另有收穫。8月27日的日記，記有「今日提意見
者，有為予開脫者，亦有切中予病者。予生平直諒之友不多，今日
聞此，大有遽伯玉知非之感。」(頁261)這在顧，無疑是新鮮的經
驗。這個月末的日記後，詳記「思想改造小組」對自己的交代所提
意見(頁263–265)。較之文革，記在這裏的意見已夠平和。雖也上
綱，卻沒有謾罵侮辱。即使如此，也非都能使其心悅誠服。9月1日
的日記，就記所提意見「毛舉細故，不中予病」，認為大家格於
「形式」，不得不說。「思想改造而落形式主義，亦難乎其為改造
矣」(頁269)。應當是切中時弊的批評。惜當局者不知此義，即知

也不會改。

　　顧氏日記中關於湯克的記述，堪為《洗澡》做註腳。顧氏對湯因「招搖撞騙」而遭「公審」，不免快意，甚至以為領略了「群眾力量之偉大」（頁257）。亦可見1950年代初的知識分子對「偽裝進步」、打擊他人的投機分子的厭惡。這類角色此後仍廣有市場，且子孫綿延不絕。

　　進入「新社會」未久的吳宓，對不得已的表態，對人與人之間的「互相詗察」，已感不適（《吳宓日記續編》第一冊，頁24–25、113）。時有被監視、偵伺之感（同書，頁208–209、259）。屢悔多言，畏禍之情時時流露在文字間（頁121）。神經過敏不免，但精神的緊張是真實的，且未必係自擾。吳宓固然迂，某種感覺卻極敏銳。他的應對，包括了避免使用流行用語，即如將「檢查」「交代」寫作「自白」、「自白書」。其拒絕「時式」的頑固，至文革猶未變。

　　1951年的吳宓，「感世中一切全變，幾無可托身寄生之道」（8月14日，同書頁190）。說「在今講授殊難且苦」，自己「降志辱身不止一事」（10月22日，同書頁232）。聞「鎮反」宣傳，「皆嚴厲之教，威嚇之詞，而以四川土語廣播，加重其語調」，令其「恆覺股慄震怖，即不思其內容，已深感神經刺戟過度，幾於立致瘋狂」（頁119。着重號為原文所有。下同）。到文革，應對高音喇叭的轟炸已習以為常。1950年代初他需要適應的，尚有「運動」中不可少的社會動員。即如控訴，「取最殘酷污穢之行事，而渲染描繪之，使聽者憤激」（同上）。對當局的治道，日記中一再批評（頁121）。吳的所憂更在世道人心，持論未見得迂腐。

　　或出於校方的關照，這期間的吳宓，在西南師範學院並未遭遇難堪。當年4月16日，記其「自白」後，「在座對宓均甚有禮」（同書，頁113）。直至歲末，吳與其詩友以舊體詩唱和事發，吳詩

被斥為反對「土改」、「鎮反」，為此驚恐萬狀，甚至想到將遭槍斃或判刑（12月6日，頁250–251）。[13]吳有自辯（頁252–253）。吳稱之為「詩案」的這次「事故」，應當是1949年後吳所面對的首度衝擊。既擬之於文字獄，吳心理緊張，屢受驚嚇，日記中隨處可見。[14]事件發生在「思想改造運動」前夕，有驚無險，更像是一場虛驚，對吳此後命運的影響卻深刻而持久。「思想改造運動」中已是其坦白檢討的主要內容。雖當時未鑄成鐵案，吳詩之「反動」，應廣為人知。

由吳宓日記看，1951–1952年之交，西南師範學院進入「思想改造運動」。[15]1951年12月12日，吳在學習會上自承「此改造對宓特為艱難且痛苦」，「譬如海水洗墨、刮骨療毒」（同書，頁257）。12月16日，記他人勸其主動檢討，以求在思想改造中少受衝擊（頁260）。吳憂懼追究「詩案」，力爭主動，極力迎合，甚至「改裝」，購當時流行的八角帽（頁266）。[16]1952年3月28日日記，寫自己「惟憂懼思想改造運動不能過去，雖淟涊苟求活，恐仍不免於死」（同書，頁317）。5月6日，記「鑒於北京對梁漱溟、張東蓀、趙紫宸等之嚴行評判，加重其罪名，宓心殊憂懼，恐將不免一死」，甚至不敢考慮戀愛結婚（頁342）。[17]

事實是，吳宓在西南師範學院經歷的「思想改造運動」，並沒

13　吳猜測當地軍政當局或由郵檢中搜獲其詩（同上）。事實或非如此。到文革，針對吳宓的郵檢已成當地有關機構的一項業務。

14　12月27日日記記此前所作《感事》詩，有「湍急渦旋終失足，污泥深陷悔難追」等句（頁267）。

15　據其日記，該校正式宣佈開始思想改造運動，在1952年5月5日（同書，頁342）。5月13日又記思想改造運動該日開始（頁348）。日記中的吳宓，此前已進入「運動狀態」。

16　吳「改裝」之事，一波三折。1952年，他仍不肯「曲從」他人建議改換「短裝」，「以合於新時代」（2月26日，同書頁299）。後為「同俗而自晦」，量製中山裝，甚至「着工人制服之短裝」（4月22日，頁333）。如此遲疑難決，也因將改裝視為政治表態。

17　5月8日記所聞張東蓀在燕京大學的「思想改造運動」中（頁344）。

有其設想的可怖。6月5日，其自我檢討已初步通過(頁363)，學生
反應積極(頁364)。6月23日，外文系師生座談會上「祝賀思想改造
成功」，令吳「啼笑皆非」(頁373)。[18]倘其時有文革中對其日記
書信的「檢閱」，「啼笑皆非」的，當是祝賀其「改造成功」的師
生的吧。出乎意料地通過這一輪「改造」，或令吳宓以留在重慶為
得計。到文革(甚至文革前的「社會主義教育運動」)，吳已不能再
次「蒙混過關」。

　　吳宓日記既記其「檢討」的內容，又記其真實想法及心情，兩
相對照，可知其被迫表演、言不由衷。[19]這一時期的吳宓日記，不
但與譚其驤、且與顧頡剛日記大異其趣，較《洗澡》所寫，更有其
生動。1950年代初如吳宓這樣的人物，口是心非的「檢討」，知識
分子中或不稀見，難得的是如此可考的出諸本人當年的文字記述。
也因此吳宓此一時期的日記作為文獻或絕無僅有。日記所記方敬的
談話(頁275–276)，可作為領導幹部「掌握政策」的典範。吳對方
敬的銘感，應與此有關。方對吳的「回護周旋」(頁284)，當年殊
為難能。文革初吳宓拒絕落井下石，亦因感知遇，對方心存感激。
甚至說「自譬如馬，樂得御者如敬」(頁293。按敬即方敬)。由吳
的思想狀況及行事方式看，倘其在京城或其他處(如陝西)，未見得
能遇方敬其人而獲保全。[20]

　　日記記他人「改造」中的表現，作為鏡鑒，確信「更當自知自
信自立」；發言則「依樣葫蘆，隨眾敷衍，以為應世悅人、避禍全
生之具」(同書，頁279)。壓力下不拒絕違心的表態，亦吳宓此後
應對政治運動的策略。直至1974年的不再妥協，堅拒批孔。區分公

18　6月29日，記寫稿《改造思想，堅定立場，勉為人民教師》)(頁375)；7月8
　　日，該文於《新華日報》刊出(頁379)；後該文由上海《大公報》、《光明日
　　報》轉載(頁390)。

19　上文注引其《感事》詩，有「洗髓刳肝難換骨，絕情棄智強陳詞」句(頁
　　267)。吳宓詩往往自註，唯恐心跡不明。

20　方敬，歷任西南師範學院(今西南師範大學)外語系主任、教務長、副校長。

開場合與「私下」，向知交、更向日記、舊體詩吐露真情，人格並未因此分裂。那只是吳的生存技巧，不得已而行權，毋寧說以表裏不一保護了內心的完整。在這一點上，或可作為部分知識分子應對強制性「改造」的標本。

吳宓日記、詩作的自我刻畫，足證此番「改造」對吳無效。

1952年的夏鼐日記也寫到「三反」、「思想改造」。1月21日記「起早自我檢討」（《夏鼐日記(1946–1952)》第四卷，頁459）；22日「參加三反運動學習會」，作自我檢討(同書，頁460)；2月11日，記批評意見(頁463–465)。批評多針對工作作風、方法之類，意見亦較平和。如是，與復旦大學的運動，像是冰火兩重天。

《沈從文全集》第二十七卷《沉默歸隊》一輯，有1952年所寫《「三反運動」後的思想檢查》。下一篇《交代社會關係》，亦寫在此次運動中，應為「交清歷史」而寫。其他應命而寫的自傳，倘與寫於1932年的《從文自傳》對讀，一定有意思。

陳徒手《故國人民有所思》關於賀麟的一篇（《賀麟：轉型時代的落魄和轉機》），說賀在「三反」、「思想改造運動」中「所受的圍攻程度是劇烈的」。其人「早在1950年4月就因此被管制，直至1952年6月才被解除」（見該書頁128）。未知「劇烈」到何種程度，「熱水澡」外是否尚有開水、滾水？

巫寧坤出版於境外的《一滴淚》，關於當年燕京大學「思想改造」中的陸志韋、趙蘿蕤、趙紫宸等的狀況有記述。燕京大學因係教會大學，對「崇美」、「親美」的清算尤為激烈，是可以想見的。由巫該書所寫，燕大的同一運動，似較復旦更劇烈——或與巫以一個剛踏進國門不久驟然處此漩渦的感受有關。巫寧坤該書寫到了運動中師生「互動」的某些方式——如學生向老師「送禮」；所謂的「禮」，即所聞老師平日的言論(見該書頁31)，足令原無防範的知識人心驚肉跳——與此後的運動相比，仍屬溫和。但發動學生

揭發批判老師，或也由此運動發端。該書寫到了陸志韋對之有「知遇之恩」的吳興華揭批譏嘲陸，陸的愛女「大義滅親」（見該書頁29-30）。不但發動學生且發動親屬參與批判，此一運動或也有示範作用。[21]

關於燕京大學的「思想改造運動」，楊奎松《忍不住的「關懷」》第一章有記述。該書引當事人的回憶：燕大將校長陸志韋、哲學系主任張東蓀、宗教學院院長趙紫宸確定為重點批判對象（頁56）。該書涉及工作組對批判活動的組織動員，對張東蓀檢討的評議。最初的評議，師生態度尚較溫和，意見不甚尖銳（頁57）。升級是在「批倒、批臭」的預定目標下組織動員的結果。比較之下，《洗澡》所寫，遠不及譚其驤所記及此書所述的激烈，與小說所寫為研究機構，沒有大學生參與或不無關係。關於清華大學的「思想改造運動」，參看楊奎松同書第三章。據該書，北京大學的忠誠老實交清歷史的運動，以擔任過國民黨浙江省黨部組織部長、國民黨教育部次長等職務的周炳琳為鬥爭重點（頁214）。

季羨林時任北京大學東語系系主任，洗的是「中盆」。文革後回憶自己當年運動中的狀態，自說懷着基督徒似的原罪感，批評越激烈，越感舒服，「感動得真流下了眼淚」（《我的心是一面鏡子》，《牛棚雜憶》附錄，頁205）。到文革中被批鬥，心情已全然不同，再無當年的真誠與天真。那一種「童真」一旦失去，即不可復得。

1957年「反右」前的「鳴放」中，北京大學教授王力說，知識分子的思想改造是必須的，但「今後知識分子的思想改造工作，不能再作為一種運動來搞。1952年的思想改造運動，固然起了一定的作用，但同時也起了不少的副作用」（參看沈志華《從知識分子會議到反右派運動》頁580）。所幸王力未因其上述言論而劃為「右派

21　吳興華1957年被劃為右派分子，1966年死於文革初期的虐害。其遭遇近年來見諸報端，著譯亦結集出版。巫寧坤的記述，仍令人可見政治運動中人性的扭曲，人與人關係的畸變。

分子」。

　　關於1950–60年代高校、研究機構的「知識分子改造」，以陳徒手《故國人民有所思》一書材料最豐贍。該書《文件中的王瑤》一篇寫到了「三反」後吳組緗、王瑤等因壓力過大而致病，年輕教師與老教授關係緊張。「王瑤等中文系的一些教授對近鄰、稍顯安靜的北大文學研究所有一種別樣的嚮往，私下裏偶爾流露願去那裏從事研究」（該書頁179、181）。那近鄰的研究所，正是《洗澡》故事的發生地。

　　有一些基本預設。比如「知識」——無論人文學科抑自然科學——不具有客觀性；立場決定「知識」的性質。因而不接受「改造」而運用其知識、技能為新社會服務是不可能的。「改造思想」被作為進入「新社會」的必要條件，無論自願還是強制。1949年的「接收」只能是短暫的過渡狀態。

　　即使有親歷者寫在當時(所謂「現場」)的文字，刻畫剛進入「新社會」的知識分子對政治運動的反應而深入到心理層面的，仍然是楊絳的《洗澡》。基於對小說功能的理解，《洗澡》關於知識分子「改造」，着力處更在「政治」背後的人事，隱藏於意識形態話語的個人動機，以至極私人的情慾，隱秘，微妙，卻絕非無關緊要的細枝末節。這種政治史省略的部分，就某個具體事件而言，甚至有可能是樞軸，關鍵。非正常的「政治」往往利用私欲。即如假借大義對有宿怨者的打擊、報復。借諸「群眾運動」為掩護的「與人鬥」，在某些人，的確「其樂無窮」。《洗澡》中某人的興奮，既有自以為政治正確的自得，又有借助外力擊倒學術對手的快意。這是1949年後發生在知識分子中的平常故事。正因平常，更值得呈現。

　　小說中知識分子的政治表現，首在是否「靠攏組織」。同一研究機構，不乏刻意「靠攏」、爭當「培養對象」者；分化由隱蔽而

漸漸顯露。其間有知識分子圈內固有的明爭暗鬥，又有假「意識形態」的名義對學術資源的爭奪。小說家言往往瑣細，卻也惟此才足以揭示1950年代初學術機構的「生態」，內部關係，眾生相。新舊嬗遞之際的學術環境，複雜曖昧的人際關係，要親歷那個年代才更能窺其奧妙——亦當代中國不易為外人洞悉的「裏子」。1952年之後的政治運動愈加兇險，直至「你死我活」，出了《洗澡》的敘事邊界，卻仍可由這部小說所呈露者窺見端倪。

小說中幾個「舊知識分子」經由「洗澡」而「過關」，是改變自我認知與想像，學習適應新的社會位置、角色的艱苦過程。他們不但被訓練了新的行為方式，且被要求掌握新的表述方式：檢討，深挖，自我暴露等等。由小說看，楊絳對那場運動記憶深刻的，或更是現場氣氛，「群眾」的態度，不惟言辭，細微到了神情。「群眾」是由改造對象的角度感覺的，面目模糊，卻因此更其可畏，更具威脅性。運動主持者期待的效果未必不如是。

楊絳在《我們仨》中寫到自己和錢鍾書親歷的「洗澡」，及接下來參與的「忠誠老實運動」，說「『三反』是舊知識分子第一次受到的改造運動」；說她和錢鍾書「驚愕地發現，『發動起來的群眾』，就像通了電的機器人，都隨着按鈕統一行動，都不是個人了」（頁128），可用於自註《洗澡》的有關描寫。「都隨着按鈕統一行動」或有誤解。仍然有「個人」，且那些個人的行動很可能是自覺的，並非隨時被「按鈕」操控。楊絳接下來說，「人都變了。就連『舊社會過來的知識分子』也有不同程度的變」（同上）。當然也有吳宓這樣的例外。楊絳在下文中對自己的說法作了更正，說1956年「鳴放」期間才發現，本以為人都變了，「原來一點沒變」。她和錢鍾書「又驚又喜地一處處看大字報，心上大為舒暢。幾年來的不自在，這回得到了安慰。人還是人」（頁134–135）。接下來是「反右」。關於人，楊絳又會有怎樣的發現？

「由舊社會過來的知識分子」與「改造」的最初遭遇之後，小

説人物還將有一次再次的遭遇。倘總能避禍全生或涉險過關，則會在文革中走最後的一遭。若前此即蹉跌——如在「反右」中——文革時就已經是「老運動員」了。結局無非是，終於熬不過，了此殘生；或已練出了應對橫逆的韌性，隨所遇而俯仰屈伸。當然，也有可能如吳宓，終其一生不可改造。讀者不免會由小説提供的線索，懸揣人物此後的命運(後話、後事)。在小説作者，1987年寫作時，原型的命運早已明瞭，也一定會影響到敘事方式與寫作時的態度。王瑤先生生前曾説該書人物多有原型，不難一一指認。可惜我當時懵懵懂懂，竟沒有想到追問。

　　楊奎松《忍不住的「關懷」》一書説，除陳寅恪「因身體原因和中共領導人特殊關照」，「迄今為止，我們幾乎找不到當年留在中國大陸的著名知識分子，還有誰曾經在這一運動中寧折不彎，靠抗爭渡過了這一關。」(頁85)在如錢鍾書、楊絳這樣的知識人，1950年代初的運動，是一次震撼體驗。強力衝擊之下，惶惑，迷茫，極力為適應而重塑心性。由發生在其後的事件看，雖打擊了自尊、自信，還説不上傷筋動骨。此後將有更劇烈的分化——無論作為革命對象的「舊知識分子」，還是自居為革命動力的年輕人。寫《幹校六記》，楊絳説，「經過九蒸九焙的改造」，自己只怕「反不如當初了」(頁64)。經了後來的「九蒸九焙」，1950年代初的「洗澡」，以至「脱褲子、割尾巴」，都無足掛齒了吧。楊絳在其晚年為《洗澡》寫了續篇(《洗澡之後》)，似乎並不成功。事實上，發生在《洗澡》之後的故事，本不難據「後見之明」想像。延伸想像，本就包含在小説提供的線索中。「肅反」、「反右」、「社會主義教育運動」、文革，確也在小説故事的延長線上。這部關於知識分子命運的大書，不妨借用楊絳現成的題目，即「洗澡之後」。

　　小説家的長技，還包括倫理層面的開掘。上文已提到巫寧坤《一滴淚》所寫陸志韋愛女的「大義滅親」。本書上編第六章《人

倫的變與常》涉及了政治影響於人倫，父子夫婦，師弟子，朋友等。寫1940–50年代之交的「時代風尚」影響於家庭關係，由父輩的視角，《洗澡》有體察的細緻。該書所寫父子關係的疏離，在當年的知識分子家庭，應當有相當的普遍性。較之於總會過去的「運動」，對於嘗試着進入「新社會」的知識分子，這種來自家庭內部的變動，或許衝擊更直接、無可躲避。小說寫到兒子的叛逆，筆墨間有諷刺意味。父輩的危機感，焦慮與無奈，卻真真切切。陸鍵東《陳寅恪的最後20年》對此的處理極其謹慎。只是寫到了陳家大女兒1940年代即「要求進步」，與其父有理念的衝突；「時代的裂變」對這個家庭有「很深的影響」（頁17）；說陳的「親屬中還有人貼大字報云『要堅決劃清界線』」；「『文化大革命』對中國千萬個家庭親情的傷害，也在陳寅恪一家中有所反映」（頁482）。對陳寅恪夫婦，這或許較之來自外部的打擊更難以承受。[22]吳宓的情況與此相近。1940年代後半期的學潮參與者，或許是1949年後較早與父母疏離的青年。《洗澡》中令父母憂懼的情境，想必當年曾在不少知識分子家庭中出現。

　　對於本人或家人無意披露者，不宜深求。但這一種父與子，確有進一步考察的價值。1957年「反右」中聶紺弩交代，「不知是誰談起，在肅反中，張友鸞作檢討了；張友鶴的女兒（或兒子）卻在鬥別人。我說：我的女兒也在鬥別人。這正是屠格涅夫的《父與子》所表現的。父親與兒子並不直接衝突，卻是由父親的兄弟和兒子的朋友衝突。即父代與子代的衝突。古人說易子而教，現在是易父而鬥，在較緩和的場合，也就是易父而教。」（《關於和某些人來往》，《聶紺弩全集》第十卷，頁274）發生在新社會、新時代之初的悲喜劇中，這種父與子，也如屠格涅夫筆下的，難以為人所知

22　關於陳寅恪與次女次婚間的緊張關係，吳宓1964年9月4日記有記述，謂聞之於陳序經（參看《吳宓日記續編》第六冊，頁322）。

的，更是為人父者的痛苦與尷尬。[23]

　　發生在倫理層面的，自不限於父與子。讀1988年楊絳所寫《控訴大會》，可知1950年代初的「思想改造運動」，幾十年後刻印最深的，與其說是小女生「斷章取義、提綱上線」的「控訴」，不如說更是世態炎涼——亦此後政治運動中的常態。由「控訴大會」出來，楊絳發現人們動作誇張，避之唯恐不及，「自己周圍留着一圈空白，群眾在這圈空白之外紛紛議論」（《楊絳全集》第三卷，頁142）。「憤怒」之外，更應當是「劃清界限」以自保的那點世故。經此運動，楊絳自比為「一頭被車輪碾傷的小動物」，有「血肉模糊的傷口」（同上，頁144）。相信直至寫作該篇，那道傷口仍未徹底癒合。儘管作者也如寫《丙午丁未年紀事》那樣，細心地體察即使是微小的善意，將其珍藏在記憶裏。至於楊絳內心的強悍，《丙午丁未年紀事》、《控訴大會》都令人感到，應當是楊應對壓力的一貫姿態。也脆弱，卻不示弱。

　　知識分子家庭隨處演出着劇情互異的「父與子」。1949年年底沈從文記述其與兒子間的對話。兒子勸導父親，鼓勵父親「進步」，最終「兩人都落了淚」。儘管彼此隔膜，在為父者的筆下，那一幕毋寧說是溫馨的（《政治無所不在》，《沈從文全集》第二十七卷，頁40–41）。

　　寫《幹校六記》，楊絳技巧之純熟，在使人不察覺其技巧。「淡然」的未必是心情，更像是處理記憶的方式。理性而不失自然，介於有意無意之間。寫於其後的《洗澡》則不同。《幹校六記》因係自述，含蓄蘊藉。《洗澡》畢竟是小說家言，或者說是用小說形式處理的記憶。當年精細入微的觀察，雖經了時間的磨洗，仍時見鋒芒，不刻意斂抑。《洗澡》或許並不能使讀者感到滿足。

23　發動子輩與父輩鬥，亦運動的一部分。1952年「三反」期間中共山西省委給華北局的報告，總結了派女同志做貪污分子家屬的工作這一經驗（參看《建國以來毛澤東文稿》第三冊，頁114）。楊奎松《忍不住的「關懷」》寫到了「思想改造運動」中發動子女對目標人物施壓（參看該書343、345）。

它有趣而並不深刻，不乏精彩卻難言「傑作」。但除了《洗澡》，關於這一題材，我們還有什麼？

　　楊絳的其他敘事類作品，可作為《幹校六記》、《洗澡》的補充或註腳。寫於1986年的《丙午丁未年紀事》關於同事間感情的記述，即可補足《六記》。寫於1980的《「吾先生」》、寫於1988年的《憶高崇熙先生》，則可為《洗澡》作注。《「吾先生」》、《憶高崇熙先生》所寫，均為「三反」運動中自殺的熟人。吾先生經營自家的果園，高先生以化工教授充任化工廠廠長，以此成為「三反五反」的對象。楊絳以自己的方式處理「文本內外」，豐富了作品的解讀空間。更堪自註其《洗澡》的，是上文提到的1988年所寫《控訴大會》。那是作者親歷的同一次運動。

　　2003年楊絳為其作於1987年的小說《洗澡》寫《新版前言》，說，小說中的知識分子「確實需要『洗澡』」，作為運動的「洗澡」卻「沒有得到預期的效果，原因是誰都沒有自覺自願」（見2014年人民文學出版社版《楊絳全集》第一卷，頁211）。

　　在我看來，取材於記憶的《洗澡》，並不較之自傳、口述實錄、回憶錄等等缺少「史料價值」。楊絳的小說不但有原型，不乏經了改裝的傳記性材料，雖經敘事策略的重構，較之一般的回憶錄，或更能再現當年的人與人的關係。這也正是小說家的能事。記憶主體間本有千差萬別。對同一段歷史，重現當年的氛圍，人們的即時反應，或許惟小說家才能。[24]

24　1940–50年代知識分子的命運，一度成為研究熱點。1995年陸鍵東《陳寅恪的　最後20年》（三聯書店）問世後，2005年由敬文東主編、中國文史出版社推出的　一套以「最後××年」標目的叢書，大多以四五十年代之交為敘事的始點。　2013年近代史學者楊奎松《忍不住的「關懷」》、2014年張新穎《沈從文的　後半生》先後由廣西師大出版社出版。

附錄二
「我歸來，我受難，我倖存」

　　此題本應納入本章正文，作為知識分子命運考察的一部分。因材料過於零碎片段，即附在章末，存此一目。這也屬那種需要一部大書才能展開的題目。中國知識界、文化教育界、學術界有留學、旅外經歷者甚多。他們的人生經歷，足夠寫一部大書。或許已有這樣的著述，只是我未能讀到而已。

　　知識分子由海外歸國，較為集中的，在上個世紀抗日戰爭時期與四五十年代之交。楊憲益是1940年抗戰期間歸國的。沈志華《從知識分子會議到反右派運動》：「在新舊政權交替之際，多數高級知識分子選擇了留在祖國大陸。1948年當選的國立中央研究院第一屆院士共八十一人，留在大陸或新中國建立初期回到大陸的六十人，佔院士總數的74%；去美國的十二人，佔15%，隨國民黨政府遷往臺灣的僅有九人，佔11%。」（頁39）三十年後，針對「知識分子外流的情況」，1982年1月30日《中共中央關於檢查一次知識分子工作的通知》說：「近幾年，要求出境的知識分子日益增多，不少人去而不歸，這個情況必須引起全黨高度重視。」（《三中全會以來重要文獻選編》下冊，頁1135）。文件所説的這種反向流動，乃文革後的新現象。

　　1949年前後由國外歸來的知識分子此後的命運，尤其值得作專題考察。

　　據沈志華《從知識分子會議到反右派運動》，1950年2月華羅庚在歸國途中，發出《致中國全體留學生的公開信》，激情號召留學生回國（參看該書頁40）。「1950至1953年，約有二千名留學生回國」；「至1955年11月，回國的海外高級知識分子多達1536人，其中從美國回來的有1041人」，其中有李四光、錢學森、吳階平、汪

德昭、鄧稼先、吳仲華等(同上。按李四光係1949年底由倫敦啟程輾轉回國)。此後仍「不遺餘力爭取滯留在資本主義國家的留學生回國」，以留美學生為重點，甚至定有指標(同書，頁71)。

周有光《我的人生故事》有《美國歸來》一篇。該篇説：「現在的年輕人可能不會體會我們當時的感受。中國1949年後，在國外的知識分子大批歸來。我們都認為中國有希望了，中國的建設等着我們。……至於後來的『文化大革命』，誰也不會想到。」(頁133)想到了會如何？「誰也不會想到」的，應當還有1955年的「肅反」、1957年的「反右」。晏陽初的兩個兒子，不顧家人反對，毅然決然由美國返回。其中的一個，即被「政治運動」席捲而去。看到過晏氏在美國的全家照，照片上兩個相貌俊秀笑容燦爛的年輕人。當他們歸來之時，何嘗能料到等在前面的是怎樣的命運。

古文字學家、考古學家、詩人陳夢家1947年秋執意回國，1957年被劃為右派，1966年9月3日自縊。1953年攜夫人回國的查良錚(即詩人穆旦)，1958年被劃為「歷史反革命」，受到管制、批判、勞改十多年。1977年因延誤治療而辭世。直至1981年，所在南開大學才為其徹底平反。1947年10月，穆旦寫過一首題為《我想要走》的詩(易彬《穆旦評傳》頁270)。其1949年8月赴美，1951年啟程回國。由其後來的遭遇看，歸來是否明智的選擇？呂熒於1949年後離開臺灣繞道香港回到大陸，其人在整肅「胡風集團」中的姿態廣為人知。叢維熙的《蘆花蕩》一篇寫到了1969年呂在渤海灣勞改農場的慘死(見氏著《我的黑白人生》)。1950年代歌唱家莫桂新、張權夫婦由美國歸來。1957年雙雙劃為右派分子。張倖存，莫先入獄，後因傳染病死於興凱湖勞改農場。尚有早於錢學森歸國的導彈專家、1957年被打成「右派分子」後入獄20年的徐璋本。[25]

學部歷史所劉重日的幹校回憶，寫到該所「一解放就從美國回來」的王先生，放棄生活待遇，自動降級，捐一個院子給國家。

25　關於徐璋本，王學泰《監獄瑣記》的記述或可備掌故。參看該書頁152–159。

因所謂的「歷史問題」，「每次運動都把他批來批去」。有人說，「回來早的不如回來晚的」(《「泡」校》，《無罪流放》頁70)。[26]顧頡剛1967年1月19日記吳子臧放棄劍橋大學教職、高薪歸來，文革中「受批判甚嚴，至今仍與俞平伯同勞動，則以彼不瞭解解放後形勢，依然五四以來作風，敢作文，敢發言」，被指為「放毒」(《顧頡剛日記》第十卷，頁604)。著名化學家、北大教授傅鷹，夫婦均執教於美國密執安大學，1950年由美國歸來。其人在文革前「知識分子改造」中的經歷，陳徒手《傅鷹：中右標兵的悲情》一篇有具體記述(該篇收入氏著《故國人民有所思》一書)。

　　被周恩來三番五次盛情邀請回來的，還有數學泰斗、雲南大學奠基人熊慶來。1957年熊由法國回到大陸，在中國科學院數學研究所從事研究，培養了諸多後來的數學大師。文革開始後，長時間被批鬥、折磨。1969年2月3日，沒有留下任何遺言，留下了一桌子罪行交待材料，在家中突然身亡，死因至今諱莫如深。另一個1955年被周親自從機場迎接回來的留美教育學博士董時光，「反右」中劃為極右分子，勞改中因饑餓，撿馬糞中的沒有被消化的胡豆充饑，被誣為偷吃馬糧，被當場打斷三根肋骨，吐血而亡。

　　本書上編第三章《身份》一節，已寫到了由美歸國的著名力學家董鐵寶，由香港回到大陸的「乒壇三傑」傅其芳、姜永寧、容國團文革中的自殺。董鐵寶是名副其實的中國計算機之父，作為美國伊利諾伊大學博士，參與了第一代計算機伊利亞克機的設計、編製程序和使用。1956年，國內號召大規模向科學進軍，在周恩來的邀請下，董鐵寶和夫人植物學專家梅鎮安帶着三個年幼的孩子繞道歐洲，行程萬里，歷時3個月回到國內，在北大任教。1968年10月北大「清理階級隊伍」，董因海歸背景被指控為「特務」，隔離審查，不准與家人見面。董不堪其辱，上吊自殺。剛上中學的子女被下放農村(參看《天地翻覆》頁613)。

26　該篇所說，應為王毓銓。王為著名歷史學家，著有《中國早期貨幣》(英文)、《中國古代貨幣的起源和發展》等。

　　歸來而被懷疑猜忌而受難而死於非命的，另有中國科學院大連物理研究所研究員蕭光琰。據楊繼繩《天地翻覆》，蕭1950年由美國歸來，歷次政治運動中受到懷疑與衝擊，1968年自殺於「牛棚」。蕭自殺後，其遺孀及女兒隨之辭世（參看該書頁609-611）。中科院上海分院自殺的，尚有1949年由美國歸來的雷宏淑（同上）。董鐵寶自殺不久，同在北大的物理系教授，南開大學物理系的創始人饒毓泰上吊自殺。幾天前自殺的還有後來被追授「兩彈一星元勳」的趙九章，亦資深海歸。僅1968一年，中國科學院自殺的一級研究員，就多達20個。

　　1957年9月8日中共中央批准並發佈了《關於自然科學方面反右派鬥爭的指示》，明確提出日內瓦會議以後回國的科學家一律不參加反右活動。[27]文革中「橫掃」，即不再區別對待。

　　歸國學人中，科技知識分子是一個較為龐大的群體。這一群體見證了同一段歷史，卻因其較少對公眾發聲，他們作為歸來者的故事也少有人知。不同於人文學者，他們的工作對於體制提供的資源、物質條件更依賴，也就有更多未盡之才。對於政治運動造成的荒廢，較之人文知識分子應有更刻骨的痛感。近年來葉企孫、趙九章等人的遭遇漸漸浮出水面，令人動容。

　　1950年代初既有歸來，也有歸去（外流或回流）。著名的遺傳學家李競雄1950年春因「不堪重壓悄然去國不歸」曾使「中共高層震怒」（陳徒手《蔡旭：大躍進「小麥王」的苦惱》，氏著《故國人民有所思》頁197）。曾留美而1949年諫阻「土改」未果，1950年代初去國、經香港到美國定居的，有著名農業經濟學家董時進。[28]留學日、美、英，曾任職新政協、擔任政務院政治法律委員會委員的周鯨文，1950年代經香港移居國外（參看楊奎松《忍不住的「關

27　《關於自然科學方面反右派鬥爭的指示》，參看朱正《反右鬥爭全史》下冊，頁140，臺灣秀威出版社，2013。日內瓦會議1954年召開。

28　關於董時進，熊景明撰有《先知者的悲哀》一文，刊香港中文大學《二十一世紀》2010年六月號。

懷」》前言頁xviii註1)。1950年代初去國的,尚有陳寒波(同書,頁9註1)。

另有其他時間點歸國的知識人。「紅學專家」吳世昌在大饑荒年代留英回國,將汽車帶回交給國家,文革中未能倖免衝擊(劉士傑《長夜孤零的日子》,《無罪流放》頁26)。

1965年7月27日毛對李宗仁和夫人說:「跑到海外的,凡是願意回來,我們都歡迎。他們回來,我們都以禮相待。」(《建國以來毛澤東文稿》第十一冊,頁418)。接下來的文革中,李受到保護。並非「凡是願意回來」的,都這樣幸運。[29]同年9月21日,夏鼐到華僑大廈訪瞿同祖。《夏鼐日記》說瞿為其燕京同學,「出國20年,最近始決心返國,8日抵北京」(卷七,頁157);11月4日,「瞿同祖同志來所談留美情況,並急於要將工作安排好」,夏就此到尹達處談(頁165);1966年1月1日,偕翁獨健到華僑旅行總社訪瞿,說瞿「返國已近4月,工作尚未安排」(同書,頁184);3月16日,到華僑招待所見瞿,「知學部已覆信以編制關係婉拒,僑委在外語學院另行設法」(頁197);5月22日,赴華僑服務社看瞿,說「他的工作仍未安排,可能要到本鄉長沙去做工作」(頁216)。直至1973年12月9日,日記中又有了瞿的消息(頁402),可知其人仍在。

1950年代初回國後的穆旦填寫的由中央人民政府人事部製作的「回國留學生工作分配登記表」(回字第938號),其中有社會關係、「在國內外參加過何種社會活動」、「在國外對新中國的認識及回國動機」等項(參看易彬《穆旦評傳》頁300)。未知穆旦以詩人的敏感,面對此表作何感想。[30]

---

29 中共中央調查部在當年的一份《調查通報》,引一位臺灣人士的說法,認為李回國「是毛澤東『愛國不分先後』這個動人號召的勝利」(參看同書頁423毛《對一篇談李宗仁回國問題的材料的批語》的註釋)。

30 該書說,現存穆旦檔案中,「有5份類似的登記表或履歷表,3份長篇思想總結

　　本節用作標題的「我歸來，我受難，我倖存」，出自巫寧坤文革結束再度出國後所寫回憶錄《一滴淚——從肅反到文革的回憶》修正版《前言》。[31]巫寧坤1951年應時任燕京大學校長陸志韋之邀，由芝加哥大學研究院回國任教，說「熱情洋溢的歡迎信不僅來自燕京大學，而且來自人民共和國政務院」（同書，頁23）。巫經歷了1951–1952年的「三反」、「思想改造運動」、1955年「肅反」、1957年「反右」的一再衝擊，以「極右」的身份在半步橋「北京市勞動教養所」（北京市第一監獄的下屬單位）、興凱湖勞改農場、清河（亦稱寧河）勞改農場「勞動教養」，幾成餓殍；1964年「摘帽」，1979年「改正」，中經二十二年。[32]

　　對於巫寧坤這樣的歸國者，最兇險的，莫過於對其歸國動機的懷疑：「你為什麼在一九五一年夏天回到中國？那正是抗美援朝進入高潮的時候。」（同書，頁55）質問中已包含了判斷。當此之時，「愛國」這一極其單純的動機，恰恰不足以取信。1957年「反右」前的「鳴放」中，北大教授傅鷹，說知識分子看重的不是待遇，「知識分子就是愛國」（參看《束星北檔案》頁139）。相信知識分子的那一片愛國心，報效祖國的誠意，竟有如是之難！

　　二十二年「政治賤民」的生涯，使當年的歸來成為一場漫長的噩夢。巫寧坤在《一滴淚》中，卻一再寫到不悔。他記自己對妻子說，回國之前，「看上去好像有幾種途徑可供取捨，但我不可能作出其它選擇。我的決定是我的一生、我的夢與幻想、我的長處和短處、以及因緣際會的自然結果」（頁199）。該書比較了自己與當年選擇留在美國的李政道的人生際遇，意味複雜（頁371）。收束處巫

　　材料」（同上）。

31　該書雖寫在國外，並未蓄意「抹黑」，所寫事實是可信的。只是因作者的知識背景與寫作環境，敘事方式尤其語態，與大陸的類似出版物有不同。或許可以作為寫作環境與個人狀態影響於敘事的例子。

32　法國人鮑若望（Jean Pasqualini）1957–1964期間在中國監獄服刑，所在草嵐子監獄中關押有1950年代初由歐美歸來「報效祖國」者（見氏著《毛澤東的囚徒》中譯本第三章）。

再次寫到了受難的「補償」，並不令人感到矯情：出自一個從事英
美文學研究的知識人的人道主義情懷，他由自己的苦難看到了感受
到了更多人的更廣大的苦難，包括窮鄉荒村農民的貧困和苦難。

　　「我歸來，我受難，我倖存」，自不足以涵括形形色色的歸來
者及其命運。歸來者並非都受難；即受難也有程度之別。一定有歸
來而處境平順、文革中未經劫難、或稍有衝擊而未造成太大傷害
者；更有備受保護重用如李四光、華羅庚、錢學森等人。其他尚有
曾獲榮寵又被冷落的歸來者，有因「海外背景」被懷疑、猜忌的歸
來者，有文革中受到衝擊、文革後重被肯定，躋身院士、奉為大師
的歸來者。當然，如上文所說，還有相當一些「受難」而未能「倖
存」的歸來者，[33]以及當年歷千辛萬苦歸來、文革後又毅然離去
者。個人命運既繫於政策、大環境，也取決於具體地區、單位、小
環境。以中國之大，差異之豐富，上述諸種情況均非個例。倘全面考
察，就人數與擁有的能量而言，你面對的，的確是堪稱龐大的群體。

　　「海外關係」及外語能力，是文革期間判斷其人為「特務」
（「蘇修特務」、「美國特務」等)的主要根據。海外歸國人員，
五六十年代的留蘇人員以及歸僑，在這種政治審查中自然首當其
衝。1957年「反右」前的「鳴放」中，清華大學副教授方崇智所列
舉的對高級知識分子不信任，就包括對於來清華的外賓，不許用
外文直接與之交談；教授送蘇聯專家禮物，須經系秘書。高等教
育部再三聲明，教授不能與外國直接聯繫(參看沈志華《從知識分
子會議到反右派運動》頁548)。吳宓1968年10月17日日記，記某人
「密戒」其「切勿用外國語交談，恐人疑為密談政治，別有異圖」
（《吳宓日記續編》第八冊，頁589)。

　　據楊奎松《「邊緣人」紀事》一書附錄列表，1950–70年代的
「問題人物」，「問題」之一種，即「海外關係」：當過海員，

33　乒乓球國手容國團則是歸來而榮耀而受難而未能倖存的例子。

經常來往於國外；甚至居所的主人在香港，彼此有書信往來（參看頁313）；有在國外生活的經歷；到過香港（同書，頁316）；有親戚在美、以至古巴；香港有人與其書信聯繫（頁319）；堂兄在臺灣；父在香港（頁320）；姑母在香港開店（頁321）。被某縣鄉（社）列表歸為「反革命社會基礎」的，有「帝國主義在華分子家屬」、「海外回歸分子」（頁342）。被某市某服裝廠記入「敵情登記表」的，有「其弟在海外」或「其夫在海外」、有其他「海外關係」者、「1951年由香港回來」者、「1961年由印尼回國」者、「兒子在臺灣任偽軍官」者（頁343、344）。該廠「職工政治歷史問題摸底排隊表」，包括「其弟解放前在香港讀書」（頁353）。[34]

　　史雲、李丹慧《難以繼續的「繼續革命」》據趙藍田、楊平《一代精英──陸孝彭與強擊機》（北京：經濟科學出版社，1989），寫歸國華僑、著名飛機設計專家陸孝彭被誣衊為「反革命」、「外國特務」，遭到多次審訊、批鬥。陸想到的，仍然是葉劍英交給他的試製「強5」噴氣式飛機的工作，在勒令「交代」罪行的紙上，繼續論證「強5」的技術遺留問題（頁61）。

　　季羨林《牛棚雜憶》記北大西語系某歸國華僑教授，年過花甲，重病在身，行將就木，仍被關進「黑幫大院」。不能勞動，

34　該書有《「海外關係」之災──一個舊技術人員成為「現行反革命」的經過》。關於歸僑在1950–1952年廣東土改中，參看楊奎松《中華人民共和國建國史研究1》頁151。文革中廣西當局武裝鎮壓下的歸僑、華僑農場，參看中共廣西壯族自治區委員會整黨領導小組辦公室編寫的《廣西文化大革命大事記》即香港版《文革機密檔案──廣西報告》頁273–274）、徐勇《韋國清剿殺四二二派》（《文革大屠殺》頁235）。「清隊」期間廣東省革委會制訂政視性的《處理港澳海外關係幹部的6條意見》，責令相關幹部「斷絕海外關係」，為「僑改戶」戴地、富帽子，抄家、凍結存款（參看楊繼繩《天地翻覆》頁602）。有人寫了華僑被指為「美蔣特務」不堪威逼凌辱上吊自殺且毒殺兩個孩子的故事（姜美霞《華僑錢先生》，收入《那個年代中的我們》）。文革初期「血統─出身論」的語境中，歸國華僑亦區分是否「紅五類」（參看收入譚放等《文革大字報精選》的《中僑委毛澤東主義紅衛兵宣言》）。鄭世平《身邊的江湖》，也寫到了「愛國華僑」文革中的厄運（見該書《亂世游擊：表哥的故事》）。

躺在床上「改造」。每晚點名，只聽「從屋中木板上傳出一聲：『到！』聲音微弱、顫抖、蒼老、淒涼」。季說自己「每次都想哭上一場」（頁122）。同書說海外學人萬里歸來後，「『海外關係』竟成誣陷羅織的主要藉口」，文革中更遭受不白之冤，致使文革結束後，倖存者「爭先恐後地出走」（頁180）。對此或可概括為「我歸來，我倖存，我出走」。歸來而受難而倖存而再次去國的，就有巫寧坤。

文革後期即有偷渡(港澳)潮。文革後的出國潮(有人稱之為「洋插隊」)蔚為壯觀。美國駐華使館前大排長龍，成為京城一景。

所有「涉外」機構、人員，文革中均被用了高倍放大鏡審視，包括政府部門。這種敏感也與封閉狀態下普遍的知識狀況有關。類似的非虛構作品，鄭念《上海生與死》引人注意的，是作者的身份，一個有旅外經歷的、曾在外資企業任職的華人——不同於李敦白與中國革命與政治纏夾不清的關係，也不同於楊憲益、戴乃迭夫婦豐富的中外人脈，鄭的被嫌惡，乃因其「高等華人」的社會地位與生活方式，與那個革命時代不相容。「間諜」嫌疑更像是一種藉口，用於打擊這種異類。李敦白、楊憲益夫婦與鄭念，李「待遇」最高，關押秦城；楊憲益夫婦次之；鄭念最低——或也折射了那個時代對此種人物羨慕嫉妒恨的複雜感情。鄭的遭遇與1949年後外資企業作為特殊存在、成為眾矢之的有關。在「革命群眾」眼裏，鄭是具體的「帝國主義走狗」，與其有無罪行本不相干。

應當有在華外籍人士1950-70年代的處境、文革中的外籍人士、涉外事件的專項調查。李敦白、戴乃迭外，另如美籍猶太人愛潑斯坦和他的英國籍的妻子。[35]應予關注的，還包括當時(除使領館外)的其他外國在華人員。楊憲益在其自傳中說，上個世紀七十

35　顧頡剛1967年4月9日的日記，記該日抄錄「美國革命家李敦白所著《中國文化大革命打開了通向共產主義的航道》」（《顧頡剛日記》第十卷，頁652）。按李敦白1968年2月被逮捕。李敦白、愛潑斯坦均曾積極投入文革。

年代末，「安全部的幾位官員專程來外文局，向我們正式道歉」
（《漏船載酒憶當年》頁245）。這或許並非特殊待遇。應當道歉的
外籍人士以及因「涉外」而被懷疑、迫害的人士尚多；包括曾長期
居留中國，1950年代被迫離去的外國人。其中有些曾在艱苦的條件
下冒險支持中國的抗戰。當局是否也欠他們一個道歉？值得關注
的，尚有1949年前後赴港、臺及海外者留在大陸的親屬。胡適的幼
子胡思杜1957年被劃為「右派分子」，上吊自殺。

　　直至1970、80年代之交我在北大讀研，仍對與外國留學生的接
觸保持警惕。「出國潮」起，「涉外」終於脫敏。留學經歷甚至成
為資本，「海外關係」為人豔羨。

　　「我歸來，我受難，我倖存」，另一組文字可與之配對，即由
作家出版社2016年出版、隨即「下架」的邵燕祥的《我死過，我倖
存，我作證》。什麼時候知識分子不必再無辜受難、九死一生而後
「倖存」？

第八章

關於文革後期

「不斷革命」與革命疲勞——反對「走後門」——文革中的日常生活——信息傳輸——言論環境——並非「大結局」

關於文革分期及「文革後期」，參看本書下編《札記之一》。

8.1 「不斷革命」與革命疲勞

1950–70年代的中國，「運動」是實施社會動員以至組織社會生活的重要方式；文革中則是維持「無產階級專政條件下繼續革命」的張力的手段。對「運動」的操控作為「政治藝術」，文革有極致的展演。十年間有諸種「運動中的運動」。毛好說「文武之道，一張一弛」。文革期間「一波未平，一波又起」，則更出於設計。下文將要談到的「反對『走後門』」，不過是發生在此期間「波瀾」中的一波。這一波更由民眾推動，其他風波則由當局製造。眼見得疲軟了，又強力振起，強行拉起，直至後期，甚至直至文革結束之後。[1]關於文革後期波瀾迭起背後的高層鬥爭，參看逢先知，金沖及主編《毛澤東傳》、史雲、李丹慧《難以繼續的「繼續革命」》。親歷者所見，或更是表象。相關檔案解密之前，即史家之言，亦只能備一說。

發現新的打擊目標、製造「熱點」以維持運動的節奏，是曾

---

1 莫里斯·邁斯納《毛澤東的中國及後毛澤東的中國》一書，將1968–1969年間的「清理階級隊伍」，作為「文化大革命的最後一個正式運動」（中譯本，頁458）。如若取「文革十年」的說法，則「最後一個」的說法即不能成立。

經有效的社會動員手段。1973年文化教育領域有「反右傾回潮」。
該年8月大學招生物理考試交白卷的張鐵生被毛稱讚為「反潮流的
代表」(《難以繼續的「繼續革命」》頁74);年底則有「一個小學
生的來信和日記」事件(同書,頁75)與「考教授事件」(同書,頁
76–77)。[2]另有馬振扶公社中學事件(參看同書頁341、352–353)、
北京永樂中學事件(同書,頁357)等。與教育界同被視為「重災
區」的文藝界,則有1974年的批判晉劇《三上桃峰》;同年的批判
「無標題音樂」及「黑畫事件」;該年對湘劇《園丁之歌》的批
判,涉及教育(以上參看同書頁353–357)。此前即有江青因紀錄片
《南京長江大橋》配樂,借題發揮所說的「文藝黑線」回潮(參看
徐景賢《十年一夢》頁164)。[3]同一年尚有年初發起的對意大利左
派電影藝術家米開朗基羅·安東尼奧尼(Michelangelo Antonioni)拍
攝的《中國》的批判。這類運動更像是人造地震,造成的只是表層
的擾動。看似返回了文革的始點,實則諸種條件都已發生了變化。
四面出擊,收效有限。初期那種一呼百應的局面不再重現。對「回
潮」、「翻案」、「復辟」、「階級鬥爭新動向」的高度警戒,既
有策略考量,也多少出於威脅感:隨處有暗流湧動。當局的警覺並
非自擾。同一年廣州街頭署名「李一哲」的大字報即針鋒相對,
「反『反復辟』」、「反『反回潮』」。過於頻密的「運動」透支
了人們的熱情,也消耗掉了「革命」本身的合法性。高潮迭起之
後,勢所必至的,是普遍的冷漠,與文革後「去政治」的傾向。

　　較之上述運動規模更大的,是1974年6月當局發動的「批林批
孔」、「評法批儒」、評《水滸》, 1976年的「批鄧、反擊右傾
翻案風」。陳徒手有關於北京地區「批林批孔」、「評《水滸》」
的考察,涉及了地方當局與群眾應對「運動」的現成套路。有關現

2　考教授,參看本書上編第七章《對知識分子的改造與統戰》。

3　《夏鼐日記》1974年3月21日,「赴美術館參觀『黑畫』展覽」(卷七,頁
　　419)。4月23日記該月16日上海《文匯報》有針對王冶秋的批判文章,題為
　　《用無產階級政治掛帥文物的研究和展出》(同書,頁423)。

象，易地而皆然。[4]到此時，運動已成強弩之末。楊憲益記所見北京街頭「批鄧、反擊右傾翻案風」的遊行，說「這次群眾示威完全是一場慘敗」（《漏船載酒憶當年》頁239）。外國的觀察者注意到1976年「天安門事件」後官方組織的遊行的戲謔氣氛（參看麥克法夸爾、沈邁克《毛澤東最後的革命》中譯本，頁433）。沈從文則在當年3月的家書中，說「批鄧、反擊右傾翻案風」這一運動「過於複雜」，「不懂」，「報上作得極熱鬧，人多倦於參預」（《致沈虎雛》，《沈從文家書》頁616）。幹部則以「一種安命世故哲學」「『疲塌』的混」（《致沈虎雛》，同書頁619）。以小說家的敏感，對於人心的渙散，沈從文的觀察很準確。

「評法批儒」者往往常識不備，「評」、「批」近乎兒戲。收入《民間書信》的一封1974年11月發自陝西的信，說：「批孔我們進行得非常皮毛，同志們水平之低，令人髮指。簡舉幾例：『孔子殺了我們的少正卯同志，』『孔子的反革命修正主義⋯⋯。』幾乎要說孔丘『反對毛澤東思想』了。」（頁292）知識分子恢復了嘲諷的能力。暗中流傳的「政治笑話」，部分是針對軍、工宣隊的，顯示的無非知識水平上的優越感。

同一時期暴力行為的發生率已大大下降——並非因當局的有效掌控，而是出於普遍的「革命疲勞」。不同於前此的「清隊」（即「清理階級隊伍」）、「一打三反」（即打擊反革命破壞活動、反對貪污盜竊、投機倒把、鋪張浪費）、「清查五一六」（即「清查『五一六』反革命陰謀集團」），「批林」、「批鄧」更被視為高層內鬥，較少傷及普通民眾。基層單位則虛應故事；看似聲勢浩大，水面下已然不同。其時任教蘇州一所中學的徐幹生所見，該校的左派對此類運動反應遲鈍（《「文革」親歷紀略》，《復歸的素

4　陳徒手《批林批孔在北京》，發表於《炎黃春秋》2016年第2期；《評〈水滸〉運動在北京的運行圖》，刊《隨筆》2016年第5期。麥克法夸爾、沈邁克《毛澤東最後的革命》寫到「批林批孔」中「使用的諷喻語言讓普通百姓暈頭轉向」，還說甘肅省某地「孔姓的農民遭難受苦」（中譯本，頁377）。

人：文字中的人生》頁447）。陳徒手《批林批孔在北京》一文寫到
了其時紙張告急。我任教的鄭州的中學，大字報已無紙可用，任學
生在粗劣的草紙上胡塗亂抹，我則置身事外作壁上觀。

　　與一系列當局操縱的運動（基本面為「破」）同時，也有「文革
意識形態」下的「建設」（「破/立」的「立」）。一批文學期刊復
刊。已有的八個樣板戲之外，另有一批戲曲、影片問世。教育方
面，則有種種「實驗」，儘管成效乏善可陳。

　　《難以繼續的「繼續革命」》關於文革後期的社會氛圍有如下
描述：「一方面，社會仍處於矛盾尖銳的狀態，極左勢力控制着中
央和地方各級政府，收緊了意識形態包括教育、文化、醫療衛生等
上層建築的韁繩，創造出一些以『文革』路線為包裝的傳統階級鬥
爭的『新生事物』模式」；「另一方面，人們已經厭倦了永無休止
的政治爭鬥」，「各個階層特別是青年人都在潛動着洶湧的思想暗
流。有的以血探索思考，有的以頹廢抗爭，有的不問世事躲進小圈
子自成一家」。「所有這些思潮和社會動向，都混合成了改革開放
時期的種種思潮前奏。」（第七章，頁429）

　　此前已有中央文件的失效，「最高指示」的失靈：無論中止
「大串連」、「復課鬧革命」，還是結束派仗、實現「大聯合」。
回應停止武鬥的指令的，是更大規模的武鬥。這是一個危險的信
號，1949年以來從未有過。毛的「最高指示」，則愈發費解。1976
年初聽到傳達的「八億人口，不鬥行嗎？」（1976年5月16日《人民
日報》、《紅旗》雜誌、《解放軍報》編輯部聯合發表《文化大革
命永放光芒——紀念中共中央1966年5月16日〈通知〉十周年》，
文中引毛當年年初的上述「指示」（王年一《大動亂的年代》頁
588），只覺如同囈語。何以八億人不鬥就不行了呢？

　　王年一《大動亂的年代》：「如果說，在1966年只有大部分
學生、大部分幹部和一部分工人投入了『文化大革命』，那末可

以説，在1967年1月全民捲入了『文化大革命』。」（頁186）這裏的「大部分」、「全民」均不免誇張。[5]始終有相當一部分或被排除在運動之外，或選擇旁觀以至自外於運動。應當説，即使在文革如火如荼之時，也仍然有這種空間。[6]但文革確屬1949年以來動員最廣泛、牽動面最大的運動。在動員廣泛、鬥爭形式「集大成」、暴力達於極致的意義上，可稱之為「運動的運動」。

正是高密度高頻率的「鬥爭」，加速了普遍的心理疲勞。「震撼彈」頻發，適足以麻痺神經。由自以為在「事局」中，到漸有局外態度、看戲心態。黎若説，1967到1968年，文革沒有太大的「實質性進展」，不過在「自我消耗」，「學校裏的逍遙派一天天多起來，政治術語的魅力正在漸漸消失」（《走出藩籠》，《1966：我們那一代的回憶》頁281）。那還是文革前期。當年的北大哲學系學生陳煥仁説，派仗中「北大逍遙派隊伍越來越壯大，這些逍遙派每天吃了午飯，不是去頤和園昆明湖游泳，就是打球下棋」。還説「我們每天早上睡到八九點鐘才起床，中午一覺睡到下午三四點，日落之後慢吞吞地吃晚飯，晚上遊蕩於未名湖畔的燈光樹蔭之下，閒逛、神聊、游泳、下棋、打撲克，雖然這些完全不符合毛主席的革命路線，但總比整天吃飽了打派仗傷心勞神好」（《紅衛兵日記》，1967年7月4日，頁364）。這時距文革啟動剛過一年。當時在北京四中的唐曉峰也説，1967年春號召「復課鬧革命」，「大家在不同程度上逍遙起來」（《走在大潮邊上》，《暴風雨的記憶》頁338）。甚至最高領袖也注意到了學生中日益增多的「逍遙派」。[7]

5　當年參加河南造反派組織的袁庚華，2010年接受訪談時説，他認為「文革最高潮」的1966年秋冬到1968年秋冬，城市中「95%以上都捲入了狂熱的政治運動之中，只有百分之幾的『逍遙派』」，1969年後有了變化（陳宜中《永遠的造反派：袁庚華先生訪談錄》，臺灣聯經版《思想》第18期，頁71）。袁所説百分比無以確證。

6　甘陽説他認為空子很多，是有空間的（查建英主編《八十年代訪談錄》頁224），説的是八十年代。其實在那之前的文革中也有空子、空間。

7　曾經是紅衛兵頭頭的安文江説，現在想想，自己在文革中真該當一個逍遙派。

　　《動盪的青春——紅色大院的女兒們》作者之一的葉維麗説，「『文革』有一個值得注意的現象，就是這個革命是有『出口』(exit)的，越來越多的人從出口溜出去，不再真正參與運動，特別是派仗越鬥越猛的時候。這裏面有大、中學生，也有成年人。當時有『兩條路線』的説法：女的織毛線打毛衣，男的繞線圈做半導體收音機。」「逍遙派的出現，説明從表面看革命大潮席捲社會各個角落，但在內裏是有很多空子可鑽的，在一定意義上反倒比『文革』前自由空間要大：舊的組織機構癱瘓了，新的又沒立起來。」(頁143)楊曦光的《牛鬼蛇神錄》也寫到了中學生中的有關現象，即工、軍宣隊進校後，學生們「逐漸失去了對政治的興趣。男同學熱衷於用電焊製造自己的半導體收音機，女同學熱衷於編織各種毛衣。大家都説現在是『男焊女織』的年代」(頁76)。據唐曉峰回憶，文革前的中學男生即癡迷於攢半導體收音機(《走在大潮邊上》，《暴風雨的記憶》頁321)。還説，文革期間的「逍遙」中，繼續攢半導體外，另有學樂器的一種風氣(同書，頁338)。張戎《鴻——三代中國女人的故事》説成都的黑市上有無線電零件、半導體材料的交易，而半導體、無線電工業因能「傳播毛主席的聲音」而發達(中譯本，頁299)。看來易地而皆然。據我所知，學樂器多以進諸種「文工團」、「毛澤東思想宣傳隊」為目標，有掌握「一技之長」以增多就業機會的極實際的考量；學外語則需要一點遠見，即使前景尚不明晰——更是京、滬精英中學學生中的風氣(曹一凡《留在北京》，同書頁351)。這種小圈子中的風氣，本書上編第四章已經寫到。

___

他説「逍遙派基本上是被極左路線排斥在紅衛兵之外的所謂『黑五類』、『狗崽子』」(《我不懺悔》，《1966：我們那一代的回憶》頁112)。其實不儘然。錢理群説，文革開始，「就有逍遙派的存在，以至有『逍遙派紅衛兵』的稱呼」(《毛澤東時代和後毛澤東時代——另一種歷史書寫(下)》頁84)。收入岩佐昌暲、劉福春編《紅衛兵詩選》的，有一首《一個逍遙派的自白》，係當年針對「逍遙派」的「政治諷刺詩」。「逍遙派」之外，另有「觀潮派」一類名目。

「革命」的變質，也表現在仍有其名，內容已然不同。據李遜《上海文革運動史稿》，文革後期上海有些以「老三屆」為主要成份的「工人理論小組」，「實際上已辦成了興趣小組」，「在理論學習的旗號下」恣意發展的，就有文史方面的興趣(頁1245)。亦文革後期名/實剝離之一例。

　　因失望而逍遙，是文革中一度「衝鋒在前」的少年人的經驗。駱小海為宋柏林《清華附中老紅衛兵手記》所作序，寫到1966年文革高潮中，「我們」就對整個文革喪失了興趣。「什麼破四舊，什麼鬥批改，什麼路線鬥爭，統統沒有意思。巴黎公社的理想已被文革的現實所嘲弄。唯一有意思的就是旅遊。紅衛兵的存在，只是為了義氣，也為了生存。」(頁28)「或旅遊；或讀書；或辦報；或演劇；或寫詩寫小說；或組織小團夥打架鬥毆，拍婆子(交女朋友)」(頁30)。[8]

　　老紅衛兵宋柏林的《手記》，即一個參與發起成立紅衛兵的中學生，由最初短暫的狂熱迅速走向逍遙的記錄。1967–68年的宋柏林，更像是度過了一個漫長的假日。佔據了日記最大篇幅的，是一程接一程的遊山玩水(宋稱之為「串玩」)，與饑渴狀態下無所揀擇的閱讀。以「革命串連」名義的免費旅遊中也有啟蒙：宋看到了「投機倒把」的農民(頁209)，看到了「許多討飯的人」、逃荒要飯的農民(頁210、262)。1967年年終，宋將其該年的周遊全國、博覽群書歸結為「補課」，「補18年來隔絕社會而造成的極度空虛與蒙昧」的課(頁371)。在這種意義上，閱讀與遊歷成為一干京城幹部子弟走出文革的過程的一部分。[9]

8　顧頡剛1967年1月23日日記，記來京串聯的紅衛兵，「無所事事，則日遊頤和、動物諸園，或以經濟主義腐蝕之款搶購手錶、自行車、呢絨綢緞」(《顧頡剛日記》第十卷，頁607)。

9　宋自稱「逍遙派」(頁291)，在全國性「大串連」結束後仍「串玩」不止。也有人建議其「學些本領」，「如樂器、半導體、下象棋、外語等」(頁296)，亦當時的青年消耗其過剩精力的流行方式。由《手記》看，宋柏林1968年參軍前閱讀量驚人。他的同學也並未荒廢。日記說某同學在看書、研究文革，另一

　　「逍遙」不止指在派仗之外，也指在有效的社會管理之外，在「（黨團）組織」之外。這種相對自由的空間，是人們在文革前不敢指望的。利用稀有的機緣，既有私域的擴張，又發展、繁衍出諸種基於「同好」的小圈子。「政治—權力」對於私人空間無孔不入的滲透，至此難以維繫，此後也再未恢復。那種不但控制你的思想、而且控制你的生活的力量不復存在，你不難體驗包含其中的「解放」。由這一角度不妨認為，文革後期的頹唐蘊涵有正面意義。1970年代末我進入的專業（中國現代文學）的興起，即像是對五四新文化運動「人的覺醒」的回應。「人之子醒了」（《隨感錄四十》，《魯迅全集》第一卷，頁322），何等激動人心！

　　失落、幻滅中醞釀着的，是自1949年以來最深刻的思想變化。革命，革革命，革革革命……《民間書信》寫於1973年的一封說，「大街上，沒有像九大閉幕時那樣的場面了，幾年的文化革命使人們老練多了，不像以前那麼易喜易怒了，林彪有權時的那種不知天高地厚的盲目狂樂，一去不復返了。」（頁245）。另一封1976年3月的信，關於「人活着到底是為了什麼」，斷然回答「人活着就是為了活着！活着！活着！」（頁384）不如說是有意的逆反。另有一封同期的信，直接說：「生活，沒意思極了，其實根本就沒有生活，革命！革命！革命……」（頁386）陳家琪寫武鬥後，「當政權真的如以前所想像的那樣是用許多人的生命和鮮血換來的時，大家卻發現這一政權是根本不值得去換的。於是有了更深一層意義上的消沉」（《執着與迷惘——作為一種個人思想與情感經歷的文化大革命》，《1966：我們那一代的回憶》頁319）。該篇在結尾處說：「一切又都恢復為原狀，甚至比以前更壞，其中可能包括着世界觀」（同上）。世界觀方面的「更壞」，或也指喪失了「童真」：政治的理想主義，道德的純潔性。這多少也像是重演、而且是一再重演的故事。

同學在研究社會主義革命，「啃大理論」（頁293、295）。

　　派仗雖未致「王綱解紐」，普遍的無序卻提供了過度組織化的社會難得的鬆動。游離於既有的社會組織之外，甚至意味着思想空間的擴張。個人終於由「集體主義」的捆綁中脫出，有了思考的餘裕，逃脫「組織」監督的個人間的思想交流。延續到文革後期的無政府狀態提供了條件，以供批判思想的繁衍滋長。這或許也正是詩人大聲說出「我不相信」的時候。上文已經談到，在長期以來對「非組織活動」、「小集團」屬行打擊之後，文革後期的青少年不憚於聚集，有種種基於志同道合的聚落，在黨團組織外打開了社會交往、思想交流的空間，發展出那一時期特有的「青年亞文化」。不同於較早發聲的異見人士，「李一哲」、王申酉等有更成熟的政見表達。即使限於歷史條件，難以形成系統完整的理論成果。

　　較之「革命小將」的消沉、頹唐，更令當局心驚的，或許是「革命對象」的自行減壓。即如吳宓、顧頡剛們，1967年劇烈的派仗中有了旁觀的閒暇。1971年之後的幾年，吳宓的環境較為寬鬆。1972年7月28日記他人說：「目前之局勢及領導人之辦法，為一切消極、寬大放任而自由」，建議吳「休息自適」（《吳宓日記續編》第十冊，頁153）。由日記看，那的確也是文革期間吳宓有可能「自適」的一段時間。運動培養了對於「政治氣候」的敏感。作為生存之道，鬥爭對象也學會了適時自我調整。[10]

　　對「革命」的莊嚴性的最大破壞（或曰嘲弄），來自日益普遍的遊戲態度。甚至最嚴肅的批鬥場合也戲謔化了。戲謔並不待運動後期。郝斌說文革初北大校園中對翦伯贊的游鬥猶如猴戲（《老來憶「牛棚」》，2013年4月11日《南方週末》E27版）。季羨林說自己經過陽臺上爭分奪秒的自我訓練，「坐噴氣式姿式優美，無愧可

10　吳宓日記尚記有其親戚教以「勞動不可太用力，態度不必太積極，隨眾適中便好」，理由是「運動乃是一種精神戰術，我必使對方（敵）莫知我之真心情（所謂『莫測高深』最好）。若我一味卑屈，過示憂懼，則管制我及判我罪者，必疑我之罪必已甚深，乃如是惶恐，懼不免也。」（《吳宓日記續編》第八冊，頁82）其勞改隊的同人亦一再傳授此類對策。

擊」，「對那些比八股都不如的老一套胡說八道謊話連篇的所謂批
判發言」，「只等秋風過耳邊」。還說自己「坐在噴氣式上」，對
批鬥者水平之低，竟鄙夷不屑，「甚至能有閒情逸致來評斷發言的
水平」，想到了鍛煉雙腿來應對體罰(《牛棚雜憶》頁93、85)。還
說，批鬥除了使自己感覺疲倦，別無效果。自己甚至「愛上了這種
批鬥」，有了「被批鬥的積極性」。「你那裏『義正詞嚴』，我這
裏關上耳朵，鎮定養神」。疲勞轟炸下的季羨林，倒以為自己是在
「以逸待勞」(頁156)。此時尚未到「運動後期」。楊憲益也以幽
默的態度應對「噴氣式」，說自己在批鬥會上，「會產生一種與己
無關的感覺，並且饒有興趣地偷偷觀察起別人來」(《漏船載酒憶
當年》頁209)。1972年出獄後，儘管文革還在進行，楊卻認為自己
「已時來運轉了」。參加「鬥爭會」更取「玩世不恭」、「冷眼旁
觀」的態度(同書，頁239)。[11]陳白塵在1966年9月中國作家協會組
織的批鬥會後，即在日記中說，那會雖「開得井井有條」，卻「顯
得做作」，主持者「更像是演戲」。還幽了包括自己在內的「牛
鬼蛇神」一默，說這夥人無不「可笑亦復可憐」(《牛棚日記》頁
5–6)。于光遠則說自己挨鬥多了，也就「油」了，「人家喊『打
倒于光遠』，我也跟着喊，趁機伸一下腰，活動活動身體」(《文
革中的我》頁31)。于說不知道從什麼時候起，自己「已經有了一
種預感：我當時的那種處境的時間不會太長了」(同書，頁78)。于
畢竟不是普通書生。[12]

　　「油」了的不止知識分子。有人寫由學校赴農村「拉練」
(行軍)所見鄉民的批鬥會：「四個『階級敵人』坐了一小時『飛

11　曾彥修《平生六記》一書記有作者對1957年「反右」期間單位奉命召開對自己
　　的大批判、批鬥會的觀察，證明「走過場」、演戲式的「批判」、「批鬥」不
　　始於文革(參看該書頁155–156、160)。

12　北京大學的羅榮渠在1973年4月8日的家書中說，「經驗一多，人們都變得『油
　　條』起來。過去的教訓是：認不清自己的歷史地位，現在認清了，不存非分之
　　想。管他冬夏與春秋！」(《北大歲月》頁502)

機』，都已狼狽不堪，筋疲力竭。誰知押下後，卻又説説笑笑，高高興興揚長而去」，可知「一定是當慣了活靶子，練出來了，視批鬥為演戲」（李德堂《殘害者與被殘害者》，《那個年代中的我們》頁591）。

隨處是半真半假的順勢表演。曾在文化部五七幹校的郝孚逸説，幹校組織的批判，「不僅被批判者無動於衷，就是批判者也若無其事」；批判時「聲色俱厲」，批判後「一笑了之」（《實話實説話「幹校」》，《我與「五七幹校」》頁175–176）。邵燕祥説自己1970年代初在五七幹校，被問及「活思想」，「有點不耐煩」地答曰：「我現在唯一的活思想就是：找不着活思想了」（《沉船》頁26）。文革臨近末期，人心的渙散愈加不可收拾。堤防一旦潰決，頓時一泄無餘。即恢復活動後的政協，也不再能使曾備受衝擊的統戰對象們保持嚴肅。「批林批孔」中梁漱溟出席的政協會議，不免「聽講笑話」，「無聊漫談」，「漫談無聊」（《梁漱溟全集》第八卷《日記》，1974年7月4日、10日，12月18日，頁972、984）。

早在1967年運動高潮時，沈從文就發現「大家都相當疲累了」（《沈從文全集》第二二卷，頁31）。疲累，既是生理也是心理現象。日子總要過。作為歷史博物館的「牛鬼蛇神」，未蒙恩赦（「解放」），沈竟恢復了聽唱片的習慣，夜晚會和老妻聽幾張肖邦、貝多芬（張新穎《沈從文的後半生》頁205）。晚一個時候，由五七幹校放歸，俞平伯老先生時常在家和朋友們唱昆曲。據學部人員子弟説，「在家偷着樂的，不止俞先生」（李大興《明暗交錯的時光》，《七十年代》頁551）。[13]

逍遙的不止青年與知識分子。李遜《上海文革運動史稿》寫道：工人造反派對「規章制度」、「管卡壓」、「走資派」等的不

13　有多少文革親歷者，就有多少互有不同的「文革後期」。《曾彥修訪談錄》第二十五章的標題是：「『文革』後期：心如死灰」（頁364）。

斷批判，「使幹部對工人的管理比文革前鬆動許多。這種鬆動，有
規章制度鬆懈的一面，但更多的是幹部權威的下降。工人在工作場
所的自由度以及與管理他們幹部的關係是1949年後最高最鬆弛的，
這種鬆弛直到文革結束以後，也沒有恢復到文革前的程度。」（頁
1430）陳煥仁《紅衛兵日記》1968年7月8日記到頤和園昆明湖游泳
的，「有工人，有學生，有幹部，有居民，工人說工廠早已停工，
機關幹部說兩派均不上班，街道工廠無事可做，不來游泳就在家
抱娃娃，文化大革命給全國人民帶來無限自由」（頁545）。1969年
的家書，沈從文之子沈虎雛説自己所在的自貢地區，「幾乎全部
工人閒散在城裏，90%應下鄉的知識青年呆在城裏」，打牌、下棋
「非常盛行」（《沈虎雛致張兆和轉沈從文》，《沈從文家書》頁
456）。知青的借「病退」返城，工人的幹「私活」，農民的「出工
不出力」，既緣於革命疲勞，又證明着原有激勵手段的失效。「後
文革時期」的國企改制，農村集體組織的解體，即以此為近緣。

　　社會心理的變化還表現於人與人的關係。文革因反復無常，
「階級陣線」屢經變更而模糊，出現了社會政治生態變化的契機。
前此的政治運動對部分人的孤立政策失效，人際關係漸趨正常。在
這種有限的意義上，文革也稱得上「運動的運動」──雖不足以終
結政治運動。即如對受難者的同情。李英儒、金敬邁1975年由秦城
監獄釋出，在農場受到了百般照顧，甚至感到周圍的人們熱情太過
（《民間書信》頁334–335）。韋君宜也寫到了發生在「批林批孔」
前後的一種變化。其丈夫楊述説：「真奇怪，過去一個人出了問
題，戴了帽子，就被孤立起來了，自己也覺得無顏見江東父老了。
現在怎麼風氣大變？不管戴多大帽子，開除黨籍，大家還是來來往
往滿不在乎！」（《思痛錄》頁128）在此期間發生着的，就有家庭
裂痕的彌合。社會關係在大破壞之餘的修復，非由執政黨主導，而
賴有運動本身的邏輯，亦文革式荒誕之一種。長期以來政治生活
中既經形成的敵/我觀念，包括了「劃清界限」的要求，「大義滅

親」的倡導;當着上述倫理原則、行為規範崩解之際,這片廢墟上生長出的將是什麼?

較之人與人關係的正常化,其他一些更深刻的變化發生了。不同於前此政治運動打擊目標相對明確、集中,文革「橫掃一切牛鬼蛇神」,壓力相對分散。人難免有點「把柄」,加之「歷史問題」上的反復倒騰,難得全身而退,也就彼此彼此,有了這種意義上的「平等」。于光遠記夏衍套用流傳於清初的「剃頭歌」所寫「整人歌」:「聞道人須整,而今盡整人。有人皆須整,不整不成人。整自由他整,人還是我人。請看整人者,人亦整其人。」(《文革中的我》,頁8)五六十年代的政治文化,由此漸成過去。

社會管理的趨於寬鬆,甚至見於監獄。「裏面」與外面看似隔絕,實則相通。1957至1964年曾在中國監獄服刑的法國人鮑若望,《毛澤東的囚徒》一書記有其時獄中的「學習會」與「鬥爭會」。[14]與朱正琳、王學泰的監獄紀事比較,可以想像1964年以前與1971年以後號子中氣氛之不同。鮑所知的那種一本正經、爭相「表現」的「學習」、「鬥爭」,文革後期似已不再。「裏面」的變化正與「外面」同步。

1972年對於服刑的政治犯楊曦光有特殊的意味。其《牛鬼蛇神錄》有如此抒情的句子:「一九七二年的春天卷着紫雲英和油菜花香悄悄來臨了。」(頁174)作者說,這年的春天給自己的印象「十分美好」。即使在勞改隊中,他也感覺到了中國政治發生着的微妙變化。這讓他想起了同樣美好的1962年(頁176)。[15]王學泰入獄在1975年,獄政已不苛酷。他說自己在北京第一監獄的那

---

14 鮑寫到「像彌撒似的學習會」,自己「像做禮拜唱祈禱文似地發言」(見該書中譯本頁62)。

15 楊將那兩年稱之為「復舊」,談到這種「復舊」的複雜意味(頁182)。說「廣播裏每天都會出現一些在文革中被批判為毒草的抒情歌曲,每天都有『新事物』——其實是五十年代的舊事物,在文革中被批判禁止——出現」(頁252)。同書還說,1975年,「勞改隊呈現一片升平景象」(頁268)。

段時間，「顯得特別寬鬆」（《監獄瑣記》頁89）。

　　混世、玩世的犬儒態度，在「革命」正當高潮時，就開始了潛滋暗長。傳統社會的應世之道，豐富到取用不竭，不難援引來作為一種生活態度的辯護。毛説「歷史的經驗值得注意」。「歷史」有各種各樣的「經驗」，包括老百姓所熟悉的「循環」、「輪迴」、「天道好還」、世事一棋局等等。對於一個缺乏宗教傳統、不耽於哲學思考的民族，極其實用。諸種經驗或世故，被專制政治逼出來的機巧、生存技能，有效地減卻了人生的苦痛。卻也必須説，在大面積的逍遙中，始終有人處在亢奮狀態，保持着文革初起時的激情。高層的意志之外，這也是文革持續達十年之久的原因。[16]這類細微處，對於瞭解中國當代政治極有意義，卻非僅據檔案材料所能把捉。

　　1989年春的所謂「政治風波」後，我注意到「清查」中人們的應對方式，也注意到「清查」似乎有意識地避免株連。後者或可作為「政治文明」、「司法文明」提升的徵兆，至於前者，則與始自文革後期的對「政治」的戲謔態度有關。人們失去的不止是童真，更有基於信賴的鄭重。最初的玩世中尚有滄桑感，終至於無所不可玩。當着人們以為那種「政治」不值得鄭重對之，某種深層的破壞已經發生了。這種破壞的意味不便簡單地歸為「正面/負面」，毋寧説是一種意味複雜的變化，值得作深度分析。

　　沈從文對世情特具洞見，且有深憂。其人1972年由鄉間返回北京後的家書，因其社交圈子，涉及較多知名文化人的狀況。當年6月給妻子的信，一再寫到普遍的疲態，説「過去起鼓舞性抽象名辭，已失去作用，黨內外均有此感。大小均如此，對於什麼什麼都失去信心，都為未來擔着心，而對當前鼓不起幹勁」。作家則「再

16　卷在文革漩渦中的長沙工人造反派活躍分子陳益南，由1968年的「清理階級隊伍」、1969年的「九大」、1970年的「一打三反」，其狀態與「逍遙」無緣。而其事後對上述過程中細節的記述，確非親歷且有洞察、反思能力者則不能（參看陳著《青春無痕——一個造反派工人的十年文革》頁367–369）。

也不對搞的工作感到應有熱情。都在等，在混」（《致張兆和》，《沈從文家書》頁544。着重號為原文所有，下同）。[17]同年的家書還寫到當時高校的狀況，說「麻煩處或許還在將來，而不是現在」（《致張兆和》，同書頁547）。說「處此『哲』學影響下，深入部分肌膚靈魂後清理不易，只能靠時間醫治創傷」（《致張兆和》，同書頁557）。他憂慮的是「一種向下的趨勢，如同在千尺地層下的潛流，在腐蝕土地，不可免會影響到地面建築和其他。儘管在努力補救，還是將在某一處某一時形成坍陷」（《致張兆和》，同書頁558）。說「不免令人為國家深抱杞憂」，「可慮者不是個人生活，是國家麻煩！」（《覆沈虎雛、張之佩》，同書572）有此深遠之慮而反復形諸文字者，就我閱讀所及，惟有沈從文。經受了不公平的對待，沈對國家事仍不冷眼旁觀，非但一再表達憂思，且極力施加影響於周邊的人，力圖帶動他們體諒國家的困難，為國分憂。如此態度，未必見於新老「積極分子」、視其為「右翼」的原左翼人士。他們又豈能相信沈從文有此情懷！[18]

不難察覺的還有，地方當局的應對方式也有了靈活性。廣東省委對「李一哲」的批判大會，允許「李一哲」公開辯駁，且會外以大字報的形式反批評。「參加批判會的群眾也不同於文革初期那樣統統作群情激憤狀，而是每每在李正天、陳一陽等人辯駁到精彩之時報以哄笑，常令大會組織者尷尬不已。」（印紅標《文化大革命期間的青年思潮》頁380）[19]凡此，均可據以考察世道人心。

文革後期社會生活中的一個基本變化，是人們終於漸漸擺脱

---

17 沈以為目前「最重要還是億萬人的向心力的加強。我們必須，也只能盡其在我的努力來愛國家」（《致張兆和》，同書頁545）。

18 沈1975年10月寫給子、媳的信中，說「有些黨員不僅業務水平難上升，政治水平還在下降，似乎不如一些非黨員熱愛黨和國家」（《覆沈虎雛、張之佩》，同書頁615）。

19 據該書，「李一哲」之一的王希哲，認為當時主政廣東的趙紫陽係「假批判真保護」（同上）。同書還說，「《人民日報》發表張鐵生《答卷》以後短短半個月，收到各地表示異議的信件兩千餘封」（頁424），亦可資考其時人心向背。

了恐懼——當然絕非所有的人。1950年代初的吳宓，曾自誓必要時
效仿綠珠（《吳宓日記續編》第一冊，頁164），[20]卻屢歎「降志辱
身」，不能如綠珠之烈。「批林批孔」中堅拒批孔，是其最終也
最激烈的抵抗——至此似已「無所畏懼」。高層人士漸有了「寧可
被打倒也不退讓的氣概」（參看陳東林主編《1966–1976年中國國
民經濟概況》頁48–49、78）。較之民眾的消極抵制，這種變化同
樣意義重大。人心思變。雖當局極力維持高壓態勢，終究無力阻
止能量的衰變。疲勞，物質慾望的暗中膨脹，轉移了對「階級鬥
爭」的關注與敏感。你並沒有看到地平線，卻對風浪不再如運動
初期、1968年那樣恐懼。革命被革命所消耗。被「革命」弄到精
疲力竭的人們，渴望回到正常生活。結束文革固然出於高層「決
策」，仍以民眾的普遍意願作為背景。只是你在十年結束之後的
一段時間裏，仍會有習慣性的期待，似乎有什麼事件會轟然發
生。你不安於非革命時期的岑寂與平淡。解釋八十年代的精神氛
圍，由此也可得一線索。[21]

　　回到「逍遙派」的話題上。應當說，「逍遙」始終有質地之不
同。有（基於思考的）理性的逍遙，有限於處境的被迫的逍遙，也有
「天性」的逍遙，從來不慣於激烈，習於冷眼看世局。任何時代都
有此一類。以我的經驗，在派別激戰的情境中置身事外者，非有大
智慧，即可能屬「風痹不知痛癢」的一類。同樣據我的個人觀察，
在文革這樣的運動中，較早覺醒、開始了懷疑與「獨立思考」的，
往往是一度站在潮頭奮力「弄潮」者，而非「徘徊海濱」、有所
沾濕的看客。[22]即如某些「老兵」，另如被歸入「造反派」的部分

20　綠珠，西晉石崇的歌女，孫秀強取，綠珠墜樓而亡。

21　收入《民間書信》的周郿英寫於1977年初的信中説：「我想清明過後北京就不
　　會有何大事了，除了地震。一個天安門，一個地震，可真給眾百姓添補了不少
　　精神的空虛，『芸芸眾生』總算是在大衣櫃、虎皮鸚鵡、打撲克外又找到些精
　　神的寄託。」（頁444）當年稍早的一封，寫信者説「地震之危已過，政治之危
　　已除，但所剩也只是無聊了」（頁441）。

22　「徘徊海濱」、「有所沾濕」，見魯迅《柔石作〈二月〉小引》，《魯迅全

人——不過背景、時間點、觸發思考的因素、質疑的方向互有不同而已。後者中的有些人，尚未及形成清晰的思路，即在文革後的清算中被一劍封喉。

「思路轟毀」、信念坍塌的，通常是曾經的虔信者。他們有過可轟毀、坍塌的思路、信念、信仰。置身事外的較為徹底的逍遙派，往往沒有這樣的思想過程，也未見得更有認知方面的收穫。冷漠與冷靜相似而實不同。冷漠麻木，與任何「先覺」無關。本無血性者，或不惟對此冷漠。[23] 也應當説，思路「轟毀」之後若未經重建，不免有「此亦一是非、彼亦一是非」的虛無（非即「虛無主義」），無可無不可的玩世。揭破假面的同時，有一些本可保存的東西被拋棄了。破壞一旦啟動，就難以遏止。「有破壞卻未必即有新建設」（魯迅《再論雷峰塔的倒掉》，《魯迅全集》第一卷，頁192）。那輛軋過「神聖事物」的車很可能沒有剎車，就那麼一路碾過去。

這一時期即使顧準這樣的思想者，也有對精神失墜的警惕。他説：「我轉到這樣冷靜的分析的時候，曾經十分痛苦，曾經像托爾斯泰所寫的列文那樣，為我的無信仰而無所憑依。」（《顧準文集》頁404）還説：「我還發現，當我愈來愈走向經驗主義的時候，我面對的是，把理想主義庸俗化了的教條主義。我面對它所需的勇氣，説得再少，也不亞於我年輕時候走上革命道路所需的勇氣。這樣，我曾經有過的，失卻信仰的思想危機也就過去了。」（頁405）「從理想主義到經驗主義」——尤其「經驗主義」——這樣的概括，是否也受限於理論資源？

有人費心地搜尋文革的正面意義，以為其導致了此後的「思想解放」。將文革如此地與「思想解放」對接，令人生疑。文革對已有秩序的破壞，後果複雜。將文革式的破壞作為「思想解放」的必

集》第四卷，頁149。

23　解全《我在文化大革命中的經歷》寫了他所體驗的文革經歷的正面意義（《1966：我們那一代的回憶》頁166）。

要條件，猶之將大規模毀滅性的戰爭作為社會新生的條件，將森林
大火作為自然界再生的條件。

文革結束後，「反對資產階級自由化」、「清除精神污染」，
依舊企圖以「運動」的方式解決意識形態方面出現的問題；圍繞
「異化」問題的爭論(或曰有組織的批判)；對某一文學藝術作品
(如電影文學劇本《苦戀》、影片《太陽與人》(未公開放映)、話
劇《假如我是真的》、電影劇本《在社會的檔案裏》、小說《飛
天》等)的批判，均不曾有當局期待的響應。據蕭冬連《從撥亂反
正到改革開放》，對《苦戀》、《太陽與人》的批判，「在文藝界
引起了相當強烈的抵制」(頁421)。劇本作者白樺「收到近千封函
電」，對其表示支持(頁431)。「越批越香」的現象，文革後期已
然。「函電」則是前互聯網時代的民意表達方式。直至2017年前中
組部部長、前國防大學政委、中宣部研究室前主任發起對方方的長
篇小說《軟埋》的批判，仍未見有來自學界、創作界的配合，再次
證明了文革式大批判的不能複製。[24]

文革後的「開放」更限於經濟、科技領域，對文學藝術以至學
術研究的管控，時鬆時緊。蔡元培的「循思想自由原則，取兼容並
包主義」，也如陳寅恪所說「獨立之精神，自由之思想」，作為
「民國」遺留，漸成禁忌性話題。將「觸線」的出版物「下架」一
類粗暴做法，近年來已成「新常態」。回頭看去，倒是1980年代官
方公開發動「反對資產階級自由化」、「清除精神污染」，尚未失
「自信」。

1957年李慎之關於「運動」的批評，文革後依然適用。「反
右」並沒有如李希望的那樣，「成為最後一次運動，或者說結束

24　網絡有考察川東土改有素的重慶師範大學副教授譚松的網文。譚後遭任職學校解
　　聘。關於暴力土改的討論，不始於此時，只是因門檻較高，限於史學界內部，未
　　能成為公共議題。官方的介入，使對相關歷史的關注，擴大到了專業圈外。

運動的運動」。[25]文革也不是。對「運動」的路徑依賴，包括了「運動式」治污，「運動式」執法(即如「嚴打」)，以至運動式「扶貧」，運動式的「城市治理」，像是一種難以卸卻的「政治遺產」，至今仍未退出中國的政治、社會生活。被形容為「大轟大嗡」的「群眾運動」，不但用於階級鬥爭、黨內鬥爭，而且用於經濟工作、社會治理。高層的政治思維決定了政治運作方式，塑造了整個社會的政治文化、政治生態，20世紀後半期的中國是極端的例子。卻也因文革透支了公眾的「革命熱情」與對當局的信任，使純粹意識形態意義上的「運動」趨於式微；即使當局有意組織，其效果也更像是在消耗殘存的「政治熱情」。文革作為不可複製的運動，為終結1949年後以階級鬥爭為內容的「政治運動」準備了條件。物極而反。文革作為執政黨的「負資產」，其正面效應，部分地或也在此。[26]

25　李在「反右」中陷落後，檢討自己對「運動」的認識，說自己曾錯誤地認為，「運動是中國特有的東西」，「今後對人民內部矛盾應少搞或不搞運動」；「運動可以鞏固專政」，運動也「可以加深專政的陰暗面」。他「希望以群眾運動來治國的辦法早點過去，而能有完備的法制」，「希望這次運動(按指反右)成為最後一次運動，或者說結束運動的運動」(《李慎之的私人卷宗》頁155、156、157)。李談到自己關注歷次運動(由根據地的「整風」，到「土改」、「鎮反」、「三反」、「肅反」)的「副作用」(頁194–195)，一再提到運動對人與人關係的破壞(同書，頁156、166)，說「我們的運動很傷人心」(頁169)。上述認識何「錯誤」之有？

26　陳徒手《批林批孔在北京》一文，有對文革中「運動中的運動」的精彩分析。「文革期間不少專項運動只開展了一年或半年，後腳跟着前腳，大量機關文件都可隨風向而定調子，依據最新中央文件、兩報一刊社論和重點文章，巧妙地更換了運動主體的詞語系統。有時這種文件內容轉換極為壯觀，數夜之間黨政機構來往公文全部變更面貌，切換得絲絲入扣。」「文件上下運作之中，總會推動運動細微的走向，找到一些發酵的事件點，並適宜於一些人幕後策劃，後來果然發生中關村一小的黃帥反潮流事件，一度造成全國性的影響。」「運動」的操作機制可見一斑。

8.2　反對「走後門」

　　文革後期，「反對『走後門』」屬甫一興起、即被踩了剎車的「運動」。

　　進入1970年代，文革前期的「大民主」消歇。除廣州「李一哲」那樣影響廣泛的大字報，其他有影響的大字報(參看本書上編第五章《思想、言論罪》)，影響範圍更限於當地。「反對『走後門』」卻是一個例外。文革低潮期大字報不待組織地集中出現，據我的經驗，即在由李慶霖上書引發的這一波中，也是1976年「四五運動」前惟一的一次激起公眾熱情的「運動」。還記得鄭州市委大樓門廳裏層層大字報由天花板垂掛到地。儘管運動已疲態盡現，群眾仍應聲而起，足證「反特權」的民意基礎——毛對此卻像是已無感應。

　　作為背景的是，不待全面落實幹部政策，幹部為其子弟「走後門」已公然而普遍，像是受了衝擊後當然的「補償」。宋柏林《清華附中老紅衛兵手記》1967年4月2日，寫到某軍區「招兵」，「招幹部子弟」(頁239)。1968年2月18日：「參軍成了一股風潮，人人踴躍」(頁392)。當然也是幹部子弟。宋本人即於是年當兵(頁395)。「走後門」不始自文革。文革前名校(無論大學還是中學)高幹子女集中，部分地要由此解釋；[27]只不過彼時人們對此見慣不驚，也無可奈何。文革中「上山下鄉」，平民子女與幹部子弟間機會的不均等被放大，積久的不滿不平需要一個出口。李慶霖的上書與毛的覆信，提供了這個出口。

　　李慶霖上書毛，在1972年12月。1973年4月25日毛的回覆，收入《建國以來毛澤東文稿》十三冊(頁349)。[28]走後門，是當時所

27　楊繼繩《天地翻覆》有賀龍之子賀鵬飛進入清華大學的例子(見該書頁255)。

28　關於李慶霖上書引發的反對「走後門」事件的背景，參看同書同頁註1、2；王年一《大動亂的年代》第三篇第一章「三箭齊發」一節；史雲、李丹慧《難以繼續的「繼續革命」》第五章頁378–380、第七章頁466–470；楊繼繩《天地翻

謂「不正之風」之一種。1973年10月15日，梁漱溟記某人來，「歎息許多不正之風」（《梁漱溟全集》第八卷《日記》，頁951）。

作為這一波中的一個漩渦，有鍾志民退伍事件。[29]「李一哲」大字報說到鍾志民退伍的行動，「不過是李慶霖憤怒的呼喊，在特權階層中引起的微弱的回聲」（余習廣主編《位卑未敢忘憂國——「文化大革命」上書集》頁231）。由《民間書信》一書可考幹部子弟對批評「走後門」及鍾志民主動退伍的激烈反應，認為批「走後門」「來頭不對，整到整個幹部階層」，「把批林整風運動方向搞偏了」，是「錯誤的潮流」；寫信人說自己是「堅決反對走後門的，但對於整人整幹部子弟我不能容忍」；卻仍認為必須消滅「特權」，作為成就階級大業的必要的犧牲（頁264、265）。

接下來的故事出人意料。出手制止反對走後門風潮的，竟是一再鼓勵批判「資產階級法權」的毛本人。1974年2月15日毛關於「走後門」問題的指示，係為葉劍英來信所寫批語。原信收入《建國以來毛澤東文稿》第十三冊，其中有：「此事甚大，從支部到北京牽涉幾百萬人。開後門來的也有好人，從前門來的也有壞人。……」（頁377）毛式「辯證法」於此更像是詭辯或文字遊戲。[30]真實的原因，則是「走後門」已成風氣，包括他本人。

「牽涉幾百萬人」本不應成為阻遏批判的理由。據逄先知、金沖及主編《毛澤東傳》，遲群等批「走後門」，「直接針對的是

覆》第二五章《李慶霖事件》等。

29　關於鍾志民退伍事件，參看潘鳴嘯《失落的一代——中國的上山下鄉運動(1968至1980)》中譯本，頁160–161)。

30　即如其1958年3月《在成都會議上的講話》所說「個人崇拜有兩種：一種是正確的崇拜……另一種是不正確的崇拜」（《毛澤東文集》第七卷，頁369）。同年9月《在第十五次最高國務會議上的講話》，針對民主人士的批評，辯解說：「有資產階級的好大喜功，有無產階級的好大喜功，兩種好大喜功。有資產階級的急功近利，有無產階級的急功近利。」（《建國以來毛澤東文稿》第七冊，頁379）再如毛曾提出學習海瑞；批判彭德懷時又提出要區分「左派海瑞」、「右派海瑞」，說「彭德懷表現的海瑞精神是『右派海瑞』」（《中國共產黨歷史第二卷(1949–1978)》下冊，頁754）。類似表述一再自我複製。

葉劍英一個兒子在空軍當飛行員，一個女兒在北京外語學院學英文」（第六卷，頁2650）。見諸史雲、李丹慧《難以繼續的「繼續革命」》，毛對王海容、唐聞生說：走後門的人有成百萬，包括你們在內。我也是一個。我送幾個女孩子到北大上學，我沒有辦法。也是走後門（頁379）。[31]反對走後門，是對社會公平、正義的籲求，毛卻以自己為例，將走後門正當化。1974年2月20日，「中共中央發出通知，提出對『走後門』問題應該進行調查研究，確定政策，放到運動後期妥善處理」（逄先知、金沖及主編《毛澤東傳》第六卷，頁2654）。後不了了之。

　　「走後門」無疑與執政黨公開宣傳的意識形態不兼容。無論高層圍繞「走後門」問題有何較量，民眾對此事件的熱烈反應，是文革前期批判「特權」、「特權階層」的繼續。年輕的批判者有了更多的思想武器。南斯拉夫密洛凡·德吉拉斯（Milovan Djilas，一譯密洛凡·吉拉斯）的《新階級》早已是部分知識青年中的熱門讀物。[32]廣州署名「李一哲」的大字報質疑最高當局迴避對於特權的批判，「用所謂『好人』『壞人』的問題去偷換『走後門』反映在路線上的大是大非」（余習廣主編《位卑未敢忘憂國——「文化大革命」上書集》頁261），鋒芒直指毛。

　　反對走後門的風潮並未因偉大領袖模棱兩可詭辯式的表態而平息。對特權的批判，屬文革期間最具貫穿性的議題，構成了文革後期批判思潮的重要部分。[33]「李一哲」大字報直指「特權階層」

31　關於毛致信葉劍英前後，參看《天地翻覆》頁863。楊著關於毛對「反對『走後門』」踩剎車的背景，記述較詳。據該書，「韓先楚任司令的福州軍區，就安排了200多個高級幹部子女。」「1973年的中央上山下鄉工作會議提供的材料說：『走後門問題，相當嚴重，相當普遍。高中級幹部利用職權走後門更多。上行下效：招一次工，招一次生，都是各種政治勢力的爭奪戰。「官大憑官氣，官小憑關係，無官憑力氣」，「農民學大寨，幹部忙後代」……』」（頁862）

32　收入《民間書信》的一封1973年4月的信，反復提到「特權」，如「特權統治」、「特權分子」（頁225）。

33　關於文革中對特權的批判，參看本書上編第一章《關於「四大」》。

（「新生的資產階級」、「新的資產階級佔有方式」），明確提出了
「限制特權」的要求。大字報寫於1973–1974年，張貼時已在毛制
止「反對『走後門』」之後。大字報說「承認不承認中國正在出現
一個如蘇聯那樣的特權階層……是肯定還是否定文化大革命的基
本理論問題」（同書，頁260），認為「四屆人大應當明文規定限制
特權的條文」（同書，頁261）。大字報提到「新貴族」、「新的資
產階級」，提到「高幹子弟」對於「財產權力」的「變相世襲」
（同上）。大字報認為對李慶霖上書的不同反應「從一個側面反映了
我國階級關係的變動和新的階級矛盾狀況」，「新的資產階級佔
有方式本質就是在生產資料社會主義所有制的條件下，『化公為
私』」，其常見的表現為「某些領導者將黨和人民給予的必要特殊
照顧膨脹起來，變為政治和經濟的特權，並無限地觸及到家族、親
友乃至實行特權的交換，[34]通過『走後門』之類的渠道完成其子弟
在政治、經濟上實際的世襲地位，並且圍繞着他們的私利，改變事
業的社會主義方向，實行宗派主義的組織路線，扶植起一批特殊於
人民利益並與人民利益相對立的『新貴』集團」（同書，頁232）。
文革後對「特殊利益集團」、世襲權力、「權貴資本主義」的抗
議，在此大字報中已呼之欲出。「李一哲」大字報沿用文革期間的
表述，以「新資產階級（以黨內走資派為代表）」為「資本主義復辟
的主要危險」（同上，頁233），卻未獲當局的肯定。

　　在毛的干預下，本有可能掀起大浪的事件，只是泛起一層泡
沫。對反對走後門的壓制傳遞了放任特權的信號，與文革後變本加
厲的「特權—腐敗」，不能說全無關係。由批判蘇聯的「特權階
層」，到庇護「走後門」這一具體的特權，其間的邏輯玄妙莫名，
難以索解。文革的發動者顯然無意於這一方向上的「繼續革命」。
民怨卻並未就此消弭，只不過等待時機再次湧起罷了。1989年春夏

34　「觸及到」，宋永毅等主編的《文化大革命和它的異端思潮》作「蔭及到」，
　　見該書頁458。

之交以「反官倒」為訴求之一的「政治風波」，不妨看作並不遙遠
的回應。

　　1970至1980年代，憑藉了父輩的蔭庇與人脈，幹部子弟參
軍、[35]升學、就業、上位(軍政系統、大型國企)，在眾目睽睽之
下，甚至有某種「利益均沾」的制度化安排，像是公然宣示「血
統—權力」，恣意挑戰公眾的耐受力。歐美民主國家有政治世家、
政治豪門，卻未聞有與「紅二代」、「官二代」相應的身份，也未
聞公權力將某些職級作為配額。所幸父祖輩的遺澤有可能二世或三
世而斬，否則這種與當初所標宗旨(所謂「初心」)顯然扞格的世襲
權力，終將使政權難以維繫。文革後期一面重拾「限制……法權」
的話頭，一面放任權力尋租，亦可作為考察文革後「信仰危機」的
一條線索。任用子弟，基於先天的缺陷，如農民戰爭式的「打天
下、坐江山」；也有來自文革的「教訓」，包括親信、秘書、下屬
及其他身邊工作人員的「背叛」。孫文標舉「天下為公」，執政黨
的一些幹部，則不知有所謂的「公天下」。文革式的衝擊對於重新
找回權力的軍政領導人的無效，由此也得以證明。

　　文革後的一個時期，李慶霖上書與「李一哲」大字報所描述，
幾於「滔滔者天下皆是」。不惟招工、招生、參軍，即購買緊缺商
品，無需要託關係、找門路。若與幾十年後的「社會潰敗」相
比，仍不過小巫大巫，似乎大可不必義憤填膺血脈僨張——你的正
義感也就這樣被銷磨，消耗。文革中一度的衝擊，似乎不是澆滅了
而是刺激了權慾。正是權力的高附加值、衍生品，權力尋租的更多
可能，借「改革開放」促成了貪腐的高發。官僚階層以「徹底否定
『文革』」的名義，一併否定了文革中批判特權、特權階層背後的

35　文革中參軍是一種特權，被作為逃脫知青命運的便捷路徑。卻也有參軍者因不
　　能適應軍隊而精神失常，如郭路生(即詩人食指)。關於「大院」子弟參軍後適
　　應不良的情況，尚可參看楊健《懷念阿南》一文(該文收入《民間書信》)。這
　　也應當是「紅衛兵後傳」的一部分。也有目標明確意志堅定者。目標包括了入
　　黨、提幹等(參看同文)。

普遍民意，錯失(或更是有意放過)了制度改革的機會。急於清算政治對手的領導層，沒有可能對文革持更為理性的分析態度，更無論將文革中的批判思想作為資源。在這種意義上，的確不宜將「前三十年」與「後三十年」割裂、對立。其間確有基於體制的「一脈相承」。[36]

「李一哲」的大字報我當年並未讀到，也不記得是否聽到過傳聞。李慶霖的信應聽過傳達，卻毫無記憶，足證記憶之不可全然據信。近來重讀李的信，想到的卻是小人物的被政治作弄。文革期間很有「火箭式」的幹部，一朝被高層選中，即刻飛升；形勢一旦逆轉，頓時墮回泥中，像是「邯鄲夢」的現實版。非常的際遇即平世也有，只不過文革中尤有戲劇性罷了。冀非常的恩遇，會使一些人行為失常、動作變形。李慶霖即一例。「被成名」的李所扮演的，不過功能性的角色。忽而峰巔，忽而深淵：無非大事件中小人物身不由己的浮沉。

反對走後門被及時叫停，李慶霖卻被推上風口浪尖，命運有乘過山車般的變化。在一度風光之後，1976年11月，李被福建省委宣佈「隔離審查」(黃志雄《知青家長李慶霖》頁426)；12月，作為「幫派分子」關入莆田縣看守所(頁432)；被批鬥、遊街示眾(頁435)；被迫「自我誣陷」，編造「罪惡歷史」(頁440)；被專案組定性為「資產階級野心家、陰謀家、反黨反社會主義分子、現行反革命分子」(頁442)；1979年判處無期徒刑(頁453)，後減為10年有期徒刑(頁472)，1994年再次減刑，同年出獄(頁474)。至此，其人或已被許多文革親歷者遺忘。一個小人物與大時代間的纏繞，不止於「一把辛酸淚」，還有自身的扭曲。傳主通常不願意直面的人性缺陷，正因大時代而放大。文革是那種能使人性的缺陷充分暴露的運動。人性缺陷(以至人性之惡)折射了惡質政治——不僅是這種

---

36 陳爾晉的有關論述對此亦有針對性，可為「前三十年」與「後三十年」的連續性作一註腳。關於徐水良、陳爾晉有關主張的分析，參看印紅標《文化大革命期間的青年思潮》第六、七章。

政治的產物。無論一些人十年間的載浮載沉，還是李慶霖的瞬間傾覆，均可用作剖析「人與政治」的標本。

　　無論自覺還是被動地捲入歷史者，均可能被「歷史」所播弄。對此不妨有「瞭解之同情」，避免過度道德化，用了傳統史學「成王敗寇」、「忠/奸」二分的眼光，將一些人目為奸佞，視同宵小。

8.3　文革中的日常生活

　　1970年代末「改革開放」前的我們，生活在外國人難以穿透的牆——無論其為「鐵幕」抑「竹幕」——的後面、裏面。他們難以窺探的，是街頭、廣場、單位等等場所之外的日常生活，聽不到公開場合的發言、表態外用於日常交流的語言。事實則是，即使在看似舉國若狂的時刻，日常生活也在繼續。日常生活的繼續不賴有「逍遙」——「不斷革命」毋寧說更是理論上的，不大有嚴格實施的可能。在有些親歷者的記憶中，文革即暴力。他們確有這樣記憶的理由。即使如此也應當說，暴力發生在十年間的某些時間點，某個時段，某些地區、場域，而非時時刻刻，日日夜夜。因此「日常生活的恢復」並不隨處適用。「恢復」預設了中斷、停頓。或許應當說，除「橫掃」所及的家庭與個人，部分家庭、個人的某段時間，日常生活並未中斷。縱然在不堪的境遇中，人們也會尋找、「創造」生存條件，甚至生活樂趣，利用一切縫隙。「風水輪流轉」、「三十年河東、河西」，是由地老天荒中提煉出的經驗、世故，可用以療傷，也能支撐一個小人物活下去。

　　「失去的十年」是另一種易致誤解的說法。十年間不止有激情或消沉，受難與反抗。文革這樣的非常年代，依舊有豐富的人類活動。使用「失去」這種文學化的說法，有必要注明何種意義上的「失去」，失去了什麼。即使對於學業荒廢的世代，十年也未見得一片荒蕪，尤其進入1970年代之後。你難道不認為，即使

在當局為文革敘事設禁的情況下，仍有必要還原這一時期歷史生活的豐富性？

有過「革命還俗」的說法。與「世俗」相對的，是宗教，「革命」的對立物則是反革命。「革命/世俗、日常」的論述框架不無遮蔽。這裏涉及對於「世俗」、「日常」的認定。「日常生活」不限於物質層面、瑣屑物事，柴米油鹽、吃喝拉撒、家長里短。有多少種人，就有多少種「日常生活」。物質生活屬社會生活的基本面。文革這樣的「革命」，不過短暫地「精神」高揚，物質層面被刻意忽略、物質欲求受到壓抑罷了。

物質的匱乏中自有豐盈。由金大陸的考察看，上海甚至在文革期間，也不失為中國的「時尚之都」；雖受到意識形態宣傳與經濟匱乏的雙重制約，仍與北京等北方城市風氣有別。其《非常與正常──上海文革時期的社會生活》一書，寫到較為動盪的1967–1969年上海的婚姻登記數處於高位，對此的解釋是，時局動盪中「市民的生活(包括談情說愛和匹配良緣)仍在大街小巷生動而活躍地開展着」。甚至正是動盪，「無政府主義的社會氛圍」，為廣大青年「提供了適宜於『營造生活』、『構築生活』的時空條件」(上冊，頁27)。該書據當時的文字，說文革爆發不過一年，「這邊『破四舊』的吶喊還沒有停息，那邊『三包一尖』就已故態復萌」(頁201)。[37]1970年代初着「奇裝異服」者，與文革初期掃蕩「四舊」者，可能有同一些人(同書，頁211–212)。

匱乏與道德淨化運動，使文革期間普通人的日常生活簡單而質樸。簡單質樸非即粗陋，或許另有了一種情致。王安憶的小說《啟蒙時代》，開篇處寫1967、1968年冬春之交的上海：「你很難想像經過了一九六六年的狂飆之後，這城市還會有這樣清爽的面容。可這是真的⋯⋯」　1966年6月學校停課，「在革命的緊張空氣的另一

37　「三包一尖」指包頭、包屁股、包褲腳、尖頭皮鞋。包頭即大背頭，包屁股即緊身褲，包褲腳即窄褲腳。

面，社會卻鬆弛下來」。當着有些人的生活被攪亂甚至擊碎，另有
一些人，其生活借此回復了故態。永遠有急流沖刷不到之處。「這
城市表面上看已經沒什麼顏色，素得像戴了孝，內心可不安分。這
一行小男女從街上過去，城市的表情立刻就輕俏起來，露出暗藏的
風月。在這條著名時尚的街道(按即淮海路)兩邊，其實是千家萬戶
的柴米生涯，如今街上的繁華收起來了，那柴米人家掩着的不入流
的風情，卻一點一點漫出來了。」小說中的幾個少女，「她們所穿
所戴，老實規矩中，藏着些小小的離經叛道。」「說是上海街頭已
經被革命掃滌乾淨了，可不又生出些新的頹靡？這城市的頹靡就像
雨後的小蘑菇。」[38]這裏有城市的頑強，既順應，又抗拒，抗拒得
委婉柔韌。據王安憶小說的情節，這一年是1968年，北大正在「清
隊」，氣氛肅殺，隨時聽到與自殺有關的消息。

　　主要面向西方讀者的張戎的《鴻——三代中國女人的故事》，
寫到家庭的厄難，針對可能的過度想像，有如下解釋：「不過毛的
目標不是滅種屠殺，我家像許多其他受害者一樣，並沒有被蓄意餓
死。我的父母仍然按月領工資，儘管他們不僅沒有工作做，而且是
鬥爭折磨的對象。省委大食堂還是照常營業，一方面讓造反派吃飽
以搞革命，一方面也給我們這些走資派家庭飯吃。我們和所有城市
居民一樣，也有配給的東西。」(中譯本，頁293)說的也是1967到
1968年初。[39]

　　意識形態狂潮中，有飲食男女的「基本生存」。不惟此，「革

38　吳亮《我的羅陀斯》寫同一個上海：「它的芸芸眾生，有一不知悔改的小市民
　　秉性足以致命：只要見一絲縫隙，便百折不撓地迷戀物質生活，窮講究那些由
　　此派生的情趣幻覺。七十年代，急風暴雨式的政治運動甫一結束，男男女女就
　　立即談起了戀愛，讀詩，吃雪糕……」(頁114)這種類似生物本能的物質生活
　　欲求，文革中也屬制約極端化的力量。只不過隱藏在水面之下，令人難以覺察
　　罷了。

39　該書寫到即使在父母被打倒之後，仍然有市井青年以與她這樣的幹部子弟交往
　　為榮，豔羨他們曾享有的特權，相信被打倒的高幹會「東山再起」(中譯本，
　　頁307)。草民從來不乏這類「預測能力」。

命」在許多方面引出了對自己的逆反。在物質/精神的二元對立中鼓勵苦行，美化、合理化苦難；獨標精神而貶抑物質，將物質生活的粗糙，基本生存條件的匱乏，作為精神提升、道德完善的條件，激起的逆反，非倡導者始料所能及。「極端個人主義」、「享樂主義」的邏輯，未必不潛伏在「革命意識形態」的結構中。一旦魔咒失靈，即破堤而出。文革前、文革中以至文革結束之初的打擊「投機倒把」(包括將自留地的產出投向市場這種規模極小的交易行為)，也因有關的商業活動始終在或明或暗地進行，大有人「以身試法」。「城鄉自發的資本主義」，或不過迫於生存壓力，卻也確有出於增加、積累財富的原始衝動。那種「文化」非緣輸入，有「內生動力」。利用一切可能的條件，尋求對於匱乏的補償，不如說基於本能。[40]

　　文革後期或隱蔽或公然的「市場行為」(包括「錢權交易」)，不消說一定程度地敗壞了社會風氣。卻也有另一面，即固化了的社會地位的不平等有了補償的可能。體制外打開的空間，使久被抑制的逐利衝動得以釋放，為此後的市場化準備了條件。韓少功《革命後記》對此有生動的描述(參看該書頁162)。該書甚至認為，「這種暗市場、潛市場、非法市場的蔓延，物質利益的借胎受孕，受到當局出於經濟考量的曖昧支持，恰好構成了結束『文革』的決定性力量——也許比紅牆內的故事更為重要」(同書，頁163)。韓由經濟行為、潛在市場化的角度對文革後期的分析性描述，無疑富於啟發性。較之僅着眼於高層、權力中樞的歷史敘事，別具隻眼。該書

40　1970年發起「一打三反」，「三反」之一，即反投機倒把。郭小川當年2月12日日記，記在咸寧五七幹校聽傳達《中共中央關於反對貪污盜竊投機倒把的指示》。所重申的「五條規定」，包括「除國營、合作商業和有證商販外，任何人不得從事商業活動」；「集市管理必須加強，不准上市的商品一律不准上市」；「除經過當地主管部門許可外，不得到農村自行採購物品，不准以協作為名，以物易物，不准走後門」；「一切地下⋯⋯(按原文如此)必須堅決取締」等等(《郭小川全集》第十卷，頁417)。由此亦可想見「地下」商業活動之猖獗。

所描述的變化影響於社會意識，較之官方的意識形態、道德説教遠
為有力。由這個角度看，中國社會的「轉型」的確因文革而走在了
一條不可複製的道路上。[41]

　　本節將「日常生活」特為標出，出於一種考察的視野，不免
以「日常」、「正常」與「非常」作對立觀。金大陸《非常與正
常——上海文革時期的社會生活》，即出於對上述視野的質疑。事
實是，對於多數人，文革期間不但正常生活未見得中斷，物質也
非隨時匱乏。沈從文寫到了1967年10月節日期間，北京的市場「供
應充實豐富，特別是蔬菜品種多而賤」（《覆沈虎雛、張之佩》，
《沈從文家書》頁427）。葉聖陶寫給兒子葉至善的家書，則説到
1969年國慶節期間的商品供應，「蔬菜品種至多，副食品店堆在人
行道上堆不下，又堆到各條胡同裏，穿的用的，樣樣都有，只要
你有耐性去排隊。」（《葉聖陶葉至善幹校家書(1969–1972)》頁
22）。當然也因為是北京。京城既是窗口也是臉面，商品保障供給
被歸結為「政治」，不足以例其餘。[42]

　　匱乏、短缺(經濟學家所説的「短缺經濟」、「短缺現象」)
仍然普遍。雅諾什·科爾奈(Janos Komai)談到社會主義國家投資分
配中的優先排序，「讓生活在強制增長時期的整整一代人做出了
巨大犧牲」（《社會主義體制——共產主義政治經濟學》中譯本，
頁166）。[43]在中國，付出犧牲的不止一代人。農民付出的代價尤為
高昂——他們被長時間地留在了前近代的物質生活水平上。張戎
《鴻——三代中國女人的故事》寫到成都一度的物資匱乏：「幾乎

41　發生在文革後期的國民經濟領域的變化，經濟學家、經濟史家有細緻的梳理。
　　那些變化未見得及時體現在民眾的日常生活中，卻在日後發生了越來越大的影
　　響，不可逆轉地改變了許多人的生活方式以至價值觀。

42　參看陳徒手《物質匱乏年代北京財貿供應二三事》，刊《隨筆》雜誌2017年第
　　2期。

43　該書還在另一處寫道：「強制增長所付出的代價太大。它強迫人們『節衣縮
　　食』，讓那一代承受了太多的苦難。」（頁192）

所有的東西——從食鹽、牙膏、衛生紙、布匹到各種食品，不是憑票供應，就是完全從貨架上消失了。整整一年內，在成都買不到食糖，半年裏竟買不到一塊肥皂。」（中譯本，頁293）而我1970年代初所在的鄉村，除食鹽外，張戎所列商品幾乎均與鄉民無關。他們甚至不知有所謂的「衛生紙」。

1969年10月2日徐鑄成的《國慶節日彙報》，包括節日期間老保姆曾到菜場「排隊搶購」，對此保證「以後每兩天買一次菜，在早上四時半前不去菜場，能買到什麼菜就買什麼，決不再搶購比較緊張的東西。也決不代鄰居排隊搶購」（《徐鑄成自述：運動檔案彙編》頁293）。多少可知其時上海的副食品供應。溫濟澤文革中見排隊買菜的錢三強，穿了舊棉襖，「腰間繫着一根草繩」（《溫濟澤自述》頁337）。

1958年9月毛《在第十五次最高國務會議上的講話》中提到有些工人「是為自行車、手錶、鋼筆、收音機、縫紉機等五大件而奮鬥」（《建國以來毛澤東文稿》第七冊，頁380）。十幾年後的文革後期，手錶、自行車、縫紉機仍然是需要為之「奮鬥」的「三大件」。[44]至於上層人士早已享用的電視機，要到文革之後，才進入尋常百姓家。文革末期我任教的中學買了一臺電視機，晚間照例放在操場上，裏三層外三層地被人嚴嚴實實地圍起來。[45]

1950、60年代至文革期間的「短缺」、「匱乏」對幾代人的塑造，由表到裏。所謂「表」，不止於衣着，而且有儀態、風度、甚至眉目神情。它們保存、收藏在了老電影、老照片中，不可複製。一個拍攝那年月愛情故事的著名導演，對萬餘人的「海選」，竟苦

44　七十年代初我由大學畢業，每月領到工資42元五角（與北京等地的四十六元有地區差）。三個月的淨收入，可以買到一塊上海牌或東風牌手錶；類似牌子的手錶，再加上永久牌或飛鴿派自行車，蜜蜂牌縫紉機，即其時的「三大件」。

45　麥克法夸爾、沈邁克《毛澤東最後的革命》寫到了物資匱乏，引1974年商業部起草的文件，估計「在社會購買力和市場供應之間有18億元的差距」（中譯本，頁379）。據蕭冬連《從撥亂反正到改革開放》，文革結束之初城市職工的「生活欠賬」，包括了工資、住房、就業等（參看該書頁481）。

於找不到合於劇情要求的氣質。難以搜尋的不只是「清純」，另有不易描述的更內在的東西，屬特定時期的精神氛圍以至物質生活。歷史畢竟由人構成。人的變易較「實物」徹底；影像資料外，難有「遺存」。[46]

物質生活的粗放，其意義也是多重的。即如造成了某種生活態度，簡率的待人接物方式，知識青年對精神生活的耽溺，等等。至於物資匱乏對思維能力與想像力的影響，難以實證。我則由經驗，相信匱乏、短缺在精神層面的影響不全是負面的。那一時期不可複製的，就包括了專一與單純。相關的意境令人懷念，誘你一再回首。儘管回望之際，你可能將那種生活提純、理想化了。[47]

對物資匱乏的適應不但塑造了生活方式，也間接地塑造着「道德面貌」。不止量入為出，而且自覺地抑制消費願望以至物慾，進而以抑制為美德，將抑制擴散到物質生活以外。這一過程有可能是不自覺的；你忽略了抑制的初始原因，以之為當然，甚至必要，而將旺盛的欲求視為不安分、反常乃至不道德。中國本沒有「清教」傳統。物質匱乏下的道德要求，更像是應對之策。北島等人寫文革前夕、文革期間北京四中貴族少年的時尚，由舊軍裝到將軍呢、馬靴，其間的變換似隨心所欲而又有其邏輯。「開放」之初被詬病的「人欲橫流」，背後無疑有慾望的積蓄，證明了五六十年代的類「清教」根基之淺。當然，即使在物資豐裕之後，仍有人不為所動，將形成於當年的生活態度與道德觀念維持下去──與後來成為時尚的「簡單生活」根柢不同。

身為親歷者，科爾奈因對社會主義國家的「短缺經濟」或「短

46　文革期間豐富的影像材料，較之文字，對於考察其時的生活面貌或更有說服力。包括上文提到意大利電影人安東尼奧尼那部引起軒然大波的紀錄片《中國》。該片儘管有擺拍，仍有隨機攝取，令人可感文革期間社會生活的質地。

47　詩人歐陽江河說，「現在，當我們談論那個時代的匱乏和欠缺，這種追溯的語氣已經染上了鄉愁，敘述中已經有傷感的、鄉愁的、懷舊的成份。」（《若無死亡衝動，別去碰詩》，《當代作家評論》2010年第4期，頁120）他說的是八十年代。其實對於五六十年代及文革期間也不妨作如是觀。

缺現象」感受深切，才有如下的表述：「對購買者而言，從想像中的需求通過一系列的部分調整最終過渡到完全調整後的需求是一條極為痛苦的道路：不斷受挫、失敗、各種關於未來短缺的流言以及被迫做出調整。完全調整後的需求是購買者購買意願不得不向持續短缺屈服的無奈結局。」（《社會主義體制——共產主義政治經濟學》中譯本，頁226）中國的情況仍然有不同。封閉的環境，相對平均的物質生活水準，傳統思想的支持(安貧樂道、無欲則剛、清心寡欲、「孔顏樂處」等等)，以及當局的道德規訓(以何為榮、以何為恥)，磨蝕了人的欲求。當縫隙漸開，「外面的世界」經由各種渠道映入中國人的眼簾，頓時激活了慾望也激發了「一夜暴富」的狂熱。那是「短缺—抑制」後的強力反彈，摧枯拉朽。「後文革時期」也如對於性慾，文學集中描寫了情慾(包括物慾)的甦醒，即使卑微到了一個鄉村女孩對城裏孩子所擁有的文具盒的渴望(鐵凝《哦，香雪》)。

中國社會蘊藏着令外人驚訝的自我修復的能力。革命的喧囂下面，種種「卑瑣的」情慾始終在蠢動。看似毀滅性的災難之後，依然隨處可感生命力的強韌。小說家與學者筆下，上海里弄的小民從不曾失去瑣碎的生活樂趣。只要捱過了最艱難的時刻，知識人也不難於自我修復。中國人生存要求的卑微與生存意志的頑強，在文革中有了充分的表現。著名的馬克思主義思想家佩里‧安德森，曾對中國社會中蘊藏的「能量」一再致意(參看其《兩場革命》一文，刊臺北聯經出版的《思想》第18期)。這種能量不但在知識人也在民眾那裏。

短缺中尋求的補償各種各樣。在這些方面人們的聰明才智處處顯露。北京四中的趙京興插隊和做臨時工期間，閱讀方向從哲學轉向了經濟學，說因為自己「看到周邊的工人、農民是多麼渴望過上好日子」：白洋淀農民為住上新房用河泥築宅基地，「北京家庭主婦把勞保手套拆成線，再一針一針鉤成裝飾窗戶桌面的針織品」；

這種情景，常令他「感動得熱淚盈眶」（《我的閱讀與思考》，
《暴風雨的記憶》頁300）。耽於理論思維的年輕人，被平民樸素的
生活慾望打動，誰說不也是一種啟蒙？值得感動的，有升斗小民體
現於瑣屑日常的生機，他們利用一切可能為匱乏中的生活着色的天
分與才能，享用、品味那份小小創造的精細與耐心。

　　激進的高層人士顯然忽略了來自「生活世界」的警訊。「革
命」壓力的耗散在一個時期是一點一點地發生的，說得上一場「靜
悄悄的」革命。學部的欒勳寫幹校停辦前的情景，說，「大家釣魚
摸蝦，吊甲魚、打鳥、吃蛇膽的什麼都有」，「像蝗蟲一樣，把天
上、地下、湖裏的，全都吃光了。還哄抬了物價。女同胞獻藝烹調
做鱔魚，自己尊重自己的身體」（《人事與狗事》，《無罪流放》
頁22）。吳宓發現，1971年春節，互相訪問並致送食物者多起來，
是前此多年所沒有的（《吳宓日記續編》第九冊，頁176）。此老文
革期間的日記與吃有關的文字錄不勝錄。我們又何嘗拒絕生活的
微小改善。記得六七十年代之交我由京郊到父母「疏散」所在的村
子。父母住在老鄉家，烹炒時惟恐發出爆油的聲音，又怕肉香溢
出。緊張惶恐，未始沒有一絲隱秘的快樂。可能就在同一時期，雲
南插隊的鍾阿城，瞥見了老插「王一生」的吃相，被那人對於吃的
鄭重吸引。文革後這一種記憶幻化成了小說——使作者名噪一時的
《棋王》。

　　不少小說與回憶文字寫到了文革初期一度軍裝之為時尚。幹
部子弟引領風尚以至壟斷某種品味，將其作成階層的標記。張戎
《鴻——三代中國女人的故事》則寫到了成都街頭孩子所創造的
着裝的「時髦風格」（中譯本，頁300-301）。金大陸《非常與正
常——上海文革時期的社會生活》更以一章的篇幅，考察「上海
『文革』時期的服飾演變」，及演變背後的社會心理（見該書第九
章）。該章還寫到了上海化纖產業1960、70年代的「飛躍發展」及
銷售量。的確良、的卡之類成為百姓的首選，取其色彩鮮亮，結

實、挺括。[48]即使服裝式樣一仍其舊，衣領、裙擺處的小小改動，也足以引領風氣。江青推廣的連衣裙（俄文音譯的「布拉吉」），至少鼓勵了女性腿部的裸露——「革命高潮」的短暫時期，褲裝曾壓倒了裙裝。回頭看，文革旗手親自設計服裝，亦一奇。據顧頡剛日記，1971年6月2日羅馬尼亞領導人齊奧塞斯庫（Nicolae Ceausescu）到京，夾道歡迎者，「女兒皆塗脂粉，穿裙」，顧氏歎為「文化大革命以來第一勝事」（《顧頡剛日記》第十一卷，頁316）。文革初期「破四舊」，曾以「革命」的名義粗暴地干涉個人生活方式與審美偏好。衣飾的去意識形態化，確可稱「勝」。

　　改變着的還有顏色。關於文革的視覺印象，令人印象深刻的，即作為「主色調」的紅。這色調終於引起了視覺疲勞[49]隨着社會樣貌的緩慢改變，也如修辭，繁複的色彩由日常生活中浮現，星星點點，一塊塊、一片片。小說家事後回憶這個時段，熱衷於寫人們「愛美天性」的復甦。不妨由另一角度，將上述現象看作返回「常態」的姿勢。

　　與物慾同樣頑強的，自然有性慾。二戰後歐美有「嬰兒潮」，文革中則有生育高峰。1966年全國總人口為7.45億人，文革結束的1976年，人口已達9.32億。文化荒蕪與足夠的閒暇，都應當是紮堆生孩子的誘因。

　　文革後期我所在中學搜繳的「手抄本」，猶如性事指南。你可以知道那些看起來懵懂頑劣的孩子身體內騷動的情慾。那像是一片

48　《顧頡剛日記》1964年7月22日記有到百貨大樓買「凡而丁」量衣（第十卷，頁97）。「的確良」、「的卡」、「凡而丁」均為化纖面料。《民間書信》寫於1970年的一封說，當時在上海，的確良襯衫要用專用券購買（頁142）。化纖面料甚至在農村地區流行。你會在小城鎮街頭，看到有人將日產（或加拿大產）「尿素」口袋穿在身上。據說這種裝備也幹部優先。有人引當時的民間謠諺：「幹部見幹部，比比尿素褲，前頭『日本產』，後頭是『尿素』」（2017年3月31日微信公眾號「國家人文歷史」，作者諶旭彬）。

49　吳宓1972年11月27日，記某人三個女兒的名字「多用紅字，可厭」（《吳宓日記續編》第十冊，頁238）。

令人生畏的火山。以鋪天蓋地的意識形態宣傳強行維持「運動狀態」的權力意志，與群眾中泛起的真實慾望間，相去何其遙遠！

　　借用毛的著名題目，事情確乎在起變化。顧頡剛1967年1月18日所見街頭標語(原作「大字報」)，有「頤和園封閉了！」「重封十三陵，砸爛舊世界」等(《顧頡剛日記》第十卷，頁604)。同年4月13日，記東單公園榆葉梅盛發，「惜已無心看花柳」(同書，頁654)。4月16日：「前年看北大之春，去年看香山之春，今年則有花而不得觀矣。」(頁656)5月5日，聽說中山公園花房已封，議論道：「無產階級非不賞花者，何必如是。」(頁667)1971年顧氏日記寫道，「望將來公園開放，得徘徊於林石間」(8月23日，《顧頡剛日記》第十一卷，頁339)。收入《民間書信》寫於1976年6月的一封(頁398–399)，記述了北京所見的街頭小景：

> ……一個工人的結實的背，騎在自行車上，他戴着草帽，穿着一件油漬漬的工作服，我看不見他的臉，他的一隻手向左，仔細地扶着縛在車架上的一盤花，一盆非常美、養護得非常好的花。這時，兩個打扮得很時髦的年輕小伙子騎着自行車像魚一樣漸漸地向那結實的背和那盆嬌美的花靠攏着，我聽到：
> 「您是養花匠嗎？」
> 那頂帽子搖了搖。意思大概是「不」。
> ……
> 突然，後面兩個很樸素的，看樣子像是學徒工樣的小伙子，飛快地騎過我身邊，追蹤着那三張不同的男人的結實的背，一個聲音從我身旁掠過：「問問他是怎麼養的。……」
> 現在出現在我面前的，是五張厚厚的背，他們都在注意那盆向前駛去的花，談論這盆向前駛去的花。

更有意思的，是攝取這小景者的態度。欣喜，從容暇豫，感動於平淡中的美好。不止回到「基本生存」，更有對於美甚至舒適的追求。文革後期打造傢具成風。一些人現學了木匠手藝。儘管活計粗糙，製成品也早已淘汰，卻出自真正自發的激情。[50]養花也如打造傢具，是興起於文革後期的時尚之一種。[51]

有了餘裕才有對於美的感知與欣賞。于光遠說其文革後期獲得了行動上的自由。自己「本來是一刻也不能不工作的人，可是那幾天我什麼工作都不幹，過了一段前所未有、以後也不再有過的短期閒散生活」（《文革中的我》頁87）。「那幾天」，指1972年國慶節期間。拜文革之賜，我也有事後看來近乎奢侈的「閒散」。葉兆言甚至說對於某人，文革後期那段空閒日子，即1974年前後，相對於後來，「才更像是黃金歲月」（《蒙泰里尼》，《上海文學》2010年第12期）。當時西安的高中生黎若事後說，文革的某一時期「思想上所感受到的那種自由和輕鬆，甚至是在『文革』結束後再也沒有遇到過的」（《走出藩籬》，《1966：我們那一代的回憶》頁282）。「自由和輕鬆」固然因了權威坍塌，也應因沒有後來的那些功利性目標。

回到顧頡剛。個人經驗中的歷史變化，瑣碎而具體。顧氏文革前乘三輪車出行，文革高潮中不敢再乘（1966年8月27日日記，《顧頡剛日記》第十卷，頁518）；偶爾因不堪勞累而乘之，即會被兒童攔截，甚至由車上強行拉下（同書，頁520）。七十四歲老人，每天步行八里，往返單位，不堪其勞。1967年，恢復了乘三輪出行（可

50　何方本業荒疏，卻也追隨時尚，在幹校學了木工活兒，就地取材，大做其傢具（《何方自述》頁365、368）。

51　閻長貴說，文革中按照毛的指示，釣魚臺的許多空地種的不是花草，而是蔬菜和莊稼。毛所住中南海豐澤園也如此（《毛澤東和江青二三事》，《問史求信集》頁263）。對「生活世界」的輕視與貶低不限於養花。陳煥仁《紅衛兵日記》1970年2月4日記北京新華印刷廠讓一個工人認識到「養魚是資產階級生活方式」，終於使其人「自覺自願地將養了13年的金魚倒掉了，實現了思想革命化」（頁801–802）。

知即文革高潮中，北京也尚有三輪車可乘）。1970年5月，僱女傭。
同月，約理髮師定期到家「修面」。舊習的恢復，自然而然。還有
進一步的變化。1975年，單位發還了抄走的書畫古物。顧將字畫四
幅懸之四壁，以為「頤養精神之一術」（5月8日，《顧頡剛日記》
第十一卷，頁352）。至此，早已沒有了被指為「四舊」的恐懼。

　　儘管日記非即「實錄」，如吳宓、顧頡剛日記，確也貼近日常
生活，使你相信即使文革這種非常時期，個人的「日常」並未被吞
噬。借用現成的說法，有「非常」與「正常」。回歸常態，有可
能在你不覺間，在你漫不經心地度過的一個個日子裏。私人信函
也是這種緩慢變化的載體。沈從文與其妻其子間的家書（《沈從文
家書》），葉聖陶、葉至善父子間的家書（《葉聖陶葉至善幹校家書
(1969–1972)》），那種瑣屑的家人閒話，均可供想像文革中的日常
生活。

　　儘管當局一再提示「革命」仍在繼續，生活回復故道的過程卻
日日進行，不顯山露水，緩慢而又堅韌。停工停產的企業之外，
人們仍然上班；「復課鬧革命」之後，即使尚未恢復正常的教學
秩序，學生也照舊上學。無論常識還是常態，保有或修復都需要
條件。這種條件半是人們自發地創造的。漢娜·阿倫特（Hannah
Arendt）說，「常識拒絕相信巨大的荒謬」（《極權主義的起源》中
譯本，頁547）。那也應當是「常識」尚有可能的時期，不適用於文
革高潮中的某些場合、某種時刻。那種場合、時刻「常識」被巨大
的荒謬阻擊，暫時退縮了。

　　文革後的所謂「消費主義」，自應上溯到文革後期。「享樂主
義」的毒菌正是在準「清教」道德說教中滋生。上文提到了五七幹
校停辦前學員以對美食的追逐「自己尊重自己的身體」。人們的愛
美、愛惜自己的身體，竟也有當年投入革命的那份狂熱。似乎是，
批判劉少奇的所謂「活命哲學」未久，即意識到了生命之可貴。武
漢紅衛兵魯禮安在其回憶錄中，寫到了文革初期高潮過後的校園風

景，情侶，外語，「雞血療法」（《仰天長嘯——一個單監十一年的紅衛兵獄中籲天錄》頁197）。[52]不但打雞血，城市居民中一時成風的，尚有吃甲魚、培養「紅茶菌」。這種背離「不怕苦、不怕死」的革命精神的傾向，確也延伸到了文革之後。[53]

　　文革後期逐漸升溫的的養生熱，保健熱，旅遊熱（與大串連不無關係），打造傢具熱，裝修房子熱，文革後都持續發酵。[54]由文革後期延伸到了文革之後的，不惟物質生活慾望，更有對於生活質量、個人健康的近乎病態的關心，以至追求長壽（被譏為「保命」）的執念，確像是對長期以來意識形態灌輸的反撥。世風於此轉移。這個民族根柢中的世俗性抵制了準宗教狂熱，為接踵而來的市場化預作了準備。如實地說，那個被懷念的「精神性」的1980年代，更是知識分子（尤其人文知識分子）的，集中在特定場域，與普通民眾已不大相干。

　　文革中的「去政治化」，毋寧說是自發地進行的。[55]在不少情

52　1967年8月25日的顧頡剛日記提到「雞血療法」（《顧頡剛日記》第十卷，頁730）。同年12月武漢的《北斗星學會宣言》輕蔑地說：「要當官的就讓他爭席位去吧，要保命的就讓他搞什麼雞血療法吧……」（宋永毅、孫大進《文化大革命和它的異端思潮》頁343）

53　「世界觀」、「美學風尚」的潛變在社會生活層面的顯現，也有脈絡的不同。即如「庸常」被提煉為哲學人生觀，又時尚化為被推崇的生活方式。蔡翔記憶中「一九七六年的上海，已經很生活化了」（《七十年代》，《七十年代》頁329）。蔡的該文寫1976年前後上海社會生活的漸變，尤其1976年後的一變再變，出於很細緻的觀察；用了他本人著作的題目，正是「日常生活的詩性消解」的過程。

54　氣功（以及其他「功」）熱，也在這一時期。1990年代「敗露」的法輪功，未必不也借了養生、健身的風氣擴張其影響。

55　陳佩華（Anita Chan）將文革的「後果」，歸結為「政治非社會化」（《毛主席的孩子們——紅衛兵一代的成長和經歷》中譯本，頁221）。當然，「去政治化」有程度、範圍的不同：京／滬，京滬與「外省」，知識分子與一般民眾，人文知識分子與技術知識分子。文革結束後，即使北京、人文知識分子的政治關懷，也更出於氛圍與個人取向，而非外力的強制；是你選擇的與「現實」的關係。你有了不做規定動作的自由；即如選擇與政治無涉的研究課題，選擇不在涉及政治的議題上發表意見。儘管你仍有可能面對「表態」的壓力。

況下，意味着回到常識，回到常情常理，回到日用倫常。卻最終在1980年代末狂飆突起，將無論「托（托福）派」還是「麻（麻將）派」均捲入其中，成為年輕知識人政治意識的浩大展演。

8.4　信息傳輸

沈從文在文革爆發的1966年7月4日寫給大哥的信中，說「國家正在『文化大革命』，什麼事都在起絕大變化，明天事情不可知」（《致沈雲麓》，《沈從文家書》頁404）。文革是一幕劇情變幻莫測的大戲。十年間諸種突發事件、情節大逆轉，超出了你的預期。即如「無產階級司令部」成員正風光無限，忽而被罷黜、打倒以至入監服刑。最高當局的反復無常，有效地刺激了對「內幕」的興趣。種種真偽淆雜的說法暗中流傳——文革的嚴肅性以至正當性也由此被侵蝕。

本書上編第一章《關於「四大」》，已經談到了運動的「被自發」。非正常渠道的資訊影響於運動走向，即使文革進行中已不是秘密。政治神秘性的剝落，政治人物的去魅，與此也不無關係。民間的熱衷於「小道消息」，自與上述情況有關。余汝信為宋柏林《清華附中老紅衛兵手記》一書所寫《代出版說明》提到，1966年8月2日，中共八屆十一中全會開幕後的第二天，作為會議文件之二印發的毛給清華大學附中紅衛兵的信就流傳了出來。宋柏林日記證實了流傳出來的渠道不止一個，既有官方的，也有非官方的（頁7）。有意透露與因綱紀廢弛的洩露，兼而有之。有關信息流佈的具體路徑、渠道或不可考，但這種特殊的信息傳輸，即使非文革時期特有，也以文革中為突出。據我自己插隊的經驗，即使偏僻鄉間也有自己的「消息靈通人士」，在鄉民聚集的場所——如我插隊的村子的「飯場」——發佈來路可疑的「新聞」。[56]

56　高層人士未必不經由「非正式渠道」獲取信息。《王大賓回憶錄》多處寫到肖

　　另有青少年跨地域的聯絡與交流——在文革的資訊傳輸條件下固有傳奇性，卻又部分地賴有文革提供的機遇：大串連(包括步行「長征」)，群眾組織的派出機構(如駐各地的「聯絡站」)，派仗中跨單位以至跨地區的結盟，等等。信息傳播也以青少年活動空間前所未有地擴張、社會交往範圍的擴大為條件。

　　在宣教機構、官媒之外獲取信息，畢竟是當代中國政治文化的新現象。經由「紅衛兵小報」與群眾組織的派出機構，「信息網」在前互聯網時代實現了前所未有的覆蓋——亦為嚴控輿論、壟斷信息的前文革時期不能想像。這種不受限於空間、地域的聯絡，有助於取向相近者聲息相通，同聲相應，同氣相求(至少在運動的某個階段)。儘管也如互聯網，傳播的信息難辨真偽。直至大規模派仗平息，仍有官方之外的信息管道。甚至封閉式管理的「勞動教養人員」也由種種渠道探求外界的消息；更有人冒險收聽《美國之音》(參看《杜高檔案》頁55)。獲取信息，屬人的基本衝動，即使不及獲取食物與滿足性慾更基本。對信息的饑渴是傳播的最大動力。對於信息來源多元化的期待，實在是由來已久。

　　我曾談到過明清之際思想流佈包含的某種神秘性——倘若想到了其時落後的交通、郵傳條件。文革後期與文革結束之初似乎情況類似。柏樺說，「彷彿一夜之間，《今天》或北島的聲音就傳遍了所有中國的高校」，他將此歸因於「那個時代特有的『現代』傳播形式及傳統：走動—串聯—交流」，歸因於「徒步」，「散步」(《始於一九七九》，《七十年代》頁533–534)。

　　于堅回憶自己1974年讀食指(郭路生)的《相信未來》，正在雲南的一家工廠做工。詩「手抄在信箋紙上」。還說「當時中國有很多地下詩人，兩頁稿紙傳給你，你看看然後這稿紙就失蹤了」(于堅、河西《寫作就是從世界中出來》，《上海文化》2010年第2期，頁116)。這樣的傳播網絡，由後人看去，是否有一點神秘？潘

力(即毛與江青的女兒李訥)與北京地質學院的運動，可考毛掌握情況、獲取信息的途徑。至於晚年毛與毛遠新，另是一例。

鳴嘯《失落的一代——中國的上山下鄉運動(1968至1980)》也說：「在邊疆地區，收聽外電可以得知官方封鎖的中國政治生活中發生的事件。」「政治新聞傳播網絡遍佈全中國。」作者認識的一個在內蒙古極偏遠地方插隊的知青，讀到了「李一哲」在廣州貼出的大字報，是由同隊知青由北京帶回的(中譯本，頁423)。

　　重要的傳播介質包括了書信。其時有針對特定個人的「信檢」(吳宓即為此困擾)，普通人的「通信自由」尚有保障。於是，信息、觀念經由這種已然古老的方式傳遞。大字報、詩作等，也經由傳抄、郵遞而遠距離流播。秦曉曾談到在內蒙古草原時，與外界的交流多通過寫信，在朋友中傳閱(儘管有一定的風險)，以及回北京時的聚會(《回憶與反思——紅衛兵時代風雲人物》頁123)。口耳相傳，書信，小群體分享與群體間的交換。這種信息傳播更在知識分子、知識青年中，可以視為「前網絡時代」的隱性網絡。上述那種受制於物質條件的交往形式，有其特殊的詩意，也成為一些過來人懷舊的誘因。

　　文革期間由官方控制的信息傳輸的失效與權威的失墜，為「小道消息」的流佈提供了空間。民眾「寧信其有」的態度，則是上述現象的直接背景。隨時有關於高層的來源不明的消息，以及聳人聽聞的市井傳聞。公眾對於刺激性的需求，推動了這類「信息製造」(亦一種「文化生產」)。至於由官媒尤其《參考消息》的字縫裏讀時局，由黨國要人的排序猜測上層的變動，破解政治密碼，一些知識分子更是津津有味，樂此不疲。「文革體」固然敗壞了文風，卻也培養了讀字面下的潛隱語義、以至由無字處讀字的能力。事實是，深水中的波瀾總不免呈現於水面。親歷文革者不難據細微的徵兆作出判斷。當網絡空間打開，信息渠道趨於多元，由官媒分析「動向」的積習，依舊在某些「革命」的孑遺之民中存留。在官方檔案解密、正常的歷史敘事有可能進行之前，各種「民間創作」(通俗歷史演義以至穢史)仍有受眾，繼續攪擾着人們的歷史認知——社會心理於此呈露無遺。

　　幹部子弟、清華大學附中的宋柏林「串玩」後返回學校，發覺「人們都像狗一樣嗅着各種風向」（《清華附中老紅衛兵手記》頁316）。那還是1967年9月。更早，1966年文革爆發未久，此後「通天」的上海市委寫作班子，就已經在「摸氣候」（徐景賢《十年一夢》頁3）。文革後期，人們仍然嗅風向、摸氣候，卻漸有了遊戲態度，隔岸觀火的心態。只有依舊傾情投入者，保持了關於運動的切身之感。

　　知識人對資訊的饑渴，本來就因缺乏正常的獲取渠道。[57]文革中信息控制的機制被搖撼，普通人有了接觸曾經只在嚴格限定的範圍內流通的資訊的機會。「小道消息」不全出自民間的創造。據當年任職公安部副部長施義之的口述，謝富治曾要求將毛關於「砸爛公檢法」的某句話「捅下去」（《血與火的歷練(二)——特殊環境下的十年經歷》，陳楓主編《血與火的歷練——施義之紀念文集》頁41）。有意透露，從來是政治操弄的手段。這種操作將傳播者工具化了。在此期間，長期以來行之有效的保密制度幾近瓦解。有過一句電影中流傳甚廣的念白，「一個共產黨人藏的東西，一萬個人也找不到的」，至此更像是諷刺。

　　吳亮在其《我的羅陀斯》中，談到上個世紀七十年代私下的政治談論，說，「傳播小道消息，熱中謠言，我們以一種異樣的、近乎變態的心理去關心政治，我們所思所想，無非是另一種類型的人云亦云……」（頁22）這一種後見之明，我尚未由別人那裏讀到。其實直到我摘錄上述文字之時，那種「異樣的、近乎變態的心理」仍然不難在知識社群中察覺，證明了我們置身其中的言論環境距七十年代不遠。[58]

57　麥克法夸爾、沈邁克《毛澤東最後的革命》寫到獲取資訊渠道的嚴格等級(中譯本，頁95–97)。

58　何方《黨史筆記》寫到延安整風的打擊「小廣播」，令參加整風者反復填「小廣播調查表」(《黨史筆記》頁338)。1942年中央總學委發出《關於肅清延安「小廣播」的通知》(頁342)。何方作為延安整風、搶救運動的當事人，在該

　　文革期間「陰謀論」盛行。毛與江青關於「五一六」詭譎行為
的形容，令人驚悚。「這個反動組織，不敢公開見人，幾個月來在
北京藏在地下……只在夜深人靜時派人出來貼傳單，寫標語。」
（《對〈評陶鑄的兩本書〉一文的批語和修改》，1967年8、9月，
《建國以來毛澤東文稿》第十二冊，頁403）該組織尚未查清之前，
先已造成詭異的氣氛。江青則說「五一六分子」「單線聯繫」，
「上不告父母，下不告兒女」（楊繼繩《天地翻覆》頁562，引自
《中國文化大革命文庫》）。即使不憑藉這類暗示，文革式的政治
運作，也足以成為滋生「陰謀論」的土壤。

　　熟讀《資治通鑒》的毛往往不按常理出牌，好走險棋，冀出奇
制勝。因揣摩聖意、先行迎合而被禍者，不乏其人。甚至某些因分
析時局而震鑠一時的煌煌大文，也未見得不出於「賭」的一念，只
不過不幸未能奇中罷了。聖上的真意愈費猜詳，也就愈誘人嘗試參
透玄機、窺看奧秘——甚至影響於普遍的社會心理。密室政治從來
是流言、秘聞、小道消息、黑幕小說的溫床。種種在知識分子圈子
中流傳的，與近於小說家言的與陰謀有關的故事，瓦解着文革當局
的權威性，也使政治娛樂化，被公眾所消費。

　　據王學泰回憶，「大約到了1972年、1973年，人們心理承受度
已經達到極限，又沒有正當的發洩渠道，於是以前的道路以目、腹
誹變成了現實的言語：流言、非議、小道消息，也有謾罵誹謗（正
是這種情緒醞釀了後來的『四五』）。」（《監獄瑣記》頁6–7。按
「四五」即1976年以周恩來逝世為契機的天安門廣場抗議活動）韋
韜、陳小曼《父親茅盾的晚年》則說，文革中雖多有小道消息或
曰謠言，1975年的謠言「不僅量多，而且重要，在七、八、九三
個月形成了一個高潮」（頁181）。此章的標題即為「謠言四起的一

　　　書中說，當時「上面究竟搞了些什麼，下面一概不知，頂多聽到點小道消息，
　　　直到『文化大革命』後才看到少數材料」（頁443）。「小道」未見得來自「大
　　　道」，卻滿足了無緣得見「內參」之類的平民百姓窺探「內部消息」的慾望。
　　　互聯網興起，「小廣播」、「小道消息」一類說法退出了日常語言。

年」。[59]這期間閒散已久的人們重又振作；各種消息不脛而走，傳播速度與範圍驚人；社會心理的緊張也逼近了臨界點。稍具敏感者都不難有大事件爆發在即的預感。對社會心理、人心向背的隔膜，導致了高層對形勢的誤判。毛的基於一貫經驗的強大自信，1949年後第一次遭遇了真正強有力的挑戰。

　　憑藉隱秘渠道的信息分享與傳遞，令人想到了魯迅所説「地火在地下運行」（《野草·題辭》，《魯迅全集》第二卷，頁159）。1976年春將如此眾多的人邀集到廣場的，無疑就有這一條件。縱然親歷，我也不能説清楚在鄭州那個近於封閉的空間，緣何與北京、南京的哀悼（亦抗議）者「共情」；不能記起緣何渠道獲取信息，形成了與其他城市的人們相近的判斷，然後在同一時間有山崩地裂般的情感爆發。[60]文革結束之初承文革之餘，發生在高層的較量，繼續被敏感的知識人關注；蓄積於文革中的政治能量則持續噴發。1970–80年代之交，與1980年代末前後呼應，完成了一個小週期。

　　1976年廣場事件證明的，毋寧説是民間信息不可避免的演義化效應。中國人由史傳中熟悉的忠奸故事，關於宮廷鬥爭、陰謀構陷，關於昏君、僉壬，等等。僻遠鄉間的鄉民，也會據他們的「歷史知識」解説現實，無論草民關於廟堂、關於政治的想像，距實際有多遠。《吳法憲回憶錄》提到文革中的社會心理，説「只要説得神乎其神，大家就相信。説它很平常，很正常，人們就不相信」，認為「這是那個年代的特點」（頁893）。至於草民以世俗經驗解讀

59　麥克法夸爾、沈邁克《毛澤東最後的革命》引北京大學革命委員會主任、原8341部隊的王連龍1975年11月在學校黨委會上的話：「建國以來，社會上流傳的謠言從來沒有像今年那樣多，特別是從7、8月份開始。這些謠言流傳之廣，內容之毒，令人吃驚。」（中譯本，頁407）以此覘世道人心，不難洞見社會深層動盪的徵兆。

60　即使親歷者對身在其中的歷史的認知，也受制於有限的資訊。民間對於高層人物如周恩來的想像即一例。信息的匱乏，多少也是1976年「四五運動」的一部分成因。不但毛的「走下神壇」，而且其他政治人物複雜性的發露，這一種去魅，較晚出的幾種文革史各有貢獻。

高層政治，擬之於婦姑勃谿、叔嫂鬥法，未必真的遠於「實情」。林彪應對陸定一夫人嚴慰冰的匿名信，手法之醜惡鄙俗，超出了民間八卦的想像力(參看楊繼繩《天地翻覆》頁146)。

卻也應當說，文革期間的信息傳輸，上文提到的，只是若干面向。京郊大興縣的慘案發生在1966年8月26日至9月2日，歷時八天；1967年湖南道縣屠殺歷時六十六天；1968年廣西賓陽慘案發生在十一天裏；「內人黨」血案、廣西多地的殺戮、發生在晉東南的由軍隊主導的對一派群眾組織的圍剿，均發生在1967至1968年間，即「紅衛兵運動」尚未終結之時。上述事件似乎並未引起理當引起的強烈關注。倘沒有被一再提到的周恩來的侄女周秉德發自內蒙的信函，關於內蒙古自治區挖「內人黨」的情況，高層是否真的無由得知？你會發現以當時的傳播條件難以解釋的共享，卻也不妨注意到一些文革後被認為重大事件的不在傳播範圍，儘管紅衛兵經由「串連」，曾將觸角伸向全國各地，不同地區的群眾組織間也有聯繫的渠道。網絡時代尚且有「數字鴻溝」，前網絡時代城鄉間信息不對稱，非今人所能想見。發生在鄉間的事件進入城市人的視野，確有時間差，也是事實。

仍有必要繼續追問，什麼樣的信息能夠傳播，在何種圈層傳播？信息傳播的渠道與傳播的內容，受制於何種條件？那個年代的信息傳播是否有選擇性，有近期人們所談論的「回音室效應」(echo chamber effect)？怎樣的資訊能抵達高層，經由何種途徑？或者不如說，那些資訊能否抵達高層、引起關注，更取決於高層的取向：是否願意獲知某種訊息，以及對資訊的取捨，信還是不信，反應或不作反應，干預或不干預。這些歷史生活的幽微處，要由大量的個案才能洞悉。就「內人黨」一案而言，周秉德的書信或可歸為「影響歷史走向」的偶然因素，卻不能解釋高層對此事件的反應時間與反應方式。當時的京城，有多處面對上訪人員的「接待站」，訪民雲集。圖們、祝東力《康生與「內人黨」冤案》一書寫到了內

蒙幹部群眾(甚至軍隊幹部)奔赴京城，「找中央信訪辦公室反映真相」；有被打成「內人黨」的邊境牧民，「沒有往相距只有幾十華里的外蒙跑，而是騎着駱駝，千里迢迢趕往北京，找黨中央、毛主席告狀」(頁225)，他們的聲音何以不能上達天聽？在那個充滿對抗的年代，政治判斷(無論政治人物還是普通群眾)、派別立場、個人好惡，均有可能造成信息的流通或阻滯，導致不可預測的後果，以至決定眾多人的命運。足以影響高層決策的資訊尤其如此。上述過程有必要繼續還原，即使歷史細節的遺落在所難免。

　　此外還應當說，當局的新聞封鎖依然有效。如死亡一萬多人的1970年雲南通海大地震，如官方統計死亡人數二萬多人的1975年河南板橋水庫垮壩。板橋水庫潰壩，事發當時我在河南；洪水流經我任教中學學生插隊地區。卻直到一些年後，才由中科院院士潘家錚的一本小冊子，得知了潰壩時刻的情景。事關數萬人性命的災難性事件，據說當年只在權威媒體的邊角上刊出一條消息，以至我的友人中少有人知曉這一事件。被封鎖的不但人禍，尚有天災。通海7.8級大地震發生在1970年1月5日。2000年1月，該縣舉行大地震30周年祭，首次正式披露地震中的死傷人數和財產損失。對於此次造成重大傷亡的事件，我直到2010年才由報紙上知曉。發生在四十年前的大事，對於我竟是「新聞」。即使我們的「新聞」從不強調「時效性」，上述時間差也太過荒唐。[61]涉及天災的言論禁制尤其費解。非關政治設施、緣於「不可抗力」如自然災害，死亡人數有何必要作為「國家機密」？也是一些年後，才得知1976年唐山地震廢墟上對「國家財產」的哄搶。當時官媒循「喪事當作喜事辦」的慣例，連篇累牘的，是「大震大幹」、廢墟上學毛著一類報道。

61　那篇發表於四十年後的報道說，「長期以來，我國政府一直將自然災害的死亡人數列入國家機密範疇，這個規定直到2005年才廢止」。由該報道可知，大地震，當時官方的統計數字是：總死亡數15621人；死絕戶數836戶；重傷人數5648人；房屋全倒數166117間；遺下孤老孤兒數261人(楊楊《「通海大地震」親歷記》，《南方週末》2010年3月18日E23版。

政治方面的小道消息瘋傳，同時官方的信息封鎖依然有效。
「小道消息」通常流佈在知識分子圈中；這個圈子關注的更是政
情，尤其涉及高層。對於關係民生的天災人禍，缺乏足夠的敏感。

8.5 言論環境

據說重慶鋼鐵公司機修廠技術員白智清的大字報，是「第一張
用自己的真名實姓，直指張春橋的大字報」（余習廣主編《位卑未
敢忘憂國——「文化大革命」上書集》頁214）。是否「第一張」待
考；「真名實姓」無疑重要。白的大字報寫在北京天安門廣場事件
前夕，為周恩來的去世所刺激。據說「成千上萬的人擠到鹽市口仔
細觀看，堅決支持這張大字報，以至在3月5日當『四人幫』的走卒
用大標語覆蓋白智清的大字報時，遭到怒不可遏的衝擊，從而引發
了震動全國的『成都三·五事件』」（同書，頁214–215）。

據我的經驗，「道路以目」，只在有限的時間，如文革中「清
隊」時期。更多的時間裏，人們在自以為安全的範圍，在親友圈子
裏議論時政，傳播關於高層的舊說新聞。這是真正的動員，一個長
時間裏暗中進行的動員。前網絡時代的傳播與動員，力量有如是之
大，其效果即展示為一朝間廣場上洶湧的人潮。文革結束至今，某
些重大事件後言論氛圍的詭異，仍令人想到文革後期。外媒使用過
據說英語的現成說法，「震耳欲聾的沉默」：看似靜默中轟然的耳
語，廣大人群的沉默「圍觀」——在所謂的「信息時代」，是否更
其荒誕？

化名「伊林·滌西」寫致林彪公開信的北京農業大學附中兩
名學生之一張立才事後回憶，他們的公開信張貼後，即有北京航空
學院某組織頭頭約談；對方使用的，是一套「隱晦」、「含蓄」、
「使你能意會不能言傳」、「含沙射影」的表述方式（《回憶與反
思——紅衛兵時代風雲人物》頁260–261）。這也是文革中談論敏感
問題、交流相關觀點的話語方式。使用圈子中的暗語隱喻，本是

文人長技。只不過到了文革後期，愈益放肆而已。這也是社會關係修復過程的一部分。你信任某人，意味着可以交換敏感信息。無關乎官方語彙中的「交心」（「向黨交心」），是人與人之間的信任與託付。

根據「防擴散」原則追查「政治謠言」，要求不信謠、傳謠，包括「變相傳謠」。其中的「變相傳謠」最難掌控。即如語涉「謠言」內容，即可作為「變相傳謠」，也像批鬥會上承認並説出「反動言論」被認為「放毒」一樣。郭小川1969年3月5日日記，記被要求「攻擊無產階級司令部的言論不要具體地寫」（《郭小川全集》第十卷，頁376–377）。諷刺的是，文革愈近尾聲，「變相傳謠」愈公然。另有「正話反説」等言説與書寫策略。一封信可以有表裏兩層，表層供審查，裏層則向收信人傳遞消息。凡此，文革後無不被用作相聲、小品的材料。這確乎是危險的症候；當局者的對治之方，卻是人為地製造階級鬥爭的緊張，企圖以此挽狂瀾於既倒，不能不加劇了離心傾向。

戲謔、調侃賴有餘裕。廣場事件後大舉追查「政治謠言」。「謠言」的認定非關內容的真偽。因了當時普遍的社會心理，意在威懾的「追查」竟也戲謔化了。文革結束之初某話劇有大意如下的一段對白，問：在哪裏聽到（政治謠言）的？答：在澡堂裏。問：那人穿什麼衣服？答：沒穿衣服。1989年另一次廣場事件後重演了上述一幕，無非「公民不合作」的中國式演繹，均為文革前不能想像。

至於「大膽狂徒」偽造「總理遺言」，動機卻十足嚴肅，毋寧視為一種「創作」。楊健《文化大革命中的地下文學》確也將其視為「文學」、「創作」，以其為「散文式的代民立言之作」（參看該書頁401）。[62]一些年後鄧的「遺言」，亦可視作「創作」，借由

62　關於高層追查偽造的「周恩來總理臨終遺言」，參看史雲、李丹慧《難以繼續的「繼續革命」》頁625–626。據該書，周逝世後至4月初，「遺言」「已經在大半個中國都發現有估計總數達百萬份的流傳抄本。僅安徽一省就查出6935份，尚未清理完又上繳來3028份。」

「偽造」的願望表達。[63]卻也要説，「偽作」與流言，固然可以視為對言論控制的反撥，效應仍不免複雜。着眼於社會倫理的層面，有關現象的意義，難以由正面/負面評估。

　　與政治謠言一道流傳的，尚有政治笑話。古代中國本有「隱微修辭」的傳統。文革因普遍的荒蕪，這種語言藝術少有傳人。充當替代的，即政治笑話，雖粗俗卻直白易曉。這時代也確實與《世説》之類的理趣、機趣、雅人深致不相宜。笑話更有褻瀆神聖的意味。古代中國人稱之為「玩」、「褻」的那種情況，對於一個集權國家，稱得上真正的政治危機，屬發生在文革後期的影響深遠的社會現象。凡此，無不潛移默化地改變着當代中國的政治面貌。[64]

　　斯拉沃熱·齊澤克(Slavoj Žižek)説，在南斯拉夫的軍隊、中央委員會都能觀察到共產黨的權力如何在其中運作的，「在那裏，我已經從生活本身學會了意識形態基本思想的這種諷刺功能，也就是為了能讓意識形態正常運行，你就不能把它太當真。」還説，「讓我震驚的不僅是那些高層黨內領導人不認真對待他們意識形態的程度，還有他們會把那些認真對待的人視為潛在的威脅。也就是説，當時，只有別把意識形態太當回事才是一種積極的態度。只要你對事情太認真，你就已經向政見不同者邁出了一步。」(《與齊澤克對話》中譯本頁36，江蘇人民出版社，2005)你至今都熟悉齊澤克所説的這種情況。這裏也應當有「社會主義國家」政治文化方面的共性。齊澤克的上述觀察，只有曾寢饋其中者才有可能；僅由外部，是難以洞悉微妙之處的。

63　其時流傳甚廣的陳毅贈毛白居易《放言五首(其三)》：「贈君一法決狐疑，不用鑽龜與祝蓍。試玉要燒三日滿，辨材須待七年期。周公恐懼流言日，王莽謙恭未篡時。向使當初身便死，一生真偽復誰知？」縱使傳聞無根，其功用亦近於「謫諫」。

64　文革中、文革後的政治笑話有文野之分。下鄉後聽村民口中的笑話，如某幹部將「披着馬列主義的外衣」訛為「披着列寧的大衣」，有人問何以連自己的大衣也沒有，要披列寧的？至於文革後流行的「黃段子」，則有十足的猥褻趣味，也可追溯至文革中權威失墜、莊嚴性的瓦解。

作偽成風的環境中，較之齊澤克所說的那種情況，頭腦「僵化」的所謂「教條主義者」（文革後文學藝術中的「馬列主義老太太」），倒有可能比較可愛。他們至少還相信一點什麼。儘管在普遍的「不認真」中，越發顯出可笑可恨。文革後的一段時間，出於對「雙重人格」的極度嫌惡，公然的無恥有可能被混同於真率而受到欣賞，以為至少有助於解構那些「革命時代」的意識形態說教，遠離那種充斥着虛偽的氛圍。多少像是玩世不恭的態度，也是到文革後期才較為公然。此前縱然識破了，非但不敢說出來，還要配合，一本正經地看人演戲，一邊對自己說，這個傢伙根本不知道自己說的是什麼，也不會相信自己說的每一句話。直至今天，你是否仍需要配合，且一本正經？

管控言論的手段，「新媒體」時代有了升級版。只不過「道高一尺魔高一丈」，更宜於為「防民之口，甚於防川」（《國語·周語上》）作註腳，真是可歎也夫。

還應當說，即使社會生活陷於無序，輿論控制仍未全然失效。[65]非但如此，直至文革結束之初，「專政機器」依舊軋軋轉動，「思想犯」（往往亦「言論犯」）繼續被處決——我已在本書上編第五章《思想、言論罪》一節談到。因此僅據文革中京、滬及其他處「精神飛地」中部分青年的讀書活動，以及上文所述官方眼中的亂象，得出文革後期思想管制趨於廢弛的印象，則不免片面。

一方面繼續嚴刑峻法處置「思想犯」，一方面是既有管控手段的失效，文革前未曾有過的思想空間與交流、交往形式。最明確可辨的跡象，仍然在人們的眉目神情間，在言談的態度、方式上，在二三好友茶飯時：不知由何時起，已不再隨時想到隔牆有耳。甚至在較為公開的場合。由《梁漱溟自述》看，其人1970年在全國政協討論「憲法草案」，發言可謂「尖端」，蒙「上級」（事後證明係

65　麥克法夸爾、沈邁克《毛澤東最後的革命》一書寫到了文革後期令外國的觀察者認為深奧莫測的言論禁忌（見該書中譯本頁360–361）。中國式「表述」之微妙，也在這類無所不在的禁忌中。

周恩來辦公室)庇護平安過關(頁161–162)——可證文革最瘋狂的時期已過。據同書,1974年2月22日和25日,梁用了兩個半天約八小時的時間,在政協直屬組作了題為「今天我們應當如何評價孔子」的長篇發言,「沒有人打斷我,會場上很安靜」(頁166)。雖此前有江青對梁的「怒斥」,此後政協「批林批孔」一度火力全開(批梁最激烈的,竟有宋希濂),卻不惟與文革初期的大批判,甚至與1953年梁「面折廷諍」時的政協,氛圍已然不同。[66]

環境的漸趨寬鬆,由私人信件亦可察知。收入《民間書信》的一封寫於1972年的信中說:「資本主義國家為什麼不怕無產階級的宣傳輿論呢?馬列、毛主席著作可以在資本主義國家任意出售說明什麼?是想說明他們的統治根深蒂固嗎?」(頁169)僅此一念也有可能開啟一種思路,鼓勵窺探被嚴密遮擋的「外部世界」;所激發的好奇心,有可能成為啟動批判性思考的契機。正是這一時期,你有了機會驗證長期以來鋪天蓋地的「階級鬥爭教育」、「反帝反修教育」的脆弱性——借助於1972年尼克松訪華,對外交流漸次放開。當年的北京四中學生楊百朋事後回憶道,自己「頭腦裏禁錮的思想大鎖」,隨着革命的發展,「逐漸被眼前目不暇接的景象漸漸打開了」(《我的「紅色記憶」》,《暴風雨的記憶》頁118)。

陳敏之《顧準生平與學術思想》說1973至1974兩年,顧「在生活上的處境相對平靜,是一個難得的可以充分利用的空隙」(《顧準日記》附錄,頁323)。由日記可知顧這期間涉獵之廣,用功之勤。陳敏之同文還說,由1956年到1974年的18年中,顧真正能夠用來寫作的不過他生命中的最後兩年(頁326)。顧準死於1974年12月。

66　《自述》說:「此論一出,群情爆炸」,「梁漱溟是孔孟之道的衛道士」、「梁漱溟是孔老二的孝子賢孫」、「梁漱溟對抗『批林批孔』運動罪責難逃」,是當時大字報的標題與批判會上的口號(頁169)。梁的感覺已如「鬧劇」。事後聽說有些民主黨派學習組你推我、我推你,誰都不願在大會上讀批梁發言稿(頁169–170)。

　　言論環境方面，文革後期(乃至「後期」之前)最有意義的，或許更是長期秘藏的歷史資料的流入民間。

　　文革爆發，史學界首當其衝。[67]文革前即有「把顛倒了的歷史再顛倒過來」云云。文革中的大膽懷疑，幾不設限，鼓勵了以「顛覆」為預設目標的發掘，所謂造已有歷史敘事的反。即如南昌地區的群眾組織否定八一南昌起義，「造八一建軍節的反」(卜偉華《文化大革命的動亂與浩劫》頁414)。文革中曾批評「懷疑一切」。「懷疑一切」固非理性，效應卻不宜作一概之論。文革中青年的「懷疑一切」，所懷疑者，就包括了意識形態化的當代史敘事，革命史，政治史。懷疑固與部分文獻的解密有關，由脈絡言，又未嘗不暗含着對曾經的史學風氣的承襲。

　　不同於「造反」式的盲目「翻案」，青年知識人確有探尋「歷史奧秘」的嚴肅動機。文革前期衝擊官方的政治、歷史檔案，就有可能出於對政治、歷史窺探的慾望。歷史文獻流入民間，使原本被「統一」的認識，標準化的官方表述受到質疑。關於政治史、革命史的已有想像隨處現出裂隙。宋柏林《清華附中老紅衛兵手記》1967年4月16日記自己「貪婪地閱讀文化大革命所揭發出來的多少寶貴的資料，有關劉少奇、鄧小平、彭真、賀龍」(頁246)。「真相」逐漸浮出水面，政治人物、當代史尤其當代革命史由此袪魅。事實是，縱使沒有信息流出，目擊身歷的事件，已足以動搖翻轉既有的敘事。這一過程，對於心智尚未成熟的青少年，具有某種殘酷的性質。

　　《王大賓回憶錄》寫到了北京地質學院東方紅公社奉命由成都揪彭德懷回京，該組織負責人朱成昭抄錄了彭的「萬言書」，所在

67　吳晗、翦伯贊曾號稱馬克思主義史學家。據巫寧坤《一滴淚》，翦在燕京大學，人稱「燕京攝政王」。遇羅克《出身論之五：談鴻溝》一文說：「現在似乎有一種風氣，誰只要講歷史，誰就是別有用心。」(參看宋永毅、孫大進《文化大革命和它的異端思潮》頁178)「別有用心」的指控並非無端。「歷史」作為話題的敏感性，「三家村」提供了近例。文革期間因言獲罪者，就有人因觸犯此類禁忌。

學校「出現了一股為彭德懷鳴不平的『暗流』」。朱因此「思想大變化」（頁86-87）。歷史檔案的「危險性」於此可證。上文提到的重慶技術員白智清，據説即因在運動初期的大批判中讀到了彭德懷1959年的萬言書，開始了對文革的批判性思考（參看余習廣主編《「文化大革命」上書集》頁212）。據印紅標《文化大革命期間的青年思潮》，陳一諮到了河南新蔡一帶的鄉村，「發現了觸目驚心的事實：當地三分之一農民在大躍進後的饑荒中餓死，南部幾縣有三分之二的人餓死。」由此感慨於農民的苦，「活得不像人」（頁247）。學部幹校歷史所劉重日所見信陽地區息縣農民，乃大饑荒的孑遺，貧困的程度超出了作者的想像。軍宣隊組織「訪貧問苦」，卻使幹校學員得知了該地區大饑荒的慘狀（《「泡」校》，《無罪流放》頁67），多少可以解釋幹校的封閉狀態。我當時所讀關於「信陽事件」的材料，應由河南的群眾組織發掘。對於我，確可稱之為「震撼體驗」。[68]秦暉記得當時的一份長達數百張的大字報，系統地講述1959年廣西因「反瞞產」造成的慘絕人寰的災難（所謂的「環江事件」），對南寧市民的情感衝擊（《沉重的浪漫——我的紅衛兵時代》，《1966：我們那一代的回憶》頁296）。你於是知道了，在公開流行的歷史敘事之外，在官方權威版本的「歷史」之外，還有未進入「歷史」的歷史，有其他種敘述歷史的可能。八十年代文學，將這種認識以文學的方式呈現，即有關於紅軍長征過湘江時內部整肅的喬良的《靈旗》，張煒關於四五十年代之交「土地改革」濫用暴力的《古船》。也是在文革中，我得知了江西蘇區的殺「AB團」、1940年代老區土改整風中的「搬石頭」等等，無不感受強烈。革命史的神聖性經了剝蝕，陰暗面顯現。「另類敘事」

68　楊繼繩説：「河南的造反派紅衛兵從一開始就追究前省委書記吳芝圃在『大饑荒』的責任；貴州的造反派組織調查大饑荒的情況」（《天地翻覆》頁318）。關於河南、貴州、四川等地利用「四大」對有關事實的揭露，另見同書頁59。《顧準日記》記了1969年末在息縣幹校聽工、軍宣隊領導及當地農民談「信陽事件」（頁166）。

也就在此期間醞釀。這種影響深遠的變動，要由「後文革時期」迴溯，其意義才更有可能彰顯。

　　尤其令缺乏政治經驗的知識人震悚的，是黨內鬥爭的殘酷性。徐景賢文革回憶錄記有斯大林、毛澤東、張春橋所說如下相似的話：斯大林説，「我只要把小指頭一點，就不會再有鐵托了」；毛說，「我只要小指頭一指，劉少奇就會垮臺」；徐親聞張春橋針對散佈其「歷史問題」者恫嚇道：「老實説，我只要小指頭一點，你就會完蛋！」(《十年一夢》頁139)[69]美國人威廉·韓丁說，「直到今天，在中國一旦一個人失寵，污蔑他的人，必定會把他的影響徹底消除得一乾二淨。」(《深翻》中譯本，頁543)所說的「今天」，指他寫作該書的文革期間。其時印證這一點，無需特具洞察力。

　　黃子平說他由林彪事件後公開的《「五七一工程」紀要》「獲益良多」的，[70]是「黨史的另類敘述，多重版本的眾聲喧嘩。同樣的政治術語，竟然可以講述完全相反的歷史故事，在此之前完全沒法想像」(《七十年代日常語言學》，《七十年代》頁322)。該文說，《紀要》「於今讀來卻多麼像一份爭取金融投資的項目計劃書：『可能性、必要性、必然性、基本條件、時機……』從頭到尾你聽到的是歷史理性如此冷靜的計算的聲音。」(同上)還説，「『反面教材』總是一把雙刃劍，它帶給人們的教益很可能是全然正面的。」(同上)[71]

　　對於懷有求知求解的熱情者，得之於文革期間的震動從所未有。這一種「信息爆炸」的受益者，自然是有歷史興趣的知識人，尤其後來的「人文知識分子」。文革在我看來，毋寧說是這種意義

69　據該書，上海因參與「炮打張春橋」受打擊迫害的有兩千五百多人，審查中五　人被逼死，六人被逼瘋(頁155)。

70　關於《「五七一工程」紀要》，參看本書下編《札記之一》。

71　何志雲談到林彪事件後發生在知青中的變化(參看《民間書信》頁183)。鮑昆寫　到林彪事件後，「民眾民間言論的禁忌開始打破，這是對後來改革開放的形成具　有重大影響的一個社會變化」(《黎明前的躍動》，《七十年代》頁188)。

上的「啟蒙時代」。與權謀大行其道同時，有政治上蒙昧的打破。即使迂夫子，也不免被各種暗中流傳的「內部材料」啟蒙，因眼前的政治而開悟。也應當說，文革中知識分子所接受的上述啟蒙，其意義正負兩面均有。政治史、革命史知識高強度、大劑量地吸納，也會造成消化不良。對「政爭」的陰暗面、醜惡面的集中接觸所導致的失望與厭倦，往往混合了深刻與膚淺。自以為「夢醒」之後，餘下的或許是無可填充的虛無。

　　顧準1971年 1 月28日的日記寫到那天上午「苦苦思索了縈繞多年的歷史觀問題，寫了幾張亂七八糟的卡片」，說如果自己還有若干年餘生，「這個問題總是壓迫着我要把它整理一番的」（《顧準日記》頁237）。與「歷史觀」有關的，就有文革前習為常談的所謂「本質的真實」。何方《黨史筆記》說，「對於『實事求是』或『尊重事實』，我們也有獨特的解釋，就是要符合毛澤東所提『革命的功利主義』，一切都看是否對革命『有利』」（頁310）。該書引述的是陸定一延安整風時就已提到的「兩種真實性」，「一種是代了歷史發展方向，哪怕還處於萌芽狀態甚至還沒發生的『本質的真實性』，一種是只反映事物『表象』和『假象』的『虛假真實性』」（同上）。對於這一套說法，我們曾耳熟能詳。這套說辭不止於將「真實」相對化，強調的或更是「真實」的等級——上位的與下位的。政治、文化權力壟斷了真實與否的判斷。「本質真實」是一種絕對意義上的(同時也是上位的)真實。此種真實論，足以使「歷史」空洞化。

　　大批判中「歷史」每被提到。「歷史潮流」外，另如「歷史的垃圾堆」、「歷史的審判」等等。掃進「歷史的垃圾堆」無異於死刑判決；「歷史的審判」則是不可複按的終審。「歷史」於此被人格化了。至於「歷史的辯證法」（又作「革命的辯證法」），則為批判者提供了思想武器。伊林·滌西《給林彪同志的一封公開信》：「歷史的辯證法是無情的」（宋永毅、孫大進《文化大革命和它的

異端思潮》頁238）。1974年「李一哲」大字報《關於社會主義的民主與法制——獻給毛主席和四屆人大》：「沒有空前強大的敵人，就沒有空前的激烈鬥爭，就不會造成空前強大的革命力量，也就不會完成社會主義歷史階段的空前艱巨的革命任務。歷史的辯證法就是如此。」（余習廣主編《「文化大革命」上書集》頁238）文革中風行一時的《論新思潮——四三派宣言》也提到了「歷史的辯證法」，「辯證法的懲罰」。以上表述中，「歷史」有了準宗教意涵，猶如世俗世界的上帝。[72] 作為主流論述，「歷史唯物主義」與「革命的辯證法」，前者被用作對特定事實的肯定，後者則往往用於為諸種失誤以及罪孽辯護，均像是萬應靈藥。與此相對待的，即「歷史唯心論」、「庸俗哲學」。

　　1959年4月毛在《黨內通信》中談到自由與必然，說：「什麼叫自由？自由是必然的認識。」（《建國以來毛澤東文稿》第八冊，頁237）1962年1月30日毛《在擴大的中央工作會議上的講話》談到「必然王國」、「自由王國」，說：「自由是對必然的認識和對客觀世界的改造。」（《建國以來毛澤東文稿》第十冊，頁27、37）。1964年12月13日毛《對政府工作報告稿的批語和修改》則說：「人類的歷史，就是一個不斷地從必然王國向自由王國發展的歷史。」（《建國以來毛澤東文稿》第十一冊，頁270）。[73]「自由

72　王西彥曾說到「相信歷史」，是巴金的「信念」，使其忍人所不能忍（《煉獄中的聖火——記巴金在「牛棚」和農村「勞動營」》，周明主編《歷史在這裏沉思——1966–1976年記實》第三卷，頁42）。在長達十一年的監禁中，武漢的紅衛兵魯禮安說自己「寄希望於歷史，堅信總有一天歷史將宣判我無罪」（《仰天長嘯——一個單監十一年的紅衛兵獄中籲天錄》頁12）。由「歷史的車輪滾滾向前」，「歷史的車輪碾得粉碎」，「歷史的浪濤席捲而去」，指摘對方「開歷史的倒車」，到「歷史將證明我無罪」，諸種習見的表述，「歷史」無不扮演了類似「上帝」的角色。

73　1941年延安整風時期毛即談到上述議題。其《駁第三次「左」傾路線（節選）》說，「認識世界是為了改造世界……必然王國之變為自由王國，是必須經過認識與改造兩個過程的。……『自由是必然的認識和世界觀的改造』——這是馬克思主義的命題。」（《毛澤東文集》第二卷，頁343–344）。前於此，瞿秋白

王國」遙不可及，「必然王國」卻可能指涉當下，被用作對於現實
政治的合理性、正當性的論證。以不可及的未來肯定當下，是我們
熟悉的一套論述。

　　相信我的同代人中，不少人曾服膺那種目的論，即人是歷史的
工具，是必然性藉以實現的工具；唯一理性的選擇，即「走歷史必
由之路」。[74]對「歷史規律」、「必然性」的信仰，為那些憑藉常
識本不難辨識的荒謬提供了辯護，將包括暴行在內的非正義、非人
道，一概歸之於歷史進步必要的代價。儘管「彼岸」的「理想社
會」終你的一生不能抵達，你卻應甘於充當通向那裏的津梁。[75]

　　以「普遍」的名義壓抑「個別」，以「集體」的名義抑制「個
體」、「個人」，以「整體」的名義貶低「局部」，以「必然性」
的名義抹殺「偶然性」，以「長遠利益」、「根本利益」的名義要
求個人作為犧牲、獻祭，以「歷史辯證法」、「歷史進步」的名義
肯定非人道、反人性的暴虐。當年的我也曾將「走歷史必由之路」
作為座右銘，以「必然」說服自己接受個人以及家庭的命運；相信

　　1923 年11月24日撰寫、12月發表的《自由世界與必然世界》一文，談到「一切
　　歷史現象都是必然的」；「所謂『自由』……僅僅是尚未瞭解的『必然』」；
　　「『自由』本是歷史發展之必然的產物」（《瞿秋白文集 · 政治理論編》第三
　　卷，頁293）。馬克思主義經典著作有關「自由」與「必然」的論述，參看恩格
　　斯《反杜林論》（《馬克思恩格斯選集》第三卷，頁154頁）。

74　武漢「北、決、揚」的《決派宣言》說本派（即「決派」）是「從造反的『必然
　　王國』走向『自由王國』的產物」（宋永毅、孫大進《文化大革命和它的異端
　　思潮》頁355）。

75　漢娜 · 阿倫特關於「極權主義」的描述並非都適用於中國，但她的有些分析極
　　富啟發性。即如她說：「極權主義政權的麻煩不在於它們以一種特別無情的方
　　式玩弄權力政治，而在於它們的政治背後隱藏着一種全新的、前所未有的權力
　　概念，正如在它們的現實政治(Realpolitik)中存在着一種全新的、前所未有的
　　現實觀念一樣。不是冷酷無情，而是以最高結果來藐視直接結果；不是民族主
　　義，而是毫無根由地忽略民族利益；不是不考慮追求自我利益，而是嘲笑功利
　　主義動機；不是渴望權力，而是『理想主義』，即對一種意識形態虛構世界毫
　　不動搖的信念」（《極權主義的起源》中譯本，頁524）。對於她所描述的，即
　　如「以最高結果來藐視直接結果」，以及「理想主義」等，我們也曾經熟悉，
　　不是嗎？

發生在周遭事件的不可避免；準備為了「必然性」、某種終極目的而犧牲；自以為處在魯迅所説「進向大時代的時代」（《〈塵影〉題辭》，《魯迅全集》第三卷，頁547），一己的犧牲是融入「大時代」的條件，渺小個人只能經由這種融合，為自己的存在找到意義。儘管文革期間讀魯迅的《犧牲謨》（《華蓋集》），猶如被閃電擊中，起了隱約的懷疑。[76]

「歷史觀」不免是一種簡化的説法。崩坍的不止於此「觀」，更有時下流行的所謂「三觀」，即世界觀、人生觀、價值觀。以無知為條件的盲信一旦動搖，即難以逆轉。即使為了不使這種情況發生，也有必要讓事實見光，使真相呈現。控制歷史信息、歷史知識，壟斷對「歷史」的解釋權，已不可能繼續。當局卻甚至沒有了毛時代出版「皮書」的氣魄。

文革結束之初汲汲於編纂歷史，書寫「結論」，如恐不及。指望一勞永逸地終結關於歷史問題的討論，尤其自身參與其間的歷史，亦一種迷思。不待新的史學理論輸入，不惟學界中人，即普通人也已換了一副眼光看「歷史」——此中也應當有文革的正面意義的吧。

8.6　並非「大結局」

較之前此的政治運動，文革有尤為漫長的尾聲。電視連續劇有「大結局」。文革的結束雖有標誌性事件(所謂「粉碎四人幫」)，故事卻遠未結束。關於文革在1976年10月後的延續，上述諸章已一再談到。歷史分期、時間點，固然方便了敘事，也會誤導想像。

文革十年，由某一角度，可以視為能量耗散的過程。如上文説到的，諸種變化積漸而至。史家指認的時間點到來之前，已在結

76　《民間書信》寫於1973年的一封，談到對「歷史必然」的懷疑，以為「領導集團可以出於極端偶然的情況，把社會變成社會主義或資本主義或君主封建社會」，所謂的「歷史必然」與「變相的愚弄人民的宗教」沒有區別(頁248)。

束的過程中。親歷者又有各自的時長、始點與終點,對此,上文也一再提到:或基於處境的改善(「解放」、重新工作、恢復待遇,等等),或經由質疑與反思。也不排除有人從未捲入,也就無所謂走出。

　　蕭冬連《歷史的轉軌——從撥亂反正到改革開放(1979-1981)》一書,將文革後的「轉軌」期,劃在1979至1981年。[77]我偶爾使用的「後文革時期」則屬模糊表述,缺乏明確的時間界劃。也應當説,思想文化領域較之政、經兩界,時間坐標更難設定。

　　一陽來復。文革結束後的平反冤假錯案無疑是一大德政。較之既不主動甄別、又嚴防「翻案」的一貫做法,是極大的進步,即使仍有作為慣例的「留尾巴」。[78]

　　王年一《大動亂的年代》:「據統計,公安部門、檢察院、法院在1978年至1984年3月平反案件一百零九萬零七百四十八件,其中大部分是『文化大革命』期間的案件。」(頁623)[79]2013年2月28日《南方週末》A4版《審判「文革」遺案》一文説,「絕大多數『文革』遺案,因超過追訴期等因素,已失去了在法律框架內解決的可能性」。

　　作為走向「政治文明」的一步,文革結束之初,「複查」、「平反」、「改正」的範圍,不但包括幾百萬文革中的冤假錯案,五十餘萬右派,還包括文革前歷次政治運動的受害者,力度前所未有,[80]至今

77　蕭氏該書認為,這一時期,「大多數公開的爭論發生在黨的意識形態主管同黨內著名知識分子之間。知識分子(黨內的和黨外的)在與『凡是派』鬥爭中與老幹部結成聯盟」(頁10)。

78　蕭冬連該書説到「留尾巴」的諸種表現,包括錯案平反,卻保留錯誤的證明材料;主要問題推翻了,又找別的問題;在結論中玩文字遊戲,即如説現在平反是對的,過去審查也是對的(頁87-88)。「事出有因,查無實據」,是通常用以規避責任的遁詞。

79　楊繼繩《天地翻覆》引高勇紀念胡耀邦的文字,説到1982年底,全國平反冤假錯案300多萬件,涉及受牽連的人約一億(頁1058)。也仍有人的平反被無端延遲(參看《何方自述》、《趙丹自述》)。

80　關於文革結束之初對文革前除「反右派」、「反右傾」、「四清運動」外「歷史老案」的清理,參看蕭冬連該書第二章。據該章,「歷史老案」涉及「土

仍令人懷念不置。尤其對一度主持其事的胡耀邦。[81]

　　至於「留尾巴」之顯例，即「反右」的所謂「擴大化」。[82]「平反」、「改正」間的差異，也往往被忽略。據蕭冬連該書，「平反」「意味着原本就搞錯了」，「改正」則「意味着運動並沒有搞錯，只是結論有偏差，處理過重」。因此「錯劃右派不存在『平反昭雪，恢復名譽』問題」(頁115)。政策之微妙，往往體現在此類修辭中。據蕭冬連該書，中共十一屆三中全會通過的《農村人民公社工作條例(試行草案)》，有「鑒於長期以來對地主、富農、反革命分子和其他壞分子的群眾監督改造工作已經取得巨大成功」云云(頁127)，以此作為「摘帽」的前提。同書還說，「一般地說，地富摘帽不存在平反改正的問題。政策基調是：過去對地、富、反、壞分子實行監督和改造『是完全必要的』……今天作出摘帽的規定『是完全正確的』」(頁129)。此種表述已成套路。即使如此，也仍然留有尾巴：「除了極少數堅持反動立場、至今還沒有改造好的以外」(同上)。

　　文革重創之餘的「審查結論」以至「平反」、「改正」，並不

　　　改整黨、清理中內層、鎮壓反革命、三反、五反、思想改造運動、統購統銷、肅反審幹、合作化」等，幾乎包括了1949年後重要的政治運動與涉農的重大措施。對「歷史老案」，「按照個別案件個別處理的原則」，有限度地複查、平反(頁111–112)，既因當時百廢待興，也應因無意於深入清理中共政以來的歷史。儘管如此，「據不完全統計，全國共複查了『文革』前的歷史遺留案件242萬餘件(還不包括反右傾運動中案件在內)。」(頁113)

81　古人有任人、任法之爭。任人難免於人亡政息，但人仍有可能影響於一段時間裏的政事，尤其在「法」不健全的情況下。因主政中組部、平反「冤假錯案」而備受稱道的胡耀邦，即因人成事的例子，可據以考察體制限制下個人的作為及其限度。

82　據蕭冬連該書，「反右」中全國劃右派55萬人(尚不包括劃「中右分子」、「反社會主義分子」)，文革後維持右派結論的有3000餘人(頁115)。溫濟澤以數字、比例質疑「反右擴大化」，說：「擴大了32倍多，這麼多倍數，僅僅是『擴大化』、『嚴重地擴大化』嗎？」(《溫濟澤自述》頁342)關於劃右派人數有新說，未見官方證實。徐鑄成說得知章伯鈞、羅隆基、儲安平、彭文應、陳仁炳等五人「維持原案」，「心中不免泛起一陣寒意」(《徐鑄成回憶錄(修訂版)》頁291)。

足以為受難者療傷。先過火，再降溫；殘酷打擊之餘，對倖存者
「落實政策」。至於人死不能復生，創傷難以治癒——主持者並不
認為對此負有責任。《何方自述》在《幾點思考》的題目下，提出
「平反是否表示黨的寬大」；他的回答是否定的(頁399–400)。還
應當說，受益於文革後的「平反」「改正」的，主要為幹部、知
識分子。大量的底層受害、被難者——城市「破四舊」、大興等地
鄉村的血案、更無論死於武鬥者——未聞普遍的甄別、平反以至撫
恤。即有補償，也極其微薄。

　　糾正冤假錯案只是「處遺」(即「處理『文革』遺留問題」)的
一部分。

　　「處遺」中爭議較大的，是重大血案發生地大興、道縣、廣西
等地，及造成重大傷害的內蒙古自治區(參看楊繼繩《天地翻覆》
頁1062–1064。中共中央關於道縣大屠殺的處理意見，見該書頁
1062)。爭議更大的，是對某些重要責任人的處理，如對內蒙古自
治區「內人黨」一案負有領導責任的自治區革委會主任、北京軍區
副司令員滕海清，對廣西多地的屠殺負有領導責任的自治區革委會
主任、軍區政委韋國清。參與或主導殺戮的軍隊幹部(如賓陽縣屠
殺的主持者王建勳、晉東南指揮剿滅一派群眾組織的軍分區副司令
員李英奎)未受追究、甚至尚有升遷，社會正義何由伸張？[83]手握
重權的軍政領導不為發生在本地區的大規模屠殺承擔責任，甚至不
顧及民族地區民眾的強烈義憤(如內蒙古自治區)，對血案發生地黨

83　文革後韋國清官至政治局委員、人大副委員長。滕海清未受黨紀軍紀追究，何
　　況刑責。王建勳官至廣州警備區第一副司令員(鄭義《廣西賓陽慘案紀實》，
　　《文革大屠殺》頁223)。據趙瑜《犧牲者》，李英奎文革中升任省軍區副參謀
　　長，文革後一度隔離審查，審查後恢復工作(參看該書中冊頁249)。《戚本禹
　　回憶錄》說文革後葉劍英親自下令釋放青海「二二三事件」下令開槍鎮壓群眾
　　的原青海省軍區副司令員趙永夫，蘭州軍區司令員冼恆漢要求出具中央軍委的
　　書面文件，葉大怒云云(頁586)。關於葉劍英直接干預對趙的處理，參看楊繼
　　繩《天地翻覆》頁402。或可作為對軍隊幹部寬縱之一例。1978年8月中共中
　　央、中央軍委轉發總政治部《關於趙永夫同志所犯錯誤的結論和處理意見》，
　　參看《建國以來毛澤東文稿》第十二冊，頁309。

政機關的申訴置之不理(如賓陽),卻要群眾組織領袖為其組織成員的打砸搶或命案擔責,顯失公正。[84]「宜粗不宜細」,把握的尺寸、權衡的標準有因地更有因人之異。對群眾組織頭頭或失之於嚴,對上述領導幹部的處理失之於寬,畸輕畸重,亦寬嚴失准之一例。[85]

　　文革結束後,一面大規模地平反「冤假錯案」,一面經由「揭、批、查」,製造新的「政治賤民」。鄧小平1980年關於黨和國家領導體制改革的講話中說:「跟隨林彪、江青一夥造反起家的人,幫派思想嚴重的人,打砸搶分子,絕對不能提上來,一個也不能提上來,已經在領導崗位上的,必須堅決撤下去。」(《黨和國家領導體制的改革》,《鄧小平文選》第二卷,頁323)[86]涉及文革後的幹部政策,幹部任用標準。1982年12月30日中共中央發出《關於清理領導班子中「三種人」問題的通知》(中共中央文件,中發〔1982〕55號),要求「必須堅決把他們從領導班子中清理出去,調離要害部門和要害單位」。1983年則有《關於「文化大革命」期間高等院校學生造反組織重要頭頭記錄在案工作的意見》(中組發〔1983〕6號,1983年4月23日),沿用的更是一貫的做法。此時文革結束已六年。當局忌憚的,無非這些人可能擁有的政治能量。針對某些地方清查「三種人」,胡耀邦說,「『三種人』本來界限就不清,不要急急忙忙鋪開搞」。「當時這些紅衛兵都是娃娃,緊跟有什麼不對!勸你們少抓,該放就放,晚放不如早放。」(楊繼繩《天地翻覆》頁1046、1047)卻仍然不能阻止擴大化。[87]文革發動

84　《何方自述》說造反派「是烏合之眾,沒有統一紀律約束。對部分激進的戰鬥隊和少數極端分子的違法亂紀,核心組不但無法約束,甚至不知道」(頁333),說的是外交部的情況。事實上普遍如此。

85　關於文革後對部分群眾組織領袖與深度捲入派仗的地方領導幹部的刑事判決,參看蕭冬連《從撥亂反正到改革開放》頁318。對於部分軍政幹部從寬處理的考量,參看同書頁319。這裏不包括上文提到的騰海清、趙永夫、王建勳等。

86　據鄧的上述講話,「跟隨林彪、江青一夥造反起家的人,幫派思想嚴重的人,打砸搶分子」,即「揭、批、查」主要針對的所謂「三種人」。

87　《天地翻覆》引中共中央轉發《鄧小平同志關於如何劃分和清理「三種人」

之初衝擊的是各級領導機構，對群眾組織頭頭處罰從嚴，迎合了幹部層的普遍要求。一邊是「清查」、「處理」，一邊是官復原職以至升遷。對一部分人的清算多少像是對另一部分人的「補償」。這樣的「落實政策」不但不能免於誤傷，且不能預防一部分官員的反彈——濫權、濫用特權。借用一句現成的話，官僚層的有些人經歷了文革，什麼也沒有學到，什麼也沒有忘記。這絕不應當是以如此高昂的代價所應換取的結果。[88]

王大賓文革期間與文革後兩次被羈押，均與文革中奉周恩來與中央文革之命赴成都「揪彭(德懷)」有關，罪案卻相互扞格(《王大賓回憶錄》頁91)。據王的回憶，司法當局不採信王不同意「揪彭」的證言，不採信王的自我辯護，甚至當庭要求受審人迴避提及

　　的談話》(1983年9月20日)：「『三種人』中間，大多數是『文化大革命』期間的年輕人，也有老幹部，是少數。」「老幹部在文化大革命中說了違心的話，做了違心的事，不能叫『三種人』。那個時候，不說違心的話行嗎？有些事明明自己不贊成，不違心地去做行嗎？……」(參看楊著頁1052)對於缺乏政治經驗、響應毛的號召「造反」，受到毛的讚許、肯定的「反潮流」的「年輕人」，反而沒有這種恕詞。《何方自述》說，自己「就看到不少有為的青年，只因參加了幾個月造反派的活動，一直被控制使用到退休，不得提職，不得出國等」(頁393)。區別對待的非止「老幹部」/「年輕人」，還有「群眾組織頭頭」/老紅衛兵領袖。清理「打砸搶分子」而對文革初期老紅衛兵主導的「破四舊」、街頭暴力不加追究，亦顯失公正。

88　文革進行中對群眾組織頭頭已一再清算，甚至刑拘；文革後對「三種人」的處理則是再度清算。較之其他我所見文革史，楊繼繩《天地翻覆》第二九章對此記述尤詳。關於文革結束後「揭、批、查」涉及的人數，該書據《胡耀邦傳》第三卷(徵求意見稿)，說：「據中央整黨工作指導辦公室1987年統計，在整黨前已進行的幾次清查共處理的40萬人的基礎上，全國(不含廣西)又清理出『三種人』5,449名……受到其他黨紀處分的18,407人。」楊著認為，「從各省的數字來看，這個數字顯然是大大的縮小了。」(頁1019)關於各省及軍隊、公安部與「揭、批、查」有關的情況及數據，參看該書頁1020–1044。關於湖北群眾組織領袖被判刑的情況，參看該書頁479。該省群眾組織領袖胡厚民文革後重判，病故於襄北勞改農場。周倫佐《「文革」造反派真相》宋永毅序，引了胡在法庭上的辯護詞(頁7)。網上尚能查到河南省數千黨員關於該省1979年前後「揭批查」與「兩案清查」擴大化的申訴材料。據該材料，該省有關部門對擴大化造成的冤案「不複查，不立案再審，不糾正」。

周恩來對於「揪彭」的指示(見該書頁193)。倘如王大賓所説，該案定案在前，不過走一走司法程序。曾經的紅衛兵領袖安文江憤然道：「國民黨戰犯」可以大赦，「紅衛兵造反至今已有29年，對他們20歲左右時的過失何以不能給與更多的理解與寬容?!」(《我不懺悔》，《1966：我們那一代的回憶》頁112)

　　文革中群眾組織結構鬆散，其頭頭難以為組織成員的所有行為擔責。對響應毛的號召「站出來」的領導幹部，對響應毛的號召起而「造反」的群眾組織頭頭，均應「考慮到當時的歷史條件」平情處理。不應以人劃線，上掛下聯，將本應由中央承擔的責任諉之於地方。毛在1968年10月中共八屆十二中全會上説，「成績是主要的」，「錯誤是有，而錯誤的主要責任在中央，在我，而不在地方，也不在軍隊。」(逄先知、金沖及主編《毛澤東傳》第六卷，頁2499)説的是幹部層。文革後的「清理」，即使對幹部層，也未必能釐清責任。

　　孔丹説自己當時就認為，用「三種人」這樣的表述，這樣的清理方式，「會傷及無辜，傷及到不該傷的人」(孔丹口述《難得本色任天然》頁159)。他認為「清理『三種人』」「政策界限不清」，要求區分「初期紅衛兵」與「後期造反派」(頁160)。孔丹寫給陳雲的信，對老紅衛兵負有責任的文革初期、尤其「破四舊」期間的暴行輕描淡寫，缺乏必要的反省，背後未必沒有身份的優越感(孔丹等人的信，參看《天地翻覆》頁1054–1056)。無怪乎安文江抱怨文革後清查「三種人」放過了「老紅衛兵」，仍然是「刑不上大夫」，不符合人人平等的「民主政治」的原則(《我不懺悔》，《1966：我們那一代的回憶》頁111)。清理群眾組織領袖，不但對「老兵」網開一面，且尚有拔擢。王大賓對此不平道：「在處理文革運動中紅衛兵問題上：有背景的妖怪都被收走了，沒有背景的妖怪就被孫悟空打死了。」(《王大賓回憶錄》頁183)[89]

89　何方也對此抱不平(參看《何方自述》頁399)。關於「三種人」，秦曉不主張

　　文革中某些領導幹部「站出來」，有穩定局勢的作用。鄧小平《對起草〈關於建國以來黨的若干歷史問題的決議〉的意見》(1980年3月–1981年6月)談到對於文革的歷史責任，說，「從中央領導角度上說」，「地方上沒有責任」(中共中央文獻研究室《〈關於建國以來黨的若干歷史問題的決議〉註釋本》頁95)。那麼對於被毛鼓勵、肯定的「站出來」支持「造反」、參加「三結合」的地方幹部，本應適用這一原則，尤其那些並未如四川劉結挺、張西庭造成惡果的幹部。[90]何蜀《文革重慶大武鬥實錄》一書說，「在文革中坐上『革命領導幹部』交椅的人，等於是被放到火上烤，都很難有好結果」(頁248)。借用趙瑜的書名，上述人物中也有「犧牲者」，承擔了本應由最高當局承擔的責任。忽略特定歷史條件下的形格勢禁，不區分情境、釐清責任，追責毋寧說乃卸責。

　　也如文革中所謂「黑幫」、「黑線」，「四人幫」的「幫派骨幹分子」、「幫派體系」(包括了所謂的「代理人」、「伸向各地的黑手」)，「與『四人幫』有牽連的人和事」，「幫派思想嚴重的人」，均難以嚴格界定。對於勢所難免的報復性「審查」，仍非預防在前，寧「過」勿「不及」——沿用的是一貫的模式。[91]趙瑜

過分追究(參看其《走出烏托邦》，《回憶與反思》頁138)。據孔丹口述《難得本色任天然》可考對於「清理『三種人』」領導幹部的反應(參看該書頁159)。由當時領導幹部的情緒可知，「清理『三種人』」擴大化勢不可免。

90　王年一《大動亂的年代》說，當時各省市的奪權，「都是中共中央批准了的。從根本上說來，這是響應毛澤東的號召，不是什麼『篡奪領導權』。江青、康生利用了『左』傾情緒，這是事實，但是奪權行動本身不是反革命行為。」(頁189)係平情之論。王力1981年由秦城監獄致信黨中央，提出「不可沿用文革的辦法處理文革中犯錯誤的人」(《王力反思錄》頁378)；致函鄧小平，建議「林彪一案有牽連的幹部的處理」宜「更加從寬」(同書，頁427)。倘不以人廢言，應當承認其建議是可取的。

91　據《天地翻覆》，大清查將被處理的人分為三個檔次，第一檔即「『四人幫』骨幹分子」，逮捕判刑；第二檔為所謂的「三種人」，一般審查後撤職下放；第三檔為犯了嚴重政治錯誤，「說清楚」後保留工作，但多數人終生不被重用(頁1019)。該書說：「1978年12月的十一屆三中全會，宣佈結束了『揭、批、查』運動，但一些省一直清查到1980年代。1982年，中央又出臺文件，開始大

《但悲不見九州同——李順達在「文化革命」中》寫文革結束後山西對所謂「『四人幫』幫派體系」的清算，將捲入派仗的著名勞模李順達作為清理對象。該文說：「1977年和1978年，是李順達一生中最痛苦的兩年。」（《歷史在這裏沉思——1966–1976年記實》第六卷，頁406）李順達的文革，並未在1976年結束。

　　文革後「清查與『四人幫』有關的人和事」，清理「三種人」，沿用的仍然是歷次政治運動以至文革的方式，做法粗糙。混淆法律問題與政治問題，對籠統劃入「壞頭頭」者，缺乏必要的甄別。對「三種人」的司法判決涉嫌濫用暴力。對「三種人」的清理中司法介入的程度，刑事追究是否公平，有必要重新審視。文革期間、文革後對群眾組織頭頭的司法審判，未聞複勘；其中的冤獄，未聞對申訴的受理。用流行的說法，這一頁就此翻過——是否可能？[92]

　　文革後有所謂「正義的審判」。審判並不能終結文革。文革後的清查與審判（包括對群眾組織「壞頭頭」的刑事追究），將「責任」問題大大地簡化了，錯失了經由普遍的反思推動社會和解的契機。企圖以簡單的形式終結一段如此複雜、影響如此廣泛深刻的歷史，壟斷有關歷史的解釋權，禁抑進一步的考察與追問，阻止討論的充分展開，不能不造成認知的混亂以至知識界的撕裂。

　　鄭州的武鬥，我曾逼近了觀看。有一晚在河南醫學院校園，遇

　　　規模排查清除『三種人』，一直進行到1986年。」（頁1019）據同書，「全國上下大規模地清查『與四人幫有關的人和事』，上千萬人成了清查對象。」（頁1020）以下逐省敘述清查情況。

92　據黃志雄《知青家長李慶霖》，1981年6月中共中央十一屆六中全會通過《關於建國以來黨的歷史若干問題的決議》前後關於「兩案」審理工作的座談會，對「兩案」人員需要判刑的規定了如下條件：「只限於參與謀害毛主席；策動反革命武裝政變和叛亂；直接策劃、親自參與陰謀篡奪省、市、自治區或中央、國家機關部委領導權的野心分子；直接策劃、親自參與誣陷迫害黨和國家領導人、迫害幹部群眾，造成嚴重後果，罪惡昭彰，不判刑不足以平民憤的極少數人」（頁462）。而福建則涉及「兩案」人員基本都趕在「兩法」（按即《刑法》、《刑事訴訟法》）實施前處理完畢，「連開庭程序也沒有，形式都不搞」（同上）。應非孤例。今天看來，即上述意在控制判刑範圍的規定，仍有相當的操作空間。

到了讀高一時的班主任，他當時是我所讀中學群眾組織的活躍人物。我遇到他時他似乎暫時住在該大學，雙人床就放在燈火明亮的校院裏。我坐在床邊，和他聊了一會。聽說文革後清理「三種人」，他的處境一度尷尬。我見到他的那晚，似乎大戰在即，他鬥志正旺，決不會想到將來的命運還會有一轉的吧。

有「一個人的文革」，也有人各不同的「文革後期」，以至「後文革時期」。當一些人「逍遙」時，另一些人正經歷着着文革之初的煎熬；當着更多的人「逍遙」，被指為「五一六分子」的另一些人遭遇了劇烈的衝擊；當其他人的噩夢已然結束，某些人的噩夢再次開始。其中就有文革期間被網羅進各級「寫作組」者。

一度的寵遇，成為難以洗刷的恥辱印記。「梁效」一類「寫作班子」成員，「四人幫」倒臺後即面臨「政治審查」。據周一良說，審查的「全套作法與『文革』毫無不同」。雖無文革中的暴力，卻因審查來自官方，「其壓力之兇猛而強大，空氣之緊張而令人窒息，遠遠在『文革』之上」（《畢竟是書生》頁75）。當此時，政治與道德/道義壓力同在，不但被被目為異類且為丑類，為有潔癖的知識人所不齒。在馮友蘭、魏建功、周一良、林庚這樣的知識分子，情何以堪！「佞」，在士大夫，是不能寬恕(也不能自解)的過惡。馮、魏、周、林四人——當時有人譏為「商山四皓」——中，[93]或以林庚最敏於感受與表達，卻選擇了緘默。「四人幫」倒臺後的「政治審查」，批鬥大會上當場宣佈「從寬處理」，[94]在林

93　據周一良該書，舒蕪有《四皓新詠》，唐蘭、王利器等人皆有和作，「足窺當時人心大快」（頁78–79）。顧頡剛1980年9月5日聞魏建功已死，日記中寫道：「此人不足惜，已做北大副校長矣，乃又加入『梁效』團體，作其顧問而不恥，尚能博得他人之同情乎？」（《顧頡剛日記》第十一卷，頁738）可知當日學界之情緒。

94　文革後首都體育館舉行批判「梁效」大會，批鬥遲群、謝靜宜，以其他「梁效」成員陪鬥。周一良該書寫到的批鬥會上，對一位「來註釋組不久的中國文學老教授」「從寬發落」（頁77），應指林庚。林以詩人而從事學術，一向被人以「飄逸」、「淡泊」目之。無從把握自己的「命運」，在林這樣的書生，乃絕大的悲哀。

庚這樣的書生，應當較文革中的揪鬥，更是奇恥大辱，無以洗雪的清白之玷。面對這種恥辱，其內心之痛當何如！[95]

林庚2006年去世時，雖有人為其「待遇」鳴不平，與「梁效」有關的那一檔子事卻少有人提及。未見得淡忘，不過有意迴避罷了。故舊零落殆盡，門弟子為其做壽慶，多少是一種安慰。也印證了王珣所說「人固不可以無年」（《世說新語·品藻》）。[96]魏建功1980年去世即不免冷清。[97]

文革作為運動的運動，有運動中的運動；文革後又有對於運動的運動（「揭批查」等）。正如一些人「肅反」後於「反右」中受到二次傷害，也有一些人文革結束後受到再次傷害。

這種永劫輪迴到了結束的時候了。

有些東西崩解了，有些東西生成了。無論個人還是社會，變化都像是不可逆。對於變化的深度，仍不便估計過高。文革後一度有作為話題的「信仰危機」，以及與此互為表裏的對執政黨的信任危機。市場化並沒有「克服」上述危機，不過將危機遮掩了。危機轉化為別種東西，即如一本翻譯小說的書名，「生命中不可承受之輕」。卸去了重量的生命並不更自由，不過以簡單的卸載換取了「自由」的幻覺。這種不可逆的變化，互聯網時代已成常態，未知是否民族之福。

「中國人民的老朋友」李敦白，記述了其1977年出獄後所聞所

95　「梁效」成員除周一良外，田餘慶、吳同寶、魏建功、湯一介、馮友蘭等著名學者在文革結束後的審查中，已有披露。馮友蘭的圓融既緣性情，也應基於其哲學修養（參看陳徒手《故國人民有所思》中《馮友蘭：哲學鬥爭的個人掙扎史》一篇）。其文革中被寫作班子網羅，或也可由此解釋。

96　周一良《畢竟是書生》即引此語（見該書頁99）。

97　由此看來，周一良有機會也有勇氣自述，避免了更大的遺憾，或也是幸事。書名「畢竟是書生」，取自王西徵輓魏建功聯，「五十年風雲變幻，老友畢竟是書生」（《畢竟是書生》頁81），有痛惜，有體諒，確乎厚道，無怪乎周一良被「深深觸動」。

見公德、私德的敗壞(《我在毛澤東身邊的一萬個日子》中譯本，
頁561–562)。牟志京《似水流年》，寫1980年為遇羅克平反，他們
那個曾經與遇一同抗爭過的《中學文革報》的同仁曾有聚會，「那
次見面，本以為看到的是大家的無悔與自豪，沒想到更多的是看破
紅塵的自嘲，令人悵惘」(《暴風雨的記憶》頁22)。

　　北島說，「八十年代就是中國二十世紀的文化高潮」，「八十
年代的高潮始於『文化革命』。『地震開闢了新的源泉』，沒有
『文化革命』，就不可能有八十年代。」(查建英主編《八十年代
訪談錄》頁80–81)阿城則說，「思想活躍，這一代人在七十年代
都已經完成了，八十年代就是表現期。」(同書，頁21)李零乾脆
說，他們那茬人的感覺是，「八十年代開花，九十年代結果，什麼
事都醞釀於七十年代。」(《七十年代》，《七十年代》頁233)。那或
許更是知識精英的經驗。相信同代人中，沒有上述經驗者居多。

　　文革在社會史、文化史意義上的後延，本書已多處寫到。值得
討論的，是文革結束了又開啟了什麼。由文革後期到文革結束，歷
史發展似乎有了諸種可能性。有必要檢視哪一些可能性得以實現；
是否實現了較「好」的那種可能性。這應當是不限於本書更不限於
本章討論的問題。文革在這裏那裏鑿出的破洞，難以修補。真正的
政治智慧，不應用於補苴罅漏或撲滅異端，而是直面這種破壞後的
已成之局，重建信念，信任，信心，重建價值，意義；卻有太多的
東西未加反省地延續了下來，從文革，從文革前的十七年，甚至從
延安時期、「革命戰爭年代」。[98]

　　徵之近事，你難道不以為我們至今仍然生活在文革這一事件的
延長線上？

_____

98　韓少功《文革為何結束？》一文，由文革中是否有民主，到文革後的「懷舊」現
　　象，梳理了部分可資思考「延續性」的線索(參看陳益南《青春無痕──一個造反
　　派工人的十年文革》代序，頁3)。對於文革與「後文革時期」，的確不宜斷然切
　　割。有必要討論的，是何種「延續」，緣何「延續」，「延續」了什麼；努力探
　　入「歷史內部」而非止於簡單的因果鏈接，更非將文革合理化，理想化。

下　編

　　以下札記，只宜於作為線索，冀為相關考察提供一得之見、或材料方面的補充。所設每一題，均有相當大的拓展空間。取札記的形式，無非因力有未逮，或材料不足以支撐；也有的因已有較多論述（如關於紅衛兵、造反派）。事實是不止下編，即上編諸章節，也都不免薄弱，有相當大的開發餘地。「未完成」的形態對於我，甚至更有吸引力。我曾設想文革研究的工作坊，不可能付諸實施，何不建立紙上的網絡上的「工作坊」，以延伸、補充、校正甚至重寫，共同推進一項歷史考察？

札記之一

文革起止——文革前夜、文革前史——文革後期、「後文革時期」

文革起止

文革十年，1966至1976年，是20世紀中國史中的一段。諸多線索由前此的歷史延伸至此，另有諸多線索由此延伸至今。對任一段歷史都可以作如是觀。文革仍然不同。其承其啟，其縮合、截斷諸線索的力度，足證其在20世紀中國史中的重要性。

文革考察的價值，部分地也在這項考察有可能展開的廣闊與縱深。其「前史」與「後史」，尤其「後史」，包括了「現在進行時」，是我們正在身經的歷史。文革後數十年間所發生的，複雜化了我們回望文革的眼光，也成為我們不斷重新審視文革的條件。

關於文革始點，中國的官方表述與國內外文革史研究者較有共識。1981年中國共產黨第十一屆中央委員會第六次會議通過的《關於建國以來黨的若干歷史問題的決議》認為，1966年5月中央政治局擴大會議和同年8月八屆十一中全會的召開，是文化大革命全面發動的標誌。

一度任職中央文革小組的閻長貴著文分析，結論是「很難確定哪一天為『文化大革命』爆發的日子。一般地說，『文化大革命』是1966年5月爆發的」（《搞歷史一定要注意把史實搞準確》，《問史求信集》頁395）。同書又一再引毛的如下説法，即文化大革命應該從1965年冬，姚文元撰文批判《海瑞罷官》開始。季羨林也以為文革起於1965年冬，標誌即姚文元《評新編歷史劇〈海瑞罷官〉》的發表（《牛棚雜憶》頁13）。

另有其他關於始點的表述。1967年1月1日《人民日報》、《紅

旗》雜誌發表的經毛審定的社論《把無產階級文化大革命進行到底》：「一九六三年，在毛主席親自指導下，我國進行的以戲劇改革為主要標誌的文藝革命，實際上是無產階級文化大革命的開端。」本書將考察的時段定於1964–1978，上編第一章以校園為中心討論文革的引爆。事實是，文革另有其他引爆點。尤其文藝界。1963年12月9日、1964年6月27日毛關於文藝工作的兩個批示；1966年2月2日至20日，江青在林彪的支持下在上海召開部隊文藝工作座談會。座談會紀要經毛的修改以中發(66)211號文件發出；[1] 文藝界的文革，於此已然開始。其時文藝界的政治生態嚴重惡化，領導層處境之危殆，內部關係之緊張，非外人所能想見。由發生在後的事件看，更像是文革的「前哨戰」，江青等政治人物的「熱身」、小試牛刀。到文革爆發，這領域已是彈痕纍纍，瓦礫遍地。文藝界領導人物與相關知名人士暴露在大批判的兇猛火力下，幾近全軍覆沒。

　　至於個人經驗，更互有參差。楊憲益說，人們以為中國只是在文革十年的特定時間內發了瘋；在他看來，「瘋狂開始的時間比這還要早十年」（《漏船載酒憶當年》頁195）。他個人的文革的確開始得較早，「大躍進」後即已受到批判(同書，頁193–194)。該書說，文革「不是由少數企圖篡奪權力的野心家、陰謀家製造出來的偶然事件，而是整個一系列大事推向極端的結果」(同上)。誠然。

　　親歷者的個人經驗豐富到不可窮盡。「三家村反黨集團」成員之一的廖沫沙的文革，1966年4月爆發。是年4月16日，《北京日報》發表批判《三家村札記》、《燕山夜話》的新聞稿(《甕中雜俎》頁322)。楊憲益夫婦1972年出獄，他們的文革即至此結束(參看《漏船載酒憶當年》第三十八章)。有「一個人的抗戰(按『抗戰』指抗日戰爭)」，也有「一個人的文革」。我在本書中一再談

1　1964年6月27日《對中宣部關於全國文聯和各協會整風情況的報告的批語》，《建國以來毛澤東文稿》第十一冊；《對〈林彪同志委託江青同志召開的部隊文藝工作座談會紀要〉的批語和修改》，1966年3月、4月，《建國以來毛澤東文稿》第十二冊。

到文革長度的因人之異(參看上編第七章涉及吳宓、顧頡剛、梁漱
溟、夏鼐等人的部分)，不過舉隅而已，遠不能窮盡「一個人的文
革」的豐富性。相信尚有大量「一個人的文革」正待出世。不妨對
此抱有期待。

即使關於文革的始點有大致的共識，其終點也難以認定——我
們至今不依然每每感到在文革漫長的尾聲中？每當人們使用「文革
尚未過去」一類說法，都不止在修辭的意義上。這也是文革值得一
再迴溯的最強大的理由。

即使僅在「分期」的意義上，爭議較大的，也是文革止於何
時。《關於建國以來黨的若干歷史問題的決議》將文化大革命的過
程分為三段：「從『文化大革命』的發動到一九六九年四月黨的第
九次全國代表大會」；「從黨的九大到一九七三年八月黨的第十次
全國代表大會」；「從黨的十大到一九七六年十月」。王年一《大
動亂的年代》取「三段」說，即以1966年5月到1969年4月，為文革
的第一階段，亦其所說的「主體階段」(頁1)。王認可費正清(John
K. Fairbank)關於文革的界定，卻仍然認為文革「不是三年而是十
年多」(同上)。[2]

有人注意到，《七十年代》這部回憶錄合集，十個以上的作
者「不約而同地」將1976年作為時間節點(張念《有關七十年代的
記憶秩序》，《讀書》雜誌2013年第1期，頁63)；固然可能與官方
論述有關，也一定有個人經驗作為依據。親歷文革的陳益南的說法
是，文革中的兩派鬥爭，「歷時長達十載春秋」(《一個造反派工
人的十年文革》頁109)。該書說，「紅衛兵退出去了，在其後的七
年多時間，文革卻並未停止」(頁30)。該書還說，「長達十年的文
革，實際是由一連串不同內容、不同對象的、曲折複雜的『小』
政治運動組成，不瞭解這一點的人，就不可能真正瞭解中國大陸的

2　費正清認為文革持續了三年半，即從1965年年末到1969年4月，參看氏著《偉
　　大的中國革命：1800–1985年》中譯本，北京：世界知識出版社，2000。

那場『文化大革命』。」(頁32–33)陳對於文革全程參與,且是捲入漩渦的活躍人物,回憶錄所寫包含了共性,亦有湖南(更確切地說,是省會長沙)特有的省情。

　　關於文革時長,有三年說與十年說。三年說多見之於國外的文革研究。陳佩華認為文革事實上只持續了三年,即1966年至1969年,「而不是大陸官方故意延長的十年」(《毛主席的孩子們——紅衛兵一代的成長和經歷》,臺北桂冠版中譯本序言,頁5)。該《序言》說,「一九六九年至一九七六年,為當權者反撲群眾的歷史,他們故意延長文革歷史的時間,目的是淡化群眾和社會對他們的憤怒反抗和羞辱,因此將它歸罪於四人幫搞了十年的鬼把戲」(同上)。這種判斷似乎在國外漢學界較為流行。法國學者潘鳴嘯《失落的一代——中國的上山下鄉運動》也不採用中國當局「十年文革」的說法,以為「假使說『文化革命』有所指,那只能是從1966年5月到1969年4月這一大約三年的時間」。該書認為文革止於中共九大,「這次大會正式宣佈文化大革命的『勝利』(就是說結束了)」(頁18)。該書說,「好幾位西方學者以及流亡國外的老紅衛兵也都拒絕官方現在的這種斷定法」(頁19)。

　　也有論者有所折中。《失蹤者的足跡——文化大革命期間的青年思潮》一書作者印紅標,在該書的《前言》中說,該書「沿用中國大陸通用的文化大革命十年的說法」,「同時注意到前兩三年(1966至1968年)與後七八年(1968至1976年)的顯著區別」,認為「前者是文化大革命的主體階段,後者可以稱為文化大革命的後續階段」(頁3)。「主體階段」說與王年一一致。

　　卜偉華《文化大革命的動亂與浩劫》對文革的界定區分「狹義」與「廣義」。該書認為,1969年4月召開的中共第九次全國代表大會後,「嚴格意義上的文化大革命即已結束,但三年文化大革命帶給中國人民的痛苦還遠未結束」(頁725)。該書的《後記》中,卜解釋其所謂的「廣義」、「狹義」,說1966年5月到1969年4

月「國內一般稱為文革的第一階段」，他認為「這三年才是真實意義上的文化大革命時期」。三年是狹義的文革，十年則是廣義的文革（頁793）。[3]

納入同一套「國史」的史雲、李丹慧《難以繼續的「繼續革命」》，關於文革的分期、時長，與卜著所見不同。該書將文革分為兩個階段，1966至1971、1972至1976，並在該書《導言》中與境外學者商兌。較為晚出的楊繼繩《天地翻覆——中國文化大革命史》，也認為文革的「時間維度」為十年（見該書《前言》）。

國外學者的認知也互有參差。美國學者莫里斯‧邁斯納《毛澤東的中國及後毛澤東的中國》一書，關於文革的一章，分析的時間以1966–1976為起止；對文革的具體論述，則採用國外文革史研究較為公認的時間界定，即1966–1969，似乎是一種試圖兼容的書寫策略。美國學者麥克法夸爾、沈邁克關於文革的研究著作《毛澤東最後的革命》，將1966–1976作為考察的時段，據說是為了和中國國內的口徑一致，便於在中國銷售（參看卜偉華《文化大革命的動亂與浩劫》一書《後記》，頁793註2）。該書認可大陸文革史家將1969年4月的中共九大作為「過渡性的事件」而非「終止性的事件」（中譯本，頁292）。

三年說與十年說之外，尚有兩年說，見之於印紅標《文化大革命期間的青年思潮》一書《前言》註4，即1966至1968年（頁11）。北島《走進暴風雨》一文，說1968年春，工、軍宣隊進駐北京的中學，「『文革』草率收場」（《暴風雨的記憶》頁218）。韓少功也說：「文革一般被認為結束於一九七六年。其實這個分期過於籠統。對於許多文革中的學子來說，文革在一九六八年就黯然落幕，其標誌是以『革委會』為代表的政權管制的全面恢復，還有民眾造反權利的重新取消，包括紅衛兵的出局。」（《漫長的假期》，

3　卜關於前三年與後七年的異同有其解釋，見該書頁794。為卜著作序的王年一認可了卜著的說法，儘管他本人所著文革史以十年為期。

《七十年代》頁574)更是當時中學生的經驗。[4]

　　僅據「紅衛兵運動」界定文革，不免有較大的盲區。不但有可能遺漏了鄉村，且將「工人運動」排除在視野之外。儘管李遜《上海文革運動史稿》也認為，「自1969年至1976年10月……只是上層的政治鬥爭，作為廣大群眾參與的文革運動，隨着結社權的實際被取消而徹底結束」(頁991)。但該書的前言《革命名份的誘惑》卻說，「文革群眾運動由兩大部分組成：紅衛兵運動，以北京為典型；工人造反派運動，以上海為典型。」上海的工人造反派，「在文革政壇整整活躍十年」(頁1)。據該書，上海以「工總司」為代表的工人造反派，實際存在的時間——包括借殼(上海市總工會)生存，及進入各級革委會——幾與「十年文革」相始終(1966年11月至1976年10月)。這種情況不惟上海。我所知其他地方，即使在部分造反派頭頭被清洗後，具體單位的派仗仍在繼續，餘波甚至延長至1976年10月以後。

　　重大歷史事件「時間點」的判斷，往往有因地因人之異。這裏有個人史與「大歷史」的參錯。即使不考慮這一點，以十年為期仍然有其依據。1969年中共九大後，有非賴文革則不足以解釋的1971年「林彪事件」。此後高層發動文革的「指導思想」繼續貫徹。不但「上山下鄉」，且「五七幹校」、「批林批孔」、「批鄧反擊右傾翻案風」，都延續着「運動」的狀態。將文革結束斷於1968或1969年，像是出於以「紅衛兵」為文革符號的眼光，或以黨史事件斷代的慣性。身在其中者，感受到的固然有日甚一日的疲態，卻也有當局維持壓力的層出不窮的動作，連續不斷的「運動中的運動」。

　　本書認可十年說，也因此說與作者本人的經驗較為一致。1968年「紅衛兵運動」結束後，一些地方，不但派仗、而且武鬥仍未收場。1972年我到那所僻處省會邊緣城鄉結合部的中學任教，該中學

4　《犧牲者——文革太行之戰》的作者趙瑜不同意韓少功所說的文革以「非暴力方式」結束，而認為即以三年論，全國不少地方(尤其該書所寫的晉東南)的文革，是由「血戰」結束的(參看該書中冊，頁179)。

有持續到1976年的派仗。儘管發生在那裏的，已不是造反派/保守派、激進造反派/溫和造反派之間的爭鬥，更是單位內部的人事纏鬥，卻暗中「借力」於不甚了然的「高層鬥爭」，是未曾親歷過那段歷史者無從想像的。當然我的個人經驗也可能受到了官方說法或重大事件(如「粉碎『四人幫』」)的誘導。

胡繩認為，「把『文化大革命』和『文化大革命』時期的歷史區別開來，是十分必要的。」(《必須科學地分析和研究歷史經驗》，1990年7月，《胡繩全書》第三卷(上)，頁72)無論出於何種考量都不妨承認，區分作為事件的文革與作為時段的「文革時期」確有方法論的意義。[5]而我更想強調的是，即使不能擁有「大歷史」、「長時段」的視野，對文革的延伸考察與思考，也有助於對文革的認知。

《大動亂的年代》一書說，1966年中共八屆十一中全會「設想的文化大革命，與後來實際進行的『文化大革命』有很大的不同」(頁61)。所以如此，並非因了人民群眾的所謂「歷史的主動性」，而是因局面的失控，與「運動」自身的邏輯。

對於設想的時長與實踐中的延宕，文革期間毛澤東曾一再談到。1966年與唐平鑄、胡癡談話中說：「文化革命的時間，看來到年底還不行，先搞到春節再說。」(逄先知，金沖及主編《毛澤東傳》第六卷，頁2406)同年8月12日中共八屆十一中全會閉幕會上，毛設想中共九大「大概是在明年一個適當的時候再開」(《在中共八屆十一中全會閉幕會上的講話》，《建國以來毛澤東文稿》第十二冊，頁100)。10月9日葉劍英在中央工作會議引用毛的說法，即這次運動暫定搞到明年1月(參看王年一《大動亂的年代》頁101)。10月25日中央工作會議上毛說：「可能要搞兩個五個月，

5　徐賁《全球媒體時代的文革記憶——解讀三種文革記憶》則說，「現有的文革懷舊，它涉及的過去只是一個模糊不清的『時期』，而不是某個經過政治、社會意義聚焦的『事件』。作為『時期』和作為『事件』的文革是不同的」(《思想者》2006年第3期，頁144)。

或者還要多一點時間」(《建國以來毛澤東文稿》第十二冊，頁145)。同一會議上周恩來説到，陶鑄提議為文化大革命「設想一個時間表」，省、市、自治區一級，中央各部在春節前使運動告一段落(《大動亂的年代》頁115–116)。12月16日通過的中共中央《關於農村無產階級文化大革命的指示(草案)》有「中等學校放假鬧革命，直到明年暑假」云云(參看同書，頁142)。當月毛説，「1967年將是全國全面開展階級鬥爭的一年。」(同書，頁163)

毛曾將1967年5月以前的運動分為四個階段(參看逄先知、金沖及主編《毛澤東傳》第六卷，頁2456)，一再將文革的時限設為三年。1967年毛説，「今年2、3、4月看出眉目，明年這個時候看出結果，或更長一點時間。」(《大動亂的年代》，頁222)據楊成武回憶，當年毛説，「全國在春節前就差不多了，解決了。」「文化大革命明年春天結束，不能再搞了。」(《文化大革命的動亂與浩劫》頁622)1967年2月毛對外賓説，「全部解決問題可能要到明年二、三、四月或者還要長」(《毛澤東傳》第六卷，頁2437)。3月的説法微有不同(參看同書頁2446)。7月説：「一年開張；二年看眉目，定下基礎；明年結束。」(同書，頁2458)。8月仍説運動打算搞三年，「第一年發動，第二年基本上取得勝利，第三年掃尾」(同書，頁2466–2467)。9月，説明年春節差不多了(同書，頁2472)。估計第二年秋季九月份開九大，「至少後年一月份開」(頁2473)。1968年10月召開中共八屆十二中全會，毛在開幕式的講話中説，把文化革命「搞到底」，「我們估計大概要三年，到明年夏季差不多了」(同書，頁2499)。1969年3月3日，毛説，「文化革命快要結束了」，中央文化革命小組和中央文革碰頭會議這些組織形式不需保留了(同書，頁2514)。

1968年7月28日召見北京高校「五大領袖」，毛説，「文化革命原來認為半年……以後又延長了一年，兩年。看來不行，要三年。現在看，要多久就算多久」(《王大賓回憶錄》頁144)。1974

年8月在中共中央政治局召開的八大軍區司令員、政治委員會議
上傳達的毛的指示，說：「無產階級文化大革命，已經八年。」
（《建國以來毛澤東文稿》第十三冊，頁402）同年10月11日中共中
央發出關於召開四屆人大的通知，引毛的說法：「無產階級文化大
革命，已經八年。」（《難以繼續的「繼續革命」》頁399）

　　我們習慣的歷史分期往往以十年為段落。如五四新文學三十年
的分期。以十年為段落，符合通常的世代劃分，與個人的生命週期
或關於生命週期的體驗較為一致。但歸根結底，斷代、分期、設置
時間點，更出於歷史敘事的需要。「真實歷史」難以整齊切割，是
不待說明的。

文革前夕、文革前史

　　「文革前夕」或「前夜」是一種較為文學化的表述。「文革前
史」或「前文革時期」，屬發生學意義上梳理，有極大的彈性。理
論上幾可無限上溯。「前」到何時，端在考察者的知識準備、視野
與能力。可以是文革爆發的前十年，也可以是更長的時段，即如中
國共產黨的革命史、中國近代革命史。關於文革起源的更為充分的
考察，還應包括遠緣，即中國歷史、中國文化史——只要有利於追
根溯源，以抵達反思的深度。如若擁有相應的能力，還應將「國際
共運史」以至世界史納入視野。史學界所謂的長時段/短時段，文
革史無疑屬後者。即使將「前文革時期」、「後文革時期」納入考
察範圍，仍然不過「歷史長河」中的一瞬。但文革無論作為事件還
是作為時期，均值得置於較長時段中看取。

　　美國學者麥克法夸爾三卷本的《文化大革命的起源》，以1956
年為始點。[6]國內關於「文革前史」，有蕭冬連、謝春濤、朱地、
喬繼寧所著《求索中國——文革前十年史》（北京：中共黨史出版

6　該著作前兩卷的中譯本《文化大革命的起源：人民內部矛盾，1956–1957
　　年》、《文化大革命的起源：大躍進：1958–1960》，分別於1989、1990年由
　　北京求實出版社出版。

社，2011）。該書1999年首次出版。[7]經濟史家關於文革起源的分析，又有視野、角度、所據材料的不同（參看陳東林主編《1966–1976年中國國民經濟概況》頁51–54）。關於文革前夕的政治狀況，尚可參看胡鞍鋼《毛澤東與文革》第二章。《李作鵬回憶錄》認為，文革「是在相當長的一段時間內，先進行輿論動員、思想醞釀，及連續不斷地『批這鬥那』的局部前哨戰鬥。浪潮迭起長達十年之久」（頁526）。由該書下文看，李事實上將起點定為1962年，標誌則是擴大的中央工作會議（七千人大會）、北戴河中央工作會議、中共八屆十中全會毛關於階級鬥爭的論述。

　　楊憲益據經驗認為，文革前十年，由1950年代中期，已在為文革做準備，包括對年輕人的訓練（《漏船載酒憶當年》頁204）。李慎之1979年右派問題改正後寫給黨支部的信中説，自己「仍然希望會有越來越多的人認識到，正是在一九五七年人們失去了法律和道義的一切保障以後，才有可能發生一九五八年、一九五九年、一九六六年以及其後一系列更大的悲劇（《李慎之的私人卷宗》頁1214–1215）。陳徒手《故國人民有所思——1949年後知識分子思想改造側影》一書記知識界、文化界人物，往往由1950年代直至文革。那確是一個連續性的過程。普遍的經驗，文革前的「學雷鋒運動」、由軍隊到地方的學毛著運動，亦文革爆發前的準備。[8]

　　與「四清」即「城鄉社會主義教育運動」相關的考察，陳徒手關於文革前夕文藝界整風的系列文章，由本書的角度，均應歸入「文革前史」研究。關於1964年高層「左」的傾向的發展，參看

7　2011年版蕭冬連《後記》，自信「迄今為止本書仍是闡述『文革』前十年史最為詳實的一本書」。該書第十二章《風滿危樓》諸目依次是：1、重上井岡　主席運籌二次「革命」，二下上海 江青拉開文革序幕；2、葉群告狀 毛澤東聽信一面之詞，林彪發難 羅瑞卿遭受突然襲擊；3、節制運動 彭真主持制定《彙報提綱》，發動攻勢 江青秘密炮製《座談紀要》；4、令牌連發 統帥坐鎮杭州遙指北京，狂飆迭起 文革序幕結束正劇開場。

8　1963年3月5日《人民日報》發表毛的題詞「向雷鋒同志學習」。「毛著」即毛主席著作。

薄一波《開展城鄉「四清」運動》一文(收入《「四清」運動親歷記》一書)。1963年11月毛說文化部如不改變,就改名為「帝王將相部」、「才子佳人部」、「外國死人部」(中共中央文獻研究室編《毛澤東年譜(1949–1976)》第五卷,頁285。北京:中央文獻出版社,2013)。[9]該部的整風隨即展開。迄今為止,我讀到的對1964年文化部整風的考察,仍以陳徒手的系列文章較為深入。儘管陳在《夏衍:文化部圍剿「老頭子」的整人運動》一文結尾處說,「公平而論,1964年文化部慘烈的整人運動,與『四人幫』分子沒有多少關聯。這一點以前多半被有意忽略,應該恢復黨內鬥爭的原本真相。」(《中堂閒話》2013年第3期,頁48)仍然不妨認為這一年文化界(尤其文藝界)的文革揭幕,夏衍、田漢等人的文革已然開始。

儘管1962年中共八屆十中全會後,「階級鬥爭觀念」普遍強化,敘述者仍然會據經驗將1964年作為一個時間點。文革爆發時就讀於清華大學附中的卜大華受訪時說,他記憶中逐漸開始有政治活動,是由1964年下半年開始的(《回憶與反思》頁29)。楊曦光在勞改隊時曾有劇作,主人公記憶中也有那一年學校裏的「革命化運動」、「突出政治運動」和「貫徹階級路線運動」(《牛鬼蛇神錄》頁263)。張戎的回憶說到,當她在1964年秋上中學時,「生活中的政治氣氛越來越濃了」;她記得的就有「階級路線」、「家庭出身」(《鴻——三代中國女人的故事》中譯本,頁204)。陳佩華經由訪談相信,「一九六四年以前,優秀的學習成績作為推選班幹部的一個因素,仍然比好的階級背景更重要。」(《毛主席的孩子們——紅衛兵一代的成長和經歷》中譯本,頁86)[10]

9　尚可參看《百年潮》2014年第3期王永魁《中央「文化革命五人小組」的來龍去脈》一文。

10　關於1964年的作為時間點,尚可參看錢理群《毛澤東時代和後毛澤東時代(下)》頁18–19,尤其該書關於1964至1965年北京中學生狀況的分析。文革中最為流行的《大海航行靠舵手》(李郁文詞,王雙印曲)創作於1964年,原題《幹革命靠的是毛澤東思想》。

　　我的個人經驗與此相近。本書將考察的始點大致定在1964年，也因這是我所經歷的「文革前夜」。「前夜」不同於「前史」，更近於臨界點，是引爆前的短暫時期。這一年我離開家鄉的城市，進入了北京大學。

文革後期、「後文革時期」

　　史雲、李丹慧《難以繼續的「繼續革命」》將文革分為兩個階段，1966至1971、1972至1976。在較為普遍的經驗中，前一段即文革前期，後一段則是文革後期。

　　《關於建國以來黨的若干歷史問題的決議》的「三段」說，以黨的重大會議、黨史事件為標誌，未必與普遍的經驗吻合。我所讀到的文革敘事，前後分期大多以林彪事件為界標：那確實是許多人經歷的足以導致「思路轟毀」的震撼性事件。林彪事件的影響，幅度與強度因人而不同。你可以由個人敘事區分震幅，震級，甚至有無震感。

　　即有此事件，仍不妨親歷者有各自經驗中的前後期，甚至無所謂前後期。有的地方從未有過文革高潮；也有的單位直至「四人幫」倒臺，仍廝殺不已。韋君宜《思痛錄》所說的「『文革』後半截」，由1973年算起（頁148）。于光遠說自己使用「文革前期」、「文革後期」的字樣，「講的也只是自己經歷的背景，它與文革歷史的進展有關，但與文革歷史分期完全是兩回事」（《文革中的我》頁136）。1971年前已有「後期」的說法。收入徐曉所編《民間書信》中的一封說：「運動後期，我看到更多的青年是頹喪、放蕩或者是平庸碌碌，或者是投機鑽營……」（頁136–137）時在1970年7月。印紅標以1968至1976年為「文化大革命的後續階段」（《失蹤者的足跡——文化大革命期間的青年思潮》一書《前言》，頁3）。錢理群則以1968年到1976年為「文革後期」（《毛澤東時代和後毛澤東時代——另一種歷史書寫（下）》頁115）。

　　無論個人經驗有何差異，「林彪事件」為文革的「拐點」，仍不遠於事實。此事件確也往往被敘述為時間節點：由盲信、懷疑到「覺醒」。舒蕪說自己真正的懷疑「是從林彪事件開始的」（《向陽湖畔》，《在「五七幹校」的日子》頁162）。曾任職於中紀委的劉麗英，其文革回憶錄說，「1971年的『九‧一三』事件，客觀上宣告了『文化大革命』的理論和實踐的破產」（《往事回首》頁178）。黃子平回憶在「兵團」（農場）聽該事件的傳達：「黑洞，虛無，空白。用來支撐這個史無前例的『革命』的整個意義系統，在那個瞬間坍塌了。」「其實九十年代的重要命題『告別革命』，恰恰是在此時此刻開始。其中最大的諷刺是：宣佈皇帝沒穿衣服的人，正是皇帝本人。」（《七十年代日常語言學》，《七十年代》頁321）不止於震驚，更有荒謬感，有類似被誆騙、被戲弄的那種感覺。甚至上述種種已不足以形容。

　　事件發生後毛以其特有的氣魄公開林立果「小艦隊」的《「五七一工程」紀要》，加速了「文革意識形態」的坍塌。毛的「走下神壇」，既與「事件」又與「文件」相關。在群眾已不盲信、盲從之時，高層的盲目令人吃驚。

　　文革爆發前後直至運動初期，至少由表象看，上下尚有呼應。之後則隔膜日甚。公開《「五七一工程」紀要》，當時就令人感到了詭異：不知最高當局是否還有評估效果的能力。《紀要》所說「他們把中國的國家機器變成一種互相殘殺，互相傾軋的絞肉機」、「把黨內和國家政治生活變成封建專制獨裁式家長制生活」、「青年知識分子上山下鄉，等於變相勞改」、「上五七幹校等於變相失業」等等，擊中了公眾的「痛點」；對毛的政治手段、「個人風格」的描述，與人們得之於文革的印象不無吻合。由執政黨的角度看，《紀要》的公開無疑加劇了「思想混亂」。在我看來，文革後期不僅以林彪出逃這樣的驚天大案，也以《「五七一工

程」紀要》這種破壞性劇烈的文本開啟。[11]

　　1970年身在幹校的顧準，對前景有樂觀的估計。該年11月末的日記說：「1970年是大變化年」，1971年「變化應該比1970年更大更烈」（《顧準日記》頁228）；對1971年的驚天一爆沒有絲毫預感。1971年1月26日顧寫道：「元旦社論，提出深入鬥批改，進行一次思想和政治路線方面的教育，以及經濟和國防這四方面的任務。……這樣，文化大革命就具備了完整的形態了。」他根據自己的經驗，以為文革的「歷程」，「和遵義會議至七大的晉綏講話雖不能做冒然的類比，但在基本點方面是有某種共同性的。」（同書，頁236）力圖把握自己身在其中的運動；嘗試以黨史為參照，對正在進行中的過程做判斷。人在事局中，視野勢必受限，即顧準這樣特具思想能力者，也不能免。風起於青蘋之末。即使在歷史事件中，感知也會滯後。要事後回望，憑藉了諸種參照系，才能辨認那個時間點。

　　我傾向於將林彪事件作為劃分前後期的標誌，儘管當此事件發生時我尚在所插隊的鄉村，事件對我個人的衝擊或不及其他人強烈。在我看來，要經歷了「清理階級隊伍」、「一打三反」、「清查五一六」等一波波「運動中的運動」，再而衰，三而竭，發生在1971年的「林彪事件」，才足以作為文革進入「後期」的標記。

11　據逢先知、金沖及主編的《毛澤東傳》，「對林彪事件真相的傳達範圍是逐步擴大的。一九七一年十二月十一日和一九七二年一月十日，中共中央先後下達了《粉碎林陳反黨集團反革命政變的鬥爭》材料之一和之二。對林立果等草擬的政變綱領《「五七一工程」紀要》是不是要下發，因為它用詞惡毒，政治局成員中也有不同意見。毛澤東看後說：『這一件最重要，必須下發。』他還主張，對外國人也無需隱瞞林彪的問題：『誰人間都應直告，不應躲躲閃閃。』」（第六卷，頁2575）印紅標《文化大革命期間的青年思潮》分析了《紀要》的影響及其限度，認為「《紀要》的政策批判在以往意識形態宣傳營造的完美圖景上扯開了一個難於彌合的裂口」（頁356）。宋永毅、孫大進《文化大革命和它的異端思潮》一書認為，文革「在結果上竟在沒有與外界文化大規模正面衝撞的情況下（如五四），從內部完成了原有正統意識形態的全面大崩潰」（頁60）。導致崩潰的，即應當有此「事件」與「文件」。一人獨尊於上，群小環伺左右的體制，因不瞭解「下情」導致的決策失誤，在所難免。

此後續有波瀾，不復有此前運動的狂暴兇險；高層有意「繼續革命」，群眾已不再配合。這一時期確也適於用「不能繼續的『繼續革命』」概括。

出自不同個人的文革敘事，對周恩來、毛澤東的逝世，有不同的反應——未知是嚴格當時的，還是形成於事後。譚斌（譚力夫）受訪中談到毛逝世時他與其家人，說那時候「總的反應」是，「長出一口氣」：「一個時代結束了」（《回憶與反思》頁318）。無論周逝世、毛逝世還是「粉碎四人幫」，反應方式、強度取決於資訊的佔有，「內幕」的瞭解，甚至文革中的「站隊」，等等。但確如譚所說，「一個時代結束了」，儘管尚有綿延不盡的尾聲。

如「文革前夕」，「後文革時期」在我的使用中也有一定的彈性。據說「後」作為前綴，用來歸納無法歸納、定義的事情（「後現代」、「後殖民」）。這裏「後文革時期」的「後」，只用來指文革結束後的一段時間，起止難以截然劃定。由此看來，指向的也是難以歸納、定義的事象。姑且將此時段劃在1976至1980年代中期。事實是，本書在所涉及的諸多面向上，都有關於「後文革後期」的延伸論述，甚至認為延伸的部分，亦屬文革史。

北島、李陀主編的《七十年代》，題名或也為規避「文革」字樣。實則該書作者所寫不限於「七十年代」。北島、曹一凡、維一主編的《暴風雨的記憶——1965–1970年的北京四中》諸篇，多由「文革前夜」（不限於1965年）寫起，甚至更有上溯。陳丹青說，中國的七十年代其實從1966年開始，而1976年9月9日（即毛逝世之日）之後即告終結；他直接說，「談論七十年代就是談論文革」（《幸虧年輕》，《七十年代》頁51、49、66）。阿城說得同樣露骨：「一九八九年的六·四，結束了八十年代，八十年代早結束了一年。一九七六年結束了七十年代，七十年代早結束了四年。不過，算上一九七六年後的四年，八十年代有十三年。七十年代呢，從一九六六年算起，有十年，所謂十年無產階級文化大革命。」

(《聽敵臺》，同書頁136)李零也說穿了該書編者的用意：「所謂七十年代，照理說，是一九七一到一九八〇年；八十年代，是一九八一到一九九〇年。但我的感覺，一九六六年到一九七七年才是一段，叫七十年代；一九七八到一九八九年是另一段，叫八十年代。」(同書，頁230-231)該篇所寫最後一幕是1976年的天安門事件(「四五事件」)，說那一夜之後，「在我心中，『文革』已經結束了。」(頁253)朱偉《下鄉第一年》說：「我的七十年代開始於一九六八年。」(同書頁70)黃子平則以為七十年代是在宣佈「林彪事件」發生的那個瞬間開始的(《七十年代日常語言學》，同書頁321)。[12]

　　當局強調共和國歷史的「前三十年」與「後三十年」不宜切割，自有用意，針對的是以「後三十年」否定「前三十年」。這種警惕，出於合法性焦慮。[13]本書作者也認為兩個時段不宜斷然切割，因其確有連續性——文革固然要由前文革時期解釋，後文革時期則在諸多方面，係對文革的順接或逆接。本書一再討論的就包括，文革在何種意義上，是前文革的歷史合乎邏輯的發展；後文革時期在哪些方面延續了文革，又在哪些方面出於文革引起的逆反——「長時段」的方法論的意義，由對一個「歷史瞬間」的考察亦可證明。

　　文革十年更像是一部微縮版的當代中國史，高強度、高密度地縮合了既有的歷史線索，使之瞬間呈現，誇張怪誕中包含了「必然」。雖時間短暫，卻生成了一種類似「母本」的東西，孕育，衍生；又像是密鑰，可用以打開理解20世紀中國的幽黯通道。將文革放回歷史脈絡中，盡可能發掘縱深，無疑值得持續努力。

12　有如下例子可供比較：20世紀三十年代，始自1928年或更早，終結於1937年抗戰爆發。

13　「前三十年」通常指文革前的十七年與文革十年，「後三十年」則指文革結束後。文革結束前與結束後均非三十年。上述說法不過約略言之。

札記之二

文革衝擊下的宗教場所──民族地區──文革中的鄉村──差異

文革衝擊下的宗教場所

1952年毛接見西藏致敬團代表的談話中説：「共產黨對宗教採取保護政策，信教的和不信教的，信這種教的或信別種教的，一律加以保護，尊重其信仰，今天對宗教採取保護政策，將來也仍然採取保護政策。」（《建國以來毛澤東文稿》第三冊，頁583）1954年通過的《中華人民共和國憲法》第八十八條，稱「中華人民共和國公民有宗教信仰的自由。」[1]

文革之初「破四舊」，首當其衝的，就有宗教場所。陳凱歌説當時「幾乎所有的暴力無不首先發生於信仰的領地：孔廟、佛寺、天主教或基督教堂」（《少年凱歌》頁29）。該書描寫護國寺「地藏殿」的被毀：「殿門打開，陽光湧入，地藏王菩薩被推下蓮花寶座，在塵埃中摔得粉碎。」（同書，頁28）顧頡剛1966年9月1日的日記，記在基督教青年會門前見一副對聯：「上帝是大王八，聖母是大混蛋。」（《顧頡剛日記》第十卷，頁523）蔡翔的《神聖回憶》摘錄了一張曾被北京的紅衛兵貼在清真寺大門上的大字報：「回教徒，你們聽着！從今天起你們不准再帶上宗教假面具。我們會把你們挖出來，毀滅你們……」（《1966：我們那一代的回憶》頁

---

1 毛關於宗教問題的思想，參看其1952年9月對習仲勳在中共新疆省第二屆代表會議上的報告的修改（《建國以來毛澤東文稿》第三冊，頁539–540）。由習的原文與毛的修改看，習關於宗教的認知，較毛更合於「歷史情況」。毛1963年12月30日《關於加強宗教研究問題的批語》，收入《建國以來毛澤東文稿》第十冊。關於1957年「反右」中的宗教界人士，參看沈志華《從知識分子會議到反右派運動》頁659–660。

264)教徒信眾被視為異類，宗教場所被認為藏污納垢；不區分宗教
團體與所謂的「反動會道門」，全然不以為有其他值得尊重的「信
仰」。「革命成為另一種宗教，並嚴格地區分了『自己』和『異
己』，『正統』和『異端』，戰爭就此開始」(同上)。

　　當年8月23日，北京體育學院「八一八」的紅衛兵及教職工
等，砸碎了頤和園佛香閣釋迦牟尼等塑像；洛陽砸掉了龍門石窟無
數小佛的頭(王年一《大動亂的年代》頁70)。據胡鞍鋼《毛澤東與
文革》引用的材料，「破四舊」中被搶、砸的，頤和園佛香閣、洛
陽龍門外，尚有杭州靈隱寺、湖南南嶽寺廟等等(頁183–184)。

　　卜偉華《文化大革命的動亂與浩劫》記述較詳：8月22日，北
京「二百多名回族學生到牛街清真寺造反，學生們向阿訇宣佈四
條命令：一、交出全部古蘭經；二、不許進行迷信活動；三、勞
動改造；四、不許穿長袍馬褂。後來更有『消滅伊斯蘭教革命戰
鬥隊』，提出『徹底消滅伊斯蘭教』的口號，旋即被制止。」(頁
232)同年「8月23日，七十八中、五十八中等校紅衛兵到中國佛學
院造反。8月24日，十幾所中學的紅衛兵在中央文革和公安機關的
直接支持下，衝進設在東單三條的瑪利亞方濟各修女會，要求驅逐
『批着宗教外衣從事間諜活動的』羅馬修女。8月26日，北京市人
民委員會在群眾集會上宣佈：取締瑪利亞方濟各修女會，並接管這
個修女會所辦的聖心學校。8月28日，北京市公安局當眾宣佈驅逐
令，立即執行。當夜，大批群眾組織在修女會院內開會，控訴並聲
討這個修女會的罪行，高呼：『打倒美帝國主義！』『反革命外國
修女滾蛋！』等口號。8月31日，由公安人員和紅衛兵押送，八名
外國修女被趕出中國國境。」(頁232–233)[2]上述行動不但由中央文
革、公安機關支持。9月25日，葉劍英在面向藝術院校、藝術團體

2　關於北京中學生對宗教場所的衝擊，對宗教文物(寺觀教堂、佛教造像、經卷
　　等)的破壞，參看該書頁232–235。破壞宗教文物，如砸碎頤和園佛香閣釋迦牟
　　尼大佛像，毀壞碧雲寺、西山八大處的明代佛像，戒台寺的佛像，歷代佛經，
　　參看該書頁234–235。洛陽白馬寺之劫，參看該書頁237。

師生的講話中，提到北京「有個聖修小學，是外國鬼子在我們中國搞了多少年的，誰也不敢動它。紅衛兵小將管你甚麼法律不法律，一掃而光」(《中國文化大革命文庫》。按聖修小學應即聖心學校)。

對宗教場所的衝擊，革命過程中即在進行。1927年毛的《湖南農民運動考察報告》說農民運動所要推翻的四種權力(政權、族權、神權、夫權)之一的「神權」，即「由閻羅天子、城隍廟王以至土地菩薩的陰間系統以及由玉皇上帝以至各種神怪的神仙系統」。「推翻」的方式，就有「打菩薩」(《毛澤東選集》第一卷，頁31、32)。1947年土改，中共西北局曾將炸毀五台山大廟作為典型事例宣傳(參看楊奎松《中華人民共和國建國史研究1》頁62)。或考慮到對外關係，1948年2月7日《中央關於對待在華外國人的政策的指示》有如下內容：「凡遇有外人設立的教堂，及所舉辦之學校、醫院、育嬰堂、養老院等，我軍到後，均不得加以沒收和破壞。」(《中共中央文件選集(一九四八)》第十七冊，頁36)其中還有將「進行特務破壞活動」的外國傳教士與「合法的宗教活動」區別，即使有「犯罪的傳教士」，也不封閉教堂的指示(頁38)。由文革回望，亦所謂此一時彼一時。

1966年夏有人在西寧親見年逾八旬的喜饒嘉措大師，「被置於樓頂延伸出來的露天平臺上，接受批鬥後的『示眾』」(韓有仁《一場被埋沒了的國內戰爭——記1958年青海平叛擴大化及其糾正始末》頁159)。顧頡剛1967年3月12日日記：「聞廣濟寺佛像已被砸毀，巨贊法師不知到何處去。自去年運動，清真寺已為回教青年所砸，基督教會已改為辦公機關」(《顧頡剛日記》第十卷，頁637)。同年10月22日，「在車窗中，見廣濟寺正開『宗教迷信罪行展覽會』。」(同書，頁763)橫掃所及，準宗教場所的「文廟」，及其他民間信仰(如城隍、土地等)，一併殃及。以至你文革過後見到保存完好的古剎名寺或其他地面文物，會想到其何以能存留至今。

　　與宗教有關的無知與偏見並無「傳統淵源」。作為背景的，是「革命意識形態」。視道教與雖由域外傳入、早已本土化的佛教為封建迷信，將基督教、天主教歸為帝國主義的「文化侵略」，以所有宗教為毒害人民的精神鴉片，是當時的普遍認知。[3]複雜的宗教問題，被化約為「唯物主義/唯心主義」。「宗教」不被由「信仰」的方面理解。因信仰問題被認為已最終解決。只有一種正確、正當的信仰。對基督教、天主教的衝擊，「革命意識形態」外，又有文革所煽動的民族主義狂熱。

　　1963年12月毛《關於加強宗教研究問題的批語》，承認對於「影響着廣大人口」的「世界三大宗教(耶穌教、回教、佛教)」，「我們卻沒有知識，國內沒有一個由馬克思主義者領導的研究機構，沒有一本可看的這方面的刊物。」(《建國以來毛澤東文稿》第十冊，頁470)無知並不影響戰鬥力。或正因無知，有更強的破壞欲，將毛提倡的「批判神學」(同上)，落實在了掃蕩宗教場所、毀壞宗教典籍、迫害宗教人士上。

　　京城外的宗教場所亦難以倖免。李遜《上海文革運動史稿》寫到北京「南下」紅衛兵毆打上海西藏中路基督教沐恩堂神職人員，將他們剃光頭，用白漆、墨水塗臉和衣服；將上海最大的天主教堂佘山大教堂神父馬風祥毆打致死(頁152–153)。[4]多篇監獄紀事寫到了獄中服刑的神職人員與宗教信徒。[5]文革前在中國服刑的法國人鮑若望，所在監獄即有反對當局派共產黨員作教會領導的宗教人士(《毛澤東的囚徒》中譯本，頁48–49。按該宗教人士為新教牧師)。楊繼繩《天地翻覆》所列1966年5至8月「非正常死亡」的知

3　馬克思《〈黑格爾法哲學批判〉導言》確有「宗教是人民的鴉片」云云(《馬克思恩格斯選集》第一卷，頁2)。這一判斷應據其上下文解釋。

4　發生在上海的對宗教場所的破壞，對宗教人士的侮辱，另見同書頁100–101。

5　參看戴晴、洛恪的《女政治犯》(余習廣主編《位卑未敢忘憂國——「文化大革命」上書集》頁61–62)。朱正琳《裏面的故事》、楊憲益《漏船載酒憶當年》均寫到了監獄中的宗教信徒。楊曦光的《牛鬼蛇神錄》也寫到了對天主教徒的迫害(參看該書《聖人君子》一節)。

名人士名單中，有良卿法師(頁188)。顧頡剛不知其下落的佛教協會副會長巨贊法師，在北京半步橋看守所關押了八年。前宗教局長徐邁進也關在同一看守所(王學泰《監獄瑣記》頁32。關押該處的宗教信徒，參看該書頁78、212。)。[6]對於宗教，無論東/西，一視同仁，實施無差別打擊。地方當局即有保護文物之一念，神職人員與宗教信仰也不在保護之列。[7]

　　文革中青少年對教堂寺觀的衝擊近乎鬧劇，甚至未見得有義和團式的道義感。羞辱宗教人士，更像是頑童的惡作劇，手段卻可能極殘忍。即如對藏傳佛教領袖十世班禪。1967年3月18日顧頡剛日記：「聞班禪在京，屢次被鬥，以糞便納入其口，蓋活佛大便，藏人視為至寶，將綢子包好，置入神龕，風乾時每日撮少許納飯中，自謂沾得佛氣。今以此令自食」(《顧頡剛日記》第十卷，頁640)。[8]關於西藏「民主改革」後對宗教的破壞，參看楊繼繩《天地翻覆》頁261。1958年青海「平叛」後該省「宗教改革」的政策思想、目標設置，參看韓有仁《一場被堙沒了的國內戰爭——記1958年青海平叛擴大化及其糾正始末》頁134–135，頁140註12。

　　牟志京1967年所見峨嵋山上的寺院，雖「經書滿地」，佛像卻是完整的，以之為那年頭的奇跡(《似水流年》，《暴風雨的記憶》頁29)。他的同學所見寺廟卻未能倖免，經了峨嵋鐵道學院學生的掃蕩。說經此一劫的和尚「一個個神情木訥，動作遲緩，嗓音

6　楊奎松《「邊緣人」紀事》一書附錄列表，1963年某市某服裝廠「敵情登記表」中「參加反動黨團及會道門人員登記表」，將佛教、天主教、基督教信徒登記在內(參看該書頁345、346)。該廠「職工政治歷史問題摸底排隊表」則將「參加佛教會」、「參加天主教」登記在內(頁354、355)。

7　2018年由人民文學出版社出版的小說《查無此人》(作者於是)，重現了1966年哈爾濱那座曾經是遠東地區最大的東正教教堂聖·尼丁拉大教堂被毀的場面。類似破壞未被記入文革史者想必還有。

8　收入譚放等《文革大字報精選》的，有《如此「活佛」——西藏叛國分子班禪的醜行》。該篇大字報渲染班禪其人的「淫」。對宗教人士，亦極具毀滅性的指控。孔丹口述《難得本色任天然》談到「西糾」受周恩來「委託」，在民族學院學生批鬥班禪時保護班禪(頁75)。

嗚嘟」(楊百朋《我的「紅色記憶」》，同書頁117–118)。

諷刺的是，上述種種發生之後，1975年《中華人民共和國憲法》第二十八條，仍有「公民……有信仰宗教的自由和不信仰宗教、宣傳無神論的自由。」

即使如此，文革中仍然有破壞與搶救、保護間的較量。保護的方式五花八門，包括了用塗料覆蓋，以標語、語錄遮蔽——毛的肖像、語錄，文革的政治標語，竟用作了宗教「護法」。文革期間各種力量間的博弈，此亦一端。

1970年毛在會見埃德加·斯諾時說，中國「真正信教的很少。幾億人口裏面只有八九十萬基督教徒，二三百萬天主教徒，另外有近一千萬的回教徒，穆斯林」(《會見斯諾的談話紀要》，《建國以來毛澤東文稿》第十三冊，頁181)。如今怎樣？文革後信仰普遍缺失，倫理潰敗中宗教勃興。寺廟香火之盛，基督教影響力在鄉村的擴張，是社會深層變動的徵兆。權威失墜，對於宗教戒懼日甚。1980年波蘭「團結工會」事件後，胡喬木致信胡耀邦，談到宗教問題及對策研究的緊迫性，說：「宗教之可以成為嚴重政治問題(我們過去都把宗教問題看得太簡單了。其實不然，大多是因為長期宗教觀念淡薄而產生的錯覺，故現在對伊斯蘭教、喇嘛教和基督教都非認真研究對策不可……尤其要培養一大批真正擁護黨的宗教領袖和宗教信徒)」(蕭冬連《從撥亂反正到改革開放》頁408)。似乎除「培養一大批真正擁護黨的……」別無良策。某些地方當局的應對，則一如既往的粗糙、粗暴。

《關於建國以來黨的若干歷史問題的決議》：「要繼續貫徹執行宗教信仰自由的政策。堅持四項基本原則並不要求宗教信徒放棄他們的宗教信仰，只是要求他們不得進行反對馬列主義、毛澤東思想的宣傳，要求宗教不得干預政治和干預教育。」上述云云，並非對「宗教政策」的全面檢討。如若文革前認真貫徹執行過「宗教信仰自由的政策」，憲法的有關表述深入人心，文革中對宗教場所的

破壞、對宗教人士的迫害不至如此酷烈。宗教與下文將談到的民族問題，在當代中國的語境中，均有極度的敏感性，迄今仍缺乏討論的空間。

民族地區

1964年9月毛有《對李維漢在民族宗教問題上主要言論摘錄的批語》。李的「言論摘錄」涉及「改革和平叛問題」、「宗教問題」、「區域自治問題」、「班禪問題」、「上層統一戰線問題」、「新疆問題」、「民族關係、民族主義等問題」、「社會主義民族問題」等。批判李維漢，毛要求時任中央統戰部部長的徐冰「堅持階級立場，團結大多數同志，叫他們千萬不要動搖」（《建國以來毛澤東文稿》第十一冊，頁160）。[9]

官修、半官修「國史」，關於民族地區的文革，或語焉不詳，或對特定事件諱莫如深。較為晚近出版的文革史，對民族地區、農村地區的文革，已有較前翔實的敘述。相較於城市、機關學校，民族地區、農村地區的文革考察仍嫌薄弱。上述方向上的深入，有利於尋求真相，推動實現民族地區、農村地區的社會公正。公平正義是各民族、城鄉民眾的共同訴求。

毛關於「民族鬥爭，說到底，是一個階級鬥爭問題」（《支持美國黑人反對種族歧視鬥爭的聲明》，1963年8月，《建國以來毛澤東文稿》第十冊，頁337）的論述，在文革語境中，不難被讀解為在民族地區發動與強化階級鬥爭的動員。不承認民族差別，不承認民族文化的特殊性，將宗教信仰以至習俗均由階級鬥爭的方面解釋，是民族問題的癥結所在。

對民族幹部的打擊，通常集矢於「民族分裂主義」。文革期間內蒙古自治區三大冤案中，兩個冤案與民族問題有關。卜偉華《文化大革命的動亂與浩劫》記述了文革前夕即已發動的對烏蘭夫的批

9　關於對李維漢的批判，參看李著《回憶與研究》頁688–693。

判(參看該書頁102–104)。烏蘭夫的罪狀包括了「地方民族主義」以至「民族分裂」。大批蒙古族幹部被打成「烏蘭夫反黨叛國集團」成員(頁104)。該自治區的「挖肅」，即「挖烏蘭夫黑線，肅烏蘭夫流毒」。

　　內蒙古自治區「內人黨」一案，已有較為詳細的調查材料(參看收入宋永毅主編《文革大屠殺》一書的吳迪《「內人黨」大血案始末》、圖們、祝東力《康生與「內人黨」冤案》等)。[10]由於該事件不僅發生於民族地區，且主要受害人為民族幹部和蒙古族農牧民，性質與發生在同屬民族地區的廣西不同。不同於大興、道縣等地血案的則是，該「運動」由原來的群眾運動演變成「有領導、有組織、自上而下的大迫害運動」(卜偉華《文化大革命的動亂與浩劫》頁646)，中央與地方軍政當局負有直接責任。

　　圖們、祝東力《康生與「內人黨」冤案》一書圖們所撰《前言》，說該案「殃及面」之廣，「從內蒙古自治區各盟市、旗縣，到人民公社、生產隊，從地方到內蒙古軍區各部隊，從自治區黨委第一書記烏蘭夫到生產隊的黨支部書記乃至普通農牧民。有蒙古族，也有漢族和其他少數民族，甚至殃及到遼寧、吉林、黑龍江、寧夏、新疆等省市自治區的蒙古族聚居地區。」(頁1–2)受害者仍主要為蒙古族幹部群眾。該書說：「在揭挖『內人黨』運動中，中共內蒙黨委機關裏的蒙族幹部幾乎無一倖免」(頁161)。此前，文革初期的前門飯店會議後，「按『烏蘭夫反黨叛國集團』成員批鬥的235名部隊幹部中，紛紛落馬的絕大多數是蒙古族」(頁178)。據同書，1969年周恩來曾說：「民族問題，漢族同志負主要責任，因為漢族是多數，漢族在核心小組、革委會是多數，在內蒙古自治區

10　「內人黨」即內蒙古人民革命黨，原名為內蒙古國民革命黨，第一次國共合作的1925年成立，接受中國國民黨和中國共產黨及共產國際的雙重領導。1947年內蒙古自治區成立後即不復存在。關於「內人黨」，參看楊繼繩《天地翻覆》頁621–622。由歷史上「內人黨」的材料看，其被忌憚，不難想見。

也是多數」（頁268）。[11]由該書看，「下情」本不難「上達」。看似上下壅隔，實則不過緣於高層選擇性地聽、信。

關於自治區挖「內人黨」中使用酷刑，參看本書下編《札記之四 · 肉刑》。肉刑之外，尚有強迫受害的回民喝豬肉湯、吃豬肉，強迫回族姑娘與漢族結婚等情事（吳迪《「內人黨」大血案的始末與真相》，《文革大屠殺》頁103）。更不堪者，竟藉口民族習俗，強迫蒙族牧民母子、公媳當眾性交（同上，頁103）。下文將要提到的激起雲南沙甸民變的，就有侮辱踐踏民族信仰、習俗。而民族信仰、習俗，則被由「封建迷信」的方面認知。

「落實政策」後，對受害者補償微薄（參看圖們、祝東力《康生與「內人黨」冤案》頁285、293），是當時較為普遍的問題（如對湖南道縣血案的受害者）──或也因國家財政的拮据；對作惡者罰不當罪，則不惟內蒙古自治區如此。《康生與「內人黨」冤案》引處理內蒙古自治區文革遺留問題時黃克誠的意見：「就滕海清來說……念其在長期戰爭中，出生入死，為人民流血奮鬥，做了不少有益的工作，所以還從寬，不擬再追究刑事責任。」（頁300）吳迪《「內人黨」大血案的始末與真相》：「將滕海清保護起來的作法不但違反了法律的基本精神，而且嚴重地損害了以蒙族為首的中國少數民族的民族感情，極大地破壞了民族團結」（《文革大屠殺》頁109）。

楊繼繩《天地翻覆》引用舍那木吉拉2012年自印本《我的人生足跡》的下述材料：應對民族矛盾的加劇，「中共中央採取了行政分割的辦法」。「1969年7月，中共中央將內蒙行政區劃出了6塊：東三盟（呼倫貝爾、哲裏木、昭烏達）分別劃給黑龍江、吉林、遼寧三省；巴盟所屬的三個旗劃給了寧夏和甘肅。從此，內蒙古自治區面積只剩下原來的38%，蒙古族人口只剩下原來的16%。」（頁625）

文革中任職公安部的施義之，1971年11月奉命到寧夏西海固

11　內蒙古自治區曾有漢族幹部向中組部建議：「落實民族政策的關鍵在於落實民族幹部政策。當前，內蒙民族幹部雖然大多已安排工作，但不受重用，有職無權。」（同書，頁283）

地區調查歷次回民叛亂的情況，說1949年後的十七年間，固原地區的回民有八次「叛亂」（《血與火的歷練（二）──特殊環境下的十年經歷》，根據施義之口述整理摘錄，收入陳楓主編《血與火的歷練──施義之紀念文集》，頁50、52）。有「叛亂」就有「平叛」，且照例有「平叛擴大化」，甚至株連及於家屬，有「匪屬」、「叛屬」之稱（同上，頁50）。1972年為「歷次叛亂被迫脅從的群眾和所謂的『叛屬』」平反（頁56）。「糾正平叛擴大化」的此年，隆德縣又發生了「叛亂」，是「全國解放以來該地區回民發生的第九次叛亂」（同上，頁52）。據該篇，「全地區平叛擴大化涉及86個公社，516個大隊，1756個生產隊，17198人」（同書，頁55）。糾正「平叛擴大化」的主要動機，則是不給敵人「可乘之機」（同上，頁51）。該篇還寫到施義之當時調查時所知該民族地區執行「民族政策」、「宗教政策」的情況，如「不尊重回民習俗」，強使回民養豬；「沒有全面貫徹黨的宗教自由政策」（同書，頁51）。由該篇看，更令施氏印象深刻的，是觸目可見的赤貧。當年固原地區產糧僅26萬噸，除去種子、飼料，人均口糧所剩無幾，人均收入僅47元（同上）。[12]麥克法夸爾、沈邁克《毛澤東最後的革命》寫到寧夏兩派回民組織衝突中「解放軍向平民開槍」的「青銅峽事件」（中譯本，頁226）。蕭冬連《從撥亂反正到改革開放》提到「寧夏青銅峽『反革命暴亂事件』」（頁90）。「反革命暴亂」應係當時的定性。

　　以「剿匪」的名義處理少數民族地區的騷亂，1958年青海「平叛」可為一例。對湮沒已久的此次事件，署名韓有仁的《一場被堙沒了的國內戰爭──記1958年青海平叛擴大化及其糾正始末》一書，據文革後的調查材料，有較為翔實的記述。[13]1979年10月14

12　關於寧夏回族自治區回族聚居區人民的極端貧困，該地區屢次發生「叛亂」及「平叛」擴大化，參看史雲、李丹慧《難以繼續的「繼續革命」》頁43。

13　青海「平叛」，參看1958年6月毛《轉發青海省委關於鎮壓叛亂問題的報告的批語》，《建國以來毛澤東文稿》第七冊，頁286。關於青海平叛擴大化，見該篇註1。

日，中共中央批轉中央統戰部《關於地方民族主義分子摘帽問題的請示》，參看蕭冬連《從撥亂反正到改革開放》頁93。該書涉及文革結束後平反昭雪民族地區「叛國集團」、「裏通外國集團」等冤假錯案，尤其西藏自治區的「平叛擴大化」案，其他民族地區的「平叛擴大化」遺留問題。可知被定性為「叛亂」的案件，除寧夏回族聚居區、青海、西藏外，尚有甘肅、四川藏區與彝族地區(同書，頁144–145)。

西藏地區的問題尤有敏感性。顧頡剛1964年12月29日的日記，記其所出席的政協大會，聽趙樸初代表宗教界發言，「揭露喜饒嘉措嚴重罪行，致與班禪七萬字長函，鼓勵其反黨。聞包爾漢亦有問題。」(《顧頡剛日記》第十卷，頁186)次日日記，記當天「始知班禪招兵買馬，欲建立西藏國，以達賴為總統，己為總理兼國防部長，圖謀叛國」，為農牧所揭發(同上，頁187)。31日的政協大會上，聽帕巴拉·格列朗傑「控訴班禪罪惡活動」(同上)。1965年1月1日，「看班禪交代反革命罪惡檢討報告」(同上，頁191)。[14]

據卜偉華《文化大革命的動亂與浩劫》，西藏自1969年春，「發生了一系列叛亂、暴亂事件」。暴亂者打出「衛教」「神軍」旗號、喊出「不要共產黨、不要交公糧、不要社會主義」的口號。暴亂發生地包括丁青縣、邊壩縣、尼木縣、日喀則地區南木林等縣、比如縣等。暴亂者襲擊軍政機關，殺害幹部軍人，搶劫武器彈藥、牛羊、糧食，打、搶、燒、殺(頁786–787)。「據統計，西藏全區共搞垮區鄉政權379個，人民公社55個，互助組3020個。」「西藏黨、政、軍、群各系統有2800多人傷亡(其中被殺180多人)。凡暴亂所及地區，到處白旗狂飄，一片白色恐怖。」(同上，頁787)據卜著，西藏1969年5月邊壩暴亂中，以「砍手、剜眼、剖

14　班禪額爾德尼·確吉堅贊1962年上報中央的七萬言書《關於西藏總的情況和具體情況以及西藏為主的藏族各地區的甘苦和今後希望要求的報告》，為其帶來災難性後果。1966年8月下旬紅衛兵將班禪劫持到中央民族學院關押(材料引自胡鞍鋼《毛澤東與文革》頁184)。

腹等野蠻手段，殘害、致死幹部、戰士五十餘人」（頁786）。上述
事件的緣起、始末，應有其他相關材料。

　　「剛解放時，在少數民族地區實行的是『不鬥不分不劃階
級』」（同書，頁104）。烏蘭夫的罪狀除「地方民族主義」、「民
族分裂」，即不搞階級鬥爭：直至1965年烏蘭夫仍不主張在蒙區劃
階級(同上)。1971年8月24日周恩來送審而由毛批示「同意試行」
的中共中央《關於新疆、雲南少數民族地區劃分階級成份問題指示
稿》，提出「劃為地主、牧主、富農、富牧的戶數」，「最多不
要超過總戶數的百分之八」（《建國以來毛澤東文稿》第十三冊，
頁258）。似乎不計及百分之八會牽涉多少人、戶。「清隊」期間，
雲南省當政者藉口少數民族地區係「和平協商土改」，90萬人沒有
劃分階級成份，在該地區進行「第二次土改」，將大批「站錯隊」
的群眾劃為地、富(參看楊繼繩《天地翻覆》頁607)。1970年3月雲
南軍區上報中央一年之內批鬥民族上層人士8115人(史雲、李丹慧
《難以繼續的「繼續革命」》頁311)。[15]

　　動用軍隊實施鎮壓，雲南的沙甸事件亦一例。關於1975年春雲
南沙甸村慘案，有馬萍撰寫的《解放軍血洗沙甸》一文(收入宋永
毅主編《文革大屠殺》)。據該文，事件的起因與農業政策有關，
即改變回民的種植習慣，強令沙甸生產隊由蔬菜隊改為糧食隊，影
響到農民的收益(參看該書頁259–260)。激化矛盾的，則是壓制回
民的宗教信仰，禁止其宗教儀式。文革時期，更縱容紅衛兵以「破
四舊」為名，搗毀教堂，批判阿訇。軍、工宣隊進村，「不僅游鬥
村民，還肆意焚毀穆罕默德像，將豬骨頭丟入水井內」(同書，頁
260)。[16]對沙甸村村民的抵抗，「最終解決」，是動用不下萬人的
兵力以「平叛」為名的屠村。據該文，對沙甸村，軍隊竟「先炮

15　文革後為少數民族上層人士落實政策，參看蕭冬連《從撥亂反正到改革開放》
　　頁145–146。

16　據該文，雲南省革命委員會曾樹立回民「先進」典型，此人以破除「宗教迷
　　信」的名義，鬥阿訇、砸教堂、帶頭殺豬，當上了省革委會副主任(同上)。

轟後出擊」，幾於夷為平地；進村後「見人就殺」，無論老弱婦孺；將一百餘回族青年，用機槍掃死在田畦之上。事後不但傷亡數字「絕密」，且偽造證據舉辦「罪行展覽」（頁263），企圖鑄成鐵案。沙甸慘案或是文革期間最後一次造成重大傷亡的殺戮，且由軍隊施之於平民，涉及民族問題與宗教問題，有更為嚴重的性質。

對沙甸慘案，史雲、李丹慧《難以繼續的「繼續革命」》第十章有記述，且不為主持中央軍委工作、負有決策責任的鄧小平諱。據該書，軍隊在對沙甸回民實施武裝鎮壓時，不但炮火轟擊，且使用了火焰噴射器。回民死亡1341人，重傷420人；解放軍死亡143人，傷708人（頁650-651）。[17]由紅衛兵褻瀆民族習俗而激發的「民變」，卻用這種方式解決，所造成的民族記憶，何嘗能如當局所願地輕易磨滅！

由1953年中央人民政府民族事務委員會副主任張執一的報告看，不尊重少數民族生活習慣、宗教感情，不尊重宗教信仰自由的問題由來已久（張的報告，參看《建國以來毛澤東文稿》第四冊，頁130-131）。《天地翻覆》關於沙甸慘案，提供的如下細節，駭人聽聞。進駐沙甸的軍宣隊指維護宗教信仰自由、主張打開清真寺的村民為「宗教復辟」（頁680）。軍人在清真寺裏吃豬肉，將豬骨頭丟入清真寺水井，將豬頭掛在回民脖子上迫使其舔，強迫回民學豬爬、學豬叫、學豬滾（參看該書頁679-680）。該書記有「四清」運動中工作隊強行關閉沙甸僅有的三所清真寺；文革中則是軍人在該地肆意踐踏宗教信仰、民族習俗。[18]對於宗教的無知與偏見，與

17　鄧小平在此事件中的責任，另見麥克法夸爾、沈邁克《毛澤東最後的革命》（參看該書中譯本頁389）。楊繼繩《天地翻覆》一書也認為，對於武裝鎮壓沙甸回民，當時主持軍委工作的鄧小平負有責任。這也是該案長期保持敏感性的原因（頁683）。

18　武裝鎮壓雲南沙甸回民導致的傷亡與財產損失，該書提供的數字可備一說（參看該書頁682、683）。據該書，雲南地方當局對民族、宗教政策的踐踏非孤立事件（參看同書頁680-681）。關於文革期間破壞民族政策，「粗暴干涉民族風俗習慣和宗教信仰」，參看史雲、李丹慧《難以繼續的「繼續革命」》頁42-43。

此有關的民族歧視，是沙甸慘案的深層背景。在「革命戰爭」結束多年之後，仍一再動用武裝力量、軍事方式「解決」社會衝突，對民族地區不惜濫用「剿匪」、「平叛」的手段，無論歸因於「階級鬥爭觀念」還是「戰爭思維」，都難以充分解釋。[19]

　　1957年毛的《關於正確處理人民內部矛盾的問題》，關於少數民族問題，說，問題的關鍵，「是克服大漢族主義」；「在存在有地方民族主義的少數民族中間，則應當同時克服地方民族主義」（《毛澤東選集》第五卷，頁386）。表述有一貫的平衡。1973年1月，李德生傳達了毛針對破壞民族政策現象作出的指示：「政策問題多年不抓了，特別是民族政策。現在地方民族主義少些，不突出了，但大漢族主義比較大，需要再教育。」（史雲、李丹慧《難以繼續的「繼續革命」》頁32）未聞在此指示後有對於此前民族政策及其執行情況的檢討。1975年雲南沙甸事件的發生絕非偶然。

　　《難以繼續的「繼續革命」》關於1975年憲法中與民族政策相關的表述，說，此憲法「在總綱中刪去了1954年憲法肯定的『少數民族聚居的地方實行區域自治』的總原則，只保留了『實行民族區域自治的地方』這幾個字；1954年憲法規定的民族自治地方自治機關的自治權的具體內容都予刪去，只寫了『可以依照法律規定的權限行使自治權』一句，這樣就使民族區域自治制度實施的可操作性大為減少。」（頁426）

　　《關於建國以來黨的若干歷史問題的決議》承認，「在民族問

19　《王力反思錄》中提到了王震之於新疆，李井泉之於四川大小涼山彝族聚居區。該書說毛對王、李的做法不以為然，認為王震「處理少數民族問題不妥當」，說王「要用武裝消滅一個少數民族」；李「處理大小涼山彝族問題」「也過火」，「也已經和將要動武」；劉格平主持民族工作反對他們的做法是對的（頁751）。可資參考。廣西壯族自治區巴馬瑤族自治縣文革期間的「剿匪」事件文革後平反（《文革機密檔案——廣西報告》頁244）。關於內蒙古、新疆、西藏，寧夏等民族地區的文革，卜偉華《文化大革命的動亂與浩劫》一書依據地方文獻，有雖線條較粗卻脈絡清晰的梳理。參看該書頁407-408、578、785-786(新疆)，頁422-423、516-519、644-651(內蒙古)，頁418-419、786-787(西藏)，頁416-417(寧夏)。

題上，過去，特別是在『文化大革命』中，我們犯過把階級鬥爭擴大化的嚴重錯誤，傷害了許多少數民族幹部和群眾。在工作中，對少數民族自治權利尊重不夠。」也如對於宗教政策，仍然並非關於「民族政策」的全面檢討。

美國國會就奴隸制和種族隔離制度等歷史問題向黑人道歉，就二戰時期關押日裔美國人道歉，向夏威夷原住民就1893年推翻夏威夷王國道歉，為排華法案道歉；加拿大溫哥華市就歧視華人的歷史道歉；澳大利亞政府向原住民道歉。這種「政府行為」難以見之於當代中國。不惟日本，在中國，上述道歉也是一種陌生的文化。即使遲來的正義，也較刻意掩蓋不義更合於政治文明，更有利於實現民族團結、社會和解，也更足以體現執政黨的歷史擔當。

1956年毛在與蒙古人民革命黨代表團的談話中一再提到「還債」，「追還祖先們的債務」（《同蒙古人民革命黨代表團的談話和印發談話記錄的批語》，《建國以來毛澤東文稿》第六冊，頁214、218、220）。甚至說：「過去我們壓迫了你們，因此現在要向你們認錯。不僅對你們這樣，而且對國內少數民族也是這樣的。過去，我們壓迫了他們，因此，如果我們現在不認錯，就不能根除大漢族主義思想，實現民族平等。」（同上，頁219）很動人。這是面向國外。文革中卻對國內少數民族欠下了更沉重的債務。

1960年代初統戰部部長李維漢關於統戰工作的主張已然「超前」；1980年代初胡耀邦關於民族地區的主張，在執政黨內直可謂驚世駭俗。該主張激起反對之聲不足為奇。[20]

文革中的鄉村

1957年「反右」後農村的「社會主義教育」，[21]其後接踵而至

20　參看蕭冬連《從撥亂反正到改革開放》頁148、149。

21　對此，沈志華《從知識分子會議到反右派運動》第九章有記述。見該書頁657–659。這次「教育運動」主要針對「反右」前的「鳴放」期間與「合作化」有關的言論。

的「大躍進」與「大饑荒」，文革前夕農村的「四清」（「社會主義教育運動」），均有專題研究。文革中的鄉村，即承上述運動之餘。

1966年9月14日下發《中國共產黨中央委員會關於縣以下農村文化大革命的規定》。《規定》要求：「縣以下各級的文化大革命，仍按原『四清』的部署結合進行……北京和外地的學生、紅衛兵，除省、地委另有佈置外，均不到縣以下各級機關和社、隊去串連，……縣以下各級幹部和公社社員，也不要外出串連。」同日下發《中共中央關於抓革命促生產的通知》。9月25日有《中共中央關於農村，工礦企業、事業單位，黨政機關，群眾團體不成立紅衛兵等組織的批示》。同年12月15日，中央政治局擴大會議通過《中共中央關於農村無產階級文化大革命的指示(草案)》即《農村十條》。《農村十條》明確地將走資派與「沒有改造好的地富反壞右分子」作為運動的重點，提出「建立和發展以貧下中農青少年為骨幹的紅衛兵」；農村的文革，「也要採用大鳴、大放、大字報、大辯論，實行大民主」；隊與隊之間、社與社之間可以利用生產的空閒時間「進行串連」；「還可以組織一批革命學生下鄉串連」。1967年《人民日報》、《紅旗》雜誌共同發表元旦社論《把無產階級文化大革命進行到底》，將文化大革命「新局面」的主要特點之一，歸結為「廣大的工人、農民起來了。」還說：「我國現代史上的文化革命運動，都是從學生運動開始，發展為工人運動和農民運動，發展為革命的知識分子同工人農民相結合。這是客觀的規律。」最高當局思路演變的軌跡清晰可見。

王力所記述的1966年毛七十三歲生日的談話，談到了「全國全面的階級鬥爭」（參看《王力反思錄》頁323–328）。據王力回憶，這次生日談話中，毛提到「一定要搞工礦企業和農村的文化大革命」。也是在那次生日談話中，毛要求學生「下廠下鄉」，「把學生革命運動和工人農民革命運動結合起來」。據閻長貴相關文章，《人民日報》、《紅旗》雜誌1967年元旦社論《把無產階級文化大

革命進行到底》，根據毛在1966年12月26日生日家宴上的談話，首次提出開展「全國全面的階級鬥爭」(《毛澤東號召「開展全國全面的階級鬥爭」》，《問史求信集》。按社論的提法是「全國全面展開階級鬥爭」)。社論提出要將「文化大革命」由機關、學校、文化界「發展到工礦企業和農村」。

文革對鄉村的波及程度確有差異。不排除部分鄉村較為平靜。但文革期間最為血腥的殺戮，也發生的鄉村。以「階級鬥爭」的名義對於特定人群的屠殺，最慘絕人寰者，即部分地區鄉村對於「四類分子」及其親屬。

大興縣(今北京大興區)為京城所轄縣。用了當時流行的說法，離黨中央毛主席較近，卻成為屠殺現場。發生在1966年8月大興縣的慘案，最悲慘的是孩子與老人。「在馬村，有一對被活埋的祖孫二人，當兇手們向他們身上揚土時，抱在懷中的小孩兒說：『奶奶，迷眼。』老人無奈地說：『一會兒就不迷了。』」(遇羅文《北京大興縣慘案調查》，《文革大屠殺》頁35)由收入者永平等編《那個年代中的我們》一書的張連和《五進馬村勸停殺》看，屠殺現場附近就有駐軍。遇羅文該篇引天津人民出版社1986年出版的《「文革大革命」十年史》一書的以下統計數字：當年8月27日至9月1日，縣內13個公社、48個生產大隊，先後殺害325人，年齡最大的80歲，最小的才38天；有22戶被殺絕(《文革大屠殺》頁16)。據楊繼繩《天地翻覆》，北京郊縣(今建制為「區」)的屠殺事件，大興外尚有昌平(參看同書663–664)。王學泰《監獄瑣記》寫到，房山縣文革中批鬥「四類分子」，「手段之殘酷，在北京是出了名的」(頁21–22)。

據章成《湖南道縣農村大屠殺》一文，1967年夏秋之交的道縣，「到處是『斬盡殺絕黑四類，永保江山萬代紅』的口號，到處是『貧下中農最高法院的』的殺人佈告」(《文革大屠殺》頁113)。該縣的慘案與派仗有關。殺得最理直氣壯的，仍然是對「四

類分子」及其子女。該文據零陵地區「處遺」(即處理文革遺留問題)相關材料,提供了如下數據:道縣殺人事件從1967年8月13日到10月17日,歷時66天,涉及10個區,36個公社,468個大隊,1590個生產隊,2778戶,共死亡4519人,其中被殺4193人,逼迫自殺326人。零陵地區文革期間非正常死亡9093人,其中被殺7696人,逼迫自殺1397人,致傷致殘2146人。死亡人數中「四類分子」3576人,「四類分子」子女4057人,有不同程度「歷史問題」的貧下中農1049人,其他成份411人。其中未成年人826人。被殺者中,年齡最大的78歲,最小的才10天。與殺人事件有直接牽連的有14000多人(同書,頁117)。該文尚有江華瑤族自治縣、寧遠縣、江永縣等多地殺人人數的統計(同書,頁187、189、190、191)。更其邪惡的,殺人後尚有「慶功宴」,吃被殺者的雞鴨豬狗,分被殺者的「浮財」,霸佔被殺者的妻女(同書,頁148、156)。文潔若談到所知發生在大興的屠殺;說自己聽說,「外省還有將『黑七類』(包括孕婦和嬰兒在內)一船船地運到河裏去,把船一翻,讓他們統統淹死的。」(《蕭乾與文潔若》頁162)由章成《湖南道縣農村大屠殺》一文看,確有其事(參看《文革大屠殺》頁147)。「消滅剝削階級」就此落到了實處。

　　藉口階級敵人「暴亂」而肆行殺戮,道縣某區武裝部長在「戰前動員」中說:「現在公檢法都癱瘓了,階級敵人如果拿刀殺我們,我們就要殺他們,先下手為強,後下手遭殃」(同上,頁133)。某公社幹部說:「現在,殺人不要經任何地方批了,貧下中農就是最高人民法院,同意就可以殺。」(同上,頁135)無論大興還是道縣,殺戮均為農村基層組織在上級組織(直至地、縣)默許、支持甚至指導下實施的。層層下達指令,開會部署,攤派指標,權力機器的運行有條不紊。甚至參與殺人等於出工,可以拿到高工分(同上,頁139)。既屬有償行兇(付「殺人手續費」、「補助」),兇徒中就會有「靠殺人創收的無賴」(同上,頁179–180)。殺人取

酬，按所殺人數論價。「道縣當時每殺一人，報酬一般是二、三元或十斤穀不等」，也有每殺一人五元的(同上，頁180)。楊繼繩《天地翻覆》據譚合成《血的神話——公元1967年湖南道縣大屠殺紀實》，記該縣連砍18顆人頭的「鐵姑娘突擊隊隊長」，文革後回答「處遺」工作組關於殺人動機的詢問，說：「我覺得這跟生產隊裏出工一樣，不能出工不出力！」(頁671)。[22]

其時的道縣，不但有「貧下中農最高人民法院」，且有「殺人現場會」，有山寨版的「庭審」(章成《湖南道縣農村大屠殺》，《文革大屠殺》頁137)。該縣的「貧下中農最高法院」非全係自創。1947年晉察冀中央局主持的土改，「按照太行區將地主『掃地出門』的經驗，提出了『真正的百分之九十五的農民的意見要打人、殺人，領導機關也不能制止』；……『百分之九十五以上的群眾意見就是政策，就是法院』」(參看楊奎松《中華人民共和國建國史研究1》頁49)。同年5月1日《劉少奇轉發薄一波關於晉冀魯豫區土地改革情況報告的批語》，有「對於地主，必須根據全體農民人口百分之九十以上的群眾的意見來處理」云云(見同書頁46)。道縣積極實施殺人的，卻不盡是「純正的」貧下中農；其中不乏有種種劣跡者，地痞無賴，賭棍，有貪瀆污點的基層幹部(章成《湖南道縣農村大屠殺》，《文革大屠殺》頁171)。[23]

道縣慘案外，較少為人所知的，尚有1968年廣西賓陽慘案。當地駐軍在其中扮演了屠夫的角色。主持其事的，為縣革委會主任、6949部隊副師長王建勳，縣革委會副主任、縣人武部政委王貴增(鄭義《廣西賓陽慘案紀實》，《文革大屠殺》頁207)。慘案中該

22　譚合成《血的神話：公元1967年湖南道縣文革大屠殺紀實》，香港：天行健出版社，2010。譚合成即章成。麥克法夸爾、沈邁克《毛澤東最後的革命》寫到了有償殺人(中譯本，頁215–216)，與道縣等地付費殺戮相似。

23　儘管事發地的零陵地區曾成立「處理文革殺人遺留問題工作組」，卻對相關材料秘而不宣。直至章成即譚合成調查此案，尚要通過關係秘密進行(同上，《文革大屠殺》頁117)。

縣被打死或迫害致死3883人；文革期間全縣被打死、迫害致死、失蹤3951人（同上）。[24]中共廣西壯族自治區委員會整黨領導小組辦公室編寫的《廣西文化大革命大事記》即香港版《文革機密檔案——廣西報告》關於賓陽慘案的記錄，見該書頁297–299；提到的指揮屠殺的軍隊、地方人武部幹部，尚有6949部隊營教導員黃智源、該部隊炮營政委凌文華等。在某些經歷過戰爭年代而又殺伐決斷的決策者與執行者，殺——無論以鎮暴還是剿匪的名義——就是政治。

　　「群眾專政」取消（至少模糊了）「合法暴力」與「非法暴力」的界限，使暴力氾濫至於失控。部分國家機關癱瘓，上述地區縣以下（至公社、生產大隊）的基層政權卻成為幾無制動裝置的殺人機器，軍隊則在「和平年代」大開殺戒，不能不是奇特的現象，非正常國家所能有。

　　慘案的主持者説，與其花費精力監督「四類分子」，不如將他們「交給群眾專政」，「幹完了又不花一槍一彈」；甚至有「幹」的方式及指標，即砸死「大約三分之一或四分之一」（《廣西賓陽慘案紀實》，《文革大屠殺》頁210）。該縣某公社即集中全部「四類分子」集體屠殺（同上，頁213）。尤其慘無人道者，是逼迫「四類分子」殺人，再將殺人的「四類分子」打死；「收屍掩埋也是『四類分子』，埋完了再打死掩埋者。」（同上，頁219）「蒙難者一般並不綁縛」，「一聽傳喚，便老老實實地踏上死亡之途。不叫罵，不求饒，不分辨，表情冷漠」，「跪地上任人痛打致死」（同上，頁219）。「屠殺之初，無人害怕，連看熱鬧的孩子都不知道怕。」（頁220）人心麻木至此！怎樣的社會潰敗，使這樣的事件得以發生？

　　大興、道縣慘案，在所在地區尚屬個案，廣西壯族自治區當局放任的屠殺，則發生於自治區內多地。血案的發生，除人為製

24　數字與該文所錄官方文件稍有出入（參看同書頁217）。死難的主要為農民，另有幹部、工人、教師、縣城居民（同上）。

造的「階級仇恨」外，另有出於派仗的需要。挑撥、煽動農民成
批屠戮「四類分子」及其家人子女，也有的正是以「貧下中農最
高人民法院」的名義（《文革機密檔案——廣西報告》頁151–152、
174–175、178）。槍殺外另有坑殺（參看同書頁160–161）、丟岩洞
淹死（頁168）。殺人後也有興致將死者家中雞鴨捉殺全村吃「太平
酒」者（同上）。自治區不止一地有滅門慘案，或殺絕男丁（參看同
書頁219、226）。據該「大事記」，自治區當局對於派仗中的殺戮
與農村地區對「四類分子」及其子女的屠殺，均未採取有效措施及
時制止。[25]

　　上述諸地外，尚有其他農村地區有慘案發生而未引起關注。
如浙江瑞安。2013年2月28日《南方週末》A4版《審判「文革」遺
案》一文據《瑞安市志》，1972年瑞安縣統計：1967到1972年全
縣武鬥中死亡318人。該文提到發生於該縣的一件殺人案，殺人者
說：「幹掉，地主兒幹掉沒有關係。」發生大規模屠殺的地區，
尚有江西瑞金（參看楊繼繩《天地翻覆》頁674–675）。對「四類分
子」亂打亂殺，另如廣東省陽江縣（參看同書頁683–684）。毛將正
在進行的文革，歸結為「一個階級推翻另一個階級的大革命」（逄
先知，金沖及主編《毛澤東傳》第六卷，頁2432）。上述鄉村將
「一個階級推翻另一個階級」，落實到對「四類（或五類）分子」及
其家人子女肉身的消滅。上述血案不但將鄉村社會的深層矛盾，也
將關於暴力史的古老記憶喚醒，激發嗜殺嗜血的瘋狂。有關記述一
再提到「殺紅了眼」。

　　文革期間的滅門慘案，主要發生在鄉村。據中共廣西壯族自治
區委員會整黨領導小組辦公室編寫的《廣西文化大革命大事記》，
1968年賓陽慘案中，「全家被殺絕的達一百七十六戶」（《文革機
密檔案——廣西報告》頁298–299）。最滅絕人性的人倫慘劇，也發

25　同書多處記有自治區所轄縣市派仗中的殺戮，當局（自治區革籌小組、軍區、
　　軍分區）支一派、壓一派，縱容一派群眾組織實施的殺戮。革籌小組，即革命
　　委員會籌備小組。

生在被認為「傳統文化」淵藪的鄉村。上編第六章已寫到湖南道縣的屠殺中有「女民兵」為表現其革命的堅定性手刃養母(章成《湖南道縣農村大屠殺》)。據楊繼繩《天地翻覆》，道縣有不止一起威逼地富子女殺死生身父母的案例(頁668)。廣西永福縣某大隊打死黃某後，逼其子「用菜刀將其父的頭割下祭墓」，又將其子打死(《文革機密檔案——廣西報告》頁257)。巴馬縣某生產隊因派仗中的不同觀點，逼迫黃某的兒子打死生父(同書，頁260–261)。該書說，這種慘絕人寰的事情，在該自治區天等、合浦、蒙山、浦北、上林縣均有發生(頁261)。文革前夕的「社會主義教育運動」中，毛還說過：「地富子弟要團結，連地主富農中的一部分人也要團結。」(逄先知，金冲及主編《毛澤東傳》第六卷，頁2310)像是對不久後發生上述事件的鄉村毫無影響。

高層始終有制止派仗、武鬥的努力，卻未聞針對屠殺「四類(或五類)分子」的聲音。止殺的指令往往發出在造成既成後果之後。民間社會則全無抵抗暴行的力量。徐勇《韋國清剿殺四二二派》一文說，廣西農村是「二十年前的貧農被煽動起來殺二十年後的地主富農」(《文革大屠殺》頁234)。倘真的如此，二十年間發生了什麼，使得仇恨有如此之深？農民在我們這裏(小說、影視作品除外)，往往止於共名、「群像」，神情模糊。非常事件，或許正是使個體顯影的機會。事後的調查文字，圍觀殺人盛典的看客依舊面目不清。對於當地農民，這種記述或有失公平。那不會如魯迅筆下的看客，是無動於衷的一群。畢竟「鄉里鄉親」。你可以相信那個人群絕非同質。那些表情木然的圍觀者，內心或也有過良知的掙扎，閉鎖在內心的痛苦呼喊。對這段往事，他們未見得忘記。他們只是不敢、不會、也沒有機會表達而已。無論受難者、施暴者、圍觀者，無論部署、指揮殺戮的軍、地幹部，還是奉命殺人的基幹民兵，以至為了一點賞錢取人性命的農民，都應當有故事未被講述。發生了如此事件的鄉村也絕不會輕易地回復常態。調查者力圖引領我們回到兇殺現場，卻也留下了諸多疑問與未揭之秘。已有的

調查尚不足以還原那段歷史。對於當地與暴力有關的過往，幾未溯及。這裏發生了什麼，以至「民風」如此暴戾？這本是社會學、文化人類學田野調查的絕好題目。尤其考慮到身歷目擊者在老去、故去。調查若無限期地後延，是否相關學科的損失？[26]

　　王夫之曾說，「強者力足以逞而怨憤淺，弱者怨毒深」（《讀通鑑論》卷二七，嶽麓書社1988年版《船山全書》第10冊，頁1075）；魯迅則說：「勇者憤怒，抽刃向更強者；怯者憤怒，卻抽刃向更弱者。」（《雜感》，《魯迅全集》第三卷，頁49）意思可以互補。上述有關暴力暴行的事例，或可注上述洞見人心的精闢之論。我們錯失了以上述非常事件為切口、深入鄉村社會的寶貴時機。那些似乎偶發的事件背後，有深刻的背景、淵源。那些發生過血腥暴力的地區，有無可供考察的「暴力史」，作為「前因」、「土壤」、文化基因？在一個特定時刻，哪些因素暗中發酵，參與了上述過程？

　　波蘭裔美國歷史學家、社會學家楊·T·格羅斯(Jan Tomasz Gross)的著作《鄰人：波蘭小鎮耶德瓦布內中猶太群體的滅亡》（中譯本由三輝圖書/中央編譯出版社2017年出版），波蘭記者安娜·比康特(Anna Bikont)《罪行與沉默》（中譯本由社會科學文獻出版社2018年出版），研究的均為1941年發生在波蘭小鎮Jedwabne的殺戮：該鎮的一半居民謀殺了另一半(計1600人)。施暴者不是納粹，而是猶太人的鄰人。劇作家塔杜什·史渥伯傑內克(Tadeusz Slobodzianek)以此事件為題材的「文獻劇」《我們的班集體》2017年在第五屆烏鎮戲劇節演出。這種歷史迴溯尚未在發生過類似事件的中國以如此的深度進行。

　　大興、道縣及廣西等地，並非「基層政權」真的遭受了「階級敵人」（「四類分子」）的挑戰。屠殺似乎僅僅出於嗜血的本能。「和平年代」可以放手殺人，這樣的機會或千載一遇。殺人者如恐

26　關於文革「清理階級隊伍」期間農村地區遭受迫害、被殺害的人數，參看本書下編《札記之四·諸項數據》。

不及，盡情體驗了一把殺戮的快感，將所在鄉鎮做成了人間地獄。兇手在正常情境下或不過普通農民，一旦出現了某種條件、時機，頓成屠夫——是何種條件、時機？上文所引調查文字，受訪的有些殺人者，坦然，泰然，不懼「報應」，毫無悔意，也就無所謂「救贖」。這種反常事件正因發生在非親即鄰的「熟人社會」，更足以標記倫理破壞的程度。正因此，「處遺」不應止於對首惡的處刑與對倖存者的補償，而是對該地鄉村社會歷史民情人性的深度考察，對殘破的社會關係的修復。當局視為急務的，卻是掩蓋真相，抹去血跡，促成遺忘。

個人恩怨在歷次政治運動中都是「整人」、施暴的動機。文革不過提供了更多實施報復的機會罷了。章成《湖南道縣農村大屠殺》一文中，就有貧下中農因個人恩怨而被殺的例子（《文革大屠殺》頁150）。另有貧下中農父子被殺，僅因了一顆樟樹引起的糾紛（同上，頁184）。基層幹部因報復「四清」中被揭發而殺貧農，尚可參看楊繼繩《天地翻覆》中的例子（該書頁670、672）。唐姓貧農一家九口被殺絕（頁672）。佔房或奪妻，均可成為殺人的動機（參看同書頁671、674）。由遇羅文《北京大興縣慘案調查》也可知確有行兇者出於私利：欠了被害人的錢，借過被害人的東西，意欲霸佔「黑五類」的妻女（《文革大屠殺》頁34–35）。群體施暴，掩蓋了複雜的個人動機。倘回訪這類血案，或許你看到的是平庸顢頇的基層幹部，忠厚謹願有點小算計的農民，覬覦他人妻子的貧窮老單身漢。若非機緣湊合，他們只是有人所難免的過惡的普通人。一旦置身某種情境，卻集體施暴，猶如禽獸。這裏或有我們視而不見的鄉村倫理，不敢正視的人性。積憤積怨如未能消失於無形，以何種形態存留在當地的社會關係中？不惟發生血案的地區，1949年後「階級鬥爭」對鄉村政治生態、社會關係的影響，以何種形態留在了「改革開放」後的鄉村，不也是值得關注的課題？[27]

---

27 徐曉主編的《民間書信》，有書札談到陝北知青狀況，說「有些社縣經常捆鬥

　　發生在1947年部分根據地、解放區土改中亂打亂殺的恐怖，正與文革中的大興縣相似(參看楊奎松《中華人民共和國建國史研究1》頁67)。其時中共高層對於殺地主的態度，參看同書頁57、60、90。在亂打亂殺出現之後，毛仍以延安整風搶救運動為例，說：「搶救運動中群眾對特務發生義憤，要殺要打是領導藝術問題。要殺，一定要經過法律手續；但群眾真要打，也不必以群眾為敵。」(參看同書頁95)據毛當時的說法，土改中晉冀魯豫兩年內殺人兩萬之多；「全國因亂打亂殺而死者，據估計差不多有十萬人」(參看同書頁88)。另據同書，饒漱石承認山東土改殺了三四萬人(頁97)；薄一波則認為冀魯豫土改、殺還鄉團連同反奸反特，總計殺人在十萬之數(同上)。同書還說，據劉少奇1950年對蘇聯大使談話中透露的數字，1947年土改中「被消滅的地主、富農、還有一部分中農，約有25萬人」(頁99)。1949年後，「毛澤東依舊堅持他的地富佔人口8%左右的農村階級分析的理念，依舊相信土改有效方法之一，就是要讓農民與地主撕破臉。結果，在1947年間發生過的一切，到1951年全國範圍的土改運動期間，在許多地方竟又再度重演了一遍。」(頁103)1950年10月後的暴力土改(亦作「鬥爭土改」)與暴力有關的統計數字(包括「非正常死亡」)，參看同書頁146–147、149–152。土改後農村的「階級路線」，文革前夕由劉少奇主持的「四清」中對基層黨員幹部與「四類分子」的「左」的打擊政策，均可溯源至此，甚至進一步上溯。文革中發生重大血案的鄉村，上述歷史記憶發生了何種作用，有待考察。

　　無論大興、道縣，還是廣西多地，受害者均補償微薄，殺人者則處罰從輕。縱然牽涉多條人命，也可能以不了了之。[28]《廣西

學生」，寫信人所在地方「各個生產隊都以鬥爭學生來進行威脅」(頁113)。由馬雲龍、王學泰的監獄紀事，涉及農民的「現反」、「惡攻」罪的案情，亦可證部分農村政治生態之惡劣。

28　參看遇羅文《北京大興縣慘案調查》，《文革大屠殺》頁24；章成《湖南道縣農村大屠殺》，同書頁198–201；鄭義《廣西賓陽慘案紀實》，同書頁221–222。

賓陽慘案紀實》一文據司法審判的結果說：算起來，平均每殺害70人，才判處一人有期徒刑；全縣僅判處一人死刑，即一命抵3951條命（《文革大屠殺》，頁222）。無論文革期間的「善後」還是文革後的「處遺」，量刑標準失衡，大興、道縣、賓陽、廣西他地，均有其例。

　　有人會強調上述事件的非常性質。任一社會都會有非常事件。但上述事件規模之大，為害之烈，畢竟不能如此輕鬆地談論。事件雖非普遍，對於那個年代卻有指標意義，不屬偶發事件，不是惡人偶爾的惡行。何況事發當地的權力機構、專政機關捲入其中，甚至扮演了主導的角色。值得追問的是：怎樣的政治文化，使基層政權組織擁有了如此不受制約的生殺之權。

　　也應當說，將上述事件籠統地指為「國家行為」（或「國家機器行為」），未免有意忽略了歷史情境，文革期間「國家機器」的狀況。至少大興縣，確有過屠殺與止殺（包括當地幹部、駐軍，較為理性的紅衛兵）間的博弈。該縣的慘案中，案發地公社下轄生產大隊，多個未執行甚至反對殺人的指令（遇羅文《北京大興縣慘案調查》，《文革大屠殺》頁21）。由章成《湖南道縣農村大屠殺》一文看，當地駐軍既有深度介入武鬥、武裝鎮壓一派的，有坐視殺人不干預的，也有上報情況、制止殺人的，如零陵軍分區、47軍、該軍6950部隊（同書，頁163、164–165、183、192）。

　　當滾燙的血凝結成冰冷的數字，你會不再能感受活生生的人的傷痛，想像被害者瀕死前的絕望掙扎。一旦社會生活回復常態，施暴施虐者就消失在了人群中。他們在「社會」層面留下的印跡並不會因此消失。已經有人指摘將時下的社會問題歸因於文革。這種歸結固然過於簡單方便，但在不鼓勵審視文革「遺產」的情況下，文革的確並未過去。

　　1967年7月13日發出《中共中央關於禁止挑動農民進城武鬥的

通知》；[29]同月24日，針對江西、四川、浙江、湖北、湖南、河南、安徽、寧夏、山西九省區農民進城參加武鬥，國務院、中央軍委有《關於保證做好糧食調運，加工和供應工作的通知》（參看胡鞍鋼《毛澤東與文革》頁260）。廣西大規模武鬥中也一再有農民進城（參看中共廣西壯族自治區委員會整黨領導小組辦公室編《廣西文化大革命大事記》即香港版《文革機密檔案──廣西報告》、收入《文革大屠殺》的徐勇《韋國清剿殺四二二派》一文）。派仗大規模爆發之後，農村地區的捲入勢所必至，不過有地區差異而已。

　　至於武鬥激烈地區如晉東南，農民的捲入與受難，可參看趙瑜的長篇報告文學《犧牲者──太行文革之戰》。該書記述晉東南偏遠山鄉的「文革之亂」，感歎着「農村鬥爭太殘酷了」（中冊，頁346-347）。關於農村派仗之殘酷，另見同書第十六章《劉有才寒夜命歸西》、《靳運法九死一生》、《三頭頭死無葬身地》、《集中營酷刑撼太行》等節。該書寫到高平縣「橫遭迫害」者，達十七萬之眾（同書，頁377）。晉東南的一派群眾組織，因由各縣武裝部直接指揮，其民兵組織，較之對立的一派「軍事化程度更高」；趙瑜的說法是，「其組織紀律性之嚴酷程度超過了你的想像」（中冊，頁5）。文革中的武鬥與死難，城市較之農村地區更為人關注；發生在重慶的與發生在晉東南的，無論當時抑事後，前者更廣為人知。

　　趙瑜該書說，「農村中的兩派酷鬥，與宗族之間的歷史宿仇緊密相連」（中冊，頁301）。這也是農村不同於城市的武鬥誘因。這種隱藏在歷史深處的宿仇，被文革一朝引爆，其酷烈不難想像。該書將所能查出的死於武鬥者的姓名公之於眾，說：「很顯然，名單對郊區農村裏的死難者未做統計」，也不包括陣亡的民兵（頁21）。由該書所記受訪者的敘述看，文革造成的社會創傷並不曾如當局所期待的自然癒合。「忘卻的救主」迄未如期降臨。

29　《建國以來毛澤東文稿》第十二冊收入了毛1967年7月13日《對中央關於禁止挑動農民進城武鬥通知稿的批語》。《通知》列舉了農民參與武鬥的諸種事實（參看同書頁378-379）。

　　趙振開(北島)說當他們1968年冬到河北安新縣白洋淀地區進行「教育革命考察」，正趕上那裏的「武鬥高潮」，是真刀真槍的戰爭：「由省軍區和三十八軍分別支持的兩派打得天昏地暗」；而白洋淀地區是抗日根據地，「農民有着豐富的實戰經驗」(《走進暴風雨》，《暴風雨的記憶》頁219)。晉東南與白洋淀均曾為抗日根據地，活躍在武鬥中的民兵訓練有素。農村的基幹民兵在文革期間的武鬥中，部分地充當了主力。各級人武部(全稱人民武裝部)、民兵組織在文革中的作用，小說與影視作品中不乏表現(其中的民兵連長往往是狠角色)，亦一可供考察的題目。

　　當時武漢的大學生魯禮安，實地考察了以「農民運動」為號召的湖北浠水的「巴河一司」，看到的是那裏實行的「戰時共產主義」——不過是被野心勃勃的知識分子操控的「農運」(《仰天長嘯——一個單監十一年的紅衛兵獄中籲天錄》頁230)。魯禮安經由考察認為，在農村，「重要的問題是對權力的爭奪。所以農村文化革命一開始就是兵戎相見，形同舊社會的械鬥，但規模則巨大得多」(同上，頁235)。

　　「四清」中「重劃階級」，擴大了文革期間農村階級鬥爭的「打擊面」。薄一波《開展城鄉「四清」運動》一文說，「四清」中「關於劃階級的標準，由於中央始終沒有作出統一的規定，多數地方普遍過嚴」(郭德宏、林小波編《「四清」運動親歷記》頁19)。文革期間也有重劃階級的例子(參看吳迪《「內人黨」大血案始末》)。

　　繼續「四清」對農村基層幹部的打擊，奪權浪潮中，「農村黨組織和公社政權也受到了嚴重衝擊。大寨大隊負責人陳永貴等人奪了昔陽縣委的權」(陳東林主編《1966–1976年中國國民經濟概況》頁168)。甚至某些地方生產大隊、生產隊也被奪權(參看卜偉華《文化大革命的動亂與浩劫》頁404)。陳煥仁《紅衛兵日記》第六章的標題是《鄉村：沒有文化的革命》。日記的主人記所見四川農村的武鬥。農民關於黨內鬥爭、文革的想像，令幾個大學生啼笑

皆非。生產隊長被作為「走資派」批鬥，批鬥方式則模仿城市，身上貼大字報，戴高帽子。倪美生也寫到自己由大學「疏散」下鄉，見該處將生產隊小隊長當作「走資派」鬥，且手段殘暴（《「掃地出門」記》，收入《那個年代中的我們》）。同書中的《遲到的懺悔》（蘇醒）也寫了所見農村的文革。

1971年經特許回到其土改時生活過的山西長治張莊的美國人威廉·韓丁（William Hinton），調查中所知張莊農民在文革頭兩年（1966-1967），只是在「袖手旁觀」位於村中心的中學的「革命活動」，被迫傾聽中學兩派「在高音喇叭上進行的無休止的辯論」（《深翻》中譯本，頁471）。他本人則注意到批判會上的農民，只是「盡義務地」重複喊着口號，「沒有產生任何批判的情感和義憤」，將批判會作為「與己無關的一種形式」（同書，頁442）。韓丁事後的調查，還涉及了張莊文革中的宗族勢力、私人恩怨、「歷史舊賬」——當此時刻發酵的，是一些什麼東西。宗族勢力是派仗的「天然土壤」，這一點無需生長在鄉村也能相信。

下幹校的季音所見葉縣農村，到處充滿了文革式的革命氣氛。甚至看到農民「腳步凌亂」地跳「忠字舞」（《「五七幹校」祭》，郭德宏等編《我與「五七幹校」》頁57）。韋君宜的《思痛錄》也寫到了農村的「運動」（不限於文革）造成的破壞（頁177-181）。文革中西北工業大學的姜明亮上書中共中央、毛澤東，説到「農民每天勞動所得可憐只有幾角錢，卻村村有寶堂，家家有寶書臺，人人有寶書，而不問是否有文化」（余習廣主編《位卑未敢忘憂國——「文化大革命」上書集》頁125）。由上述韓丁、魯禮安的文字可知，發生在農村的，不全是「沒有文化的革命」，問題是攪動了鄉村社會的何種「文化」。

1967年3月19日，中央軍委作出《關於集中力量執行支左、支農、支工、軍管、軍訓任務的決定》。「支農」、「支工」，「支工」或較有成效（參看卜偉華《文化大革命的動亂與浩劫》頁

431），證明了軍隊對於大工業生產的方式較為適應。「支農」則往往不免於「瞎指揮」。文革期間曾志一度在粵北農村強制勞動，回憶文字中說當地農村實行「軍管」，對農業生產強行干預，「弄得群眾一貧如洗」（《百戰歸來認此身──曾志回憶錄》頁366）。下文化部咸寧五七幹校者，也發現當地「主觀主義瞎指揮」，「圍湖造田」破壞生態平衡（李城外編《向陽湖紀事──咸寧「五七」幹校回憶錄》頁68）。[30]陳雲說：「『文革大革命』中的軍管時期，將軍們管經濟，有些人經驗少，膽子大……說搞什麼就搞什麼。」（轉引自《1966–1976年中國國民經濟概況》頁339）軍管人員的「瞎指揮」不限於對農業（參看同書頁30）。

對農村、農民的虧欠，應由「土改」後的「統購統銷」等一系列政策算起。舊債尚未清償，文革期間又欠新債。

執政黨的農村政策往往因大氣候而變動。1957年「反右」，有適當限制自留地、個人開荒、個人經營副業和農村自由市場活動範圍的主張（參看沈志華《從知識分子會議到反右派運動》頁650）。1960年中共中央發佈關於農村人民公社當前政策問題的緊急指示信（即農村整社十二條），有允許社員經營少量的自留地和小規模的家庭副業，有領導有計劃地恢復農村集市，活躍農村經濟等內容（參看《建國以來毛澤東文稿》第十冊，頁306–307）。雅諾什·科爾奈（Janos Komai）說，在蘇聯和大多數東歐國家，「家庭農場（按應即中國的『自留地』──筆者）所生產的動物產品、蔬菜和水果，其產量佔全國總產量的比例遠遠高於它們所佔土地的比例（《社會主義體制──共產主義政治經濟學》中譯本，頁74）。中國農村的情況與此相似。身在幹校的顧準就注意到了這一點。

文革前夕與文革中農村打擊「資本主義自發傾向」、「割資本主義尾巴」，具體落實到減少或取消自留地；限制和取消農村集市

30　調軍隊幹部到工業部門工作，文革前毛已有此主張。見《對王鶴壽關於企業思想政治工作報告的批語》，1963年12月11日；《關於工業部門學解放軍的信》，同年12月16日，《建國以來毛澤東文稿》第十冊，頁432、454。

貿易；限制甚至消滅社員家庭副業；限制社員家庭養豬(《1966–
1976年中國國民經濟概況》頁168、169)。苛刻一至於此。知青因
插隊地區工分值過低，要待家庭接濟。我所在鄉村的農民，只能
從「雞屁股眼裏」掏一點零花錢(指賣雞蛋)。插隊期間，我未見有
「戶家」養豬。關於自留地、家庭副業、家庭養豬的政策，文革中
也有因時的調整。1971年後即曾鼓勵「多種經營」，對經濟作物的
種植也有所放開(參看同書頁171、173、175)。「割……尾巴」的
提法早已有之。1947年解放區土改中提的是「割封建尾巴」(參看
楊奎松《中華人民共和國建國史研究1》頁47)。

　　文革前夕與農村「四清」同時進行的城市「五反」(反對貪污
盜竊、反對投機倒把、反對鋪張浪費、反對分散主義、反對官僚主
義)，「反對投機倒把」文革中仍在進行。1970年「一打三反」，
「三反」之一即「反對投機倒把」。是年2月5日，中共中央發出
《關於反對貪污盜竊、投機倒把的指示》。某些地區的農村，打
擊的就有正常的集市貿易與城鄉間的物資交流(「自由市場」)。批
判「重錢輕糧」、「重副輕農」，一再打擊的「資本主義自發傾
向」，包括了農民為改善物質生活的小規模的個體經營活動。農民
的甘冒風險，不惜頂風而為，往往為饑所驅；作為動力的，無非升
斗小民的生存慾望。

　　「限制資產階級法權」在農村，除嚴格限制經濟作物的種植
面積，禁養大牲畜(包括養豬)，以抑制商品生產、市場交易外，
部分地區還推行了「一心為公勞動，自報公議工分」的「大寨記
分法」，「按『政治思想』評工分，按『工分不懸殊』原則縮小
社員之間因勞力、勞動態度、技術、貢獻大小不同的工分差別」
(《1966–1976年中國國民經濟概況》頁186、187)。據該書，有
的地區甚至提出「雞頭不許超過人頭」；為達標而宰殺集體養的
鵝；甚至採取抄家的手段(頁188)。[31]據《難以繼續的「繼續革

_____

31　毛1962年2月有《對中央關於改變農村人民公社基本核算單位問題的指示稿的

命」》，下文將要提到的「社隊工業」(亦作「社隊企業」)，也曾被指為「搞資本主義」、「挖社會主義牆角」、「鑽國家計劃的空子」、「投機倒把」(頁290)，直至高層鼓勵，才得以正當化(頁290–291)。[32]

莫里斯‧邁斯納《毛澤東的中國及後毛澤東的中國》一書區分「社會利益」與「經濟利益」，説文革「幾乎沒有對農業生產造成破壞，從60年代末到70年代初，農業生產以年均遞增3%的速度平穩地持續發展」；該書也説「農民的收入基本上沒有增加」，生活水平與糧食消費也沒有提高」(頁475–476)。麥克法夸爾、沈邁克《毛澤東最後的革命》寫到了體現於統計數字的農村的貧窮，以及為貧窮所驅的流動，包括「拐賣婦女」與乞討(中譯本，頁377–378)。該書説，「產量的增加卻沒有讓城市受益，原因是經濟、交通、城市官僚體制的中斷，以及從加拿大、澳大利亞進口的糧食減少」(中譯本，頁278–279)。

文革期間入獄的農民，值得作專題考察。即使入獄，農民仍然是獄中最窮困者，窮到了匪夷所思(參看朱正琳《裏面的故事‧見識了貧窮》)。朱正也寫到因「反革命」罪服刑的農民「心安理得」，原因之一是「還從來沒有吃到過這樣的好伙食」(《小書生大時代》頁268)。王學泰《監獄瑣記》一再寫到文革結束前後監獄伙食的改善，致使農民以入獄服刑為「享福」(頁138、173)。聶紺弩《懷監獄》一文，寫到監獄周邊有農民爭取到監獄過節。關於半步橋看守所，説當時偶爾想到，「如果全國農村，都吃到這種伙食，那將是什麼情況。」(《聶紺弩全集》第四卷，頁319)還説犯

批語和修改》，見《建國以來毛澤東文稿》第十冊，頁48。1975年陳永貴建議「大隊核算」，實行大寨式的「標準工分，自報公議」，毛批示建議政治局討論，幸未推廣，更未形成政策，參看《建國以來毛澤東文稿》第十三冊，頁464–465。

32　《戚本禹回憶錄》寫到文革期間農村搞工業、發展社隊企業(後來鄉鎮企業的前身)，是根據「五七指示」來的(頁403)。

人每月發兩塊錢零花，他在臨汾監獄聽説有人把這點錢積着不用，寄了幾百塊錢回家。「難得的是他的家裏（不知情況如何）竟需要他每月兩元的補助，而他自己二十幾年，一分錢也未花！」（同上，頁320）道縣慘案中老復員軍人為了五塊錢殺死數人（章成《湖南道縣農村大屠殺》，《文革大屠殺》頁169），既因文革對公序良俗的破壞，又何嘗不與鄉村長期的貧窶有關。

　　「後文革時期」的「舉國體制」、「對口支援」，賴有執政黨所擅長的社會動員，任一其他國家難以仿效，被作為「中國特色社會主義」優越性的證明。前此中央的強制調集，包括了1950、60年代之交大饑荒中調撥四川等地的糧食「支援」上海等大城市，致使四川農民因饑餓而大批死亡。文革中積怨爆發，對時任四川省委書記的李井泉衝擊劇烈。近年來舊事重提，當年四川幹部含淚執行中央命令的一幕回放。犧牲農村、農民保城市（亦保顏面、保「國際形象」）的殘酷性，未必是人們的關注所在。

　　儘管對農業的重視一以貫之，為了某種需要而犧牲農村、農民，也有一貫。1964年制訂「三五計劃」（按即經濟建設的「第三個五年計劃」），因農業和國防建設投資發生矛盾，毛便「改變了原來的『農、輕、重』次序安排，提出：農業投資不要那麼多，要靠大寨精神，自力更生。」「在『文革』中，他更是多次談到這樣的話：『物質是必要的，但並不需要那麼很足。』」（《1966–1976年中國國民經濟概況》頁53–54）文革期間國家對農業的財政投入，有因時因「需要」的變化（參看同書及《難以繼續的「繼續革命」》第四章、頁259–261）。

　　何方《黨史筆記》談到1953年9月，中央人民政府委員會擴大會上，毛對梁漱溟批評革命勝利後「忘掉」了農村，不重視提高農民地位和改善農民生活的意見，「多次進行近乎破口大罵的所謂批判」，並對梁的意見正式表示，「我聲明，確是『拒諫』。」（頁488）。梁説工人在「九天」，不免於過；農民卻確在「九地」。毛

的「拒諫」，不過以勢壓人。[33]胡鞍鋼根據中共中央文獻研究室編輯的《建國以來毛澤東文稿》統計，1966年1月至1976年7月，毛親自批註的普通群眾來信只有13封，「基本上沒有談及人民群眾的各種生活問題」。該書還說，毛「幾乎很少到基層調查研究和訪問人民群眾，特別是極其貧困、極其落後的農村地區、少數民族地區和邊遠地區」（《毛澤東與文革》頁19註38）。

　　知青、下放幹部、五七幹校學員缺乏從事廣泛社會調研的條件，對農村狀況往往難得其詳，卻有可能切身感受農民的實際生存狀況，提供得之於親歷親見的感性材料。學部五七幹校所在的信陽地區，是1950–60年代之交「信陽事件」的發生地。該事件後的1960年代末，該地的貧困仍令幹校中人不忍面對。學部歷史所劉重日所見息縣只有一人多高的小樹，「冬天，娃子們拿着鏟子，背着小簍，在路邊鏟草皮，路上全是光的。能吃的都吃，能燒的都燒。挖出棺材，都去搶木頭。」「牆是土坯壘的，一面架了幾根橫樑，然後在草或蓆子上面抹上灰和泥土，叫草苫。土門就是直接在牆上挖個空間。……」（《「泡」校》，《無罪流放》頁67）當地農民「偷」、「搶」幹校的農產品或其他物資，正無怪其然。韋君宜《思痛錄》也寫到了所見農村的貧窮。關於粵北農村的貧困，曾志使用了「淒慘」、「令人觸目驚心」等字樣，說這種景象「反映了當時農村政策的破壞性」（《百戰歸來認此身——曾志回憶錄》頁366）。青少年「串連」中所見饑民，如宋柏林《清華附中老紅衛兵手記》、凌耿《天讎——一個中國青年的自述》，是得之於見聞的國情教育。至於顧頡剛1967年1月15日日記，記其「步行串聯」的女兒所知農村的貧困，則得自其女兒的來信。來信中有「偏僻之區仍受土豪之把持」云云（《顧頡剛日記》第十卷，頁602）。「土豪」或即農村基層幹部。

33　關於梁所說「九天」、「九地」，參看毛《批判梁漱溟的反動思想》，1953年9
　　月16日–18日，《毛澤東選集》第五卷，頁108、113。尚可參看戴晴《梁漱溟與
　　毛澤東》，見氏著《梁漱溟、王實味、儲安平》，南京：江蘇文藝，1989。

　　由中共廣西壯族自治區委員會整黨領導小組辦公室編寫的《廣西文化大革命大事記》，記有1967年「奪權」後，「桂林郊區農業生產和很多縣的水利工廠陷入停頓；有的縣缺乏種子無法調撥；耕牛護理不好死亡；缺糧地區的群眾生活無人安排；龍勝縣平等區農民因缺糧而發生浮腫；臨桂縣會仙區三人因無糧吃買酒糟充饑病死」（《文革機密檔案——廣西報告》頁59）。

　　文革中任職公安部的施義之，1971年11月奉命到寧夏西海固地區，所見當地的赤貧令人驚訝。「極貧戶……有的一家只有一套衣服，誰出去誰穿」；「十二、三歲的女孩子沒有衣服穿，光着屁股，男孩子更不用說了」（《血與火的歷練(二)——特殊環境下的十年經歷》，根據施義之口述整理摘錄，收入陳楓主編《血與火的歷練——施義之紀念文集》，頁49）。該地區貧窮至此，高層卻還要經由專人調查才能知曉，可見上下壅隔到了何種程度。

　　由河南農村走出的小說家閻連科，針對知青的鄉村敘事，說：「鄉村，不是那個年代的主體，不是革命的主體。那個年代，和今天的改革開放完全一樣，主體乃是城市，而非鄉村和十億農民。」（《我的那年代》，《七十年代》頁390）關於城鄉居民「同命不同價」，該篇有一個農村青年痛徹心肺的經驗。你由閻那裏讀到的，的確是與知青不同的鄉村故事。要將那部《七十年代》一篇篇讀下來，才能深切地感到那不同。

　　閻連科經驗中的知青與「知青文學」，也與收入該書的知青作者大不同。他說，「我沒有聽到見到過，知青在我家鄉那塊土地上『受苦受難』的事情。但我知道，那段記憶，已經成為了他們共有的苦難；成為了他們的一段歡樂的歷史回憶。」（《我的那年代》，《七十年代》頁393）他的記憶中沒有什麼知青「把文明帶進了鄉村」，而是由知青彰顯的城鄉間的巨大差別。對比是如此刻骨銘心，以至在閻成為了著名作家，住在了城市裏，筆下仍滿是憤懣不平。

　　麥克法夸爾、沈邁克《毛澤東最後的革命》寫到了農民由城市的無政府狀態獲益：因財政、稅務機構的混亂，四川某縣農民認為文革「就是不用交公糧了」（中譯本，頁279）。這或許是一種有意思的現象。2006年1月1日起廢止《農業稅條例》，這一項負擔至此才卸下。同書還說，「在四川省宜賓專區的49349個生產隊中，到1969年共有8355個生產隊實現了分田到戶、包產到戶」（同書，頁279）。這種「自發性」當非宜賓一地。1978年安徽鳳陽縣小崗村包產到戶，是對1950年代交出土地所有權的延遲了幾十年的出自農民自己的表態。

　　至於城市知青與回鄉知青基於農村經驗對「農村政策」的思考，儘管與其周邊的農民或不相干，卻應歸為文革後「農村改革」的思想先驅。即如北京知青張木生關於農村體制問題的思考與論述（參看《難以繼續的「繼續革命」》頁480-482）。[34]出身農家的湖南中學生蕭瑞怡上書毛澤東，要求「改革土地制度」，認為「借田借土的土地制度」才能「適應目前農業生產力的性質狀況」；所謂「借田借土」，即在土地國有的前提下，「以生產隊為單位，根據人口的多少，勞動力的強弱，合情合理地借給各戶耕種」，實即「包產到戶」（《位卑未敢忘憂國——「文化大革命」上書集》頁5-6）。孔丹插隊期間也曾寫有關於農村問題的文章（《難得本色任天然》頁116）。[35]閻長貴《貢獻與缺憾——讀〈國史〉第八卷》引唐曉峰文：「知青中也有對農村的事真有領悟的人（像張木生那樣的）。這樣的人或能將農村基層生活轉化為一種思想資源，認識中國社會」（《問史求信集》頁413。涉及經濟政策，蕭瑞怡、張木

34　據蕭冬連《從撥亂反正到改革開放》，張屬文革後陳一諮創辦的「中國農村發展研究組」的最早成員（頁463）。

35　孔在該書中回顧「上山下鄉」，認為上山下鄉「給那些相對還比較落後的、有限的農村生產能力增加了一個沉重的負擔」，「是一種資源掠奪」（頁119）；說通過下鄉，自己「對那種不平等的感覺很強烈，真是感到了生為一個陝北農民的命運有多麼宿命式的無助」（頁121）。這應當是一個有思考能力的知青上山下鄉的收穫。

生、王正志等人的思路有交集——人生軌跡全無交接的個人間的不謀之合。[36]

　　武漢「北、決、揚」關於農村改革的思路，卻與蕭相反，主張「強化集體經濟」，搞「三集中」，即耕牛集中，生豬集中，匠人集中（《浠水農民運動考察報告》，宋永毅等《文化大革命和它的異端思潮》頁347）。1976年春貴陽「七人大字報」《對目前形勢和新的歷史任務的幾點看法——給毛主席、黨中央和全國人民的信》，關於農業，也主張「高度集中」的「社會主義大生產」，「逐步提高農業社會化程度即使生產隊所有制逐漸向大隊、公社所有制乃至全民所有制過渡」（《位卑未敢忘憂國——「文化大革命」上書集》頁470、474），與蕭瑞怡基於切近經驗的主張相反。可知即所謂的「青年思潮」，在一具體方向上也不免多歧。[37]

　　文革期間地方「五小」工業的發展及其對農業的影響，農村社隊工業的興起，參看史雲、李丹慧《難以繼續的「繼續革命」》頁253-254、288-292。莫里斯·邁斯納《毛澤東的中國及後毛澤東的中國》一書提到，文革的「新農業政策」的社會意義與經濟上的成功，在「重新恢復了在農村建設工礦企業的計劃」（中譯本，頁468）。由「社辦」到村辦，農村的這一種經濟活動，「改革開放」之初一度繼續發展。改良種子，普及農業科技，到1976年，「中國的化肥有一半是農村地方工業生產的」。此外還有農機製造，及其它小商品的生產(同上)。

　　關於文革期間農村醫療衛生與教育事業的成績，該書不吝篇

36　關於王正志，參看印紅標《文化大革命期間的青年思潮》第三章《反對「左傾冒險主義」》。關於蕭瑞怡、張木生、王正志，尚可參看同書第五章《蕭瑞怡上毛澤東書》、《張木生對中國農村體制問題的思考》。

37　關於文革結束之初農業的「嚴重落後」與農民的「普遍貧困」，參看蕭冬連《從撥亂反正到改革開放》一書頁480-481。其時的農村「新政」及此後的農村改革，參看同書頁516-522、541-544，及該書第九章。

幅（頁471–476），説，在被斥為「十年動亂」的期間，「農村的小
學和初中入學人數都有了引人注目的增加」，以下是統計數字（頁
475）。普及教育，尤其普及農村小學教育，文革中曾大力推動且確
有成效（參看《難以繼續的「繼續革命」》頁441）。我插隊所見，
也可為佐證。其時我所在地區，不但村村有小學，且公社中學的
師資力量並不差。教育資源配置的嚴重失衡，發生在市場化的過
程中。上述方面，文革後毋寧説出現了倒退。「把醫療衛生工作
的重點放到農村去」（《關於醫療衛生工作的重點問題》，《建國
以來毛澤東文稿》第十一冊，頁387），儘管激進，對於長期虧欠
的農村，不失為有限的補償。[38]關於文革期間的醫療衛生，參看
《難以繼續的「繼續革命」》第七章《毀譽參半的醫療衛生「新
生事物」》，該書頁456–459。若將普及教育作為文革的一項成
就，尚需計及同一時期對教育的破壞，尤其高等教育（參看同書頁
441–442）。相關面向，本書下編《札記之五》還將談到。

　　「文革中的鄉村」，是需要大面積考察才能展開的題目。不惟
文革，土改、合作化、統購統銷、公社化、大饑荒，都有必要大規
模地調研，甚至較文革更為緊迫；儘管以當下的言論環境，上述調
研幾乎無可避免當局的打壓。

　　曾一度在「中央文革小組」任工作人員的閻長貴説，「作為
一個『文革』研究者，我就沒注意到農村『文革』這個問題，或者
説，農村『文革』問題根本就沒進入我的視野」，面對美國學者韓
丁研究文革時期中國鄉村的《深翻》一書，深感「汗顏」（《「文
革」研究要關注平民百姓》，《問史求信集》頁406）。莫里斯・邁
斯納《毛澤東的中國及後毛澤東的中國》説，文革「顯然是一場城
市運動」，「與此相矛盾的是，文化大革命產生的社會效益卻是在

38　1965年1月毛有《對衛生部黨組關於組織城市高級醫務人員下農村和為農村培
　　養醫生問題的報告的批語》（《建國以來毛澤東文稿》第十一冊，頁318）。

農村」（中譯本，頁464）。該書説，「絕大多數農民始終沒有直接捲入文化大革命的主要政治鬥爭中」，1968、1969年文革在城市中衰退，「運動才擴展到農村」（同上，頁465）。該書作者顯然不知曉1966年發生在京郊大興縣、1967年發生在湖南道縣農村的殺戮，更無論廣西多地的血腥事件。顧頡剛1967年12月4日日記，記同年11月23日，《人民日報》發表《中國農村中兩條路線的鬥爭》。在顧看來，「以前文化革命風暴只在城市，自此將波及農村之五億農民」（《顧頡剛日記》第十卷，頁790）。那已經是上文所述的諸多血案發生之後，證明了「親歷」者的難免囿於經驗、視野與資訊來源。

　　農村地區文革考察的薄弱，方便了有意的遮蔽與誤導。有人很願意讓人相信文革中的鄉村乃世外桃源，[39]即使出身鄉村的小説家們提供了相反的證詞。鄭世平説自己生活的那個「中國最偏遠的外省邊鎮」，歷來「民風淳樸與世無爭」，「卻在一個非常年代同樣演變成為一個血腥的殺場」（《身邊的江湖》頁145）。回頭看，我們有關鄉村、「傳統社會」的認知，受士大夫田園詩之類的誘導，是否存在相當大的盲點與誤區？

　　關於農村地區的文革，大量經驗層面的感性材料，是由小説家提供的：由知青作者，更由一批從農家由鄉村走出、與鄉村保持着密切聯繫的小説家，莫言、賈平凹、閻連科、劉慶邦、李佩甫等等。當然，小説的「史料價值」有待認證。但在其他形式的敘述嚴重受限的條件下，作家對於歷史記憶的貢獻，絕不宜低估。不限於文革，鄉村固有的宗族勢力與1949年後基層政權的關係，小説的描述，尤可補文獻之不足。上文所及大興、道縣等地對「四類分子」及其家屬子女的無差別殺戮中，「宗族」似未發揮任何庇護的作用，又證明了親緣、地緣諸紐帶的斷裂。近年來的社會治理徵用

39　蕭克《雲山「五七幹校」的鄉情》一篇寫到幹校期間曾到過一個小村，該村「氣氛安定祥和」，「覺得頗似『文化大革命』中的世外桃源」（《在「五七幹校」的日子》頁8）。那更是出自遠眺，如魯迅《風波》所寫酒船上文豪「大發詩興」讚歎「農家樂」（《風波》，收入《吶喊》一集）。

傳統資源，有將「宗法」理想化的傾向。對於宗法、家族的負面功能，生長於鄉村的小說家，往往有痛切的體驗。虛構與非虛構的界限並沒有那樣清晰。洪子誠先生曾以專著討論「文學與歷史敘述」。誰說存真相、存史，惟史家、歷史著作才能！

　　發生在文革後鄉村的變化——包括了社會學家所說「無主體熟人社會」，「主體性」、「公共性」、「歸屬感」的缺失——與其說是「改革」的後果，不如說更是當代史的後果，不能用於證明1978年以前鄉村治理的正確性，倒有可能是那一段歷史引出的反彈或曰報復：對於以戶籍制度強制性地將農民束縛於土地，對於長期貧窮，對於城鄉二元體制下「二等公民」的待遇，對於農村基層政權的惡質化。事實是，某種解體、崩坍，公社時期即已開始。甚至可以追溯得更遠。

差異

　　差異既因時間、空間，也因運動過程中的變量。某些變量超出了運動主持者的掌控範圍。空間、地域維度對於文革考察的重要性不言而喻。大而言之，就有中央/地方，北京/地方，京滬/地方；此外更有地域間的諸多差異。時間差往往也與空間、地域有關。所謂「現場」，非有豐富的細節，即難以「還原」。

　　縱然文革期間京、滬幾乎始終處於風暴中心，由《札記之一》看，文革前夕身在京滬者，對即將發生的大事件，或只有有限的感知，甚至懵然不覺。至少在一段時間裏，即使張春橋、姚文元這樣後來進入中樞的人物，對「聖意」也不甚了然(參看李遜《上海文革運動史稿》頁45–46)，更何況遠離權力中心的知識人。

　　文革中高層旨意越過中間層次直接見報，固方便了「訴諸群眾」，卻將地方政權置於被動的境地。這種情況，是前此的歷次政治運動不曾有過的。李遜《上海文革運動史稿》給人看到了文革初期風口浪尖上的上海市委。關於處境更嚴峻的北京市委，尚未見如

此細緻的記述。文革中地域間差異極大，不宜作一概之論。不惟上
海，地方(中央/地方)領導層，以至各級權力機構文革中的處境，
均值得研究。李遜該書使用了「中央決策層幹部」/「地方執行層
幹部」的說法。這種區分有助於釐清責任。要求執行者承擔決策失
誤的責任，是文革後清算中普遍發生的問題。

　　毛有所謂的「條條專政」、「塊塊專政」，包含了分權的思
路。佩里·安德森(Perry Anderson)認為，文革「有意地進一步削
弱了中央權力，為地方政府的主動性提供了更大的空間」(《兩
場革命》，中文譯文刊臺灣聯經版《思想》第18期，引文見該期
頁170)。更準確的說法似乎應當是，既係「有意」，也因局勢失
控——並非全由事先設計。至於「地方政府」文革中所處狀態，即
有、乃何種「主動性」，佩里·安德森未加細究。

　　雖青年毛澤東曾響應梁啟超「地方自治」說，其主張由「湘人
自決」、「湖南自治」，直至「各省自決自治」，[40]中共建政後，
「地方主義」仍被視為頑疾。文革初期的北京市委，毛斥之為「針
插不進、水潑不進的獨立王國」(吳德口述《十年風雨紀事》頁
6)。文革期間軍隊深度介入後，更形成準「割據」局面。在高層分
裂、最高領袖鞭長莫及的地方，軍政官員有可能權力極度擴張。文
革後上述現象的積極面與消極面均凸顯。高層指揮失靈，有所謂的
「政令不出中南海」；卻也有地方的自發性、主動性，甚至表現於
對1989年「六四」清算中的消極觀望。

　　由我掌握的有限資訊，以文獻支持的地方文革史研究，端在
有無其人——有無支持此項工作的地方領導幹部，與堅持從事此項
研究的知識分子。即如農村地區的暴力，大興、道縣、廣西等地受
到了較多關注，未必其他地區沒有類似事件。另如武鬥，重慶、廣

40　毛關於自治的主張，見收入《毛澤東早期文稿》的寫於1920年的《湖南改造促
　　進會覆曾毅書》、《「湖南自治運動」應該發起了》、《「湘人治湘」與「湘
　　人自治」》、《「全自治」與「半自治」》、《為湖南自治敬告長沙三十萬市
　　民》、《反對統一》等。

西、晉東南得到了較詳記述，並非其他武鬥高發地區事後都有相關
材料的整理。有其人，乃得存其史。搜集史料以待來者，是各地幹
部、知識分子理應致力的工程，實際結果卻差異極大。這裏有時機
問題。過此即難以補救。

　　在京滬/地方的框架中，北京、上海相對於二三線城市，令人
想到19世紀「舊俄」的莫斯科、聖彼得堡與「外省」。北京固然有
權力中樞，是文革的爆發地，文革中堪與北京頡頏的，卻另有上
海。據已有文獻，上海至少有如下「第一」：全國第一次大規模武
鬥的發生地(參看本書上編第二章《作為局部戰爭的武鬥》)；第一
次電視實況轉播批鬥大會(徐景賢《十年一夢》頁33)；上海的群眾
組織聯合奪權在全國第一次獲得了高層以文件形式的正式表態支持
(同書，頁45)。此外，上海有全國最具影響力、存在時間最久——
包括變相存在——的工人群眾組織，其領袖人物進入了中央核心領
導層。上海有較早成立、影響力絕不遜於京城的寫作班子，等等。
上述情況既與張春橋、姚文元在文革中的地位、又與文革前夕上海
在批判《海瑞罷官》等一系列動作中的配合有關。這裏尚未説到文
革最後關頭的上海。上海的文革，首尾兩端均有十足的戲劇性，尤
其那一段驚心動魄的尾聲。沒有另一個省、市、自治區有可能上演
類似劇目。

　　上海固有的城市文化與城市性格，即使在大動盪中也仍有延
續，構成了可辨識的特殊面貌。據李遜《上海文革運動史稿》，
即使在文革初期暴力氾濫時，上海較之北京也相對溫和：北京全
市打死的人數「高於上海一百六十多倍」(頁106)。金大陸寫到，
1966年6月上旬，「上海服裝鞋帽公司還舉辦過『春夏季新花色品
種展覽會』，儘管被指認為『宣揚資產階級生活方式』，終究是五
彩繽紛，儀態萬方」(《非常與正常——上海「文革」時期的社會
生活》上冊，頁197)。就我的經驗，同一時間的北京，絕無舉辦此
種展覽的可能。該書接下來還談到該年8月下旬上海舉辦的中國出

口服裝貿易會，並據上海報紙為同月歡慶文革和毛接見紅衛兵的
遊行集會配發的照片，現場速寫，比較了京、滬着裝習尚之不同
(同書，頁197–198)。唐曉峰記1966年9月北京串聯的中學生在公交
車上宣讀「紅色恐怖萬歲」的傳單，「車上的上海人一聲不吭」
(《走在大潮邊上》，《暴風雨的記憶》頁340–341)。

　　金大陸該書考察各地、各高校駐滬聯絡站後發現，沒有一個聯
絡站來自上海以南的城市(上冊，頁183)，據此認為「中國的『文
革』造反運動由北向南傳播」(同書頁184)。更將此判斷具體化為
「北方是爆發地，南方是波及地；北方是攻勢，南方是守勢；北方
輸出革命造反，南方承受革命造反；北方以首都為大本營，策動各
地『炮打司令部』，南方扼守自閉，糾纏於自身的矛盾衝突(南方
也有『北上』的，那只是『求援』和『學習』」(同上)。這是自文
革爆發到駐滬聯絡站撤銷(1967年3月)期間的狀況。至於中南、西
南「後發」的激烈，則是稍後的事。

　　因「工總司」、「寫作班」所處的主導地位，上海不同於其
他地方，文革中造反派所受外部壓力不大。工人造反派曾有內部
整肅。通常認為「一打三反」與「清查五一六」均為對造反派的
清算，卻也不儘然。如上海(參看李遜《上海文革運動史稿》頁
481)。可知這類「運動中的運動」，具體部署(包括打擊目標)亦有
地區差異。

　　地方與中央(也即外省與北京)從來有時間差，所謂「慢半拍」
是也。當然，時間差(是半拍還是數拍)因地而異。先於毛號召知青
上山下鄉，1967年底就自願到黑龍江國營農場的許成鋼說，初到農
場時，「北大荒給了我極為震動的印象，非常驚人的平靜，和處於
驚天動地文革中的北京完全不一樣。」(《探討，整肅與命運》，
《七十年代》頁416)當然，平靜的打破只是遲早的事。張新蠶《紅
色少女日記——一個女紅衛兵的心靈軌跡》1966年8月25日，記有
日記主人、東北西平的中學生向學校的黨支部申請加入紅衛兵(頁

68)。那已經是京滬等地大中學生「踢開黨委鬧革命」的時候。韓丁的《深翻》一書,說1966年發生在山西長治中學的「6.23」事件,「事實上是不折不扣地重演了5月25日到6月1日發生在北京的事件」,即聶元梓等七人大字報及其受到毛的公開支持的事件(中譯本,頁461)。文革期間,這類「重演」、複製在各處進行,以至模擬與「創造」並非總能區分。

時間差歷次政治運動中均有。即如1957年的「反右」,依高層的部署,先在中央機關、民主黨派、大專院校展開,而後擴展到各行各業(參看沈志華《從知識分子會議到反右派運動》頁630)。「反右」中母親不聽父親的勸誡,自投羅網,也因所在單位的小氣候不同。時間差使更多的人因未設防而淪為「右派」。[41]

卻也應當說,粗看像是京滬引領風氣,其他地方跟風,事實或並非如此,尤其「初期」之後。各地面對本地的問題,發展出了各自的節奏。無序,本是文革不同於前此政治運動的特點,也表現在地區間的千差萬別。城市間、城鄉間既有時間差,又有基於各地經濟社會狀況的諸種差異。一部充分呈現差別的文革史幾乎不能想像。差別不但在中央與地方、地方與地方,且在同一地的不同單位。同一時期有的鄉村一片血腥,有的卻如在世外。城市則有的單位已開始廝殺,有的尚在觀望,甚至始終未聞硝煙。即北京,校際間的差異或不下於地區之間。李學愚據自己的觀察,說北京醫學院的文革,較之北大、清華等校,「算是相對溫和的」;針對教師的做法也不算激烈(《「五七戰士」生活散記》,唐筱菊主編《在「五七幹校」的日子》頁312)。以中學生隨家長下幹校的馮世平,發現1969年底安徽鳳陽的中學「居然還在正常地教學」(《我的中學時代》,同書頁349)。由碧峽的文字看,他所在的武漢水電學院至少運動初期氣氛較為「溫和」。他說該校多數學生來自農

41　關於1957年底至1958年的「反右」,參看沈志華《從知識分子會議到反右派運動》頁651-652、655。這一時期的「反右」主要在中小學進行。母親即在此期間落網。

村和城市中下層家庭，社會關係和政治薰陶不如北京學生（《波瀾
乍起——武漢水電學院的1966》，《1966：我們那一代的回憶》頁
200）。[42] 即發生了武鬥，級別也互有不同。我家鄉城市裝備的是柳
條帽、冷兵器時代的長矛，西南、晉東南有些地方，的確經歷了
一場現代戰爭。當時有「運動發展不平衡」的說法。「不平衡」
正是常態。治文革史者即使沒有可能呈現「全貌」，也不妨留意
上述差異。

　　文革爆發前毛曾一再強調中央與地方分權的必要性，甚至使用
了「虛君共和」的說法（參看陳東林主編《1966–1976年中國國民經
濟概況》頁65）。他所說的「權」，指「經濟權力」。有關設想，
文革前已在落實中。毛未必想到的是，有利於「分權」的「三線建
設」，成為某些地區（如重慶，如晉東南）武鬥演變為「局部戰爭」
的條件。有大型國企尤其軍工企業的城市、地區，派仗、武鬥之激
烈，往往非他地所能及。

　　較早面世的文革史往往略等於北京文革史或京滬文革史，將
京滬外的廣大地區置於視野之外。較為晚出的幾種——如卜偉華的
《文化大革命的動亂與浩劫》、楊繼繩的《天地翻覆》——大量採
用地方文獻，文革考察的空間、地域維度於此凸顯。上述文革史著
作力圖對文革「全景呈現」。重要節點均有關於各地情況的鋪述。
如文革初期地方的「跟進」，如各地的派仗、武鬥。

　　差異無處不在。不但城鄉之間，城市之間，單位之間，而且城
市的不同街區之間。王安憶的小說《啟蒙時代》中精英學校學生，
與唐穎《阿飛街女生》中的市井子弟，同在上海，精神風貌全然不
同。市井少女更像是在「消費」革命；與王朔筆下的大院子弟一
樣，享受着「革命」的娛樂性。後人關於文革，以為其爆發之時舉
國若狂，也不免想像過度。文革高潮中的北京，也仍有游離者，所

42　張戎《鴻——三代中國女人的故事》談到了文革之初紅衛兵運動四川與北京間
　　氛圍、破壞程度的差異及其原因（中譯本，頁223）。

謂的「逍遙派」。即使最初的狂潮，也不足以將人們都捲入其中。

　　更豐富的差異自然在個體人之間。這種差異不可窮盡，也難以作規範性表述。歷史生活從來由無窮豐富的差異構成，只不過見之於歷史書寫，通常籠統罷了。本書上編第七章吳宓、顧頡剛、梁漱溟、譚其驤、沈從文、夏鼐的個案考察，也為便於呈現差異。即使有大批知識分子受難，仍然有受難的程度、對於橫逆的個人應對的不同。「知識分子」這一共名方便了表述，也方便了一概之論。這裏有表述的困境。脫出此困，個案陳述、分析，是策略之一種。儘管沒有完善的無可挑剔的表述，仍然有可能尋找更接近真相的表述。成效即使微小，也值得嘗試。

　　相對漫長、內部絕不統一的「運動」，既有橫向的地域、空間差異，又有時間中的諸種蛻變，更無論「捲入」其中的個人，「捲入」程度不等的個人，以至置身其外、不同程度地置身其外者。對於文革的符號化呈現，將想像的空間大大地壓縮了。有必要打開空間，發現「千差萬別」，至少保有對差異的敏感。

札記之三

紅衛兵·老紅衛兵·造反派·極左派·保守派
附錄：大學生/中學生——派仗——文革與當代中國的政治文化

紅衛兵·老紅衛兵·造反派·極左派·保守派

紅衛兵、造反派等，被作為了文革的標誌性符號。文革認知的簡化，也與這種「符號化」有關。對於被作為文革符號者，更有仔細辨析的必要。本書作者不敢以「客觀」自許。受限於「親歷」及其他條件，只能力求呈現有關面向的複雜性。

紅衛兵

因已有的論述已多，本節不擬對紅衛兵、紅衛兵運動作整體性的評價。

關於文革，「紅衛兵」是被最多提及的名目之一；除因紅衛兵在文革前期的作用外，或也因自覺講述文革的，最早也人數最多的，屬原紅衛兵或曰紅衛兵—知青世代。紅衛兵作為文革最廣為人知的符號，其意涵毋寧說更是被建構的。

關於「紅衛兵」一名的產生——亦被指為「紅衛兵運動」的發端——討論已多。[1]據當年紅衛兵的日記及回憶，不難尋繹紅衛兵運動興起中的自發與引導——引導是多方面的；有種種明示與暗示。「歷史現場」的複雜性幾難以窮盡。

陶正作為曾經的當事人，寫到了紅衛兵的由來，紅衛兵一名的生成。他回憶道，紅衛兵三個字早在1966年的5月初就出現了，

1　見諸較為晚近出版的文革史，即如卜偉華《文化大革命的動亂與浩劫》頁146–147、楊繼繩《天地翻覆》頁234–238。

「是一個在班級壁報上寫小字報的二人小組的名稱；是我的一個好友，如今的一位著名作家取的」（《我本隨和》，《那個年代中的我們》頁115）。該文還說，在他的記憶裏，紅衛兵誕生的日子不是那年的5月29日而是31日，「這兩天之差，關係到紅衛兵究竟在黎明前的黑暗中，還是在曙光出現的時候降生的」（同上）。對於文革史研究，可備一說。當時就讀北京四中的陳凱歌則說：「我們當時並不知道，五月二十九日，清華大學附中的一些學生，以幹部子弟為主體，成立了秘密組織──紅衛兵。他們深夜聚集在北京西郊圓明園的廢墟前，宣誓效忠毛澤東，並準備用生命和鮮血捍衛他的思想。」（《少年凱歌》頁59）即使如此，紅衛兵成為造反青年的總名，仍為被指「紅衛兵運動」發起者的中學生始料未及。

　　何蜀《文革重慶大武鬥實錄》談及紅衛兵作為能指，所指不一，易生歧義（參看該書《尾聲》，頁350）。也如對造反派，關於紅衛兵的全稱判斷，掩蓋了諸種差異，適足以將所指簡化、臉譜化，以至漫畫化、污名化。[2]對於那一代「造反青年」，不公平也遠於實情。

　　紅衛兵一名不為大中學生所專。1966年12月15日中央政治局擴大會議討論通過《中共中央關於農村無產階級文化大革命的指示（草案）》（即《農村十條》），提出「建立和發展以貧下中農青少年為骨幹的紅衛兵」。同月21日毛同波蘭來訪者的談話中談到了「在工廠要組織紅衛兵，在農村也要組織紅衛兵」（逢先知，金沖及主編《毛澤東傳》第六卷，頁2427）。學部的群眾組織就有「紅衛兵聯隊」、「紅衛兵總隊」。李遜《上海文革運動史稿》：「據文革後上海地方志記載，文革期間上海全市各類紅衛兵組織最多時達5430個。」（頁188）「各類」即不限於大中學生。該書認為，「紅衛兵組織興起的最大意義在於其體制外的組織形態，為不久全社會的自由結社開了大門」（頁118）。儘管其「興起」係被特許，而「自由結社」云云要加諸多限定。

2　韓少功不滿於紅衛兵的污名化。參看其《革命後記》頁115–116。

　　也因此紅衛兵有廣義、狹義之分。狹義指文革初期大中學生的組織，廣義則指文革中包括學生在內的各類群眾組織(參看王盛輝《1992年以來紅衛兵研究述評》，《思想者》2006年第3期，頁119)。下文所說紅衛兵，取其狹義，特指參與「紅衛兵運動」的大中學生。還有必要說，紅衛兵是總名、共名，具體化為老紅衛兵、造反派/保守派紅衛兵，造反派中取向不同的紅衛兵，以至不便歸類的紅衛兵，不宜以紅衛兵名之、其它又無以名之的群體。

　　青少年的投身文革，除被毛所說「經風雨，見世面」所激勵，較之其他人群，確也更有「在歷史中」的自覺，「創造歷史」的熱望。王安憶的小說《啟蒙時代》，寫中學生在禮堂的燭光中演講，說「那場面真是華麗，革命真是華麗，簡直不像真實，而是像，像藝術，像詩」(頁278)。這種華麗在親歷者的回望中，多少有一點海市蜃樓的虛幻意味。

　　由希望而失望甚而絕望，與曾過分地投入有關。曾經的紅衛兵領袖安文江，將紅衛兵比喻為西班牙鬥牛：「鬥牛是悍勇且又可悲的。鬥牛士用大紅布挑逗它，撩撥它，它野性勃發噴着鼻息低着腦殼高翹彎角，衝撞、踢蹋、搏殺。結果是長矛戳入背脊、短劍穿透心臟，在狂熱的歡呼聲中訇然倒下！」說「這是我的自畫像，也是一代紅衛兵的群像」(《我不懺悔》，《1966：我們那一代的回憶》頁97–98)。作者以為受了「蠱惑、誘騙」。同篇說「紅衛兵運動在1967年1月達到峰巔，也開始了衰敗」(頁103)。「始亂之，終棄之，大學紅衛兵是可悲的；但這種被棄使我們沒有在極左道路上滑得更深更遠，其中一部分開始自省，這又是紅衛兵的大幸」(同上)。[3]李零的說法是：「對我來說，『文革』很短。中學生在歷史舞臺上真正風光，破四舊，大串聯，滿打滿算，只有五個月。點火要用火柴，呲拉一劃，着了，點完還等甚麼，一甩手就把它扔了。」(《七十年代》，《七十年代》頁235)

3　該文記1967年3月清華「井岡山兵團」的某人對自己說：「老子算看透了！紅衛兵是啥玩意？抹桌布！打狗棍！」(頁109–110)

　　據宋永毅、孫大進《文化大革命和它的異端思潮》，自1967年夏至1971年，復旦大學的胡守鈞、周谷聲等人以「讀書會」等形式組織的討論，涉及了「文化大革命實質上是一場權力鬥爭」、「紅衛兵是被毛澤東及中央文革利用的工具」（頁419）等內容。被利用、受騙上當，是文革中大中學生中流行的認識，以身經親歷的直接經驗為依據。

　　文革中曾任江青秘書的閻長貴，撰《從「三娘教子」到「子教三娘」——漫議文化大革命的依靠力量》。依據他的經驗，以為文革的「依靠力量」是「青少年學生」（《問史求信集》頁34）；「青少年學生」卻未必這樣認為。有人批評閻氏該文，說：「毛澤東發動『文革』真正的依靠力量是軍隊。這一點，林彪在1967年8月9日接見曾思玉、劉豐的講話中說得很清楚。」而老紅衛兵這樣的「革命小將」、「『革命造反』的急先鋒」，「只風光了幾個月光景，很快就被運動拋棄了」（《南方週末》2009年9月10日D24版王海光文《尋找文革歷史的真相》）。

　　對於文革中紅衛兵一代，無論食指(郭路生)的「相信未來」，還是北島的「我不相信」，都足以撞擊他們敏感脆弱的神經。看似相反的告白可能出自同一個人。絕望與希望，篤信與幻滅，纏繞糾結，卻未必不同樣嚴肅沉痛，絕無玩世的成份。

　　「利用」說——將先是對紅衛兵，然後對「造反派」，僅僅由權謀(兔死狗烹、鳥盡弓藏)的方面解釋，將文革史敘述為權謀操弄下預定腳本、有人導演的一場戲，或許會簡化了歷史，同時傷害了曾經的當事者。毛善於作驚人之舉。文革中毛的驚人之舉，要解密相關檔案，才能判斷何者出自有意的設計，何者乃不得已而為之，以及意欲何為。

　　蔡翔聲稱，自己至今仍然激烈地認為，他所見的那些沒有軍裝和軍帽的平民少年(還有青年)，「是當時紅衛兵中最出色的一群。在這些平民少年中，後來走出了許許多多的優秀人物，影響着時代

發展」(《神聖回憶》，《1966：我們那一代的回憶》頁255)。該篇試圖將「錯誤」與「理想」剝離，強調對責任的承當，批判犬儒主義地調侃「理想」、理直氣壯地躲避「崇高」。他說自己拒絕懺悔，還說：「我並不為我的13歲感到羞恥。相反，我感到我的13歲是那樣地丰姿多彩，我擁有這樣的記憶。這樣的記憶伴隨我走過漫漫一生。」(頁262)蔡的回憶文字涉及了一些理論問題，非散文文體所宜負載，也因而呈現為片段，未能展開。

即使秦暉強調了自己少年時代那種「浪漫」的「沉重」，由他的回憶文字仍然可以看到一個少年的成長——平世十三、四歲的少年人難以想像的閱歷，所見世相，所歷人生(參看其收入同書的《沉重的浪漫——我的紅衛兵時代》)。

不便將上個世紀六十年代的紅衛兵(包括所謂「造反派紅衛兵」)描畫為「造反」、「反特權」、「反體制」、「反對一切的壓迫與不義」。上述各項因素都有，紅衛兵世代卻不宜以上述諸項概括。因為同時有盲目的破壞，有膨脹的特權意識(如「血統論」所公然宣示的)，對體制的批判性思考更是僅屬少數「思想先驅」。「反對一切壓迫與不義」尤其不便歸為那個時代的「時代精神」。文革十年隨處有正是借諸體制的一部分人對於另一部分人的迫害，只不過加害者與受害者的角色不斷變換以至顛倒而已。運動初興之時，引爆文革的校園，即有一部分人對另一部分人的打擊，不但學生對老師，而且一部分學生對另一部分學生。其時的「理想主義」、「浪漫主義」包含了自我否定。即使如此，考慮到「紅衛兵運動」內在構成的複雜性，依然不便全然否認上述因素，即基於「理想」、「浪漫」的「改造世界」的真誠願望。[4]

4　孔丹認為，「不應該以我們個人在當時是否有真誠、健康向上的心理，有想為國家為社會做事的出發點，就還要對紅衛兵運動在評價上有所保留，對它有正面肯定。」(《難得本色任天然》頁135–136)孔本人對紅衛兵運動的敘述與此種認知不免有扞格。或許，無論對文革還是對紅衛兵運動，都不宜僅在肯定/否定的框架中討論。

　　紅衛兵中確有一批有政治信仰的理想主義者，儘管那種信仰不是在自由的思想空間確立的。即令思想資源匱乏，他們仍然力圖超越個人得失地思考「人類命運」，有着為有價值的目標不惜身殉的純潔熱情。在一種模糊的敘事中，這一部分人與青年暴民，劫掠者，施暴、施虐者，混在了一起。梁曉聲《知青與紅衛兵》一文，強調了有不同的紅衛兵，不可一概而論。即如有「溫良」的紅衛兵。梁轉述了老舍的兒子舒乙所講故事，説那些「溫良的紅衛兵」沒有毀掉舒家的花，「臨走還在門上貼了一張告示——『這家的老太太是畫畫的，可以允許養花，敬告任何紅衛兵組織不得採取極端行動』」。梁説那一代紅衛兵中的大多數「其實並不比當年全中國的大多數人更瘋狂」（《那個年代中的我們》頁626、627）。

　　事後的敘述中，紅衛兵一名被使用得過濫，其內涵被大大延伸，以至失去了原初的語義。據我的經驗，派仗中紅衛兵這一符號已空洞化。派仗中人更以該派「戰士」自我指稱。事實是，當着「咸與維新」，「革命造反」的方向已無可比擬地複雜化了。1968年「工宣隊」、「軍宣隊」進校，大中學校的紅衛兵隨之解體。紅衛兵、紅衛兵運動的存在時間不到三年。以紅衛兵作為文革的標誌性符號，適足以造成遮蔽。泛泛地以紅衛兵涵蓋文革中的年輕人，多少出於言述的需要，也方便了將此一名「污名化」。文革期間曾為長沙工人造反派中活躍人物的陳益南，其回憶錄寫到了紅衛兵這一指稱在文革過程中的變化，與此一名有關的認知誤區。因得之於親歷，故能據經驗作細緻的辨析（參看《青春無痕——一個造反派工人的十年文革》頁27–30、96）。而「模糊影響」，文革考察中往往可見。文革對人作了種種區分。或許要有超越區分的眼界，才能看清那些與身份有關的名目、符號內涵的複雜性，打破此「障」，探入歷史的肌理。

　　如實地説，體現於文字層面的「紅衛兵文化」，較之文革中的紅衛兵有較長的壽命。北島曾反省自己早期詩作中的「革命腔

調」，認為那是自己希望掙脫的那個系統的回聲。更不必説大批判語彙、文風——當然，這絕非專屬紅衛兵的「文化」。令人為之心驚的，倒是未曾經歷過文革者那裏的文革氣味，那種偽「紅衛兵文化」——由此也可知文革的「社會土壤」依然存在。

　　無論將文革等同於「紅衛兵運動」，還是將文革歸結為派仗，都無助於完整地呈現文革史。對紅衛兵、造反派一類角色的過度強調，有妨於對其他更具「實質性」的問題的關注，即如捲入文革的不同階層的利益訴求。尤西林説，「當時似乎無可懷疑的個人迷信狂熱，其實卻以不同的社會階層利益為前提基礎」（《文革境況片斷》，《1966：我們那一代的回憶》）。這或許是更值得展開的思路。已有文革史著作在這一方向上深入，其中就包括李遜的《革命造反年代：上海文革運動史稿》。

　　紅衛兵被污名化，「前紅衛兵」這一身份，或為多數曾佩戴過那方紅袖章者不情願承認。他們更願意自認知青或前知青。也仍然有不同的姿態。紅衛兵從來不是令張承志感到羞愧的身份。發表於《上海文學》2011年第4期的《戀闕與胡笳》，他繼續宣稱自己的「不妥協」，申説自己對「人民之子——紅衛兵」的堅守。他堅持並自豪於自己的「不合時宜」，自豪而又悲憤於自己的孤獨。[5]至於在馬笑冬、尤西林等人的文字間，紅衛兵或許更是一種滲入了性情的情感狀態。我願意將那種執着看作現代社會中難得保有的品質。我從未擁有過「紅衛兵」這一種身份。1980年代對「知青文學」的閱讀中，最令我動心的，卻是張承志的作品。

　　文革結束後「知青文學」興起，有對「前知青」歷史的遮蔽。

5　在該篇隨筆中，張承志説到日本評論家對他的誤解。那位日本人説，「如果日語中還有『戀闕』一詞的話，張承志對毛澤東的感情就是它。」張對此回應道：「對毛主席我藏着一份自己的感情，那感情與對革命的觀點，以及胸中因革命失敗而湧起的遺恨——滲透糾纏。但它從未愚忠，更從不作態，它意味着我更尖銳地直視着他的錯誤。唯因革命的又一次無功而終，而深深地痛惜與遺憾。」（頁75、76）

原本連續的歷史像是斷成了兩截：張承志等少數小說家以及部分先鋒詩人除外。「紅衛兵—知青」，對一部分人，猶如前世今生；對另一部分人，不過個人成長史的兩個階段。考察這一種成長史，張承志的作品確可作為樣本。[6]借助文學，「知青」的形象遠較紅衛兵複雜豐富。上文所引梁曉聲《知青與紅衛兵》一文說，「在知青『上山下鄉』30周年之際，當我們整代人回憶我們差不多共同的經歷時，我們幾乎一致地，心照不宣地，諱莫如深地避開這一點——32年前，在我們還不是知青的兩年前，我們很多人的另一種經歷另一種身份是紅衛兵。」（《那個年代中的我們》頁624）。近年來的口述史彌縫了其間的斷裂。「紅衛兵—知青」歷史敘述的自覺——無論取何種形式，回憶錄、口述或訪談等等——或多或少基於澄清與紅衛兵一名有關的誤解。即使回憶、口述、訪談錄漸次問世，仍然難敵簡化、符號化的積久的慣性。關於紅衛兵、造反派的認知，是「文革敘事」的大關節目，親歷者確有提供經驗材料以存史的責任。上文已經說到，在這一方面，他們較之其他世代更自覺，更有擔當。紅衛兵是迄今文革人物中被敘述得較為充分的人物，證明了更強的自我清理與反思歷史的意願與能力。敘述作為行為，在一部分敘述者，也屬走出「紅衛兵時代」的過程。卻也有必要說，「文革敘事」為紅衛兵—知青主導，限制了文革考察的問題視野。

　　紅衛兵時代與知青經歷之於個人的意義，固有因人之異。《少年凱歌》寫雲南山中的奇景，寫在勞動中身心重獲「健康」：「在我能夠用手中的刀砍倒一棵一棵大樹的時候，我肯定了自己。我不再恐懼。千百次運動後的手臂鼓脹起來，血液在脈管中暢快地奔流，一種不僅是物質的東西在我的身體內暗暗生長起來，漸漸有力

6　在我看來，將紅衛兵—知青作為一個連貫的過程，將這一過程敘述得相對完整並特具深度的，是張承志——當然基於他的個人經歷與取向，不便以之作為標準。拙著《地之子》以專章分析「知青作者與知青文學」。事實是，當我著手寫那本書時，「知青作者」已陸續轉型。

量。同時，一些過去同我深深重合的影子漸漸離我而去。我坦然起來，感到一陣輕鬆，猶如感冒突然間全好了一樣，人長大原來也只需要一個瞬間。我開始信任自己……」（頁159–160）在這種意義上，伐木對於少年凱歌不再是苦役犯般的勞作，有報償，且不失豐厚。《紅色大院的女兒們》的作者則說，「恰恰是插隊，而不是紅衛兵運動，鑄成了我們這一代人刻骨銘心的相互認同」（頁153）。

　　無論查建英《八十年代訪談錄》、北島、李陀主編的《七十年代》，還是北島等人所編《暴風雨的記憶——1965–1970年的北京四中》，米鶴都主編《回憶與反思——紅衛兵時代風雲人物》，敘事均不限於文革；人物的故事，往往由1950年代以迄於今。由本節的角度，即包括了紅衛兵的「前傳」與「後傳」。自傳、口述歷史在其他知識人，更是個人行為。沒有另一代人，對自己參與其中的歷史以及與之相連的大歷史，有如此規模的跨時段的敘述。

　　工、軍宣隊進駐校園，在校中學生「上山下鄉」，終結了紅衛兵運動。終結紅衛兵運動的，尚有在校大學生分配中的「四個面向」，即「面向基層，面向工廠，面向農村，面向邊疆」。

　　由某篇文字中讀出了「全世界的青年文化與身份認同第一次被聯合書寫」的說法，說的是1960年代。同篇尚有「全球性的1960年代」云云。未知在作者看來，中國的「青年文化」是如何加入上述「聯合」的？限於能力也限於外語水平，不能對1960年代的青年運動作面面觀，是本書的一大缺憾。但我仍然希望知道，倘有「造反精神」的超越國界、越洋跨海的傳遞，這種傳遞是如何進行的？對於1960年代席捲歐美、日本、臺灣的青年運動，中國在多大的程度、何種意義上是「始作俑者」，是颱風眼；其在境外激起的迴響，多大程度上基於對中國的隔膜、錯覺、誤讀？我希望知道當時的世界如何想像、讀解中國。即使真的有過「聯合書寫」，中國青年寫下的一定很不同；縱然表象相似，內涵也定然有別。那麼「聯合」的印象緣何而造成？

　　1960年代中國與歐美、日本以至臺灣的異同，是我難以進一步觸探的題目。我確切地知道的，是中國青少年的造反與「毒品—迷幻」無關。在中國致幻的，是另外的東西。那些舉着小紅書的手臂，不但膚色不同，所抱持的理想、信念也相去甚遠，更不要説文化脈絡與價值立場。當彼方以驚豔的神情透過傳媒窺看中國，此方卻在層層封條的閉鎖中，連想像的資源都極端貧乏。中國與歐美同代青年擁有的，是看似相像、質地卻迥異的「1960年代」。彼方人士或許要到稍晚一些時間，才能發現當年的錯覺，一廂情願的誤解。

　　即使沒有足夠的考察，你也會相信發生在法國的、美國的、墨西哥的、日本的甚至臺灣的，與發生在中國大陸的，是不同的事情。小紅書、毛的肖像在中國以外，可能更是道具，未必能比之於格瓦拉(Ernesto "Che" Guevara)的作為象徵。因此也不必以為1960年代的「造反運動」有共同的遺產。張承志長篇小説《金牧場》中的中國前紅衛兵，與前東京大學「全共鬥」成員間的惺惺相惜，是該書動人的章節。[7]小説裏中國的前紅衛兵，向異國尋找同志情誼。小説試圖使我們相信，兩個異國知識人以精神、氣質相互吸引，有「歷史」暗中誘導。那麼在生活中，兩個人物間的友情，是否不憑藉了那一道幕布也能生成？張承志是強調背景(幕布)的，將其作為人物間的媒介，兩個人物間的第三個人。1960年代的日本流行歌手與他的歌，也充當了一部分背景，是兩個心靈共享的一份秘密。小説描寫了東京大學與軍警對峙的造反青年，卻沒有對等地寫中國的造反青年。那個中國學者的身份是較為隱晦的，他來自「金牧場」，曾經是內蒙古大草原上的知青。前於知青的一段歷史，未在這部小説中展開。

　　臺灣作家鄭鴻生的記述上個世紀六七十年代臺灣左翼青年的《青春之歌》，2013年北京三聯書店的大陸版提供了一種參照。由該書可見，大致同一時期海峽兩岸的精英中學——即如臺北建國中

7　「全共鬥」，1968–1969年發生在日本的學生運動。

學與北京四中——有風景之殊。1960年代至70年代初臺灣大中學生
的「學運」，儘管受到了海峽對岸的激發，卻並無呼應；訴求、表
達訴求的方式也全然不同。幾近隔絕狀態下的大陸青年，即使當時
能聽到也未必能領解發自對岸同代人的聲音。且當着1968年覺醒的
臺灣中學生活躍在臺北臺南，大陸的紅衛兵運動走向了盡頭。

　　相較於歐美、日本、臺灣的同一世代，中國大陸1960年代的造
反青年可能有遠為複雜的政治經驗，即如經歷了誤導、叛賣，經歷
了局勢的一再翻轉，自身命運的詭異變幻。上述經驗促使其早熟，
亦可能使之墮入頹廢、虛無。秦曉幾十年後接受訪談，説到使他
印象深刻的羅曼‧羅蘭（Romain Rolland）《約翰‧克利斯朵夫》的
「嘔吐論」，即一個人成熟前被灌滿了各種謊言，成熟的第一步即
嘔吐，將那些謊言都吐出來（《回憶與反思——紅衛兵時代風雲人
物》頁122）。

　　「青澀」、稚嫩，換一種説法，或即童騃。文革是太過特殊、
不無殘酷的「成人式」。至於由「青澀」、童騃走出，走到了哪
裏，也有因人之異。1980年代的文學青年醉心於鍾阿城小説中的
「禪意」，一時將不可説的「禪」説得時尚化了。其背後那種走出
「革命」的願望卻是真實的。這種真實的欲求在1990年代以來市場
化的衝擊下卻脆弱不堪，負面效應至今仍在。

　　王安憶以文革中上海中學生為敘述內容的《啟蒙時代》出版
後，引起的爭議，包括了「啟蒙」這一概念的歧義。「啟蒙時代」
的字面，既像是與普遍的文革記憶扞格，又引起了太高的期待，似
乎一定要規模宏偉、思想深刻，才與這題目適襯。實則李陀、北島
主編的那本回憶錄集《七十年代》即可注「啟蒙」。[8]有各種意義
上的「啟蒙」。王安憶所寫，倒是最本源的意義上的「啟蒙」，約
略相當於中國傳統「蒙學」的「開蒙」。

8　收入《七十年代》的許成鋼的回憶，關於「父與子」，其份量應非《啟蒙時代》
　　的類似故事所能比擬（參看許文《探討，整肅與命運》，該書頁432–433）。

　　文革作為「啟蒙」，意味確不免複雜。對於長期接受意識形態灌輸的青年、知識分子，那是一次足以使他們或夢醒、或幻滅、或墮入頹唐、或促其尋找新的資源、開始新的思考的過程。當然，為文革「啟蒙」、尋找新的資源、開始新的思考的，更是知識精英。遠為普遍的，是懵懂，對政治的疏離、厭倦。上個世紀八九十年代的「麻派」（「麻」即麻將）、「托派」（「托」即托福考試）中，就應當既有幻滅的知識人，也有「庸眾」。

　　本書一再引用的米鶴都主編的《回憶與反思──紅衛兵時代風雲人物》，《編者的話》說，該書所涉及的，是「為中國的『社會主義革命』扮演了試驗品角色的一代，也是為改革事業做了鋪墊和犧牲的一代」（頁6），不出流行見解。接下來的描述也不免籠統，不免於一概之論：關於「代」的說法通常如此。流行於1980年代的與「代」有關的敘事、論述，出於自我身份認同、自我歷史建構的需要，不免造出了似是而非的成見。該書的訪談對象所提供的，卻遠為豐富，不宜簡單歸納。受訪者中的某些人──當然是「代」中的極少數人──在此後的歷史中非但未被邊緣化，且再度弄潮，所獲「改革紅利」堪稱豐厚。無論《八十年代訪談錄》還是《七十年代》，均可看作一代人中「成功人士」的集體亮相──主要為人文知識分子，不足以代表其他「成功人士」。較之「紅衛兵時代」，「後紅衛兵」的歷史，有更複雜的層次，甚至有不便納入「代」的框架者。那是個人際遇天懸地隔的同代人。

　　香港學者陳佩華發現的，卻是另一面向。她對來自大陸的青年的訪談，在1974–1976年間的香港進行。她發現即使受訪者中較有反叛傾向者，「在感情上都沒有擺脫成長時期那種政治環境的影響。他們依然按已經接受的世界觀行事，思維方式仍受其兒童時代政治社會化的深刻制約」（《毛主席的孩子們──紅衛兵一代的成長和經歷》中譯本，頁214）。這使陳感到困惑。上述現象直至今天也不難發現，即某些當年的紅衛兵，終其一生，也是紅衛兵，是「永遠的紅衛兵」。

　　文革中一些年輕人的精神狀態，已為時下的青年難以想像也無從理解。如化名「伊林・滌西」的兩個中學生，因《致林彪同志的一封公開信》而招致牢獄之災，仍出現在1976年「四五運動」的現場；更於1978年寫《第三條道路宣言》。[9]文革中活躍一時的中學生李冬民，遭受打擊後也再次「跳出來」（參看《回憶與反思》的有關訪談）。他們或不具有理論、思想能量，卻有足夠的「主動性」、行動能力。張立才受訪時提到了「歷史的擔當」，「對社會的責任感」，說自己這輩子總是在搞「自下而上的草根政治，坎坎坷坷，三次被抓，兩次入獄」；還說到「因為走上了這條道」，就有了「一股慣性」，「必須往前走」，「至死不渝」（同書頁280）。這個世界也要有一些不安分的人，能攪動濃稠沉滯的池塘，才有生氣的吧。至於上述人物那種屢僕屢起的頑強，確應當有信念支撐。而「信念」（無論怎樣的信念)已然古老，漸成這個社會中稀缺的東西。

　　復旦大學曾經的紅衛兵領袖安文江說：「大學紅衛兵超過百萬，連同中小學的紅衛兵、紅小兵超過一億人。假如歷史不能給予他們以真實的描繪、客觀的評價，未來必將遭受歷史無情的懲罰！」（《我不懺悔》，《歷史在這裏沉思——1966–1976年記實》第五卷，頁300）文革那樣大面積的「荒廢」絕不應當重演，青少年的「野蠻生長」也難以再次發生。那一代人的成長經歷不可複製，他們中優秀者的精神氣質卻配得上一份敬意。在新人類、新新人類輩出的時代，對前代人的理解與尊重，也是對歷史的理解與尊重。

老紅衛兵

　　儘管各地均有「幹部子弟」，老紅衛兵(簡稱「老兵」)仍然更是京城特有的現象，與該城作為執政黨中央、中央政府所在地有

9　按所謂「第三條道路」，即社會民主黨的道路(如「北歐道路」)，文革後曾一度成為熱點議題。「伊林・滌西」之一的張立才自說早就看過考茨基(Karl J. Kautsky)、伯恩斯坦(Eduard Bernstein)、盧森堡(Rosa Luxemburg)的「那些理論」，「經常翻閱美國歷史」(參看《回憶與反思》一書的有關訪談)。

關。據卜偉華《文化大革命的動亂與浩劫》，文革初期，不少省市一度成立了幹部子弟主導的紅衛兵組織（頁227），大多不成氣候。上海的情況，參看李遜《上海文革運動史稿》頁93–98。據該書，儘管沒有「聯動」這樣的全市性組織，中學也有老兵組織，曾有過遊行、演出活動，甚至有標誌性的着裝（參看該書頁957、960、974–975）。由上文所引尤西林《文革境況片斷》一文看，西安也有「穿將校呢制服」的老紅衛兵，有被認為相當於「聯動」的「紅色恐怖隊」。並非被歸為「老紅衛兵」的，都認可這一指稱。清華大學附中的卜大華，說自己當時就拒絕這種身份，說「我不是老紅衛兵，我就是紅衛兵」（《我所知道的紅衛兵》，《回憶與反思》頁82）。[10]

　　文革中老紅衛兵除率先在學校（主要為中學）造「修正主義教育路線」的反之外，「殺向社會」，主要功績即「破四舊」。也應當說，城市街道「破四舊」期間的暴行，非全係「老兵」所為。造反派（亦稱「第二代紅衛兵」）興起之前，參與「破四舊」的，主要為包括「老兵」在內（或由「老兵」主導的）「第一代紅衛兵」，即中學較早成立的紅衛兵組織。

　　當時的北京四中學生馮永光事後回憶，「老兵」失勢，該校的「眾多造反派組織自封為紅衛兵，刻公章，印袖章——『紅衛兵』不再是某些人的專利了」（《風雨飄搖憶當年》，《暴風雨的記憶》頁170）。也因而，才有了所謂的「老兵」。紅衛兵則成為大、中學校群眾組織的共名、通稱。

　　《戚本禹回憶錄》區分了「高幹子弟」與「革幹子弟」。「高幹子弟」、「革幹子弟」外，尚有「軍幹子弟」（頁476、480）。戚認為老紅衛兵在文革歷史中，「無疑起了第一推力的先鋒作用」（頁481）。[11]

　　當時就讀清華大學附中的宋柏林，日記中寫到了來自父輩的

10　關於老紅衛兵，參看印紅標《文化大革命期間的青年思潮》第一章《老紅衛兵思潮和保守派思潮》。

11　據王學泰《監獄瑣記》，北京一般以行政八級以上為「高幹」（頁182）。

支持;「堅決支持」他們「幹革命」的老幹部,除其父外,尚有孔原、薄一波等(《清華附中老紅衛兵手記》頁76、77)。該書還寫到了幹部子弟間的校際聯絡,相互聲援(同書,頁77、78)。

老紅衛兵也如下文將要談到的造反派,不宜作一概之論。據孔丹事後的口述,文革初期北京四中的老紅衛兵較為另類,沒有完備的組織體系,「沒有實際上的紅衛兵總部,沒有設紅衛兵的運行機構,實際上還是利用年級支部、文革委員會、各個班的文革主任等這樣的一些組織形式」;「紅衛兵不是我們那個時期參加『文革』運動的主要方式」(《難得本色任天然》頁59)。

老紅衛兵有較為理性與較為激烈的區分。用卜大華的說法,即「鷹派」與「鴿派」(《我所知道的紅衛兵》,《回憶與反思》頁43);後者行事穩健、講究政策或策略。文革初期暴力氾濫之時,老紅衛兵中始終有制止打人的力量存在;對於「血統論」,也有態度的分歧。駱小海為宋柏林《清華附中老紅衛兵手記》所作序及宋的日記,都涉及了上述區分,無論用於概括的是「理性派」還是「策略派」。駱序說清華附中紅衛兵並非「主流的引領者」,所貢獻的僅限於紅衛兵這一名稱,和對造反精神的張揚。「它一方面受到主流的強大影響,身不由己而跟隨;另一方面,也掙扎着與主流抗衡,企圖糾正那些偏差。」(頁23)駱的該文,提到了清華附中紅衛兵與「主流」間的諸種歧異(頁24、25)。也如其他群眾組織,較早成立的紅衛兵組織,除少數中堅分子,更多的是被裹挾者——被所在人群裹挾,被情勢裹挾。

在《昨夜星辰昨夜風》一篇中,當年的老紅衛兵劉輝宣使用的說法是「理智派」(理智派/瘋狂派)(《暴風雨的記憶》頁45)。該篇說:「紅衛兵運動有很多過激的行動,比如抄家,『破四舊』,開批鬥會,而在紅衛兵高層,卻有過非常理智的核心。」(同書,頁48)據同篇,北京四中的幹部子弟不但有「理智」者,也有「凡事不捲入」者,甚至有參加本校「四三派」的,的確不宜作一概

之論(參看同書頁46、56)。秦曉的回憶文字有「理性」一例:「文革中四中的老師、校領導基本上都沒挨過打,更沒有自殺或被打死的」,校長楊濱的兒子稱之為「四中現象」(《四中往事》,頁98)。[12]「理性」的也不惟四中。卜大華接受訪談,談到了當時清華大學附中的紅衛兵未失理性,即如堅決制止武鬥。卜甚至說「我們那時有一種近乎頑固的紀律性」(《我所知道的紅衛兵》,《回憶與反思》頁35、42)。上文所引駱小海説清華附中紅衛兵「掙扎着與主流抗衡」,企圖糾正偏差,即包括制止武鬥。

　　據劉輝宣的經驗,「四中也有勢不兩立的派系爭鬥,但絕無你死我活,絕無往死裏整人。四中的理性是全面性,最初體現在孔丹秦曉這些『老兵派』的首領身上,後來則被對立面接了過去,體現在『新四中公社』的核心成員身上。」(《昨夜星辰昨夜風》,《暴風雨的記憶》頁56)劉還談到文革中一些同學對老師的保護,老師對學生的寬容諒解——更像是特例。亦極端情境中的師生情誼。與劉輝宣的上述説法不同,與其同校的紅衛兵領袖秦曉,當受訪時對本校「四三派」宿怨仍在;儘管已經過去了四十年,言及當年的對手,毫不掩飾其鄙夷不屑(參看其《四中往事》,同書108)。秦批評同校「四三派」不反省其奪權後對老紅衛兵的打壓。應當説,這一種「壓抑」,確也少見於記述文革的文字。由收入該書的文字看,兩造均未真正脱出當年派別對抗的語境,冰釋前嫌。[13]

　　面世較早的文革史(如高皋、嚴家其《「文革大革命」十年史》),關於「西糾」、「聯動」有較詳的負面記述,更接近於人們得自文革的印象。[14]我所見為「西糾」、「聯動」洗刷污名的,

---

12　「理性」主要表現在對本校老師、校領導。本書上編第二章《城市街頭的暴力》,寫到了四中文革史上的血腥。即使老師、校長受到了一定程度的保護,暴力也仍不可免(參看上編第七章《批鬥、強制勞動、降低待遇到「給出路」》)。

13　參看收入同書的「新四中公社」負責人之一王祖鍔的回憶文字《為追求平等而鬥爭》,同書頁190–191。

14　關於「聯動」見前注。「西糾」即首都紅衛兵糾察隊西城分隊外,尚有「東糾」、「海糾」。東即東城區,海即海淀區。

則有劉輝宣以「禮平」的筆名發表於《上海文學》雜誌的訪談。[15]

　　《紅色大院的女兒們》一書作者說，「1966年夏天衝鋒陷陣的風雲人物到了當年冬天就成了搗亂派；從上天安門城樓與領袖握手到衝擊國家公安部大門營救被捕夥伴，中間僅僅隔了幾個月。」（頁99–100）關於老紅衛兵的由激烈到頹唐，該書作者有其觀察與分析。

　　關於「聯動」，原老兵的說法不同於當時人們的觀感與事後形成的認知：你由收入《暴風雨的記憶》、《回憶與反思》等回憶錄、訪談錄可知。回憶或受訪的，為老兵中的領袖人物，對「聯動」的宗旨，與該組織普通成員的理解或有不同。更根本的問題，在於對體制、對十七年的基本判斷。這些問題，至今仍然沒有討論的空間，也決定了無論對老兵還是造反派，均不可能形成共識。

　　1967年1月毛《對〈紅旗〉雜誌社論稿〈論無產階級革命派的奪權鬥爭〉的批語和修改》，提到「中國工農紅旗軍」、「榮復軍」、「聯合行動委員會」，將上述組織指為「保字派的組織」、「反動組織」，直接定性（《建國以來毛澤東文稿》第十二冊，頁212）。一個1968年進入北京四中的學生，曾親見「清理階級隊伍」期間劉源、傅亮、薄熙成、孔丹被批鬥、坐「噴氣式」（白羽《一個七〇屆眼中的四中》，《暴風雨的記憶》頁304）。

　　關於「西糾」，王年一、卜偉華均強調其「反中央文革」的一面（按中央文革即中央文革小組）。王年一《大動亂的年代》對老紅衛兵、「西糾」、「聯動」的敘述（頁75–77、160–162），對「西糾」／「三司」的敘述（頁88），傾向明確。[16]其判斷基於是否

15　禮平、王斌《只是當時已惘然——〈晚霞消失的時候〉與紅衛兵往事》，刊《上海文化》2009年第3期、2010年第1期。該篇以《昨夜星辰昨夜風》為題收入《暴風雨的記憶》一書時有修訂。

16　「三司」，即「首都大專院校紅衛兵革命造反總司令部」。其時尚有「首都大專院校紅衛兵司令部」（「一司」）、「首都大專院校紅衛兵革命造反聯絡站」（「二司」）。

維護黨的領導(即各級黨組織的領導)、保護「老幹部」、「老革命家」、「革命老前輩」等標準。「西糾」、「聯動」的核心人物事後的回憶,着墨較多的,則是受命於周恩來制止暴力、保護領導幹部及著名民主人士、維持社會治安,對其針對「五類分子」「牛鬼蛇神」階級鬥爭的一面較少涉及。倒是一度活躍的劉輝宣,坦然承認對「西糾」的清算因紅衛兵「自身的種種劣跡而得到群眾的熱烈擁護」(《昨夜星辰昨夜風》,《暴風雨的記憶》頁51)。劉說:「紅衛兵在潰散前完全失控了,他們呼嘯成群,惹是生非,特別是在群眾面前瞎折騰,展示優越感,引起極大的社會反感。」(同上)「西糾」宣稱自己有權代行專政機構的職能,「堅決鎮壓地、富、反、壞、右、資和他們的孝子賢孫的反革命行動」(卜偉華《文化大革命的動亂與浩劫》頁225)。當時人們印象較深的,正是其暴力的一面,包括「階級鬥爭」以及對其他紅衛兵組織的彈壓。

卜著對「西糾」的評述,較王年一所著文革史客觀(參看卜著頁225–226)。至於兩書均提到的該組織的高層背景,對於肯定「西糾」已缺乏說服力。秦曉關於「西糾」的敘述(《四中往事》,《暴風雨的記憶》頁100–104),可與劉輝宣的回憶並讀;所涉「內幕」,是不曾置身同一「現場」者難以知曉也不能想像的。據秦說,「『西糾』的住房、汽車、司機、廚師和相關費用,都是由國務院供給的」(同上,頁103)。[17]

老兵代表人物的回憶,受限於與體制的關係、體制內的地位,與此相關的身份意識與認同,對「老兵現象」較少反省。王年一、卜偉華的文革史,在高層政治鬥爭的背景下為老兵定位;對於譚力夫講話,亦強調其支持工作組、反對中央文革的一面。譚力夫、老兵的維護體制,在變換了的語境中,並沒有不言自明的「正確性」。老兵確曾反對中央文革小組,否定毛的一些做法(尤其涉及

17　關於周恩來與「西糾」,參看劉輝宣《昨夜星辰昨夜風》,《暴風雨的記憶》頁48–49。孔丹口述《難得本色任天然》關於「西糾」、「聯動」的記述,見該書頁158–159。

「走資派」即領導幹部），卻不質疑作為文革邏輯前提的有關「階級鬥爭」的一整套論述，不質疑文革對其他目標(包括「資產階級反動權威」、五類分子)的打擊，當然也不質疑1950–60年代執政黨的一系列左的政策。僅據反對毛與中央文革小組打擊領導幹部而標榜先知先覺，多少有違誠實。

楊繼繩所著文革史，相關敍述不同於卜偉華尤其王年一。[18]《天地翻覆》第三十一章全文引錄了文革結束後「揭、批、查」期間孔丹、董志雄寫給陳雲的信及陳雲的批示(參看該書頁1054–1056)。陳雲批示說老紅衛兵「不屬『三種人』，其中好的還應當是第三梯隊的選拔對象」(頁1054)。這種意見確也見之於文革後的幹部任用。至於孔丹等人信中以如何對待「老幹部」、「老一輩無產階級革命家」劃線，談「老兵」與造反派的「本質」區別，可以作為相關論述的樣本。[19]

《紅色大院的女兒們》作者之一的葉維麗，認為「聯動」「是比較早對『文化大革命』提出質疑的，提出反對『右傾機會主義』，甚至提出『取消一切專制制度』。你可以說是因為這些人自己的特權地位受到了威脅。聯動骨子裏透着血統論，雖然它對『文革』有一定的批判性」(見該書頁144)。[20]

老兵支持工作組、反對衝擊領導幹部、政府機關；「聯動」反對中央文革小組及首都「三司」等造反派組織，均宜置於當時的歷史情境中分析。[21]老紅衛兵事後的追述，突出其獲周恩來支持，淡

---

18 楊繼繩《天地翻覆》的有關敍述，見該書頁271–286《「西糾」和「聯動」》。

19 關於「三種人」，見本書上編第三章《身份》、第八章《並非「大結局」》。《王大賓回憶錄》多處引孔丹《難得本色任天然》，比較雙方當時、事後對同一事件的敍述。

20 陶鐵柱《「聯動」與共產主義小組》一文所錄「首都中等學校紅衛兵聯合行動委員會」的傳單有「取消一切專制制度」(《1966：我們那一代的回憶》頁54)。葉維麗所說「取消一切專制制度」，即應據此。

21 戚本禹關於「破四舊」中京城、京郊暴力的高層背景的說法，不可盡信。其關

化其與文革初期「破四舊」期間暴力行為的關係，包括在校內外施暴，以「階級路線」的名義迫害打擊「黑五類」子弟，亦選擇性記憶之一例。秦曉強調老兵「反『中央文革』」，對手則「緊跟『中央文革』」，仍不免有文革式劃線的意味。在有關文革的文獻逐漸面世之後，「反」抑「緊跟」（包括反林與否、反周與否，以至反毛與否），似乎已不足以作為劃分是非對錯的充分根據。真正有質量的反思也不宜據此進行。

關於東、西糾、「聯動」，曾經的當事者，記憶互有不同。劉輝宣還告訴你北京四中與清華附中、北大附中之間的不同，以四中為「核心力量」的「城區紅衛兵」與「海淀紅衛兵」（以清華附中、北大附中的紅衛兵為核心）之間的不同（《昨夜星辰昨夜風》，《暴風雨的記憶》頁47）。對於考察「紅衛兵運動」，上述差異無疑值得留意。儘管如此，關於「西糾」、「聯動」的重新敘述，仍然打開了歷史塵封的一角，令人看到了大中學生背後的政治勢力，操控「運動走向」的高層人物間的博弈。你當年得自於「現場」的，不過紛雜的表象而已。運動參與者的選擇，遠非在其有可能知曉與掌控的條件下進行的——無論「老兵」，還是其對手，以及其他群眾組織。與其糾纏於是非對錯，不如還原操控其行動的政治力量與歷史情境。

與「西糾」、「聯動」有關的爭議，是文革有關話題的繼續。由相關著作所引「西糾」諸「通令」可證，該組織中的「理智派」（或曰「策略派」）確曾意欲協助當局恢復秩序、規範紅衛兵的行為、制止武鬥、制止「破四舊」中的亂打亂抄，保護「首長」的意圖尤為明確。敘述「西糾」、「聯動」，只及其一，不及其二，不

於「老兵」、「西糾」的敘述，與原「老兵」的回憶不止於扞格，甚至較原「造反派紅衛兵」對老兵惡感更深（參看《戚本禹回憶錄》頁487–488、509）。《陳伯達：最後口述回憶》關於陳所知「西糾」，參看該書299–301。該書記述了「西糾」驅趕家庭出身資本家的外地學生並大打出手；在火車站盤問外地來京學生的出身，「凡是出身地主資本家的」，「就拿皮帶抽打他們，叫他們滾回去」（頁300–302）。

是對歷史的正常態度。至於對保護「首長」僅由「保爹」的方面解釋，也未免過於簡化。「西糾」諸「通令」可證，「老兵」、「西糾」以至「聯動」也如造反派，其內部的差異遠為得到充分的揭示。

趙振開說，1968年春，工、軍宣隊進駐北京的中學，「『文革』草率收場，我們有一種被出賣的感覺。與此同時，在兩派衝突的背後，傳來『老兵』意味深長的挑戰，什麼『二十年後見高低』，『你們有筆桿子，我們有槍桿子，看將來是誰的天下？』」（《走進暴風雨》，《暴風雨的記憶》頁218）與趙同校的唐曉峰也提到了「二十年後……」這一「著名口號」（《走在大潮邊上》，同書頁335）。遇羅克在其關於「出身」問題的系列文章中引清華大學附中紅衛兵的話：「我們想到的不是今天，而是二十年以後的今天」（參看宋永毅、孫大進《文化大革命和它的異端思潮》頁153）。「二十年後」云云，據說出自當時北京一〇一中學老紅衛兵的一封信。該信說：「崽子別狂，等着瞧，二十年後世界是我們幹部子弟的，你們靠邊站！」（參看楊繼繩《天地翻覆》頁284）。[22]老兵確有足夠的底氣。他們更瞭解這個體制，也更與體制休戚與共。接下來趙振開繼續寫所見老兵：「無論在校園小路或字裏行間，到處投下他們傲慢的身影。這來自『血統』的傲慢，僭越歷史的傲慢，年幼無知倒也罷了，關鍵是他們從未有過什麼反省（除少數例外）。這是一種深深的傷害，包括對他們自己，這傷害四十年依然有效——『平民』與『貴族』的界限有如歷史的傷疤，至今沒有癒合。」（《走進暴風雨》，《暴風雨的記憶》頁218）事實則是，不待二十年，甚至不待文革結束，部分老兵即開始了強勢崛起，當年的「預言」提前應驗；他們的對手（其中不乏優秀者）卻過早地湮沒在歷史的風塵中。是否也多少與此有關，一些北京中學紅

22　署名「北京一〇一中，你們的爺爺——老紅衛兵」給造反派的恐嚇信，尚可參看印紅標《文化大革命期間的青年思潮》頁16、該章註35。

衛兵「四三派」的領軍人物謝絕關於那段歷史的訪談(參看《回憶與反思——紅衛兵時代風雲人物・編者的話》)？僅由此看,「歷史的傷疤」的確並未癒合。

　　陰影依舊與「血統—歧視」有關:對「黑五類」及其子女的歧視之後,是新的出身歧視,對農民、窮人、低收入者、進入城市的農民工及其子女,等等。近代中國並未形成歐美所謂的「政治家族」,卻有「權貴」,被特殊培養的「接班人」。近幾十年來「裙帶關係」大行其道,地方上更公然、肆無忌憚,無需借由「血統論」作為辯護,憑藉的是赤裸裸地官場交易。如此等等,將當年那場本無贏家的圍繞「血統—出身」的論爭拖到了二十年後、五十年後。

　　收入徐曉主編的《民間書信》中的一封說,「必須看到,老兵中有一些人在農村幹得相當不錯」,某中的某人「已經掌握」了某縣(頁53)。由該信看,寫信者應屬北京中學紅衛兵「四三派」;「掌握」云云,或也證明了文革中北京中學生組織間的對抗,插隊後的一段時間裏仍以隱蔽的方式進行。收入同書的另一封信說,與雲南和其他北京知青相比,「我們是最高尚、最純粹、最有理想、最懂得社會、最溫文爾雅、最有前途和最厲害的」(頁126)。該信的作者說,儘管自己現在這麼紅,卻「不準備長期在這兒待下去」,出路有兩條:「一、走後門當兵,二、走後門去軍事院校或其它院校。」(頁128)正是當年幹部子女的口氣。縱然到了基層,仍未失幹部子女的精英意識。

　　受訪或回憶文字,確也仍可察覺當年的老兵俯臨對手、睥睨一世的優越感。當然,此老兵已非彼老兵。文革期間的基層生活經歷在其代表人物那裏,打下了深淺不等的印記。他們所憑藉的政治資源,攜帶的社會資本,以及精神血緣,仍不難令人記起當年的豪語。「幹部子女」由文革前夕、文革初期當然的「接班人」,一度落魄到重新崛起,峰迴路轉,在如此短暫的時間裏。直至近期,仍有「紅二代」聲稱較「官二代」更有享有某

種特權的正當性；隱蔽的邏輯，依舊在「血統」貴賤中。[23]

我也注意到，老紅衛兵除張郎郎、張承志，其代表人物對「階級路線」下同代人所受不公、對當年的激辯及其後的遇羅克一案諱莫如深，卻對來自於造反派的衝擊耿耿於懷。雖有文革結束後對造反派的清算，當年老兵中的部分人物躋身高層，據有要津，對那一段往事仍心存芥蒂。世襲、半世襲的優越地位，使他們難以對其他同代人的處境感同身受。

孔丹口述《難得本色任天然》一書説，「『文革』後，老同志通過文化大革命的教訓有一種傾向性，覺得過去用的人很多有問題。許多領導的秘書，在關鍵時刻禁不起考驗而反戈一擊，甚至有些人投機出賣；所以，選幹部子弟當秘書，是那個時期的一個潮流，覺得至少政治上可信。」（頁164）口述中孔丹對此態度坦然，似乎一切順理成章。秦曉受訪中也説，文革後「老幹部找幹部子女做秘書很普遍，一是認為可靠，經過文化革命，好多老幹部都有怕秘書造反的心結。另外就是文革後期老幹部還沒有恢復工作的時候，正常的組織渠道不通暢，消息全是通過子女們之間傳來傳去的。」（《走出烏托邦》，《回憶與反思》頁137）[24]這也屬文革後期到文革結束之初政治生態的一部分。楊繼繩引陳雲流傳甚廣的話：「讓我們自己的子女接班，不會挖祖墳。」（《天地翻覆》頁1135）[25]文革後對高幹子女的准制度性安排，多少像是文革期間衝擊領導層、批判「特權」的事後補償。高幹子女依其人脈進入政商兩界，深度參與了文革後的經濟社會發展進程。這一代的人生軌跡，某種程度影響到文革後期、文革後中國的歷史走向，因而特具

23　數十年後受訪，譚力夫（譚斌）既高度估價自己那篇被作為老兵宣言之一的「8.20發言」，又對老兵的「歷史作用」持基本否定的評價（《回憶與反思》頁308–309）。較之中學老兵的代表人物，更顯膚淺。

24　《戚本禹回憶錄》：「田家英自殺後，揭發他最多的人，就是他的秘書。」（頁694）。

25　何方《黨史筆記》説「有的領導人公然提倡老幹部子弟接班，説他們起碼不會挖祖墳」（頁263）。可證該説法流傳之廣。

考察價值。文革前夕的「培養接班人」，至此完成了一度輪迴，抵達的卻是與始點不盡重合的地方。文革改變與未改變的，由此亦可理出一條線索。

孔丹在其口述中提到了當年同為北京四中紅衛兵領袖的秦曉，說自己「對他現在的一些理念和觀點並不認同，而且有些是很對立的」（《難得本色任天然》頁153）。對此並未展開。該書具體提到的與秦的分歧是，不同意秦曉所說「對國有企業不能稱其為一個真正意義上的市場經營單位」（頁188）。這一分歧至今仍大有討論的價值。分析文革後老紅衛兵的分途，孔、秦或許是理想的樣本。

宋柏林《清華附中老紅衛兵手記》有手記主人文革期間關於「幹部子弟」的反思。1967年1月2日，提到幹部是「特權階層」；「不根本改變目前的幹部制度、機構，終會出修正主義」。還說：「幹部子弟是修苗子，一定要吃苦改造，要與一般人一樣才能真正有所作為。」甚至說「現在我們被壓，壓得好，迫使我們跳出幹部子弟的圈子看問題」（頁194）。5月29日寫道：「一年來變化多大呀，小太陽變成了小囚犯，朝氣蓬勃的闖將變成了深思熟慮的『油條』。」（頁264）那正是紅衛兵誕生一周年的日子(儘管陶正對此日期有異議)。「小囚犯」應指抓捕「聯動」成員；「油條」則有自嘲意味。9月23日閱讀蘇聯小說《青年近衛軍》，為其中關於幹部子弟的描寫所觸動，說人物「因為經常模仿大人物們某些外表上表現權力的方式而變壞」，「既沒達到大人物的深刻，又喪失了小人物們的單純」，自問「我們還要走這一條路嗎？」（頁315）[26]

《手記》的主人宋柏林或可歸為「非典型」老兵：支持「血統論」卻未公開發聲；看到本校「紅五類」打「狗崽子」，自己未動手；參加「聯動」衝擊公安部，卻未衝進去(頁400)；主張退出

26　該書頁235注引文革中流傳的毛與王海容的談話，其中有「我們的幹部子弟很令人擔心，他們沒有什麼生活經驗和社會經驗，可是架子很大，有很大的優越感。要教育他們，不要靠父母，不要靠先輩，要完全靠自己」云云。

或解散「聯動」(頁197–198。《手記》稱「聯委」);甚至想「去徵求造反派的意見」(頁201);串連中曾決定「支持造反派」,即遭血腥鎮壓的青海「八一八」紅衛兵組織(頁211–213);看「紅衛兵戰果展覽」感到的是「不舒服」(頁326)。由《手記》看,1966年10月後宋即開始與運動疏離——儘管交往仍在幹部子弟圈子內,卻自我邊緣化。宋說自己「原來是較冷酷的,只知階級而不知人道的。現在我的人道主義越來越多了,覺得生活中最崇高的好像真的是『愛』,並不是單純地愛一個人,而是愛整個民族,整個國家,整個人民」(1968年1月6日,頁377)。或許典型的(即符合人們想像的)老紅衛兵本就是少數。無論作為局中人還是親歷者,宋柏林的經驗均不夠完整,卻也可能更有代表性。其他群眾組織成員也類此。對於文革、派仗,介入程度、介入方式有因人因時期之異。「中堅分子」是少數,更多的是游離、若即若離或僅有情感上、人事上的聯繫。

　　陶正參與了清華附中紅衛兵的創建,是非「紅五類」出身的老紅衛兵。他回憶的,是當着「先知先覺」者已然「大徹大悟」,一個秉性隨和的老紅衛兵堅守的故事(《我本隨和》,收入《那個年代中的我們》)。如上文所說,張承志也示人以堅守——對某種價值立場與情懷。在普遍善忘、善變的風氣中,上述堅守顯出了稀有;只是所堅守、所以堅守,不免在時間中變得曖昧罷了。王安憶曾以其作品《烏托邦詩篇》向張承志致意。那應當是確認了差異之後的敬意。王安憶未見得沒有溫柔的堅守;與張的堅守,質地容或不同,骨子裏的那點精神,卻可能是相通的。

　　收入《七十年代》的《寧靜的地平線》一篇,老紅衛兵張郎郎寫自己與遇羅克在死囚牢中相遇,殊途而同歸,情節天然荒誕,有殘酷的諷刺意味。文革爆發四十周年之時,張承志寫給遇羅克的祭文(刊《讀書》雜誌2006年第12期),在我看來,出於真正的英雄氣概。作者力圖超越懺悔,尋求對歷史的複雜呈現——是這樣的生者

與死者！小説《晚霞消失的時候》的作者劉輝宣向遇羅克致意；如上文已經提到的，甚至説「伯仁非我所殺，伯仁因我而死」——劉曾為「老子英雄兒好漢，老子反動兒混蛋」的著名對聯譜曲（《昨夜星辰昨夜風》，《暴風雨的記憶》頁43）。被指為「極左派」的楊曦光，也曾在看守所與同校「聯動」（按指「聯動思潮」）的「思想家」相遇（《牛鬼蛇神錄》頁73）。文革大戲之奇詭，也在類似的劇情中。

陳凱歌的回憶文字《青春劍》，寫到了初建的四中紅衛兵組織，「血統純潔」到了「許多父母級別不夠高的幹部子弟被拒之門外」（《暴風雨的記憶》頁75）。描述細緻入微，是身在局中者難以意識到的。該篇寫其同校的幹部子弟，出於就近的觀察，無論對因父親（彭真）而落魄的F，還是對「資質高潔」、「天性冷靜恬淡」的G、將門之後的張曉翔，均有同情、欣賞甚至心儀（同書，頁66–68），並無平民子弟對貴族子弟的偏見。陳對當時幹部子弟的觀察，或不為其觀察對象認可，卻不能不説其中包含「瞭解之同情」。

下文將要談到所謂的造反派。高幹子女中的造反派，應不止葉向真（葉劍英之女）、陶斯亮（陶鑄之女）。[27]命名往往以忽略差異為代價。老紅衛兵亦然。「老兵」、「紅二代」、「幹部子弟」一類名目，方便了一概之論。老兵中固然有文革後因前輩餘蔭而「上位」者，也大有專業工作者以至普通勞動者。即使當年，在被作為「老兵」的標記的「血統論」的議題上，老兵也並非一致。其中較有見識者，以「解放全人類」為期許，即使這一口號仍有那個時期的顯明印記（參看《回憶與反思》一書中對秦曉的訪談）。

《八十年代訪談錄》、《七十年代》的受訪者、作者中鮮有當年的老紅衛兵（張郎郎或屬例外）；較多的，是曾被沖刷到「邊緣」，進入八十年代方現身於某種舞臺的人文知識分子。紅衛兵

27　關於葉向真在文革中，參看《王大賓回憶錄》頁95；陶斯亮，參看同書頁96–97。葉、陶文革爆發時均為大學生。

的歷史有待重新敘述。不妨期待更多當年的老紅衛兵由歷史深處走出。沒有他們的故事，文革歷史將殘缺不全。2014年宋彬彬、陳小魯等人發起而響應者寥寥的反思與道歉，應當屬「現象級」的。陳小魯2018年去世後，有關於其道歉的異議。在我看來，在諱言個人責任的風氣中，道歉已彌足珍貴。

　　葉維麗《紅色大院的女兒們》談到了幹部子弟和老紅衛兵製造的「亞文化」，體現於服裝與生活方式(見該書頁145–148)。葉在該書中議論道：「『文化大革命』真是充滿悖論，從革命的『母體』裏衍生出異己的亞文化，這難道不是預示了中國社會以後的變遷？說到『文革』，人們往往僅僅注意政治層面的問題，其實社會層面、生活層面的現象也很有意思。一方面似乎政治無孔不入，無產階級專政武裝到牙齒，另一方面卻有很多空隙。」她據對老紅衛兵動向的觀察，以為青少年「反主流文化」的現象的出現，在1966年冬(頁147–148)。王朔《動物兇猛》所寫的生活方式，那時已經出現。王朔他們是在學老紅衛兵大哥哥大姐姐們(頁146–147)。葉沒有提到軍隊大院中走出的搖滾巨星崔健，拍攝改編自王朔小說的《陽光燦爛的日子》的大院子弟姜文。上述文化現象，其脈絡豈不值得梳理？

造反派

　　所謂的「造反派紅衛兵」，即因批判「資產階級反動路線」(簡稱「資反路線」)而興起的紅衛兵，被稱作「第二代紅衛兵」。「第一代紅衛兵」既包括「老兵」，也包括了所謂的「保守派紅衛兵」。

　　事後看來，非但造反派/保守派(亦作「保皇派」)，而且「多數派」/「少數派」、「激進派」/「溫和派」以至「左派」/「極左派」等等，均有重新清理、界定的必要。尤有必要討論的，是造反派這一名目的適用性。文革敘事倘若不能超越上述派別論的視

野，難以開出新生面是無疑的。關於「造反派」的考察往往更以大
中學生為樣本。[28]「造反派」遍及黨政軍各個部門，亦文革的特點
之一。[29]

　　親歷文革的楊繼繩説，文革中「除了官辦的紅衛兵、赤衛
隊(1966年底基本瓦解)以外，所有參加群眾組織的人都是『造反
派』。他們的差異僅限於『造反』對象的不同。為了顯示自己的革
命性，無論是造反派還是保守派，對地、富、反、壞、右，都是排
斥和打擊的，都盡力保持隊伍的『純潔性』。不過，保守派隊伍更
為『純潔』。」(《天地翻覆》頁309)王大賓則徑直以「老兵」為
「文革初期首先登上文革政治舞臺的文革造反派」，認為「工作
隊及其追隨的部分群眾，亦是文革初期奉命造反的文革運動中的
一類造反派」(《王大賓回憶錄》頁2、7)。以上表述或許意在校正
與「造反派」一名有關的偏見。楊似乎有意避開了老紅衛兵。老
兵非即「官辦」，其成立──由清華大學附中紅衛發起並命名──
確係自發。此外還應當説，造反派中偏於溫和者，隊伍也較為「純
潔」。以平民子弟為主體的造反派在批判「資產階級反動路線」中
興起，其最有力的對手不是「官辦」的「保守派紅衛兵」，而是老
兵。因文革結束後的「揭、批、查」，這條線索甚至更為清晰。

　　關於文革中的派仗，我的關注點不在「造反派/保守派」；既
因類似框架的敘述已經夠多，也因這種框架本身的可疑。對於我的
意圖，「群眾組織」一名較之造反派、保守派更適用(後工作組時
期的群眾組織多冠以「革命」二字，即「革命群眾組織」)。「初
期」之後，不惟京城，幾乎各地都出現了不同「群眾組織」間的對

28　周倫佐《「文革」造反派真相》2006年宋永毅序，説該書是「目前為止由中
　　國大陸學者撰寫的第一本有關文革造反派研究的著作」(頁3)。周著出版於2006
　　年。前此，1999年即有徐友漁《形形色色的造反──紅衛兵精神素質的形成及演
　　變》出版。「形形色色的造反」，即動機、動力、背景等等各異的「造反」。

29　關於「三軍無產階級革命派」，參看閻長貴《「揪軍內一小撮」口號的實質
　　和來龍去脈》、《關於〈吳法憲回憶錄〉下卷中的若干史實》，收入《問史
　　求信集》。

抗，其間的差異取決於各組織生成的背景，人員構成，也因所在地區的政治情勢，以及政治勢力的介入。

造反派亦如紅衛兵，有關的形象部分地是由文革後的言説、敘述塑造的。在我看來，類型化正是「文革研究」諸障之一。紅衛兵的臉譜化，多少出於文學藝術的製作；造反派的妖魔化則更像是望文生義：僅由字面看，是一群無法無天的暴徒。文革受害者囿於自身處境，往往將加害者泛泛地指為紅衛兵或造反派。也像紅衛兵，造反派/保守派更是一種敘述、論述策略，便於將那一複雜事件敘述、分析得簡單明晰、通俗易曉。莫里斯·邁斯納《毛澤東的中國及後毛澤東的中國》批評外國學者與中國官方的説法一致，將文革期間的暴行「含糊地歸罪於『激進的毛澤東主義分子』」，而「『激進的毛澤東主義分子』與中國的知識分子一樣，也是毛澤東文化大革命的受害者——而且他們的人數更多」（中譯本，頁464）。一個外國的文革研究者有上述見識，殊為難得。[30]

對文革幾於全程參與的湖南造反派工人陳益南，其出版於境外的《青春無痕——一個造反派工人的十年文革》一書，力圖澄清關於紅衛兵、造反派的誤解。他説，文革中「沒有哪一位省委書記是真正由『造反派』打倒的。造反派不過是在實質上執行中央、中央文革的意圖而已。」「表面上，造反派好像是歷史上那些可以自行其是的起義者，而實際上，他們卻並不真正具備有獨立性。他們每一個大步驟，都嚴格受制於中央和中央文革的『戰略部署』，受制於中央的每一項規定和命令。」「文革發生的造反活動，有群眾運動的成份，但從根本上說，卻是被中央文革在『運動』」。還説，造反派「並不是與政府分庭對抗的起義者隊伍」，不但受中共領導——「只受中共中央這個『總司令部』領導」——而且思想觀念

30　一度捲入文革的何方晚年説，「把文革中的壞人壞事盡量往造反派的籮筐裏裝，把造反派妖魔化，這都早已成為普遍現象。」（《何方自述》頁334）

上全盤接受黨的理論(見該書頁317、318、334、347)。[31]

　　有必要分疏的,尚有所謂的「少數派/多數派」。1962年1月30日毛《在擴大的中央工作會議上的講話》說:「歷史上常常有這樣的事實,起初,真理不是在多數人手裏,而是在少數人手裏。」(《建國以來毛澤東文稿》第十冊,頁40)為文革中流行的毛語錄之一。「少數派」、「多數派」一類名目反映的,是文革初起時的情況。其字面意義僅在特定時段有適用性。此後群眾組織人數的多少,往往依是否獲得高層支持為轉移。經中央文革小組表態支持的派別,往往擴張迅速,由「少數」而「多數」。毛1967年9月談到多數、少數,說去年夏天贊成文化大革命的,佔少數;現在「革命派佔了多數」(逄先知、金沖及主編《毛澤東傳》第六卷,頁2475)。至此,沿用「少數派」之稱已名實不副。[32]此外,「少數」、「多數」的二分,未將文革期間非此非彼的人群納入視野。到派仗高潮,毋寧說多數更是所謂的「逍遙派」,其中或有某一派的同情者。「逍遙派」在派仗、武鬥中的「壯大」,成為文革難以為繼的徵兆。

　　文革初期對各級黨組織、工作組的衝擊,儘管受到了毛的鼓勵,發起衝擊者,除非有特殊信息渠道,未見得有先見之明。黨組織即黨,甚至黨員即黨——因「反右」而深入人心的上述觀念,如此短的時間已失去了效用,足證思想鉗制、禁錮的不堪一擊。

　　將「造反」想像為毛的《湖南農民運動考察報告》所謂的「痞子運動」;認為參與「造反」者的動機,僅止於改善不利的政治處境、地位,不免想當然。李遜《上海文革運動史稿》第六章的標

31　力圖澄清的,另如聶元梓回憶錄、蒯大富的受訪記錄、王大賓的自述等。雖不足以為造反派「恢復名譽」,至少有助於呈現歷史的複雜面。

32　許子東《重讀「文革」》一書關於「多數」/「少數」的分析,參看該書頁31–32、163–164。《王大賓回憶錄》第二章的標題為「北京高校反工作組的造反派何由少數派成了多數派」(頁12)。王年一《大動亂的年代》關於「少數派」/「多數派」特徵的判斷失之簡率(如該書頁88)。

題是：「工廠裏的造反派——響應毛主席號召的積極分子們」（頁197）。與通常關於造反派的認知不同，該書告訴你，在上海這座當時中國最大的工業城市，主導該市運動的工人造反派的中堅分子，是「響應毛主席號召的積極分子」。該書引錄「工總司」總部對「老造反」的年齡、工齡、文革前的職務、受教育程度、黨團員比例諸項統計，其中黨團員比例較高、受教育程度較高兩項，引人注意（頁375–377）。尤其較高的黨團員比例，「和當時人們通常認為的『造反派裏落後分子多』的習慣說法不一致」（頁377）。這種細化的分析極為必要。據李遜同書，復旦大學「紅革會」的核心人物，「大多是造反的學生幹部和黨團員」（頁180）。關於上海初期造反派領袖中的中共黨員，參看同書頁274註36。該書說，促使他們中有些人「造反」的，「並不是他們的個人品質，也不是他們的個人境遇，而是高度集中的政治經濟體制造成的久被壓抑的社會矛盾」（頁259）。還說，「造反派中的相當一部分人，文革前相比其他普通工人，具有更多自我意識及個性，比較不安於現狀，對自己的人生有着自我設計和追求。」（頁260）該書作者不以為然於貼標籤，如說造反派文革前都是「社會渣滓」，或「都是受共產黨政策壓抑的受壓制者」（頁258）。[33]上海「工總司」的情況是否有特殊性，要與類似的工人組織比較才能知曉。不惟上海「工總司」如此。王大賓說，最初成立的北京地質學院東方紅公社，成員多為學生幹部與共青團幹部（《王大賓回憶錄》頁24）。

全國的群眾組織中，上海的「工總司」地位特殊，不能例其餘。上海市革命委員會及各級領導機關吸收了較多工人代表，尤其工人造反派，亦屬上海文革的特點（李遜《上海文革運動史稿》頁1072、1087–1088）。各地群眾組織取消後，「工總司」仍能借殼

---

33 同書分析了上海柴油機廠兩派的人員構成（頁860），可知無論造反派還是保守派，其構成與具體單位的運動情勢有關，不便作一概之論。上海無論工人還是學生，黨員之為造反派的領袖，如工總司的王洪文、王秀珍，學生如馬立新等，作為現象有分析價值。

（「工代會」、「總工會」）生存，直至文革結束，應絕無僅有。至
此，上海的工人造反派幾乎成為全國造反派中碩果僅存的那部分。

　　李遜同書還說，不同於北京的老紅衛兵，在「秘密成立紅衛
兵組織時，根本就沒有考慮需要得到哪一級機構的承認」；上海的
「工人造反派則缺乏這樣的自信，尤其缺乏把握自己政治命運的自
信。他們成立後所做的第一件事，便是要求自己的批判對象承認自
己組織的合法性和行動的革命性，以降低造反的成本和風險。」
（頁379–380）這是一種有意思的比較。工人造反派對「合法性」的
關切，與其職業身份、實際利害(非止物質利益)相關。這一方面上
海的情況是否有特殊性，也要與其他地區(如成都、重慶、武漢)捲
入文革的工人比較才能認定。可以相信的是，工人較之學生，有與
切身利益相關的更具體的訴求，其行動更受制於職業身份與利害考
量。遺憾的是，其他老工業區與三線新工業區的文革，至今未見有
如李遜這樣深入的考察。

　　李遜該書說，工人造反派的參政「並沒有為工人帶來太多的實
際利益」，「他們所起的作用更多是在民主權益的爭取上」。歷經
十幾年的教育，到文革，上海工人的階級意識大大提高。「文革時
期是最讓工人具有『主人翁』的感覺，也是工人整體階級意識最強
的時期」。但廣大工人並不以工人造反派為「代言人」，造反派也
「從未真正為工人代言」。該書甚至認為，文革中的「工人造反派
運動」，「是1949年後工人作為『領導階級』參政的最輝煌時期。
大批普通工人成為政治或經濟執行機構甚至決策機構的中心人物。
無論成功還是失敗，都在中國工人運動史上留下了引人深思的一
頁」（頁1430–1431）。[34]

　　該書說：「安亭事件催生了工人造反派崛起，這是繼紅衛兵
之後的第二股文革勢力，完全改變了文革力量的格局」（頁379）。

[34]　由該書看，上海「工人造反派運動」的特殊性，部分地繫於王洪文的個人條件
　　與行事方式(參看該書頁1342–1343等)。對王在「工總司」的作用，該書的評
　　價力求公允。

上海以外的工人造反派組織，其影響不免是地區性的，如「重慶無產階級革命工人造反軍」、「西安地區工礦企業聯合會」、「山西革命工人造反決死縱隊」、成都的「工人革命造反兵團」、杭州的「紅色造反兵團」、「山東省工人革命造反聯合會」等(參看卜偉華《文化大革命的動亂與浩劫》頁309)。

李遜同書關於上海寫作班徐景賢、朱永嘉等人的敘述，即使不足以言「顛覆」，也與通常關於「御用」筆桿子的成見大有出入(參看該書第十二章)。該書說，「在人際關係上，寫作班始終非常單純和團結。絕大多數寫作班成員更在乎自己業務出成績，對權力和地位不甚熱心」(頁488)。關於上海知名學者、作家朱維錚、吳中傑、戴厚英等與寫作班的關係，該書多處涉及。應當說，徐景賢、朱永嘉的寫作班在上海文革中扮演的角色，非其人的個人品質、個人處境、動機所能解釋——當然，亦不能用於開脫。被動捲入者造成的破壞，不能以「情非得已」而低估。

上海「工總司」外，幾乎各省市均有大型的工人造反派組織。上文提到者外，另如南京的「省工總」(全稱江蘇省工人紅色造反總司令部)、武漢的「武漢地區工人造反總司令部」(簡稱「工造總司」，對立組織為「紅武兵」)、湖南以產業工人為主體的「工聯」、「湘江風雷」，貴州有「紅衛軍」(全稱「毛澤東思想工人紅衛軍」)。將文革僅想像為紅衛兵鬧事，未免受到了誤導。事實是，短暫的「紅衛兵運動」之後，主導運動的，往往是工人群眾組織；武鬥尤以產業工人為主力。既有的文革考察，學生組織材料較為豐富，對工人組織的敘述則相形見絀。關於文革的片面認知，與此不無關係。

陳佩華由訪談中得到的印象是，「遭受挫折並具較強反抗意識的中間階層出身的積極分子構成了造反派的中堅」(《毛主席的孩子們——紅衛兵一代的成長和經歷》中譯本，頁205)，或許更

是由大中學生得到的印象。韓少功《革命後記》引駱思典(Stanley
Rosen)、安德佳(Jonathan Unger)《學生與階級之戰：廣州紅衛兵
派性與文化大革命》對兩千名紅衛兵的調查，「出身不好的」在造
反派中佔75%，「出身好的」在保守派中佔80%，由此認為「造反
在很大程度上不過是政治賤民的曲線反抗，其針對點正是毛澤東的
『階級路線』」(頁103)。未説明「出身不好」具體所指，如是否
包括「中間階層」即既不屬「紅五類」又不屬「黑五類」的那部分
子弟。這裏對紅衛兵的調查，對象也應限於大中學生。由上文可
知，有關認知不無偏蔽。無論文革前還是文革中的挫折，都有可能
成為「造反」的動力。[35]王大賓説自己的造反，出於對工作組要將
批評工作組的師生「劃入右派的前景的一種本能的反抗」(《王大
賓回憶錄》頁25)。

　　據劉輝宣的回憶文字，北京的中學生分成三派，「老兵派」、
「四三派」、「四四派」。「四四派」以出身好的學生為主，多是
工人和普通幹部子弟；「四三派」以出身不太好的學生為主，尤以
高知子弟為主(《昨夜星辰昨夜風》，《暴風雨的記憶》頁56)。高
幹、高知子弟對峙，或更是四中這種精英中學的特殊校情。[36]

　　文革中的群眾組織通常是烏合之眾，成份只能大體而言，難以
作量化分析。造反派中較為激進與較為溫和的一派，可分別以清華
大學的「井岡山兵團」(「井岡山兵團總部」)與「四一四」(「井
岡山四一四總部」)為樣本。[37]與之大致對應的，如北京中學紅衛

35　鄭世平寫到自己曾暴打一個迫害過父親的造反派工人，後來得知那人「可憐至
　　極」，是煤礦工人，「積怨已久」，「被號召去造反，必然敢摧毀一切」(見
　　《身邊的江湖》柴靜序，頁9)。鄭相關作品收入同書，即《童年的恐懼與仇
　　恨》。

36　北京中學生的「四三派」、「四四派」，據説前者因江青1967年4月3日講話
　　得名，後者則得名於4月4日北京軍區政委在工人體育場大會上的講話。

37　清華大學井岡山兵團稱「團派」。「團派」以1966年12月成立的清華大學「井
　　岡山兵團」中蒯大富的嫡系部隊28團而得名。1967年4–5月間，「井岡山兵
　　團」分裂出「四一四革命串連會」，後為「四一四」總部。

兵的「四三派」、「四四派」。大體而言，造反派中被認為「溫
和」的一派，更注重組織的純潔性。「激進」、「溫和」仍不免含
混，模糊了其間分歧的性質。周泉纓對差異的表述，有相當的分析
價值。「溫和」更體現在與體制的關係。被指為「溫和」的一派，
通常更維護既成秩序，包括文革中以各級「革命委員會」為象徵的
秩序；[38]「激進派」則衝擊已成之局，試圖重構權力格局——或多
或少可以歸結為文革前被長期壓抑的社會矛盾的表面化。

　　對「激進」亦不便作一概之論。本書上編第三章《階級路線
與出身論》已涉及北京中學造反派在圍繞「對聯」與《出身論》的
論戰中的姿態。收入《回憶與反思——紅衛兵時代風雲人物》一書
的對當年北京二十八中「四三派」紅衛兵領袖的訪談，受訪者聲稱
當時就「不太同意」遇羅克、《中學文革報》的觀點（參看該書頁
235–236）。由具體表述看，尚不止於「不太同意」，而是有相當
的保留，且警惕、防範（「被階級敵人利用」）。北京四中的「四三
派」領袖亦然。將北京中學紅衛兵的「四三派」籠統地歸為「激進
派」，恐有混淆之嫌，不但忽略了內在差異，且無視某種「質」的
區分——如對《論新思潮——四三派宣言》及楊曦光的有關論述，
如與遇羅克及其同道。由回憶及訪談文字看，無論名校還是普通
中學的紅衛兵代表人物，均未失去分辨「性質」（尤其階級性）的能
力。這種政治警覺，經長期的訓練已近於本能。因此倘使用「激
進」一類說法，就有必要追問係何種「激進」、限度何在？

　　被稱為「四一四」理論家的周泉纓對蒯大富「井岡山」式的
造反的警戒，基於其對「階級路線」的理解。群眾組織與「階級路
線」有關的分歧，除清華大學井岡山兵團與「四一四」外，尚可以
復旦大學勞元一與安文江及其組織為例。關於復旦大學的兩個群眾
組織，參看李遜《上海文革運動史稿》第五章《復旦：上海三大紅

38　不同於文革初期的保守派（亦作「保皇派」）的一味維護，溫和派乃有保留的
　　維護。

衛兵造反組織的發源地》。造反派的講求「階級路線」和「隊伍的
純潔性」，如復旦的「紅革會」(同書頁180)。同書在敘述上海高
校造反派紅衛兵「搶『黑材料』」的行動時說，「即使是造反派學
生，對黨員優於其他人的權利也是接受的，認為只有黨員才有資格
接觸檔案。」(頁191-192)被認為激進的北京航空學院紅旗戰鬥隊
(「北航紅旗」)也曾以其體現於出身的「純潔性」自我表彰(參看
卜偉華《文化大革命的動亂與浩劫》頁217)。造反派的講「階級路
線」，既出於策略的考量(不授人以柄)，更由於所接受的教育。所
謂「理性」、「政治上成熟」，也表現於此。因此，造反派的興起
固然以批判「資反路線」為契機，卻不便將其在圍繞「血統論」的
對抗中定位。「出身」問題或許是部分人參與造反的動力，由「出
身」定義造反派，仍不免忽略了其間豐富的差異。

　　上文已談到，據李遜《上海文革運動史稿》，上海「工總司」
絕不忽視其組織成員的政治面貌、階級成份。該書記上海「工總
司」成立大會前，接受建議調查每個主席團成員的政治情況，「防
止混入壞人」(頁284)。政治警覺並不因「革命造反」而減弱，或
正因此而增強。王洪文的號召力，也與他的政治身份有關：黨員、
復員軍人、保衛科幹部。但該書對「工總司」領導層41個「老造
反」的分析——尤其文革前「受過各種處分」一項——令人看到，
最先「造反」者中，確有人的造反動機與其文革前的境遇相關(頁
372)。不惟此，借批判「資反路線」而興起的群眾組織確有可能
「魚龍混雜」。即如被社會視為異類的「刑滿釋放人員」、勞教
人員也成立「組織」，儘管往往短命。[39]由此證明的無非是，任一
「樣本」均不足以概其餘。

　　對文革的認知，受限於類型化。諸種分類均不免於粗糙。
溫和還是激烈，可能繫於小環境、小氣候。當年的四中學生寫到

39　關於「勞教人員」成立「群眾組織」，參看陳益南《一個造反派工人的十年
　　文革》頁132、258。陳氏該書寫到借諸「造反」名義的五花八門的「群眾組
　　織」，勞教人物的組織外，尚有城市地痞流氓的組織(參看該書頁285)。

「四中大多數師生普遍的溫和立場」，「在北京中學生『四三派』
與『四四派』的對立中，由於『新四中公社』的溫和立場，被稱
為『不三不四派』或『四三點五派』」（高中《性壓抑與政治中
立》，《暴風雨的記憶》頁314）。馮永光則説，該校取代「老兵」
而一度主導運動的「新四中公社」，其領袖人物「毫不激進，表
現出超乎他們年齡的成熟和穩健」（《風雨飄搖憶當年》，同書
頁178–179）。他們的同學印紅標則説，「四三派」的「新四中公
社」在各種活動中常唱的語錄歌是「政策和策略是黨的生命」，被
戲稱為「社歌」。老紅衛兵領袖也「注意政策」。「兩派雖政治觀
點對立，但其主流都傾向於強調策略，爭取群眾，避免走極端」，
認為這或許「反映了四中學生普遍的精神特質」（《讀書聲、風雨
聲》，同書頁232）。

　　關於文革中群眾組織的分化，錢理群《毛澤東時代和後毛澤
東時代》一書有較充分的分析。群眾組織的分化、裂變，因具體單
位甚至具體的人事關聯而有動因之不同。吳迪《「內人黨」大血案
的始末與真相》寫到了內蒙古自治區的群眾組織因「挖肅」中的
不同取向而分裂（《文革大屠殺》頁75–76。按「挖肅」即「挖烏
蘭夫黑線，肅烏蘭夫流毒」）。該書説，對內蒙古自治區抓「內人
黨」，「反對最力的是內蒙的老造反派」（同書，頁72）。京城高校
「五大領袖」之一的王大賓也認為「北京各高校反工作組的造反派
組織發生分裂的原因各異」（《王大賓回憶錄》頁132）。裂變卻是
普遍的。據同書，北京59所大專院校「基本沒有分裂」的，只有北
京地質學院、北京航空學院、北京農業大學、北京林學院、北京體
育學院、北京郵電學院等少數學校（頁132）。北大、清華，群眾組
織間的激烈對抗，直至工、軍宣隊進駐才告結束。[40]

40　上海的造反派也不免於分裂，只是未如許多省市那樣分裂為兩大對立派別。上
　　海局面的相對穩定，「在兩派或數派爭鬥方面的消耗成本遠低於其他許多省
　　市」（李遜《上海文革運動史稿》頁779），又以張春橋在上海不容動搖的地位
　　為條件。

至於北京高校所謂的「天派」、「地派」，曾經的核心人物事後説法不一。王大賓認為「北京沒有形成因一個焦點矛盾而對立分裂的有組織的天派、地派」（同書，頁132）。聶元梓在其回憶錄中一再使用「天派」「地派」，説「地派」受王力、關鋒、戚本禹支持，指譚厚蘭為中央文革小組的「嫡系」，甚至説工、軍宣隊是支持「地派」的；卻又説自己「從來不接受所謂『天派』、『地派』的劃分」（《聶元梓回憶錄》頁245、211、316）；[41]其回憶錄對文革的敘述——無論本校還是校外——仍在當時派別對立的語境中。[42]

還應當説，地方群眾組織的分化，往往有當地軍政部門作為背景。軍隊「支左」後，更有所謂「擁軍」/「反軍」之分。事實往往是，不同的群眾組織各有其擁戴或要打倒的軍地領導幹部，各革其革，各保其保；各擁其擁，各反其反。王年一《大動亂的年代》一書説，軍隊執行「支左」的命令介入地方派仗後，「一個合乎邏輯的現象發生了：除極個別大軍區外，多數大軍區經過短時間的考察、猶豫，都支持了共產黨員和共青團員多的、「出身好」的多的、復原轉業軍人多的、勞動模範多的、比較遵守紀律的、擁護軍隊的一派。」（頁200）。王未説到的是，野戰軍的取向，或與地方軍區不同——不惟駐紮在京畿地區的38軍。

事實是，無論「第一代紅衛兵」還是「第二代紅衛兵」，均有激烈/溫和以及激烈程度的不同。如上文所説，「老兵」也有講政策的一派。下文將要説到的「保守派紅衛兵」，其「保守」體現於對各級黨組織；對「黑五類」及其他「牛鬼蛇神」，有可能較造

41　聶説，「所謂『天派』、『地派』是很模糊的」，自己和蒯大富、韓愛晶等「都沒有在一起串聯或者開過任何『天派』的會議」（頁211）。

42　毛1968年7月召見京城高校「五大領袖」，也使用了「天派」、「地派」的説法。參看《聶元梓回憶錄》、《王大賓回憶錄》中的相關記錄。吳德認為當時以保謝（富治）、反謝劃分「天派」、「地派」（《十年風雨紀事——我在北京工作的一些經歷》頁64）。按「天派」因其中的北京航空學院而得名，「地派」則得名於北京地質學院。

反派更激烈。具體的群眾組織，激烈或溫和無不因對象而異。到群眾組織紛紛組建，「造反派」一名已不適用。繼續沿用此種說法，將諸種過激行為均歸之於「造反派」，或遠於真相。敘述的困境證明了對符號化的「名」的依賴。這種依賴妨礙了反映文革的實際過程。[43]

　　1966年3月召開的中央政治局常委擴大會議上，毛提出要讓青年人「冒出來」，「要那些年紀小的，學問少的，立場穩的，有政治經驗的，堅決的。」（逄先知，金沖及主編《毛澤東傳》第六卷，頁2372）事後證明，文革中「冒出來」的，由北京高校的「五大領袖」到躋身最高層的王洪文，不合於毛的期待。但毛的上述思路，的確鼓勵了年輕人非常態、非常規地「冒」，鼓勵了被壓抑的能量非常態、非常規地釋放。

　　最初的狂潮後，毛對「接班人」的考量有了不同。儘管1967年4月2日《人民日報》發表社論《正確對待革命小將》，同年5月毛在同一個外國軍事代表團的談話中說：「本來想在知識分子中培養一些接班人，現在看來很不理想。」「知識分子從來是轉變、察覺問題快，但受到本能的限制，缺乏徹底革命性，往往帶有投機性。」（《毛澤東傳》第六卷，頁2456–2457）。指的或就包括聶元梓、蒯大富這樣的文革中最先起來造反的人。

　　同年7至9月毛《視察華北、中南和華東地區時的談話》：「要告訴革命造反派的頭頭和紅衛兵小將們，現在正是他們有可能犯錯誤的時候。」（《建國以來毛澤東文稿》第十二冊，頁388）那正是造反派如日中天的當兒。1968年7月28日毛當面對北京高校「五大領袖」說：「現在是輪到一些小將犯錯誤的時候。」（《毛澤東

43　「文革派」/「反文革派」，林彪、「四人幫」/「老一代革命家」，是至今仍在使用的文革史分析框架，亦可作為視野限制了認知的例子。替代的框架卻像是至今難產。

傳》第六卷，頁2491)事後看，那應當是最後的警告。[44]

　　毛對造反派的期許，由其文革期間的諸種指示、談話隨處可感。對所謂的「五大領袖」，甚至不無偏愛。7月28日人民大會堂的召見中，毛對蒯大富、韓愛晶的態度，我寧願相信是真情流露而非表演。卜偉華《文化大革命的動亂與浩劫》對此次接見，據《中國文化大革命文庫》，記述較詳。接見中毛一再制止對韓愛晶的指責，甚至說「他(即韓)的性格有點像我年青的時候」。對其他幾人也各有關照(頁698–700)。關於此次召見，《王大賓回憶錄》有當年其向同學傳達時的記錄稿，記有毛說「蒯是好人，操縱他的是壞人」(頁142)。毛還說，「我們過去都犯過很多錯誤，你們是初犯錯誤，也怪不得」；「總而言之，你們五員大將，我們是要保護你們的」；「不管你們有多少缺點與錯誤，都要保護你們」(頁152)；「他們還是年輕人……我們年輕時也是主觀主義的厲害」；「你們五個領袖，我們都傾向你們的，都傾向你們這派的麼」(頁158)。《聶元梓回憶錄》記召見結束，已走出大廳的毛又回來，叮囑說：「我走了，又不放心，怕你們反過來又整蒯大富」，說「不要又整他們」(頁314)。這一條「最高指示」被證明無效。[45]經受了牢獄之災，蒯大富受訪時回憶人民大會堂的一幕，仍不能忘毛的不捨，不忍(參看《回憶與反思》頁370)。聶元梓、韓愛晶對同一場合的記述，可證蒯確非自作多情。[46]

　　「想在知識分子中培養一些接班人」，未必不是毛的本意。

44　參看《聶元梓回憶錄》頁305、《王大賓回憶錄》頁156。

45　王大賓的回憶提到了丁國鈺的及時訂正：是「召見」不是「接見」。王說：「一字之差」，反映了毛對造反派紅衛兵的「態度變化」。王另據謝靜宜的回憶錄《毛澤東身邊工作瑣憶》：將「接見」改為「召見」，係毛的指示(《王大賓回憶錄》頁162)。對於「接見」、「召見」，聶元梓的敘述與王大賓有出入(參看《聶元梓回憶錄》頁282–283)。

46　《聶元梓回憶錄》記當時情景，見該書頁300。韓愛晶的記述，參看楊繼繩《天地翻覆》頁326–327。楊著未注明該段引文的來源。對此次召見，王大賓、聶元梓回憶錄所引記錄稿出入較大，但「保護」云云都有。

說被「利用」，「用進廢退」，更像是一種情緒化的反應。至少至今尚沒有根據認為也像1957年發動「鳴放」而後「反右」的「陽謀」，支持紅衛兵運動與鼓勵造反只是出於政治權謀的利用。直至造反派退出文革舞臺，毛仍然提倡「反潮流」。1970年10月毛《對吳法憲檢討信的批語和批註》寫道：「要敢於反潮流。反潮流是馬列主義的一個原則。」（《建國以來毛澤東文稿》第十三冊。頁138）

　　1975年10月至1976年1月毛說，「對造反派要高抬貴手，不要動不動就『滾』。有時他們犯錯誤，我們老同志就不犯錯誤？照樣犯。」（《毛主席重要指示》，同書頁488）同一時期談到聶元梓、蒯大富，已將其作為反面例子，說「蒯大富、聶元梓無政府主義」，說「老中青三結合，青要好的，不要蒯大富、聶元梓那樣的」（同書，頁489、490）。對於聶、蒯等人此時的處境，未聞毛生前過問，更遑論干預。

　　吳德晚年談到「清查五一六」中毛關於「五大領袖」的處理意見（《十年風雨紀事》頁75），已無「保護」之意。聶元梓說自己由1968年秋到1978年春，「挨整達十年之久」，一直處在被隔離、批鬥、監管的狀態（《聶元梓回憶錄》頁330、338）。聶1971年初被隔離審查，1978年被北京市公安機關逮捕，宣判前曾「預審」五年。1983年北京市中級人民法院判處其有期徒刑17年，剝奪政治權利4年。1984年後「假釋」、保外就醫。蒯大富1968年被分配到寧夏某工廠，1970年送回清華大學隔離審查，後送至北京東方紅煉油廠監督勞動。1978年因「反革命罪」被北京市公安機關逮捕，1983年北京市中級人民法院以「顛覆國家」、「顛覆社會主義制度」罪、「反革命罪」，判處蒯有期徒刑17年，剝奪政治權利4年。韓愛晶被判處有期徒刑15年。王大賓被判處有期徒刑9年。王1978年被捕，實際關押時間為五年多。譚厚蘭免於起訴。[47]

47　關於上海徐景賢等人、北京聶元梓等人的刑期，參看蕭冬連《從撥亂反正到改革開放》頁317–318。

對被歸為造反派的群眾組織「算賬」並未等到「秋後」。[48]
文革過程中，清算、整肅(包括取締、抓捕、關押)隨時進行。一
些群眾組織的領袖人物甚至幾度入獄(參看李遜《上海文革運動
史稿》第二十一章)。據楊繼繩《天地翻覆》，1967年2至5月「二
月鎮反」期間，「全國抓了數以百萬計的造反派，有的地方監獄
裝不下了，把寺廟改成監獄關人」(頁395)。同書還說，貴州「二
月鎮反」期間，全省有52萬群眾的218個群眾組織被打成「反動組
織」，2千多人被關進監獄(頁484)。另如南京軍區對軍內「有造反
傾向」的幹部，對該市群眾組織(參看卜偉華《文化大革命的動亂
與浩劫》456)；湖南省軍區對號稱有百萬之眾的群眾組織「湘江風
雷」(同書，頁456–457)；武漢軍區對「工總」等組織(同書，頁
457)；廣州軍區、吉林省駐軍、成都軍區、福州軍區等對當地群眾
組織(同書，頁457–460)。直至青海發生「二二三」流血事件，這
一輪軍民衝突才告一段落。在此期間武漢軍區、廣州軍區所鎮壓
的，多為工人組織(武漢地區的「工總」，廣州「八一兵團」等)。
內蒙古自治區抓「內人黨」，造反派組織遭受重創(參看收入《文
革大屠殺》一書的吳迪《「內人黨」大血案的始末與真相》)。動
輒聲稱「提着腦袋鬧革命」的勇敢者，始終感到「秋後算賬」的威
脅。由結局看，他們怕得有理。

關於「清查五一六」，較為公認的說法，是對造反派的清算。
麥克法夸爾、沈邁克《毛澤東最後的革命》：「『五一六』集團
的骨幹『分子』構成了一部名副其實的文革激進派的名人錄」。
包括穆欣、中央文革小組成員及工作人員、林杰、周景方、趙易
亞、潘梓年、林聿時、吳傳啟、姚登山等。外交部的姚登山被周
恩來直接指為「五一六分子」(中譯本，頁243)。吳德說，「就是
通過這次清查，把『五大領袖』拿下來的。」(《十年風雨紀事》

48　參看徐景賢《十年一夢——前上海市委書記徐景賢文革回憶錄》頁90–91《張春
　　橋「秋後算賬」》。

頁75)[49]學部與外交部均為「清查五一六」的重災區(參看楊繼繩《天地翻覆》頁577、569)。楊著據蔡文彬的説法,四川軍政當局整「八二六」派,「全省抓捕和判決了數萬人」(頁579)。甚至將進入革委會的造反派頭頭處以極刑,如山西、天津(同書,頁561)。[50]至今沒有理由認為當時的高層在這一輪的「清查」中有分歧。對響應號召投身文革者,有何必要如此痛下殺手?

　　至於文革後以「揭、批、查」、清查「三種人」為名對造反派的總清算,較之其他幾種文革史,楊繼繩的《天地翻覆》記述尤詳,涉及多地,有全景的展現。該書也寫到部分群眾組織領袖文革中即曾被刑拘,文革後不過「二進宮」(或不止於「二進」),命運一波三折,大起大落,將文革殘酷的戲劇性演繹得淋漓盡致。該書説,文革十年中,「造反派得勢只有兩年,而造反派被整卻長達八年」(頁457)——尚不包括文革後的「總清算」。[51]一度名噪一時的風雲人物,其得勢、失勢,在文革惡浪中的浮沉,無疑有相當的故事性。群眾組織領袖中有人出獄後進入商界,完成了「能量轉換」。潦倒終生者一定大有其人。

49　聶元梓被北大軍宣隊宣佈為「五一六骨幹分子」(《聶元梓回憶錄》頁331)。王大賓在「清查五一六」中,參看《王大賓回憶錄》頁173–181。

50　蒯大富受訪時説,「全國整『五一六』整得最狠的是江蘇」,該省將「所有造反派都給掃蕩了,據説逼死搞死了一萬多人」(《回憶與反思》頁376)。可備一説。韓少功《革命後記》一書則説,清查「五一六」,「打的多是造反派骨幹,特別是家庭涉黑者」(頁141)。此「黑」非指「黑社會」,而是「黑五類」。《一個造反派工人的十年文革》一書作者陳益南,對1970年「一打三反」之為對「新生紅色政權」中造反派的整肅,有細緻的梳理。他認為在此期間,「文革前的原有體制的能量,起了作用」(參看該書頁391)。據楊繼繩《天地翻覆》,1974年造反派借「批林批孔」再度興起(參看該書第二五章)。不過又一度浮沉。

51　即使文革期間局勢較為穩定的上海,仍有相當一部分文革中的活躍人物運動中即受到嚴懲。李遜《上海文革運動史稿》第三十章有「造反派被整肅」之目。由該書看,該市文革中的活躍分子,群眾組織頭頭(尤其較為激進者),文革後刑期長短不等,全身而退者不多。

　　署名文研的《王大賓回憶錄》序，題為《〈王大賓回憶錄〉的新視角、新觀點》。由所序該書看，無所謂「新視角」、「新觀點」。不惟王大賓，聶元梓的回憶，蒯大富的受訪，以至孔丹的回憶、譚力夫(譚斌)的受訪，缺少的無不是「新視角」、「新觀點」。對此不便一概歸因於沒有為反思所需要的距離。[52]王大賓這樣的群眾組織領袖，文革後的清算中因與外界隔離(審查、服刑)，確也難以脫出既有的思維框架(以至表述方式)。[53]

　　「現場感」未見得總有助於清理歷史。我注意到當年的群眾組織領袖更易於滯留在「現場」；當其麾下的「戰士」早已走出文革語境，他們用以敘述的，仍然是當年的一套邏輯乃至口吻(包括為對立派別貼標籤、聲稱「大方向正確」等等)。也因此有必要追問是何種「現場」。「回到」、「還原」而不挾了當時的偏見、成見，端賴反思的能力，否則那種「返回」只能距真相更遠。

　　上海的「工總司」及高校群眾組織領袖，李遜《上海文革運動史稿》提供了相關材料。復旦大學的紅衛兵領袖之一安文江，較早寫了《我不懺悔》，分別收入周明主編的《歷史在這裏沉思——1966–1976年記實》第五卷，與徐友漁主編的《1966：我們那一代的回憶》。該篇的題目易致誤解。實則全篇隨處有反省，只不

52　譚斌受訪時談到了「勇敢分子」與「積極分子」(《回憶與反思》頁291)。「勇敢分子」以《湖南農民運動考察報告》所謂「痞子運動」的「痞子」為原型。文革前對「積極分子」的要求，是「靠攏組織」，文革中的「勇敢分子」則反之。政治運動發動之初，出於策略的考量，往往有對「勇敢分子」的鼓勵。至於譚關於「勇敢分子」的一套說法，仍然在前文革、文革的語境中。

53　《王大賓回憶錄》說：「親歷文革運動的我，對毛主席的戰略部署真的是搞不清楚的」(頁165)。較之聶元梓，王的說法較為平實；雖有申辯，較少強詞奪理；不有意迴護如戚本禹。對於經歷了隔離審查與牢獄之災的群眾組織領袖，已屬難得。《聶元梓回憶錄》缺少的，亦所謂「新視角」。即如仍以中央文革小組與周恩來劃線，以「保護」周為所屬的一派辯護；談北大兩派問題也仍在當時的語境中，認為校內反對派的崛起，係王、關、戚、陳伯達、江青等人「唆使和支持」；將北大1968年春的武鬥，歸責於謝富治(參看該書頁47、50)。聶關於北大武鬥的敘述(見該書頁269–273)，尤難為當年的對立派別認可。

過所及較為淺表罷了。倒是當年曾經支持「造反派紅衛兵」的中央文革小組成員戚本禹，態度強橫，拒絕承擔任何責任(參看《戚本禹回憶錄》)。

李慎之記憶中1958年所聽單位傳達的劃「右派」的六條標準，第五條即「反對所在部門黨的領導」(《李慎之的私人卷宗》頁857)；無論是否準確，「反右」後這一條均深入人心。「所在部門黨的領導」，無論職級；落實到具體單位，有可能只是黨小組長或車間主任。[54]1966年6月23日兼任北京市委第一書記的李雪峰在北京市委工作會議上的報告，號召共產黨員站起來保衛黨，甚至有「納吉就要上臺」的危言(王年一《大動亂的年代》頁42。按納吉·伊姆雷(Imre Nagy)1956年「匈牙利事件」期間曾任部長會議主席、總理。1958年被處絞刑)，應當是當年相當一些高層人士的真實感受。在劉、鄧，有主持反右的經驗在前，文革初期的「反右」，正所謂輕車熟路。[55]

1969年1月李慎之交代自己文革中的思想活動，說某人的大字報遭到圍攻，被稱為「右派」，自己認為照1957年的標準，「似乎也不冤枉」。還說自己有很長一個時期，「就是分不清『造反派』與『右派』的區別」；說自己認為運動後期要反右，相信「十六條」所說「群眾中的右派分子到運動後期酌情處理」(《李慎之的私人卷宗》頁1095)。其預估被驗證。[56]

---

54 六條標準的第二條，是「反對黨的一項重大政策」(同上)。反右中因表達對「肅反」不滿而再次陷落者，不乏其人。

55 閻長貴《「文革」初期毛澤東和江青的關係》一文，說劉少奇、鄧小平「以他們自己的理解和方式(實際上，也是『左』的)積極參與和領導了初期的『文化大革命』運動——這也是他們在『文革』中被更『左』的毛澤東視為犯錯誤和被毛澤東反對、批判與打倒的原因(當然是『近因』，現實的原因)。」(《問史求信集》頁278)。「十六條」定稿前的提法，的確令人認為是另一次「反右」。也透露出部分高層人士對文革的理解(參看卜偉華《文化大革命的動亂與浩劫》頁196–197)。定稿後仍有「反黨反社會主義的右派分子」、「左派」/「右派」的提法。

56 李同年交代與某人間相互散佈的「反動言論」，包括自己認為「現在的造反派

以「反對資產階級反動路線」的名義為被黨委、工作組打成「反革命」、「右派分子」者平反，當眾銷毀「黑材料」，前此的政治運動從所未有。毛對工作組的否定，「給普通的群眾留下了『工作隊也會犯錯誤』和『被黨組織批判鬥爭的人，也會出現冤枉』的強烈概念」，而這是此前人們不敢想的(陳益南《一個造反派工人的十年文革》頁13)。儘管文革中、文革後有對造反派的清算，上述顛覆性的政治啟蒙已不可逆，延伸到「後文革時期」，深刻影響了當代中國的政治文化面貌。

文革中大、中學生中的思想者，正以「搏出位」為特徵。思出其位，像「政治家」那樣思考中國問題，農村問題，體制問題，社會關係問題。較早開始獨立思考的，往往是曾經積極投身運動者。據宋永毅、孫大進《文化大革命和它的異端思潮》，化名「李一哲」的李正天、陳一揚、王希哲均曾為造反派紅衛兵，他們的大字報「卻遭到了原廣東省眾多的造反派頭頭的抵制，他們中的不少人甚至充當中共的槍手，參加了對李一哲大字報的圍剿」(頁452)。率先批判文革者，也不免淪為「三種人」。1979年7月15日，胡耀邦在一封來信中批示：「對前幾年說過錯話、做過錯事的同志仍要堅持中央的方針，做具體的歷史的分析，不可苛求。」(引自圖們、祝東力《康生與「內人黨」冤案》頁302–303)胡強調「要把歷史條件打進去」、「要放在特定歷史條件下看」(參看同書303)，上述原則是否也適用於群眾組織領袖？

楊繼繩《天地翻覆》一書引陳雲關於孔丹等人來信的批示，孔丹的信與另一封受命反映文革中紅衛兵、群眾組織情況的來信，陳雲認為對寫後一封信的陳楚三「這樣的人要特別警惕，絕不能讓他們混進第三梯隊」(頁1054)。可考文革結束後領導層的心態。清理所謂的「三種人」，因對清理對象缺乏嚴格界定，更因執政黨未承

在1957年確實可以劃右派」，對方也認為「不過『此一時也，彼一時也』」(同書，頁1159)。

擔發動、主導運動的責任，在「派仗」的影響依然存在、社會和解遠未實現的情況下，方便了隨心所欲，甚至出於私怨的報復。非但「清理」中難以避免擴大化，且不免引出「槍打出頭鳥」、「秋後算賬」一類「教訓」——這本是主持者不難想到的。

文革的情勢具有不可預測性。本書上編第一章提到文革期間毛一再引唐代羅隱憑弔諸葛亮的「時來天地皆同力，運去英雄不自由」。據李遜《上海文革運動史稿》，張春橋曾對某人說：「自從安亭事件後，我已經別無選擇。」（頁359）[57]上海寫作組的王知常則對人說：我們每出一篇文章，就是為自己添加一塊墓磚（同書，頁1301）。一旦選擇，即不能回頭。群眾組織領袖亦如是。聶元梓事後的回憶，說到自己的「身不由己」、「無路可退」，說蒯大富曾對她說過「騎虎難下」（《聶元梓回憶錄》頁281）。高層一次次重新洗牌，是文革大戲劇情變化的推手。儻若能呼風喚雨的「五大領袖」，不過大戲中的小角色，大棋局中的棋子。其不能自主、身不由己，「要把歷史條件打進去」才能瞭解。

弄潮者為潮所弄，是文革參與者的普遍命運。至於王洪文的沉淪，有其所受制的政治情勢與歷史情境，更是個案，對於「造反派頭頭」沒有代表性；對於探究文革中的政治，卻是極有價值的樣本。至於造反派領袖一度上位即被權力腐蝕，參看李遜《上海文革運動史稿》第三十六章，既基於人性弱點，更是制度病。[58]

57　安亭事件，指1966年11月上海造反工人為進京而在安亭車站攔截火車的事件。參看李遜同書第八章《安亭事件——工人造反派崛起（上）》。徐景賢文革回憶錄《十年一夢》的有關記述，或可為上引張春橋語作註腳。據徐氏該書，1976年天安門事件後，張親口對某人說：「當時我曾經想，假如部隊都把槍口掉過來，那可怎麼辦?!」（頁401）此後張曾給信徐，托其為自己擇偶。信中說：「這幾年來，有時想，反正說不定什麼時候就殺頭了，何必去想這些事情呢？」（頁402–403）政治人物處危局的心理狀態，或較小說家的想像生動。

58　楊曦光說自己「深深地對徹底否定文革的思潮反感，相信文革中造反派的反政治迫害運動終會在歷史上恢復名譽」（《牛鬼蛇神錄》頁306）。蒯大富則認為，「當前這種嚴重的大面積腐敗，恰恰就是不科學地全盤否定文化革命的後果」（《回憶與反思——紅衛兵時代風雲人物》頁385）。

「極左派」

1950-70年代的語境中，儘管普遍的認知是左比右好，但對「極左派」也如對「極右派」一樣高度警戒。文革中「極左派」更被認為特具破壞性。

王盛輝《1992年以來紅衛兵研究述評》一文，認為楊曦光屬「極左派紅衛兵」；該派紅衛兵「『造』的是現存政治制度的『反』，所以周恩來曾嚴厲批判其代表作『中國向何處去』的主要觀點，把它比作蔣介石的《中國之命運》，說它『反動到了極點』」（《思想者》2006年第3期，頁124。未說明周語的出處）。曾為長沙工人造反派活躍人物的陳益南，其回憶錄《一個造反派工人的十年文革》第十八章為《旁觀「省無聯」事件與反「三右一風」運動》。該書寫到楊的入獄與華國鋒的關係，可備一說（參看該書頁302）。陳強調楊曦光並非「省無聯」的骨幹，也從未用「省無聯」的名義寫過文章、大字報（同上）。儘管一直有人嘗試將楊的文章與該組織撇清關係，高層人士與其他論者仍將二者捆綁。這裏涉及如何想像「群眾組織」。文革中的群眾組織並沒有被一致認可的政綱、嚴密的組織結構。包括所謂的「聯動」。

將文革初期流行的有關「巴黎公社」的論述邏輯推演至當局容忍的極限的，是楊曦光等人。楊曦光《中國向何處去？》提點毛的以聶元梓等人的大字報為「二十世紀六十年代的北京人民公社的宣言」，引《紅旗》雜誌1967年第三期社論所說毛「英明地天才地預見到我們的國家機構，將出現嶄新的形式」，以及毛在「一月革命」中提出「中華人民公社」的名稱，據此認為「這就是第一次文化大革命的最後結果，中國將向『中華人民公社』的方向去！」（宋永毅等《文化大革命和它的異端思潮》頁275。按「一月革命」又稱「一月奪權」、「一月風暴」，是在張春橋、姚文元策動下，1967年1月上海造反組織的奪權活動）。該文表達楊關於「徹底性」的要求，說，「……推翻新的官僚資產階級的統治，徹底砸爛舊的

國家機器，實現社會革命，實現財產和權力的再分配——建立新的社會——『中華人民公社』，這也就是第一次文化大革命的根本綱領和終極目的」（頁294）。[59]

楊曦光尚寫有《關於建立毛澤東主義小組的建議》。其所謂的「毛澤東主義」，區別於當時所説的「毛澤東思想」。據楊的説法，「毛澤東主義」指毛「在無產階級專政條件下，推翻新生資產階級的革命的一整套理論」，即毛由上個世紀五六十年代直至文革與階級鬥爭有關的部分論述，力圖使之系統化（同書，頁326–327）。該小組「現階段的綱領」，為「推翻中國的新生資產階級特權階層和官僚機構的統治」（同書，頁332）。楊據此解釋「文化革命」（楊稱之為「政治大革命」）的「性質、任務和最終目的」，提出重建「革命政黨」，而以「建立毛澤東主義小組」為第一步（同書，頁331）——確應屬文革期間激進思潮的最大膽的表述。但如下文將要説到的，其所謂「重建」，仍非另起爐灶，而是在原有政黨基礎上的「重建」。武漢的「北斗星學會」與楊曦光呼應，[60]將思考聚焦於體制，主張經由「國內戰爭」達成目的。作為資源的，既有關於中國革命史的、也有與「國際共運史」有關的論述、敍述。

1967年10月毛會見外賓時説：「文化大革命是要部分地改造我們的國家機器。」（逢先知、金沖及主編《毛澤東傳》第六卷，頁2475）楊曦光等人「徹底砸爛舊的國家機器」，「實現財產和權力的再分配」的思路，無疑受到了毛的有關論述，以及權威媒體「國家機構」「將出現嶄新的形式」云云的啟發，只不過對此想像、發揮過度而已。

59　該文也試圖解釋何以頻頻使用「公社」一名的毛澤東，1967年1月反對用「上海人民公社」的名目，提出「叫革命委員會好」（同書，頁279）。

60　「北斗星學會」為成立於武漢的青年社團，與該市「決心把無產階級文化大革命進行到底的無產階級革命派聯絡站」、《揚子江評論》並稱「北、決、揚」。關於「省無聯」、「北、決、揚」，參看本書上編第五章《思想、言論罪》。

　　楊曦光的《中國向何處去？》，將「特權階層」表述為「『紅色』資本家階級」、「『官僚主義』者階級」，認為「90%的高幹要靠邊站，最多只能作為教育團結的對象。因為他們已經形成了一個具有獨特的『自己的利益』的腐朽階級」（《文化大革命和它的異端思潮》頁297）。[61]該文一再批評「改良主義」。湖南「省無聯」中南礦冶學院學生張玉綱執筆的《我們的綱領》，也寫到「新生的腐朽的資產階級特權階層」「構成了以劉、鄧為首的資產階級司令部」（同書，頁300）。武漢「北、決、揚」《怎樣認識無產階級政治革命》同樣認為「二十年來，中國社會形成了新的官僚資產階級」（同書，頁353）。「北、決、揚」關於體制變革以至達成路徑的主張，未超出楊曦光有關論述的範圍。由當局的角度，此派最危險處，或在發誓介入並領導「農民運動」，要與「工人階級」、「農民大眾」相結合，踐行毛「革命戰爭時期」以至文革中的有關倡導(同書，頁356)。

　　印紅標《文化大革命期間的青年思潮》認為，「激烈抨擊『官僚特權』的同時，探討其政治和經濟的制度根源，批判性地審視現實制度，呼籲以人民的力量按照巴黎公社的原則實行制度變革、社會革命，建立沒有官僚的理想社會」，是楊曦光等人的「新思潮」的特徵(頁85。該書對有關思潮的分析，另見頁111)。印注意到文革期間「中央文件、《人民日報》、《紅旗》雜誌的文章，一般迴避特權問題，一律使用『走資本主義道路當權派』的概念，而避免提及毛澤東在1965年用過的『官僚主義者階級』的概念。」(頁66)

　　「九評」的有關論述，到文革爆發已深入人心。[62]1964年7月14日《人民日報》發表評論員文章《關於赫魯曉夫假共產主義及其在世界歷史上的教訓》（即「九評」中的第九篇），其中有如下表述：「蘇聯特權階層控制了蘇聯黨政和其他重要部門。這個特權階

61　「官僚主義者階級」出自1965年1月15日毛《對陳正人關於社教蹲點情況報告的批語和批註》。見本書上編第三章《身份》一節。

62　「九評」即「九評蘇共中央的公開信」。參看本書上編第一章注。

層，把為人民服務的職權變為統治人民群眾的職權，利用他們支配
生產資料和生活資料的權力來謀取自己小集團的私利。這個特權階
層，侵吞蘇聯人民的勞動成果，佔有遠比蘇聯一般工人和農民高幾
十倍甚至上百倍的收入。他們不僅通過高工資、高獎金、高稿酬以
及花樣繁多的個人附加津貼，得到高額收入，而且利用他們的特權
地位，營私舞弊，貪污受賄，化公為私。他們在生活上完全脫離了
蘇聯勞動人民，過着寄生的腐爛的資產階級生活。……他們唯一的
考慮，是如何鞏固自己的經濟地位和政治統治。他們的一切活動，
都以特權階層的私利為轉移。」

關於「特權階層」，清華大學「四一四」的周泉纓判斷不同。
周認為「走資派」「在黨內政權機器內未佔統治地位。他們也未形
成新的資產階級特權階層」；認為文革中政權「是局部地改變的，
而不是徹底的改變」，因「階級關係」沒有根本性的變動。「十七
年來我國的階級陣線基本上是穩定的。經濟基礎基本上是共產主義
化的」（《四·一四思潮必勝》，《文化大革命和它的異端思潮》
頁392、393）。周否定「財產權力再分配」的觀點。《四·一四思
潮必勝》寫於1967年8月。周預言「團派」（清華大學「井岡山兵
團」及與其取向相近的造反派中的激進派），完成了「歷史交給它
的衝鋒陷陣的任務」後，其思潮的代表人物將「被無產階級的手
腕捏得粉碎」（同上，頁406），亦所謂「不幸而言中」。有此「預
見」，並不需要怎樣的「政治智慧」。周不過更熟悉「革命史」，
更瞭解執政黨。周的論述也並不更有理論意義，毋寧說正相反。楊
曦光、武漢「北、決、揚」一類所謂「極左派」的主張固然有空想
性質，包含其中的對體制的批判卻有思想價值。[63]

對於當局，威脅既來自激進的思想派別，更來自有行動能力
的思想者。1967年大串連期間當局倡導的步行長征，所謂「重走長

---

[63] 宋永毅等的《文化大革命和它的異端思潮》將楊曦光的《中國向何處去？》、
周泉纓的《四·一四思潮必勝》均收納其中，歸為「異端思潮」，證明的或更
是文革中遭受過壓制的「思潮」可能有質的不同。「異端」的說法不免籠統。

征路」，在後來的年輕人看來，更像一種「行為藝術」（參看《文化大革命和它的異端思潮》頁325）。卻確有青年越出了當局設定的邊界。武漢「北、決、揚」關於農村文化革命——他們稱之為「農民運動」——的估計，直接為青年毛澤東的《湖南農民運動考察報告》所啟發。其《浠水農民運動考察報告》說：「左右中國革命全域的問題是農民運動。」（同書，頁346）甚至將武鬥、搶槍視為「國內革命戰爭」、「武裝奪取政權」，有重演「革命歷程」的期待。在我所讀與「異端思潮」有關的材料中，最有浪漫性質。《北斗星學會宣言》也說：「從學生運動到工人運動，最後發展到轟轟烈烈的農民運動，這是中國近代革命的一般規律，是歷史的必然。」（同書，頁344）對毛的篤信，虔信，對革命史的崇拜，在另一歷史情境中釀成了危險思想——不止於有異端氣味。

毛在1967年2月《對王明崑關於成立「西安地區革命造反委員會」等情況彙報的批語》使用了「極左派」的說法，具體指西安的某個或某些群眾組織（《建國以來毛澤東文稿》第十二冊，頁229）。同年5月《在唐聞生、王海容來信上的批語》提到「極左派的觀點是錯誤的」（同書，頁359），指的是「攻擊」、「炮打」周恩來的言論。9月，毛在浙江說：「形『左』實右，現在還是以極左面目出現，這是主要的。」在江西說：「現在要批評極左派思想——懷疑一切。這種人不多，但是能量很大，與社會上壞人勾結在一起。」（逢先知、金沖及主編《毛澤東傳》第六卷，頁2472）1969年6月，在湖南說：「出極左極右是社會上有那股思潮，『省無聯』極左，那時很吃香，有一股極左思潮。」（同書，頁2528）由此，「省無聯」因楊曦光，成了欽點的「極左派」。

自稱「極左派」的楊曦光也批評「『左』傾」（這裏的「左」是加引號的），無非在區分所認為的不同質的「左」（《文化大革命和它的異端思潮》頁298、268）；楊被批為「極『左』思潮」，批判者仍強調其「實質是極右的」。可由此梳理「左」/「右」、

「極左」／「極右」在文革期間的語境中(參看上編第三章《作為治術的區分》)。

　　「左」／「右」、「極左」／「極右」，不同情境中，指涉可能大有不同。1972年12月4日王若水上書毛澤東，以為「目前還是需要強調反『左』」，「批林就要批極『左』思潮」，毛說「極左思潮還是少批一點吧」。說王的信「我看不對」，「是極左？是極右。」(《文化大革命上書集》頁180、184)「林彪事件」後為該事件定性的左右之爭——即林是「極左」還是「極右」、抑「形『左』實右」——係高層內部鬥法。毛的上述表態，基於保護「文革成果」的需要。[64]1957年發動「反右」前夕，毛的《事情正在起變化》一文，以如下方式談到左右，影響深遠：「教條主義走向反面，或者是馬克思主義，或者是修正主義」；教條主義「是無產階級的一個思想派別，沾染了小資產階級的狂熱觀點」；「真正的教條主義分子覺得『左』比右好是有原因的，因為他們要革命」(《毛澤東選集》第五卷，頁423–424)。沈志華《從知識分子會議到反右派運動》引1957年5月毛的秘書林克的如下日記，記毛談到教條主義與修正主義，說：「有一部分人有教條主義的錯誤思想，但這些人大都是忠心耿耿為黨為國的，就是看問題有左的片面性……他們所以寧左勿右，他們是要革命的。右傾機會主義的人則比較危險。」(頁554–555)左的語義是正面的，加了引號(「左」)即假左、形左，所謂「假左派，真右派」。左與「左」辨識不易。因而一般地提反左，被認為會損及「革命」本身。上文所引表述中毛關注的，毋寧說是自己人還是異己力量——非由代價、後果着

64　1955年毛《關於〈中共中央關於資本主義工商業改造問題的決議〉草案的信件和對決議草案的修改》，有「這種傾向在表面上是『左』的，在實質上卻是右的」云云(《建國以來毛澤東文稿》第五冊，頁443)。即所謂「形『左』實右」。1958年《對周揚〈文藝戰線上的一場大辯論〉一文的批語和修改》有「他們表面上的『左』正是反映了他們骨子裏的『右』」(《建國以來毛澤東文稿》第七冊，頁93)。

眼。最高領袖的這根脈，王若水沒有摸到。[65]1974年廣州署名「李一哲」大字報，認可林彪「形『左』實右」的標準說法，卻質問何以對林「形左的問題諱莫如深」（《文化大革命上書集》頁240）？不消說擊中了問題的關節處。

有一整套涉及左/右的定式。即如左是「認識問題」，右是「立場問題」；右與極右不過程度之別，左與極左，則可能有質的不同。文革中「極左派」與「反右」前「極右派」的論述，均涉及體制，只不過由不同的前提、政治理念出發而已。毛寬容黨內左的教條主義，斷不能容忍由左的方面撼動體制的任何企圖。[66]

左右的簡單區分勢必導致偏蔽。儘管「極左派」文革中遭受重創，左比右好、寧左勿右的思維定勢卻至今未見改變。顯而易見的事實就有，當局對所謂「自由主義」（即右）的戒備與打壓。至於文革中楊曦光等人對於體制的批判，絕非當今的「左派」所能認同。圍繞左右的爭論，註定要在關涉「十七年」（1949–1966）、文革的論述中延續。

對楊曦光等人繼續使用「極左派」的說法，或導致誤解。本節的有關表述不過為了還原歷史情境而已。

保守派

1966年6月5日《人民日報》刊發社論《做無產階級革命派，還是做資產階級保皇派？》。「保皇派」一名經權威媒體使用，即風行全國。「保皇派」亦作「保守派」。當年有「鐵桿兒保皇派」、「響噹噹的造反派」一類說法。

65　有趣的是，即遇羅克也不免要與論敵爭左/右，爭彭真是「形『左』實右」，還是「形右實左」。隱蔽在紙背的，是縱使前者也比後者好（遇的表述，參看《文化大革命和它的異端思潮》頁209–210）。

66　當年的老兵宋柏林認為「『省無聯』的綱領、文章、演講等」「反動透頂」，「對主席，對黨，對軍隊，對我們的專政，真是恨得切齒咬牙」（《清華附中老紅衛兵手記》頁386）。被視為「極左派」者，則指「聯動」為「極右勢力」。參看武漢「北、決、揚」《無產階級文化大革命中各種派別的分析》（《文化大革命和它的異端思潮》頁359）。

　　雖有老紅衛兵的組織成立在前，批判「資產階級反動路線」前興起的紅衛兵組織，即有後來所謂的「保守派紅衛兵」。「保守派紅衛兵」存在時間短暫；其戰鬥力與生命力，甚至不若老兵。

　　楊曦光《關於建立毛澤東主義小組的建議》有以下數問：「為什麼黨團員、幹部在文化革命中有不少趨於保守？為什麼文化革命前的先進人物現在幾乎都是鋼桿保皇？如尉鳳英、時傳祥、張百發、夏菊花、劉考安、瞿太安。為什麼一些敢於想問題，有頭腦，敢於造反的人以前被視為調皮搗亂，如郭嘉宏，有的長期被拒之於黨團員大門之外，如劉英俊等。」（《文化大革命和它的異端思潮》頁326）所說的現象文革初期、文革前確有普遍性。武漢「北、決、揚」《無產階級文化大革命中各種派別的分析》談到了類似現象，即「許多(當然不是一切)共產黨員，勞動模範，積極分子都一次再次地落進保守行動」。該文將原因歸結為「特殊政治待遇」（「從入學，提級，升任領導到安排小家庭」）的「腐蝕」（同書，頁359）。這種解釋並非普遍適用，即如對老工人。上海「中串會」《一切為了九大》則徑說：「資產階級專政的教育界往往會出現這樣一個怪現象：非黨員要比黨員好，非幹部會比幹部好。」（同書，頁439。「中串會」全稱「中學運動串連會」）

　　事後看來，正因上述現象，各地「保守」組織的命運令人悲愴。那些長期被作為「依靠對象」的黨團員、積極分子、勞動模範、先進人物，突然面對被拋棄的嚴酷事實，打擊之沉重可想。這種突如其來的變故足以改變其中有些人的一生。張春橋等在上海，基於最高當局的路徑設計，拋棄「勞模多、黨員多、團員多、先進生產者多、老工人多」的工人組織「赤衛隊」，即不免要冒社會撕裂的風險。由李遜《上海文革運動史稿》的敘述，不難體會這座大工業城市眾多工人的迷茫與悲情。卻也應當說，較之文革結束後的「工總司」，「赤衛隊」的損傷相對較小。只是原有的對「組織」的信任，是否有可能重建？

「赤衛隊」的命運並沒有足夠的代表性。因上海在文革初期以至整個文革中所處特殊地位，這一派群眾組織存在時間較短，解體較早。加之對立派別不為已甚，[67]除「首要分子」、「骨幹成員」外，其他成員尚未付出高昂代價。如成都「產業軍」、湖北「百萬雄師」一類大型群眾組織，其參與者的療傷，或需要更長的時間。[68]「百萬雄師」與「武漢三鋼」（「鋼二司」、「鋼工總」、「鋼九一三」）均為超大型群眾組織。這種超大型群眾組織多個省市均有。被指為「保守」的一派，往往以產業工人為主體。這部分人文革中的挫傷難以痊癒。凡此，無不為文革後的「去政治」──亦所謂「去政治的政治」──預作了準備。[69]

應當說明，造反派/保守派，並非本書考察文革的基本框架。但各類群眾組織及其命運，確有考察的必要。因牽涉其中的，是千百萬民眾。被文革改變、「塑造」的人生，是寫不盡的主題──不惟受難者，甚至不止「捲入」者。儘管不同的群眾組織在文革不同的時間點面對了「政治」的嚴酷，「保守派」與「造反派」仍未殊途同歸。「保守派」因較早出局，除極少數刑事犯罪者，通常置身運動之外。其中的積極參與者，失望以至絕望卻有可能刻骨銘心。

67　據李遜該書，以「工總司」為代表的上海工人造反派較為理性，與王洪文等頭頭的政治敏感與政策水平有關。該書說：「王洪文冒着工總司總部大多數人的反對，堅決主張將所有赤衛隊員吸收進造反隊。以後的事實證明，這樣做，有效地從情緒上和組織上解構了造反派的對立面，大大降低了造反派對付反對勢力的阻力，降低了造反派進行社會整合的成本。」（頁562–563）這也是上海的文革不同於他地的特點之一。

68　與「產業軍」這樣以產業工人為主體的組織有所不同，據楊繼繩《天地翻覆》，1967年武漢的「百萬雄師」，由武漢軍區支持、市人武部等籌辦，「從上層到基層，都有現役軍人指揮」，「是一支準軍事隊伍」（頁521），規模與實力罕有其比。

69　麥克法夸爾、沈邁克《毛澤東最後的革命》以「1966年前的政治和經濟秩序中的既得利益者和非既得利益者」區分保守派與「激進派」（中譯本，頁214–215），並非全無根據，仍失之於簡率。儘管「利益」的確是往往被忽略的重要一維。

附錄：大學生/中學生

　　化名「伊林·滌西」寫《致林彪同志的一封公開信》的兩個中學生之一的張立才，受訪時説，「文革十年，北京的中學生在很多地方超越了大學生。」（《回憶與反思》頁280）蒯大富的印象相反，蒯認為，當時（應指1967年）「中學生影響不是很大，而大學影響是全國性的」（同書，頁357）。着眼於不同的時間點，兩種説法各有根據。據卜偉華《文化大革命的動亂與浩劫》，「1966年10月以後，高校造反派已逐漸成為北京紅衛兵運動的主角」；中學老紅衛兵和造反派間的鬥爭多局限於校內，對社會影響不大（頁497）。

　　駱小海為宋柏林《清華附中老紅衛兵手記》作序，説1966年10月以後，形勢大變，「大學生開始登上文革的舞臺」。前此，京城的中學生「從斜刺裏殺出」，「成了事實上的文革先鋒」。對此「也可以解釋成大學生比中學生更世故。後來的事實證明了這一點」（頁27）。當然，「世故」可以理解為政治經驗。大學生為中學生所不及的，包括政治經驗，政治判斷力。閻長貴《從「三娘教子」到「子教三娘」》一文，説到中學紅衛兵「最橫衝直撞」，「他們説『大學生是策略派』，『中學生是敢闖派』。周總理當時也指出，『中學紅衛兵走得更遠一些，做得更激些』」（《問史求信集》頁35）。中學生鄙薄大學生，也因視其為「策略派」；「策略派」隱蔽的語義，無非怯懦，惜命。陳煥仁《紅衛兵日記》1969年6月1日記所見四川大學校園中死於武鬥的紅衛兵的墓地。當地人説，「大學生武鬥都不往前衝，打死的盡是些缺心眼的中學生」（頁688）。

　　1966年10月以前的短短幾個月中，中學紅衛兵爆發出相當大的能量。王力寫所見文革初蒯大富與彭小蒙辯論，他的印象是，彭比蒯「厲害」，「口才很好，講話邏輯性強」（《王力反思錄》頁611）。《文化大革命和它的異端思潮》一書則認為，「與『十一月黑風』中某些大專院校紅衛兵對中央文革的炮打相比，伊林·滌西

的信多理性的思考而少感情的發洩；着眼於新理論的創立而不是冤冤相報式的『階級鬥爭』；嚮往於對中國社會的獨立思考而不是單純地回歸到以劉鄧為代表的十七年舊政治秩序。」（見該書頁226。按伊林・滌西，即當時北京農業大學附中學生劉握中、張立才）當年北京大學哲學系學生陳煥仁的《紅衛兵日記》，也讓人想到，其時名校大學生的思維、認知能力，有可能在同一時期中學生（尤其名校中學生）之下。

　　即使事後的訪談、回憶文字，蒯大富這樣的大學紅衛兵領袖，水平也低於秦曉等中學紅衛兵的代表人物，低於趙振開這樣的前中學生。收入《回憶與反思——紅衛兵時代風雲人物》諸訪談，部分當年的中學生，較之於譚斌（即譚力夫）、蒯大富等當年的大學生，更有反省的自覺與相應的能力。受訪的蒯似乎仍在其時情境中。[70] 譚斌接受訪談，立場明確（維護共產黨，保護「革命成果」即保各級黨組織、政府，肯定「十七年」等），以自己1966年8月20日的演講（他所說的「8.20發言」），「以及這個發言的擴散、流傳」，為對文革「抵制、反對、鬥爭」的第一個浪潮，而將「聯動」歸為第二個浪潮（同書，頁307）。儘管譚或不足以代表當時高校的老兵。借用譚的話，「1966年當紅衛兵從天安門城樓走下，過金水橋，走向1976年4月的人民英雄紀念碑（按指該年的『四五運動』），這段艱難的心路歷程，整整走了十年」（同書，頁306）。之後又由紀念碑走到了哪裏，要由另一部書追蹤。其實，當年登上天安門城樓之時，他們已互有不同，實在不便作一概之論。

　　僅以上述材料比較大學生與中學生的思想能力，或證明了這種能力並不與受(學校)教育程度成正比；毋寧說在學校這種教育機構「規訓」愈久，「獨立思考」的能力愈弱。[71]我個人的經驗是，因始於

70　蒯受訪時，使用了老對手清華大學「四一四」的「理論家」周泉纓的說法，即文革是歷史的「試錯」（同書，頁390）。

71　陳佩華由她的一個受訪者那裏知道，至少在那個受訪者所在的大學裏，「那些敢於最先跳出來造當局反，敢反潮流，或是成立新組織的，往往是一、二年級的

1964年的注重出身的招生政策，即使高校中的名校，學生的實際水平也參差不齊。即便如此，大學生也如中學生，不可作一概之論。

　　大中學生的比較，尚可以進一步展開。

　　文革中對老師施暴施虐，北京的中學生通常較大學生更肆無忌憚；發生在中學校園中的暴行也更血腥。上海的情況相似，學生中「打人最厲害者是中學紅衛兵」（李遜《上海文革運動史稿》頁105。該書以下有實例）。卻也有相反的比較。當年清華附中紅衛兵領袖卜大華，接受訪談時強調了該校的紅衛兵組織力圖阻止過激行為，說，他「覺得清華的大學生在執行政策方面比我們差得遠」（《回憶與反思》頁52）。

　　大、中學生之不同，自不限於此。卜大華提到1967年與北京地質學院紅衛兵領袖朱成昭的一次談話，說當時的感覺是，「我們和大學生們完全不是一回事兒。大學生是在非常自覺地參加政治活動，而我們那時候則是非常自發的活動」；我們「沒有什麼明確的目標」，而大學生不同」（同書，頁80–81）。他所說「自覺」，意指大學生中的領袖人物更有政治方面的「企圖心」。這或許的確是大學生與中學生的一點不同。不同於「思想型」的中學生，大學生陳一諮更瞭解體制，有志於在體制內實現其政治抱負──或為同一時期激進的中學生所不屑。[72]至於王申西那種出於對現實政治的深刻瞭解而不惜自我犧牲的悲情，卻也少見於同一時期的中學生。

　　中學生與大學生之間，或許只隔了一個暑期，其間的差別在文革中，卻可能呈現得格外醒目。似乎是，無論為善還是作惡都生龍活虎、輪廓分明的中學生，一入大學就改換了面目。當然事實並非如此簡單。無論中學生還是大學生都有種種；上述關於差別的觀察，不免是直觀的、籠統的。你仍然可以相信，在何種年齡段、何種處境中經歷同一事件，其結果會大有不同。

　　學生」（《紅衛兵一代的成長和經歷》中譯本，頁197）。這種情況或有普遍性。

72　據蕭冬連《從撥亂反正到改革開放》一書，文革後陳一諮創辦的「中國農村發展研究組」深度介入了高層決策（頁461–462）。

　　對文革期間中學生中「精英分子」的政治成熟性，特殊的成長環境、得天獨厚的資訊渠道只是一部分條件。

　　北京中學的文革，被敘述較多的，是以高質量生源與高升學率著稱的四中（其時為男中），與生源質量與升學率亦高的師大女附中，均屬時下所謂的「超級中學」。關於後一所學校的敘述，集中於校長卞仲耘之死，不及關於四中的敘述多面、線索複雜——那是趙振開等人更自覺更有組織的敘事活動。[73]北島為其主編的《今天》雜誌2010年冬季號「暴風雨的記憶」專輯撰寫的編者按說，他相信，「通過一所中學的學生們不同視角的追憶與敘述，會進一步豐富那一特殊時期的歷史質感，使任何相關結論都顯得為時過早或過於草率。」（頁90）你當然要想到那是一所怎樣的中學，一些怎樣的學生；不便據此而想像其時中學、中學生的普遍狀況。同時也有必要想到發生在文革中的相互模仿、複製，不但此校之於彼校，而且外地之於京城。《暴風雨的記憶》一書的特點確在「不同視角」。同一時間點，同一所學校，甚至同班同學，因不同的家庭背景，在事件中所處位置，看到、感知的事相有如此的差異：固然豐富了「歷史質感」，也證明了文革敘述之難。

　　這種青少年精英薈萃的所在，有可能引領風氣，也有可能產出公然的反對派——不為潮流所裹脅，敢於挑戰主流思想。趙振開說當年北京四中自己那夥人有「反主流意識，即使捲入革命浪潮仍持某種戲謔態度」（《走進暴風雨》，《暴風雨的記憶》頁208）。我在身處的「精英大學」（北京大學）未察覺到這種態度。中學精英的見識往往超卓，且少所顧忌。回憶錄中那種少年人的灑脫，必要時輕於一擲的豪情，似乎「赤條條來去無牽掛」、不顧後果的對自由（包括自由地思考）的追求，同一時期的大學生中，似罕有其人。即使看起來無畏，大學生仍然有分配、就業之類牽絆，「功名」、

73　京城的名校各有面目。即使均為幹部子弟較為集中的學校，資源相去不遠，質量也仍有別，如劉輝宣所說四中與八一學校（參看劉收入《暴風雨的記憶》的《昨夜星辰昨夜風》）。

「前程」的計較，利害的權衡——難以撇開這類現實的考量。

收入同書的文革期間進入四中的70屆學生的回憶文字，說自己1968年走進四中校園，所見高年級學生和老師均「文質彬彬」，「幾乎沒有社會上革命造反的火藥味」，以至自己「恍如回到『文革』前父輩知識分子的生活環境，感到很親切」（白羽《一個七〇屆眼中的四中》，同書頁301-302）。那年工宣隊進校前，北大、清華正在激烈的武鬥中。

名校與普通中學的差異，文革中有充分的展現。文革爆發前就讀於北京二十五中學的李冬民，說到清華附中紅衛兵與市區學校間的「空間—思想」距離，說從清華、北大所在的海淀到城裏騎自行車要一個多小時，「就這點距離，清華附中那個造反精神(按指清華附中紅衛兵的三論革命的造反精神萬歲)移到市里來，就完全變樣了」。「清華附中的造反精神是理論上的思維，到了城裏整個是市民暴虐思想對市民階層的迫害。」（《回憶與反思》頁170）。歸結未免粗糙。但差異（「空間—思想」距離）無可懷疑。

一群少年人，恣意揮灑他們的才情、智性、能力與想像力，將他們理解的「政治」付諸實踐，憑藉了千載難逢的機緣。儘管也破壞，也造孽，也濫用權力與智力，回頭看去，某些時刻某種情境，仍不免令人神旺。我於是難免想到「精英學校」存在的意義。即如相近水平上的思想交流、碰撞，同代人中優秀者競逐中能力的提升。朱學勤關於「思想史上的失蹤者」、「民間思想村落」的論述富於啟發性。其所謂「村落」中人，主要為當年的中學生；其行為特徵包括了「以非知識分子的身份辯論在正常年代通常是由知識分子討論的那些問題」，「業餘」，「半地下」（《思想史上的失蹤者》，《1966：我們那一代的回憶》頁322、323）。朱還據經驗，劃了更具體的範圍，說這些思想者「大多畢業於重點中學」；說「那時一所重點中學的薰染，勝過今天的研究生畢業」（同上，頁325）。或有必要加註，即「尤其京、滬的重點中學」。由回憶文

字得到的印象，確像是如此——那麼該如何估量「十七年」(1949–1966)的中學教育？[74]

朱學勤上述判斷所依據的，是自己的切身經驗，即他周圍的那批為了精神生活而「自願離城」，1968年「捲入思潮辯論」（因而稱「六八年人」），恢復高考後「大多選擇了文科院校」的同道（同上，頁326）。「六八年人」的說法，似乎未被同代人追認，成為通行的說法。各地類似的「村落」（或「群落」）情況互異，不便作如此狹窄的界定。朱學勤強調時間點，說自己所屬一代人的精神覺醒，「大致可以1968年為界」（同上，頁328）。[75]

麥克法夸爾、沈邁克《毛澤東最後的革命》一書說，「最無條件積極支持文革的是中國的1300萬中學生。」（中譯本，頁119）該書解釋何以文革之初「精英中學」或「重點中學」較之「重點大學」更活躍：「重點大學的學生是從全國各地選拔的智力上最出類拔萃的苗子，地域上比較分散，許多人在進校初都彼此陌生；而重點中學的學生是從首都一些相對狹小的城區內挑選的，許多人上的是同一所小學，所以形成了更有凝聚力的群體。」（同書，頁120–121）可備一說。該書另一處關於大學生文革之初不同於中學生，以利益訴求解釋（頁147）。

流行說法中，有所謂的「老三屆」、「老五屆」。「老三屆」原指文革爆發時在校的1966、67、68屆高中生，後將所有當時的

74　我相信「重點中學」確是一種條件，卻難以斷定是必要條件。儘管北京四中等，至今仍是精英人士的孵化器。

75　回頭看，朱的這篇當時引人注目的文字不免誇張。如說「1968年以後的上山下鄉，既有解決城市多餘勞力的技術性考慮，也有驅散思想火種的非技術性謀略。那樣的思想火種，留在城市太危險。在後一意義上，那場席捲兩千萬人口的大遷徙，有點類似俄羅斯的驅散十二月黨人，『廣闊天地』成了『廣闊的西伯利亞』。」作者也無意間自居為「貴族知識者」，說「絕大多數平平常常的中學生」，則是「那一小批那一小批危險思想的無辜陪送者」（同上，頁332）。朱對其所謂的「思想火種」有過高的估價；對其所謂的「民間思想村落」，有過高的估價與期許。在當時，「覺醒」是一件奢侈的事。對思想者影響於現實政治，不便作超出實際的估量。

初、高中生包括在內，即文革爆發那年在校的中學生；「老五屆」
則指1966、67、68、69、70屆大學生，即文革開始時在校的大學
生。較之「老五屆」，「老三屆」在文革後的中國，有更活躍、更
具影響力的政、商兩界及文化界的精英。這種人才狀況，僅由所涉
及的人數不足以解釋。[76]與「老三屆」、「老五屆」有關的觀察，
不免感性、直觀，缺乏廣譜的調研作為依據。此外也應當說，單一
視角無助於對人才狀況的全面評估。即如搶眼的從來更是政商兩
界；對經濟、自然科學界較少關注。設若文革不曾發生，那些中學
生中的特異人才，似乎惟大學可去。據此是否可以認為，當年的大
學教育確已存在相當大的問題、較中學的問題更嚴重？

　　我們關於大中學生的印象，更多地來自當年大、中學生文革後
的有關文字。如上文一再說到的，籠統地談論「大學生」、「中學
生」，經不起推敲。「五大領袖」（聶元梓除外）固然不能代表大學
生，中學紅衛兵領袖與名校學生，也不足以代表中學生。何況處於
運動邊緣及置身其外的，尚有大批大、中學生。大學生與中學生的
比較倘不以名校為樣本，差異應遠為豐富。當然，龐大的數量，難
免使比較失去可操作性。
　　上述比較之粗率，也因指標、參照系不明。儘管鳳毛麟角，
大學生中確有真正的思想者。我所知人物中，沉潛剛毅、特立獨行
而又確屬出類拔萃的，或許首推王申酉。王申酉是文革高潮中清
醒的批判者，其對當代中國政治的洞察力，絕不輸於同一時期的
中學生。我的這位同齡人思想的早熟與殉道者的堅忍令人驚歎。當
年的司法當局對王的理論闡述想必沒有判斷能力，只能以尋章摘句

76　法國學者潘鳴嘯《失落的一代——中國的上山下鄉運動》比較「老三屆」與
　　「老五屆」，說：「『老五屆』沒有構成像『老三屆』那樣顯著的社會群體，
　　不只是因為他們的運道稍微好一點兒，而且在人數上，他們幾乎少了10倍，總
　　共有55萬名，而『老三屆』應該有500到600萬之多。」（北京：中國大百科全
　　書出版社2010年版中譯本頁87）

的方式羅織。王申酉令人印象深刻的，或不是其理論水準，而是國際視野；對國內問題縱覽全域的眼光，對國情瞭解之全面具體。這本是成熟的改革家的素質。這一種得自長期積累的認識能力，是中學生難以具有的。王申酉自信地說，自己是「屬歷史的人」，「是從全人類的命運及整個歷史的廣泛角度來觀察一切」的（《書信摘抄》，《王申酉文集》頁174、175）。他對「全人類的命運及整個歷史」的理解無疑受限於資源，但他的確力求據有此種視野與襟懷。較之師長輩，王的思想更少羈束。即使資源的匱乏限制了思考的邊界，思想仍然顯示出刀鋒般的銳利。更無論巨大的勇氣——甚至無所謂「勇氣」；支持其思考的，更像是不意識到危險的自由心靈。

楊曦光的言論，當年湖南的造反工人陳益南認為「大逆不道」、今天看來卻嫌「幼稚不成熟」（《一個造反派工人的十年文革》頁301）。這種判斷不適用於王申酉。楊曦光所有的，更是思想能量，「思想者」的潛質。王申酉與捲入運動的大中學生不在同一境界，其思想與周邊的同代人幾無交集。在那年月，才是真正的異數。他自己也發現，自己的「精神世界多少超越於同時代的青年人」（《王申酉文集》頁181）。同一時期的武漢大學生魯禮安自說其「狂熱激進」（《一個單監十一年的紅衛兵獄中籲天錄》頁270），有文學青年的氣質，王申酉卻有社會科學工作者的冷靜理性。

王申酉外，對中國當代史、文革的考察特具深度的，另如楊繼繩。肯定還有我所不知的其他人。而中學紅衛兵領袖孔丹的自述（《難得本色任天然》），卻不免令人失望。幹部子弟、老紅衛兵的身份意識外，或正是政商精英的經歷，限制了反思的視野。

派仗

也如對於文革的標誌物「紅衛兵」、「造反派」，派仗也往往被籠統地負面化也漫畫化了。

　　最初的一批紅衛兵組織之後，被指為「造反派」的群眾組織，因批判文革初期工作組執行的所謂「資產階級反動路線」（簡稱「資反路線」，亦作「劉鄧路線」）而興起。派仗主要在兩派群眾組織間進行。文革中被特許在山西長治一帶調研的美國人威廉·韓丁，其著作《深翻》中說：「工作隊時期維持了50天，直到毛從南方歸來為止，後來被稱之為『50天白色恐怖』。對這種『白色恐怖』的不同反映形成了學生運動分裂的基礎。這種分裂不僅對學生本身，而且對隨他們捲入衝突的數以百萬計的工人，數千萬農民都帶有毀滅性的影響。」（中譯本，頁460）這是由結果而言。群眾組織成立的初始情境，毋寧說是激動人心的。

　　宋永毅、孫大進《文化大革命和它的異端思潮》：「自『清華附中紅衛兵』以來的文革中數以萬計的群眾組織，如果都作為一種『社團』或『準社團』來看的話，就其巨大的數量而言恐怕是中國歷史上空前絕後的一次。」（頁18）開放群眾「自組織」，至少在一段時間裏，使人們體驗到「解放感」。一些人抓住了這稀有的機緣，民眾中蘊藏的巨大政治能量得以釋放。事後的回望中，仍有親歷者寫到了對於某一群眾組織的歸屬感，同一組織中人的「戰友情」。

　　群眾組織的興起，甚至使人聯想到多黨政治。[77]在經歷了高度集中的「黨—團」生活之後，林立的「組織」畢竟是一種陌生而新鮮的經驗。無論「組織」的背後是什麼，你終於有了選擇的可能：加入這個或那個「組織」。儘管當派仗升級，某種選擇有可能是致命的，至少是危險的。

　　基於認同，大型群眾組織間或有橫向的呼應，或竟以彼此為「兄弟組織」。武漢「北、決、揚」引哈爾濱「炮轟派」、貴州「四一一」為同道，其《無產階級文化大革命中各種派別的分析》一文說，「湘江風雷、首都三司、武漢三鋼是造反派代表」（《文

77　潘婧《心路歷程——文革中的四封信》一文表述為「多黨自由」（徐曉主編《民間書信》，頁70）。

化大革命和它的異端思潮》頁357、362。首都三司、武漢三鋼，
見上文）。清華大學「四‧一四」則認可與河南省「二七公社」對
立的「河造總」（參看收入同書的《四‧一四思潮必勝》。「河造
總」全稱「河南省革命造反派總指揮部」）。

　　也如「四大」，群眾組織林立，僅在文革的一段時間裏，卻為
1949年後絕無僅有；作為現象，對於文革具有標誌意義。僅由負面
看取，不免受限於官方設定的眼界。當代中國的情境中，文革期間
的群眾組織、派仗，因其某種「自發性」（包括「自組織」）、「體
制外」（儘管非絕對），縱有由官方立場而言的「失控」，與官民共
同感受到的「無序」，卻不便籠統地由「破壞」的方面視之。看似
混亂中有值得發掘的正面意義。

　　親歷者關於派仗的記憶人各不同。未見得都是噩夢。或竟是其
平淡一生中「激情燃燒的歲月」。1990年代後人與人的互信以至社
會的誠信遭遇危機的情況下，他們會懷念派仗中那種純潔的人與人
的關係，同派中人的戰友情誼。我雖較晚捲入任教的中學的派仗，
也體驗過那種激情。讀到「新時期」之初鄭義的《楓》一類作品，
並無理解的困難。那種經歷，確有助於「想像革命」。有關經驗的
一部分價值也應在此的吧。

　　對於派別頭頭的政治野心，派別「戰士」未必了然。對抗激化
之後，後者往往處於無可選擇的境地，除了「戰鬥到底」之外。事
後看去，權力鬥爭與捲入派仗者當時的感受或許無干。[78]屬何種派
別，關係到你與誰人共榮辱，必要時甚至共生死。一個朋友說他文
革中的經歷，就包括了因對立派的追殺，握着打開了保險蓋的手榴
彈逃亡，準備着被俘獲時的同歸於盡。

　　最初的一段時間，群眾組織大多存在時間短暫。那些能維持下
去且滾雪球般地擴張的組織，的確多少像是有了一點「政黨」的雛

78　借用漢娜‧阿倫特的話，在文革這種政治運動中，「群眾與階級不一樣，他
　　們只要勝利和成功，哪怕是最抽象的形式」（《極權主義的起源》中譯本，頁
　　451）。

形。或許更宜於看作對後者的模擬。美國人威廉·韓丁由自己的觀察和理解，認為「整個『文化大革命』期間，範圍最廣泛的大小的組織，往往趨向於合併成兩個(不是三個、不是四個、只是兩個)對抗司令部。如合併這樣有規律地持續發生的事物，不得不被認為是某種政治定律，就像波義耳化學定律或牛頓物理定律那樣，具有普遍性」(《深翻》中譯本，頁567)。所以如此，也應因那些群眾組織並非「思想派別」，而是以「掌權」為訴求的準政治派別。他們得之於現實政治的經驗是，權力只能獨佔而不能分享。

　　由同時聲稱「為毛主席而戰」、「誓死捍衛毛主席的革命路線」的對立派別，看出背後的利益關係，需要特殊的敏感。許成鋼事後在回憶文字中說，自己當時就相信，「不同社會階層與社會集團的自身利益是殘酷奪權的動力」(《探討，整肅與命運》，《七十年代》頁413)。「從全國範圍的奪權運動和武鬥(實際是內戰)中，我認識到文化革命的基礎是因社會矛盾激化而產生的革命。」(同書，頁413)許說自己「至今仍然認為文革背後的社會力量在於民眾自身的利益」(頁414)。利益訴求，正是研究文革派仗易於忽略的方面。秦暉發現，「當時一般老百姓的確不像今天有些說法那樣充滿意識形態狂熱，只有學生是比較狂熱的。」中學生又比大學生狂熱(《沉重的浪漫——我的紅衛兵時代》，《1966：我們那一代的回憶》頁295–296)。秦對派仗、武鬥的事後記述，分析了階級、階層的背景。這種背景當時難以覺察。你看到的不像是被共同利益集合在一起的人群，而像平世不相干而被共同的處境、情緒召集起來的「烏合之眾」。秦所接觸的市民與航運工人有自己的訴求，關心的更是官民矛盾及與自己的利益相關的具體問題，對「造反」有不同於學生的「比較非意識形態化的理解」(頁295)。派仗中的「主義」之爭，「在那場浩劫中實際上並沒有那樣重要，而實際的利益和矛盾更具有實質性」(同上，頁301)。他所見廣西死於武鬥的受壓一派，不過被逼作「困獸之鬥」，儘管那行為很壯

烈，像是在殉什麼「主義」。鄭世平《身邊的江湖黨童年的恐懼與
仇恨》以所知造反工人無望的底層境遇解釋其文革中的行為：文革
前的貧困潦倒與文革後的淪落，有利於還原被意識形態化的「群
眾」。形勢比人強。具體情勢中，一個尚有尊嚴的人，的確有時會
無可選擇。這一點，未曾經歷過派仗、武鬥者難以想像。「實際的
利益和矛盾」稍嫌籠統。秦暉本人也說，「實際利益」不適用於大
中學生。

　　李遜《上海文革運動史稿》第十六章的標題是：「經濟主義
風潮──革命口號下的身份和利益要求」。該章談到上海「集體所
有制的『大集體』工廠」和「民辦『小集體』里弄生產組」職工的
利益訴求（頁617）。還談到了臨時工、合同工、外包工等的利益訴
求（按上述諸種外，尚有輪換工）。[79]徐景賢《十年一夢》寫到了上
海除「臨時工、外包工革命造反司令部」、「支援新疆知識青年返
滬造反司令部」外，尚有「上海住房困難戶革命造反司令部」（頁
73），無不是與利益有關的群體。王年一《大動亂的年代》引谷牧
1966年12月在中央政治局擴大會議上的彙報，其中有「群眾起來鬧
革命，有相當一部分人是想把集體所有制改為全民所有制，臨時
工、合同工想改為正式工，前幾年精減下去的人要求回廠」等內容
（頁138）。[80]

　　上述具體的利益訴求使用了革命口號的包裝，涉及體制身份甚
至政治身份，以及與此相關的福利待遇。長期壓抑的平等要求，在
文革初期的「造反」中獲得了表達的機會。這種利益訴求，是僅由
紅衛兵運動考察文革者不甚關注的。作為標籤的「造反派」、「保

79　該書說，「城市職工中身份地位最低的是處於體制外的臨時工、合同工與外包
　　工。」（頁6）

80　1958年5月劉少奇在中央政治局擴大會議上講話中談到的「兩種勞動制度」，
　　就包括了「固定工制度同臨時工、合同工制度並存的勞動制度」；劉在1964年
　　的談話中也談到「少用固定工，多用亦工亦農的臨時工」（中共中央文獻研究
　　室《〈關於建國以來黨的若干歷史問題的決議〉註釋本》頁259）。

守派」，籠統的「派性」，掩蓋了較為隱蔽也更深刻的社會分化。事實是，被刻意掩藏的社會矛盾，借社會動盪之機浮上了表層。群眾組織因成員混雜，「利益訴求」隱而不彰，至今仍然是文革史清理的薄弱方面。[81]

　　莫里斯·邁斯納《毛澤東的中國及後毛澤東的中國》關於上海的「一月奪權」分析道：「工人階級不是作為一個團結的統一體加入戰鬥的。這是一個分裂成老工人和技術工人與年輕的非技術工人和學徒工的階級」，各有其社會地位與經濟利益，由此決定了文革中對於現行體制的態度(中譯本，頁431。「一月奪權」亦作「一月革命」。見上文)。

　　文革中派別劃分的問題上，李遜《上海文革運動史稿》以上海的群眾組織為考察對象，提示了「利益」以外的重要一維。該書認為，據某些群眾組織的「早期軌跡」，「可以看出文革前的人際關係，是怎樣被文革初期的政治動員梳理出派別意識」(頁909)。儘管當時的群眾組織強調的，無不是「路線」、「觀點」。至於機關學校的派別分化，通常更基於內部環境，是文革前積久的矛盾借諸文革的公開化。特定環境中人的選擇餘地從來有限。身在事局中者往往並非像自以為的那樣自主，對自身處境、自己行動的意義很可能懵然不知；即使「自選動作」，事後看來也未必不受制於人，至少受制於環境。即如加入某一派，或只是出於對本單位另一派(甚至只是某些人、某個人)的不滿或宿怨。

　　有水面，有水面之下，有深水區。水面之下、深水區，就有利益、人際關係等等。利益尚可籠統地判定，人事一維則需潛入單位內部才能求證。當文革結束，難以抹去的，確也是留在人際關係上的痕跡。還應當說，派仗的綿延中，有可能追加諸種因素。由某個具體事件引爆，最終走向與起因全然無關的地方。將派仗模式化，

81　據李遜該書，爭取經濟利益的要求，也有體現於政策層面的成果(參看該書頁662)。1971年，國務院發出《關於改革臨時工、輪換工制度的通知》，可讀作對特殊利益群體訴求的回應。

有妨於深入具體情境。派仗有因地域因單位之異；影響其走向的，尚有主導者、中堅力量的品質與水平。[82]

　　派仗、武鬥一旦白熱化，與物質利益有關的訴求有可能被壓入無意識的深層；一些正常社會中並無交集的人們，同仇敵愾，彼此視同骨肉。跨單位、跨行業乃至全市、全省性的群眾組織外，尚有北京高校駐各地聯絡站，方便了群眾組織間跨地區的呼應支援——發生在前網絡時代，確可稱奇觀。群眾組織那種與階級論述無關、不賴有政治說教的命運與共、休戚相關，不可能在當代中國重現。

　　文革中有諸多「第一次」，往往亦惟一的一次。允許(甚至縱容)成立群眾組織，即1949年以來的第一次。這種群眾組織不同於官辦的所謂「群眾團體」，如工會、共青團(中國共產主義青年團)、婦聯(各級婦女聯合會)，「人民團體」如作協(中國作家協會)、文聯(文學藝術界聯合會)等，名實相副。儘管存在時間短暫——大致由1966年5月第一個紅衛兵組織成立，到1969年4月中共「九大」召開——仍然是20世紀中國的政治生活、社會生活中的重要事件。諷刺的是，群眾組織鑫起的文革期間，亦「集團罪」高發時期(參看本書第五章《集團案》)。

　　印紅標《文化大革命期間的青年思潮》：「紅衛兵是自發成立的、自主性很強的學生組織，自行決定本組織的綱領、主張、成員、行動，他們宣稱：『我們的領導是黨中央和毛主席』，但是不願事事聽從工作組的指揮，與工作組或者其他黨政機構沒有明確的組織隸屬關係。」「紅衛兵在思想上和組織上的這種自主程度，違背了共產黨歷來對一切群眾團體的基本要求。」(頁20)1966年7月

82　碧峽寫了所在的武漢水電學院派別組織由「雛形」發展成型的過程。這些細節對於「想像文革」均不可少，也最容易被遺忘。該文說到1966年八九月，該校有了「旗幟林立的戰鬥隊」；「多數派戰鬥隊多用一些顯示龐大、牢固、穩健、傳統革命化的名稱命名。少數派多用毛澤東詩詞、語錄中的名詞成語以及鬥爭性、挑釁性的名詞名句命名。文化差異顯而易見」(《波瀾乍起——武漢水電學院的1966》，《1966：我們那一代的回憶》頁198–199)。

劉少奇指示：「學生搞的自發組織還是要用黨、團組織來代替。黨外、團外，都不能搞秘密組織、秘密活動。」「紅衛兵是秘密組織，是非法的。」（同上。劉少奇語的出處，見該書第一章註50、51）這本是文革前執政黨內的共識。禁絕「非組織活動」，即禁絕非(共產)黨、(共青)團組織的活動。文革的非常性質，於此尤顯突兀。[83]儘管文革式的「結社自由」不免虛幻，仍不妨認為文革初期的上述混亂中或多或少孕育了生機。

印紅標該書還說，紅衛兵「並非爭取憲法保障的公民『結社自由』的一般權利」，「後來的造反派也沒有要求一般的結社權利」（同書，頁22）。這一點不可輕忽。此外，對群眾組織的「自主」、「自發」，不便想像過度。上海的運動由張春橋、姚文元遙控甚至親臨指導，面授機宜，徐景賢《十年一夢》一書多處涉及(參看該書頁14–15、20、25、48)。

傳統社會較為專制的當道，有對人的聚集的戒備。即如顧炎武《日知錄之餘》所涉元代。更古的古代，甚至曾到了「道路以目」(《國語·周語》)的程度。長期在中國生活、工作的美國人李敦白，回憶錄中提到，1949年之後，「未獲得黨的准許及控制，沒有任何人可以組成任何形式的組織。兩三個人稱兄道弟，甚或兩對夫婦經常在一起，就會被批評為『搞小團體』，想自外於黨及人民」(《我在毛澤東身邊的一萬個日子》中譯本，頁410)。麥克法夸爾、沈邁克《毛澤東最後的革命》寫以王洪文為首的上海「工總司」製造「安亭事件」後，1966年11月毛在政治局常委會上「根據中華人民共和國憲法談到了公民的結社權利」(中譯本，頁156)。

83　李遜《上海文革運動史稿》：「文革初期的1966年8月至1968年底，是共產黨執政後唯一允許自由結社的時期。」(頁416)無論「造反派組織」還是「保守派組織」，均有「組織的自主性」，於此不同於文革前所謂的「群眾組織」(同上)。莫里斯·邁斯納《毛澤東的中國及後毛澤東的中國》一書說：「在人民共和國的歷史上，文化大革命第一次使得不滿的工人和其他人能夠在不受共產黨的組織與思想的限制下自由地表達自己的怨氣並自由地建立自己的組織。」(中譯本，頁432)

實則這一權利在文革中是特許的，與憲法無關。憲法承諾的結社權利，無論文革前還是文革後均不曾兌現。將文革中的結社理解為「結社自由」，進而擬之於「政黨政治」，實在是一廂情願。毛往往有意越軌。文革中的群眾組織，更應歸於有組織的「非組織(即非黨團組織)活動」。由放任到軍管，不過短短幾年，即完成了一次否定之否定。[84]

1968年8月28日《中共中央、國務院、中央軍委、中央文革關於成立西藏自治區革命委員會的批示》：「堅決執響應偉大領袖毛主席的號召：『在革命的原則下，按照系統，按照行業，按照班級，實現革命的大聯合』」。1969年8月中共中央向邊疆各省、市、自治區各級革命委員會發出命令，其中有：「一切革命群眾組織……實行按系統、按行業、按部門、按單位的革命大聯合。所有跨行業的群眾組織，要立即解散。任何另立山頭，重拉隊伍，都是非法的，要強令解散。」(參看《建國以來毛澤東文稿》第十三冊，頁60)李遜《上海文革運動史稿》第二十四章，記述了終結「自由結社」的上海實踐(參看該書949–951)。[85]上海的情況稍為特殊：直至文革結束，才與其他群眾組織「殊途同歸」。也因特殊(與「四人幫」的特殊關係)，群眾組織的頭頭、文革中的活躍分子付出了較高的代價。上海文革期間曾有過接近「本來意義上」的工會，即「工人自由結成的體制外組織」(同書，頁1051)，文革後也一併歸零。文革不可能取得制度成果，此亦一例。

「按照系統，按照行業，按照班級」，「按系統、按行業、按

84　廣西博白縣被判「現行反革命」的劉振武，其所擬的批判文革的「文件」中有如下內容：「必須明白，我們無產階級組織的最高形式是中國共產黨。無產階級的群眾組織是在黨的直接領導下的工會、共青團、婦代會、農民協會、學生會等等。離開無產階級的這一系列的階級組織，去另起爐灶，成立別的組織，都被認為是分裂無產階級隊伍的派別組織，必須開展批判。」(《「文化大革命」上書集》頁160)劉於此所要求的，是回到文革前的狀態，恢復「正常秩序」。僅由這一點看，判劉「現行反革命」，着實冤枉。

85　關於「一月奪權」後的整頓群眾組織，參看該書頁995–998、1049。

部門、按單位」，即回到體制內。各省市跨行業的大型群眾組織，頃刻解體，回到了原點。儘管具體單位的派仗仍有延續。其興也勃，其亡也忽，可用以形容文革中「群眾組織」這一現象。其興固賴特許，其亡則只消一紙文件。

對「群眾組織」的一度開放，並沒有提升公民「自組織」的能力，也不曾擴大相關空間。正因「後三十年」與「前三十年」相承，稍為充分的「社會發育」，被無限期地延後了。因體制的嚴控，民眾「自組織」依舊阻力重重，與「公民社會」相關的論域依然敏感。一個以群眾運動為革命手段與社會治理方式的政黨，對群眾自組織的高度戒備，是當代中國政治文化的特殊現象。

不同於工礦企業，大中學生群眾組織的分化，確可能更攸關「觀點」，甚至涉及高層內鬥。王力記述的1966年毛七十三歲生日談話，談到資產階級在黨內的代表人物「提倡無條件服從，不是服從黨中央的正確領導，而是無條件地服從直接上級」；他本人則主張「只服從堅持革命路線的正確領導」（《王力反思錄》頁695）。毛所謂的「正確領導」，文革的語境中，只能是他本人的「領導」——即此循環論證，自我指涉。[86]文革中對立各派爭奪對毛的指示（「最高指示」）的解釋權，議論紛紜，莫衷一是。派仗綿延不絕，至少由表象看，也與此有關。黎若說，文革期間「中央的精神直接與群眾組織見面，越過了『文革』前的各級中間組織」（《走出藩籠》，《1966：我們那一代的回憶》頁280），的確是一種引人矚目的變化。只不過「中央精神只是一些大原則，對其實質的解釋，靈活性很大，在聯繫實際問題上，各派大都各取所需」（同上）。解釋權的分散，又嚴重削弱了「中央」的權威。

86　1966年7月28日戚本禹回答上訪學生提問，說：「黨的領導是黨中央、毛主席的領導。」「黨的領導是毛澤東思想的領導」（參看王年一《大動亂的年代》頁63註1）。這種「領導」在實踐中不具可操作性，勢必各依其理解以及需要。預見這種情況，並不需要「政治智慧」。

　　不止一地有所謂的「好派」(即「好得很」)與「屁派」(亦作「P派」，即「好個屁」)。吳宓日記則稱重慶的兩大派為「砸派」(「砸」即「砸爛」，乃重慶的「反到底」派)與「保派」。他甚至將全國的「造反派」均稱「砸派」。「好得很」由毛《湖南農民運動考察報告》中來(「好得很」/「糟得很」)。「好得很」、「好個屁」，屬極端簡化；見之於行動，即勢不兩立。[87]

　　路線鬥爭強調「站隊」。「站隊」對了，一切皆對；「站隊」錯了，一切皆錯。有「最高指示」：「站隊站錯了，站過來就是了。」(《視察華北、中南和華東地區時的講話》，1967年7至9月，《建國以來毛澤東文稿》第十二冊，頁386)選邊、站隊，足以造成社會撕裂。即使文革結束之後，一些人也仍然習慣於「選邊」、「站隊」，黨同伐異，將不相容的對立、對抗作為常態。

　　我所知的派仗，大中學生的「主義」之爭最初是認真的，即相信自己派別所標舉的名義。越到後來，圍繞「主義」、「觀點」的分歧越模糊。派仗式的對抗，適足以導致王夫之所說的「同惡相扇」、「相激相反而交為已甚」(《讀通鑑論》，嶽麓書社1988年版《船山全書》第10冊，頁818)。由爭觀點到爭意氣到爭權力機構中的位置，不可避免地為少數人的利慾、權慾操縱，遠離了初衷。至此，標舉「主義」更出於策略的需要，因而權謀化了。近年來網絡催發了關於「回音室效應」(echo chamber effect)的議論。文革派仗中的黨同伐異，即有派別組織以同質化凝聚意志的近例，值得由這一方面作為分析的樣本。

　　當着造反派「開始壓制別人的言論和結社自由」(李遜《上海文革運動史稿》頁912)，當着他們為進入權力機構(也即進入體制)而相互廝殺，當初造反的那一點正面效應也就蕩然無存。「唯我獨

<hr />

87　四川舊有幫派勢力(所謂「胞哥」)；文革中由群眾組織發展成了「不講派性只講『江湖義氣』和個人利害關係的『兄弟夥』」，亦一種幫派化(何蜀《文革重慶大武鬥實錄》頁264)。據該書，「個別『兄弟夥』發展成了刑事犯罪團夥」(同上)。上述蛻變是否普遍，尚待考察。

左」，「唯我獨革」，不容異己派別的存在——在未被體制收編之前，思維先已體制化。發生在文革期間的諸種自我否定中，這應當是意義嚴重的一次。派仗的你死我活，背後正是「階級鬥爭」的思維模式。「階級鬥爭，一些階級勝利了，一些階級消滅了。這就是歷史，這就是幾千年的文明史。」（《丟掉幻想，準備鬥爭》，《毛澤東選集》第四卷，頁1424）僅此是否也足證體制、意識形態強大的影響力？與其說文革的部分遺產來自擺脫體制束縛的自由結社，也一定來自對派仗、群眾組織「變質」的反思。這種反思，在深度捲入文革的年輕人，當年就已然開始。

　　不少省市有跨行業的大型群眾組織，如湖南的「湘江風雷」，如河南的「二七公社」。各群眾組織有不可同日而語者。上海「工總司」不但有相當的規模，且組織嚴整。其他規模稍大的群眾組織，往往組織鬆散，非但沒有嚴格意義上的「政綱」，其領袖人物也未見得凝聚了該派的共識，缺乏約束力，不能為其下屬組織的行為負責。這種文革式的無政府狀態，文革後的「清查」中被有意忽略了。也因此，「結社自由」固然想像過度，將群眾組織擬之於政黨，則更加誇張。確以「黨」名者作為刑事犯罪，堅決取締其組織，對為首者嚴懲不貸——楊曦光的《牛鬼蛇神錄——文革囚禁中的精靈》一書即有其例。該書所寫「地下政黨活動」，文革中人少有人知，在普遍經驗之外，是當代中國的政治生活中被嚴密遮蔽的部分。公之於眾的司法文件絕無「內幕」可供窺看。即使文革期間，從事「地下政黨活動」的人物也大半在獄中。

　　當時北京中學紅衛兵「四四派」的領袖人物李冬民曾接近高層。據他的印象，江青等人對成立全國性的組織（包括全國性的紅衛兵機構）保持警戒（《回憶與反思》頁200–201）。李說有人向他傳播「中國的政治知識」，即「共產黨絕對不會批准你成立全國性的機構」，卻從沒有人「正式講過這些禁忌」，只是在實際上不

給予《憲法》所説的「結社權」(同上)。蒯大富受訪時也提到有個
「全紅總」,工會系統的,「當時就給中央抓了反革命」(同書,
頁349)。

　　1967年1月毛《對〈紅旗〉雜誌社論稿〈論無產階級革命派的
奪權鬥爭〉的批語和修改》,提到「中國工農紅旗軍」、「榮復
軍」、「聯合行動委員會」,將上述組織指為「保字派的組織」、
「反動組織」(《建國以來毛澤東文稿》第十二冊,頁212)。《王
力反思錄》説,中央公開定性的「反革命組織」,有復員退伍軍
人的組織「中國工農紅旗軍」與「榮復軍」(頁861)。據同書,全
國性組織尚有以合同工、臨時工(及輪換工、外包工)為主體的「紅
色勞動者造反總團」(頁881)。「全國紅色勞動者造反總團」,即
蒯大富提到的「全紅總」。[88]上述全國性組織外,楊繼繩《天地翻
覆》還提到「全國國營農場紅色造反兵團」、「全國上山下鄉紅色
造反團」、「全國上山下鄉知識青年紅色第一線戰鬥隊」、「全
國滅資軍造反團總部」、「全國國營農場紅色造反兵團」、「全國
上山下鄉知識青年捍衛真理革命造反團」、「全國農墾戰士革命造
反團」、「國際紅衛軍中國支隊」、「全國聾啞人革命造反聯合總
部」等(見該書頁370、377)。不同於大中學校的紅衛兵組織,上述
組織往往有具體的利益訴求,甚至向中央「要政策」。1967年1月
20日,周恩來在接見安徽群眾組織時談到,至今還沒有批准任何一
個全國性的組織,我們不贊成組織全國性的群眾組織。同年2月12
日,中共中央、國務院發出《關於取締全國性組織的通告》。2月
24日,中共中央宣佈立即取締「全紅總」等非法組織。同日,北京
市公安局軍事管制委員會和北京衛戍區逮捕了在京的「全紅總」等
各非法組織的頭頭(參看王年一《大動亂的年代》頁157–158)。關
於「全紅總」由成立到被取締,尚可參看卜偉華《文化大革命的動

88　中央文革小組宣佈哈爾濱的群眾組織「紅旗軍」、「戰備軍」、「榮復軍」為
　　「反動組織」,參看卜偉華《文化大革命的動亂與浩劫》頁392。

亂與浩劫》頁314–320。另據楊繼繩《從清華大學看文革》一文，1968年7月曾有部分群眾組織發起成立「全國造反派總部」，相關會議被定性為「黑會」（該文為孫怒濤《良知的拷問——一個清華文革頭頭的心路歷程·序》）。上述全國性組織中，復員退伍軍人因得之於軍隊訓練的組織紀律性，或被認為特具危險性。徐景賢《十年一夢》寫到以復員、轉業軍人為主體的「紅衛軍」「人數最多，勢力最大」，雖中央三令五申，仍繼續發展組織（頁73–74）。全國性組織的最大危險，即在其有可能成為現代政黨的雛形；跨地域的聯合對社會治理構成挑戰，威脅到政權的穩定。

　　我相信上述全國性組織不過順勢而為，未見得有怎樣的野心。楊曦光試圖經由片段材料，拼貼出如下的圖畫：一批知識分子右派，文革中有目的地參與造反派，以期通過類似「湘江風雷」這樣的「政派」，「把少數知識分子的密謀變成文革中的『準』政黨式的活動」（《牛鬼蛇神錄》頁222）。我以為楊誇大了他得之於獄中的經驗。如楊所知的「地下政黨活動」限於極少數人，影響範圍極其有限。對他所謂的「反對當局的知識分子密謀團體」的能量絕不宜高估。楊甚至認為「如果毛澤東不支持造反派，這些造反派都會是右派分子的支持者」（頁223）。我想當年的造反派多半不會認可這種判斷。

　　被取締的非止全國性組織。1967年4月經毛審閱的《中央軍委命令》（即「軍委十條」），有「不准任意把群眾組織宣佈為反動組織，加以取締。更不准把革命組織宣佈為反革命組織。」（參見《建國以來毛澤東文稿》第十二冊，頁308）。事實是，不但高層，甚至權威媒體亦可表態，宣佈某組織為「反動組織」、「反革命組織」。「表態」，亦文革當局操控運動的方式。群眾組織要賴高層表態獲取合法性。高層為群眾組織定性，並不顧及該組織有多少群眾因此而受壓。

　　毛對群眾組織的直接表態，即如上文所引將「中國工農紅旗軍」、「榮復軍」、「聯合行動委員會」指為「保字派的組織」、「反動組織」。1967年1月毛《在延邊自治州黨委要求中央文革小組去電制止衝突報告上的批語》：「應當把延邊反革命派手中的權力奪過來」（《建國以來毛澤東文稿》第十二冊，頁195）。同月，中共中央、國務院、中央軍委、中央文革小組《關於人民解放軍堅決支持革命左派群眾的決定》有「堅決鎮壓……反革命組織」的字樣。據王年一《大動亂的年代》，1967年2月4日中央文革在一個文件上批示：「湖南軍區對『湘江風雷』、『紅旗軍』的反動頭目，應該立即採取專政措施」（頁199）。同年8月毛《對中央關於湖南問題若干決定稿的批語和修改》卻說「中央文革小組對湖南省軍區二月三日關於『湘江風雷』報告所發的『二·四批示』是錯誤的」（《建國以來毛澤東文稿》第十二冊，頁395–396）。同年11月毛《關於對浙大「紅暴」應以聯合為原則的批語》，說該組織「與湖北的百萬雄師不同，是個犯過錯誤的老造反派」（同書，頁444）。1968、1969年之交《關於徐州兩派群眾組織要大聯合的意見》說「徐州兩派都是革命群眾組織」（同書，頁619）。表態有如是之具體。據說哈爾濱軍事工程學院的紅衛兵組織「八八團」，是毛親自傳旨解散的(梁曉聲《知青與紅衛兵》，《那個年代中的我們》頁618)。

　　直至1968年7月召見北京高校「五大領袖」，毛還一再對北大、清華的兩派群眾組織明確表態。關於清華大學，毛說，我們(按應指自己與中央文革小組)「傾向」於蒯這一派(即清華井岡山兵團)，說：「蒯大富是偏左的，四一四是右的」(卜偉華《文化大革命的動亂與浩劫》頁699)。蒯大富數十年後受訪時，尚對毛及中央文革小組批評清華大學的「四一四」津津樂道，說毛傾向於清華「井岡山團派」，而「四一四他們根本不在乎」(《回憶與反思》頁362)。

　　時任公安部部長的謝富治，1967年1月17日在講話中宣佈北京

的「聯動」、西安的「紅色恐怖隊」為「反動組織」(《中國文化大革命文庫》)。湖北的「百萬雄師」、湖南的「湘江風雷」等大型群眾組織,均曾被宣佈為「反動組織」。高層表態的反覆無常,亦可以上述組織為例。[89]由「湖南紅旗軍」、「湘江風雷接管委員會」、「高校風雷」、「紅中會」、「東方紅總部」等組成的「湖南省無產階級革命派大聯合委員會」(簡稱「省無聯」),1968年1月後被湖南省革委會籌備小組下令取締(參看卜偉華《文化大革命的動亂與浩劫》頁700註66)。文革當局定性事件,則如定性新疆石河子流血事件為「反革命事件」(同書,頁407–408)。

其至權威媒體(「兩報一刊」)亦可指認「反革命組織」、「反動組織」。如1967年2月3日《紅旗》雜誌第三期社論《論無產階級革命派的奪權鬥爭》即指「中國工農紅旗軍」、「榮復軍」、「聯動」為「反動組織」。文革後當年清華附中的卜大華受訪時說,《紅旗》雜誌第三期社論把「聯動」打成了反動組織(《我所知道的紅衛兵》,《回憶與反思》頁72)。

文革期間的「中央表態」,往往決定了一個群眾組織的存亡。儘管戚本禹說:「在文革中,認定一個地區或者一個單位,哪些群眾組織是造反派組織是件很嚴肅的事情。要經過中央文革小組會議的研究討論之後,然後由總理、江青、陳伯達和康生他們幾個拍板,才能確定下來。」(《戚本禹回憶錄》頁641)高層為操縱運動,輕於表態,不計後果——不惟周恩來關於湖北的「百萬雄師」、中央文革小組關於湖南的「湘江風雷」。如「湘江風雷」這

---

89 關於武漢「七二〇事件」及其影響,參看王廣宇《中央文革在一九六七年》、《「七二〇」事件在中央文革小組激起的波瀾》、閻長貴《「揪軍內一小撮」口號的實質和來龍去脈》,均收入《問史求信集》)。《「七二〇」事件在中央文革小組激起的波瀾》一文說:「『七二〇』事件是指1967年7月20日正在武漢處理兩派聯合的中央代表團成員王力,被武漢的群眾組織『百萬雄師』和獨立師的一派毆打、扣押的事件。」(見該書頁183)中央文革小組處理湖南的群眾組織「湘江風雷」事件,參看收入同書的王廣宇《我所知道的陳伯達》一文。關於「湘江風雷」,尚可參看楊繼繩《天地翻覆》頁406–407。

樣號稱有百萬之眾的組織，竟以一個「批示」定性，動用軍隊摧毀（參看陳益南《一個造反派工人的十年文革》第七章）。專政機器轉動的軋軋聲，即使在文革高潮中也隨時可聞。關於四川、廣西等地的表態尤其是災難性的。率爾定性，往往使局面更加失控。表態所激起的，不過更激烈的對抗。[90]權力的濫用導致了權威的失墜。高層表態失靈，中央文件失靈，以至「最高指示」失靈——「去魅」，所謂的「走下神壇」，即在其間發生。

　　群眾組織的分化、分裂，往往源於高層，如北京中學紅衛兵的「四三」、「四四」派，北京高校的「天派」、「地派」（參看《回憶與反思》一書對蒯大富的訪談，該書頁356）。至於直接「插手」、「操縱」，如中央文革小組對於京城「三司」（「首都大專院校紅衛兵革命造反第三司令部」）、「五大領袖」及其組織。《戚本禹回憶錄》對此直言不諱（參看該書頁471、472、473、640、643）。戚說，當時他在各大學一般都不直接出面，「有什麼事情，就把這幾個『領袖』找來一說，讓他們出面去做」。中學紅衛兵，他「直接聯繫李冬民、劉剛這些中學紅衛兵的領袖。中學裏的事，通過他們就基本能掌握起來」（頁473）。[91]凡此均可佐證文革中的結社，不過特定時間被特許，未便認為是什麼「民主權利」。

90　關於高層表態之於當地的運動，參看收入《文革大屠殺》的徐勇《韋國清剿殺四二二派》一文、何蜀《文革重慶大武鬥實錄》一書。陳益南也寫到在「中央表態」後他所在組織仍堅持活動。中央表態加劇派仗、武鬥，湖南、內蒙古、四川、山西等地均有其例（參看卜偉華《文化大革命的動亂與浩劫》頁515–523、522–523、527）。高層對多地的群眾組織表態，包括對「湘江風雷」先表態後平反，造成了更大的混亂（參看《戚本禹回憶錄》頁644–645）。

91　關於上海「工總司」成立的背景，參看同書頁478。蒯大富關於文革中派仗的敘述（見《回憶與反思》一書對蒯的訪談），也提供了「群眾組織」被操控的線索。由《聶元梓回憶錄》亦可知京城高校群眾組織捲入高層鬥爭之深。地方的群眾組織也如是。趙瑜先後完成的《但悲不見九州同——李順達在「文化革命」中》（《歷史在這裏沉思——1966–1976年記實》第六卷）與《犧牲者——太行文革之戰》（自印書），詳細記述了高層的表態左右山西形勢，兩派群眾組織此消彼長。

　　無論哪一派群眾組織，都要求領導層、高層表態。上海造反工人要求尚未被打倒的上海市委表態，後來的群眾組織無不要求中央文革表態。李遜《上海文革運動史稿》認為，這「顯示出所有的底層群眾，無論是造反派還是保守派，對自己行為的不自信，以及對當局決不秋後算賬承諾的不相信」（頁560）。可惜的是，他們不能將「不相信」堅持到底。當着「秋後算賬」如期而至，他們仍然因輕信受到了懲罰。

　　鼓勵群眾惡性競爭——由競相取得當局的承認到競相奪權——被作為了推動文革的手段。如此大規模地「挑動群眾鬥群眾」，為前此的政治運動所未曾有。涉及執政基礎，對基層民眾的處置如此草率，非親歷者或難以想像。

　　上文已說到文革中的「第一次」。由最高當局發動，衝擊各級黨委，自下而上地「奪走資本主義道路的當權派的權」，亦1949年以來的第一次。

　　毛在文革前的「社會主義教育運動」（即「四清」）中就提到了「奪權」。1964年3月底毛抵達鄭州後聽取彙報時說：「如果領導權被敵人篡奪了，就要先奪權，解決敵我問題。」（逢先知，金沖及主編《毛澤東傳》第六卷，頁2307）[92]1967年1月16日《紅旗》雜誌評論員文章《無產階級革命派聯合起來》，公開號召奪權。

92　1964年5月15日至6月17日中央工作會議，印發了甘肅省委和冶金工業部黨組關於白銀有色金屬公司奪權的報告（薄一波《開展城鄉「四清」運動》，《「四清」運動親歷記》頁13）。同年10月12日，劉少奇以中共中央的名義發出《批轉李雪峰同志給劉少奇同志的信》，提出對已經爛掉了的地委、縣委、區委、公社、大隊和廠礦企業及其他機構，應當進行奪權鬥爭；10月24日，劉起草了《中央關於社會主義教育運動奪權問題的指示》，轉發了陳伯達搞的、以天津市委名義寫的《關於小站地區奪權鬥爭的報告》（同上，頁16）；11月12日，劉起草了《中央關於在問題嚴重的地區內貧協行使權力的批示》（同上，頁17）。一時「奪權」成為「四清」運動的關鍵詞，文革爆發前已廣為人知。在這一意義上，「四清」中的「奪權」，不妨看作文革中「奪權」的預演，情勢與方式又顯然不同。「四清」中奪權的具體實施，乃由上級黨委派工作組改組下級黨委。

同年1月22日《人民日報》經毛審定的社論《無產階級革命派大聯合，奪走資本主義道路當權派的權！》，有如下極具煽動性的表述：「有了權，就有了一切；沒有權，就沒有一切。……奪權！奪權！！奪權！！！」2月2日《紅旗》雜誌發表社論《論無產階級革命派的奪權鬥爭》。當時有「槍桿子」、「印把子」的說法，均被認為革命的「命根子」。「奪權」被通俗化地理解為「奪印」。「奪印」、「掌印」，更是象徵性的動作。這種關於「權」的想像，來源甚古；較為直接的，得之於文學藝術的啟發。1963年有現代評劇及同名故事片《奪印》。文革初期隨處演出現實版的「奪印」，即奪那一枚(或多枚)象徵權力的公章。徐景賢《十年一夢》寫到了1967年1月上海演出的「一幕又一幕走馬燈似的奪權鬧劇」，形同兒戲(參看該書頁47、48)。據閻長貴《「上海人民公社」名稱使用和廢止的內情》一文，當時上海就有群眾組織奪走了中共中央華東局、上海市委、上海市政府機關，以及上海十個區的區委和區人委等23個單位的大印。具有諷刺意味的是，文革後公章的權威一度不再，據說用白蘿蔔即可刻上一枚。[93]

　　被文革普及的政治常識之一，即「權」的極端重要性。原先對於普通老百姓不免抽象的東西，經由文革中的「奪權」具體化了。對奪權的參與，則大大激發了一些人對於「權力」的渴望，更有人嘗到了「一朝權在手」的滋味。效仿被自己打倒的官僚，有群眾組織頭頭甚至為自己謀取由住房到其他待遇的經濟利益，如恐不及。[94]秦暉寫自己所在派別中的「勇敢分子」的「非意識形

93　奪印之外，象徵性的動作還包括砸舊黨政機構的牌子(參看麥克法夸爾、沈邁克《毛澤東最後的革命》中譯本，頁184)。關於上海的「一月奪權」，參看閻長貴《「上海人民公社」名稱使用和廢止的內情》，收入《問史求信集》。收入同書的《毛澤東和上海奪權》(資料)一文，記1967年1月16日《紅旗》雜誌發表評論員文章《無產階級革命派聯合起來》，係根據毛批評陳伯達的談話寫成，是毛第一次明確肯定上海「一月奪權」的文件，也是毛第一次號召「全面奪權」的文件(頁98)。

94　徐景賢《十年一夢》寫到了上海市奪權中的利益爭奪(頁92–93)。據該書，進

態的」阿Q式造反，問：「若是『革命』成功了又會如何呢？」倘
若自己所在派別大權在握又當如何(《沉重的浪漫——我的紅衛兵
時代》，《1966：我們那一代的回憶》頁302)？參照魯迅給出的答
案，該文說，「『弱者』一旦掌了權，他們會善待老百姓麼？想想
未莊的阿Q，想想中國歷史上一次次重演的『農民起義』導致王朝
更迭的活劇，委實難以讓人樂觀。」(同上，頁303)

　　一段時間裏亂象叢生。即如黨委(甚至省委)、黨的機關報被
群眾組織「接管」(參看李遜《上海文革運動史稿》頁703、709)；
「公、檢、法」被群眾組織「接管」(同書，頁703)；甚至群眾組
織任命市委書記、市長(同書，頁712)。事後看來，均像是鬧劇，
當時的人們卻見慣不怪。至於毛「贊成」群眾組織推選上海市委第
一、第二書記，更是破天荒(同書，頁726)。收入譚放等《文革大
字報精選》的，有上海四個群眾組織1967年1月15日《接管上海市
委第一號通令》，可作為此類文告的標本。幾十年後，該市有參
與「接管」公安局者，承認當年「所有的動作都只是政治表演」
(《上海文革運動史稿》頁708)。群眾組織「接管」權力機構，尚
可參看卜偉華《文化大革命的動亂與浩劫》頁393–395。廣東省委
負責人一邊請示中央，一邊向群眾組織交印(同書，頁404)。所奪
之權，由地、市、縣直至大、小生產隊、街道居委會(同上)。某些
要害部門的「奪權」被制止：北京市公安局外，如《人民日報》，
如財政部，如華北局(參看同書頁393–395)。1967年2月18日周恩來
在接見國防工業口群眾組織代表時說，「財政、外交、國防、國
防工業、宣傳等大權屬中央，你們不能奪」(《中國文化大革命文
庫》)。周在講話中區分了「文化大革命的領導權」、「黨權」、
「業務權」。奪權過程中軍隊強勢介入，如廣東，如陝西、山西，
如寧夏、新疆(《文化大革命的動亂與浩劫》頁406、407、416)。

　　諷刺的是，群眾組織雖依其所理解的「巴黎公社的原則」使

　　入權力機構的王洪文，即開始為自己謀求待遇、物質利益(頁95–97)。

用了「勤務員」一類稱呼，機構設置，卻通常以黨政機關為藍本，是後者的擬態——亦想像力受限於體制的例子。[95]王學泰關於北京鋼鐵學院學生張建旗等人發起成立的「五一六紅色兵團」，說該組織雖固定成員不過二三十人，卻「上有總部，下有特務連、情報組等。還成立了所謂政治部、作戰部、組織部、資料政策研究部，以及農林口、財貿口、文教口、公交口、軍事口、外事口、中學、全國通訊聯絡站等八個方面軍」（《監獄瑣記》頁182–183）。

奪權加劇了派仗。即如「三結合」的革命委員會「結合」哪個軍隊、地方幹部。軍隊深度介入後，更有「擁軍」還是「反軍」之爭。群眾組織間的競爭，在權力爭奪中升級。無論借諸何種名義，爭的往往更是在權力機構中的位置與權力份額（參看李遜《上海文革運動史稿》第十八章）。尤其在成立革命委員會期間。最高當局所號召的「大聯合」，不過促成了派別組織在權力分配中明爭暗鬥的表面化。蒯大富幾十年後受訪時還不無自得地說，自己當時對毛的文化革命理論「吃得比較透」，「核心就是革命政權嘛」（《回憶與反思》頁336）。

美國人威廉·韓丁所知晉東南文革中的派鬥，「其程度之深是自公元前幾百年的戰國以來，在這些山脈中發生的任何派系鬥爭都無法比擬的」（《深翻》中譯本，頁520）。他還說到了所謂「大聯合」中的「虛情假意就像演戲一般」（同上）。

文革中的極端行為，除出諸高層的縱容以至引導（如江青的提倡「文攻武衛」），往往也為派仗中的對抗所激成：吸引高層關注，或壓倒對方。

為派仗所加劇的，不但有文革式的「路線鬥爭」，更有傳統的「階級鬥爭」。兩派互抓對方背後的「黑手」。「黑手」非走資派即其他「牛鬼蛇神」。群眾組織的對策，即有把某人「拋出去」。

95　參看李遜《上海文革運動史稿》關於「工總司」的機構設置（頁1032）。

無論文革當局還是群眾組織，將某人「拋出去」，或為捨車保帥，出於策略上的考量；或為了緩解壓力，轉移目標，脫卸責任，亦權謀之為用。[96]派仗中的「群眾組織」對此種謀略似無師自通。倘被「拋」者有所謂的「辮子」（歷史或現行問題），「拋」也可能係不得已，不過為了撇清關係。季羨林《牛棚雜憶》寫其家被抄後，向所在群眾組織求援，事後得知該組織為自保，即刻與其切割，着手調查其歷史，準備必要時將其「拋出去」（頁58）。一個人可以為了某種需要或利害的權衡被「拋」，證明了個人的微不足道。人的命運的莫測，在文革這樣的政治運動中被反復證實。越到後來，對立雙方關心的越是策略。「實用主義」於此大行其道。紙上得來終覺淺。派仗的經驗無疑豐富了對「政治」的認知，卻也註定會導向「虛無主義」。

「牛鬼蛇神」因誤判形勢而「蠢蠢欲動」，徐鑄成、邵燕祥提供了例子。徐鑄成1968年4月的《認罪書》，自承「右派翻天」，具體行為，即包括「混入革命隊伍」，參加和組織某幾個「戰鬥隊」（《徐鑄成自述：運動檔案彙編》頁66）。文革之初批判「資產階級反動路線」，提供了使徐這樣的人「混入」的可能。其時的徐鑄成們想必有「解放感」，滿懷了改變自己的身份、處境的熱望。派仗確也為某些「牛鬼蛇神」提示了改善處境的可能，使他們產生與「革命群眾」同等享受「大民主」、恢復被剝奪了的政治權利的希冀。至於「出身」符咒下的「黑五類」子女因派仗有了「參加革命」的機會，享有了一點稀有的平等感，參看本書上編第三章《階級路線與出身論》。

派仗中的「競相革命」、比拼「革命性」、「戰鬥性」，也推動了「階級鬥爭」升級。有「黑幫」或其他牛鬼蛇神在手，亦奇貨可居，便於隨時牽出來示眾，以凌越對方。于光遠就寫到了兩

96　如先後拋出「王、關、戚」、「楊、余、傅」。「王、關、戚」，即中央文革小組的王力、關鋒、戚本禹，「楊、余、傅」即楊成武（解放軍代總參謀長）、余立金（空軍政委）、傅崇碧（北京衛戍區司令員）。

派「搶奪」「批鬥對象」的戲劇性一幕，說「被揪到會的人物的
級別和知名度，是體現『革命』實力的一個重要標誌」（《文革中
的我》頁9）。尤其對於指為「黑後臺」的「領導幹部」。卻也可能
因兩派惡鬥無暇顧及，使某些牛鬼蛇神得以喘息，甚至有了從旁觀
戰的機會。學部派仗，顧頡剛即借此偷閒，近乎「逍遙」。不但在
家弄古籍，作研究，且有興致遊公園、動物園，到工人文化宮散
步（《顧頡剛日記》第十卷，頁760、762）。1967年10月28日顧氏日
記：「學部中本分總隊、聯隊兩派，至於武鬥。……其中關係複
雜，非我輩簡單頭腦所可瞭解。」（同書，頁766。「總隊」、「聯
隊」乃學部的兩大群眾組織，分別稱「紅衛兵總隊」、「紅衛兵聯
隊」）這種時候被忘卻，是幸福的事；怕的是又被突然記起。

　　木山英雄解黃苗子的舊體詩《偶有》中「帽憶閒中樂」，說
「在『右派』『反革命』的『帽子』下反而可能存在着遭排擠的
人們才能擁有的自由」（《人歌人哭大旗前——毛澤東時代的舊體
詩》中譯本，頁30）。據我的觀察，與其違心地隨俗浮沉，被劃入
「另冊」、排除在「革命群眾」之外，「帽子」下確可能有一種
「不革命」的「自由」。卻也可能正因派仗，夾在兩派間受夾板氣
（參看《吳宓日記續編》第八冊，頁13–14）。吳宓就曾歎息着「兩
姑之間難為婦」（同書，頁15）。[97]

　　1926年毛《中國社會各階級的分析》一文說：「誰是我們的敵
人？誰是我們的朋友？這個問題是革命的首要問題。」（《毛澤東
選集》第一卷，頁1）中共八屆十一中全會1966年8月通過的《關於
無產階級文化大革命的決定》（即「十六條」）亦曰：「誰是我們的
敵人？誰是我們的朋友？這個問題是革命的首要問題，也是文化
大革命的首要問題。」上述文字1967年6月1日《人民日報》第1版

97　吳宓在1967年派仗、武鬥中的處境，參看《吳宓日記續編》及徐洪火《吳宓先
　　生印象記》，收入《追憶吳宓》一書）。

以毛語錄的形式發表。1968年5月1日，《人民日報》、《紅旗》雜誌、《解放軍報》發表毛的最新指示：「派別是階級的一翼。」（兩報一刊社論《乘勝前進——慶祝「五一」國際勞動節》）前此，已有毛的如下指示：「無產階級文化大革命，實質上是在社會主義條件下，無產階級反對資產階級和一切剝削階級的政治大革命，是中國共產黨及其領導下的廣大革命人民群眾和國民黨反動派長期鬥爭的繼續，是無產階級和資產階級階級鬥爭的繼續。」[98]上述指示在派仗中被廣泛引用。

文革初期的「戰鬥隊」，有意無意地演練了「革命發動」時期「組織化」的過程——絕無戲謔；一派嚴肅，鄭重，如領受了某種使命。這一點，由它們的命名即可知。使用較多的名字，乃「井岡山」而非「延安」。「井岡山」即發動，即發起革命，即創建（由「革命政權」到「新世界」）。陳煥仁《紅衛兵日記》1967年8月3日記改組後的新北大公社總部召開全體會議，清算舊總部的「右傾機會主義」。一個同學說「有點兒像黨的遵義會議」（頁382）。沒有政治鬥爭經驗的素人，由派仗中學習「政治」，黨史、革命史——當然是他們所知的黨史、革命史——被作為了教材。

派仗作為模擬的革命，有可能濃縮了實際革命中的種種。對於大中學生，尤其像「革命」的實戰演練。宋柏林《清華附中老紅衛兵手記》1967年5月5日，寫「政治鬥爭確實有意思」，自己「樂在其中」，「尤其搞外交、統戰等談判有趣」（頁252）。只不過在日記的主人，由此獲得的快感持續未久。

「他者」這樣的哲學概念其時尚未普及。階級鬥爭的語境中，無非「朋友」/「敵人」，自己人/非自己人。非自己人並不就是敵人，還包括了非敵非友者，如所謂的「中間派」，「革命的同路

98　毛的這條「最高指示」由《人民日報》、《解放軍報》1968年4月10日社論《芙蓉國裏盡朝暉——熱烈歡呼湖南省革命委員會成立》公開發表，以《關於無產階級文化大革命實質的一段話》為題收入《建國以來毛澤東文稿》第十二冊，見該書頁485。「派別是階級的一翼。」見同書頁491。

人」。爭取「中間派」，被理解為策略的需要。

　　「同路人」與「同盟軍」適用範圍不同。革命修辭中的「同盟軍」，通常是出於策略考量、為達成某種功利目的的工具性存在。既然同盟軍可能是暫時的，同路是有條件的，即無需承諾，不妨利用。目的就是一切。不認同這一點，即不懂政治的迂夫子。周泉纓《四‧一四思潮必勝》公然宣示對「同盟者」的利用，態度輕狂——不必讀過馬基雅維里（Niccolò di Bernardo dei Machiavelli）或列寧，也可能「悟」得這一種「鬥爭藝術」。[99]文革中部分青少年政治上的「早熟」，也體現在對於「革命黨」的策略思想、「政黨政治」的一套技術的諳練——至少表面看起來如此。

　　隨時區分敵我友，這種「軍事—政治思維」深入人心。「凡是敵人反對的，我們就要擁護；凡是敵人擁護的，我們就要反對。」（《和中央社、掃蕩報、新民報三記者的談話》，《毛澤東選集》第二卷，頁553），被奉為派別鬥爭的圭臬。路線鬥爭「沒有調和的餘地」。在勢不兩立甚至你死我活的對抗中，不存在「討論」、「對話」的可能性。文革既然是「國民黨與共產黨鬥爭的繼續」，自居共產黨的一派——事實上幾乎所有的群眾組織都自居共產黨——既以對立的派別為國民黨，就不妨使用任何手段，由「批判的武器」到「武器的批判」，直至肉體上的摧毀、消滅。「壓倒敵人，而不被敵人所壓倒」一類「對敵鬥爭」的原則，被運用於派仗、武鬥。發生在城鄉的「局部戰爭」，不難血肉狼藉。

　　不止於此，派仗中人還將派仗與俄國革命對號，以確認自己的角色與所處位置。周泉纓認為「四一四派」（清華大學「四‧一四」及其他類似取向的派別）「最接近列寧所說的無產階級革命派即布爾什維克派」（《四‧一四思潮必勝》，《文化大革命和它的異端思潮》頁405）。武漢「北、決、揚」的《無產階級文化大革

99　該文引用列寧語，謂之「無產階級革命派的鬥爭藝術」（宋永毅、孫大進《文化大革命和它的異端思潮》頁399–400）。

命與叛徒考茨基》（收入同書），套用列寧的《無產階級革命和叛徒考茨基》（收入《列寧選集》第三卷），文字間充斥着諸如「右傾分裂主義」、「右傾機會主義」、「考茨基派」、「右傾投降主義」等。事後看去擬於不倫的，當時未必不相信所引經典論述的現實性。與革命史有關的資源，支持了派仗中荒謬的「正義感」與道義自信。這一點，離開了當年的情境也無從想像。

派仗中群眾組織的「文宣」，往往出於對黨派政治的模仿。毛語錄被作為文鬥的武庫。「語錄戰」是派仗中的常見一景。各是其所是，非其所非，儘管手中是同一本「小紅書」。對此類現象，毛了然於心。1966年7月8日他就在寫給江青的信中說，「中國如發生反共的右派政變⋯⋯右派可能利用我的話得勢於一時，左派則一定會利用我的另一些話組織起來，將右派打倒。」（《建國以來毛澤東文稿》第十二冊，頁73）

文鬥中雙方陳義均不厭其高，越高越有可能佔據政治上的制高點，以壓制對方的火力。起先還相信己方標舉的大義，而後即將此策略化，僅以壓倒對方為目的。為了影響高層決策，不惜誇大事實，製造假象，偽造「現場」。派別組織往往各有宣傳站，隨處可見、可聞派別組織的「嚴正聲明」，「毛澤東思想宣傳車」、高音喇叭的聽覺轟炸。甚至有對播音室、擴音器的爭奪。北大兩派對攻的手段，即包括了破壞對方的播音系統及提高己方播音的分貝。病中的陳寅恪曾不堪中大噪音之擾（參看《陳寅恪的最後20年》頁480）。高音喇叭成為了許多人關於文革的聽覺記憶。文革間習慣了震耳欲聾的廣播，一旦沒有了這種噪音，會覺得世界太靜，靜得不大真實。

文鬥並不必然升級為武鬥。文革期間規模不等的武鬥，卻無不為派仗所激發。發展到武鬥，留在群眾組織中的，通常是「中堅分子」。對抗導致「極端化」，在所難免。群眾組織相互取締，宣佈對方「路線錯誤」以至「反動」、「非法」，所取已非現代政黨鬥

爭的方式，模仿的正是專制權力。至此，派仗式的對抗惡性盡顯，局面難以收拾。趙瑜的《犧牲者——太行文革之戰》，以相當大的篇幅，呈現了山西以長治為中心的晉東南兩派群眾組織由「文鬥」到「武鬥」，更在軍隊的介入、主導下，演變為現代戰爭的過程。

1967年1月23日中共中央、國務院、中央軍委、中央文革小組發出的《關於人民解放軍堅決支持革命左派群眾的決定》、1月28日中央軍委《八條命令》，均強調軍隊有權對於「證據確鑿的反革命組織」實施鎮壓。實踐中軍隊所鎮壓的，往往即一派群眾組織。

上文已提及「支左」中軍隊內部的分歧。「支左」部隊間的對峙，如京畿地區以河北省軍區、63軍為一方，以38軍為另一方；[100]山西的以省軍區、軍分區、69軍為一方，以海、空駐軍即海字0115部隊、空字025部隊為一方(據趙瑜《犧牲者》)；廣西的以自治區革籌小組、軍區為一方，以55軍6984部隊為一方(參看《天地翻覆》頁507註49)——亦1949年以降從未有過的怪現狀。上述對峙影響於派仗，僅憑常識也不難想見。至於軍隊主導對一派群眾組織以「剿匪」的名義實施鎮壓，晉東南外更有廣西——不過是因傷亡慘重而惡果彰顯者。

派仗中得勢的一方施之於失勢方的報復，往往手段血腥。如廣西，如晉東南。武漢紅衛兵魯禮安在回憶錄中寫到了當地造反派掌權後對保守派的報復，私設公堂，嚴刑拷打。「據不完全統計，單武漢一地保守派方面被打傷打殘的，就多達六萬多人，被打死的有六百多」(《一個單監十一年的紅衛兵獄中籲天錄》頁199)。在派仗激烈武鬥血腥的地區，那更是一種殘酷且代價高昂的「教育」，將現代政爭中的醜陋，赤裸裸地暴露在原本無知的民眾面前。

群眾運動從來是「挾嫌報復」的良機。楊曦光說入獄前他

「一直認為造反派和保守派之間的政治衝突是由政治觀點的衝突引起」，看守所的某個犯人卻讓他認識到事實要複雜得多，他發現對於該犯的小團體而言，「根深蒂固的階級仇恨和互相迫害卻不需要任何政治意識形態，它是赤裸裸的互相迫害和報復」，由此「瞭解到革命中黑暗和無理性的一面」(《牛鬼蛇神錄》頁50、51)。邱會作整軍內造反派，軍內造反派整邱會作，均屬此類。雙方(尤其邱會作)在報復中下手之狠，無所不用其極(參看《天地翻覆》頁424–425)，即在軍隊中，也應非孤例。邱會作的回憶錄對於其受虐——無論在軍內還是秦城監獄——陳述不厭其詳，對其報復性整人造成的嚴重後果則矢口否認。

文革後的「揭、批、查」延續了文革中的派性，往往針對一派群眾組織及支持該組織的領導幹部，非但無助於消除派性，且使派仗以隱蔽的方式繼續——河南、雲南均可為例(參看《天地翻覆》第二九章)。這種情況，當局本不難預料。

「勞模」被派仗利用，或曰「勞模」的榮銜作為社會資本被派仗徵用，山西的陳永貴、李順達不是僅有的例子。所幸有趙瑜，以大特寫刻畫了李順達文革間的軌跡，呈現將李裹挾進派仗中、身不由己的情勢(《但悲不見九州同——李順達在「文化革命」中》，收入《歷史在這裏沉思——1966–1976年記實》第六卷、《犧牲者——太行文革之戰》)。據該文該書，李順達不僅被群眾組織、更被軍區、軍分區「綁架」。北大周培源(文革爆發時為北大副校長)、季羨林(北大東語系系主任)在派仗中，亦可作為分析材料。

派仗結束，那些曾經被大聲宣稱的「觀點」被迅速忘卻，留下來的，是人際關係中難以彌縫的裂隙。無論1966–1967年之交對「老紅衛兵」，還是「清理階級隊伍」、「一打三反」、「清查『五一六』」對群眾組織頭頭、骨幹分子，以至文革結束後對所謂的「三種人」，處理均極其粗糙、粗暴，無助於彌合文革造成的

社會撕裂。當局力圖壟斷對文革的解釋權，錯失了發露真相、推動「社會和解」的有利時機。

　　撕裂的尚有人倫。文革期間因派別對立而致夫妻反目、兄弟結怨，所在多有。吳宓日記記其由同事處聽説當地有母子二人合謀殺死其十八歲懷孕之兒媳者，「非由他故，只因其觀點及立場分屬於目前對立之兩派」（1968年6月6日，《吳宓日記續編》第八冊，頁468。着重號為原文所有）。季羨林《牛棚雜憶》也寫到派仗導致的朋友割席、夫妻成仇，説自己不能理解，「為什麼對抗外敵時都沒有這麼大的勁頭，而在兩派之間會產生這樣巨大的對抗力量？」（頁45）

　　極端的對立所激發的狂熱不易瞬間冷卻。我注意到，文革後敘述派仗者往往仍在派仗的語境中，甚至有身在現場似的亢奮。文革中的派仗本是「雙輸」。即使不計及輸贏，超越派別立場，也應當是清理相關現象的基本倫理。

　　古代中國有黨爭中的對抗，如宋代的蔡京等人與所謂「元祐黨人」，如明代的東林與「奄黨」。草民對黨爭的捲入，則有蘇州等多地爆發的反「奄」風潮。文革的派仗自不宜以「黨爭」目之，激烈程度卻猶有過之。未知「真相與和解」是否被作為20世紀最偉大的政治家之一的納爾遜・曼德拉（Nelson R. Mandela）的政治遺產。揭示「真相」以推動「社會和解」，卻非文革後中國領導層的共識。尤其以「真相」為「和解」的條件。派仗的餘波有可能平息，創傷也會經由「落實政策」而得以療救，裂痕、傷疤仍不免留在社會生活中。縱然一代人離去，仍可能留有遺痕在身後。時間有可能消弭派別對立造成的仇恨，卻不能消除歷史過程中累積的病灶。當代中國的「職場政治」、「校園政治」等與別處骨子裏的那點不同，也應因其中有歷次政治運動的遺留，尤其「文革政治」的不散陰魂。至今暴戾之氣不仍在當代中國的社會生活中，成為建設「和諧社會」的負累？

文革與當代中國的政治文化

這也屬那種需要龐大篇幅才能展開的論題，此處只能及於皮毛。

1950–70年代強調「政治嗅覺」，塑造了某種政治人格：不但長於判斷敵我友，且特具探測政治風向以趨利避害的能力。他們於此用的是鼻子，而非其他感官；當然更非自己的「頭腦」。季羨林《牛棚雜憶》第二版《自序》提到「變色龍」，指無特操，善變。這種人物，文革後的中國，仍大有施展的餘地。

文革中一批政客、準政客以「職業革命家」自居，傲視被認為不懂政治的凡夫俗子。深入角色的過程中，某種品格不免「內化」，以至一往而不返。十年，足夠練就觀形勢、辨風色的特殊功能，以利投機鑽營。古代中國本有佔風望氣的技術。長於此道者不難據蛛絲馬跡，「見微知著」。處最高領袖身邊者揣摩意圖；其他人則據「跡象」、「徵兆」而預測「走向」。派仗中更須搶得先機，以便先發制人。這裏有扭曲的政治倫理對人格的塑造。當下玄幻片中的邪魅人物，無不有其現實的對應物，只不過不限於文革時期而已。

20世紀二三十年代的新文化人，相信民族強與人性強互為條件，曾有對於雄強人性以至蠻性的呼喚。類似論述固有其上下文，有特定的針對性。文革卻實實在在地喚醒了掩蔽在心性中邪惡。徐曉所輯《民間書信》中一封寫於1976年6月的信，寫信者說自己發現「真正有本領的人是會對付自己、對付朋友」，感慨於「總是把人生描繪成一場戰鬥，要有策略，有計劃。看啊！把人變成了什麼樣子」（頁400、401）！該信提到所謂的做「生活的強者」，亦流行的自勉、互勉、勵志語，語義卻不免曖昧，可以嵌在不同的上下文中。強人，即能與環境搏鬥並「征服」，敢近身肉搏且取勝，無論用何種手段，是否會因此喪失了自己。上述生存哲學的背後，無非弱肉強食的「叢林法則」。經歷了人與人鬥的現實叢林，體驗了弱

之於生存的致命性質，不難由篤信革命教義，轉而接受上述法則。

浪漫與神秘往往相關。越遠離常人的經驗，越有可能引發浪漫的想像。受蘇聯文學藝術的影響，「契卡」(Cheka)與主持此機構的捷爾任斯基(Фе́ликс Э. Дзержи́нский)曾經令人神往。勞班的《崢嶸歲月──成都武鬥親歷記》(收入《1966：我們那一代的回憶》)，寫兩派間的「諜戰」，是模仿的政治鬥爭，模仿的國共鬥爭。以派仗為政治鬥爭的演練場，卻絕非小孩子的過家家，是真刀真槍的對攻，見血見屍的廝殺。文革前長時期的「革命英雄主義」教育，似乎在這一時刻收效。

深度投入文革者相信，為了偉大的目標(即如「解放全人類」)，手段是可以不問的。手段的正當性被由「目的」的方面肯定(目的/手段)，否則就是書生之見、婦人之仁，就有可能淪為「政治庸人」。魯迅不是聖人，著作中也有敗筆。即如收入《三閒集》的《通信》，駁某些人批評共產黨的「問目的不問手段」，說：「人們這樣的很多，不過他們不肯說出口。」(《魯迅全集》第四卷，頁100)「不肯說出口」或許尚有羞惡之心，否則即確信其正當，無需顧忌。在文革期間道德虛無主義的氣氛中，市儈氣與江湖氣大行其道。二者互為補充，有可能見之於同一個人。公然的無恥甚至被混同於真率而受到欣賞，正派耿直則顯得可疑。似乎人不出兩類，偽君子或真小人。

文革及其前的政治倫理，目的/手段，以至大節/小節，屬一些基本範疇。時論則將政治倫理與一般道德對立，以為後者不適用於政治、政治人物。有過所謂的「小節無害論」。「大行不顧細謹，大禮不辭小讓。」以大英雄自居者，略「小節」而取「大節」(「立場」、「路線」)，不難認為政治有此特殊「倫理」。「書生氣」、「愛惜羽毛」無非諷刺。將政治人物視為不受「一般道德」規約的特殊人種，由此將政治神秘化，不適用於常人的常情常理，亦一種為文革普及的「知識」。

　　李新説，「根據以往的經驗，凡在運動中將要挨整或剛挨過整而得到解脱的人，大多表現得特別激進。整風審幹中『坦白』了的人是這樣；土改整黨中，地主富農出身的幹部，很多人也都是這樣。」（《李新回憶錄》頁311）徐賁輯存其父徐幹生的遺文的《復歸的素人：文字中的人生》一書，收入其父當年日記與《「文革」親歷紀略》，寫到出身不好的學生的類似行為（參看本書上編第三章《階級路線與出身論》）。該書對文革中表現搶眼、態度粗暴的學生直書其名。筆下少數學生的冷酷無情，令人不寒而慄。對教師的誣陷、羅織，似無師自通（參看該書頁349–350、371）。在徐幹生的經驗中，中學生沒有耐心也沒有經驗像他那些同事那樣「行陰使壞」，但他筆下的學生，也偶有與年齡不稱的陰險。文革中的「青年學生」，有的提前進入了成人社會，經那個社會塑造，不難影響「未來中國」的面貌。柯雲路小説《新星》中的人物，有超乎年齡的「成熟」，動輒「話説天下大勢」。由後來的事實看，是否也可以視為「改革開放」的「幹部準備」？

　　本書上編第四章《文革與文革後的人才狀況》已引朱學勤關於其所謂的「六八年人」的描述，其中有「具備底層生活經驗，洞察社會結構及其組織細胞的各種縫隙，内心深處又解除了意識形態虛假道德束縛」，「遊刃有餘地穿插於各種結構的縫隙，從中漁利」；「當年的思辨能力很少轉化為思想史上的精神資源，而是轉化為在世俗層面上奪取權力資源和生活資源的經驗」云云（《思想史上的失蹤者》，《1966：我們那一代的回憶》頁333）。朱氏該篇對所謂「六八年人」估價過高，上引文字卻略顯曖昧；「穿插」、「漁利」云云，不無對於那種經驗與訓練的負面意義的洞察。這裏有發生在文革時期及其後的人的蜕變：一些人如何消化、消費文革。據此也可以問，文革果真結束了嗎？無論是否「六八年人」，經歷了文革的大中學生，不乏如朱所説的人物，一定程度地決定了「新時期」的人才狀況，以至相當一個時期的社會政治面貌。我自

己也親見入學時還有幾分樸拙的農家子弟，在「革命」的強化訓練之下，具備了「從政」能力；老練的神氣，圓熟的手腕，與先前判若兩人。與我同校的《紅衛兵日記》作者陳煥仁，當年的日記就曾說，自己「覺得北大非常可怕，特別是經過文化大革命的反反復復，我算徹底看清了北大不少人的嘴臉」（1970年2月16日，頁809）。宋柏林《清華附中老紅衛兵手記》記聽清華大學「團派」某人說，文革中「真是學乖了」，「政治真不是好玩的東西」（1967年12月21日，頁368）。當青澀的青少年以這種方式遭遇兇險莫測的「政治」，感受的衝擊可知。

　　文革式的政治鬥爭調教出的政客、準政客，有足夠的耐心致力於「政治資本」的積累，為此不擇手段。文革後期的沈從文，家書寫到他所觀察到的權力對人性的敗壞：「求個人發展，進取不以其道。下以阿諛依附為能，上則引用親友和可靠人為爪牙，求發展求鞏固均不擇手段」（《致張兆和》，《沈從文家書》頁558）。沈對此懷了深憂。陰賊險狠的人格，古人所謂的「僉壬」，從來就有。只是在當代中國的政治環境中（即使「改革開放」之後），因體制的庇護，有了釋放能量的更大空間罷了。

　　文革後一度「厚黑學」行世，與得之於文革的經驗應不無關係：不「厚黑」不足以成事，不「厚黑」尤其不宜「搞政治」。「厚黑學」在一些人那裏即成功學，其中有謀取權、位的不二法門。

　　文革中流行過據說出自林杰的所謂「政治鬥爭三原則」。[101]「三原則」版本不一。其中一種版本是：政治鬥爭無誠實可言，結成死黨，引導對方犯錯誤。「引導對方犯錯誤」在各處派仗中得到了廣泛的運用——未必得自林的親傳。錢理群所引某學生領袖的「權術三十六條」，更系統，將林的「三原則」具體化也細

101　林杰曾為中央文革小組成員，《紅旗》雜誌負責人之一。陳煥仁《紅衛兵日記》1967年6月16日記北大當時有「除隱患戰鬥隊」，整過林杰、吳傳啟、潘梓年的材料（參看該書頁354）。

化了(參看氏著《毛澤東時代和後毛澤東時代——另一種歷史書寫(下)》頁80-81)。文革中的派別鬥爭,在如此短暫的時間裏,使一些人似乎掌握了「政治鬥爭」的技巧,無疑要歸因於中國自古至今發達的權術謀略的濡染。有人説《左傳》是「相斫書」。沒有馬基雅維里的見識而自以為參透了「政治」三昧,林杰的「三原則」,適足以自暴其準政客的譖妄。

將「政治」歸結為機詐權變;將軍事謀略運用於政治(兵以詐立);將政治作為對居上位者的讀心之術,以及馭下之術,掉弄權柄的技術。不以「耍手腕」為可恥,不質疑所行之事合否道義。似乎「政治」允諾了普通人不能享有的自由。文革中曾在清華大學的楊繼繩,説自己派仗期間説過一句話:「清華有很多重要的機密專業,向學生傳授很多重要的機密技術。現在,最重要、最機密的技術——權術,已經普及了。」(《從清華大學看文革》,孫怒濤《良知的拷問——一個清華文革頭頭的心路歷程・序》,頁9)該篇説蒯大富對付該校的對立派,學習了「毛澤東中共七大時對王明的辦法」(同上),係「黨史教育」的「活學活用」。由「革命史」、「革命戰爭史」學「軍事藝術」,學政治技術,派仗時期,易地而皆然。曾捲入運動漩渦的武漢大學生魯禮安,其文革回憶錄,寫到了自己所見「懂權術,工心計,翻手為雲,覆手為雨,權慾極強而疑心極重的『政治家』」,該「政治家」的名言,即「政治就是騙」(《一個單監十一年的紅衛兵獄中籲天錄》頁229、233)。[102]

文革前直至文革初期被由正面賦義的「政治」(「突出政治」、「政治掛帥」等等),由此,在普通民眾的經驗中悄然變質。歷史檔案揭秘,小道消息流行,「陰謀論」大行其道。政治在「去神秘化」的同時「去莊嚴性」,有了「玩兒政治」的佻撻態度。文革後的中國,隨處可以遇到大材小用的準政客,謀臣策士,

---

102 鄭世平説那些深度捲入文革者並不單純、幼稚,「遠比今天的學生聰明而複雜,更富有實踐操作能力」。只是其「成熟」往往表現在「具體鬥爭的算計上」,談不上大智慧,甚至對於「聖意」也不曾洞悉(《身邊的江湖》頁146)。

不得意的或尚未得志的戰略家，繼續保持着對於密謀的嗜好，交頭接耳，神情詭秘。倘若學得了屠龍術無可施展，即會用於婦姑勃谿、叔嫂鬥法，在一個小單位裏興風作浪。倘掌控一個大單位，則慣用暗箱作業，施展其鬼蜮伎倆。文革後的「單位」，也例有「戰鬥力」超強的人員，長於「纏鬥」，讓領導頭痛不已。有些就是文革中練出來的功夫，由另一方向證明了「權力」可玩、可褻。

我由此想到文革後飯桌上的「黃段子」。前此未聞有高層人物，及身被如此編排，用作茶餘飯後的消遣。「集權」依舊，而權威不再。玩視尊長、權威，卻又不必出於平等理念：發生在社會深層的上述變動，其意義已難以簡單判定。

文革式「政治啟蒙」的正面與負面，印跡均難以磨滅。一批知識分子失去了「童真」（或自以為失去「童真」）。「歷史虛無主義」之外，另有「政治虛無主義」：因文革中負面的政治經驗，以政治為「不潔」甚至骯髒、醜惡。代價高昂的「成熟」，往往混合了膚淺。結束了政治上的蒙昧狀態，有可能是憤世、玩世；曾經浪漫而苛求道德純潔性的知識人中，不乏改宗「現實主義」者，儼然大徹大悟，只相信看得見、摸得着的利益，將過往的激情歲月作為笑談，間接助推了「市場化」，1990年代公職人員的「下海」潮。

無序的亂局，使「際遇」的重要性提升。革命對秩序的破壞，提供了平世所沒有的機緣；[103]兼以最高領袖政治風格之「莫測」，更使得社會流動的漸進模式被打破。有人一朝竄紅，甚至以平民而躋身於權力結構的高端──即使個別的例子，也鼓勵了妄想與投機。即如嘗試用了非常規的手段冒險。徐志摩有一首詩，題作「我不知道風是在那一個方向吹」。揣摩猜測，務求得風氣之先，以便棋先走一着。那可能是一着險棋，或收奇效，或招奇禍。冒險者

---

103 圖們、祝東力《康生與「內人黨」冤案》一書說，內蒙文革的每個階段，「都出現過類似這樣的人物，他們的地位不高不低，能量不大不小，但在特殊的歷史條件下，卻起到牽動全域的重大作用」（頁262）。亦所謂貪緣際會。

可以用下面的話激勵自己：「人生能有幾回搏」。倘若失敗，則
如下名言可用以自慰：「鷹有時飛得比雞低，但雞永遠不能飛得
比鷹高。」[104]「朝為田舍郎，暮登天子堂」。非常規遴選，破格晉
升，有人的官運被擬之於「直升飛機」、「火箭」。被貴人識拔於
草野，是古代中國幾千年間一再流傳的故事。類似際遇，文革中仍
然更有戲劇性。一些人文革中驟然顯貴，進執政黨中央委員會，進
政治局，任副總理，任地方大員。一人得道，雞犬升天。[105]禍福無
常，既有不虞的恩寵，也就會有無妄之災。成王敗寇，往往在一朝
夕間。欽點——寵遇——墜入深淵。因反映「走後門」問題而一夜
成名的李慶霖即是一例。鼓勵冒險，鼓勵投機，鼓勵不惜押上身家
性命的豪賭。毛的不按常理出牌，好作驚人之舉，刺激了憑險棋、
怪招求勝的賭徒心理。先意承旨、押寶、猜「來頭」、摸底牌、拼
背景，上述技巧至今在「職場政治」、「單位政治」中仍不陌生。
即使如此也不妨認為，毛的個人取向，確有不拘一格、打破常規
(以此阻止進一步的「官僚化」)的嚴肅意圖。

　　文革對政治生態的污染不止於此。當時有「風派」一說，民
間所謂「軸承脖子彈簧腰，頭上裝了風向標」。此種人物的身段柔
軟，能見風轉舵——動機卻可能互異。或鑽營謀求(權、位)，或不
過為了自保，亦惡劣環境中的生存技能。

　　文革結束，派仗仍以單位內部人事糾葛的形式暗中延續。
　　文革後遺症中，包括了「拉幫結派」這一種；儘管即使沒有文
革這種現象也存在，文革顯然將這種惡劣風氣強化了。由派仗練敏

---

104 「人生能有幾回搏」，出自中國第一個乒乓球冠軍容國團。「鷹有時飛得比雞
　　低，但雞永遠不能飛得比鷹高。」一說出自《克雷洛夫寓言》。均為當時的流
　　行語。克雷洛夫，Ива́н А. Крыло́в。

105 韋君宜在《思痛錄》中，寫李希凡、藍翎批俞平伯的文字，楊耳(許立群)批評
　　《武訓傳》的文字，不過被「偉大領袖」借題發揮，作為了引燃「運動」的導
　　火索。自己當時想到的是，李、藍二位一朝成名，「真是運氣好」(頁26)。

了嗅覺，所見無非「敵我友」；對於周邊的人，或打或拉，樂此不疲。國家企事業單位的「人事問題」，多半緣此造成。其間既遊蕩着古老的幽靈，亦有不散的文革陰魂。較之信仰危機、信念缺失，這或許是一種更難治癒的社會疾患；在體制重大變動之前，還看不出有療救的跡象。

習得了政治技術，不難在單位小試牛刀。革命中積蓄的政治能量於此轉化。擁有上述能量者不但轉向政界、商界，而且轉向了單位的內鬥，一位之爭，一官之謀。於是，惡質文化瀰漫在職場、單位、校園、科研院所——無不圍繞着權力（＝利益、資源）的爭奪。上述「政治」確非中國獨有。有人問羅馬尼亞裔作家諾曼·馬內阿（Norman Manea）：「你為什麼要離開羅馬尼亞？」回答道：「我離開這個國家，是因為它太有意思了。而我願意生活在一個比較平靜的地方，在那裏我不必老得捉摸何事的背後是何人。」（《讀書》雜誌，2006年第12期，頁106）中國人的不惜去國離鄉，有時不也出於同樣的理由？看來諾曼·馬內阿所説，更是相近體制中人共享的一份經驗。

去國離鄉者，或也隨身攜帶了某種基因。查建英訪談劉索拉，劉説到中國的出國人員間的惡性競爭。對此查説，「我們離開『文革』也不過三十年，那段歷史從沒有真正拿到太陽底下來翻曬，很多人競爭起來還帶着那股陰毒味道，拉幫派、弄權術……」（《八十年代訪談錄》頁393–394）經歷了文革的，「改革開放」後走出國門「洋插隊」，慣於漂泊，能吃苦，「皮實」，經得住折騰，能在艱窘中求生。卻也有另一面。即如長於「窩裏鬥」。記得有人比較大陸、臺、港三地在外的女生，説大陸的最有心計，臺灣次之，香港的女生最天真單純。「心計」無疑是應對生存環境（文革及其後的社會、人事環境）的結果——是否應當對此作深長之思？

丈夫生長在鄱陽湖邊，説一向怕自然水域，因水下莫測。這也屬人類最古老的恐懼。而我所感困擾又有不同。有時倒是太清楚「何事的背後是何人」，不再能享有懵然無知的單純的快樂。所謂

「察見淵魚者不祥」；何況那「淵魚」並不值得被「察見」。不能免於「察見」，有可能使人卑瑣，證明了沒有大胸襟大智慧，終是俗物。

　　本書其他處已引夏衍仿明末清初流傳的《剃頭歌》作《整人歌》：「聞道人須整，如今盡整人。有人皆要整，不整不成人。人自由他整，人還是我人。試看整人者，人亦整其人。」[106]實在妙不可言。到文革結束，一個具體單位，有可能人人都整過別人，也都被別人整過，都有點灰頭土臉的樣子。

　　「鬥」、「整」、「搞」，這幾種動詞及其特殊用法——如「整」某人、「搞」某人——為當代中國人所熟聞。歷次政治運動中並無過惡而被「整」到身敗名裂、家破人亡者，不計其數。「與人奮鬥，其樂無窮」，落實到鬥人、整人，「後文革時期」仍在繼續。卻也因經了文革，「整人」成了不可容忍之「惡」。「整人」、「不整人」亦判斷的基本標準，尤其對於大小「領導」。「一俊遮百醜」。處在某種位置上而能「不整人」，其他瑕疵即不妨忽略不計。曾彥修晚年受訪錄題曰「微覺此生未整人」（《微覺此生未整人——曾彥修訪談錄》）。在「反右」這樣不整人即被整的壓力下，即慈悲為懷，也往往不得不「共襄盛舉」。如曾彥修那種為了不整人而將自己「整」成右派的，實在稀有難能，幾可稱當代傳奇。

　　1974年5月25日毛與英國保守黨領袖、前首相愛德華·希思(Sir Edward Richard George Heath)談話，說尼克松水門事件「我們不懂」。「不懂」是老實話。因類似事件倘在中國，絕不會「鬧得這麼大」，除非最高當局有意「借題發揮」。毛熟悉的，是不同質的「政治」。因了隔膜，毛甚至異想天開地問希思能否幫尼克松過

106　《剃頭歌》：「聞道頭須剃，如今盡剃頭。有頭皆要剃，不剃不成頭。頭自由他剃，頭還是我頭。試看剃頭者，人亦剃其頭。」

關（《同希思談話內容的通報》，《建國以來毛澤東文稿》第十三冊，頁388）。中國政治家的這種思路，想必英美人士也「不懂」。

　　自人類有「社會」，即有了「治術」，古今中外，概莫能外。區別在於制約政治的制度、法律，能否保障良性的政治倫理不斷改造惡質的政治文化，使「治術」合於現代社會的政治文明，合於現代人對於政治文明的理解。由民眾的角度通俗地說，無非冀政治、政治技術的運用光明一點，乾淨一點，校正政治即權謀，權謀無不醜陋的「世俗成見」。這種希冀或許過於書生氣，是迂夫子的迂見，卻是中國人世世代代的夢想，關於清平世界，朗朗乾坤，關於政治、政治人物的正大光明。只有在較為徹底的清算之後，才會真的有清明、光明。清明、光明才會是我們真實體驗的「政治」。這樣說或許會被譏為書生的迂闊，我仍然相信有乾淨的政治，乾淨的世界；相信政治家摘下手套，也仍能讓人看見一雙乾淨的手。

札記之四

「非正常死亡」——性別、性、性虐害——肉刑

「非正常死亡」

　　已有關於文革期間「非正常死亡」的專項考察。列此一目，不過輯錄或為專項考察未收的材料，以豐富對有關現象的瞭解。因文革中受難者、「非正常死亡」者人數之多，文革後至今的悼亡之作，也如「非正常死亡」，值得作為專項考察的題目。

　　在日本學者木山英雄看來，文革是一場「空前的自殺性運動」（《人歌人哭大旗前——毛澤東時代的舊體詩》中譯本，頁65）。這裏的「自殺性」有隱喻性質。本節討論的，是文革中的自殺現象。套用木山先生的上述句式，文革是一場自殺空前高發的政治運動。

　　「非正常死亡」雖應包括死於外部施加的迫害以至暴力，卻幾乎成了自殺的替代說法。同樣易致混淆的，還有「迫害致死」，未區分自殺抑他殺，通常也被由自殺的方面理解。實則在當時，自殺往往亦他殺，均屬「迫害致死」。即劉少奇、彭德懷、賀龍等，又何嘗是「正常死亡」？文革後提到死於文革中人，凡未說明「病逝」者，都令人懷疑其人「非正常死亡」。詩人嚴力說，因身邊的自殺事件太多，自殺成了自己當時寫詩的「主要誘因之一」（《陽光與暴風雨的回憶》，《七十年代》頁307）。記得當時每有傳聞，說因了屍體之多，某條河道為之壅塞，不知確否。

　　王年一《大動亂的年代》一書說，據統計，「北京市在『文化大革命』中共有九千八百三十名幹部、職工、學生、農村社員、城市居民由於受到殘酷迫害而非正常死亡，其中幹部一千九百一十七人。」（頁623）未注明材料來源。李遜《上海文革運動史稿》據文

革結束後的統計數字，說上海全市「非正常死亡」人數1.1510萬人（頁1208）。蕭冬連《從撥亂反正到改革開放》：「『文革』中軍隊相對受衝擊較小，然而，軍隊被迫害致死者仍達一千六百多人。」（頁95）

　　據郝斌《老來憶「牛棚」》一文，文革期間，北京大學教職員工和學生中「非正常死亡」，包括受逼、受辱不過，以各種方式抗爭自戕者，用拳腳和各種刑具被活活打死者，垂暮之年被趕入「牛棚」、有病無醫、壽未終而正寢者，共有63名之多（該文刊《南方週末》2013年4月11日E27版），涉及了「非正常死亡」的諸種情境。[1]

　　自殺現象作為政治運動的一部分，非始於文革。據《何方自述》，延安的「搶救運動」中，「自殺的人日有所聞」（頁90）。1949年後的政治運動，無不為自殺的高發期：始於1950年底的「土地改革」，接下來的「鎮反」、「三反」「五反」、「肅反」、「反右」，以至文革前夕的「四清」、「城鄉社會主義教育運動」。[2]1952年「三反五反」中的顧頡剛，時聞上海及臨近地區工商業者自殺的消息。1月22日，記「上海工商界四反運動，聞自殺者頗多」（《顧頡剛日記》第七卷，頁177。按「四反」，參看同書頁179–180）。3月25日記所聞上海跳樓者太多，「已不止千人矣」，「至躍黃浦者則更多矣」（同書，頁204）。5月8日記「蘇州五反亦殊劇烈，丁香巷某家為開明大劇院經理，夫婦二人，子女五人，先以線襪作繩，勒死子女而後自縊」（頁218）。私營工商業者的自殺，另見同書頁220。顧聞之他人，杜叢林(奉符)自縊死，慨歎道：「此治訓詁甚有成就者，可惜也」（頁224）。同年10月6日記

1　陳東林主編《1966–1976年中國國民經濟概況》的說法是，文革中北京大學被迫害致死的共有61人，中國科學院被迫害致死的229人(頁286)。

2　關於「土改」中的「非正常死亡」，參看楊奎松《中華人民共和國建國史研究1》頁147、149–152。「三反」，參看同書頁299。關於「五反」中上海大批工商業者自殺、夫婦同死、全家同死，參看同書頁321、329、334、345、355、498。

傳聞「三反五反」中，「上海商人之跳樓者達八千人」(同書，頁284)。「五反」中「非正常死亡」的著名例子，即中國航運大王盧作孚之死，以及冠生園創始人冼冠生之死。

據《束星北檔案》，束「反右」時自說「肅反」中曾「幾次計劃全家自殺」(頁168)。文革前夕「城鄉社會主義教育運動」，據薄一波所說，「湖北省第一批試點鋪開前後死了2000多人，第二批試點開始後，僅襄陽在25天內就死了74人」；同年秋冬廣東試點中發生自殺案件602起，死亡503人；其後北京郊區的通縣，自殺70多起，死50多人；山西洪洞縣死了四五十人(《開展城鄉「四清」運動》，郭德宏、林小波編《「四清」運動親歷記》頁11、18–19)。[3]

吳宓1964、1965年日記，記有所聞發生於校內外的自殺事件，議論道：「今人民政府判死刑之事極少，然每一運動中，致死之人，合全國各地各界，則多不勝計矣。」(《吳宓日記續編》第七冊，頁439。着重號為原文所有，下同)顧頡剛1965年日記，漸多關於自殺的記述。如聞曾昭燏人大會前在南京自殺，沈志遠政協大會後在上海自殺(《顧頡剛日記》第十卷，頁225)；聞山東大學黃公渚因懼怕批判而自殺(同書，頁320)。1966年，有關內容增多。是年6月15日，李平心以煤氣自殺(同書，頁389、479–480)；6月20日，聞傅樂煥自沉於陶然亭(同書，頁480、483–484)；由報紙上批周予同的文字「帶了花崗岩的腦筋見閻王爺」云云，推測其人已死(7月8日，同書頁490。按周1981年病逝)；「聞鄧拓已以安眠藥自殺」(7月10日，同書頁492)；9月6日，聞李達在武漢大學批鬥會上猝死(同書，頁526)；9月10日，聞陳夢家已自殺(同書，頁528)；9月30日，「聞北大女教授俞大綱以不堪勞動痛苦自殺(頁539)。10月19日，記聽某人說，其家臨近鐵路，「日來臥軌自殺者

3　關於湖北、廣東等地「四清」試點期間的自殺案件，參看胡鞍鋼《毛澤東與文革》頁84註71。文革之初工作組時期的「非正常死亡」，參看楊繼繩《天地翻覆》第五章。

頗多」，還記其子在東郊勞動，臨近火葬場，「每日灰化者過多，無法完成任務，則擲之於臨近水潭」，顧說「此等人或為房主，或為資本家，或為流亡於北京者，一旦掃地出門，無以為生，只得從死中求出路」(同書，頁548)。10月24日，聞孫毓棠以煤氣自殺未遂(同書，頁550)；10月30日，聞劉盼遂自縊，「其妻殉之」(頁553)；11月8日，聞馬連良、葉盛章已死(頁559。按馬死於12月16日，葉死於8月31日，均屬「迫害致死」)。1967年的日記續有自殺、暴卒、被鬥、被打的記錄，如1月10日記聽人說言慧珠已自殺，「死時全身穿白，表示其為清白之身」(同書，頁599)；2月12日，記「餘心清愛花，其院花木蔥蘢」，運動高潮時「群責其資產階級舊習慣，遂以身殉花矣」(同書，頁619)；4月13日，記本所五級研究員萬斯年已於去年自殺；4月29日，由理髮師處得知溥忻(雪齋)已於去秋失蹤，說「此人能書、善畫、好操琴，與世無爭，何必出此下策為」(頁662)。6月30日，聞汪籛自殺(頁699)。文革結束後，又記所聞死於迫害者，如錢海岳，如蒙文通(《顧頡剛日記》第十一卷，頁571、573)。1978年7月20日的日記，列「運動中死去之同行」6人名單，其他友人則5人(同書，頁573)，未逐一說明死因。他本人1970年也曾有過自殺的一念(參看同書頁200)。顧氏日記中的有關記述多得自傳聞，或有不確。徐鑄成文革初期日記，記有多起自殺事件。李平心的自殺對徐衝擊較大，說「往事和今後事均不敢想矣」(1966年6月26日，《徐鑄成日記》頁480)。

《夏鼐日記》1965年1月18日也記南京博物院曾昭燏院長在靈谷寺跳塔自殺(卷七，頁85)；1966年6月1日，「聞上星期民族學院傅樂煥自沉於陶然亭公園湖中」(同書，頁218)；6月12日，聞北大教授汪籛服安眠藥自殺，在搶救中(頁221)。直至1975年4月1日，夏氏所在的學部考古所仍有人服毒自殺(同書，頁483)。

《夏鼐日記》多處涉及陳夢家。由日記看，陳文革前學術成就斐然。1964年6月10日，記陳在考古所高級研究人員政治學習中

「作檢查」(卷七,頁34);1965年1月12日,又作檢查(同上,頁84);6月16日,記大字報中涉及自己的內容,有「發表右派陳夢家筆名的文章」(頁222–223);7月16日考古所的揭批,涉及包庇「反動權威」陳夢家,陳即站起來示眾(頁230);8月9日,陳夢家以「右派分子」被監督勞動(頁234);8月23日,在考古所戴紙帽遊街示眾(頁237);8月24日,被揪鬥,戴「流氓詩人」紙帽;8月25日,紅衛兵通告陳自殺未遂,「犯現行反革命罪」,「遺書中誣衊群眾污辱了他」(頁238);9月3日,聞陳已於昨晚再度自殺身亡(頁239);9月5日,考古所召開「聲討陳夢家畏罪自殺大會」(同上)。由日記看,文革前夏鼐確曾支持陳夢家的科研活動。據日記卷十《生平事蹟年表》,1960年6月10日,「派遣陳夢家赴蘭州,協助甘肅省博物館整理武威新出土的漢簡」(頁26);次年10月,審閱陳協助該省博物館撰寫的《武威書簡》(頁28)。這一時期的日記另有關於陳的專業工作及與陳交往的記述。[4]可否認為上述自殺為中國的士大夫存了節操,使得斯文不至掃地以盡?

楊繼繩《天地翻覆》列出了1966年5至8月「非正常死亡」的知名人士65人的名單(許政揚一名重複),有李達、江隆基、老舍、傅雷、陳夢家、言慧珠、俞大綱、李平心、葉以群等。其中陳正清、楊嘉仁、余楠秋、張宗穎與妻同死,王思傑則妻子兒女共四人同死(頁188)。政界人物,是年5月,有鄧拓、田家英之死。前於田,則有姚溱的自殺。[5]此前,3月,羅瑞卿跳樓自殺未遂,劉少奇、鄧小平各有譏諷,語涉輕薄。葉劍英更賦詩一首,首句為「將軍一跳身名裂」(參看卜偉華《文化大革命的動亂與浩劫》頁17註58、楊繼繩《天地翻覆》頁145)。

據何蜀《文革重慶大武鬥實錄》,重慶大學黨委書記兼校長鄭

4 李大興由其父親那裏聽說,「從文革開始到幹校解散回京,一個二百人左右的研究所死了快二十人」(《明暗交錯的時光》,《七十年代》頁548)。李父乃學部中人。

5 關於田家英、鄧拓之死,參看《戚本禹回憶錄》第五章、第六章。

思群，是文革中重慶地區第一個非正常死亡的高級幹部(頁13)。高層人士中尚有「離奇死亡」的例子，如雲南軍區政委、省革命委員會主任譚甫仁之死，東海艦隊司令員陶勇之死，公安部部長李震之死。[6]均屬「非正常死亡」中的特殊案例。煤炭工業部部長張霖之死於暴力。[7]

這種時候選擇結束自己的生命，難免會有內心的掙扎：除了對生的留戀，親情的牽絆，在當代中國，另有一重顧忌，即對親友的牽累——自殺被指為「自絕於黨」、「自絕於人民」。你不能一了百了。「牛鬼蛇神」自殺，罪加一等，死有餘辜；不但使遺屬受傷，且開脫了加害者致人以死的責任。鄧拓自殺前以遺書陳情，用心良苦。除表明心跡、自證清白，更為了保護自己的妻子兒女。至死也不能、不敢申明自己有選擇死的權利。1972年11月4日、12月5日毛《在反映柴沫情況的兩件來信摘報上的批語》，針對認為柴係自殺，「不夠黨員條件，應黨內除名」的處理意見，説：「似不應除名(逼死了人，還要開除嗎？)」(《建國以來毛澤東文稿》第十三冊，頁324)，難得地通情達理。

據説中世紀的歐洲也曾將自殺作為一項罪孽，但如當代中國這樣將自殺政治化，出諸特殊的政治文化，與「傳統文化」無關。古代中國似乎沒有不區分情境、對自殺行為一概譴責的傳統。文獻關於自殺的記述或中性，乃陳述一個事實；區分情境，即如許之以「剛烈」；即使對於有過惡者，也可能許以「知恥近乎勇」——罪大惡極者除外。直至近代，如對王國維的「義不再辱」，也力求還原真相，而非一味施之以政治的評判；對王品格的高潔更是幾無異議。直至文革結束，才有可能以正常態度談論自殺；對傅雷之死、老舍之死，由反抗暴政、維護尊嚴的方面肯定。

6　關於譚甫仁之死，參看史雲、李丹慧《難以繼續的「繼續革命」》第五章，頁308–311；李震之死，參看同書頁317–321。

7　關於張霖之之死，參看《戚本禹回憶錄》頁520–524、715。據同書，毛1964年就曾點名張霖之為「走資派」(頁383)。

　　經過了文革，自殺去污名化，脫出了由政治方面的詛咒；自殺者的遺屬不至因此而蒙羞。在文革引起的諸種變化中，這一種變化也許不那麼重要，卻有必要拈出。去政治化之為進步，此亦一例。語言環境的改善由此種種變化累積而成。經過文革，哪些語詞、表達方式被廢棄，成為了語言化石，是值得做的大題目。「文革辭典」無疑有知識考古學的貢獻，卻也一定有諸種遺漏，有不斷修訂、增補的餘地。

　　據我的經驗，文革中自殺高發，集中於運動初期及「清隊」（「清理階級隊伍」）時期。文革爆發之初因來勢兇猛，猝不及防；1968年「清隊」期間的自殺，原因往往更複雜。本來已經熬了過來的，當着運動再起，像是看不到盡頭，也就不敢再抱希望。吳宓、顧頡剛日記中，1968年都是最難熬的一年。葛劍雄《悠悠長水：譚其驤後傳》說，「1968年是復旦大學災難深重的一年，當年『非正常』死亡人數是文化革命中最多的。」（頁26）[8]

　　關於自殺於「清隊」期間的著名科學家饒毓泰、董鐵寶、趙九章，著名文學家李廣田，乒乓球國手容國團，著名表演藝術家上官雲珠、嚴鳳英，參看楊繼繩《天地翻覆》頁613–615。據麥克法夸爾、沈邁克《毛澤東最後的革命》，吉林省「清隊」「導致2127名幹部『非正常死亡』，3459人終身殘疾」；河北「被迫自殺」的人數達6979人；北京的「清隊」導致3731人死亡，94%以上的死亡記錄為「自殺」；浙江9198人被「迫害致死」（中譯本，頁265、267）。[9]

　　「清隊」期間北大頻發的自殺，竟被當時的軍、工宣隊作為「無產階級專政威力」的證明。曾聽說某校醫在被批鬥前切開了自

8　關於「清理階級隊伍」的提出、發動，江青、毛的相關表述，參看卜偉華《文化大革命的動亂與浩劫》頁673。

9　文藝界中人選擇自我了斷的，老舍、傅雷外，尚有鋼琴家顧聖嬰。乒乓球國手自殺的，容國團外，另有與容並稱「乒壇三傑」的傅其芳、姜永寧。關於姜永寧，參看金汕《姜永寧之死》，者永平主編《那個年代中的我們》）。

己的動脈。其專業技術於此派上了用場。北大名列高層保護名單而
自殺的，饒毓泰教授外，另有翦伯贊與其老妻。奇怪的是，直到文
革過去了多年之後，有人提起中文系自殺的沈姓女生，仍一臉的不
屑；對一個生命如此慘痛地結束，像是全無同情。這不屑中豈不就
藏了殺機？[10]

　　上文已引趙振開寫發生在北京四中的教員自殺事件。自殺的
方式極其慘烈：用剪刀割斷並揪出自己的喉嚨（《走向暴風雨》，
《暴風雨的記憶》頁204）。自殺方式極其慘烈的，另如江西水電部
門某工程隊技術人員自剖腹部，掏出腸子，一節節剪斷，或用磚頭
將鐵釘砸進顱腔（《天地翻覆》頁206、604–605）。似乎僅一死已不
足以表達其冤屈憤恨。

　　上文說自殺亦他殺。對此，陳凱歌給出的說法，是「以自殺
的方式被謀殺」（《少年凱歌》頁116）。陳以老舍為例，並將老舍
之死與傅雷之死比較，以為後者的死更尊嚴；說傅氏夫婦「來去閒
閒」，「他和夫人對於死亡的態度，如推門進入別室一樣安詳」
（同書，頁122），令人生疑。同書所引傅氏遺囑，就有「無法洗刷
的日子比坐牢還難過」（頁121–122），將被迫、不得已說得很明
白。即使如傅雷這樣的「真人」，也有對生的繫戀；陳的解釋，傅
氏未見得許為知言。

　　至於偽造自殺現場的他殺，也屬公開的秘密。有被殺風險者
往往事先會向親友聲明自己決不自殺；倘有此等情事，萬萬不可相
信。遺族的「糾纏」於自殺他殺，也因經了長期的教育，將自殺視
為罪孽。陳凱歌說：「加害者在受害者將死未死時，往往製造自殺
的假相，例如將奄奄一息的人犯從高樓上推下，跌成粉碎，不僅可
以掩蓋劣跡，逃脫罪責，還可以將自殺的罪名反扣在死者頭上。而
受害者的親族往往在屍身焚化之後，在沒有現場、沒有證據的情況
下，耗以時日和大量的精力，千方百計證明他殺。更有在自殺證據

10　發生在幹校期間的自殺，參看本書上編第七章《幹校記憶》。

俱在的情況下，仍然試圖推翻的。從昭雪沉冤的願望看，遺族的心情無疑可以理解。」（《少年凱歌》頁115）小說《紅岩》的作者之一羅廣斌之死，當時就有兩說。孫維世被捕前，曾向妹妹說明絕不會自殺。無主名的集體的謀殺，罪責通常無人承擔。這也是一部分「群眾」勇於參與施暴的一部分原因。法不責眾。完了就完了。

據說田家英自殺前曾對好友說，「士可殺不可辱。」（卜偉華《文化大革命的動亂與浩劫》頁113）折辱，最能擊中知識分子的命門。不堪其辱，通常是知識分子自殺的直接原因。對人格尊嚴的侮辱、踐踏文革中如此普遍，以至有人訓練出了應對非人情境的能力，即任由踐踏、羞辱。自殺者則往往因積不能堪。在此情境中，「傳統士大夫」的潔癖，成了最不利於生存的東西。

知識分子的自殺之所以被較多談論，也因有複雜隱晦的社會心理背景。針對知名人士的迫害甚至不必有「私怨」。或不過出於嫉恨，對「才華—貢獻—地位」。許子東說，他所選擇的一組「文革小說」的情節設計，包含了一種公認的解釋：「對美貌或才能的嫉妒，也是『文革』殘酷鬥爭的起因之一。」（《重讀「文革」》頁14）基於嫉妒（或其他「個人恩怨」）的迫害平世也有，只不過在政治運動中易於獲取正當性，也更有可能致命而已。永遠有出於嫉妒等人性缺陷的傾軋。問題更是使這種人性中的惡得以釋放的制度環境。收入、待遇差別最易扯動公眾敏感的神經。文革提供了一個千載難逢的機緣，可以不受法律制約、也不必擔心道德譴責地發洩對他人的惡意、敵意。如將鋼琴家劉詩昆的手臂打裂。

仇富、仇貴，嫉賢妒能，任一社會均有。如文革這樣放任宣洩嫉恨，卻罕見於正常社會。趙瑜的《犧牲者——太行文革之戰》，有借派仗之機對當地「人尖子」施虐的例子（參看該書中冊，頁360–363），作者解釋為「庸常群小對精英的滅絕」（同上，頁362）。「人尖子」不但包括了才華出眾者，也包括了擁有較高社

會地位、佔有較多社會資源者，文體明星，頂級學術、科技人才，其他「業務尖子」，甚至「黨委紅人」，曾為政府表彰的「先進人物」、勞模等。「掐尖」，迎合了群眾中原本存在的民粹情緒（填平補齊）。由對他人的虐害獲得滿足，亦出於補償心理——對於自己的失意，被壓抑、貶低，社會地位的低下，物質生活的落魄，等等。較之阿Q式的造反，動機更複雜曲折。此類事例，大可作為研究政治運動中「群眾心理」的材料。

張光年在其「思想彙報」中寫道，自己運動初期「不止一次地想到叛黨自殺」（《向陽日記》頁31）。陳白塵《牛棚日記》記分到作協的某畢業不久的大學生，因對毛著作「不敬」受到威嚇而自殺，跳樓之際還將手錶「脫置窗臺」（頁79）。手錶應是其貴重財產。有如此眾多的「非正常死亡」，才適用「倖存」的說法。季羨林、王瑤的倖存，或幸而未死，不過繫於一念，一點牽掛。季羨林直至1980、90年代之交寫《牛棚雜記》，仍糾結於文革中的未能自殺，愧疚自己「忍辱負重，苟且偷生」（見該書頁179）。[11]

上文已有文革中夫婦同死、舉家自盡的例子。傅雷、翦伯贊夫婦同死，顧聖嬰與母親、弟弟同死，較為人知。科學家蕭光琰自殺於「牛棚」，其妻其女隨之自盡（《天地翻覆》頁610–611）。草民也有舉家自盡者。如「清隊」中遼寧省新金縣許姓農民一家七口上吊自殺（參看同書頁604）。上述人倫悲劇，慘絕人寰。文革中自殺的底層百姓，只是偶爾見諸記述。如當時的北京四中學生所記其鄰居兩對老夫婦（楊百朋《我的「紅色記憶」》，《暴風雨的記憶》頁138–139），無論當時還是事後，都死得無聲無息。

至於文革中的失蹤者，上文所引顧頡剛提到的古琴大家溥雪齋，也如「反右」中的儲安平。反右期間掉頭不顧、從此音訊杳然的，尚有表演藝術家石揮。據說溥離家出走時僅帶了十斤糧票、七

11　季羨林寫到同在牛棚的王瑤在「苦不堪言」時尚能「苦中尋樂」（《牛棚雜憶》頁144–145）。由王瑤未經公開發表的「運動檔案」可知，王當年也曾有自殺的一念。

塊錢。要有多麼深的恐懼與絕望，才使人以這種方式告別人間，留給生者無盡的牽掛。[12]

不為人知無人尋找也無從尋找的失蹤者，是龐大的數字。更不用說大規模武鬥的無名死者（參看《札記之五·諸種數據》）。那些消失得不明不白的生命，牽動的是無數家庭。在無論城鄉均有嚴格的戶籍制度、嚴密的社會管理的中國，上述現象只有文革這樣的亂世才能發生。[13]

當着死亡司空見慣，隨時聽到某人自殺的消息，你也會麻木不仁。哀痛是需要空間的。在密集生存、眾目睽睽之下，你沒有空間培養個人情緒。太多的悲慘事件，即使在正常年月，也足以令人透支同情，造成情感疲勞。文革中過於集中的苦難，難免令人感官麻痺，對他人的受難視若無睹。直到十年結束，文學藝術承擔了心理修復的任務。一時小説電影的「煽情」，可以由普遍的社會需求解釋：宣洩的需求，以及修復情感缺損的需求。下文還將談到，文革前缺失的，就有「珍愛生命」這一種教育。即「珍愛」，也限於「階級弟兄」。1960年搶救中毒民工的「平陸事件」、據此拍攝的影片《為了六十一個階級弟兄》，本是其時「愛心接力」的故事。文革中卻被由六十一人中剔出非屬「階級弟兄」者。這後續的故事，有十足的文革色彩。

還應當説，選擇自殺，或有來自家庭內部的壓力。這是一個因涉及隱私、有可能對生者造成損害的話題，不便深入。

文革後有了一種習慣性的警覺，即如注意人物的卒年。如該人卒於1966–1976年間，尤其1970年以前，會想到是否橫死。也如見到保存完好的地面文物，會反射似地想到其何以逃過一劫。

12　據趙珩説，溥出走時帶了小女兒與一張古琴，不知所終（趙珩口述、李昶偉採寫《百年舊痕：趙珩談北京》，北京：三聯書店，2016）。石揮1957年被劃為「右派」後，登上「民主三號」郵輪，自此失去音訊。《石揮談藝錄》系列2017年由北京聯合出版公司出版。

13　發生於文革期間的失蹤，也應與人員的無序流動有關。以其時的行政能力與技術手段，失蹤者、無名死者的確難以核查，也未聞文革後有普遍的核查。

性別、性、性虐害

上個世紀二十年代新文化運動後的兩性關係，出於當時對「新文化」的理解，在某些革命知識分子、文藝青年的圈子中，開放到令今人不能想像。由《百戰歸來認此身——曾志回憶錄》可見一斑。那曾經是一種反抗「舊文化」、沖決「羅網」的姿態。由有關當年延安的文獻看，根據地的革命領袖在兩性關係方面持開放態度。延安的舞會帶進了城市。直至文革爆發前夕，高層人士對此的熱衷，演藝界青年演員奉召為領導人伴舞，均非秘密。1964年我進入北京大學，據說高校的週末舞會取消未久。文革後娛樂場所呈幾何級數增長，單位舉辦舞會的傳統再未恢復。至今跳廣場舞的大媽，或許曾經是當年舞會上的舞者。

兩性問題——由異性間的交往，到愛情與婚姻——的政治化，也始於革命年代。「革命與戀愛」曾經是「革命文學」的主題之一。體現於情節，無非革命與戀愛相成抑相斥，革命者在兩者間的糾結。1930–40年代，一方面是激進的左翼文藝團體中男女關係的「前衛」化，一方面「革命隊伍」中對男女交往有苛刻的他律與自律。[14]但直至文革爆發前，除「組織」出於政治理由對婚戀的介入（如為領導幹部及某些特殊人群解決婚姻問題，或以「出身」為由對婚戀實施干預），[15]正常的男女交往仍能進行。

五四新文化運動推動的婦女解放，革命、後革命時代倡導的男女平等，歐美國家經歷了幾百年的漫長道路，似乎在我們這裏以壓

---

14 劉燕瑾《火線劇社女兵日記》(北京：人民文學出版社，2016)記自己因四十年代在敵後游擊區的演劇隊與幾個男青年的愛情，「整風」中被迫承認有「淫亂思想」、「破鞋行為」。1944年12月10日的日記，劉「總結清算」了自己男女關係問題上的「根源、危害及結果」，說自己有「異性問題上的混亂」(頁142)；「戀愛上的游擊主義，杯水的解渴式的盲目的冒險」(頁143)；有「浪漫的放蕩不羈的一種心理感情」(頁144)。

15 寫作本書期間我才知曉，1960年代初我所在中學選拔初中畢業女生參軍，即送到酒泉衛星發射中心，為那裏的男性解決婚姻問題。類似情況下，「組織」所扮演的，正是傳統社會「封建家長」的角色。

縮的形式重演，卻在文革期間最醜陋的一幕中，暴露出意識形態塗飾下的底色，驚心駭目，令人不敢直視。

性、性別，是文革考察的重要維度。1980年代文革結束之初的文學藝術，「暴力」與「性」被作為兩大主題，且「性」與「暴力」被認為相伴相生。性禁忌的解除，女性性別意識的蘇醒，尤其是知青文學的主題：以性壓抑作為1950–60年代社會生活中普遍存在着的壓抑的符號。類似主題通常被演繹為人的正當要求、正常情感戰勝，人性復甦，人擺脫「違反自然」、「反人性」、「非人道」的道德束縛的過程。這是一個略帶隱喻性質的主題。性的覺醒同時喻指人的覺醒、個人(個人/集體)的覺醒。覺醒的非止慾望，更非止性慾。事實是，文革始終，除特殊情境，食與性仍如常。覺醒的更是被「革命」壓抑的部分。即如需要重新學習愛(不限於階級的愛)，學習與他人共情，學習必要的寬容，學習所謂「瞭解之同情」，甚至將愛由人推及動物。

據說1968年歐美的造反青年，以性、吸毒、搖滾、廣場集會為標識，同一時期的中國青年，似乎與上述風氣絕緣。文革初期，至少由表象看，更像是「禁慾主義」的。吸毒似乎因「改革開放」而成為社會問題；「搖滾」則是近幾十年的流行文化。文革初期風行「最革命」的歌曲。「廣場」也非中國造反青年的主要舞臺。與「革命潮流」並行不悖的享樂主義潮流，在當時的中國像是沒有對應物。至於文革後期蠢蠢欲動的物慾，倒像是由「日常生活」方面對革命破壞造成的空虛的填充。普通民眾追求的不過基本物質需求的滿足。「消費主義」要到市場化之後才到來。無論受到文革影響的歐美(以至日、臺等)如何想像中國，中國青年「造反」的動因、路徑，與中國以外的世界並不那麼相關。其時中國青年關於「世界革命」的想像，也與發生在歐美、日本的「造反」相去甚遠。

齊澤克說，「我認為20世紀60年代的嬉皮運動以及從中出現的享樂政治是個重大的錯誤。為了反對所謂的資本主義壓迫，他們直

接把性享樂作為一種政治範疇。……從這種對權威的表面廢止中，卻產生了一種更加令人窒息的權力：一種虛假的人人平等的社會，但裏面的各種禁令甚至更加極端、更加具有侵略性。」（《與齊澤克對話》中譯本頁121，南京：江蘇人民出版社，2005）這段話的前一半，中國的文革一代並不熟悉；對權威的反抗「產生了一種更加令人窒息的權力」，卻也是他們的經驗，只是具體內容或大有不同。

　　由性、性別角度的文革研究，國外應有可觀的成果，只是我無緣得見而已。據說——仍然是據說——歐美以至東鄰日本，1960年代的動盪，曾伴生過「性慾亢進」。[16]稍前，文革的中國流行的，卻是由剪時髦女子的辮髮、褲腳，掃蕩所謂「黃色」（讀物、歌曲等等），到遊鬥「破鞋」——群眾懲創「風化事件」的狂熱，決不下於打擊「階級敵人」。至於派仗中「革命戰友」間的性愛模式，則不妨視為文學藝術中「革命－愛情」的文革版。凡此，似可作為「文革中的兩性關係」、以至更為一般的「性與革命」的實例而予以考察。「性別」、「性」確不失為梳理文革史、比較中外異同的一個向度。

　　文革期間，作為慾望的財與色，前者集中體現在以「破四舊」為名的抄家，竊據受害者的私人財物；後者最邪惡的表現，即對「階級敵人」妻女的性侵與霸佔，如在道縣等地的血案中；以及派仗中對「敵方」女性的性虐害，趙瑜《犧牲者——太行文革之戰》對此有令人心悸的描述。被「革命」激發的人性黑暗面，前此從未有過這樣恣意展示的機會。

　　中國沒有「禁慾主義」的傳統，沒有所謂的「清教徒」，卻有文化的分流。無論士大夫還是民間，禁慾傾向與色情文化，都有極端的表現，且各有歷史、文化的脈絡。對於文學藝術中的情色，傳

16　張世明《被忽視的理論旅行：以法國五月風暴為例》一文說，1968年法國「五月風暴」法國大中學生反對最激烈的，是涉及兩性交往的校規。巴黎大學校園裏懸掛的標語中，有「我越是幹革命就越想做愛，我越是做愛就越想幹革命」（《中華讀書報》2015年6月17日，第13版）。

統社會從無厲禁。露骨的性事描寫，即經典作品也不稀見。近代以來，漸多禁忌。政治對於私人空間無孔不入地進入，是1950–60年代社會生活的特點之一。尤其在文革前夕的「革命化」運動中。官方意識形態管控之下，與情色有關的一脈成為了潛流。「革命」強化了壓抑；引發的反彈，以諸種病態、扭曲的形式顯現。文革後則曾屬「民間口頭文學」的所謂「葷段子」，成為上流與下層共享的娛樂形式──尤其在私人場合。這一種現象，有必要置於包括「文革文化」在內的脈絡中解釋。

　　文革初期「破四舊」中的「掃黃」，是這一波掃蕩中較具娛樂性的節目。關於何謂「黃」，並無一致認可的界定。不但情色，文學藝術中尋常的愛情描寫，亦有可能被指為「黃」。陳煥仁《紅衛兵日記》1970年1月26日記北京新華印刷廠揭露的「階級敵人」，罪狀之一即「偷看《紅樓夢》等黃色書籍」（頁798）。宋柏林《清華附中老紅衛兵手記》1967年8月，記其讀羅曼·羅蘭的《約翰·克里斯朵夫》，使用了「淫亂」、「黃色、骯髒」、「無恥、下流、令人嘔吐」一類字樣（頁302）。唯一政治正確的，是階級感情；首先是對偉大領袖的無限熱愛。愛情的被作為禁忌，只是在文革初期的極端情境中。文革前的出版物（包括翻譯作品）從不曾為性愛設禁。有過一本《外國名歌二百首》，文藝青年幾於人手一冊，其中多為情歌。本土的民歌被歸為人民群眾的創作，只不過涉性的部分被作了「清潔化」的處理而已。

　　日本學者岩佐昌暲以為，「文革文學」的特徵，包括了「對『性』描寫以及能夠使人聯想到『性』的描寫的忌諱和抹殺」（《文革文學的研究狀況及本資料集》，《紅衛兵詩選》，頁9）。「抹殺」的方式，包括對所謂涉「黃」書籍的清理。不難預期的是，正是上述「清潔運動」，刺激了偷讀禁書的熱情。張戎《鴻──三代中國女人的故事》說文革成都買賣書籍的黑市上，

「色情小説」賣價最高；《紅與黑》被認為有情愛描述，「能賣到極高價，相當於一般人兩星期的工資」（中譯本，頁299）。

　　據說蘇聯時期的國家圖書館有特藏部，存放涉性的書畫，普通讀者無緣得見，卻向黨的高級官員開放。中國的國家圖書館有無類似設施，不得而知；高級幹部享有欣賞「毒草」影片的特權，則是公開的秘密。儘管即使在「個人崇拜」盛行的時期，普通中國人也未必相信官員較之他們更有「免疫力」。上述「特供」所滿足的，或許不過是官員的病態需求。

　　當着「私域」的最後一道防線被摧毀，「兩性關係」即暴露在光天化日之下。

　　「破四舊」及「大批判」運動中對隱私的公然侵犯，超出了前此任一時期。《動盪的青春——紅色大院的女兒們》的作者說，「『文革』中私生活問題成了注意的焦點」，抄家抄出來很多隱私，自己是那時才知道有「同性戀」的(頁127)。[17]禁慾主義與思想控馭相輔而行，共同參與了由思想到私人生活的禁制。「群眾專政」在其中扮演了重要角色。

　　打擊「傷風敗俗」的名義最易被濫用，包括文革這樣的「革命時期」。1950–70年代語境中的「生活作風問題」，特指男女關係方面的問題。「亂搞男女關係」，民間粗鄙的説法，即「搞破鞋」。「五類分子」之一的「壞分子」，其罪案由「性騷擾」、「出軌」（「婚外情」、「通姦」），到「猥褻」、「姦污」，甚至男女關係「不嚴肅」，均有可能歸入。刑事犯罪與包羅廣泛界定不明的所謂「生活作風問題」、「亂搞男女關係」往往混為一談。對男女間行為不端的解釋，相當隨意。文革中則青年男女在公園或其

17　楊奎松《「邊緣人」紀事》一書有同性性關係入「流氓罪」的案例(參看該書頁60)。我未看到與同性戀有關的更多材料。未知由於中國的特殊國情，此類現象不甚普遍，還是被刻意隱藏、迴避。畸戀，不倫之戀在我們這裏，是加倍敏感的禁忌性的話題。

他場所談戀愛(民間謂之「搞對象」),也有可能被視同通姦。涉及兩性關係,最易招致公憤,以及借諸「公憤」滿足的窺私癖。相關男女有可能較之思想反動者吃更多的苦頭。

民間從不缺乏傳播穢聞的熱情。涉及性事,一向有驚人活躍的想像力。即如阿Q似的,認定一男一女獨處,必有勾當。羞辱的方式,更甚於佩戴「紅字」。文革後流行一時的古華的小說《芙蓉鎮》(以及同名影片),就是江南小鎮的一個被指為「破」的女子在屈辱中掙扎求生的故事。

當着「以革命的名義」不足以克敵制勝,即不妨弄促狹,消費他人的隱私。把某人「搞臭」,最有效的手段,是發露其人的所謂「生活作風問題」。群眾運動中不難眾口鑠金,積毀銷骨。熱衷於潛入他人內室,搜索床笫之間者,大有人在。高層人士也不能免俗。時任中共中宣部部長陸定一的夫人嚴慰冰的匿名信,與林彪的應對,堪稱「穢史」(參看楊繼繩《天地翻覆》頁146–148)。1966年5月林彪在中央政治局擴大會議的場合以散發揭帖的方式為其婦的清白辯護,雖方式粗俗,亦可證「生活作風問題」(即「男女關係問題」)對高層人士的殺傷力。

關涉兩性關係的病態敏感,部分地源自對於性的無知。趙振開寫到其中學同學因在「思想彙報」中「坦白了自己關於性的想像」,「懺悔」的細節文革中被大字報公佈,該同學因而被劃為「反動學生」,「從大家的視野中消失」(《走進暴風雨》,《暴風雨的記憶》頁201)。在當時的氛圍中,這種公佈對於該生,不能不是致命的傷害。鄭世平寫到了類似「案例」。一個女生對某男生暗中的愛慕被「閨中密友」告發,重鑄了該女生一生的命運(《殘忍教育》,《身邊的江湖》頁163)。鼓勵將「念頭」公之於眾,同時鼓勵對「私密」的「圍觀」。「群眾運動」需要此類佐料。楊絳小說《洗澡》所寫,不過知識分子於1949年後最初領教的迫使公開「私生活」的壓力。這種圍觀在此後的政治運動以至「政治生活」

中常態化。吳宓與女性的關係，1964–1965年的「社教運動」期間，即其被公開指斥的一項內容（《吳宓日記續編》第七冊，頁5）。

　　張戎《鴻——三代中國女人的故事》寫到了文革中的「許許多多咄咄逼人的道學先生」，而且「大多數是年輕姑娘」。她的一個同班女同學收到一封情書，「她大筆一揮，回信指斥那個落入情網者是『革命的叛徒』。『當階級敵人仍猖獗一時，資本主義世界的人民仍生活在水深化熱之中時，你卻盡在想些不知羞恥的事！』」（中譯本，頁252）我的大學同學中也有將男同學的情書交給「組織」以自證「革命」的故事。革命戰爭時期直至1950–70年代對男女性愛的壓抑，是由五四新文化運動的倒退。或不如說，這類迫害證明了「傳統社會」從未遠去。新文化運動未能穿透這一堅厚的土層。

　　政治意義上的賤民之外，另有道德意義上的賤民。1957年中共八屆三中全會前鄧小平《關於整風的報告》，將「社會上的流氓、阿飛」定性為敵我矛盾（頁675）。紅衛兵以為「打流氓」乃為民除害。其時語境中的「流氓」、「阿飛」不限於「亂搞男女關係」，包括了奇裝異服、怪異髮型（如所謂「阿飛頭」），等等。「流氓」不分男女（有「女流氓」之說）。當年北京四中學生馮永光寫到被關押在該校的「破鞋」（《風雨飄搖憶當年》，《暴風雨的記憶》頁167）；他的另一個同學牟志京則寫了該校的「小監獄」對女生施暴（《似水流年》，同書頁6）。那些跪在地上被「武裝帶」抽打的女生，即應是所謂的「流氓」。陳凱歌記自己曾參與的一次打人，打的是被指認的「流氓」：有人看見那人在游泳池裏摸了一個婦女的乳房（《少年凱歌》頁89）。上海「破四舊」中的「打擊流氓阿飛」，干涉至於正常的男女交往，致死人命，參看李遜《上海文革運動史稿》頁1149。據同書，上海「一打三反」之初，打擊的多屬「男女關係問題」（頁1212）。文革期間死於非命的「流氓」，數字想必可觀，且通常難以被計入「受害者」，更無論「恢復名譽」。

「穢聞」娛樂大眾的同時，也侵蝕着「革命」本應有的莊嚴性。曠日持久而又波瀾迭起的文革，如何攪動了社會沉積層，民間習俗的醜陋面，底層社會的「性文化」，是值得考察的題目。上文提到了「暴力與性」是文革結束之初文學的兩大主題。性與暴力的關係，在下文涉及的事例中有突出的表現。

清華大學紅衛兵對國家主席夫人王光美的侮辱性「批判」，有惡作劇性質。其中「侮辱」的部分，針對的更是一個女人。侮辱的方式，包括了強使其穿旗袍，佩戴以乒乓球串成的「項鍊」，以此指認其「妖」——文革前一部關於國家元首夫婦出訪印尼等國的紀錄片，王的着裝，佩戴的首飾，是批鬥會組織者靈感的來源。同一時期對於青年男女着裝的干預，出於類似的猥褻趣味，尤其對於女性。

五四新文化運動後的「新女性」，經了革命的鍛造，性徵淡化，革命性凸顯。「去性別化」，亦文革前「革命化」的一部分。雄風凜凜的女紅衛兵，並非偶然地成為了文革的符號象徵。「性別平等」的訴求以如此扭曲、荒誕的形式呈現，更像是一種男性中心主義的女性演出。有意模糊性徵的軍裝，象徵「權力—暴力」的銅頭皮帶，一時作為某些紅衛兵的標配。有關記述給人的印象，似乎女紅衛兵在「橫掃一切」的動作中，較其男性同伴更兇悍。師大女附中校長卞仲耘之死，無疑強化了這種印象：較早的暴力致死事件發生在女校，女校長死於女學生的私刑。

章立凡寫自己「在西單的大街上，見到兩名女紅衛兵，用繩索套在一名五十多歲的婦女頸上，用皮帶抽打着，像狗一樣牽着走」（《我的「低種姓」生活見聞》，《烙印》頁28）。同篇還寫自己認識的一位老人家的女兒，家庭出身不好，本人又長得漂亮，「同班的女紅衛兵便專門用皮帶抽她的臉」，認為均屬「性變態的虐行」（同上）。戚本禹曾親見王府井東風市場(原東安市場)紅衛兵私設的監獄中，女紅衛兵用鋼鞭抽打一年輕女子，說：「她是壞分子，搞

了很多男人。」(《戚本禹回憶錄》頁482)章成《湖南道縣農村大屠殺》記某基幹女民兵,為顯示「革命的堅定性」,大義滅親,手刃其養母(《文革大屠殺》頁175)。楊繼繩《天地翻覆》據譚合成《血的神話——公元1967年湖南道縣大屠殺紀實》,記該縣某「鐵姑娘突擊隊隊長」連砍18顆人頭(頁671)。

　　當然,也如其他象徵符號,女紅衛兵的形象不免誇張變形,更應歸為一種「文革表情」。上述現象不宜歸結為女性的而更是人性中的惡。普遍的暴力暴行中,對「女」紅衛兵、「女」民兵、「女」突擊隊隊長性別身份的強調,包含的社會心理也有待分析。近年來校園霸凌中女生對於女生的施暴,甚至發生在留學生中;另有少女參與的對其他女性的暴行,手段之殘虐,正令人想到文革被符號化的女紅衛兵——或許證明了有關現象非文革特有,適用更複雜的分析框架?

　　文革沒有同期歐美青年的「性解放」運動,卻未必沒有性愛。大串聯、步行「長征」中即有此種故事。有朋友説到「兵團戰士」的性饑渴,差堪比擬的惟軍營與監獄。曾有一夥知青走出森林,群起剝去了所遇到的第一個女人的衣服,正如饑餓的荒原狼:未知這故事是否誇張。[18]壓抑與放縱,以前者為後者之因,未免簡單。無論壓抑還是放縱均借「革命」之「大義」,才更是「文革現象」。

　　朱正琳《裏面的故事》記有人因抄寫了四份《少女的心》而被判死刑(頁138)。傳播淫穢書刊罪不至死。當年的量刑往往意在震懾。由「情色」之為禁忌,「黃色」作為標籤的濫用,到直寫性行為的手抄本暗中流行,亦一度輪迴。這類讀物,很難説接續了古代中國文學的情色一脈。作者或許不但《金瓶梅》、《肉蒲團》,甚至《紅樓夢》也未見得讀過。我任教的中學那些傳抄此類讀物的學

18　陳煥仁《紅衛兵日記》,寫了社會上日見增多的「流氓犯罪」事件,校內也發現有男女學生跑到宿舍裏「亂搞」(1968年4月12日,頁521)。

生，或不過因青春期荷爾蒙的湧動，借意淫尋求快感而已。那已是文革後期。班裏有女學生墮胎，似乎並未被深究。

當年的北京四中學生高中說：「性壓抑在所有男校是普遍現象，在禁慾的時代更是如此。性壓抑往往可以其他方式轉移或釋放，比如刻苦學習。『文革』爆發後，性壓抑就跟着轉到政治上去了。」（《性壓抑與政治中立》，《暴風雨的記憶》頁308）上述認知應當是遙遠事後的。當時會將夾雜了性衝動的激烈行為，統統歸於「革命熱情」。收入《七十年代》一書的翟永明的一篇，寫到了「發育的煩惱」、「禁慾時期的愛情」（《青春無奈》，《七十年代》）。所寫有反常也有正常，有賴反常掩護的正常。她所說的「禁慾時期」已是文革後期，劇情與文革初期已有不同。

詩人柏樺關於自己文革期間的早年經驗，說「『革命』正在飛速喚起某種令人透不過氣來的禁忌。在革命歌曲的旋律中，我想起的不是無產階級文化大革命或者別的什麼石破天驚的大事件，而是一個個活生生的女中學生在舞臺上的一個臨空劈腿動作」。還說：「美並未在『革命』中超越肉體，而是抵達肉體、陷入肉體，甚至毀滅肉體。」（《左邊：毛澤東時代的抒情詩人》頁15、16）

事實是，兩性方面的禁忌，革命高潮剛過即被打破。青少年「搞對象」、「拍婆子」，不亦樂乎。[19]同一時期固然有慾望的病態釋放，也仍然有純淨的愛情。呂曉明《愛情：1966》寫的就是瘋狂年代的愛情，不顧一切的對「愛」的堅守（該篇收入《那個年代中的我們》）。對壓抑、禁制的反抗，即使在文革狂潮中也沒有停止，甚至超越階級出身壕塹的愛情，自我犧牲的苦戀。流行於文革前的愛情歌曲，傳遞於知青點之間的中外文學作品，都充當了觸媒。葉維麗談到知青的唱愛情歌曲：「當時在主流文化裏愛情成了見不得人的東西，在我們村知青的『小文化』裏，愛情又回來

19　「拍婆子」亦作「拍妞兒」、「拍圈子」，指男孩勾搭不相識的女孩。

了。」(《動盪的青春——紅色大院的女兒們》頁197)[20]

極端的禁慾(由取消性徵到懲處風化事件)與縱欲互為表裏。青少年將其青春期被壓抑的性幻想,在「階級鬥爭」的名義下,恣意「實現」在對女教師、「牛鬼蛇神」妻女的侵凌中。文革後有諸項關於文革中致死致傷人數的統計(參看《札記之五·諸種數據》),施之於女性的性虐害卻難以計量。至於受害者迫於輿論壓力的諱莫如深,與長期以來隱蔽的性別歧視不無關係,儘管新中國婦女社會地位的提高被作為一項成就。

極其激進的革命中,往往出沒着「古老的鬼魂」。張郎郎的回憶文字《寧靜的地平線》,說自己在河北饒陽坐牢時,聽當地一個老幹部說,打日本那會兒,他們晚上常常去「掏窩子」,即清除異己。「半夜三更,幾個縣大隊的小年輕,就去甚麼人家把目標人物罩上眼睛,堵上嘴,拉出村。宣佈他的罪行,然後為了省子彈,就手工處理了。有一次,他們去某村去掏一個漢奸嫌疑,沒掏着,就把他老婆掏出來了。為了打擊漢奸,這老婆扔進枯井也能滅他們的威風。在扔下枯井之前,小年輕們都上下其手『摸摸』。小王是近視眼,也搶着去摸。別的隊員笑了,說:『瞎子,看清楚嘍,那是姑啊!』那些村的人,很多都有親戚關係。小王說:我不管,我摸的是漢奸婆!眾人齊聲喝止:我們都行,就你不行,漢奸歸漢奸,也不能亂了輩份。」(《七十年代》頁95–96)這故事,大可作為分析材料,尤其「不能亂了輩份」。張的敘述(或曰轉述),使殘忍行為有了諧謔的意味。但又該如何敘述?文革中對「牛鬼蛇神」妻女的性侵,也出於類似的「正義感」:我幹的是××婆或「狗崽子」。「牛鬼神蛇」非人,其妻女被作為泄欲的工具於此有了正當性。

遇羅文《北京大興縣慘案調查》寫有行兇者的動機不過「霸佔

20　楊健的《文化大革命中的地下文學》認為,文革中一度「風魔」了許多女青年的《塔裏的女人》(又名《塔姬》),是三、四十年代不入流的「鴛蝴派」作品。楊將其流行歸結為文革焚書後「愛情文學」的饑渴(頁335、336),也多少可證荒蕪年代文學鑒賞力的普遍低下。

『黑五類』婦女，美其名『給你換換成份』」(《文革大屠殺》頁
34-35)。姦污、霸佔被害者的妻女(包括孕婦)，湖南道縣的血案
中也有發生(參看章成《湖南道縣農村大屠殺》，同書頁148)。該
縣不止一處以「地主婆」給貧下中農「開大鍋飯」(即輪姦)，說：
「殺都殺得，哪裏還有搞不得的道理。」(同書，頁170-171)[21]廣
西農村也不乏輪姦被害者妻女、強迫其嫁給兇手為妻的案例(參看
中共廣西壯族自治區委員會整黨領導小組辦公室編《廣西文化大
革命大事記》即香港版《文革機密檔案——廣西報告》頁209)。另
有「任意姦人妻、媳，然後又把受害者的丈夫、家公殺掉」者(同
書，頁229)。強令受害人妻女嫁人，1947年根據地、解放區土改中
已有發生(參看楊奎松《中華人民共和國建國史研究1》頁67)。

在派仗的情境中，以對女性身體的佔有、侵犯宣示權力；將女
俘作為「戰利品」，犒賞本派的男性，亦淵源古老，是古代中國戰
亂中常演不衰的劇目。《犧牲者——太行文革之戰》一書所寫晉東
南的派仗、武鬥，「戰勝者」肆無忌憚地宣洩淫欲，輪姦之外，且
將女性的性器官作為公開展示、摧殘的對象，致使被害者終身殘廢
(參看該書中冊頁387-392)。甚至將對立派別女性赤身倒掛，任人
將煙頭、爐渣塞入其生殖器內(同書，頁391-392)。對男性被俘人
員則使用燒生殖器等酷刑(參看同書頁374)。

毋寧說正是經意識形態包裝的禁慾主義，開啟了性慾宣洩的
曲折、邪惡途徑。借「階級鬥爭」為名的性虐害，尤其施之於女性
的殘害，屬文革最陰暗的一面。陳家琪發現打、抄同班某女生的男
生們，對該女生曾有「這樣那樣的意思」(少年人的曖昧情思)；他
還發現「當這種意思以哪怕只是現象上的階級仇恨的形式表現出來
時，往往更兇殘，更具有一種人格或肉體上的凌辱性」(《執着與
迷惘——作為一種個人思想與情感經歷的文化大革命》，《1966：
我們那一代的回憶》頁312)。著名黃梅戲表演藝術家嚴鳳英被逼自

21　據楊繼繩《天地翻覆》，殺人奪妻的事件在道縣有40多起(頁671)。

殺後，安徽省黃梅戲劇院軍代表藉口搜特務證據，侮辱其遺體（楊
繼繩《天地翻覆》頁615引《炎黃春秋》2011年第1期尹曙生《安徽
文革「清隊」檔案揭秘》）。章立凡說有人親見被誣以「反革命」
的年輕女子，「抱縛在柱子上用銅頭皮帶抽打脊背」，有人提議抽
「前面」，「遂被翻身反綁柱前，狠抽胸部」，致其斃命（《我的
「低種姓」生活見聞》，《烙印》頁28）。

　　發生在文革暴力氾濫的情境中，對於女性的虐害，往往無所
不用其極。大興縣慘案中，對「四類分子」的子女，除對男青年
吊起來用刑外，對女青年，吊打外另有性虐待。「晚上把他們放
下來，讓他們『休息』」，以便慢慢折磨（遇羅文《北京大興縣慘
案調查》，《文革大屠殺》頁15）。道縣則有將梭鏢捅到陰道裏的
酷刑（《天地翻覆》頁668）。廣西某處鄉村對受害者輪姦後剖腹取
肝，切乳房，割陰部（《文革機密檔案——廣西報告》頁236）。這
種極端案例也非文革才有。始於1950年底的土改，就曾有吊乳頭、
割掉婦女乳頭一類酷刑（楊奎松《中華人民共和國建國史研究1》頁
147、151）。關於「清隊」中對女性實施的暴力，如電觸乳頭、開
水澆陰道等，參看楊繼繩《天地翻覆》頁605。[22]

　　內蒙古自治區挖「內人黨」期間使用的酷刑，施之於女性的，
更別出心裁。如「將女牧民扒光衣服，用燒紅的濕柳棍燙小腹部、
肚子。把肚皮燒壞，腸子露出來。再燙陰道，將外陰燒壞，變成不
男不女之人」（圖們、祝東力《康生與「內人黨」冤案》頁203）。
另如在女性兩腿根部拉麻繩的「拉大鋸」（見下文）。有將受害人陰
道與肛門拉通，造成終生殘疾者（吳迪《「內人黨」大血案的始末
與真相》，《文革大屠殺》頁102）；另有女性被輪姦後，行刑者將
爐釺子插進陰道，將腸子拉出來，或活活將人捅死（同上）；在女性
受害人陰道內放炮（頁103）；亦有霸佔受害人妻女者（同上）。性暴

22　1977年12月贛州女青年李九蓮被以「現行反革命罪」處決後，拋屍荒野，竟有
　　性變態男子割去了她的乳房和陰部（參看同書頁888、蕭冬連《從撥亂反正到改
　　革開放》頁106）。

力甚至發生在上海這樣文明程度較高的都會(參看李遜《上海文革運動史稿》頁888)。更為普遍的施虐，即使看起來並非涉「性」，也可能包含了隱蔽的與性別有關的虐待。如令女舞蹈家清理廁所，令女戲曲演員頸掛破鞋遊街。

由於中國的文化傳統與輿論環境，倖存的女性受害者更有可能選擇緘默。見之於文字的，只能是冰山一角。有關文革中的性暴力，大量的事實，或將永遠湮沒。

對「通姦」的野蠻懲治，對牛鬼蛇神妻女的凌虐，亦有民間暴力文化的淵源。對女性的性幻想每借亂世尋找目標物，尤其間歇性的戰亂中，卻非一個政權未失穩固性的時期。在「婦女解放」、「男女平等」作為主流意識形態的當代中國，上述醜行的確需要解釋。至今中國社會仍隨處可感根深蒂固的性別歧視。這一方面社會正義的實現，較之某些國家，相去不可以道里計。革命宣稱的目標與其實現間的巨大落差，難道不值得一再追問？

文革期間的性犯罪，是值得專題考察的題目。文革末期曾以「現反」罪關押在北京某看守所的王學泰說：「當時，因男女問題入獄的特別多，在諸多的一般刑事犯中，『男女問題』的大約佔了一半以上，各個區縣送到市局覆核的犯人佔的比例更大。」(《監獄瑣記》頁59)軍中的腐敗，其表現之一，即對女兵、女醫護人員、女文工團員等的性侵。文革後以此為題材的文學作品仍然敏感，如劉克的小說《飛天》，王靖的電影文學劇本《在社會的檔案裏》。

發生在「生產建設兵團」、農村的姦污女知青的事件，曾上下震動。[23]一度對殘害知青者「大開殺戒」(參看史雲、李丹慧《難以繼續的「繼續革命」》頁471)。收入《七十年代》一書的閻連科《我的那年代》卻由農村青年的角度，寫意圖強姦女知青的農民被

23　楊繼繩《天地翻覆》據1973年6至8月中央上山下鄉工作會議資料，「姦污女知識青年案件2萬多起，大部分是黨員幹部作惡。一些地方捆綁吊打知識青年、姦污猥褻女知識青年的情況令人觸目驚心」(頁861–862)。

執行槍決，而強姦了農村少女致使其自殺的男知青，卻未被追究，賠了一些錢物了事(頁393–394)，令人想到了文革後一度被熱議的「城鄉二元體制」下城市人與農民的「同命不同價」。也有出身不好的女知青被姦污事件中，受害者竟被指責為「蓄意引誘」貧下中農或貧下中牧(參看潘鳴嘯《失落的一代——中國的上山下鄉運動(1968至1980)》中譯本，頁363)。

暴力與性，確也可歸為「永恆的主題」。

無論城市還是鄉村，女性都是暴力的特殊受害者。這片大地上最古老、原始的醜惡，使這場「革命」散發着蠻荒的氣息，證明着1949年以來「性別平等」、「提高婦女地位」成果的脆弱，不堪一擊。上文那些加之於女性、針對性器官的殘害，形諸文字，或令讀者不能卒讀。就其發生的規模、受害者人數而言，上述暴行確有「反人類」的性質。這種現象非止基於施暴施虐者的心性。有必要翻開社會的表層，向隱藏在深層的政治、社會、文化尋求解釋。似乎是，蟄伏於人性中的惡只待一旦被喚起。那麼，惡何以被喚起，被何種條件喚起，難道不值得追問？[24]

肉刑

這個星球上的任一民族均有酷刑，有酷刑史，並不為現代文明人所諱言，甚至有相關的博物館。作為一種精神症候的虐待狂也任一時代、民族都有。文革中的酷刑，或也有專題調研，只是我無緣寓目罷了。文革中的酷刑，其靈感除得之於古人或近現代史——如

24　流氓罪是1979年頒佈的《刑法》第160條規定的一種罪行。1983年《全國人民代表大會常務委員會關於嚴懲嚴重危害社會治安的犯罪分子的決定》規定了6種提高量刑幅度的犯罪，流氓罪列於首位。1984年11月2日《最高人民法院最高人民檢察院關於當前辦理流氓案件中具體應用法律的若干問題的解答》，其中「勾引男性青少年多人，或者勾引外國人，與之搞兩性關係，在社會上影響很壞、造成嚴重後果的」云云，「時代色彩」可辨。1997年修訂的《刑法》將原流氓罪取消，而將其分解為強制猥褻侮辱婦女罪、猥褻兒童罪、聚眾淫亂罪、聚眾鬥毆罪、尋釁滋事罪等。

關於國民黨重慶「渣滓洞」、「白公館」的敘事——更有「群眾」的創造。農村地區的酷刑則特具「草根性」。你大可相信人在這一方面的想像力與創造力是無窮的。

對酷刑的愛好有極其古老的歷史。刑訊逼供因其有效，是古往今來從未禁絕過的司法手段。至於群眾的集體施暴，仍賴有機緣，即如文革這樣的時間點。由本書上編第二章《城市街頭的暴行》看，發生在文革初期胡同街巷中的致死事件，除自殺外，多屬虐殺；即不止取人性命，且有餘裕從容地玩味他人肉體的痛楚。事後你會驚訝於施虐者對於人的生理極限的精準把握。考慮到1950–60年代至今仍被津津樂道的「社會風氣」，文革中的虐待狂是怎樣造成的？

肉刑不同於一般的體罰。批鬥時被迫彎腰低頭甚至下跪，尚屬體罰。1967年7月中南海的群眾組織批鬥時任國家主席的劉少奇，使用了「人身侮辱」、「低頭彎腰」、「罰站」等方式（卜偉華《文化大革命的動亂與浩劫》頁551）。文革中最普遍的體罰，即「坐飛機」，也叫「噴氣式」。關於「噴氣式」，于光遠所寫如下：「左右各一人把黑幫的手往後盡量抬起，中間的那個人使勁地把黑幫的頭往下按」（《文革中的我》頁12）。這種刑罰，因文革中司空見慣，已不被認為「肉刑」。

青少年的殘忍性，文革中有淋漓盡致的展示。顧頡剛1967年日記，摘錄《中學文革報》所揭露的北京六中使用酷刑的文字（《顧頡剛日記》第十卷，頁592–593）。其實不止六中，其他中學——包括最精英的北京四中——也有施之於街道「牛鬼蛇神」的私刑。那是不需要理由的，似乎只為了消耗過剩的荷爾蒙。

遇羅克論出身的系列文章中，揭露北京六中紅衛兵、西糾使用的肉刑；甚至點出了六中的西糾頭目姜××，打人致死的粟××、陳××（《「聯動」的騷亂說明了什麼》，《遇羅克遺作與回憶》頁33–35），指斥他們「嗜血成性」、「滅絕天良」；將因酷刑致

死的出身資產階級家庭的中學生王光華與中學女教員鄭兆南作為例子(王光華之死,見同篇頁34–35;關於鄭兆南,參看《論鄭兆南烈士的生與死》,同書頁49)。中學生對師長的虐害,另見本書上編第七章《批鬥、強制勞動、降低待遇到「給出路」》。[25]

　　國家部委的文革較少見諸記述。煤炭工業部部長張霖之,是文革中較早死於酷刑的部級幹部。據卜偉華《文化大革命的動亂與浩劫》,「張被毒打致死後,遺體上有三十二處傷,頸部有幾個血洞」;死前一天,施暴者給張「戴上六七十斤重的鐵帽子,用繩子拴住」,「脖子上掛一個用布包着的鐵爐子」(頁369)。文革爆發前任中共中宣部部長的陸定一也不能免於肉刑(參看楊繼繩《天地翻覆》頁151)。據當時在外交部的何方回憶,該部某領導幹部被批鬥時,「高帽子裏安裝有圖釘,用手一按就鮮血直流」,終在游鬥時暈倒(《何方自述》頁314)。《天地翻覆》記有中央糧食部五七幹校「清查五一六」中使用肉刑的事例。具體手段諸如打掉牙齒、打聾耳朵、打斷胳膊,甚至用上了傳統的刑具「老虎凳」(參看該書頁573–576)。[26]

　　北京航空學院批鬥彭德懷,對彭拳打腳踢,「頭撞地,揪起來又打,將彭肋骨打斷三根,頭部也重傷」(參看《王大賓回憶錄》頁198。另見《吳德口述:十年風雨紀事》頁66、《聶元梓回憶錄》頁234)。軍隊院校的群眾組織「曾經連續四十天批鬥總後勤部部長邱會作,將邱會作的兩根肋骨打斷,兩臂的筋扭斷,頭部打得多處開裂」(李遜《上海文革運動史稿》頁916)。《邱會作回憶錄》列舉了所知各項刑罰(頁506–507),有的刑罰(如用細鐵絲掛鐵牌子),據我所知,批鬥的場合使用相當普遍。廖沫沙在公審四

25　楊繼繩《天地翻覆》記有北京六中私設的「勞改所」對由街道抓獲的「牛鬼蛇神」所用刑罰。該校學生對本校某退休校工的殘害,令人髮指(參看該書頁279)。

26　關於「清隊」中各地使用的肉刑,諸如壓槓子、坐老虎凳、烙鐵烙、灌大糞、開水澆頭等,參看同書頁603、605。

人幫時提供證詞，說自己遭毒打，「滿口牙齒被打落」（《甕中雜俎》頁450）。[27]陳凱歌記所見所聞批鬥場面，令受害者「坐飛機」外，施暴者「成排地打落他們的牙齒，整把地揪掉他們的頭髮；在他們昏迷時突然放開雙手，讓他們跌得頭破血流」；「用細細的鐵線繫住啞鈴或杠鈴盤，掛在他們的脖子上，眼看着鐵線沒入肉內」（《少年凱歌》頁83）。

科研院所也並不較「民間」文明。據寶嘉所知，學部資料室的俄文翻譯馮寶歲，1968年清查「五一六」期間被毒打致死。馮被十四個人毆打，一條腿打斷後，毆打者將木板壓在她胸口，幾個人站上去踩，致使心臟破裂。諷刺的是，行刑的地點據說在法學所（寶嘉《鷦鷯巢於這一枝》，《七十年代》頁498）。

北京大學乃名校，「牛棚」中用於折磨的手段，或不及上述血腥，卻可能更精緻。季羨林《牛棚雜憶》所寫，就有迫令「牛鬼蛇神」直視正午的太陽（頁136）。季本人曾被「牢頭禁子」用膠皮裹着的自行車鏈條擊打頭部（頁143）——施虐者很清楚知識分子的要害。美國人韓丁《深翻》一書記述了傳說中派仗中的酷刑（參看該書頁601）。文革期間我在北大也聽到過未經證明的類似傳說，即如將鐵釘釘進受刑者的膝蓋之類。書生何嘗不嗜血！或許正因了是書生，更瞭解人體構造，也更有興致以外科手術的精確性，檢測人對肉體痛楚的承受力，享受殘害他人時的快感。

即使民風較為理性、平和的上海，也有私刑、酷刑。參看李遜《上海文革運動史稿》頁1149、1151）。關於上海「清理階級隊伍」、「一打三反」、「清查五一六」三場運動中的酷刑，另見同書頁1198–1199、1209–1210。據麥克法夸爾、沈邁克《毛澤東最後的革命》，「清隊」中黑龍江某縣對539名嫌疑人實施了

27　劉茵記廖沫沙，說「挨批是挨罵，挨鬥是挨打」，廖吃不消時，就默念「大慈大悲南無阿彌陀佛，救苦救難觀世音菩薩」、背誦舊體詩，以「分散肉體的痛苦」（《繁星閃耀——記廖沫沙》，周明主編《歷史在這裏沉思——1966–1976年記實》頁72）。

33種、290樣刑罰，導致多人致死致殘(中譯本，頁266)。

血腥、暴虐的故事太多。余華小説《兄弟》所寫，説不上極端。[28]

體罰與肉刑，1942年延安的「搶救運動」中就有。何方《黨史筆記》因當事人曾志的回憶，説毛親任校長的中央黨校，逼供信相當嚴重，「打、罵、踢，刑罰各種各樣」。某從事地下工作的老同志不但被吊打，且肉被咬掉了一塊；有女同志被打昏在地，還被人死命地踢(頁359)。如此等等。1947年根據地、解放區土地改革中的肉刑，即如將開明士紳打死後開膛破肚；將開明士紳鐵絲穿鼻、迫其子牽父遊街；甚至有區幹部被活剮。對地、富用刑，包括用燒紅的馬刀燙、用油燒(參看楊奎松《中華人民共和國建國史研究1》頁64、65、66、67、74)。始於1950年底的全國性土地改革，華東地區施之於地富的肉刑，就包括捆綁吊打、剝光衣服、跪碗底、拔鬍子、焗煙、火燙、灌水、點天燈、將蛇或螞蟻裝褲襠、用木棍自胸至腹碾出大便、吊乳頭、甚至割掉婦女的乳頭、用刀當眾割斷被鬥地主的脖子(同書，頁147、150、151)。文革道縣屠殺中常用手段之一的「砸」，土改期間即有運用；發生在道縣的活埋、摔死幼兒，亦見諸關於1947年土改的有關記述(同書，頁67)。「鎮反」中廣西某縣有對被害人的「割耳挖心」(同書，頁209)。上述血腥事件既與「革命」中暴力的濫用、又與鄉村既有的暴力文化有關。[29]

李新寫到永年縣「解放」過程中，「按官階」殺國民黨軍軍官；一些鬥爭對象在「領導親自出面組織」的大會上，竟「讓群眾

28　余華的長篇小説《兄弟》上卷以相當的篇幅描述施暴與自殘，細緻地描寫了施之於肉體的殘害。

29　1950年代初的吳宓日記，多處寫到所聞當地(四川)土改、「鎮反」中的酷刑(如《吳宓日記續編》第一冊，頁22–23、66)。吳相信「凡吾儕所知者千之一，所記者不及萬之一也」(頁66)。鄭世平寫其家鄉土改時將某地主「裝在籠中，架在火上烤死」(《殘忍教育》，《身邊的江湖》頁155)。

給活剮了」(《流逝的歲月：李新回憶錄》頁272)。據該書，當地還有對漢奸惡霸「活剮」之後割肉分骨的事(同上，頁231–233)。

　　文革中的酷刑或可認為集古今酷刑之大成。發生在京郊大興縣、湖南道縣、廣西多地的虐殺，手法往往原始、粗糙，即如直截了當的槍殺、砍殺、砸殺、電擊、炸死、活埋、火燒、沉水、丟岩洞或深坑，無不是草根民眾熟悉的方式。大興慘案中的殺戮，「有用棍棒打的、有用鍘刀鍘的、有用繩子勒的，對嬰幼兒更殘忍，踩住一條腿，劈另一條腿，硬是把人撕成兩半兒。」(遇羅文《北京大興縣慘案調查》，《文革大屠殺》頁22)道縣則於開膛剖肚、挖眼割舌外，尚有將四肢釘在門板上凌遲處死，將人埋在石灰中澆上水燒熟等(《天地翻覆》頁668)。道縣與廣西柳州均有將人綁上炸藥炸得血肉橫飛者，曰「天女散花」(同書，頁672、677)。

　　內蒙古自治區挖「內人黨」中的酷刑，更是慘絕人寰，較之臭名昭著的的「渣滓洞」、「白公館」，有過之而無不及。如將女受害人牙齒拔掉、鼻子耳朵擰掉、將腰折斷；用8號鐵絲纏住受害者的腦袋，再用老虎鉗擰緊；把四個上腦箍的人用鐵絲圍着火爐連起來(圖們、祝東力《康生與「內人黨」冤案》頁167)；如將一對夫妻「用刮鬍刀片將身上的肉一道道割開，把食鹽揉進去，再用燒紅的烙鐵烙傷口」(同書，頁201–202)；「皮鞭上用電線把按釘、鐵絲頭纏緊……脊背皮肉被勾掉，露出脊椎骨」；爛肉撒鹽面，或用鹽開水澆燙烤；用燒紅的鐵鍁烙受害者的頭頂，致露出頭骨(同書，頁203)。在此期間，有的「學習班」使用了十二種酷刑(同書，頁187)。內蒙古軍區的「學習班」甚至有幾十種刑罰(頁214)。

　　據吳迪《「內人黨」大血案的始末與真相》，呼和浩特市「群專」(「群眾專政」機構)用刑尚較克制，旗、縣尤其公社以下的「群專」機構、民間專案組的刑罰即五花八門。諸如「冷靜思考」(放到雪地裏凍)、「熱情幫助」(放到火爐上烤)、「驢拉磨」(人騎在犯人身上，令其繞屋爬)、「蕩秋千」(吊起來打來打去)、

「拉大鋸」(在女性兩腿根部拉麻繩)、「爬肉條」(用燒紅的鐵鉤子燙犯人)、「烙油餅」(將燒紅的爐蓋按在犯人身上)、「金鉤釣魚」(鼻上穿孔)、「擰麻花」(吊兩臂旋轉打)、「戴拉東」(將圓柱形石塊用鐵絲掛在犯人的脖子上)、「掛火爐」(將生着火的火爐用鐵絲吊在犯人的脖子上)、「炒庫倫」(將犯人圍在中間,你打過來,我踢過去)等;另有往肛門裏捅燒紅的通條、鐵鉗子拔牙、撕耳朵、頭顱穿洞、跪鍘刀、手指扎針、拔鬍鬚、耳朵眼放爆竹、將腰折斷、灌人糞尿、用鐵絲勒眼睛;也有傳統的上老虎凳、灌辣椒水。有所謂的二十六刑、三十六刑、七十二法,甚至上百種刑法(《文革大屠殺》頁68、70、70–71、72、93、98、102、103)。「二十六刑、三十六刑、七十二法,甚至上百種刑法」云云,令人難以想像受難者肉體的痛楚。

虐俘殺俘,本書上編第二章《作為局部戰爭的武鬥》已經寫到。趙瑜《犧牲者——太行文革之戰》列舉了對被俘人員使用的酷刑44種(中冊,頁378–384)。其中的一個被虐殺者,竟「經受了七個男人18種暴刑」(頁363)。更有碎屍萬段者(頁368)。一派對另一派的報復,名為「學習班」,實為「集中營」(俗稱「修理所」),在軍分區的默許、縱容下施虐。其情景正乃「地獄變相」。諸種刑具的創制與運用,示人以邪惡的想像力與「創造性」。

中共廣西壯族自治區委員會整黨領導小組辦公室編寫的《廣西文化大革命大事記》關於1968年由軍人負主要責任的賓陽縣屠殺,説「殺人手段十分殘忍,有槍殺、刀刺、繩勒、叉戳、棍打、水溺、石砸、活埋、活燒、挖眼、剖腹、碎屍和用牛拖死等」(香港版《文革機密檔案——廣西報告》頁298)。該自治區武鳴縣某公社,對「四類分子」及其親屬,用鐵錘逐一砸開腦門(徐勇《韋國清剿殺四二二派》,《文革大屠殺》頁234)。當局支持的對一派群眾組織的剿殺中,對中學生使用了鐵鉗夾、竹子、鐵釘釘手指等酷刑(同上,頁236)。派仗中的酷刑尚有灌屎尿、剖腳肚放土一類民間創造的刑罰(《文革機密檔案——廣西報告》頁182)。

　　或因屬經濟社會文化落後的邊陲地區，地方當局縱容下發生在廣西鄉村的血案，有更為古老的風味。即如柳州地區柳江縣，將死者割頭示眾(徐勇《韋國清剿殺四二二派》，《文革大屠殺》頁234)。發生在該自治區的梟首示眾、額頭刺字等，尚可參看《文革機密檔案——廣西報告》頁272、328，《天地翻覆》頁618。文革期間廣西軍政當局尚舉辦過「活人展覽」(參看《文革機密檔案——廣西報告》頁311、336；《天地翻覆》頁515)，亦風味古老，不似在此人間。

　　吃人這種20世紀的驚天慘劇，發生在廣西不止一處。徐勇該文說，僅武宣縣一地，被吃的人數即達一百數十人(同書，頁229)。關於文革中廣西鄉村的食人、人肉筵宴，參看《文革機密檔案——廣西報告》頁236、262、262-263、302、353。對此，楊繼繩《天地翻覆》採用了官方調查材料(頁677-678)。

　　鄭義乃較早披露廣西吃人事件者。對發生於該自治區武宣、賓陽等地的吃人，其《紅色紀念碑》(香港：華視文化公司出版，1993)一書記述尤詳。卜偉華《文化大革命的動亂與浩劫》轉引該書中的地方文獻：僅武宣縣就有75人的心、肝與肌肉被吃掉。「其中吃肉後砍頭的1人，挖心肝的56人，割生殖器的13人，全部吃光(連腳底板肉都被吃光)的18人，活剖生割的7人」(頁724)。「活剖生割」的殘忍程度，堪比日軍731部隊的活體解剖。卜著以之為共和國史冊上「最為醜惡的一頁」(同上)。

　　食人事件非止發生在廣西一地。趙瑜《犧牲者——太行文革之戰》寫到了晉東南的派仗—武鬥中吃死者的生殖器、人腦(見該書中冊頁346、下冊頁36-37)。據《天地翻覆》，雲南「清隊」中，也有取走腦髓、煮食生殖器的事發生(頁607)。食人，1949年之前根據地、解放區的土改中就曾發生(參看楊奎松《中華人民共和國建國史研究1》頁52)。1950年代的「鎮反」，廣東有過讓群眾將被殺者「割肉回家」的事(參看同書頁209)。李新也寫到永年縣對漢奸惡霸「活剮」之後割肉分骨(《李新回憶錄》頁231-233)。

　　至於司法機構的虐囚，參看本書上編第五章《司法與獄政》一節。關於張志新之死，楊繼繩《天地翻覆》有如下記述：執行死刑前，幾個大漢將張按倒在地，在頸背墊上磚頭，不麻醉不消毒，用刀子割斷喉管。張痛苦至極，咬斷了自己的舌頭(頁639)。處死前割斷喉管，使不能發聲的，張也非孤例；另如石仁祥(同書，頁650)、陸鴻恩、毛應星等(同書，頁659)。據該書，處死張志新時，「遼寧省已有三十多人在行刑前被割喉管」(同上)。其他使思想犯不能發聲的辦法，尚有用麻繩勒喉管、竹筒塞嘴、壓舌板即用木板緊壓舌頭等(同書，頁658–659)。更有甚者，對鍾海源執行槍決竟有意不擊中要害，活體取腎(同書，頁888–889)。處死李九蓮前，以竹簽穿連其下顎與舌頭(蕭冬連《從撥亂反正到改革開放》頁106)。

　　上文討論的不是「象徵暴力」，而是拳拳到肉、刀刀見血的暴力，是人以血肉之軀承受的暴力。公然施暴不但踐踏了文明社會的法律，也逾越了人性的底線，為1949年以降的政治運動所僅見；卻也是一次次運動中暴力積蓄、社會生活中暴戾之氣積蓄的結果。積漸而至，非毫無徵兆地突然發生。大量暴行發生在既無外敵入侵亦非嚴格意義上的「內戰」時期，的確是奇特的歷史現象。

　　本書上編第二章、下編《札記之二》及本篇所述事例，有人性之惡的極致展演。在一個執政黨掌控着政權的時代，有極其反常的性質。不深入到國家、社會的各個層面，由歷史到現實的種種線索，上述現象即難有充分的解釋。「充分」是一種倫理要求。簡單的因果歸結，不可能阻止類似暴行的重演。值得持續追問的是，這種輕易逾越人性底線的非常事件，是在怎樣的條件下發生的。本書上文涉及的地區，無論廣西還是內蒙古都並非蠻荒之地，京城固屬首善之區，大興更近在天子腳下，湖南的「農業文明」已相當成熟，且屬現代史上的革命發源地之一。少數殺戮的組織者被刑拘，並不就能實現「社會正義」。只要事件繼續被掩蓋，被刻意淡化，

就沒有「正義」可言。卜偉華在引用了一系列統計數據後說：「我認為文革中這些最黑暗、最醜惡的部分，不應該被掩蓋起來，應該作為深刻的教訓留給後人。」（《文化大革命的動亂與浩劫黨後記》，頁795）

上引文字或令人有生理上的不適。實則本篇僅限於「示例」。對所示諸例不宜用文明/野蠻、人性/獸性一類範疇輕輕帶過。獸的噬人出諸生存的本能，與「心性」無關。那麼，後革命時代的國民教育究竟出了什麼問題，使上述反常現象於文革中集中出現？更重要的是，上述血腥案例並非發生在戰亂時期；文革的局部失控，是當局放任的結果。[30]軍、政、司法當局到執政黨的基層組織，參與甚至直接製造了上述暴行。這一駭人聽聞的真相，難道不需要解釋？我並不認為共和國的「前三十年」與「後三十年」有可能或有必要斷然切割。堅持其具有連續性這一認知，就有必要正視、面對其間的所有關聯，在反思的基礎上尋求變革。

更可怕的，除了普遍的暴行，更有對暴力普遍的冷漠。魯迅說過：「酷的教育，使人們見酷而不再覺其酷……人民真被治得好像厚皮的，沒有感覺的癲象一樣」（《偶成》，《魯迅全集》第四卷，頁584–585）。倘真的如此，絕非民族之福。「暴力與人性」作為話題已然古老，仍無妨將文革作為討論這一議題的理想樣本。出版於近年來的文革史著作，直書其事，不刻意避諱，是否也應看作文明的一點進步？

最後還應當說，儘管暴力是文革的顯著特徵，對此仍不宜想像過度，即如不宜忽視暴力發生的地域性，時間性。甚至不能忽略程度、破壞力的細微差別。這或許才是面對歷史的正常態度。

30　「天下大亂，達到天下大治。」毛《給江青的信》，1966年7月8日，《建國以來毛澤東文稿》第十二冊，頁71。

札記之五

文革期間的國民經濟與民生——諸項數據——文革人物尋蹤

文革期間的國民經濟與民生

1964年10月1日吳宓所見重慶北碚，「大街遊人麕集，摩肩接踵，服飾整美，市肆陳設華麗，大見太平豐裕景象。」（《吳宓日記續編》第六冊，頁358）《非常與正常——上海「文革」時期的社會生活》一書作者金大陸，認為1965年是1949年後文革前最富足的年代，關係到民生的，如「票證供應範圍縮小；市場物價回落；給40%的職工增加了工資；城鄉居民平均消費水平較大提高，比如全國人均1962年豬肉供應為4.4斤、棉布11.1尺，到1965年為12.6斤、18.5尺等」。該文還說不少高層幹部對文革爆發不理解，「憤憤然地説：『因為有飯吃了，所以又要搞了！』」（《金大陸談1965：「文革」前最富足的年代》，2013年4月14日《東方早報·上海書評》第7版）

中共十一屆六中全會通過的《關於建國以來黨的若干歷史問題的決議》說，「我們現在賴以進行現代化建設的物質技術基礎」，「很大一部分」是在文革前的十年間建設起來的。關於文革期間的國民經濟，《決議》的表述是：「我國國民經濟雖然遭到巨大損失，仍然取得了進展。糧食生產保持了比較穩定的增長。工業交通、基本建設和科學技術方面取得了一批重要成就，其中包括一些新鐵路和南京長江大橋的建成，一些技術先進的大型企業的投產，氫彈試驗和人造衛星發射回收的成功，秈型雜交水稻的育成和推廣，等等。……當然，這一切決不是『文化大革命』的成果，如果沒有『文化大革命』，我們的事業會取得大得多的成就。」 莫里

斯·邁斯納《毛澤東的中國及後毛澤東的中國》引用了1975年1月
周恩來在四屆人大所作《政府工作報告》中與國民經濟有關的統計
數字，說這些數字「與許多外國經濟學家所作的估計相近」（中譯
本，頁517）；又說「這些數字沒有揭示出中國經濟存在的日益嚴重
的結構問題和其他問題」（同上）。

　　陳東林主編的《1966–1976年中國國民經濟概況》的相關內
容，大致符合《關於建國以來黨的若干歷史問題的決議》的認識框
架。該書認為：「一方面，『文革』造成工業發展速度、經濟效益
的下降，造成工業經濟管理體制和企業管理的混亂，造成國民經濟
主要比例失調和工業內部結構失衡趨勢加劇，造成工業技術與世界
發達國家差距加大，造成民生問題欠賬太多，造成工業發展的戰略
思想難以擺脫『左』的錯誤。另一方面，在『文革』期間，我們建
成了一大批骨幹企業、重點項目和基礎設施，為新中國初步建立獨
立的比較完整的工業體系做出了重要貢獻，當然，這些成就的取得
是人民的功勞而不是『文革』的成績；如果沒有『文革』的破壞，
我國的工業發展戰略、工業經濟佈局和發展等各個方面都不容易出
現如此長期而慘重的失誤。」（頁161）

　　同書另一處的表述較為簡明：「『文革』時期國民經濟發展
的特點，表現在各項數字上，是低速度、低消費、高能耗，表現在
整體運行上，是隨着政治形勢大起大落、動盪不定，極不平衡。這
一時期的總體評價是：國民經濟建設蒙受了政治動亂帶來的巨大損
失，但在整體上仍然緩慢地有所發展。和『文革』前正常的經濟建
設時期相比，和世界上發展較快國家相比，我國失去了10年的寶貴
時間，國家綜合實力沒有得到相應的提高。」（頁372）該書總結文
革造成的國民經濟損失，包括「武鬥、造反、打砸搶、停工停產等
政治動亂衝擊和破壞生產建設」造成的「有形的巨大經濟損失」；
「國民經濟結構比例失調」；「經濟效益大幅度下降」；「人民
生活水平沒有得到相應提高」（頁362）。該書還說：「與政治、思

想、文化領域相比，『文革』對經濟領域的衝擊相對而言較小。」評價文革時期的經濟，用「整個國民經濟瀕臨崩潰的邊緣」是不準確的(頁392)。[1] 吳德口述《十年風雨紀事》第十三章《「文化大革命」期間北京市的經濟建設》，提供了較為全面的統計資料(參看該書頁262–265)，卻也說，「要不是『文化大革命』，我相信，北京市的經濟建設會發展更快、更好。『文化大革命』對經濟建設的破壞不可低估，1967年、1968年的情況最明顯。」(頁267)

　　史雲、李丹慧《難以繼續的「繼續革命」》：「『四五』計劃期間，施工的大中型建設項目有2579個，全部建成投產的有700多個……工業交通方面，株洲至貴陽的湘黔鐵路、焦作至枝城的焦枝鐵路通車，中國第一條電氣化鐵路寶成鐵路工程完成，大港油田和任丘油田投入建設和生產，當時全國最大的水力發電站劉家峽水電站建成。科技方面，科學實驗衛星的成功發射和返回，洲級火箭的首次發射成功，高產量的秈型雜交水稻的實驗成功和在南方十三省的推廣，都是我國經濟建設史和科技發展史上具有重要意義的成就。」(頁559。按「四五」計劃，即中華人民共和國1971–1975年的國民經濟發展計劃)

　　經濟史家以對大量數據的專業研究，對文革時期的國民經濟狀況的具體分析，對正反兩面事實的歷史還原，使慣於由預設立場作選擇性發揮者難以置喙。[2]

1　關於「整體上仍然緩慢地有所發展」，該書說：「到20世紀70年代末我國初步建成了獨立的比較完整的工業體系。」(頁135)卻又說，經過文革的動亂，「中國主要工業部門與世界先進水平之間的差距都拉大了。」(頁157)

2　卜偉華著《文化大革命的動亂與浩劫》、史雲、李丹慧著《難以繼續的「繼續革命」》，尤其後一種，以較大篇幅寫到了文革前夕至文革期間的國民經濟狀況(參看該書第四章、第八章、第十章等)。李遜《上海文革運動史稿》關於上海文革期間的經濟狀況，也提供了相關材料。關於文革對經濟建設的衝擊及影響於城鄉居民生活，參看胡鞍鋼《毛澤東與文革》引用的有關統計(頁270–271)。關於文革初期國民經濟的不能正常運轉，參看王年一《大動亂的年代》頁133。麥克法夸爾、沈邁克《毛澤東最後的革命》與經濟狀況有關的數據應有所本(參看該書中譯本頁276–277、381、385)。該書說文革的混亂、殺

　　中共八屆十一中全會於1966年8月8日通過的《中國共產黨中央委員會關於無產階級文化大革命的決定》（即「十六條」），第十五條即「抓革命，促生產」。前此，當年6月30日，毛批准中共中央、國務院《關於工業交通企業和基本建設單位如何開展文化大革命運動的通知》；同年9月14日有中共中央《關於抓革命、促生產的通知》亦稱《工業六條》；12月9日中共中央下達《關於抓革命、促生產的十條規定（草案）》。《1969年國民經濟計劃綱要（草案）》提出的任務，有「大力發展農業，加強工業對農業的支援」（參看王年一的《大動亂的年代》頁359）；1970年的國民經濟計劃也有大力發展農業，加快農業現代化的進程的內容（參看同書頁364）。在派仗、武鬥的情境中，上述「通知」、「規定」以至「綱要」，實踐中不能不大打折扣。

　　「國民經濟瀕臨崩潰的邊緣」，確曾是文革結束之初高層對於文革造成的經濟破壞的評估。閻長貴《「文革浩劫論」不容否定》引李先念1979年12月20日在全國計劃工作會議上的講話，説文革動亂十年，「只是國民收入就損失了五千億元。據統計，按每百元積累的國民收入計算，在『文革』十年間，『三五』時期為26元，『四五』時期為16元，都少於『一五』時期的35元，而且越來越少。在工農業生產方面，每百元資金實現的利稅，1966年為34.5元，到1976年下降為19.3元，從總體情況來說，國民經濟已瀕臨崩潰的邊緣」（《問史求信集》頁398）。王年一《大動亂的年代》引李先念在同一會議上的講話，關於文革十年國民收入損失人民幣五千億元，說：「這個數字相當於建國30年全部基本建設投資的百分之八十，超過了建國30年全國固定資產的總和」（頁625）。何方《黨史筆記》：「1955年我國國民生產總值佔世界份額為4.7%，1980年降為2.5%；從日本的近兩倍變成它的1/4；人均產值約從日本的1/2變為不到它的1/20。1960年美國國內生產總值超過我國

戮以及最後的蕭條，「全部損失超過中國一年的國民收入」（同書，頁460）。

4600億美元，1985年超過36800億美元」（頁203。其根據見同書頁208註48；有關數據另見同書頁594註76）。[3]儘管對於「國民經濟到了崩潰的邊緣」尚有爭議，文革對國民經濟發展的負面影響卻無可辯護。也仍有辯護。河南造反派骨幹袁庚華2010年接受訪談時說，1970年前後「被稱為經濟建設史上的『小躍進』，工農業生產的發展速度超過1958年和『改革開放』以來的任何年代」（陳宜中《永遠的造反派：袁庚華先生訪談錄》，臺北聯經《思想》集刊第18期，頁74–75）。

上海的大學生王申酉，1967年5月22日的日記已經在計量代價，說「幾十萬大學生、幾千萬中學生、近萬萬小學生在虛度着光陰，更有幾萬萬人在消極怠工」（《日記摘抄》，《王申酉文集》頁170）。其時距文革爆發不過一年。王在司法審訊中書面形式的陳述（被作為「供詞」），內容包括他由自己的渠道瞭解到的國民經濟狀況，包括「全國各地採取割肉補瘡的辦法支持上海，而外地許多省市持續好幾年開工率很低，甚至像鞍鋼、武鋼等主要鋼鐵基地、洛陽拖拉機廠等大型企業的產值降到文化革命前的幾分之一」；據

3　王年一的《大動亂的年代》，麥克法夸爾、沈邁克《毛澤東最後的革命》，都引用了關於文革中經濟狀況的數據。前者如1966年的經濟狀況（頁640）；1967、1968年工農業總產值下降的情況（頁308）；1966到1969年經歷的由大幅度下降到初步回升的過程（頁355–361）；1970、1971年的經濟狀況（頁365–366、367）；1972年的經濟狀況（頁448）；1974年的經濟狀況（頁501–502）；1975年的經濟狀況（頁521、533）。麥克法夸爾、沈邁克《毛澤東最後的革命》關於1967年武鬥造成的經濟損失，引用了當時有關部門的統計資料（中譯本，頁229–230）。關於文革期間經濟狀況的分析，包括中國內地與周邊國家（日、韓等）以及臺、港的比較，參看胡鞍鋼《毛澤東與文革》頁71–72所引材料。該書使用了孫健《中國經濟通史（1949–2000年）》（北京：中國人民大學出版社，2000）及金沖及主編《周恩來傳》所引1967年10月24日國務院業務小組《1967年前三季度的主要經濟情況和四季度要抓緊的幾項主要工作》有關文革衝擊、破壞國民經濟的具體數據（見該書頁270–271）。楊繼繩《天地翻覆》第三〇章討論「文革期間的國民經濟」，利用了國家統計局的《中國統計年鑑》，與陳東林及經濟學界多位專家的研究成果，和作者本人當年在天津工廠企業的調查材料。

周榮鑫1975年的報告，1974年「全國企業的虧損達七十八億元」。
所以不敢抓生產，乃因怕被批判「唯生產力論」、「利潤掛帥」、
「管、卡、壓」、「洋奴哲學」（《供詞》，《王申酉文集》頁
73、74）。秦暉的回憶文章寫到廣西的武鬥，使得建國前後幾十年
積累起來的邕江航運力量蕩然無存（《沉重的浪漫——我的紅衛兵
時代》，《1966：我們那一代的回憶》頁295）。沈從文之子沈虎雛
1969年的家書，寫到了武鬥中四川工廠的停產、半停產狀態（《沈
從文家書》頁454、456）。

　　文革中的經濟損失宜逐項統計。派仗、武鬥中的停工停產、
破壞機器設備、毀壞城市設施等等外，尚有不當決策造成的財政支
出。僅大串連中的財政消耗，至今尚未見一本明細賬。[4]

　　上海文革前期的運動對經濟生活、生產活動的影響，李遜《上
海文革運動史稿》有具體數據支持的細緻考察。上海產業工人整體
素質較好，文革期間不曾爆發大規模武鬥，工人造反派較為理性，
經濟活動尚能正常進行。如李遜所說，「即使在最亂的1967年初，
上海的生產和生活還是慣性運轉」，儘管「也因為原有秩序被打
亂，所以許多原來的環節發生脫節」（頁682）。[5]

　　陳煥仁《紅衛兵日記》記有串連所見公社制度下的農民「出工
不出力」，偷糧、砍樹（參看該書頁700、702、707）；「社員在自
留地裏打衝鋒，在公社田裏磨洋工」（頁718）。1965年主動下鄉的
張木生，所知農民對集體生產的態度是：「出工是搖，幹活是聊，
收工是逃」，「晚出工，早收工，不到時間就打鐘」（參看印紅標
《文化大革命期間的青年思潮》頁292）。孔丹插隊所在農村，「幹
多幹少一個樣，勞動生產力極其低下」，是「另一種形式的大鍋

4　卜偉華《文化大革命的動亂與浩劫》對此的說法是「數以億計的金錢」（頁
　　258），只能是大致估算。

5　上海「工總司」常委《葉昌明工作筆記》，係金光耀、金大陸主編《上海「文
　　革」史研究資料彙編》之一種。該筆記有上海因工人造反致使正常生產秩序無
　　法維持的材料。

飯」(《難得本色任天然》頁116)。我所在農村亦然。內蒙古自治
區挖「內人黨」造成的農牧業損失,參看吳迪《「內人黨」大血案
的始末與真相》所引《關於林彪、江青「四人幫」製造「內人黨」
冤案的報告》(《文革大屠殺》頁107)。

　　武鬥中工廠停工停產、毀壞機器設備,造成的財、物損耗,
難以計量;農民消極怠工,「出工不出力」,對農業的影響,也無
從計量。更難以計量的,或許是文物破壞造成的經濟、文化雙重損
失。至於發生在文革十年間的自然災害或天災加人禍,如1970年雲
南玉溪市通海縣大地震,1975年河南板橋水庫垮壩,被刻意掩蓋或
淡化,損失自然缺乏可信的統計。

　　還應當說,經濟史家正面敘述的文革期間的經濟建設與科技成
就,即使不以文革為條件,也仍與那個特定時期的精神氛圍有關。
1950–70年代的主流意識,鼓勵自力更生、艱苦奮鬥,一不怕苦、
二不怕死;強調精神因素的作用。這些曾發生過積極作用的東西,
隨着文革的結束一去不復返,或可歸於對極端化「革命」的懲罰,
令人心情複雜。

　　《1966–1976年中國國民經濟概況》一書《後記》中談到,文
革時期「檔案和統計數據比較雜亂,公佈亦有限。因此黨史、國
史、經濟史學術界包括境外學者對這一時期國民經濟狀況的評價,
有較大分歧」,該書僅「提供了一個供討論和徵求意見的初步基礎
稿」(頁411)。不惟該書,其他文革考察,包括公認較為謹嚴的文
革史著述,也宜於作如是觀。該書關於文革期間國民經濟狀況,有
「一方面」、「另一方面」。論者卻每每只及其一,不及其二,刻
意隱沒相關的歷史條件,尤其代價。這已非限於條件難以考實所能
解釋。

　　經濟史家與文革史家認為文革期間雖遭遇了干擾與破壞,經濟
建設並未停擺。陳東林主編《1966–1976年中國國民經濟概況》以

較大篇幅寫到了文革後期「對西方的大規模技術設備引進的單邊開
放」，「社隊企業的興起為日後鄉鎮企業發展準備條件」（頁3）。
該書說，1970年代曾經實踐的對外引進及相關認識，「為1978年以
後制定對外開放政策提供了借鑒」（頁301）。[6]

　　《王力反思錄》談到了毛的對科學技術發展的敏感。其關注
包括了電子科學、激光，原子彈、氫彈，空間科學、火箭，生物工
程。「好多科學成果是在十年動亂期間出現的」（《王力反思錄》
頁704–705）。《難以繼續的「繼續革命」》一書說，文革期間發
展較快的，「首推戰備需要的國防科技和軍事工業，其次是地方工
業、煤炭工業、石油工業、電子工業」（頁248）。關於石油工業、
電子工業的發展，參看同書頁256–258。派仗、武鬥對軍事工業、
國防科技發展的負面影響，參看同書頁262–263、538。在「科研院
所的許多歸國專家和技術人員被強加上『資產階級權威』和『裏通
外國分子』等罪名，被關押審查或下放勞動，一批重要實驗被迫停
止」的情況下，對國防尖端科研的保護仍保持力度。對導彈和原子
彈實驗基地，實施武裝保衛（《1966–1976年中國國民經濟概況》頁
291、290）。

　　據湖南教育出版社2010年版《袁隆平口述自傳》，袁人工雜交
水稻的實驗，緣起於1950–60年代之交的大饑荒，1960年代前半期
即已進行，作為初步研究成果的相關論文1965年完成。《難以繼續
的「繼續革命」》引述了聶冷、莊志霞《綠色王國的億萬富翁：雜
交水稻之父袁隆平傳》（北京：華藝出版社，2000）關於袁隆平文革
期間在被打成「反革命」的情境下，冒着危險在陰溝中秘密進行
秈型雜交水稻育種工作（頁61）。文革前即已形成以軍事方式搞經濟
建設的慣性。動輒「大會戰」（「集中力量打殲滅戰」），高配置、
大投入，不計成本，不惜資源的浪費。[7]「科技攻關」亦然。屠呦

6　關於文革後期大規模的技術引進，尚可參看楊繼繩《天地翻覆》頁1089。

7　關於文革期間的「大會戰」，參看陳徒手《工業大會戰記略》，刊《隨筆》雜

呦獲諾貝爾獎的科研項目，也因係「政治任務」而得到支持。陳景潤、屠呦呦取得的成就固然值得稱許，他們所處環境與工作條件，不可也不應複製。[8]

1950年代物理學家束星北曾因「收聽敵臺」以獲取「國外最新科技信息」而被揭發（《束星北檔案》頁92）。科技發展高度依賴信息的獲取、交流與共享。閉鎖狀態對於科技、科技人才的損害，難以估量。1975年7月整頓科學院，鄧小平在聽取胡耀邦的彙報時說，文革中科技隊伍「大大削弱了，接不上了」；還說，「少數人秘密搞，像犯罪一樣。陳景潤是秘密搞的」（王年一《大動亂的年代》頁529）。

關於文革期間科技發展及相關條件的分析，參看陳東林主編《1966–1976年中國國民經濟概況》頁285–287。關於國防科委、中國科學院、清華大學文革中受到打擊迫害、致死致傷的人數，見同書頁286。文革結束之初，自然科學人才斷檔較人文學科突出。該書說：「十年動亂使中國少培養了100萬名大學生，使整整一代人失去了接受系統、完整的學校教育的機會和條件，影響了科技後備人才的培養。」「科研人員受到打擊、批判，不敢放手搞研究，很難產生真正的科研成果。我國的農業機械化水平、農業生物技術等相比『文革』前也沒有大的進展，工業領域開發新技術的能力也大大削弱，與發達國家的差距逐步拉大。」（頁287）

文革期間大力普及教育，強調醫療衛生工作的「面向農村」，均有積極意義。卻也有一項統計數字，即「據1982年全國人口普查提供的可靠資料，全國文盲和半文盲竟有二億二千五百八十多萬人之多」（參看王年一《大動亂的年代》頁627）。至於文革期間中學復課、恢復高校招生後大中學校的教學質量，並不缺少可資考察的材料。

誌2017年第3期。

8   關於陳、屠的處境與工作條件，參看《1966–1976年中國國民經濟概況》頁294。

　　拙著《想像與敘述》談到，「有因『易代』而發生，有發生於易代之際。呈現在此『歷史瞬間』的，並非都宜於直接以『易代』來解釋。某些事態緣積累而成，或積累中的變動由『易代』觸發或完成。隨時區分情境，釐清條件，不消說是必要的。」（頁223，北京：人民文學出版社，2009）文革亦然。何者以文革為條件，何者不過發生在文革這一時段，有必要慎作區分。韓少功《革命後記》一書談到了文革期間的「新四大發明」，即人工合成胰島素、雜交水稻、漢字激光照排、複方蒿甲醚（頁99），在我看來，就有必要區分何種發明以文革為條件，何種只是發明在了文革期間。如若沒有文革，或更進一步說，如由1956年的「向科學進軍」起，沒有「反右」、文革，科技發展又當如何！至於初等教育的普及，醫療的低水平覆蓋，更屬政府的基本職能。甚至不妨說，一個負責任的政府理應給廣大的農村人口較之「赤腳醫生」更好的公共品，以補償農民作出的貢獻與犧牲。[9]至於文革中的經濟成就，除卻統計數字的可靠性存疑，不妨有如下一問，倘若1965年的發展勢頭未被打斷，經濟增速又當如何？

　　仍有必要承認，農村的普及教育、醫療衛生，文革結束後的幾年間出現了倒退。農村教師與醫療衛生資源的流失，與農民向城市的流動大致同步，應屬城鄉二元體制、對農村的長期欠債招致的報復。計劃經濟下的人事制度、人才管控一旦鬆動，「人往高處走」即不可遏止。據我的個人經驗，文革前大學生中工農子弟的比例，大大高於1990年代「市場化」之後。在這一點上，「改革開放」後的中國似乎距「平等的受教育的權利」愈遠。被「階級路線」迎入大學者，至此被以「經濟杠桿」拒之門外。前者固然有違於「社會公正」，後者豈非也由另一個方面違反了「公平」、「正義」？

9　據《1966–1976年中國國民經濟概況》，毛曾說「赤腳醫生」是沒有辦法的辦法（頁382）。至於普及中小學教育以犧牲高等教育為代價，參看同書頁390。但普及中小學教育「畢竟為2000年我國基本上實現普及九年義務教育走出了第一步」（同上）。

　　本節原題「作為日常體驗的文革期間的國民經濟」。這是一個需要大量材料才有可能進行的題目，包括有關部門與物資供應、社會購買力有關的材料，也包括散見於自述、回憶錄中的材料，以至小說、散文中的材料。需要如陳徒手《物質匱乏年代北京財貿供應二三事》（刊《隨筆》雜誌2017年第2期）的個案考察，更需要金大陸《非常與正常──上海「文革」時期的社會生活》這樣規模的專題調研。這裏存此一目，以待確有積累的研究。被廣大民眾體驗的「國民經濟」，在關於文革的經濟史論著中，難以得到充分反映。十年間的「社會生活史」，尚有待繼續開發。

　　文革期間的民生狀況，《關於建國以來黨的若干歷史問題的決議》着墨不多。見諸經濟史家的著作，已較《決議》具體。上引《1966-1976年中國國民經濟概況》一書說：「人民生活水平沒有得到相應提高。人均年消費糧食1976年低於1952年水平；到1978年，全國農村還有2.5億人沒有解決溫飽問題。全國職工平均工資下降，只提高過一次工資；住宅、教育、文化、衛生保健等方面造成了嚴重欠賬；配給票證比『文革』前又有增加。」（頁5）還說，文革期間的工業建設和生產進展，「主要是依賴大規模投資拉動的，投資過度地擠佔了消費，廣大的人民群眾在生活上承受了巨大困苦和犧牲」（頁135）。[10]與親歷文革者的所知所感相去不遠。親歷者應記得如下口號，「先生產、後生活」，「先治坡、後治窩」；甚至「活着幹，死了算」。不但對生活質量，對生命價值的輕忽，也屬當年的「政治正確」。

　　親歷者習於物資匱乏下的「低消費」，票證成為了共同記憶。據《1966-1976年中國國民經濟概況》，「以供應較好的直轄市北京為例，城鎮居民消費生活用品中憑票證少量供應的有：糧食、食油、肉類、食糖、糕點、蛋類、水產、蔬菜(豆腐、土豆)、煙酒、

10　該書一再提到「積累與消費比例失調」（如頁362）。1971年11月30日國務院發出《關於調整部分工人和工作人員工資的通知》，是文革爆發後唯一的一次為部分人提升工資。

火柴、火石、牙膏、肥皂、布匹、線、燈泡、膠鞋、皮棉帽、自行車、縫紉機、手錶、收音機、電視機、書包、傢具、家用煤等，幾乎包括了全部生活用品。」其他尚有特殊、限量供應的用品，今人會以為匪夷所思（頁296）。重慶由於大武鬥造成的破壞，自1968年元旦起，全市被迫實行煤炭憑證限量供應（何蜀《文革重慶大武鬥實錄》頁348）。習於「匱乏」，並不就「無欲無求」。那種簡單生活，與時下流行的「極簡主義」，背景與內涵大有不同。但匱乏確也壓抑了慾望。被動的生活狀態培養了被動的生活態度。誰說「順民」不也是這樣造成的？長期低工資、低消費、低物質生活水平下的順受，經不住市場化大潮「消費主義」的衝擊。後文革時期的這一段歷史，已無需重述。《1966-1976年中國國民經濟概況》第八章第七節的標題為「人民生活水平十分低下而比較平均」（頁295），較為確切。在貧富懸殊日益加大的條件下，人們懷念的，往往是「比較平均」而非「十分低下」。

1959年7月毛《對中央關於在大中城市郊區發展副食品生產的指示稿的批語和修改》：「無產階級專政的國家，一定可以做到有菜吃，有油吃，有豬吃，有魚吃，有菜牛吃，有羊吃，有雞鴨鵝兔吃，有蛋吃。」（《建國以來毛澤東文稿》第八冊，頁327）十年後的文革後期，上述願景仍顯得渺茫。

楊繼繩《天地翻覆》寫到他當年以記者身份所見工人、農民的物質生活條件，包括天津市工人工資收入、家庭人均收入，工人實際生活狀況，如住房條件（參看該書頁1082-1085）。上述情況，並非均可見之於經濟學家的著作。至於散見於回憶文字的有關材料，尚有待搜集整理。1971年，今美國加州大學洛杉磯分校中國研究中心主任、文化人類學終身教授閻雲翔，因饑餓由山東德州地區逃亡至黑龍江省雙城縣的一個村子，那年他17歲。這些難以體現於統計數字的經驗材料，相信有其不便低估的價值。

有對一時期國民經濟研究的經濟學與社會生活史的不同視角。

後者有可能將如上經驗納入考察範圍。關於人們日常體驗的「國民經濟」，文學作品中更有豐富的材料，足為經濟史作註腳。上文提到國外化肥的進口與化肥、化纖生產設備的引進。街頭的一景，即將日產化肥「尿素」的口袋穿到了身上——當然是小城鎮。你會看到有人穿着「尿素」二字清晰可見的化纖面料招搖過市。不少回憶錄提到了在布料憑票供應的情況下，化纖(「的確良」)因其挺括、耐穿，成為時尚面料。直到1990年代以後，「純棉」才又成為了消費者的新寵。

電子工業文革中的發展，使電子產品逐漸進入了人們的生活。半導體收音機成為城市中產以上家庭青少年的標配。不少回憶文章寫到了當年對電子產品的癡迷，即使只能由隔着玻璃櫃檯觀望得到滿足。文革結束前後，我任教的中學有了一臺電視機，每晚放在操場上供層層疊疊的人圍觀。電視機、錄音機一類奢侈品，還要稍晚一個時候才能進入尋常百姓家。

積累與消費的比例作為問題，至今仍未失現實性。官員申報個人財產尚無討論空間，被由「個人隱私」辯解的巨額海外資產漸成公開的秘密，卻對納稅人的血汗錢動輒豪擲幾十幾百億的當局，能否對民生疾苦感同身受，令人懷疑。住房、看病、教育等民生難題難以有效解決，「免費醫療」、「免費教育」遙遙無期。國民經濟中教育投入的佔比，人均工資在世界各國中的排序，均與「綜合國力」不相稱。地方政府公佈的「人均可支配收入」、「人均住房面積」等，與居民的生活體驗嚴重脫節。關於國家財富與所有社會成員生活水平的關係的經典理論，在我們這裏，仍然是有待普及的經濟學知識。

經濟史著作或較枯燥，尤其那些表格、數據，要借助於感性的想像力，才能將它們與你經歷過的「歷史生活」聯繫起來。但你的經歷確要借助這種專業性的分析才能充分解釋。我們囿於個人經驗，不止關於文革，關於其他時期，也難以知曉社會深層的變動。

我們只是隱約感受到了由深層達至表層的微震、餘波。即使如此，億萬人日常的物質生活，仍映照着、反射着「國民經濟」的狀況，儘管那些宏觀的分析像是據你我很遙遠。

諸項數據

以下引用的，乃我所見公開出版物有關文革期間人員傷亡及公物、私產損失的部分數據。與國民經濟有關的數據，已有部分見之於經濟學家、經濟史家的著作。有必要說明的是，人員傷亡，私人財產、國民經濟損失的數據，諸出版物的說法或互有出入，也因缺乏權威而確可據信的官方說法。

《關於建國以來黨的若干歷史問題的決議》提到了「黨的四中全會通過的葉劍英同志在慶祝建國三十周年大會上的講話」。閻長貴《「文革浩劫論」不容否定》一文說：「1978年12月13日，葉劍英在中央工作會議上宣佈：『文革』死了二千萬人，整了一億人，佔全國人口的九分之一。」（《問史求信集》頁397）[11]據楊繼繩《天地翻覆》，葉劍英在中共十二屆一中全會後的中央政治局擴大會議上披露如下文革中遭受迫害及死亡人數：(1)規模性武鬥事件4,300多件，死亡123,700多人；(2)250萬幹部被批鬥，302,700多名幹部被非法關押，115,500多名幹部非正常死亡；(3)城市有4,810,000各界人士，被打成歷史反革命、現行反革命、階級異己分子、反革命修正主義分子、反動學術權威，非正常死亡683,000多人；(4)農村有520多萬地主、富農(包括部分上中農)家屬被迫害，有120萬地主、富農及家屬非正常死亡；(5)有1億1千3百多萬人受到不同程度的政治打擊，557,000多人失蹤(頁34。所引葉的講話未注明出處)。上文所引葉「在慶祝建國三十周年大會上的講話」、「在中共十二屆一中全會後的中央政治局擴大會議上」的講話、在

11　黃志雄《知青家長李慶霖》一書引十一屆三中全會閉幕時葉的講話，有「包括受牽連的在內，受害的有上億人，佔全國人口的九分之一」(頁425)。

「十一屆三中全會閉幕時」的講話，未知是否同一次。值得注意的是，上述統計未將軍隊鎮壓導致的傷亡單列。楊繼繩該書説，對葉提供的這組數字，「學界有不同的看法，還有其他不同的受害者數據。文化大革命中受害的準確人數恐怕永遠無法搞清。」（《天地翻覆》頁34）無法搞清，或也因有意模糊（「宜粗不宜細」），並非不能搞清。「四人幫」倒臺之初的統計數字難免粗率，多少繫於「全面否定」文革的政治需要。此後本可能也應當有更可靠更負責任的各項統計。

在對林彪集團、「四人幫」的「世紀審判」後，「有人據起訴書統計，『文革』中受迫害人數多達744554人；受牽連人數超過一億人。」（蕭冬連《從撥亂反正到改革開放》頁312）這裏的「受迫害人數」所指不明，恐未將普通百姓，尤其下層、底層百姓包括在內。至於「受牽連人數」，更難悉數統計。韓少功《革命後記》也引審判林彪、江青反革命集團案犯時最高人民檢察院的起訴材料：文革中共有729,511人受到「誣陷和迫害」，其中34,800人被迫害致死（頁27）。所據《歷史的審判——審判林彪、江青反革命集團案犯紀實》一書，由群眾出版社1981年出版。

《中國共產黨歷史第二卷(1949–1978)》：據中央組織部的統計，「『文化大革命』中全國被立案『審查』的幹部共230萬人，佔『文化大革命』前1200萬幹部的19.2%。……其中，中央、國家機關副部長和地方副省長以上的幹部，被立案『審查』的約佔同級幹部總數的75%；有六萬多名幹部被迫害致死；集團性的冤假錯案近兩萬件，涉及幹部達幾十萬人。因大量冤假錯案受到誣陷、迫害和株連的難以計數」（下冊，頁967）。關於另一主要打擊對象知識分子，未見出於官方的專項統計。

王年一《大動亂的年代》一書，有「據不完全統計」的軍隊中「遭到誣陷迫害」、「被迫害致死」的人數；「公、檢、法」的幹部、民警「被迫害致死」的人數；以至「黨和國家領導人」、八

屆中共中央委員、候補委員、中央各部門、各省市自治區主要負責
人被誣陷迫害的人數，「總計受到殘酷迫害的幹部、群眾共有70多
萬人，被迫害致死的34,000人，而直接間接受到不同程度的株連的
人多達1億」（見該書頁307–308）。所據亦應為「世紀審判」的起訴
書，及高層人士的講話（見該書頁623註1）。該書引穆青等人《歷史
的審判》一文，說因被指為對林、江等人「惡毒攻擊」而被逮捕、
判刑的，全國有10萬多人。上海「在『炮打中央文革』等罪名下製
造的冤案、錯案就有24.9萬多起，受到株連的無辜群眾在100萬人
以上」（頁193）。[12]

　　卜偉華在《文化大革命的動亂與浩劫》一書的《後記》中說：
「據我估計，文革時期，全國非正常死亡人數當以百萬計。一個雲
南趙健民特務假案，審查了138萬多人，其中立案審查17萬多人，
打死逼死17,269人，打傷致殘的61,000多人。一個『內人黨』的錯
案就有34萬多幹部群眾遭到誣陷、迫害，16,222人被迫害致死。」
（頁795）卜著說，「國內過去關於文化大革命的研究多重於定性分
析而缺少定量分析」（同上）。定量分析，不能不依賴官方統計。對
負面資訊模糊處理，卻是一貫的執政風格。

　　1980年公審江青時廖沫沙的證詞說，「北京市的各級幹部和廣
大群眾受到株連、迫害，致死的就有一萬零二百八十九人」（《甕
中雜俎》頁451）。楊繼繩《天地翻覆》引官方數字：北京市在文革
後的「清查」中，查出文革中全市非正常死亡9,830人，其中被直
接打死2,214人；被遣返農村的幹部、職工33,000多人，連同親屬子
女共遣返125,000人；被抄家92,000戶（頁1058）。以下還有若干省的

12　穆青、郭超人、陸拂為長篇通訊《歷史的審判》，1981年1月由新華社播發。
　　王年一該書據《北京晚報》1980年11月21日發表的《觸目驚心的統計》，說林
　　彪、江青集團「共誣陷迫害729,511人，其中34,800人被迫害致死」（頁623）。
　　中共中央文獻研究室《〈關於建國以來黨的若干歷史問題的決議〉註釋本》
　　（修訂本）：文革中受到殘酷迫害的幹部和群眾有70萬人，被迫害致死的達3.4萬
　　人。全國因冤假錯案受到誣陷、陷害、株連的達1億人以上（見該書頁391）。上
　　述說法相近，均應據「世紀審判」的起訴書。

統計數字（見該書頁1058–1060）。[13]李遜《上海文革運動史稿》據文革結束後對文革案件的複查統計數字，説上海全市「共有各類文革案件34.87萬多起，加上被株連的家屬親友，涉及面100萬餘人」（頁1208）。

　　據蕭冬連《從撥亂反正到改革開放》，到1982年，「全國複查平反被立案審查的幹部230萬人，集團性的冤假錯案近二萬件」，所據應為上文所引中央組織部的統計。該書另有如下數據：文革中受衝擊較小的軍隊，被迫害致死者達一千六百多人（頁95）；文革後上海複查的幹部案件92687人，一般黨員案件12800人，非黨群眾的案件191000人，總的平反、改正面為77.6%，其中冤假錯案佔63.6%；北京複查了被立案審查的幹部65008名（頁86）。該書據最高人民法院的報告提供的數字，文革期間共判處死刑23921人，其中以反革命罪判處的10402人——照例是「不完全的統計」（頁104）。該書還說，中共十一屆三中全會前後平反二百多萬文革中的冤假錯案，二百多萬文革前的冤假錯案（頁137）。[14]

　　文革的有關數據，散見於諸文革史著作。其中部分數據來自地方史志，示人以文革結束後有關人士為存史所作的艱苦努力。

　　首開軍隊鎮壓群眾組織紀錄的青海「二二三事件」，平民死169人，傷178人，軍隊死4人（丁抒《青海二二三事件》，《文革大屠殺》頁52）。此後該省逮捕、拘留、看管、軟禁10157人，其中逮捕4,131人，拘留2,522人（同上，頁53）。[15]《戚本禹回憶錄》中的有關數據是，「有347名群眾被軍隊當場開槍打死，其中年齡最小的

13　關於北京「破四舊」期間打死、抄家、遣返以及不限於北京的遣返人數，參看本書上編第二章《城市街頭的暴力》；在此期間全國抄沒私人財物的統計，見上編第六章《私人財物與「公物」》。

14　據同書，1959年「反右傾」中被打成「右傾機會主義分子」（或右傾機會主義錯誤）者曾達幾百萬；有多少得到平反，未提供詳細數據（頁118、119）。

15　關於葉劍英與青海「二二三事件」，參看此篇。

僅14歲」；「八一八」被省軍區宣佈為反革命組織，逮捕該組織13,414人，5,968人被抄家，4,279人被強制勞動，17,293人遭到毒打（頁583）。

關於武鬥中的傷亡人數，另有局部地區、具體事件的統計。武漢1967年「七二〇事件」前該市的傷亡數字，參看麥克法夸爾、沈邁克《毛澤東最後的革命》中譯本頁216。事件後殺戮繼續，只是受害者換成了另一方。相關傷亡數字見同書頁224。王年一《大動亂的年代》一書說，「七二〇事件」後，「武漢軍區所轄獨立師被打成『叛軍』」；據湖北省委統計，全省「被打傷打殘打死的幹部、軍人、群眾多達18.4萬多人，僅武漢市就打傷打殘6.6萬多人，打死600多人」（頁265–266）。關於「七二〇事件」，卜偉華《文化大革命的動亂與浩劫》採用了類似的統計數字（見該書頁542）。《毛澤東最後的革命》寫到江青關於「文攻武衛」的煽動性講話後鄭州捲煙廠、開封化肥廠武鬥造成的傷亡（同書，頁225）、寧夏兩派回民組織衝突中「解放軍向平民開槍」造成的傷亡（頁226）。還寫到北京、溫州等地武鬥中的傷亡。《大動亂的年代》則有四川、河北、武漢、上海及青浦縣武鬥的傷亡數字（見該書259–260、267）。

據胡鞍鋼《毛澤東與文革》，1967年新疆發生武鬥事件117起，死亡700餘人，受傷、致殘5,000多人（該書頁258）；同年6月3日至30日，「據不完全統計」，武漢市死於武鬥者108人，傷2,774人（同書，頁259）；8月，四川瀘州兩派武鬥，擊沉船隻一艘，打死4人，傷數十人；9月和翌年7月，瀘州地區先後發生大規模武鬥，死亡數百人（同書，頁260）；8月26日，浙江省蕭山大規模武鬥，打死90多人，傷者甚眾（同書，頁261）；8月28日，寧夏青銅峽發生嚴重流血事件，打死101人，打傷133人（同上）。據《王芳回憶錄》，文革期間溫州地區因武鬥而死亡的人數達1,018人（轉引自《南方週末》2013年2月28日A4版《審判「文革」遺案》）。據趙瑜《犧牲

者——太行文革之戰》，晉東南17個縣市，犧牲者多達數千，「軼名者眾」（中冊，頁282）。吳德口述《十年風雨紀事》說1967–1968年武鬥期間，北京「在武鬥中死亡的人數大概不下千人」（頁29）。對吳的訪談1993年進行；由吳的說法看，至此似尚無準確的統計數字。首都尚且如此，何況其他地區、城市。楊繼繩《天地翻覆》引用了重慶官方關於武鬥中「殺俘」的數字；又據個人研究，說「據最保守的估計，直接死亡人數在3千人以上，受傷1萬人以上」（頁501）。對文革中「集體屠殺」的數據分析，參看該書所引用的材料（頁662）。[16]麥克法夸爾、沈邁克《毛澤東最後的革命》中有如下細節：即使在武鬥的混亂時期，「官僚體制仍然在發揮作用」，即如對傷者「區別對待」（中譯本，頁228）。

　　未聞對武鬥造成的傷亡文革後是否「善後」，還是置之不聞不問之列。

　　發生在京郊大興縣(今大興區)、湖南道縣(今道州)、廣西多地的殺戮，傷亡數字參看本書下編《札記之二》。此處不避重複，將湖南道縣及該縣所在零陵地區的有關數字抄錄如下：道縣共死亡4,519人，其中被殺4,193人，逼迫自殺326人。零陵地區文革期間非正常死亡9093人，其中被殺7,696人，逼迫自殺1,397人，致傷致殘2,146人。死亡人數中「四類分子」3576人，「四類分子」子女4,057人，有不同程度「歷史問題」的貧下中農1,049人，其他成份411人。其中未成年人826人。與殺人事件有直接牽連的有14,000多人(章成《湖南道縣農村大屠殺》，《文革大屠殺》頁117)。[17]廣西賓陽縣文革期間被打死、迫害致死、失蹤3,951人(鄭義《廣西賓陽慘案紀實》，同書頁207)。徐勇《韋國清剿殺四二二派》一文有

16　毛曾懷疑各地上報的武鬥死傷數字有虛(參看李遜《上海文革運動史稿》頁908–909)。

17　2010年第11期《炎黃春秋》謝承年《道縣「文革」殺人遺留問題處理經過》一文，相關數字與上引文章略同。

廣西多地致死人數的統計數字(同書，頁233–235)；自治區軍區、南寧警備司令部、南寧市革委會、南寧軍分區、駐軍及廣西各地武裝部門對一派群眾組織血腥鎮壓，或由此誘發的「亂殺人」的風暴中造成的傷亡數字(同書，頁237–239)。據該篇，僅對南寧一派群眾組織的武裝鎮壓，即打死1,470人，另有被俘人員2324人被各縣打死(同書，頁248、249)。該市解放路一帶被軍隊炮火轟毀的街巷33條，房子2,820座(間)，建築面積46萬平方米，1萬多戶、5萬多居民無家可歸，國家財產損失6,000萬元以上(同書，頁249)。卜偉華《文化大革命的動亂與浩劫》一書的相關數據與此略同。[18]據徐勇該文，在始於1968年的不到一年時間裏，廣西壯族自治區在省革籌小組、軍區發動的軍事圍剿中殺害了近十萬人(同書，頁254)。另有一項同樣令人驚悚的統計數字。據廣西官方的文革大事年表(應即廣西文革大事年表編寫小組《廣西文革大事年表》，南寧：廣西人民出版社，1990)，該省有47,000多名中共黨員參與殺人(轉引自徐勇文，同書頁253)。徐所引《大事年表》原文：「據後來不完全統計，在文革中突擊入黨的就有二萬人是入黨後殺人的，有九千人是殺人後入黨的，還有與殺人有牽連的黨員一萬九千多人。」(《年表》頁132)[19]

　　卜偉華《文化大革命的動亂與浩劫》引韋束純、劉毅生等主編的《當代中國的廣西》一書的説法，即廣西武鬥中被打死3,000多人，被迫害濫殺的達八萬多人(頁723)。中共廣西壯族自治區委員會整黨領導小組辦公室編寫的《廣西文化大革命大事記》，有大量關於殺戮的記述，錄不勝錄。殺人動輒數百數千。尤其1967、1968兩年，更尤其中央「七·三佈告」發佈後。[20]即如自治

18　徐勇該文尚有該省鳳山、桂林等地抓捕、槍殺人數。受害人中有曾參加過紅軍、赤衛隊、游擊隊者(同書，頁253–254)。

19　卜偉華《文化大革命的動亂與浩劫》亦引《廣西文革大事年表》的上述數據，見該書頁723。

20　按「七·三佈告」1968年7月3日由中共中央、國務院、中央軍委、中央文革小

區欽州地區，僅1968年3月5日至12日，即殺人兩千左右；其中靈山縣殺了一千多人（《文革機密檔案——廣西報告》頁211）。玉林專區陸川縣僅二十天殺了一千二百二十九人，桂平縣打死五百零八人（同書，頁236）；僅玉林專區，文革中死亡一萬零一百五十六人（頁236）。同年6至8月，河池地區打死、逼死七千八百六十四人，其中鳳山縣死一千三百人，佔當時全縣人口總數百分之二（頁274）。南寧地區「七・三佈告」下達後打死、逼死二千七百三十八人，八九兩個月打死、逼死七千一百九十九人（頁281）。桂林地區「七・三佈告」前死亡一千八百五十九人，「佈告」後死亡九千零八十七人，共計一萬零九百四十六人（同上）。賓陽縣在12天裏，被打死或迫害致死三千六百八十一人（頁298）。全州縣文革中死二千一百五十六人（頁300）。百色地區以貫徹「七・三佈告」為名打死、迫害致死二千四百八十一人（頁303）。部隊與一派群眾組織在南寧市區攻打另一派群眾組織，打死一千三百四十人（頁306）。鳳山縣圍剿一派群眾組織，槍殺打死一千零一十六人（頁311）。據同書，在以落實「七・三佈告」的名義武器鎮壓「階級敵人」之後，全自治區「共殺害和迫害致死八萬五千多人」（頁317）。楊繼繩《天地翻覆》據文革後廣西「處理文革遺留問題辦公室」所報數字，「全區『文革』中有名有姓有地址的死亡人數有89,700人，其中，兩派武鬥死亡3,700人，逼死7千人，其餘79,000多人是有組織、有計劃、有領導地打死和槍殺的。」此外，「全區失蹤2萬餘人，無名無姓的死者3萬多人。」（頁676）《思想者》2008年第1期署名曉明的文章《不應遺忘的歷史——論「文革」中的廣西大屠殺》：「在1983年至1985年的『文革處遺』中，據官方的統計資

組頒佈，內容包括停止武鬥，無條件地恢復柳州鐵路局全線的交通運輸，無條件地交回搶去的援越物資，無條件地交回搶去的解放軍武器裝備，一切外地人員和倒流的上山下鄉青年應立即返回本地區、本單位，對於確有證據的殺人放火、破壞交通運輸、衝擊監獄、盜竊國家機密、私設電臺等現行反革命分子，必須依法懲辦等。佈告在執行中，被當地用於剿滅一派群眾組織。

料，全廣西87個縣、市、柳州鐵路局被非法殺害（包括被迫害至死者）共計89810人（民間估計應超過十萬）」。「處遺」（即處理文革遺留問題）的政策精神，包括對打死人問題及對殺人兇手的處理，「宜粗不宜細，宜寬不宜嚴，宜少不宜多」。甚至有領導人說處理此種問題要做到「水不能乾，石頭不能現」（頁100）。據該文，「處遺」中判處死刑者僅10人，「受難者家屬無法接受，社會輿論也普遍不滿」（頁101）。

關於1966年8–9月發生在京郊大興縣的血案、涉及中央29個部和24個省的「冀東叛徒特務反黨集團」案、中共上海地下黨案、雲南「趙健民特務案」、「內人黨」案以及浙江省「清理階級隊伍」中被審查、關押、致死、致傷、致殘的幹部群眾人數，陳東林、杜蒲主編的《中華人民共和國實錄：內亂與抗爭──「文化大革命」的十年》（長春：吉林人民出版社，1994）一書均提供了統計數字，無不駭目驚心。

《天地翻覆》一書認為，「綜合各方面情況估計，在文革中，被集體屠殺的總數不低於30萬人。」（頁685）可備一說。尚有境外學者的統計數字。《文革機密檔案──廣西報告》一書宋永毅序《〈文革機密檔案──廣西報告〉和「文革」研究的新課題》，據美國學者蘇揚對中國近三千份縣誌中數據的統計，文革中的大屠殺現象主要發生在農村，受害者主要是「黑五類及其子女」。蘇認為最保守的估計也有75–150萬人死於集體殺戮（頁14）。你能相信這種有組織的暴行竟然發生在執政黨尚掌控政權的國家嗎？

圖們、祝東力《康生與「內人黨」冤案》一書引1980年11月2日《中華人民共和國最高人民檢察院特別檢察廳起訴書》：「在康生、謝富治的唆使下，內蒙古自治區因『內人黨』等冤案，有三十四萬六千多名幹部、群眾遭到誣陷、迫害，一萬六千二百二十二人被迫害致死。」卜偉華《文化大革命的動亂與浩劫》採用了同一統計數字（見該書頁651）。較為晚出的《天地翻

覆》提供了三種説法(參看該書頁624–625)，説：「學界認為第三
種看法比較接近實際，即致死兩三萬，致殘12萬，關押50萬。」
(頁625)旅日華裔學者楊海英《殖民地統治與大量虐殺——中國民
族問題研究的新視野》一文(刊臺北聯經《思想》集刊第23輯)的説
法是，文革中內蒙古自治區約有34萬人被捕，27900人遭到殺害，
12萬人致殘。「當時的蒙古人人口約140萬，平均每個家庭至少有
一人被囚禁，每50人中有一人被殺害。對於女性的強姦等性侵犯在
各地橫行。」(頁65–66)[21]

　　軍隊幹部甚至黨和國家領導層不乏縱於誅殺者。圖們、祝東力
《康生與「內人黨」冤案》一書引自治區錫林郭勒軍分區司令員的
話：「把錫盟56萬人全打死，在全國也是一小撮！」(頁214)

　　文革中尚有「運動中的運動」，如1968年啟動的「清隊」(即
「清理階級隊伍」)，1970年發起的「一打三反」(即打擊反革命破
壞活動、反對貪污盜竊、投機倒把、鋪張浪費)，1967–1972年間的
「清查五一六」(即「清查『五一六』反革命陰謀集團」)，傷害與
致死人數無不驚人。

　　王年一《大動亂的年代》説「清隊」中「『清』錯了數以百
萬計的人」(頁299)。[22]關於「一打三反」，該書的説法是，1970
年2月到11月，共挖出「叛徒」、「特務」、「反革命分子」184萬
多名，抓捕28.48萬多名，殺人數以千計(頁337)。楊繼繩《天地翻
覆》並存異説，除王年一上述説法外，還提供了其他幾種説法(參
看該書頁632)。[23]

21　吳迪《「內人黨」大血案的始末與真相》一文則有對內蒙古自治區各盟下屬公
　　社「挖出」、「打成」(國民黨、「內人黨」、「『內人黨』變種組織」)、打
　　死、逼死的逐項統計(《文革大屠殺》頁89–95)。

22　該書引當年北大軍、工宣隊《關於清理和改造階級敵人的情況報告》，其中有
　　北大「清隊戰果」的各項統計(頁330–331)。不包括死亡人數。

23　關於「一打三反」中多地被揪鬥、定性判刑、冤殺、非正常死亡、冤假錯案的
　　數據，參看該書頁635–638。

　　吳德口述《十年風雨紀事》第四章《北京市抓「五一六」的情況》，說，北京市清查「五一六」「涉及五萬多人，觸動的有一萬四千人，下邊報上來的重點人是七百多人，辦留宿學習班，全市最多時有三千人」（頁72）。包括高校「五大領袖」在內的群眾組織頭頭，清查的重點人物共46人（頁76）。據李遜《上海文革運動史稿》，上海「清理階級隊伍」、「一打三反」、「清查五一六」三場運動中，「受到各種迫害的人數，佔整個文革中遭到迫害人數的80%以上」（頁1208）。卜偉華《文化大革命的動亂與浩劫》：1968至1969年「清理階級隊伍」期間，「據最保守的估計，全國總共清理出的所謂階級敵人在二百萬以上」（頁672）。同書尚有如下數據：1968年上海的「清隊」中，列為重大案件的965起，集團性案件731起，被立案審查的達169,405人，有5,449人被迫害致死（頁677）。上海、北京「清隊」、「抓叛徒」中受衝擊（包括隔離審查、拘捕、迫害致死甚至毒打致死）的人數，參看同書頁677、677–678。同書還提供了遼寧（頁678）、山東（頁679）、吉林（頁679）、浙江（頁679–680）、江蘇（頁680–681）、雲南（頁681）、山西（頁681）、新疆生產建設兵團（頁681–682）、安徽（頁682）的相關情況及數據。發生在雲南的迫害、暴力與死亡，參看史雲、李丹慧《難以繼續的「繼續革命」》頁310–311）。[24]趙瑜《犧牲者——太行文革之戰》引1969年8月1日晉東南地區革命委員會《關於全

24　關於北京、安徽、上海、江蘇、浙江、廣東、廣西、甘肅、陝西、甘肅、山東、黑龍江省、吉林、遼寧、江西、雲南等地與「清隊」有關的情況與數據，尚可參看《天地翻覆》頁599–608。廣西、雲南、內蒙古自治區的有關數據，見同書頁619、620、624–625。關於「清隊」致死的人數，麥克法夸爾、沈邁克《毛澤東最後的革命》據「一份非常權威的社會學研究，根據文革後1500多個縣所出版的縣誌中獲得的信息……估計大約有3600萬人遭到迫害」，「被殺害的人數在75萬到150萬之間」——僅限於農村地區（中譯本，頁270。所據「非常權威的社會學研究」，應即蘇揚的相關研究）。個別省市與「一打三反」有關的數據（「政治案件」、「經濟案件」、「反革命集團案」、「非正常死亡」等），見該書頁312。「一打三反」運動與周恩來的關係，參看同書頁308–309。該書所載若干省「清隊」致死人數，本書《札記之四·「非正常死亡」》已引。

區鬥、批、改運動進展情況的報告》，該區「清隊」期間「共挖
出叛徒1041名，特務1435名，死不改悔的走資派795名，沒有改造
好的地、富、反、壞、右及現行反革命分子11224名，計挖出暗藏
的階級敵人14495名；全區總計應定案的新舊對象共計21395名」
（下冊，頁195）。據該書，晉東南陵川縣「清隊」中死亡至少139
人，被打致殘138人，被遊鬥毆打者4800人，受牽連遭迫害者8643
人（同上，頁175）。對該縣死者，該書列有長達5頁的名單，一一注
明死因（頁180–185）。另據該書，晉東南地區「清隊」、「一打三
反」、「清查五一六」期間，僅自殺者即近千人（同上，頁185）。
該書亦以長達5頁的篇幅，一一列出晉城縣自殺者的名單與自殺方
式（頁189–194）。文革後各地的「處遺」是否本應如此，以體現對
於受害、被難者起碼的尊重？

　　陳徒手《尼克松訪華接待工作幕後瑣記》（刊《南方週末》
2015年1月22日D25版）一文，錄有北京「清隊」、「一打三反」
的相關數字。該篇引北京市革委會《關於清理階級隊伍情況的報
告》，至1968年11月13日，全市已揪出各類階級敵人80100人，其
中叛徒3927人，特務4761人，死不改悔的走資派3207人，現行反革
命分子9993人，新挖出的五類分子14435人，沒有改造好的五類分
子27566人，其他壞分子14320人。翌年2月20日上報中央稱，全市
已揪出9.9萬人；已定案的1.5萬人中，定為敵我矛盾的，佔54%。1970
年「一打三反」，全市又挖出各類反革命分子、壞分子5002人。

　　尚有其他統計數字。卜偉華《文化大革命的動亂與浩劫》有發
生在「清隊」期間廣西多地在地方當局（包括廣西革籌、廣西軍區）
的縱容下亂殺人、甚至「成批殺害」一派群眾組織成員的數字統計
（參看該書頁721–724）。僅靈山縣被「亂殺死」的人數達2600多人
（頁721）；賓陽縣被打死或迫害致死3,883人（頁722），可與上文所
引數據互參。[25]另據印紅標《文化大革命期間的青年思潮》，江西

25　麥克法夸爾、沈邁克《毛澤東最後的革命》的説法是，「清隊」期間廣西賓陽
　　縣10天裏3681人被草草處決，集體掩埋（中譯本，頁265、267）。與《文革機密

1968年「清理階級隊伍」的「三查」（查叛徒、查特務、查現行反革命），「僅瑞金就有300多人被殺，興國270餘人被殺（見該書第五章註5）。

　　1970年3月27日中共中央發出《關於清查「五·一六」反革命陰謀集團的通知》。《通知》要求警惕清查中「擴大化的傾向」。擴大化仍無可避免。據王年一《大動亂的年代》，「清查五一六」遭到打擊的幹部、群眾「數以百萬計」（頁273）。[26]麥克法夸爾、沈邁克《毛澤東最後的革命》「根據中共中央紀律檢查委員會一名幹部的說法，這一調查的對象涉及了全國範圍的一千萬人」（中譯本，頁231）。

　　關於清查「五一六」中涉及的人數，言人人殊。受害者人數也說法不一。王廣宇《「五一六」反革命案發生的真相》一文說，「在大抓『五一六』分子的運動中，有幾百萬人、甚至上千萬人受到殘酷迫害（有不少人自殺或被整死了）和株連，這是『文革』中波及範圍最廣、經歷時間最長、涉及人數最多的一個大冤案，也是一個最後不了了之的大冤案。迄今許多被打成『五一六分子』受到迫害的人仍憤憤不平。」（《問史求信集》頁144–145）《王力反思錄》說，中紀委某人告訴他，全國整了一千萬「五一六」分子（頁380。中紀委某人，或即《毛澤東最後的革命》所說中紀委一名幹部，儘管「涉及」與「整了……分子」有所不同）；同書另一處說全國整了三百萬人（頁386）。胡鞍鋼認為「清查五一六」「可能涉及到上百萬人」（《毛澤東與文革》頁266）。楊繼繩的說法是，「受到清查的人以千萬計，整死人以10萬計」（《天地翻覆》頁552。未說明數字來源）。該書還說，學部被打成「五一六分子」的「佔總人數的一半以上」，「近十人死於非命」（頁577）。未知是否準確。[27]

　　檔案——廣西報告》中的殺人數字一致。

26　關於「清查五一六」及擴大化，參看同書頁337–338。

27　外交部、糧食部、南京電子管廠的有關數據，參看同書頁596、573、581。

　　《王力反思錄》稱周恩來説，五一六成立時，不過三十多人，積極活動的只有十多人。壞人只有個把人。時間又很短，不過兩三個月，不要小題大做。後來全國搞了一千萬人，抓了三百五十萬人，成為文革中整人最多的冤案（頁1022–1023）。未説明周説上述話的時間、場合，所引是否周的原話，周的原話的起止。吳德口述《十年風雨紀事》説周恩來指示，清查「五一六」，按延安肅反時的九條方針和「一個不殺，大部不抓」的原則辦（頁78）。《何方自述》卻直言周恩來在「清查五一六」中所負責任，説該運動是在得到毛、林的號召和批准後，「由周恩來親自發動和親自領導進行的」，尤其周直接領導的外交部（頁355–357）；在查清並不存在該反革命組織後，周「既不做檢討，又不加澄清」（頁339）；甚至懷疑周「是進行打擊報復」（頁358）。何的口述涉及了有關的幕後活動（參看頁355）。何方注意到，對於這樣一場影響廣泛、受害人眾多的運動，中共十一屆三中全會通過的《關於建國以來黨的若干歷史問題的決議》隻字未提（同書，頁354）。

　　此後尚有一系列「運動中的運動」，暴力行為的發生率已大大下降——與其説因當局有效地掌控，不如説出於普遍的「革命疲勞」（參看本書上編第八章）。

　　十年時間裏放任、縱容一些人大規模地迫害、侮辱、踐踏、毀滅另一些人，跡近瘋狂。似乎不曾考量如何承擔其後果：不止政治的，更有道德的，社會關係、普遍倫理的，「世道人心」的。在此意義上，文革確可歸入20世紀兩次世界大戰外最暴力的事件，亦最嚴重的「人道主義危機」。

　　上述數據外，另有其他與生命損失有關的統計數字。

　　1974年廣州街頭署名「李一哲」的大字報，説「僅廣東省一

關於江蘇省的有關數據，見同書581。據同書，1968至1973年湖北作為「五一六」、「北決揚」被審查的共33,659人，另有資料説整了60萬人（頁478）。

省被殺害的革命群眾、幹部就近四萬人，被關、管、鬥的革命幹部、群眾上百萬人」（《「文化大革命」上書集》頁235）。據黃碩忠《習仲勳平反彭湃冤案》（《百年潮》2013年第4期），廣東省海豐縣反彭湃事件，致死160多人，傷3,000多人。楊健《文化大革命中的地下文學》說，1968年年底雲南全面展開「劃線」運動，「據1975年的統計數字，受到各種刑訊、逼供、審查、監禁的達30萬人，其中37,000餘人死於非命」（頁55）。當年在瀋陽市公安局工作的劉麗英，說該局「先後有813名幹警被揪鬥，其中有434人被關進專政班，13人被逼自殺或折磨致死，53人傷殘」；其他尚有受各種處分者的數字（《往事回首》頁122）。據楊繼繩《天地翻覆》，潘復生1968年在黑龍江省搞「反右傾、反復舊、反復辟」，該省被揪鬥的大隊以上的幹部29,091人，株連達5萬多人（頁464）。

據不完全統計，文革期間「清華大學被立案審查的達到1228人，被定為敵我矛盾的78人，加上清查『五一六』、『反復辟回潮』和『清查反革命』，運動中受到衝擊批判的2000多人，全校受到立案審查和衝擊批判的，佔教職工總數的一半以上」（陳東林主編《1966–1976年中國國民經濟概況》頁286）。

麥克法夸爾、沈邁克《毛澤東最後的革命》一書尚有關於1976年「天安門事件」後抓捕、隔離審查人數的諸項數字（中譯本，頁432–433）。

另有經濟建設中因「不惜代價地片面追求政治目標」造成的不應有的傷亡。據《1966–1976年中國國民經濟概況》，「成昆鐵路的修建，全長1,100多公里的鐵路沿線犧牲的烈士共有2,100多人。」1970年7月1日，「當掛着毛主席像的彩車通過孫水河3號隧道時，所有的在場施工人員和家屬都哭成一片。」山西陽（平關）安（康）鐵路全長358公里，「修建中就有1,512人受重傷，384人犧牲，平均每公里犧牲1人以上」（頁372）。《天地翻覆》一書也談到了成昆鐵路修建的不計代價，尤其人的生命的代價。該書的說

法是，全長1100多公里的鐵路沿線，有一千多處施工者的墳頭(頁1073)。

　　較之人員傷亡，財產損失的統計更粗疏。卜偉華《文化大革命的動亂與浩劫》有1967年11月至1968年7月陝西省銀行、營業所、國家倉庫被搶、物資被燒、民房被毀等項統計數字(頁712)。據何蜀《文革重慶大武鬥實錄》，1967年7、8、9三個月，重慶由於武鬥中大批職工外逃，工廠停產，工業總產值僅完成2.4億元，相當於3月份的75%。8月，省革籌調查組關於重慶武鬥損失情況的調查是，該市165個大中企業因武鬥停產或半停產的達157個，其中完全停產的達109個，因停產減少產值3億餘元，廠房和大量物資遭破壞，直接損失達1億元。當年全市工農業總產值為25.65億元，較1966年的31.96億元下降19%(頁347-348)。

　　關於截止到1967年8月19日，各地搶奪及收回武器的數量，卜偉華《文化大革命的動亂與浩劫》一書有「據不完全統計」的數字，涉及的種類有步槍、衝鋒槍、手槍、輕機槍、重機槍、高射機槍、六〇炮、迫擊炮、火箭筒、無後坐力炮、子彈、彈藥、雷管、手榴彈、噴火器、高射機槍子彈、發射藥等。軍工廠生產的新產品和群眾組織自製的武器彈藥尚未統計在內(頁591)。楊繼繩《天地翻覆》提供的數據是，「據不完全統計」，被群眾組織搶奪的各種槍1,877,216(枝，挺)，收回2,131,036(枝，挺)；被搶奪的各種火炮10,266門，收回14,828門；被搶奪的各種槍彈44,217萬發，收回槍彈34,004萬發；被搶奪各種炮彈390,642發，收回294,259發；被搶奪手榴彈2,719,545枚，收回2,734,381枚(頁454)。該書說，「收回的數字大於搶去的數字，是因為搶的數字中沒有統計從軍工廠中流出的武器。」(同上)

　　李遜《上海文革運動史稿》第二十二章有關於上海武鬥「嚴重後果」的材料，包括傷殘，工廠的經濟損失，以及「無法統計的」「人們精神上的創傷」，「人與人之間難以彌合的裂痕」

（頁904）。我關心的，也更是上述「無法統計的」方面。「民貴君輕」，乃古代中國的「人本」思想。「廐焚。子退朝，曰：『傷人乎？』不問馬。」（《論語·鄉黨》）在借用「傳統文化」修補社會破損之時，為政者有必要補課，重溫古聖先賢的有關遺訓。

瞞報、數字造假，乃頑症痼疾。1970年雲南通海縣地震，1975年遼寧海城縣地震，同年河南駐馬店板橋水庫垮壩，均蓄意隱瞞災情。通海地震，板橋水庫垮壩，竟至三十年後實情才為人們知悉。據史雲、李丹慧《難以繼續的「繼續革命」》，雲南通海地震，死亡15,621人，傷殘32,431人；板橋水庫垮壩，1,015萬人受災，超過2.6萬人死難（頁648–650）。對後一項數字不妨存疑。[28]

民眾對於官方統計的不信任，由長期的經驗中來。這種文化似乎也有「傳統淵源」。載入史書的數字往往不宜坐實，或更適於藉以想像其規模。孟子質疑牧野之戰「流血漂杵」（《孟子·盡心下》）——則不但數字、即規模也不便當真。統計學服務於政治的需要。人們慣見所謂的「據不完全統計」、「據保守的估計」。文革去今不遠，何以不能有較為「完全」的統計？一個有效地掌控着政權的黨，本不難有準確、可以據信的統計。數據的可信性，不止於「對歷史負責」，還因其作為基本判斷的重要依據。致人大量死於非命的運動，其正義性如何確認？導致「國民經濟」嚴重受損的事件，其正當性如何認定？藉口「實質真實」（即「政治正確」），將整段歷史模糊化，不但侵蝕着執政黨的公信力，且敗壞了整個社會的誠信——得失究竟該如何計量？

漢娜·阿倫特《極權主義的起源》一書一再引用材料，試圖釐清蘇聯「大清洗」中死難者的人數。她在該書的註釋中說，「納粹政府對它所造成的犧牲者統計數字相當精確，而在俄國制度下，成百萬被害的人數統計卻不可靠。」（中譯本，頁524註1）這是一種

28　對於涉及人的生命的「指標化管理」極其荒謬。不「達標」不追責，無疑鼓勵了事故的瞞報，也助長了無視人的生命的一貫態度。

諷刺性的對比。而她所引用材料的推算方法，與近年來民間人士對1950–60年代之交大饑荒中死難人數的推算相似，使用的也是「失去人口」這一説法。[29]

　　本書前言已談到了被文革辯護者用作口實的「幹部、知識分子/底層民眾」。由曾彥修《平生六記》所記其本人「四清」期間參與為「底層民眾」辯誣洗冤的十例，不難推想冤案之多。另有王學泰、馬雲龍監獄紀事中那些犯了「惡攻」罪的底層民眾，鄭世平所寫捲入暴力的貧苦礦工，以及文革中聲索其權利的臨時工、合同工、外包工等。趙瑜《犧牲者》一書慘死於1968年長治大爆炸而有姓名可查者，絕大多數為產業工人及其家屬（見該書中冊，頁155–156）。死於虐殺的一派群眾組織被俘人員，工人外，尚有諸多農民即「社員」、農村基層幹部（見同書頁274–277）。尚有大量未知姓名的死者無從統計。這段歷史最應當被記憶的，不正是這些沉默的底層受難者？

　　有正是由人數的方面的辯護。那隱蔽的邏輯是，只要不公不義不涉及「大多數」，即在「合理」的範圍，不值得深究。尤其當受害者是知識分子——我不解這是出於何種心態！事實是，較之知識分子，蒙冤受壓的「底層民眾」，其命運以至生死更被漠視。幹部、知識分子尚可待平反昭雪、恢復名譽，底層民眾因「無名」，甚至未見得能列入統計數字，不但文革辯護者將其犧牲作為達成他們所聲稱的「終極正義」的必要代價，即文革考察者也往往忽略，使其難以進入歷史記憶。「底層民眾」的訴求，文革後以「群體事件」的形式繼續表達，也繼續在體制辯護者的視野之外。

　　對於文革及其他政治運動，量化分析是必要的，縱然對數據的可靠性存疑。也確有不能體現於數據以至無可計量者，尤其人文

29　對大饑荒中的死亡數字，據説有專家據1953、1964、1982年僅有的三次人口普查資料，參考其他數據進行推算。

層面。這裏有統計學的局限性。1700萬上山下鄉的中學生學業的荒廢；雖不曾關入「牛棚」、卻歲月磋跎、業務荒疏的大批知識分子及其他專業人士。上述損失無從計量。有人寫死於1966年文革狂潮的北京大學教師吳興華，説：「更悲哀的是，我們還不曾知道，我們所失去的，是什麼。」（吳劍文《〈吳興華全集〉讀後》，《中華讀書報》2017年4月26日第10版）生命的毀滅尚不顧惜，何況人才的浪費！未能一展長才的優秀人才，無以數計。這筆不能體現於統計數字的賬目，緣何清償？在這種意義上，數據對於一段歷史，確也只有有限的解釋力。

見到過一本題為「數字中國」的小冊子。這個「中國」遠非普通百姓所能看懂。上文羅列的相互參錯的數字，或許給了文革辯護者以口實。甚至使他們如對1950–60年之交的大饑荒那樣，乾脆將餓死人指為虛構。留下一筆糊塗賬，任不同的數字相互質疑、抵銷，因不可信、不盡可信而使「真相」永遠不能「復原」，某段污穢血腥的歷史抹消到似不存在，無以數計的受難者消失得毫無痕跡，是否正是一部分目的？更好的情況，是與記憶力一起閹割了想像力，使生者不再能感受死者曾經的苦痛。

何方《黨史筆記》一書説：「毛澤東對肅反中的冤假錯案從來都不大在乎，對屈死的幹群以至某些領導人和著名英才也少有憐惜之意。」一方面軍在他的主持下打「AB團」，錯殺了九分之一的人，「他卻輕鬆地説，『我們殺了四千五百人，但我們保存了四萬紅軍』」（頁418）。這種説法是否很耳熟？

1957年毛在莫斯科共產黨和工人黨代表會議上的如下講話曾語驚四座：打原子戰爭，「極而言之，死掉一半人，還有一半人，帝國主義打平了，全世界社會主義化了，再過多少年，又會有二十七億」（《在莫斯科共產黨和工人黨代表會議上的講話》，《建國以來毛澤東文稿》第六冊，頁636）。1958年9月《在第十五次最高國務會議上的講話》有類似表述，「死了一半人也沒有什麼

可怕」（《建國以來毛澤東文稿》第七冊，頁390）。雖屬「極而言之」，卻的確是我們的偉大領袖特有的豪語。

　　還記得文革期間讀魯迅《犧牲謨》（《華蓋集》）所感受的震撼。其實辯護文革者，對統計數字並無興趣。他們也如心儀的政治家一樣奢侈，將政治視為可以揮霍億萬人生命的豪舉。所有生命的代價，均可用「探索社會主義發展道路的必要代價」輕鬆帶過。

　　我們需要王友琴《文革受難者》那樣的著作，逐人調查、記錄；需要安妮·阿普爾鮑姆(Anne E.Applebaum)《古拉格：一部歷史》那樣的著作，將受難者的受難記錄在案；需要有俄國人那樣的耐心與堅韌，將130多萬受難者的名字及相關信息刻在光盤上，於石做的紀念碑外，更有紙上的、光盤上的紀念碑。[30]愛爾蘭19世紀曾因細菌擴散遭受導致眾多人死亡的大饑荒。至今都柏林街頭可見大型紀念性雕塑，羅斯康芒郡有大饑荒博物館，另有其他有關的紀念性設施。中國則不但需要「文革博物館」，還應當有「大饑荒紀念館」、「歷次政治運動受難者紀念館」，與「汶川地震紀念館」一樣，為民族存記憶。我們需要以色列亞德瓦西姆大屠殺世界研究中心、美國大屠殺紀念館、倫敦維納圖書館那樣的機構，對南京大屠殺、五六十年代之交的大饑荒、歷次政治運動無辜受難者的名字、身份不懈地搜尋、核實。「紙墨更壽於金石」。如有些人所願，我們正在錯失從事這項工程的最佳時機。

　　大饑荒的死難者更是一些卑微低賤到了泥土裏的生命。甚至至今還有人為餓死的是三千萬還是一千萬爭論不休，似乎一千萬即不足道，不值一提。這種冷血的邏輯令人耳不忍聞。日本小說家村上春樹的作品《刺殺騎士團長》關於南京大屠殺，借人物之口說：「一說中國人死難者的數字是40萬，一說是10萬，40萬和10萬的差別到底在哪裏呢？」我們談論自己的同胞，竟不能有這樣的情懷與見識！

30　我們也有知識人憑一己之力搭建的紙上的墓碑，如楊繼繩出版於境外的《墓碑——中國六〇年代大饑荒紀實》（香港：天地圖書有限公司，2008）。

南京大屠殺紀念館或受華裔設計師林瓔設計的美國越戰陣亡將士紀念碑、德國柏林的歐洲猶太人大屠殺紀念碑的啟發，將已知死難者的姓名刻在牆上，儘管相關調查着手稍遲，仍包含了觀念上的進步：那是一個個人、一條條生命。難道文革死難者不應、不配得到這樣的紀念？

上述數字，尤其與受害者有關的數字，已不再能使人感到體溫。文學的價值，也在將其還原為具體可感的肉身的苦痛與毀滅。有時你需要將「冷冰冰的」數字還原為一個個人，一個個血肉之軀。這種能力，回望歷史時不可或缺。文革後艱難重建的──更準確地說，非「重建」乃「新建」──就有對於個體生命的珍視，對他人(作為個體)的生命的珍視。艱難的程度，是其他文化傳統中人難以想像的。使對個體生命的珍視深入人心，體現於社會倫理，尚須時日，當今的多數中國人至少有了這樣一種覺悟，即不認為任何一個人的生命理應被作為供奉祭壇的犧牲，無論祭壇之設基於何種主義、用了怎樣的名義。

北島寫於1973年、1979年刊出的詩作《回答》，有如下詩句，「看吧，在那鍍金的天空中，飄滿了死者彎曲的倒影」。那些「彎曲的倒影」是否仍偶爾成為你的噩夢？

文革人物尋蹤

有必要尋訪文革中曾由不同方面引起過關注、或多或少影響於運動進程的人物的下落。

《南方週末》2015年11月19日B9版發表署名文章《文革後退隱的黨內老人群體消逝》。涉及文革期間在中央或北京市工作的汪東興、陳錫聯、吳德、紀登奎等。

進入文革史的人物，如南京大學校長匡亞明，北京大學黨委第一書記、校長陸平，黨委副書記彭佩雲，北京市委大學科學工作部副部長宋碩，北京大學工作組組長張承先，清華大學工作組的

葉林，文革中一度任北京市委第一書記的李雪峰，上海市委第二
書記陳丕顯、書記處書記曹荻秋，武漢軍區司令員陳再道，青海省
軍區司令員劉賢權，文革中較早開槍鎮壓群眾組織的青海省軍區副
司令員趙永夫，死於文革結束前夕的教育部長周榮鑫，1975年因上
書而被打成「右傾翻案急先鋒」的清華大學黨委第一副書記劉冰。
此外，湖北的曾思玉、劉豐，新疆的王恩茂，四川的李井泉等地方
諸侯或軍隊高官，也是當年引起過關注的人物。前互聯網時代，跨
地區的關注，亦應屬「文革現象」。即使發生在較為偏遠地區的事
件，也有可能在其他地方激起強烈反響。

　　值得追蹤的，當然有文革中響應毛的號召，較早「站出來」
支持造反派的軍、地領導幹部。如山西的劉格平、張日清，貴州
的李再含，黑龍江省的潘復生、汪家道，山東的王效禹、四川的
劉結挺、張西庭，河南的劉建勳。其他文革中進入「三結合」各
級領導班子的幹部文革後的命運，均值得追蹤。關於上述人物在
文革初期、文革結束前，卜偉華《文化大革命的動亂與浩劫》一
書有記述（參看該書頁383–386、779、780、784、789）。關於王效
禹、劉結挺、張西庭、潘復生、李再含、劉格平在中共九大前後，
參看史雲、李丹慧《難以繼續的「繼續革命」》頁38–39。據楊繼
繩《天地翻覆》，上述人物中，劉格平、王效禹、潘復生、李再
含中共九大後即「遭到整肅」（頁459）。劉建勳1978年10月被免職
（頁1021）。該書第二九章簡述河南省文革過程，文革後「揭、批、
查」情況及劉建勳的命運（頁1020–1023）。劉格平在文革中，趙瑜
自印書《犧牲者——太行文革之戰》有較多敘述。關於劉格平、張
日清文革中從巔峰到低谷，參看該書下冊頁162。甘肅省委第一書
記、省革委會主任冼恒漢文革後被撤銷黨內外一切職務。天津市
委第一書記、革委會主任解學恭文革後被撤銷一切職務，1987年
開除黨籍。尚有文革中曾被高層點名或定性的官員，即如1967年2
月被周恩來當眾斥為「奪黨中央的財政大權」的財政部副部長杜

向光(參看麥克法夸爾、沈邁克《毛澤東最後的革命》中譯本,頁171–172)。據説杜生前未予平反。1968年10月中共八屆十二中全會上,拒絕投票將劉少奇「永遠開除出黨,撤銷其黨內外一切職務」的陳少敏,後續的故事或已有敘述。

毛1969年6月在南方視察時説過:「聽説河南地專縣一級的第一把手,有百分之五十的人都出來主持工作,這個經驗很好,全國不大多。」(逄先知、金沖及主編《毛澤東傳》第六卷,頁2528)。1975年10月至1976年1月毛又説:「文化大革命初,河南給地委、縣委書記打了招呼,要正確對待,結果百分之八十的縣委書記沒有被打倒。」(《毛主席重要指示》,《建國以來毛澤東文稿》第十三冊,頁490。有關背景,參看逄先知、金沖及主編《毛澤東傳》第六卷,頁2727)1975年11月13日,毛《關於打招呼問題的批語》提到:「過去只有河南同80%的縣委書記打了招呼,所以沒有受衝擊。」(《建國以來毛澤東文稿》第十三冊,頁495)一説再説。據我所知,中央表態後河南局勢較周邊省份(如河北、山西)穩定,未發生全省性的大規模武鬥,亦無較大規模的軍民衝突。奪權是較為平穩地進行的。派仗雖在某些單位繼續,全省性的派仗較早結束,支付的社會成份相對較低。

1975年四屆人大前提拔進入中央機構工作的幹部,金祖敏、謝靜宜、孫健、姚連蔚、李素文、莊則棟等的命運,已見諸有關記述或個人回憶;其他如萬桂紅、張世忠、祝家耀、魏秉奎、張維民、周宏寶等(上述名單參看史雲、李丹慧《難以繼續的「繼續革命」》頁396–397),其蹤跡或已有考察。所有這些人物,均為文革史、文革後史的一部分,不宜放過。一度躋身高層、文革後全身而退者,非止陳永貴、吳桂賢(陳、吳文革後辭去國務院副總理職務)。至於曾任人大常委會副委員長的姚連蔚文革後改學中醫,副總理孫健進入商海,吳桂賢任職原企業、後為某合資公司董事長兼總經理,另一人大常委會副委員長李素文擔任某公司的副總經理

(顧保孜等《中南海人物春秋》，刊《山西農民報》)，或可歸入轉型成功的例子。

中央文革小組辦事人員的下落，國務院文化組成員的下落，也有追蹤的必要。收入《民間書信》一書的李英儒1975年的信函，一再提到《歐陽海之歌》作者、一度任職中央文革小組文藝組的金敬邁。當時李與金由秦城監獄釋放，到河南許昌某農場勞動。其中的一封説到金「學識豐，記憶特好，真是個好材料，也是個挨鬥的材料」(頁339)。

趙瑜的長篇報告文學《犧牲者——太行文革之戰》，較為詳細地記述了陳永貴、李順達在晉東南地區的文革中。前於此書，趙寫過關於李順達的專題報告《但悲不見九州同》。[31] 捲入文革的李順達是「犧牲者」，與其對立而一度進入權力中心文革後又由高處滑落的陳永貴，又何嘗不是「犧牲者」。有性質、情境互異的「犧牲」。估量文革的代價而計入種種「犧牲」，才是對歷史、對人負責的態度。

陳永貴、李順達、吳桂賢、李素文外，王進喜、時傳祥、尉鳳英、孟泰、郝建秀等著名勞模的文革經歷，無不有考察的價值。因文革而大起大落的，尚有山西工人、曾任山西省革委會常委的解悦(參看《戚本禹回憶錄》頁374)。

文革後對被認為犯有錯誤的領導幹部的處理，多為免職、撤職。較之大多雖職務不保、尚能安度晚年的領導幹部，群眾組織領袖就沒有那樣幸運。

王洪文1992年病死於秦城監獄。京城高校的「五大領袖」，除譚厚蘭外，各判處有期徒刑(參看本書下編《札記之三》)。炙手可熱的上海工人領袖，如「工總司」的謝鵬飛、葉昌明、岑麒麟、潘

31　威廉·韓丁的《深翻》，不止一處寫到李順達在文革中(參看該書頁530、608-609)。

國平、陳阿大、王秀珍、黃金海，上海激進工人組織領袖耿金章等，文革結束後的處境與命運，李遜《上海文革運動史稿》一書提供了相關資料。據該書，1970年因「胡守鈞反革命小集團」案被關押的大中學校造反派人物文革後平反，工人造反派領袖多人被判刑。載浮載沉，幾抓幾放。有些人物經歷的，堪稱「戲夢人生」。[32]

　　印紅標《失蹤者的足跡——文化大革命期間的青年思潮》關於該書涉及的人物的蹤跡，大多有考察。北京高校「五大領袖」外，如山東的韓金海，新疆的胡良才，河南的唐歧山，湖北的夏邦銀，湖南的唐忠富、葉衛東(原名葉冬初)，江西的涂烈，廣東的劉繼發，浙江的翁松鶴，江蘇的華林森。各地群眾組織領袖的下落，尚有待繼續尋訪。如北京的張世忠，安徽的郭宏傑，吉林的許肇昌，黑龍江省的陳造反，遼寧的魏秉奎，湖北的朱鴻霞，四川的江海雲，浙江的方劍文，湖南的胡勇，浙江的華銀鳳，河北的申茂功等等。上述諸人外，有較大影響的群眾組織領袖，尚有北大的孫蓬一、牛輝林、樊立勤，北京商學院的程鎮華，北京鋼鐵學院的張建旗，中國科學院哲學社會科學部的吳傳啟、林聿時、周景芳、洪濤、楊遠等，北京工人造反派的劉錫昌、魯文閣，外交部的姚登山，參與北京市武鬥的洪振海、王景瑞，被指為非法組織的「紅色勞動者造反總團」(「全紅總」)頭頭王振海，河南二七公社的黨言川等，無不值得尋蹤。魯禮安《仰天長嘯——一個單監十一年的紅衛兵獄中籲天錄》附錄三、四，提供了該書所涉及的部分人物的下落。姜弘在其為該書所作序中說，「那些曾經為武漢人所熟悉所關注的活躍人物，那些造反派頭頭，不是悲慘的死去，就是淪落到了底層」。關於姚登山，其時任職外交部的何方的講述可備一說(參看《何方自述》頁335、393、403)。

　　《王大賓回憶錄》寫到曾為北京地質學院群眾組織領袖的朱成

32　威廉·韓丁曾寫到山西長治技工出身的敢死隊司令楊某的發跡簡史(參看《深翻》中譯本頁603–604)。

昭與其女友葉向真(葉劍英之女)同案不同命,筆下滿是悲情(參看該書頁114–115)。聶元梓、王大賓的「文革後傳」,見之於他們的回憶錄。王出獄後轉向經濟活動。由回憶錄看,其人能量仍在;所寫來自周邊的同情,包含有對文革後清算的反應。

　　楊曦光文革後出版有《牛鬼蛇神錄》。其本人的經歷,該書《後記》有簡明的敘述。楊病故後,我在大陸較為開放的官方媒體上,讀到了悼念文章——當然,悼念的是經濟學家楊小凱,對楊曾經的另一種身份不便提及。考慮到楊出國後的政治態度,這種悼念已屬難得。

　　王學泰《監獄瑣記》有關於發起成立「五一六紅色兵團」引發「清查五一六」運動的北京鋼鐵學院學生張建旗的較詳記述。張在獄中服刑的情況,王得之於親見,可備掌故(見該書頁182–189)。該書提到關於張,傳聞異辭(頁184、185)。可見文革人物待考者尚多。由該書附錄六《讀者陳建新推薦有關張建旗下落的文章》,可知張出獄後的故事。網絡不但方便了司法機構「追逃」,也方便了查找某些文革「失蹤者」的蹤跡。

　　群眾組織領袖外,文革中引起過關注的,尚有被目為「保守派」、挑戰過中央文革小組的北京航空學院賴銳銳,北京林學院李洪山等。

　　文革期間曾被表彰的知青模範人物,除犧牲的金訓華、張勇外,內蒙古生產建設兵團為撲滅山火死難的69人,在醫療衛生、農業生產與科技、鄉村教育方面被認為做出貢獻的孫立哲、嚴洪華、薛喜梅、辛溫、耿景洪等人,以及吳獻忠、柴春澤、朱克家等人,潘鳴嘯《失落的一代——中國的上山下鄉運動》一書有敘述(見該書中譯本,頁22)。知青中的知名人物,尚有劉繼業、林虹、高崇輝,以及因私人通信而被作為「階級鬥爭新動向」的知青人物劉寧、黃一丁。上述人物的下落,偶爾見諸報端,是否有待進一步搜索?

　　有故事的,另有文革前即廣為人知的知青典範邢燕子、董加

耕、侯雋等。毛1975年10月有《對邢燕子、朱克家等十二名知識青年代表來信的批語》（《建國以來毛澤東文稿》第十三冊，頁481）。曾在雲南西雙版納插隊的上海知青朱克家，文革中一度躥紅，文革後開除黨籍、撤銷黨內外一切職務，下放勞動。繞了一個圈子，回到原點。

　　講述文革，「風雲人物」的說法有顯然的貶義。至於「反潮流」的提法，非文革中始有。1958年1月《工作方法六十條（草案）》就有「要有反潮流的大無畏的精神」（《建國以來毛澤東文稿》第七冊，頁57）。「反潮流」在文革中，是時尚的姿態；所「反」在高層可控的範圍內，甚至在高層的操控中，被作為「運動」的推力。對張鐵生，當時即稱之為「反潮流的英雄」。

　　當年被以「反潮流」表彰的黃帥，1979年參加高考，「作為不再施行『株連』政策的典型被北京工業大學計算機科學系錄取」；張鐵生1983年被錦州市中級人民法院判處十五年徒刑，1991年10月16日獲釋後經商（參看史雲、李丹慧《難以繼續的「繼續革命」》頁76、頁75註91）。其他曾獲表彰的，尚有「反對『走後門』」的風潮中因退學回鄉而名噪一時的鍾志民，以及白啟嫻，趙兵等。

　　因被高層人物「識拔」而改變了人生軌跡的小人物，提供了考察政治與人性，政治中的人性，政治與人的命運的材料。尤其那種上天入地的「拋物線」人生。這裏有小人物不能掌控自己命運的悲喜劇，令人在回望時不能不懷了悲憫。關於李慶霖，黃志雄著有《知青家長李慶霖》。一個被遺落在時間中的小人物，被作者不懈地追蹤，寫出了一部60萬言的大書，證明了諸多文革人物、當代史人物持續考察的可能性。

　　大風暴中的小人物，另有陳里寧的例子。陳為某部國家幹部，文革前有反劉少奇言行，經公安部核實為精神病患者送精神病院醫治。文革開始後被革命小將「發掘」出來，附會為魯迅筆下狂人式

的革命英雄。此舉得到中央文革小組的讚許。陳的故事被紅衛兵編
為話劇演出(參看楊健《文化大革命中的地下文學》頁33及相關註
釋)。受此事件啟發，其他地方也發掘出了當地的陳里寧。如上海
復旦大學(參看徐振保編《復旦大學大字報選》頁41)。此後劇情翻
轉，陳被逮捕，文革後再次被認定為精神病人。文革鼓勵製造戲劇
性事件，追求爆炸性效果。陳不過為此提供了劇情而已。[33]

　　由上文看，應予追蹤的不惟「下落」，更有「後事」，即相
關人物文革後的人生。文革人物的後傳，也屬文革史的一部分。一
些年來，確有人在尋訪上述人物，其生存狀況被媒體披露。對於瞭
解一個人與一個時代，上述人物各有考察的價值，其浮沉無不映現
1966年至今的政治、社會變遷。打撈相關的歷史碎片，清理個案，
是一項值得致力的大工程。曾經的知名人士固有「失蹤者」，因於
人的善忘、有意遺忘；更多的，是默默無聞的「捲入」者、受害
者。那自然是一個極其龐大的群體。倘無大規模的社會調研，他們
的人生故事或再也沒有機會浮出水面。文革最荒誕的，即有「人的
命運」這一主題。可惜這一主題往往被史學所關注的事件史淹沒。

　　曾有媒體報道走不出文革的人物，與文革後的世界格格不入。
這或許不宜讀作寓言。的確可以在「後文革時期」看到不同程度地
留在文革中的人，只不過不一定那麼極端而已。文革這樣的非常時
期，人會有驚人的蛻變，扮演正常歲月夢想不到的角色。有的人當
着退潮之後回復了本來面目，譬如此前不過南柯一夢；也有的被永
遠地改變，你總能由其言行辨認出他文革中的角色。文革在這種意
義上，也沒有真的過去。

33　關於陳案，麥克法夸爾、沈邁克《毛澤東最後的革命》有記述。參看該書中譯
　　本頁154–155。

結語：材料與方法

運動檔案——日記、書信——回憶錄——口述史、訪談錄——
文革史、地方文獻與個案考察——關於文革的非正式出版
物，自印書及網刊、網文——文學藝術之於歷史記憶——影
像、實物文革——略談方法

運動檔案

　　1987年9月5日第六屆全國人民代表大會常務委員會通過的《中
華人民共和國檔案法》第四章第十九條：「國家檔案館保管的檔
案，一般應當自形成之日起滿三十年向社會開放。經濟、科學、技
術、文化等類檔案向社會開放的期限，可以少於三十年，涉及國家
安全或者重大利益以及其他到期不宜開放的檔案向社會開放的期
限，可以多於三十年，具體期限由國家檔案行政管理部門制訂，報
國務院批准施行。」當然，對上述規定的解釋權屬於「國家檔案行
政管理部門」以至最高當局，即如何為「涉及國家安全或者重大利
益以及其他到期不宜開放的檔案」。檔案法的具體實施關係政治文
明；開放與否與一社會的文明程度有關。

　　2000年由廣西師範大學出版社出版的《郭小川全集》，《外
編》收入郭的「運動檔案」（檢討、認罪材料，批判會記錄等），或
鼓勵了其他「運動檔案」的面世。任《全集》執行編輯的郭的女兒
郭曉惠，在《檢討書——詩人郭小川在政治運動中的另類文字》一
書《前言》中說，「在如何處理這些『檢討書』的問題上，我們
是有過躊躇的。公開披露，似乎有損於父親在人們心中已有的形
象」；幸而有「可是」，文革史研究者應當感激的「可是」。《全
集》尤被稱許的，是編輯者的「歷史態度」，「處理有關材料的坦

率和勇氣」。洪子誠以為，「對這一點的高度評價，無論如何都
不過分」（《歷史承擔的意義》，參見郭曉惠等編《檢討書——詩
人郭小川在政治運動中的另類文字》附錄二，頁366）。[1]秦暉以為
《全集》不但是「中國出版史上」、也有可能是「巨變以前的社會
主義陣營中同類型的書中」的「第一部」——不但在其作為「嚴格
而完整意義上的全集」的意義上（《一個人與一個時代》，同上，
頁397）。對於《郭小川全集》的高度肯定，表達的無疑是開放有關
當代史研究空間的籲求。

　　郭集的出版，有示範作用。2002年北嶽文藝出版社版《沈從
文全集》，選編了沈的部分檢查、交代，及批判會記錄（見全集卷
二七、二二）。2004年武漢出版社版《聶紺弩全集》第十卷，即聶
的《運動檔案》。2012年有三聯書店版的《徐鑄成自述：運動檔案
彙編》。同年北京大學出版社出版的《顧頡剛自傳》，收入了顧
寫於1968年的部分交代材料，即《在解放後的大事記》，「保持原
貌，沒有做任何改動」（頁173）。「保持原貌」，不做改動，史料
也者，本應如此。較為常見的情況是，出於可以理解的考量，對原
文作「技術性處理」，諸如對涉及的人物姑隱其名，刪節部分字句
等。這種做法無助於存史，存真相，倒有可能刺激了索隱的興趣。

　　人民文學出版社2016年版《馮雪峰全集》，我寫本書上編第七
章相關部分時未能讀到。該書第八、第九卷即「運動檔案」。只是
編者將文革期間的外調材料與馮向本單位（人民文學出版社）所寫檢
查、交代統稱「外調材料」，而將馮1950年代的幾篇檢查、交代題
作「運動材料」。收入兩卷的馮寫給本單位「文化革命委員會」等
機構的檢查交代，如《我的反動修正主義文藝思想的重新認識》、
《我計劃擬寫〈太平天國〉的經過和我的檢查》、《交代我對於許
覺民同舊「人文」反革命修正主義黑線形成和發展的關係的一點看

1　洪氏該文談到《全集》「提供了若干值得重視的材料」，而「史實、材料的
　　被封閉和壟斷，導致當代文學研究在許多問題上仍是曖昧不明」（同上，頁
　　365）。

法》、《交代我在1957年做了周揚等人的幫兇（包括一條註釋問題）
的經過》、《交代54年〈紅樓夢研究〉批判中同我有關及我所知道
的幾件事的經過》、《有關胡風及胡風分子侵入舊人文的幾點材
料》、《我的簡歷(27年至49年)》、《自傳》、《有關舊「人文」
初期反革命修正主義出版路線形成的一些材料》、《簡歷表》、
《初步交代我在舊人民文學出版社招降納叛的罪行》、《交代我在
舊人民文學出版社推行反革命修正主義路線的罪行》、《我編輯大
叛徒瞿秋白的大毒草〈瞿秋白文集〉的罪行》、《我在54年〈紅樓
夢研究〉批判中所犯的罪行》、《關於人民文學出版社成立初期的
情況》等。此外收入第九卷的，尚有一篇《交代計劃》，其中有的
已經「交代」，有的尚未「交代」。應外調人員要求而寫的交代材
料，亦應屬「運動檔案」。外調材料的史料價值因人而異。收入馮
集的相關材料涉及黨史、文化史重要人物、事件，價值自不待言。

　　廖沫沙《甕中雜俎》（中國社會科學出版社，1994）、邵燕祥
《人生敗筆——一個滅頂者的掙扎實錄》（河南人民出版社，1997）
均錄有應歸入「運動檔案」的文字。「人生敗筆」，題目足夠精
彩。經歷過那段歷史的知識人，人生難免於「敗筆」。諱言「敗
筆」，亦人情之常；坦然寫出，也就愈加可貴。[2]收入廖、邵兩書
的「運動檔案」，《趙丹自述》中趙的獄中「報告」均係選錄；後
者尚有出於種種考量的刪節。[3]

　　杜高檔案的完整，在時間跨度之長：由1955年「肅反」，直至
1969年摘掉「右派」帽子獲釋，中經「反右」、勞動改造。時間跨
度更長的，則是2013年由香港新世紀出版及傳媒有限公司出版的李

2　李慎之之子編輯的《向黨認罪實錄——李慎之的私人卷宗》的《編後說明》，
　　說該書的結集出版，受邵的《人生敗筆——一個滅頂者的掙扎實錄》的影響。
　　其父生前即表達了將其檢查、交代編集成書公諸世人的願望。

3　黃宗英《沒有銷毀、也銷毀不了的——寫在趙丹獄中「報告」之前》一文說，
　　收入《趙丹自述》的，是「兩大捆材料中極少的幾份」，「選摘」的是「至今
　　也彷彿傷不着誰的部分」；即使如此，選摘時「也依然害怕犯忌」（《趙丹自
　　述》頁90、91）。

慎之《向黨認罪實錄——李慎之的私人卷宗》。該書收入的李的檢
查，由1957年到1990年。在官方檔案開放無期的情況下，個人「運
動檔案」的公之於眾，為關於「政治運動」的考察提供了極具價值
的「原始材料」，出版界於此，功莫大焉。尤應一再致謝、致敬
的，或更是檔主的家人。無論檔主生前身後，貢獻相關材料，都需
要極大的勇氣。

　　「運動檔案」本應屬更嚴格意義上的「史料」。只是如本書
上編第七章已經說過的，文集中的「運動檔案」，僅限於文革後發
還本人的部分。由此，使用「運動檔案」一名須加限定。較為完整
「運動檔案」，應包括本人無緣得見的由「組織」掌握的部分。出
版於2004年的《一紙蒼涼——〈杜高檔案〉原始文本》（北京：中
國文聯出版社），強調了檔案的「原始」性：文革後由某機構流出
到舊貨市場(北京潘家園)，是原原本本的「檔案」。這批檔案的出
版，使人得以窺見「人事檔案」的本來樣貌，可以作為檔案制度研
究的材料，並為與「政治運動」有關的考察提供參考，即如一個人
或一些人，是經由何種具體程序被定性、定案的。這種關係一個人
的命運的材料，此前(以及此後)是秘不示人的。難得的，是檔主杜
高同意原文照發：不但其中「自污」的部分，且涉案者間的相互揭
發，甚至涉及隱私(男女關係)，無疑是生命史上的黑色一頁。沒有
相對寬鬆的環境，倖存者「對歷史負責」的態度與胸懷，做到這一
點，極難。

　　即使由各級檔案館保管的與政治運動有關的大量檔案尚未開
放，人事檔案有限度的開放——包括文革後將「運動檔案」發還本
人或其親屬——仍然是開明之舉，值得稱道。[4]杜高檔案外，經家
人、後人同意，郭小川、沈從文、聶紺弩、徐鑄成的運動檔案於其
身後出版，均可稱難能。這類「原始文本」不但是政治運動的文

4　收有聶紺弩《運動檔案》的《聶紺弩全集》第十卷，《編者弁言》：「這些材料
　　是作者錯劃『右派』問題得到改正後，人民文學出版社清理檔案時發還的。」

獻，且提供了官方主導的某種書寫形式的樣本，亦可作為文體、修辭研究的材料。

劉海軍出版於2005年的《束星北檔案：一個天才物理學家的命運》(作家出版社)、署名寓真的《聶紺弩刑事檔案》(香港：明報出版社，2009)，各收入了官方檔案(司法檔案、人事檔案)，卻非相關人物的「檔案彙編」；穿插有著者的敘述、評點、議論。《束星北檔案》一書未說明著者1993年緣何得見一個被嚴密監視了二十幾年的科學家較為完整的檔案。你不難想到還有多少類似的檔案被塵封或被「處理」，永無機會呈現在光天化日之下；無以數計的人的命運被這類「檔案」註定，他們以至他們的後人卻無從看到那隻扼住了他們脖子、捶折了他們腰背的手。由這一點看，無論《檔案》的作者還是束星北本人，都是幸運的。應當承認，《束星北檔案》、《聶紺弩刑事檔案》，材料來源之豐富與敘述之節制，較合於我的個人口味。兩書不取渲染過甚(尤其悲情)，留有餘地，也就留出了思考與想像的空間。

2002年香港高文出版社出版的《王申酉文集》，收入了王的獄中供述。此外，聶元梓、徐景賢、王大賓等的回憶錄，也收入了與其本人有關的部分司法文件。

楊奎松《忍不住的「關懷」：1949年前後的書生與政治(增訂版)》(廣西師範大學出版社，2013)、《「邊緣人」紀事——幾個「問題」小人物的悲劇故事》(廣東人民出版社，2016)對檔案材料的運用堪稱範例。《忍不住的「關懷」》引用了有關人物的「檢查」、「交代」。較之於該書，經由對單位人事檔案及相關部門原始檔案的勾稽、爬梳，還原「邊緣人物」的人生故事，或有更大的難度。著者在《「邊緣人」紀事》一書的《前言》中說：透過所選人物的生平、故事、案例，「今人可以很直觀地體察到當年中國底層社會多側面的豐富的人性表現，可以從最貼近的距離觀察到那個動盪時代的社會人生百態。」(頁2)該書敘述、分析的諸案例，因不取極端，有相當的普遍性。

　　陳徒手則利用了密級不高的官方檔案。陳由人物入手，以官方檔案為基本材料；其對檔案材料的發掘、運用，幾可稱獨步。陳在《故國人民有所思：1949年後知識分子思想改造側影》（三聯書店，2013）一書的《後記》中說，自己是「完全貼着材料寫的」，努力使該書「保持和呈現嚴謹、真實的『史料性風格』」（頁239）。「貼着材料寫」，既是自覺的書寫策略，亦其著述的價值所在。即如使用的材料有再次使用的可能。當然，不是哪個人都能得到如陳徒手那樣的機會。檔案館至今仍然是神秘的所在，即使你偶爾有幸進入，得到的一點材料也未見得獲准使用。由此也證明了開放相關檔案對於當代史研究的重要性。據說有文化機構焚毀文革中作家的「交待材料」。「原始文獻」一旦燼棄，有關的史實就無從復原。[5]

　　有一種說法：周恩來曾為了迎合（或安撫）江青，批准銷毀北京圖書館與江有關的報刊資料，並通知北圖注銷登記號（參看《戚本禹回憶錄》頁691）。因此對官方控制的歷史檔案的開放不必過於期待。當局雖不能操控解釋權，卻擁有處置歷史資料的權力。即使有一天檔案依法解密，你或也難以知曉事先經了何種「處理」。關於文革，不妨相信有大量未揭之密與未解之謎；某些幽黯的部分，有可能永遠不會被照亮。

　　我自己寫作本書，無緣接觸某些官方檔案，更無論密檔，因而無從「揭秘」。對坊間涉及內幕的出版物，也極少涉獵。也如關於明清之際考察的不以宮廷、帝王為中心，關於文革，關注點也不在高層、權力中樞。但相信檔案對於文革研究不可替代的價值，因此對史學工作者的相關考察懷了敬佩與感激。

　　寫作本書上編第一章《關於「四大」》一節，賴有譚放、趙

5　至於文革後的檢查交代，黃志雄《知青家長李慶霖》（中共中央黨校出版社，2015）所錄李的相關文字可為樣本（參看該書頁428–431、436、437、438–440）。《朱光潛全集》（安徽教育出版社，1993）第九卷最後一篇，是刊載於1949年11月27日《人民日報》的《自我檢討》。或為朱所寫第一篇此類文字。

無眠選輯《文革大字報精選》(香港：明鏡出版社，1996)。這方面的「運動檔案」，尚有作為金光耀、金大陸主編的《上海「文革」史研究資料彙編》之一種、徐振保編《復旦大學大字報選》(非公開出版物)。此外，如王明賢、嚴善錞著《新中國美術圖史1966–1976》，大量摘引了美術界的批判文章、大字報。至於大型數據庫中的相關材料，本書作者未能利用。

日記、書信

　　也如「運動檔案」，未經事後潤色、刪改的日記，被認為是寫在「現場」的材料，於此不同於回憶錄等。「現場」的說法似乎被濫用了。寫在當時並非即寫在「歷史現場」。寫在當年的日記、書信，也不便徑直認為「真相」。包括日記、書信在內的個人材料有助於接近「真相」卻是無疑的。可以相信，日記、書信有可能保存較多的歷史信息——所記所寫，所用語彙、句式。而語彙、句式等等，或許是「歷史信息」中最不可複製的部分。

　　也如從事明清之際士大夫研究，我在材料方面，得之於正史、野史、筆記者少而得之於文集者多；寫作本書，借助於已有的當代史、文革史，我個人勾稽、整理的材料，也更在文集類出版物中。包括上文寫到的「運動檔案」，也包括收入文集或另行出版的日記、書信等。即如本書徵引較多的吳宓日記、顧頡剛日記；再如沈從文家書、徐曉所編《民間書信》。吳宓、顧頡剛、梁漱溟、夏鼐、譚其驤、顧準、陳白塵、郭小川等人的日記、書信，亦個人檔案，且有可能是其檔案中特具史料價值的部分。以郭小川為例，其人的「思想彙報」、「檢查交代」是寫給特定方審閱的，日記則(應當是)寫給自己的——應付搜檢的特殊情境下除外，更有可能令人想見其人。

　　當然，日記的史料價值有因人之異，受限於日記主人所處位置，與大環境、重大事件的關係，知、見的範圍，表達能力，也受

限於即使「私密」的記述仍難免的選擇性。[6]縱然如此，較之回憶錄，（未經修飾、刪節、改寫的）日記，仍然使人更有可能「觸摸」到歷史生活。讀吳宓1964–1973年間的日記，讀顧頡剛1964–1980年間的日記，都使我嗅到了我曾經熟悉的那段歷史特有的氣味，即使我和吳、顧所處位置、所歷過程極其不同。

寫給別人看——或用了吳宓的說法，可供別人「檢閱」——的日記，古代就有。如明代中葉以降以省過、互規為目的的修身日記。1965年毛號召「向雷鋒同志學習」，推廣了類似修身日記的《雷鋒日記》，使賦有「思想改造」功能的日記成為流行樣式。被作為範式的此種日記，更像是一種公共寫作，有其功用，其期待的讀者。即使如此，「個人性內容」仍然可能在上述日記中，只是需要審慎地識別罷了。

收入《郭小川全集》第十卷的日記，近於備忘錄，卻也偶爾寫到與妻「鬧彆扭」。文革期間的日記，記各種講活、指示，記「學習」、應付外調、勞動，以及病痛，仍有溢出。1968年2月7日，記該日是自己入黨三十周年，「心中激動得很」（頁340）！關於「運動」中他人狀況，也偶一涉筆。如1967年11月23日，記「劉白羽狼狽萬狀」（頁332）。稀有地寫到心情。如1968年11月10日，記其妻離家返校，「不知什麼原故，今天頗有惜別之感，滴了幾滴淚」，或因兩個人都在被審查中（頁344）。

陳白塵非迂夫子，在監管中隨時保持着警覺。據其女兒為其

6　我在拙著《想像與敘述》中談到以日記為材料所涉及的工作倫理：「你仍然不便過於信任日記這種據說『私密』的文體。日記從來是記所欲記，不足以據此判斷『真相』、『實況』，只不過為瞭解『真相』、『實況』提供了線索而已。任何一種文體（即使如日記這樣的理應更『個人化』的文體）都有其規範。當然，有所不寫未必只是格於規範，還有其他種種可能。在利用日記這種材料時，較之作者寫了什麼，你不妨更關心不寫什麼，尤其刻意不寫的是什麼。這當然很費猜詳，且不易達成『判斷』、『結論』。」「中國的士大夫如祁彪佳，記日記的當時就難免會想到日後可能的刊刻行世，不可能無所戒備。在書信、日記久已作為著述之一體之後，任一文人當下筆之時，都不可能不預想到這一點。」（頁72，人民文學出版社，2009）

《牛棚日記》（三聯書店，1995）所寫《後記》，牛棚中的陳，是在「夜深人靜」之時，「偷偷地」「用着只有他自己能夠看懂的符號以及各種各樣的『縮寫』」作記錄，待1973年養病期間「將其『翻譯』成文且整理成篇」（頁231）。倘以「原件」出版而加註釋，或更能令人感知其時的語境的吧。由《後記》可知，印行的《日記》係「摘抄」，內容僅為原文的十分之一，「凡是文中有關議論他人他事之處均刪之」（頁232），不免可惜。即使如此，出版中仍有周折。未知是否會有一天能如陳所願「全文發表」、不刪改一字。[7]

　　顧準文革期間的日記，[8]即使在私人書寫不受保護的幹校環境中，也非作為「思想彙報」；其中有日常生活的記錄，也有關於經濟問題、國際形勢問題的思考分析。書寫時必有顧忌，有所不寫、不能寫，所寫的卻未見得「違心」。日記中顧準對時事的即時反應，並非總有異於常人，甚至隨處可見流行說法，對「形勢」的樂觀估計——未必不是他當時的真實想法。

　　文革後收入《顧準文集》的《從理想主義到經驗主義》（《顧準文集》，貴州人民出版社，1994），乃顧氏由幹校返回北京後，1973年至1974年與其弟陳敏之的通訊集。不同於幹校時期，因有獨自生活的空間，且外部環境已相對寬鬆，兄弟間的討論，「直抒胸臆，無所遮攔，無所避忌」（《顧準文集》陳敏之序，頁8）。該通訊集非通常所謂「家書」，更是思想筆記，其深度確非尋常家書可比。

　　也如顧準的幹校日記，張光年出版於2004年的《向陽日記——詩人幹校蒙難紀實》（上海遠東出版社，2004），幾無「私密性」可言。作為審查對象在審查者的眼皮底下記日記，先已準備了接受審

7　由本人生前整理，或家人、門弟子出於人事方面的考量，涉及相關人物不用其名，或確有必要。陳的《牛棚日記》為國內問世較早的「文革日記」，涉及人物，使用代碼(H、R、M、G、Y)或×××，有人對此不以為然。事實是使用這種方式，有可能「欲蓋彌彰」，刺激了索隱的興趣。

8　我所讀已出版的顧準日記（《顧準日記》，經濟日報出版社，1997），僅限於1969年10月到1971年9月，以及1972年10月至1974年10月間所寫。

查無疑。非但如此，幹校式的集體生活本無私人空間。縱然不立意
寫「思想改造日記」，也難免會預設了類似功能，在日記中寫入種
種表態性的內容。即使如此，標準化、規格化的表述間仍有縫隙。
即如在聽到由其作為詞作者的《黃河大合唱》改編的鋼琴協奏曲
《黃河》時。日記還記有面對誣陷時的爆發。[9]

　　夏鼐因其學者兼學術官員(學部考古所所長)的身份，經了他人
整理、篩選的日記(《夏鼐日記》，華東師範大學出版社，2011)，
文革前(1964–1966)的部分，近於「工作日誌」。略記家事，幾不
涉情感生活。關涉政治、意識形態，往往不予置評；偶有議論，亦
不出官方觀點。不臧否人物；涉及人事，不表達個人好惡。因非原
貌，上述種種，無法斷定是否其個人的書寫習慣。文革期間的日
記，記述更節制，幾無情緒流露。對於吳晗、侯外廬等人的被批
判，對於陳夢家之死，全無議論，似漠不相關。倘原文如此，是久
而成習，還是刻自斂抑？其間是否也有專業工作的銷磨？日記被一
再查抄後，記於另冊，內容更簡。1969年9月後，批鬥會的臺上另
換了一撥人，工、軍宣隊與被「揪出」的「五一六分子」，夏的心
情仍隱在極簡的文字後，絕無流露。倘非經整理者刪削，或也是一
種修養，尤其黨員、幹部。文革部分的「補記」，因寫於事後(未
注明寫作時間)，筆調已有不同，證明了夏氏本不乏幽默感。

　　1963年3月夏氏胃病住院，曾作《斷腸詞》。「斷腸者，外科
手術切斷肚腸也」(《夏鼐日記》卷六，頁326)。當月25日，記給
探病的同事看該詞，「談興頗烈」，說當天自己「始終興高采烈，
一反往常沉默寡言之故態」(同書，頁327–328)。次日仍亢奮。27
日即記其妻怪其「說話太多」(頁329)。該頁注，「編者按：作者
於3月6日突發胃穿孔，及時成功地施行手術，使困擾多年的病痛得
以徹底解除。由於興奮過度，以至一度精神失控，經轉至安定醫

9　　張光年《向陽日記·引言》，自說該日記係由其本人選錄，有刪節，但「選錄
　　的都是當年日記的原文」(頁1)。

院治療，十餘日後恢復，其間日記思維與語言混亂，故從略。」夏氏「思維與語言混亂」期間(即3月28日至4月12日)的日記令人好奇，即如是何種「混亂」；經精神病院(安定醫院)治療，是否「恢復」到了「沉默寡言之故態」？4月13日及其後的日記，冷靜簡約如常。由此可以想見夏氏的自控能力。

面世的《夏鼐日記》，其人青年時代的文字相當感性，甚至像出自「文學青年」，並不避個人情感的流露。曾因畢業論文「常夾雜報章雜誌通俗文章的油腔」，而被指導論文的蔣廷黻批評(見夏氏1934年6月13日日記，《夏鼐日記》卷一，頁244)。據說夏鼐日記整理出版時，刪去了一些日常生活方面的內容，殊為可惜。如物價之類，本是社會史的材料。由瑣屑日常，也應更能見夏氏其人的吧。[10]

據葛劍雄為《譚其驤日記》(文匯出版社，1998)所寫《前言》，該日記係「選錄」。葛說尊重其先師的「遺願」，「選錄時做了兩方面的處理：一是屬個人隱私的家庭瑣事，如夫妻關係、子女的婚嫁生育、親戚來往等事。……一是隱去了一些人名，凡是『文革』期間批鬥先生和他人的，或在當時做了一些錯事的，一般都用□□號代替姓名。」(頁4)這或許確是譚的「遺願」，仍令人不無遺憾。這當然是我的一點私心，與「處理」得當與否無關。未知譚其驤日記的原貌，就整理後刊印的部分看，譚也如夏鼐，有足夠的謹慎，不如顧頡剛的好議論時政。即使1971年的「林彪事件」，面世的日記也僅有「今日黨員聽非常事件報告」一句(10月25日，頁261)，是否有點奇怪？

不惟夏、譚，刊印的郭小川、顧準、張光年日記，書寫無不謹慎。諸人久在體制內，歷經「政治鬥爭」，自律、防範已近於本

10　《夏鼐日記》卷一《編輯凡例》：「日記的內容整理，原則上全部保持原貌，僅刪去回鄉閒居時期極個別的房族事務。偶有涉及他人不便之處，或隱去姓氏，或稍作節略。這種節略處，以『(……)』表示。」我對「原則上」一類說法不大放心。已有關於《夏鼐日記》整理的批評。

能。吳宓、顧頡剛則缺乏此種訓練，因此不能逆料文革中在軍、工宣隊的主持下，他們的同事能由其日記「鉤稽」、「爬梳」出何種纍纍「罪行」。

　　上文提到的葛劍雄所寫《前言》，談到了那種為了日後發表的日記。吳宓、顧頡剛當寫日記之時，對於「日後」的設想，不能確知；即使由他們本人親手發表，未見得保存原貌，或許是可以相信的。刊印於其人身後的日記，是否被日記主人生前改動，是否經整理者刪改、被編輯者作「技術處理」（這也是中國出版界特有的一項「業務」），你自然不能不關心。你希望你讀到的東西「原原本本」。當然原原本本的日記也仍然是鏡像，只不過「一次成像」未經剪切亦非「翻拍」而已。你希望你讀到的日記保留——至少適度保留——涉及私密的內容。較之流水賬簿式的事務性記述，私人生活的記錄或許蘊涵了更豐富的信息，關於該時代的社會生活，人的生存境遇等等。倘作為出版物的日記不能滿足你的期待，仍各有其價值。本書上編第六章寫到私人信件、日記在文革中。私人書寫不受保護非自文革始。要在這一背景下看文革後刊印的日記、書信，對於是否「原原本本」或不必苛責。有人說過新文學大家中，只有有數的幾位可以出版全集而不經修改，其中就有魯迅。出「文集」而非「全集」，或因有不能、不便刊入者。也有名為「全集」而仍有意刊落、修訂，更有文集、全集均經刪改者。1949年後修訂名人（尤其政治人物，或與政治有牽連的人物）文字，雖國家級大出版社也公然為之，亦一種特殊國情。於此對本人家人不得已的苦衷，不妨體諒。[11]

　　令人印象深刻的，是吳宓、顧頡剛、夏鼐這些「老知識分子」對日記的堅持，即使在一抄再抄的兇險環境中。夏鼐1966年8月日記被抄後，至1973年3月發還，其間仍在小本子上續記日記（《夏鼐

11　影印版（如新近出版的錢玄同、王伯祥日記）或更便於研究者利用，雖價值仍然　　有因人之異。

日記》卷七，頁247），可知積習之頑強。在夏鼐、顧頡剛這樣的歷史學者，作為支撐的，還應當有「存史」之一念的吧。[12]顧氏雖一度被作為「革命對象」，較之紅衛兵，仍然更處於旁觀的位置，且所「觀」不限於狹小範圍。至少在1968年的劇烈衝擊之前，顧氏日記內容豐富。他記錄傳聞，留心於子女帶回的各種「傳單」（應包括小報），力圖從中瞭解「形勢」、「運動」狀況，甚至錄大字報的內容，主流媒體刊載的大批判文章。[13]1967年11月30日的日記後，錄來源不明的「反革命陰謀集團簡表」、「『黑書』與『黑戲』簡目」、「劉少奇黑話」（同書，頁786–788）；12月31日的日記後，記該年「世界大事」，當年的經濟成就等。由日記看，顧輕信大字報、小報的無根之談，所作判斷、引申或不免出於錯會、誤解；對流行的「大批判」，則往往人云亦云（尤其對官方媒體）。以史家的修養，幾無辨析，一味附和；卻也因此，令人可考「時論」。

余英時在為臺灣聯經版《顧頡剛日記》所寫序言中認為，顧氏1949年以下的日記，「其真實性很不容易判斷。他的自我檢查在字裏行間開始發生作用，而且愈往後愈是如此」；還認為顧氏1954年入京進入「單位」後，「所記都經過嚴格選擇」（《未盡的才情——從〈日記〉看顧頡剛的內心世界》頁48，《顧頡剛日記》第一卷）。由我的意圖，余英時所說的「真實性」並不那麼重要；且「自我檢查」愈往後愈由衷，作為過程即值得考察。但「可能經過刪改，未必是原來的狀態」，確為使用這些材料帶來了不便。顧潮在《顧頡剛日記·前言》中也提到，顧氏以日記彙集史料，曾「將舊日記置於案頭」，「有可補充者即隨手寫入」（同書）。日記的整

12　《顧頡剛日記》，臺北：聯經出版事業股份有限公司，2007。顧頡剛係史家，有史料意識。所出席會議，與會者名單；所赴宴請，同席者名單；甚至所知學部歷史研究所所擬批判者的名單，無不記錄。

13　即如1967年4月30日，錄《人民日報》刊載的「工人作家」胡萬春揭批巴金的文字（《顧頡剛日記》第十卷，頁664）。

理如有可能對刪改增添加以標注，會使日記另有一種研究價值，即如可考顧氏不同時間對同一事的態度。

　　顧氏文革前後及文革期間的日記，涉及時事、政事，均「政治正確」，惟涉及人事(單位，家庭)，有「情緒化」的表述，可感其兼有謹慎與天真。1966年10月19日，記所聞自殺高發，接下來寫那些人之死「實不足惜」，更像是表態(《顧頡剛日記》第十卷，頁548)。由此等處推想顧氏當寫日記時，或考慮到特殊的「讀者」，有防範，預留了辯解的餘地。即使如此，仍將運動的「黑暗面」寫出，也應出於史家的職業習慣。[14]

　　顧氏1950年制訂規劃，將預期的學術成果分甲、乙、丙、丁四集(總題為「晚成堂全集」)，丙集就包括了年譜、日記，可知確以日記為著述之一種(《顧頡剛日記》第六卷，頁713)。經歷了1950–70年代，顧氏的規劃或有變動。1977年12月19日日記，記研究所某領導(按應指尹達)對自己二十餘年的「齮齕」，其他某幾位學者對自己的「詆毀」、「傾軋」，說其將此記於日記某處，「俾後人知其底細」(《顧頡剛日記》第十一卷，頁523)。據此可知其日記有意使「後人」得見，而非秘之篋中。

　　較之顧，吳宓因僻處西南，周邊少知名人士，又每記家常瑣屑，其日記或不為治史者看重。對於我，毋寧說吳的瑣碎、私人性，更有吸引力。吳宓1944年曾在信函中交代親友，說自己的日記、信札「到必要時，請均付之一炬」；非因內容關涉政治，而是「兒女、家庭、朋友私情等瑣事」，「不願其為俗人傳說」(《吳宓書信集》頁253，三聯書店，2011)。當時的吳宓，並不願開放其「私域」。文革中的吳宓對其身後日記的處置有何想法，不能確知。我們所知道的，是其在有能力處理時並未處理(即如「付之一炬」)。文革的動盪中，吳宓因日記而屢遭懲創，仍記之不輟。只

14　顧氏作為史家，有敘述個人歷史的自覺。其1950年的《我的自傳》，寫於文革中的生平「交代」，均有史料價值，倘能與日記對勘，想必有助於對顧氏的瞭解。

是1949年後政治運動頻發，書寫時難免有所防範，想必會影響到寫作狀態。

吳宓對其日記的處置，想法有因時的不同。1960年寫給李賦寧的信中，說自己的「詩稿、日記、讀書筆記若干冊，欲得一人而付託之，只望其謹慎秘密保存，不給人看，不令眾知，待過100年後，再取出給世人閱讀，作為史料及文學資料」，相信「其價值自在」（《吳宓書信集》頁379）。1964年寫給友人的信，說到自己「有多冊日記、筆記、詩稿，刊印無望，而托人亦恐捐棄毀損」（336）。前於此，1957年元月即有詩曰「遺稿已愁艱付託」；文革中仍有此「愁」，以至身後頗多葛藤。由書札可知，吳宓確以日記為著述之一種，有意傳之他人。只是不免所托匪人，且最終刊印時，未及經親自審定而已。[15]

顧頡剛、吳宓日記、書札的刊行，提供了研究知識人與時代、歷史的珍貴材料。無論是否經他們本人授權，也無論其人生前、日記出版前有無添改刪削，兩部日記都不失為留給當代中國的重要遺產。兩部日記及吳宓書信集的面世，賴有其後人的通達，與脫出個人利害對歷史負責的態度。尤其考慮到日記涉及子女的內容，更令人對參與整理的吳學昭女士、顧潮女士懷有敬意。[16]

日記因逐日記錄的文體要求，有可能使過程清晰呈現。這種包含了細節（無論豐富與否）的敘述，為任一文學作品所不能替代。我由顧氏日記獲取了大量材料，卻仍然在讀吳宓日記時更為動心。從事文革考察，最鬱悶的一段時間，即在讀吳宓日記中。明知與日

15　吳宓1968年應對批判者關於他的日記「欲在臺灣出版」的指控，曾在日記中辯解，有「日記本非為出版而撰寫」云云（《吳宓日記續編》第八冊，頁596，三聯書店，2006）。由顧、吳日記逐日記錄自己的身體狀況看，確是一種「私人書寫」。如若生前刊行，當有刪節無疑。

16　顧頡剛、吳宓的後人即使不能言「承學」，均在刊印遺編、整理其父日記、書信等方面作了大量工作。即如顧潮之於《顧頡剛日記》、《顧頡剛學記》、《顧頡剛全集》，顧洪之於《顧頡剛讀書筆記》，吳學昭之於《吳宓日記》、《吳宓書信集》等。

記的主人間橫亙着不可跨越的時間，吳的濫情與拙於應世，仍令我
徒然地對其牽掛不已，難以保有為「研究」所需要的距離。吳的書
信，尤其寫給極信任的友人及家人(妻、女)的信函，與日記互為補
充。即使如此也應當承認，讀吳宓而不由其舊體詩進入，是難得其
實的。僅以日記、書信為材料，難免避難就易之譏。

　　日記功能的設定，因人而異。即如備忘、便檢索；再如存資
料；另如自我省察，自我學術檢討。吳宓對其日記的功用，有縝密
的考慮(參看《吳宓日記》第二冊，頁2–5)。晚年的錢鍾書，說吳
宓日記「於日記文學足以自開生面，不特一代文獻之資而已」(轉
引自傅宏星《吳宓評傳》頁269)。儘管這實在是代價沉重的貢獻。

　　我所讀過的幾種當年大中學生的日記另有價值。由收入《王申
西文集》的《日記摘抄》，可以看出王思想逐漸成型，思考漸次成
熟，表述趨於嚴謹、理論化的過程。當年北大哲學系學生陳煥仁的
《紅衛兵日記》(香港：中文大學出版社，2006)，宋柏林《紅衛兵
興衰錄——清華附中老紅衛兵手記》(香港：德賽出版有限公司，
2006)，均保留了當時的言說與行文方式。考慮到大量的語詞、概
念術語已成化石，上述價值不可低估。你很可能早已忘記了當年
如何言說。張新蠶《紅色少女日記——一個女紅衛兵的心靈軌跡》
(中國社會科學出版社，2003)較之宋柏林日記，價值遠遜。日記
主人在《自序》中說，日記中部分內容「作了必要的刪除和添補」
(頁29)。孫維藩《清華文革親歷——孫維藩日記》(香港新世紀出
版社，2008)的特別之處，或更在書中由作者拍攝的照片。[17]

　　當年的中學教員徐幹生《復歸的素人：文字中的人生》(新星
出版社，2010)一書，收入作者奉命而寫、隨時被審查的日記。雖

17　日記的意義，或在較多地保留了當時的表達方式(即使有作者所承認的「整
　　理」與「潤色」)。陳煥仁的《紅衛兵日記》的某些部分，幾乎集文革語彙、
　　常用表達方式之大全。也正是上述日記讓你想到，未經反思的經歷是沒有價值
　　的。所謂的「史料」，非即賴於「原原本本」。不同於物質遺存，原件、原
　　稿，非即有價值。

議論力求政治正確，仍然記述了基本事實。作為復旦大學《上海「文革」史研究資料彙編》之一種、由金光耀整理的《葉昌明工作筆記》（按葉曾任上海「工總司」常委），即使較多事務性的記述，也有可能帶入了現場氛圍。羅德里克·麥克法夸爾（Roderick MacFarquhar）、沈邁克（Michael Schoenhals）《毛澤東最後的革命》一書引用了較多當事人、目擊者的日記。可以相信仍有大量的日記、書信尚待出土。

　　日記之外，如《吳宓書信集》、《沈從文家書》（江蘇教育出版社，2005）、《葉聖陶葉至善幹校家書(1969–1972)》（人民出版社，2007）等，提供了豐富、感性的材料。家書傳遞的，不止於親情，也有信息。即如沈從文之於所在鄉村，其妻張兆和之於幹校，其子沈虎雛之於自貢的工廠。葉氏父子也如是：葉聖陶關於京城，其子關於幹校。父子夫婦天各一方，通信可供作不同空間、地域的經驗比較。如沈虎雛1966年7月寫自貢猶如化外之地，「自由市場猖獗，看不到國營企業對蔬菜等小商品的主導作用」（《沈從文家書》頁409）。家人閒話中的沈從文尤為可愛，對世風的憂慮真切感人。[18]

　　徐曉主編的《民間書信》（安徽文藝出版社，2000），本書多處引用。該書信集也如回憶文字的結集，有較大的信息量，令人可見同一時期不同的生存狀態與精神面貌。《天涯》雜誌曾闢有「民間語文」一欄。想必尚有大量散落於民間而有史料價值的書信未及搜集整理。

回憶錄

　　聯合國教科文組織1992年啟動「世界記憶遺產工程」（Memory of the World，即MOW）的文獻保護項目，有「世界記憶遺產名錄」（Memory of the World Register）之設。中國的官方媒體則使用

18　收入《沈從文家書》諸札出版時有刪節，有的刪節出注，有的則用□□標示。

了「國家記憶」的名目。只是對何為「國家記憶」,缺乏明確的界定,方便了將特定史實排除在外。2014年設「國家公祭日」,所祭為日本侵華期間的死難同胞。1949年後政治運動中的死難者,20世紀天災人禍中的死難者,是否也應享有公眾的獻祭?倘仿照「世界記憶遺產名錄」而有「國家記憶遺產名錄」,入選的該有哪一些?

即使有操縱記憶的國家意志,民間記憶仍不可能依循官方尺度取捨刪改。

匈牙利學者雅諾什‧科爾奈(János Kornai)在其《社會主義體制——共產主義政治經濟學》的英文版序言中說:「今年我已經63歲了,我們這一代人是歷史的見證者,有義務把自己的親身經歷告訴後人。有人已經用回憶錄或歷史紀實的形式履行了他們的職責,但我仍然想以自己的方式來見證這段歷史:即進行專業分析。」(中譯本,頁8)[19]

李新說,「作為歷史工作者,我也知道回憶錄的歷史價值是有限的。」(《流逝的歲月:李新回憶錄》頁72,山西人民出版社,2008)仍然要寫出,必有不容已。本書的後記還要提到「親歷」。親歷並不註定是一種「優勢」。經驗或許恰恰成為遮蔽。我在拙著《想像與敘述》中說過,對於明清之際的甲申之變,記述者當日是否身在京城,其實並不那麼重要。在京城非即在「現場」。由諸種記述看,其時未及出逃的士人,藏匿惟恐不深,所知也得諸傳聞;所見固可能囿於一隅,所聞也不免會是一面之辭。也因此親歷者的記述,在歷史文獻的選擇中並不就理應具有優先性。(頁4)但如雅諾什‧科爾奈的意識到職責,的確有可能因了「親歷」。[20]

19　他還說:「當然,我知道現在寫這本書並不是一個『勇敢的行動』;但在今天談起研究社會主義體制時,至少要有這樣的勇氣:應該抱著科學客觀的態度,避免一味的攻擊謾罵;要告訴人們為什麼社會主義體制能夠在這麼長的時期內相對平穩運轉並不斷複製自身。」(同上)

20　閻長貴、王廣宇著《問史求信集》(紅旗出版社,2009)一書中閻長貴所撰《當代人應當修一部當代信史》(代前言),談到搶救文革史料的迫切性,說:「我們搞黨史的個別同志,不找(或只有選擇地找)親歷者、當事人談,不僅不組織

　　文革是一段至今仍待講述更有待反省的歷史。據說歷史正處在加速消失的年代。在我們所處的環境，這絕非「自然的」過程，更有人為的干預。你隨時可感權力之手在「記憶之場」操弄，強化、加固或淡化、甚至意圖刪除。親歷文革的世代，其集體記憶不但被官方抑制，難以避免網絡、社交媒體的覆蓋，更無從抗拒時間中的扭曲變形。當局刻意推動的遺忘與拒絕遺忘，是一場力量不對稱的較量，其結果需要時間才能估量。

　　「史料」也者，從來包括當代人、親歷者的回憶，記憶。回憶、記憶因被記錄而成「文獻」。明代「野史如鯽」，固然會混淆視聽，較之清代的言論控制，是否與「現代文明」的精神稍近？史料有待甄別。來源豐富的史料，提供了鑒定、甄選的條件。多聞闕疑，並存異說，亦中國史學傳統，治當代史不妨採用。同一事件不同敘事的對勘，當有助於趨近真相。

　　記憶材料的整理，不免在具體語境中，難以抵拒主流論述的誘導，況敘述之為建構、再建構。我們不是總能察覺那些左右我們梳理「歷史」的隱而不彰的支配力量。同時，記憶是一種能力。不同記憶的不等值，基於主體的思維能力，所能抵達的反思深度。記憶並非自然生成。它從來賴有啟發。回憶錄的價值更繫於回憶者的歷史認知以至道德人格。面對文革回憶錄，也如面對其他時段的類似文獻，有必要追問回憶錄的作者「如何記憶」、「記憶什麼」，將影響於、作用於記憶的內外因素一併作為分析材料。即使極貼近「現場」的追記也有無可避免的整理——依慣例、流行樣式、通行文類、共用修辭手段，等等。你並非總能知道（或幾乎不可能知道）你的記憶刪除、修訂了什麼，何以刪除、修訂。較之記起了什麼，避開了什麼或許同樣重要。有人借用顧頡剛「層累的」這一說法，說「層累地造成的記憶」。記憶固然在時間中銷磨，卻也在時間中

他們寫回憶錄，相反這樣或那樣地限制他們寫回憶錄，這實在是不明智的。」（頁7）

着色，暈染，刪節，塗改。即使如此，倘或多或少來自親知親聞甚至親見，用了時下流行的説法，仍有可能較官方檔案有溫度。

《莊》、禪有對文字的深刻懷疑（文字障、不落言筌），記憶仍要憑藉文字發聲。這也是人類受限於自己的生存條件與創造物的例子。《莊》、禪對文字的懷疑仍然是提醒，提醒對限度、邊界保持警覺。我不是在作為嚴格「史料」的意義上使用回憶文字的。我以為對記憶的選擇、加工、誤植、誤記，都無妨於其作為分析材料，問題在如何運用。如保羅・利科（Paul Ricoeur）所説，嘗試着能否將記憶「放回到與將來的期望和當下的現在的相互關係中去」，希望「用這個記憶能做點什麼」（《過去之謎：回憶—遺忘—寬恕》，保羅・利科等著《過去之謎》中譯本，頁21，山東大學出版社，2009）。[21]至於文革，正因那段歷史並不曾真的過去，有關的敘述與研究，通常更強調事件的「現實性」——甚至不限於與現在和將來的「關聯」。站在「今天」回顧、記憶，是重新賦予意義的過程。既然不可能全然「客觀」，隨時保持價值中立，甚至超脱利益，何不以積極的態度，使這種不可避免的限定更具有正面效應？在「今天」這個時間點上講述、談論文革，將「後果」納入了考量，提供了連結過去與現在、將來，昨天與今天、明天的線索。正是發生於其後的過程，使歷史的內在邏輯進一步顯現。對記憶的不斷重構，的確對考察構成了挑戰。所有這些發生在時間中的變化，都是當代史的構成部分，也是我們敘事語境的一部分。是否有可能將變化與重構一併納入分析與省思？正因不斷發生的變化與重構，更有必要由同一性、同質性中突圍，搶救記憶——當其尚未固化。

21　保羅・利科在該文中説：「面對他的題目，歷史學家作為有情感的個人和有責任感的公民有着他的期望、願望，他的擔憂、理想或者他的懷疑。毫無疑問，他與現在和將來的這種關聯會影響他對研究對象的選取，影響他的提問與假設，影響他對支持其解釋和闡釋的論據的主次安排。但是，他對現在和將來的態度不會被作為他的研究對象的一部分加以討論；檔案、文獻和痕跡才『佔有過去』。從這個意義上講，記憶——無論是個人的還是集體的——在文獻歷史的背後與現在和將來保持着有機的關聯。」（同書，頁28）

　　儘管受制於諸種條件，較之前此的政治運動，文革回憶錄之豐富仍前所未有。黨政軍高層人士的回憶錄、訪談錄，涉及黨史、軍史、國史。其中如汪東興、李德生、李雪峰、吳德、陳丕顯、劉志堅、廖漢生、楊成武、傅崇碧、陳錫聯、陳再道、谷牧、劉冰、穆欣等，是文革中重要事件的當事人。[22]寫回憶文字者，除毛身邊的工作人員，尚有林彪、江青、陳伯達的秘書，周恩來的秘書、保健醫生、衛士，中央文革小組的工作人員。上述情況，前此也得未曾有。這裏還未談到高層人士子女的大量回憶文字。

　　不同於前此的政治運動，不但林彪、「四人幫」兩案涉案人物如陳伯達、吳法憲、李作鵬、邱會作、王力、戚本禹等，其他被認為與兩案有牽連的人物，如徐景賢、朱永嘉、謝靜宜、聶元梓、蒯大富、王大賓等，各有回憶錄於境內外出版。文革後的中國，畢竟有了不同。即使有限的空間也仍然是空間。當局對此「網開一面」，使其人有自證清白或辯誣的機會。這種情況有助於打破「歷史是勝利者的歷史」的慣性，為此前難以想像。[23]歷史敘述由當局統一口徑不再可能。文革的「當事者」——無論吳法憲、李作鵬、邱會作、王力、戚本禹、徐景賢等，還是曾活躍於前臺的紅衛兵領袖，他們自覺的敘事活動，都大大豐富了有關文革的想像，使「官方說法」、「歷史結論」現出破綻，引出對既有文革史敘述的質疑與校正——更無論史所不載的豐富的細節。

　　文革結束後的「歷史性審判」未獲充分的申辯權者，經由回憶錄伸張了自己的權利。兩案涉案人物自述「行實」，即使意欲澄清，亦一種自我救贖的努力。重要當事人的回憶錄本有可能糾謬正訛，補正史所未及，卻未必如你所期待。《戚本禹回憶錄》即

22　出版回憶錄、訪談錄的政治人物，另有宋任窮、肖勁光、耿飈、劉華清、秦基偉、劉復之、黃華、姚依林、張震、伍修權、周純麟、王芳、閻明復等。

23　謝靜宜《毛澤東身邊工作瑣記》，由中央文獻出版社2016年出版。《落難英雄丁盛將軍回憶錄》由香港星克爾出版社出版。《冼恒漢自述：風雨八十載》有電子版。劉建勳身後，出版有《劉建勳陳舜英畫傳》（中國展望出版社，2013）。

不止於自辯，對江青、康生、關鋒等人更刻意回護。其人拒絕反省固然，對諸多事相提供的解釋，至少可備一說；對某些事實的認領——如文革中對北京「五大領袖」的操縱，如譚厚蘭等在曲阜「造反」與中央文革小組的關係，不無史料價值。維護中央文革小組，也非全不認賬，如對煤炭工業部部長張霖之之死(頁523)，如組織人在中南海貼朱德、康克清大字報(頁525)。關於李立三夫人李莎，承認「犯了陷人於罪的錯誤」(頁530)。該書的人物褒貶雖不盡可信，亦可令人想見高層關係之複雜。縱然詭辯，意圖掩蓋，以至蓄意歪曲，也令人可見戚氏其人。[24]當局既然不鼓勵正常的當代史研究，只能任不可信或不可盡信的說法流傳。僅由此看，設禁也屬失着。

　　軍政領導幹部的回憶錄可備國史採用。知識分子的回憶另有價值，其中往往有國史不備(通常也不採錄)的豐富信息。未能更多地利用黨政官員的回憶錄，或為本書的缺失。這既限於能力，精力，也與我的個人旨趣有關。基於我的意圖，本書所用的，除部分官員的回憶錄外，更偏重前紅衛兵與知識分子的回憶錄。

　　1998年季羨林《牛棚雜憶》第二版《自序》說，自己寫作該書的緣起，即期待更多的人對這段歷史發聲。但自己的期待一再落空，對此「十分不解，萬分擔憂」(頁5)。季說，最可怕的是，自己發現「十年浩劫過去還不到二十年，人們已經快要把它完全遺忘了」。(頁10)他不但期待受害者、也希望曾經的加害者發聲。卻直至2013年，才有幾位當年的中學生站出來，仍然引出了複雜的反應，包括並不為他們當年的同志認可。[25]當局似乎也有意「冷處

24　王、關、戚中，王、戚均有意將自己塑造為悲劇英雄，政爭的犧牲品。或因後死，戚借助某些「現實後果」的自我辯護，更直截了當。關、戚對《王力反思錄》的負面議論，見《戚本禹回憶錄》頁667–669、755。倘不以人廢言，不妨承認，王力提供的線索對於理解「公社」(以至「人民公社」)與文革、「教育改革」、「五七幹校」、「破除資產階級法權」等等的思想淵源，不無啟發性。

25　原學部研究人員的幹校回憶中，有當年參與清查「五一六分子」者回憶幹校的清查手段(《無罪流放》頁16–18)，較為稀見。除高層人士外，構成「運

理」，決不希望其燃燒。季去世時極盡「哀榮」，當局高調紀念其作為「國學大師」，對他的上述籲求卻諱莫如深。[26]

　　徐鑄成晚年自編年譜、撰回憶錄，說自己當寫回憶文字之時，「用不着推敲，更毫無『外慚清議，內疚神明』之處，可以信筆直書，無所隱諱」，卻因「年已日近鐘鳴漏盡」，對瑣碎細節，記憶已不能周全(《我為何寫回憶錄(代序)》，《徐鑄成回憶錄(修訂版)》，三聯書店，2010)。楊憲益的自傳《漏船載酒憶當年》，譯自其英文著作；最初寫作時的預期讀者應在國外，卻仍保持了節制，不過甚其辭。[27]周一良的《畢竟是書生》，書名亦辯解亦解嘲，寫出也要有相當的勇氣的吧。

　　黨政領導幹部文革中精神的扭曲較知識分子更甚，文革後的反省所及通常較淺。季羨林的《牛棚雜憶》出版於1998年，與作為北京十月文藝出版社推出的「百年人生叢書」之一種、出版於同年的《思痛錄》(增訂紀念版由人民文學出版社2013年出版)，都發生

動」的諸方——包括「公、檢、法」的辦案人員，參與批鬥、審查、外調者等等——的參與，將大有助於「還原」。迄今為止，這方面的敘述，更出自有反思意願、反省能力的知識分子與知識分子幹部。

26　姑隱其名，除人事方面的考量外，或也為避免傷害。季羨林《牛棚雜憶》的《自序》解釋何以推遲出版，其顧慮就有，相關人士尚在，怕如實記述，被人疑為「秋後算賬」、「打擊報復」(頁3)。該書區別對待，或不提姓名，或只提姓而不提名——特別惡劣者除外。前兩種乃「為當事人諱」，後一種因其「對社會主義社會危害極大，全名提出，讓他永垂不朽，以警來者」(頁183)。避免傷害，善意可感，卻也為歷史書寫製造了麻煩。當代史研究者的「考據工夫」，大約要用在此等處了。于光遠說：「文革中北京有一個著名人物，此人姓吳，是王、關、戚在學部的一個著名打手，也是學部造反派『聯隊』的一個頭頭」(《文革中的我》頁21)。寫到這裏，該吳已呼之欲出，卻不提名字，下文卻又提到吳傳啟，正所謂「欲蓋彌彰」。讀李新的回憶錄，見其「提名道姓」，有新鮮之感。當然李也仍有避忌；且行世的回憶錄中沒有文革十年；不便想像倘有此十年，李氏將如何處理。

27　該書譯者薛鴻時《百年恩怨須臾盡，做個堂堂正正人——新版〈楊憲益自傳〉譯後記》說：「這部英文自傳於1999年寫成，並以《白虎星照命》(White Tiger)為書名於國外出版。《漏船載酒憶當年》2001年由北京十月文藝出版社出版於楊生前，早於人民日報出版社2010年的新版《楊憲益自傳》。

過引領風氣的作用。《思痛錄》,至今仍可作為「領導幹部」自我反省的範例。作者坦承自己「在左的思想影響下」,既是「受害者」,又成了「害人者」,對此「追悔莫及」(頁4);寫自己「由被整者變成了整人者」(頁23),甚至列出自己「親手整過」的人的姓名(頁24);說自己「反右」中做了些「違背良心,亦即違背黨性的事」,寫過違心的批判文章(頁44)。不迴避自己應承擔的責任,不避重就輕,為自己開脫,儘管她的責任有限。韋在該書中的表述坦白到了天真,未脫書生本色,絕不像出自老於官場者的手筆。在執政黨的官員中,這樣的坦誠絕不多見。同書中她也寫到了有些人不惟拒絕道歉,甚至反感於他人的道歉。該書中,韋君宜說不止自己,那一代「投身革命」的知識分子,「民族的精英」,都曾「單純到透明」(頁6),而「那些年頻頻搞運動,就偏偏常要蹂躪這樣一些人的孩子似的心」(頁133)。韋說自己悔不當初,「反右」中曾對黃秋耘說:「如果在『一二·九』的時候我知道是這樣,我是不會來的。」(頁45)說:「參加革命之後,竟使我時時面臨是否還要做一個正直的人的選擇。這使我對於『革命』的傷心遠過於為個人命運的傷心。」(頁51)沉痛之至![28]可貴的還有,該書所「思」之「痛」,包括了他人之痛。也如記憶是一種能力,對他人的苦痛感同身受,也是一種能力。有人似乎天生不具備這種能力,也不知有所謂的「瞭解之同情」。

「反思」不止賴有願望,也賴有能力。這種能力一向稀有。深度的反思尤其如此。文革或前此政治運動中被「整」的領導幹部,並非都有歷史追問尤其自我反省。能作韋君宜式的自我省察的,寥

28　該書試圖解釋變化是怎樣發生的。韋說,延安的「搶救運動」中,就有人埋怨自己不該帶她到延安來,也有人公然表示後悔自己背叛家庭出來革命(頁16)。《思痛錄》之後,公開出版物中,未見有那一代人的自我反省如此「不依不饒」者。此書之難得,還在除涉及的若干人隱其名,其他大多直書其名,不為其諱。對在世的許多名人也如此。隱其名者多為普通職工幹部,亦作者的厚道處。該書並非同類出版物中最具深度者。一些年後看,仍以其真誠令人有信任感。

若晨星。知識分子中長期受壓者的回憶，痛感強烈，如邵燕祥那樣自審嚴厲的，亦不多見。也如韋君宜，邵燕祥早年即參加革命。這一種背景，並不能保障反思的自覺與能力。偶爾聽一位小說家說，感受到什麼比經歷什麼重要——當然係對小說家而言。回憶錄的作者也如是：感受與思考的能力，較之經歷了什麼重要。意識形態化的語文教育，單調的機關、學院生活，有可能銷磨你的感受力。反思不只在立意寫作的時候。那應當是知識人的常態。

　　李新、何方、韋君宜、溫濟澤、曾彥修，均為有革命經歷的學者、文化人，是執政黨內的「知識分子幹部」：「知識分子」不止據其學歷，更據其品質，即保有知識分子品性的幹部。李新對自己的界定是「歷史工作者」。由其回憶錄看，確有「歷史工作者」的態度，有相關職業所要求的冷靜清醒。李新回憶錄出版於其身後，較少忌諱。據說傳世的回憶錄並非全璧，未知然否。

　　何方的《黨史筆記》（香港：利文出版社，2005）有論辯色彩。何方也如李新等，長期在領導層，熟諳執政黨的政治操作，對領導層中的潛規則了然於心，包括只能意會、心照不宣的種種。這一方面的經驗，無革命經歷的知識分子難以獲取。

　　《百戰歸來認此身——曾志回憶錄》（人民文學出版社，2011）1998年由廣東人民出版社出版時，題為「一個革命的倖存者——曾志回憶錄」，或許更是好題目。這類似乎「個人化」的回憶錄在我讀來，較之更為重要的政治人物的回憶錄，價值並不稍遜。也如下文將要提到的《何方自述》，曾志回憶錄的精彩處更在其革命經歷。幹部層的文革回憶較前中學生乏精彩，或與其文革期間的處境有關。即如于光遠的回憶錄《文革中的我》（上海遠東出版社，1995），就令人不免失望。也有例外。文革爆發時在瀋陽市公安局、文革後曾在中紀委的劉麗英，其《往事回首》（新華出版社，2009），文字直白，少諱飾，對瀋陽市公安局文革期間的暴虐，記述具體。「專政機關」的那些事兒，局外人無從得知。文革

中的「專政機關」，或「專政機關」內部的文革，要由這樣的敘述才能知曉。

　　還應當說，無論韋君宜還是李新、曾志，我均不以為其回憶錄表達的是幻滅，更願意相信那是穿越苦難、「污穢和血」之後，向最初的理想致意。

　　迄今為止，關於文革敘述最多也最有敘述的自覺的，仍然是當年的中學生(紅衛兵—知青)。與那些以澄清自身責任、甚至訴說冤情為一部分動機的書寫不同，這些敘述的動機往往更單純：存史，存信史；非關一己的得失榮辱。其中文革後的人文知識分子，更有可能以那段經歷為分析材料，開發出較為複雜的思路。如秦暉之於「市民」，陳家琪之於鄉村的「赤貧」狀況。學人的回憶錄或偏於理性、受制於「後見之明」，由專業訓練、理論準備對「記憶」的組織、整編。但學人、人文學者確也是最有反思能力的記憶者，也較有將記憶表而出之的能力。他們的努力，未必沒有古代中國的「史官文化」作為隱隱的背景。較之當年的中學生，我所屬的世代較少貢獻，也證明了親歷並不能保障記憶的品質。

　　較具規模的回憶文章的結集，或不如個人回憶錄的深入，色彩卻繁複、斑駁，令人看到不同的文革、不同的文革記憶、文革的不同面相。結集的價值，或也在收入其中的文字間「參差的對照」。如周明主編的《歷史在這裏沉思——1966–1976年記實》(分別由華夏出版社、北嶽文藝出版社於1980年代先後出版)、徐友漁主編的《1966：我們那一代的回憶》(中國文聯出版公司，1998)、者永平等編《那個年代中的我們》(呼和浩特：遠方出版社，1998)等。上述幾種像是「仍在其時」的回憶文字，保留了「現場感」；未經過度篩選的細節，有可能別有價值。「我們那一代的回憶」、「那個年代中的我們」，強調記憶的世代性，同時於集體記憶中力圖呈現個體差異。

　　稍為晚出的，則有北島、李陀主編的《七十年代》、北島、曹一凡、維一主編的《暴風雨的記憶——1965–1970年的北京四中》。前者的作者多為文革後的知名人物，後者的作者則是北京一所精英中學文革期間的在校學生。《七十年代》的主編說，作者限於「知識界」、「文化界」，或更應當說是「知識界」、「文化界」的成功人士，因而有某種同質性。這部分作者的「七十年代」經了這類出版物被放大了。不必動輒歸結為「話語權」。我更願意強調表達的機會與能力。《八十年代訪談錄》、《七十年代》的出版，招致了與「貴族」、「精英」有關的譏評。我相信確有「精英」（不是在諷刺的意義上），有先覺，有超出平均數的才智、判斷力。即如當時中學生中的某些人物。當然，造成這些人物有其條件，即如有賴於家庭背景、資源(包括教育資源)的佔有，信息的獲取；另如所在城市，所處位置(學校、單位等)，周邊人物(群體，「圈子」)。你會注意到，兩書的受訪者、作者少有從事「自然科學」、「工程技術」者。近期有熊衛民編著的《對於歷史，科學家有話說》(東方出版社，2017)出版，或可補已有文革回憶錄之不足。據說某次北京四中校慶，知名校友的名錄上沒有北島的名字。有人為此抱不平。即北島對當代詩歌的貢獻不論，僅《暴風雨的記憶》一書，對該校也功不可沒——或有人不這樣認為，甚至以之為「抹黑」，實在有失名校的氣度。

　　趙振開在關於北京四中的回憶中談到，自己及夥伴的某個行動，「是為了在官史中留下潛臺詞，讓本來順理成章的敘述出現漏洞」(《走進暴風雨》，《暴風雨的記憶》頁218)，或出於遙遠事後的詮釋。但讀出「官史」的「潛臺詞」，警覺於「本來順理成章的敘述」中的「漏洞」，正應屬文革研究的工作倫理。太求一致，明晰嚴整，即不免於剪裁使合於預期，致使一些聲音、細節、異質的元素永遠壓抑、湮沒。

　　幾種回憶文集有質量的差異，內容仍可互為補充。《1966：我

們那一代的回憶》與《七十年代》，作者幾乎是清一色的「前中學生」。《歷史在這裏沉思——1966–1976年記實》、《那個年代中的我們》，不注重作者的社會身份，地域覆蓋面稍廣，提供了多角度、層面的觀察與記憶。即如《那個年代中的我們》一集，有胡同故事，收入了關於大興縣某村屠殺「四類分子」的《五進馬村勸停殺》（張連和），另有「前小學生」的文字。某些短小的篇什，出自當年的文學青年之手，是剪裁工致的散文。倘不斤斤於「史料價值」，讀上述回憶文集，每有意外的驚喜，如《1966：我們那一代的回憶》中陶鐵柱《「聯動」與共產主義小組》、胡發雲的《紅魯藝》，《那個年代中的我們》中陶正的《我本隨和》、李恒久的《越境》等。

這一世代似乎特有那種「在歷史中」的直覺。當年的高中生黎若事後回憶道，「在『文革』那些特殊的日子裏，我們似乎感受到歷史脈搏的跳動。當歷史從我們的身邊走過，聆聽着歷史的足音，使個體的生命獲得了一種超越」（《走出藩籠》，《1966：我們那一代的回憶》頁283）。這應當即是作者所説的付出了種種之後的「補償」。她不認為自己的那十年一片荒蕪，她認為有精神的成長。或許表達不甚貼切，但願意發現自己文革經歷的正面意義，顯而易見。

陳凱歌也曾寫到那種在勞作中逐漸獲得了力量感的微妙經驗。陳的《少年凱歌》寫在美國。十多年後的中文版《自序》（《少年凱歌》中文版，人民文學出版社，2001）説，該書係應日本出版公司「講談社」之約，在位於紐約曼哈頓的公寓中寫成。「在異國的屋頂下面對過去」——向誰、在何地回憶並書寫，自然絕非無關緊要。寫作的「期待視野」勢必影響了材料的選擇尤其寫作姿態。該書筆觸細膩，紀實兼有想像，某些段落似可訴諸視覺。除作者本人即「少年凱歌」外，另有其他人物，包括令陳厭惡的班主任及同學「少年美麗」，均為其時政治環境中不難見到的物種。用筆並不刻

毒，但恨意可感，回憶中未必不暗含了復仇的快意。[29]該書寫文革之初某次重要集會上所見劉少奇與毛澤東，可與孔丹《難得本色任天然》（三聯書店，2015）對同一場面的描述對讀。或許陳對那場面的感覺被後來的認知加工過了。但那一景在漫長的時間中的確呈現出了如他所寫的詭異色調。

生動的記憶是有顏色與氣味的，是將色彩、光影以及氣味融合其中的。眾多「個人記憶」的集合，或有可能完成一個更複雜的拼圖，使隱藏其間的「歷史線索」浮現。對於我的意圖，多種回憶錄互為參照，有利於豐富歷史想像：高層、知識階層與工農、底層，「老三屆」／「老五屆」，中學生／大學生，京城與「外省」，等等。回憶文字的結集有可能呈現由個人背景到認知、記憶取向的差異，書寫者的處境、思想狀況，文革後的閱歷、認識能力、與政治有關的認同，等等。[30]《暴風雨的記憶》一書有趣的是，不但曾經的「老兵」與「新四中公社」間裂隙仍在，且敘述者並未全出當年的語境。即使如此，幾種回憶文集仍示人以「走出文革」的過程，可歸為文革漫長的尾聲、更其漫長的回聲的一部分，值得屏氣凝神地傾聽。

文革經驗不但多歧，且多層多面，不具有可通約性。《七十年代》縱使對作者遴選嚴格，各人間的記憶差異也一望可知。更有意思的是態度之不同。關進過大牢的張郎郎、被「隔離審查」過的阿堅，寫那段舊事，略用了戲謔、調侃的態度；似乎是，事情太過荒謬，一本正經反而可笑。上山下鄉，李零說，別人哭，我不哭。

29　該書對涉及的人物，或用英文字母，如F，如G，如K，多半因其人尚在；也有極刻露的暗示。寫一個傷害過自己的同學，在對其狀貌神情的細緻描寫之後，說此人與偉大領袖同姓，「名字是少年美麗的意思」（頁77）。至此，該毛呼之欲出。或也因骨鯁在喉、必欲吐之而後快。

30　回憶錄於佐證「事實」之外的另一價值，即可據以考察「認同」。回憶者的記憶與認同與不斷變化中的社會環境、主流意識，是更具難度的課題。本書因依體例將回憶錄割裂地使用，未能在此一方面深入；也因同樣的原因，未能對回憶錄這類文本作較為細緻地解讀。

「大家都恢復了平等」，「我有一種解放的感覺，高興還來不及呢，難甚麼受？」（《七十年代》頁237）不同於大城市的同代人，閻連科說：「七十年代，記憶深刻的，對我來說不是革命，而是饑餓和無休止的勞動。」（《我的那年代》，同書頁389）或因在中國社會科學院文學所銷磨了幾十年，收入該書的李大興《明暗交錯的時光》、寶嘉《鷦鷯巢於這一枝》，引起了我特殊的關注。

陸建德在一篇文章中說，「1989年之後，很多捷克人動輒就說『失去的四十年』。昆德拉感歎，他們彷彿已忘記了當年曾有過的政府補貼的公寓、種種文學藝術活動、假期、友誼和愛情，把生活縮減為惟一的政治層面，把對自己生活的回憶『奧威爾化』了。昆德拉稱奧威爾的《1984》只是『偽裝成小說的政治思想』，不能照亮『社會學與政治學都無法進入的神秘之地』」（《受害者與沉默的被告——讀赫塔·穆勒諾貝爾演講有感》，《中華讀書報》2010年2月3日第13版）。我們是否也應對「奧威爾化」懷有警惕？

徐曉主編的《民間書信》中潘婧《心路歷程——「文革」中的四封信》一文說：「我們這一代人似乎有一種『文革情結』」。「青春年華流失於動亂的年月，這本是無可奈何的不幸，然而，艱辛和苦痛之中，自有一種新鮮而怪異的豐富；十年時光，我們似歷經了一百年。」她不滿於「傷痕文學」、「知青文學」的「俗套」，說「我們那時的生活是混亂的，不具形式，沒有什麼現成的故事框架可以把它裝進去」；這種「混亂」之於「成長」，可以有正面的意義（頁68、69）。收入同書的另一位書信作者1994年寫道：「一腔青春熱血，趕上那麼個沸騰的年代，留下的都是熱熱烈烈的記憶。」（頁121。按作者是一位資深記者）

洪子誠回憶其文革期間參與編寫《文藝戰線兩條路線鬥爭大事記(1949–1966)》，談到了文革記憶，說：「『文革』期間，特別是開初那幾年，以我的觀察，周圍的人絕大多數都是想積極投身這場『革命』的，我也不例外。但在這段歷史被作為『噩夢』、『浩

劫』否定之後，大多又願意強化歷史的『斷裂』，好能夠『減去十歲』（諶容小說的題目），將它忘卻。這是一種『遺忘機制』；米蘭‧昆德拉稱它為記憶的『自我查禁』。」（《中華讀書報》2010年1月13日）該文説，除了意在通過回敘重塑自我形象外，「制約這種敘述的還有常被人們忽略的情況，我將它稱為由『自我暗示』引發的刪削與改寫。在當事人接受了某種被界定的經驗的情況下，會自覺、不自覺地將這種經驗重塑、取代『自己』的經驗。」

　　困境不止於此。令人無奈的是，記憶、迴溯，也不得不憑藉了一套現成的詞語進行。陳家琪在寫文革回憶時感慨道：「可惜直到今天，當我們努力想把自己當初的行為復原為一種只對個人而言的思想與情感的經歷時，仍不得不用這樣一些詞語作這樣一種表述，可見歷史確已『説成』了那個樣子。」（《執着與迷惘──作為一種個人思想與情感經歷的文化大革命》，《1966：我們那一代的回憶》頁314）其間仍有區分。我讀過的回憶錄，盡有仍在文革語境中者；包括陳家琪在內的一些「前中學生」，已與「當年」拉開了距離。

　　洪子誠《思想、語言的化約與清理──「我的閱讀史」之〈文藝戰線兩條路線鬥爭大事記〉》一文（收入氏著《我的閱讀史》，北京大學出版社，2011），有「怎樣回到『過去』」的標題；吳亮關於自己1970年代的閱讀史的梳理，隨時意識到文革後閱讀的「迴溯性」影響。《我的羅陀斯──上海七十年代》一書，關於「回憶」、「記憶」一再討論。無論在洪子誠還是吳亮那裏，分明可感「回到」的努力，為此不惜往復回還，多方嘗試而又自我質疑。回憶與對回憶的省思並進。清醒地意識到限度，所有可能的制約，記憶在時間中不可避免的變形，事實及其呈現的其他可能性……無論「回到」是否可能，上述努力本身已值得尊敬。較之濫用「建構」以否定抵達「真相」的努力，洪、吳的態度又豈止值得尊敬！

　　回憶錄不同於小説，理論上更有可能容納個人經驗，使受制於

小說的文體要求不能進入「文學」的經驗得以展現；而在事實上，非但不能避免文體的制約，更受制於記憶賴以生成、保存的形式，整理記憶的方式等等。回憶錄並不許諾（較之小說）更大的自由。許子東依普羅普（Vladimir Propp）所擬「功能項」研究「文革小說」的敘述模式，一再歸結為小說作者與讀者共有的「集體無意識」（許子東《重讀「文革」》，人民文學出版社，2011）。回憶文字自然也有「集體無意識」，卻不那麼方便類似的歸併，應與回憶錄缺乏嚴格意義的文體規範有關。缺乏「文體規範」，卻又不意味着不被規範。有種種潛在的規範，只是作者未必意識到罷了。

「受害記憶」本身也造成遮蔽。回憶文字過度的文學化，會使人感到塗飾過重，如翻拍的舊照片似的失真。你更願意讀素樸的記述，儘管並沒有根據證明文學修辭註定破壞真實性。但「素樸」誰說不也是一種修辭，便於製造「逼真」的效果？代人設想的痛苦，有時遠於實際。豐子愷的女兒豐一吟所記父親，不無淡定，縱然有內心的苦楚。長達十年的時間裏，痛不欲生、終日以淚洗面的，畢竟是少數人。渲染太過，註定失真。即如「破四舊」期間的街頭暴力，令人聯想納粹排猶的「水晶之夜」；兩者終究不同，無論程度還是後果、後續的故事。文革結束之初展示傷痕，是必經的階段，況確有傷痕，甚至創口尚未癒合。那個階段之後，不妨平情。

「運動」的始終都有個人處境、命運的千差萬別，有一部分人與另一部分人處境、命運的天差地別。即使回憶文字之多前所未有，仍然有空白，有認知的盲點。致盲的因素永遠存在。那些光照不到之處或許終會被照亮，也可能（或曰更可能）始終在幽暗中。回憶難免於定向，不大可能如春水般氾濫無歸──至少有「文體」這一河床收束。這也是常識。即使有上述種種，回憶錄的意義仍不待證明，包括提示你忘記了什麼，以及重新記憶的必要。

北京高校「五大領袖」，譚厚蘭病逝，聶元梓、蒯大富、王大

賓均有回憶錄或訪談錄傳世。[31]文革後「揭批查」中受到——或自以為受到——不公正對待者，有機會在境外發聲，也可以歸為政治民主化進程的一部分。著有回憶錄的群眾組織的領袖，另有武漢的魯禮安(《仰天長嘯——一個單監十一年的紅衛兵獄中籲天錄》，香港：中文大學出版社，2005)，湖南的陳益南(《青春無痕——一個造反派工人的十年文革》，香港：中文大學出版社，2006)，山西的李輔(《所思所憶七十年》，香港：溪流出版社，2012)，以及高樹華、程鐵軍(《內蒙文革風雷——一位造反派領袖的口述史》，香港：明鏡出版社，2007)等。

關於文革中的派仗，關於「紅衛兵」、「造反派」，形成了諸種在我看來似是而非的成見。相信曾身在其中而又具有反思能力者的迴溯，有助於還原當年情境，重現歷史的感性面貌，即使有些細節仍不可避免被瀝幹。需要的是更多的史料，更多的細節，更多的人物與他們的個人歷史。即使因此而使「歷史」更加碎片化，較之出於意識形態目的的教科書式的「整合」，更有助於趨近「真相」。

寫於國外的張戎的《鴻——三代中國女人的故事》(中譯本，臺北：臺灣中華書局股份有限公司，1992)，並沒有出於「迎合」的蓄意渲染；作者的記述毋寧說是平實的。楊曦光的《牛鬼蛇神錄——文革囚禁中的精靈》(香港：牛津大學出版社，1994)，有較多分析的成份，不掩飾其政治態度，對「事實」的敘述也並不使人感到曲意迎合。在我看來，這也是一種尊嚴的態度。其他出版於境外的如李敦白(Sidney Rittenberg)《我在毛澤東身邊的一萬個日子》(中譯本，臺北：智庫文化股份有限公司，1994)，巫寧坤的《一滴淚——從肅反到文革的回憶》(臺北：允晨文化實業股份有限公

31　《聶元梓回憶錄》，香港：時代國際出版有限公司，2005；蒯大富《清華文革五十天》，香港：中國文化傳播出版社，2014；《王大賓回憶錄》，香港：中國文革歷史出版有限公司，2015。蒯受訪記錄，收入米鶴都主編《回憶與反思——紅衛兵時代風雲人物》，見下文。

司，2007），鄭念(姚念貽)《上海生與死》(臺北：大鴻圖書有限公司，1987)，凌耿《天讎——一個中國青年的自述》(中譯本，香港：新境傳播公司，1972)，鮑若望(Jean Pasqualini)《毛澤東的囚徒》(中譯本，北京：求實出版社，1989)，也近於實錄，而非蓄意「抹黑」。這一點毋寧說難得。

如何記憶是一個問題，如何面對諸種不同的記憶，也是一個問題。純粹的「當年」無從找回。盡可能避免定向搜集材料，以材料佐證成見，是文革研究應有的工作倫理。為此有必要使「架構」保持彈性，以容納不同的歷史線索，不同方向上的思考，不同的敘述與論述。

看過了一些回憶文字，比較其間的差異，角度、態度，而且深度、力道，應當承認，真正令人感受到震撼的文字並不多見。本書後記還要談及「親歷」對於文革考察的意義。沒有無所不知、無不親歷的當事者，甚至並不存在「當局/旁觀」的絕然的位置區分。我們都在其中也在其外，是演員也是看客。除非深山僻壤，那場將大批人裹挾其中的大戲，難得有絕對旁觀的位置。也如考察「明清之際」，對親歷者的敘述，我更願意作為「言說」；對敘述者囿於其所處位置、角度的錯覺甚至虛構懷有警覺——至少力求存此一種思路。

書寫能力構成的限制，將大量的「個人記憶」排除在外，尤其農村、城市底層、受教育程度較低者。這是一個龐大的人群。魯迅所說「沉默的大多數」依然沉默。上文已提到「國家記憶」這一名目。較之官方主導的所謂「國家記憶」，更有意義的毋寧說是民間發起的記憶活動(如「民間記憶計劃」)。這種記憶活動涉及的題目，如關於滇西抗戰、「中國遠征軍」，另如關於上個世紀五六十年代之交的「大饑荒」。我猜想這種活動早已被叫停。「記憶」在當代中國，是一項如此艱難、阻力重重的事業。在所謂的「短20世紀」，中國有太多有待鉤沉的往事。拒絕權力對記憶的篩選、規

範，喚醒、激活記憶，尤其是知識人的責任。

　　個人敘事即選擇；摘錄、撮述則是再次選擇。因此本書慎用「史料」這一概念。也如考察明清之際，我的應對是，區分「話題」與「史實」，避免將材料直接認定為「事實」；卻相信作為「話題」、「言說」，這些材料自有價值，仍不失為一段歷史的證言。

　　看到一份文革回憶錄的書單。書單上我未讀到的尚多。黨政軍高層人物外，群眾組織領袖及其他捲入文革的青少年的回憶文字，也僅止於有限的涉獵。我願意不避重複地說，不但本書涉及的議題，且使用的材料，均有相當大的開發餘地。

口述史、訪談錄

　　據說口述史因二戰而興起，上個世紀40年代在美國發展為一種公共運動。在中國，口述史似迄未獲得應有的地位。在官方檔案未解密、大量歷史資料局鐍於庫中的條件下，中國本應對口述史有更旺盛的需求：這也是「搶救史料」的可行方式。無論與此相關，有多少工作倫理與實際操作方面的問題有待討論。

　　1986年張欣辛、桑曄口述實錄體的《北京人》（上海文藝出版社），曾引起廣泛的關注，作為不大不小的文壇事件。所以關注，即與所標之「體」有關。雖未因此使此類出版物蔚為大觀，卻有可能啟發了類似的編撰形式，儘管該書並非創格。[32]

　　訪談近於社會學的田野調查。所謂傳記，本包括他人記述的傳主生平，也包括自傳、回憶錄、口述實錄、訪談錄等。歷史研究中作為材料，使用中較有爭議性的，或即回憶錄、口述實錄、訪談錄等。口述、訪談錄又有不同，有可能受制於口述、受訪的外在環境，提問者的取向以至技巧，受訪中的被提示、暗示、誘導等。較之精心結撰的回憶錄，受訪者的敘述有可能更隨機，有預想外的

32　馮驥才編《一百個人的十年》（時代文藝出版社，2004）未取口述實錄的形式，亦略有「田野調查」性質的回憶文集。不同於此後有「代」的標記的合集，力求將不同階層、各色人等的文革經歷納入。

「溢出」——或許正是這類出版物的價值所在。雅諾什·科爾奈在提到他採用包括「採訪紀實」在內的材料作為「證據」時，在註釋中説：「許多研究者往往對此類『證據』不屑一顧，認為這些東西不過是些逸聞軼事，不應進入科學人士關注的視野範圍。但事實是，這類證據常常更容易讓我們理解真實的世界，而不是像很多更宏大的分析研究，那類研究儘管站得很高，但其立足點卻是被嚴重扭曲的官方資料」（《社會主義體制——共產主義政治經濟學》中譯本，頁13）。

相關書單所列回憶錄，某幾種即口述、訪談錄，如《陳伯達：最後口述回憶》（香港：陽光環球出版香港有限公司，2005）、吳德口述、朱元石等訪談、整理的《十年風雨紀事——我在北京工作的一些經歷》（當代中國出版社，2004）、高樹華、程鐵軍《內蒙文革風雷——一位造反派領袖的口述史》（見上文）等。不但趙瑜的《犧牲者——太行文革之戰》（自印書），由石名崗執筆的《文革中的山西——山西文革親歷者的記憶與反思》（香港：天馬出版有限公司，2015）也賴有訪談。這類正式、非正式出版物份量各異，其價值不便作一概之論。

溫濟澤、曾彥修、何方的晚年自述，[33]或因各自穿過了漫長的坎坷歲月，至此已近於寵辱皆忘，憂國憂民卻癡心未改。溫、曾均為性情中人，涉及某些當代政界、文化界人物，如溫對於胡喬木、梅益，曾對吳冷西、陳克寒，直言不諱，令人可窺執政黨內生態，亦見溫、曾本人的坦蕩、磊落。《何方自述》有《黨史筆記》未納入的文革回憶。因何文革爆發時任職外交部，對該部的文革敘述較詳。涉及陳毅、姬鵬飛、喬冠華，不為之諱。關於周恩來與「清查五一六」，有未經我讀過的記述。諸人或因已在暮年，少了「自我

33　曾彥修口述、李晉西記錄整理《微覺此生未整人——曾彥修訪談錄》，香港：天地圖書有限公司，2011；溫濟澤《第一個平反的「右派」：溫濟澤自述》，中國青年出版社，1999；《何方自述》2007年由明報出版社在香港出版，我所讀乃作者自費印製者。

審查」的壓力。即使有誤記，仍可對已有史述拾遺補闕。何方即一再為「官方黨史」糾錯。

　　比之人文知識分子，科技知識分子一向較少面對社會發聲：非繫於「話語權」，更與所從之業有關。公眾印象中，除個別人物外，科學家更是群像，往往由人文知識人、作家、記者刻畫。熊衛民編著《對於歷史，科學家有話說》（東方出版社，2017），令人較為集中地聽到了這一人群的言說。

　　更具規模的，仍然是對當年紅衛兵領袖的訪談。如米鶴都主編的《回憶與反思——紅衛兵時代風雲人物》（香港：中國書局有限公司，2011）。此書亦可作為「紅衛兵—知青」一代更有歷史敘述的自覺的證明。該書《編者的話》說：「在實際徵集過程中，我們接觸到的許多有着重要經歷的當事人、有過重大過錯的當事人以及受過嚴酷迫害的當事人，由於移居國外、由於身處官場、由於『宣傳有紀律』、由於缺乏當眾懺悔的勇氣、由於恐遭非議、由於不願再揭開傷疤、由於保護隱私等等……並不願參與口述歷史的徵集。」（頁8）上述諸「由於」，涵括了拒絕受訪的種種考量。每一種「由於」均可理解。也因此即使這一被認為最有自覺的歷史意識的人群，我們至今讀到的，也只能是特定人物的敘述、回憶。

　　《回憶與反思》強調「世代」。不同於幹部，接受訪談的前紅衛兵，也確有「代」的意識；個人敘事往往有為一代人圖形繪影的意願。事實卻是，受訪人物即使曾共一時空，也可能在全無交集的脈絡中。該書的豐富性多少也緣於此。將諸多人物的訪談輯為一編，方便了比較。軸大富、譚力夫等，或許為同一時期的大學生較中學生更缺乏反思能力提供了證明，儘管這樣說或有失公正。

　　接受訪談的原「老兵」與「造反派」，仍令人可感當年的身份認同，某些話題上壁壘分明，證明的無非那段歷史刻印之深。當然，群眾組織領袖與普通成員的文革印痕也應有不同。清晰可見的，尚有名校與普通中學間的差異。畢竟已年深月久，受訪者有了

更多歷練，接受訪談時不刻意撇清，態度較為平情。如當年京城中學紅衞兵領袖人物之一的李冬民(李曾為北京中學多數派即「四四派」的領袖)，談當年與江青、謝富治等人的交往，談江青為自己更名，有一份「過來人」的坦然；儘管較之北京四中的幾位知識精英，其歷史認知較為膚淺。北京二十八中的王宇講述所見的毛，「身上發着一種紅光」；握手時發覺周恩來的手「特別的嫩」，更貼近平民的經驗，是名校精英難以想像的。至於孔丹的口述《難得本色任天然》(三聯書店，2015)，本書已多處提到(參看下編《札記之三》)。我不大相信「本色」「天然」的說法。在歷經如此複雜多變的年代之後，「本色」「天然」或不過口述者的幻覺，或曰自我認知。

　　葉維麗、馬笑冬《動盪的青春——紅色大院的女兒們》(新華出版社，2008)是對談錄。二人談也可能構成「參差的對照」。該書的作者之一葉維麗在《前言》中說，她感到「對那個複雜時代單一的敘述是有問題的。這不僅因為它不符合我個人觀察世界的多元、分析、開放的基本態度，也因為它太貼近冷戰勝方的歷史觀」(頁2)。她說自己和馬笑冬回顧個人成長史的一個重要原因，「就是想對抗冷戰後西方話語不容分說的霸權，守住自己不願失去的歷史」(頁3)；因此該書所寫，「事情是中國的，而『語境』在很大程度上卻是美國的。」(頁1)。兩位對談者均為「幹部子女」。「幹部子女」由文革前至今，都是特殊族類。雖葉、馬非「高幹子女」，卻有着「幹部子女」的特徵。葉的那種「看透了」的神情，也為這一族群中人所有。因在圈內，見識多了，即有這一種疏離、旁觀的情態。或許同代人更容易由馬笑冬那裏認出自己：那種天真的篤信，浪漫情懷，即使家庭背景與馬相去甚遠。

　　下文將要提到的林賢治主編的《烙印——「可以教育好的子女」的集體記憶》(花城出版社，2010)，也收入了據口述整理的文字。徐友漁《形形色色的造反——紅衞兵精神素質的形成及演變》

(香港：香港中文大學出版社，1999)的大量材料也來自訪談(參看該書第一章)。

口述史、訪談錄不但受制於口述或受訪時的具體情境，也繫於事後的整理。《陳伯達：最後口述回憶》引陳的口述，記錄整理者(陳之子)卻一再直接發聲，不免減損了該書的價值。

《春秋公羊傳》有所謂「所見世」、「所聞世」、「所傳聞世」。訪談當事人，是文革考察的基本途徑。在親歷者日漸老去、故去之時，這一工作尤見緊迫，刻不容緩。倘考察對象非「所見世」、「所聞世」，仍要借由包括前人訪談在內的「文獻」，才能更多方地瞭解「所傳聞世」的吧。

口述史拓寬了話語的空間。不同階層的人物在這一平臺上均有可能發聲。回憶錄的作者更是幹部與人文學者，至少在理論上，口述史的採錄範圍有可能更廣。使缺乏書寫能力的普通人的歷史得以講述，更是「口述史」的意義所在。掩蓋於表象下複雜的利益關係有待於發掘，不會自行呈現。也如回憶錄，對訪談、口述，既可由「紀實」的層面、亦可由時間之於記憶的塑造的方面讀取。只是不受干預的大規模的田野調查，在可以預見的未來尚無從進行。據説皮埃爾·諾拉(Pierre Nora)質疑「口述史」的價值。在我們這裏，在權力深度介入記憶建構的情況下，「口述實錄」、「訪談錄」的意義毋庸置疑。

文革史、地方文獻與個案考察

亦如從事中國現當代文學與明清之際思想文化研究，得自文集的，於我，是基礎性材料。推遲閱讀文革史著作，無非怕被現成的結構框限。幾部文革史確使我大為受益。自己爬梳未及處，固然由此得以補充；認知的盲點誤區，更因此而大為減少。這裏尚未提及僅據文集不可能擁有的視野與格局。

文革後出版的中華人民共和國史，均有關於文革的章節。因「國史」的書寫規範更因諸多禁忌，官修、準官修的文革史遠不

如個人著作信息豐富。出版於1988年的王年一的《大動亂的年代》
(河南人民出版社)，取材的尺度即較官史為寬，提供了較為豐富
的細節；對於缺乏史料支持者存而不論，合於「多聞闕疑」的古
訓。卻也因尺度稍寬，難免於疑論；距作者期待的傳信，相去尚
不止一間。該書仍持「兩個司令部」的基本判斷——即以劉、鄧為
首的「中央第一線」，[34]與以毛澤東為首的文革中所謂「無產階級
司令部」——亦其文革史敘述的基本脈絡。兩個司令部、造反派
/保守派、左/右(如將文革中的錯誤做法歸結為「左傾」)、正確/
錯誤等較為簡單現成的分析框架，不能不構成限制。該書對毛澤
東的歷史責任，表述明確，不回護、掩蓋(如曰毛「批示」、「修
改」、「審閱定稿」、經毛「審定」、得到毛的「批准」等)。涉
及其他「老革命家」，亦直錄其言，直書其事，不為尊者諱。區分
因響應、服從文革當局造成的錯誤，與自發、主動的行為。使用本
身帶有「傾向性」的材料卻也不可免。如關於武漢「七二〇」事
件(見該書頁202–206)。至於關於「老紅衛兵」、「西糾」、「聯
動」、譚力夫講話的論述，難免於爭議(參看本書下編《札記之
三》)。該書依是否維護、保護各級黨組織判斷「正確/錯誤」，涉
及中央文革小組、「四人幫」的敘述，未脫「陰謀論」的窠臼。縱
然如此，較之官修、準官修的「國史」，仍然更有參考價值。你或
許已不能忍受官修正史固化的思維邏輯與敘事模式、表述方式。個
人著述畢竟讓人感受到了作者本人的氣息。

　　香港版「中華人民共和國史」第六卷卜偉華著《「砸爛舊世
界」——文化大革命的動亂與浩劫(1966–1969)》，因較為晚出，
史料之豐富，在王年一上述著作之上。[35]該書對文革始末敘述清

34　「中央第一線」是毛的說法。毛在1966年10月25日中央工作會議的講話中講到
　　了「一線」、「二線」問題。參看王年一該書頁113。

35　由香港中文大學當代中國文化研究中心組織編寫的這套《中華人民共和國史》
　　出版於2008年(我所見缺第一、二、七、九卷)。卜偉華撰寫的第六卷，2005年
　　應已完稿。

晰，細節豐沛，視野廣闊，尤其「中央/地方」中的「地方」。地方性文獻的搜集整理，是前此文革史的薄弱環節。就文革而言，地方史絕非(以京滬為中心的)文革史的註腳。地方文革史的大量史實，至今仍有待梳理。

卜著參用「正史書法」，力求做到無徵不信，取材矜慎，是我所見由大陸學者撰寫的文革史中的力作。作者力圖訂訛糾謬，還原真相。對未定之案(如北京軍區司令員楊勇、政委廖漢生被「拋出」的「北京軍區事件」)，並存異說；力求傳信，不為最高當局諱(參看該書頁434–439)。王年一許之為「中國第一部詳盡描述文化大革命的動亂和浩劫的好書，也是中國第一部真實反映文化大革命本來面目的好書」(見該書王序)。該書確如王序所說，對「老一代無產階級革命家」不回護，不但不為毛諱，也不為周恩來、劉少奇、鄧小平、葉劍英等人諱。王序所稱道的卜著「注重定量分析」，也應因卜有條件涉獵地方文獻(地方志、大事記、年表等)，掌握相關數據。據王序，卜「多年來在中共中央黨史研究室二部(研究社會主義時期中共黨史的部門)做研究工作，可以接觸到中共中央的檔案」，儘管「他遵守紀律，在本書中並未使用這些檔案」。無論是否使用，「可以接觸到」，已足以影響其眼界與材料的取捨。可證檔案開放與否，對於當代中國史研究的關鍵性質——也是當代史(包括文革史)研究的非個人努力所能擺脫的宿命。

作為香港版「中華人民共和國史」第八卷，史雲、李丹慧著《難以繼續的「繼續革命」——從批林到批鄧(1972–1976)》也如卜著，力圖還原史實，較卜著更有個人色彩；雜採「野史」、傳聞，偶有猜測臆斷(「筆者」云云)，表述略少正史的嚴謹。該書某些揭秘性質的內容，出諸當事人、目擊者的個人回憶，未必有足夠的旁證，卻豐富了人們的想像，因此較具可讀性。如譚甫仁之死。該書關於文革期間經濟狀況，關於1975年憲法，分析均不乏精彩。

尤其國民經濟，非有相應的專業研究則不能置喙。[36]

　　因本書所設時段為1964–1978，由香港版「中華人民共和國史」第十卷蕭冬連著《歷史的轉軌——從撥亂反正到改革開放(1979–1981)》也獲益良多(參看本書上編第八章)，尤其該書對文革後「揭批查」的記述。

　　出版在上述文革史著作之後的李遜的《革命造反年代：上海文革運動史稿》(牛津大學出版社，2015)，應如實地作為文革研究的重大收穫。[37]積累既久，該書史、論俱有精彩。雖以上海一地為考察對象，因該市文革中所處特殊地位，不宜以地方史目之。事實上，作者着眼文革全域，對已有的文革史敘述有重大補充。該書對文革的分析框架有相當的解釋力與啟發性，在既有歷史認知的基礎上提供了新的線索。作者梳理了來源多樣的文獻材料，細節豐富飽滿；平衡事件—人物，對人物則避免貼政治標籤；工廠、學校外，關於機關的運動，權力機構的破壞與重組有細緻的清理。由整體史的角度，或認為本書的記述過細。這也可能正是此書的優長。在有了太多大判斷、宏觀描述的情況下，「歷史的血肉」不厭其豐盈。該書力圖摒棄黑白分明的歷史想像，使其間的灰色地帶得以顯現，分析框架包含了對體制本身的質疑。只是「文革派/反文革派」二分，仍不免粗糙——亦當代人寫當代史所難以避免的敘事之困。

　　因有張春橋、姚文元，因有王洪文為首的工人造反派，與徐景賢為首的寫作班(亦張、姚的工作班子)，上海擁有的政治資源，非他地(有些方面甚至北京)所能比。上海的文革史自不同於他地，確有不為「地方」所限的意義。[38]李遜所做工作的份量則與此相

36　閻長貴認為史雲、李丹慧該書「視野開闊，把目光投向民間，關注平民百姓的思想和行動」，是很大的特點(《貢獻與缺憾——讀〈國史〉第八卷》，《問史求信集》頁412)。

37　據該書《後記》，此前作者已著有《大崩潰》(臺灣時報出版社，1996)一書。

38　不但王、張、姚在文革中，上海工人造反派在文革中，寫作組在文革中，且軍隊對地方運動較少介入，也不同於大多數省市的軍人當政(頁1088–1089)，均使上海不同於其他地區，不便作為「地方」(中央/地方)文革的樣本。該書作

稱，既有全景(上海—全國)的視野，又有細部的深描。對「文革人物」，該書的評價力求平情，如對馬天水、徐景賢，當年寫作班子成員、群眾組織頭頭，甚至對王洪文、姚文元，均不取臉譜化。[39] 這也是文革結束幾十年後文革史家應持的態度。

應當承認，李遜該書寫工人(而非「工人階級」)——上海工人——上海造反派工人，有些處令我動容。只是限定絕不可少，尤其上海這一特定地域。該書的限定更細，如體制身份/政治身份/編制身份等等。籠統含混，方便了在大判斷下刪改拼貼。

使文革史敘事走出文革語境、走出當代中國主流意識形態的艱難探索，在史家的不懈努力中。「路線鬥爭」的一套論述，影響於對文革的認知甚深。文革史敘事至今仍有「框架」問題。全無預設、框架的敘述不可想像；問題是何種預設、框架。另有似無預設的預設，似無框架的框架——本書何嘗不然。

記者出身的楊繼繩所著《天地翻覆——中國文化大革命史》(香港：天地圖書有限公司，2016)，不拘守通用的學術範式，材料龐雜而剪裁不足，判斷或失之武斷，仍不失為別具一格的文革史。王年一、卜偉華所著文革史雖已越出了官方相關敘事的框限，論述尤其材料的採用仍控制在官方容忍的限度內。楊繼繩該書涉及了一些被諱莫如深的面向，政治人物被刻意掩蓋的面目，高層關係中不為普通人所知的方面。或多或少以另類敘事，與既有的文革史拉開了距離。楊著所用材料多取自公開出版物而非秘檔，只是其中有些未經採用、不曾入史而已。在官方檔案不開放的條件下，「孤證」、「一面之詞」在所難免。[40]這一段歷史的研究，暫時尚不適用過於嚴苛的尺度，即如取材「精審」。現有條件下，可行的選

者的預期也不止於此。

39　徐景賢直接經驗中的王洪文，與李遜由文獻中讀出的王洪文有不同。參看徐著
　　《十年一夢——前上海市委書記徐景賢文革回憶錄》(香港：時代國際出版有限
　　公司，2005)頁93–105。不同來源的材料無疑有助於豐富對歷史人物的瞭解。

40　李遜、楊繼繩的有關著作均採用了得之於個人間談話、通話的材料。

擇，是寧因陋就簡，待他人、後人訂正。不妨說，無論上述諸書的
材料是否均可採信，都有助於豐富對當代中國政治生態的認知。就
楊著而言，由嚴格史學的角度，「蕪雜」固然，卻另有價值，如
打破官方史學、傳統正史的書寫規範，使來源更多樣的材料得以整
理。據說該書出版倉促，未及改定。本書引用的該書文字如有訛
誤，應以修訂本為準。非史學專業人士的文革史寫作，非因門檻
低，更是應對當局對相關研究的管控。緣此卻有可能打開政治史、
黨史的既有架構，拓寬視野，使更多面向、更豐富的材料進入歷史
書寫。

　　不為尊者諱，亦國內文革史研究質量提升的表現。如除上文
已提到的王年一之於毛澤東，卜偉華之於包括周、鄧、葉在內的高
層人物，也如李遜之於周恩來，楊繼繩之於劉少奇、鄧小平、周恩
來、葉劍英、陳毅等。因此上述著作對某些已有的認知與想像，具
有程度不等的顛覆性。當着真相一層層揭開，某些被苦心營造的形
象終於泥皮脫落。

　　上文已提到卜偉華所撰文革史的採用地方文獻。楊著也以採用
地方性材料見長。該書力圖呈現作為受害者、受難者的基層民眾，
校正片面強調幹部、知識分子造成的文革史錯覺(幹部/群眾，知
識分子/工、農、底層民眾)。上述錯覺固與「話語權」有關(是否
有機會、可能表述)，也未必不出於為降低文革負面效應的刻意忽
略、省略。上述個人著述在官方諱言或刻意淡化的方面(即如部分
地區發生的規模性殺戮，再如民族地區的血案，另如武鬥)，提供
了較為豐富的材料。

　　不必諱言大陸文革史作者的個人背景。這也應屬大陸文革研究
的特點之一。卜偉華曾為清華大學附中紅衛兵，楊繼繩則參加過清
華「四一四」(「井岡山四一四總部」)。不但親歷，而且曾在實際
運動中。這無疑會影響其文革書寫。但卜偉華涉及「西糾」、「聯
動」、譚力夫講話，未取王年一的辯護態度。至於楊著詳述文革中

文革後對「造反派」清算，無疑與「親歷」有關。在我看來，關於「老紅衛兵」，關於「造反派」，諸書敘事的差異，並非均宜歸為當代人寫當代史的「局限」；換一種角度，毋寧作為親歷者對於還原歷史的特殊貢獻，儘管同時也證明了文革後至今塵埃並未落定。

有必要對上述個人著作與文革結束後直至近年來出版的官方、準官方「國史」作比較研究。這一工作本書作者未能進行。對於本書，文革史是材料而非考察對象。上文關於幾部文革史的點評如有冒犯，尚祈諒解。寫作本書，未利用較早問世的幾種文革史，有遺珠之憾。儘管如此，對於篳路藍縷的拓荒者，仍懷了深切的敬意。

讀者不難注意到，本書對國外學人的文革史著述較少利用。這自然限於我的外文能力。即使中譯本，也因不能讀到而望洋興嘆。有的著作，如羅德里克·麥克法夸爾、沈邁克《毛澤東最後的革命》，我所讀電子文本有格式問題，賴子平核對臺北左岸文化出版社2009版中譯本，將頁碼一一標注，才能徵引，或可為大陸文革研究條件之苛刻作一例證。國外漢學家的歷史敘事令我感到不適的，包括關於心理的臆測：對動機求之過深，又缺乏可資憑信的材料。《毛澤東最後的革命》某些處，敘事態度更像在講述「文革故事」（包括宮廷政爭的故事）。較之中國傳統的史學文體，敘事風格更近於「演義」。或許作者的每一判斷均有材料（包括孤證）支撐，材料的可信度似未受到質疑。這種寫法固可避免碎片化，卻也壓縮了想像的空間：一種可能性之外的可能性。

不同於大陸作者的類似著述，該書作者無需在中共政爭中選擇立場、路線，依此劃分正面/反派；也不必為劉少奇、周恩來、鄧小平、葉劍英、陶鑄等人（尤其周）諱，因而大可直書其事。該書批評大陸的有關史述斷章取義，刻意掩蓋與周恩來有關的史實（中譯本，頁282）。這種情況如上文所說，大陸作者出版於香港的文革史著作已有改變。

儘管我對該書的取材、敘事方式多有保留，仍注意到該書為

大陸的文革史所未及或語焉不詳的面向。即如在京外國人、外國
使領館經歷的文革；另如文革中的涉外事件(參看該書中譯本頁
232-239)。對發生於1967年5月的香港左派衝擊英方與同年8月北京
的「火燒英代辦」(按英代辦即英國駐華代辦處)記述尤詳。著者引
英國駐華代辦致英國外交大臣的公文，涉及該事件中暴民對財物的
搶劫與對女士的猥褻。代辦由此看到的，是「紅衛兵的素質」低下
(按其時的中外人士往往對暴民一概以「紅衛兵」目之)。文革當時
國外的反應，在華外國人(包括駐華使節)及在華記者的報道，大陸
的文革史即有涉及，也不若如是之詳細。[41]該書引用的外媒報道，
可供想像文革的外部環境。該書另有未見諸大陸著述的細節，可考
中外研究者關注點的不同，及背後的文化差異。[42]此外，國外的文
革史家對於某些敘述、表述特具敏感，大陸的研究者或因見慣而不
以為怪。

本書多處引用了莫里斯‧邁斯納(Maurice J. Meisner)《毛澤東
的中國及後毛澤東的中國》(中譯本，四川人民出版社，1990)的有
關論述。該書分析文革，勝義迭見。卻也仍有緣於隔膜的過度詮
釋。如關於吳晗的劇作《海瑞罷官》，認為「對於在政治上十分敏
感的中國讀者來說，無需多麼豐富的想像力就可以將專制君主認同
為毛澤東，將清官認同為彭德懷，而將對農民土地的兼併認同為大
躍進的政策」；吳的劇作不過是其時「反對毛澤東主義的歷史諷
喻和政治諷刺作品中的一部」(中譯本，頁413)，即多少出於想當
然。關於吳晗該劇寫作的近緣已有考察。作為遠緣的，毋寧說是中
國「清官戲」的傳統。其時固有所謂的「影射史學」，對《海瑞罷

41　至於該書作者將武漢「七二〇」事件與火燒英國代辦處視為左派的影響達於
　　頂峰後的「轉折點」(中譯本，頁237)，或更出於由「外部」的觀察，尚可討
　　論。

42　即如該書關於1969年4月中共九大選舉中央委員會的程序的敘述，即示人以不
　　為歐美等西方國家所知的「協商—選舉」實施的案例(中譯本，頁299-302)。
　　這一制度沿用至今，僅有小小改動，即如偶一為之的「差額選舉」。

官》由影射方面的指斥，仍然更出於當局的特殊解讀。[43]

　　楊奎松《中華人民共和國建國史研究》（江西人民出版社，2009）、沈志華《思想與選擇——從知識分子會議到反右派運動(1956–1957)》（香港版國史第三卷），令我對近代史專家的學術功力印象深刻。兩書史料梳理之細緻，論證的謹嚴、縝密，體現的正是史家風範。

　　文革中的上海雖不便言「地方」（中央／地方），李遜的上海文革史仍然證明了地方文革史書寫，有可能成為打破標準化歷史敘事的有效途徑。條件當然是，地方史的整理不以官方史學也不以任何已有、現成的敘事框架為模板，充當官方、已有文革史的註腳。皮埃爾·諾拉有所謂的「多數的法蘭西」。[44]文革史的「去中心化」，確有可能成為突破的關鍵——去京、滬中心，讓空間、地域差異充分顯現。如此，也一定有利於脫出「高層—陰謀論」的視角，脫出線性歷史，呈現更廣大的「民間」、共時空間中的豐富面相。

　　1990年代至21世紀最初幾年，端賴較之此後相對開放的言論環境，相關出版物集中問世。包括《廣西文革大事年表》（廣西人民出版社，1990）、《沙甸回族史料》（雲南：開遠市印刷廠，1989）等。此後言論空間收窄，或許有更多地方文獻被秘之檔案櫃中。由此也足證當代史考察的賴有機緣。有些條件甚至稍縱即逝。至於各地文獻工作的差距，或可作為因人成事的例子——是否有敢於擔當的地方幹部，與有道義責任感的工作人員、知識群體。

　　香港明鏡出版社版《文革機密檔案——廣西報告》，係據中共廣西壯族自治區委員會整黨領導小組辦公室編寫的《廣西「文革」

43　該書關於《燕山夜話》、《三家村札記》的解釋也有類似的牽強之處（參看中譯本頁413–414）。

44　1978年到1992年，皮埃爾·諾拉邀集120位學者共同完成了135篇長論文，結集為三部七卷本《共和國》、《民族》、《多數的法蘭西》，即《記憶之場》。按「多數」一作「複數」。

檔案資料》第18冊《廣西文化大革命大事記》印製，與上文提到的由廣西文革大事年表編寫小組編寫的《廣西文革大事年表》，未知是否同一書。《文革機密檔案——廣西報告》乃出版於境外的《真相》系列第八十九種。由此可知境外文革文獻的出版規模之大。據該書宋永毅序《〈文革機密檔案——廣西報告〉和「文革」研究的新課題》，由廣西同一機構編輯的《廣西「文革」檔案資料》1988年12月完成內部出版，計編印18冊，每冊600至800頁，分為文革大事件與大事記兩部分(頁7)。該自治區在文革資料整理方面的投入，或為他地所不能及。只是「內部出版」限制了考察者的使用。大陸文革史考察受限於資訊的獲取，亦應因上述「內外有別」。

上文已提到卜偉華、楊繼繩對地方文獻的採用(兩書採用的地方文獻，主要出版於1980–1990年代)，足證地方史、地方文獻對於文革史撰寫的重要性，地方人士對當代史的巨大貢獻。就中廣西、山西、四川等地尤為突出。[45]地方文獻的價值，由地方人士創造。各級黨史研究室、地方史志辦公室均有貢獻。我在從事明清之際思想文化研究時，曾接觸從事方志工作的人士，其對於鄉邦文獻的珍視，搜求不遺餘力，令人感動。至於知識人以個人之力從事的調研(如對大興、道縣、廣西多地的血案)，補已有認知的盲點盲區，毋寧說更有其艱難也更為可貴。

不應忽略威廉·韓丁(William H. Hinton)的《深翻》一書(中譯本由香港中國國際文化出版社2008年出版)。[46]一個美國人，被特許考察文革，在「特務」帽子滿天飛的年代，是極為特殊的待遇。《深翻》記述了這個被認為「友好人士」的外國人眼中文革期間的北中國(尤其山西)鄉村，某些記述巨細靡遺——也應因了面對亂象的錯愕與困惑。中國人那裏習以為常、不以為異的，或許使這

45　收入《文革大屠殺》一書的徐勇《韋國清剿殺四二二派》一文，大量徵引了由廣西人民出版社1990年代出版的縣誌、市志。

46　《深翻》一再提到1977年。該書關於文革的調查記錄應寫在1971年，全書定稿或在1977年前後。

個外國人印象深刻。韓丁的有關記述，應屬當時來自局外(且國外)
的具體詳盡的調查。即使不盡與所寫事件同步，也極其逼近「現
場」；近於有聞必錄，顯示出相當清醒明晰的判斷力，以至對人事
的微妙方面的感知能力。

趙瑜說自己寫作長篇報告文學《犧牲者——太行文革之戰》
(自印書)的宗旨，在「以一個地區為主體，釐清北京當局與地方文
革的邏輯關係」(《再致讀者》，頁4)。或要有這樣的目標設定，
整理如此巨量的材料才更有意義，儘管該書稿迄今未獲出版機會。
《犧牲者》，以對倖存者的訪談、當年的有關文字(如日記、申訴
材料)及官方文獻為基本材料；何蜀的《為毛主席而戰——文革重
慶大武鬥實錄》(三聯書店(香港)有限公司、香港浸會大學當代中
國研究所，2010)既引用官方材料(如《中國共產黨重慶歷史大事
記》，重慶出版社，2001、《重慶市志》，四川大學出版社，1992)，
亦使用「未刊稿」。「犧牲者」是個好題目。不止受難、受害，文革
中有性質更多樣的「犧牲」。甚至加害者，也未必不以犧牲良知、
扭曲心性為代價。對此我們至今未曾仔細地辨析、盤點。

高校以復旦大學對上海文革史的研究貢獻尤鉅。由金光耀、金
大陸主編的《上海「文革」史研究資料彙編》雖未公開印行，其立
項、成書，應賴有關方面的開明。未聞其他高校有類似項目，取得
如此可觀的成果。當年北大哲學系學生陳煥仁的《紅衛兵日記》出
版於香港(見上文)。考察北大1950–60年代的政治運動，須憑藉陳
徒手《故國人民有所思：1949年後知識分子思想改造側影》一書提
供的材料。[47]

《上海「文革」史研究資料彙編》乃復旦大學歷史系、上海

47　與北大、清華的文革有關的出版物，有唐少杰《一葉知秋——清華大學1968年
　　「百日大武鬥」》(香港：香港中文大學出版社，2003)；啟之《水木風雨——
　　北京清華大學文革史》(臺灣：獨立作家出版社，2014)；奚學瑤等主編《告
　　別未名湖——北大老五屆行跡》(九州出版社，2013)；奚學瑤等主編《風雨未
　　名湖》(即將出版)等。其他尚有自印書。其他高校或也有相關出版物。上述著
　　作，限於精力，本書未能充分利用。

社會科學院歷史研究所的合作項目。該項目或有經費支持，卻更賴有項目主持者持之以恆的努力。收入其中的資料，則部分地來自提供者的協助，收藏者的無私奉獻（見下文）。上述諸條件的輳集，實屬難得。該項目的主編在《心嚮往之……——我們的理解和承擔》（代前言）中說，上海在文革中即使有機構、人事的變動，「文件、資料、統計等信息運作和信息管理卻從未中斷」；「上海圖書館、上海博物館等機構的革命造反派曾數次正式發佈文件徵集『文革』史料」；「通過各組織機構送交市、區、縣各檔案館保管的『文革』時期形成的各類資料，相當完整地處於良好的保存狀態中」。上述情況，應如實地視為一個城市文明程度的體現。「代前言」說該《資料彙編》以「深部與細部」為追求。這也正是該項目的特殊貢獻。「深部與細部」仍是文革研究的瓶頸所在。李遜的上海文革史，與這套《資料彙編》，足以使上海處於「文革區域史」研究的領先地位。資料整理外，金大陸尚著有《非常與正常——上海「文革」時期的社會生活》（上海辭書出版社，2011）。

　　有其人乃有其事——北京的陳徒手，[48]上海的李遜、金光耀、金大陸，四川的何蜀，山西的趙瑜等。關於「內人黨」一案，有圖們、祝東力《康生與「內人黨」冤案》（中共中央黨校出版社，1995）。[49]關於湖南道縣血案，收入《文革大屠殺》一書署名章成的《湖南道縣農村大屠殺》一文外，另有譚合成《血的神話：公元1967年湖南道縣文革大屠殺紀實》（香港：天行健出版社，2010。按譚合成即章成）一書。發生在各地的文革，尚待更廣譜地搜索與發掘。不但地方史，中央各部委史，中國科學院史、中國社會科學院史，各高校以至中學的校史，其他如單位史、村史等等，均應有

48　陳徒手近年來除有關文革前夕文藝界整風的系列文章，尚有關於北京文革的多
　　篇考察，發表於《隨筆》、《書城》等刊物。

49　地方文革史，尚有啟之《內蒙文革實錄》，香港：天行健出版社，2010；關於
　　山西，趙瑜的《犧牲者》外，另有石名崗執筆的《文革中的山西——山西文革
　　親歷者的記憶與反思》。

與文革相關的部分。其書寫策略，寫與不寫，寫什麼與如何寫，刻
意凸顯或刻意隱藏，都會有複雜的語義可供玩味。

　　豐富了文革史考察的資料的，更有個人收藏。金光耀談到復旦
大學歷史系學生徐振保文革期間編選刻印的《復旦大學大字報選》
（《一份重要的歷史資料》，《書城》雜誌2014年3月號）。該套大
字報選於1967至1968年分三冊刻印，字數逾六十萬，作為《上海
「文革」史研究資料彙編》第一批重印。據徐振保口述《復旦「文
革」資料的收集與保存》，徐不但於1966年即發起成立「復旦大學
『無產階級文化大革命』資料徵集小組」，且在1967、1968年間將
所搜集的資料彙編為「大字報選」、「大事記」、「名詞解釋」、
「報刊社論、報道、文章篇目索引」、毛關於文革的重要指示等
五種，所從事的正是史家的工作(該口述刊《書城》雜誌2013年2月
號)。徐在接受訪談時，談到自己當年對大字報的編選得到了復旦
造反派紅衛兵的支持(見作為《資料彙編》之一種的《復旦大學大
字報選》中《復旦文革「太史公」徐振保訪談錄》)。

　　收藏本是人的慣習。專項收藏往往繫於癖嗜。收藏文革材料
由慣習而自覺，緣愛好至專門名家，也就於官方機構外，有了別
種存史料的渠道。金大陸《非常與正常——上海「文革」時期的社
會生活》一書附錄五，有關於陳國康(陳老頭子)文革資料收藏及
捐贈其藏品用於建復旦大學「文革研究資料庫」的記述(上冊，頁
309–319)。於捐贈外，個人藏品進入文物市場，亦可補已有史料
之不足。

　　意識到自己「在歷史中」，在大事件中，同步搜集、整理文革
文獻的例子，另如徐曉筆下的趙一凡。據徐曉《無題往事》一文，
趙搜集的資料，包括小報、傳單，及拖着病殘之軀「到各個大學親
手抄來的大字報底稿」(見徐著《半生為人》頁63–64，同心出版
社，2005)。趙在其所擬遺書中說：「我曾有一個願望：找一個有
志者合作整理一份文化革命的真實歷史，供後人參考。如果遇到這

樣的同志，請徐曉把我積累的許多文化革命資料轉送供其使用。」（《民間書信》附錄，頁307）趙於1988年去世。其搜集保存的資料在他去世後被保姆當廢紙賣掉。

不少回憶文字提到交換「小報」之為文革中一景。本書上編第四章也寫到北京圖書館等機構當年的搜集紅衛兵小報。可證有「存史」的自覺的，大有其人。可以想見，尚有相當多未經整理的材料在民間，蠹食水浸，或永無見天日的一天。

流行的修辭方式有「一個人的……」。即如「一個人的抗戰」、「一個人的城市」、「一個人的村莊」等等。值得講述的，自然有「一個人的文革」。上文說到不以地方史為文革史的註腳。個人史亦然。這種自覺有利於提升歷史書寫的品質。儘管個人史較之地方史，更不免於諸種限囿。倘在嚴控下仍然有縫隙，原因之一就應當是，當局沒有可能抹掉個人史中的十年。防民之口，甚於防川，何況防民之記憶！文革史不但在國史、地方史，也在所有親歷者的個人史中。撕開禁忌之幕，仍賴有諸多個人歷史敘事的推動。

陸鍵東所著《陳寅恪的最後20年》1995年由三聯書店出版，反響強烈，帶動了類似選題。2005年，由敬文東主編、中國文史出版社出版的題作「最後××年」的一批著作問世，如彭華的《馬寅初的最後33年》，耿傳明的《周作人的最後22年》，賈振勇的《郭沫若的最後29年》，秦林芳的《丁玲的最後37年》，李揚的《沈從文的最後40年》，羅銀勝的《顧準的最後25年》等。「最後」的始點，通常即1949年前後。2014年張新穎《沈從文的後半生(1948–1988)》（廣西師範大學出版社）出版後，也引起了廣泛關注。「後半生」斷自相近的時間點。稍前，韋韜、陳小曼《父親茅盾的晚年》（文化藝術出版社，2008）不同，由文革前夕寫起，以此為茅盾晚年的起點。「最後××年」、「後半生」、「晚年」，或可認為規避「敏感性」的命題方式。即使有不得已，仍然有效而貼

切。有足夠多的知識分子、知名或不知名的人士值得專書講述。這甚至與他們的學術、文學成就未必那麼相關，只是因為他們的人生就是一部份量沉重的書。

個案研究大有助於歷史研究的深化。《陳寅恪的最後20年》後較有份量的，尚有上文已提到的劉海軍所著《束星北檔案：一個天才物理學家的命運》。歷史學者的個案考察，楊奎松的《忍不住的「關懷」：1949年前後的書生與政治(增訂版)》(廣西師範大學出版社，2013)、《「邊緣人」紀事——幾個「問題」小人物的悲劇故事》(廣東人民出版社，2016)足稱力作。早已有人致力於打撈普通民眾以至底層民眾、邊緣人群的當代史。馮驥才《一百個人的十年》(見前注)外，另如林賢治主編的《烙印——「可以教育好的子女」的集體記憶》。「一個人與一個時代」，理論上這「一個人」可以是任一人。由一個人探察一段歷史，本不是新路徑。問題在那個人的是否有可能映照一個時代，作者對「人與歷史」的關係的發掘是否足夠深入。陸鍵東、劉海軍、張新穎、楊奎松的如上著述，證明了這一路徑的有效性。

《知青家長李慶霖》(中共中央黨校出版社，2015)一書的作者黃志雄，自說閱讀了李的「卷宗」及與其相關人物的案卷，「幾千萬言的交代材料、證人證言、會議簡報、會議記錄、大字報底稿、電報稿、講話稿、書信」(《前言》)，是「文革人物」考察較為詳盡的一部。作者在該書《前言》中說，因使用的基本材料為卷宗，「相當程度上排除了當事者接受採訪時自我標榜的虛誇成份，也在相當程度上解決了由於人性弱點帶來的記憶選擇性遺忘問題」，卻可能有政治高壓下的「自誣或誣陷」(頁3)。黃著為「長篇紀實文學」，不免使用文學筆法。作者說該書所追求的「僅僅是文學意義上的真實，而不是歷史學意義上的真實」(同上)。由我的目的，可資利用的材料有限。

文革史在追溯中生成，在相互扞格、矛盾的敘述中生成。基於

不同經歷、現實處境的回憶、追溯，參與了文革史的建構。文革期間不但各地，而且幾乎各單位都有其「事件」，當時曾被誇張地記述以至渲染。文革作為一大事件，確也由難以數計的諸種「事件」構成，使運動充斥了戲劇性時刻，呈現出繁複的面相。不同於前此的運動，正是失控，失序，使劇情豐富。多種利益的表達，多種思考、行動路徑的交錯，多種行為取向，因失控、失序而成為可能。還原「運動」的過程，官方說法、主流論述外逸出的部分，地方性經驗與個人經驗，各有其不可替代的價值。

中國知識界、出版界蘊藏了巨大的潛能。大陸出版界、出版人為「存史」做出的貢獻，不可低估。如1990年代北京十月文藝出版社推出的「百年人生叢書」，大致同一時期中國青年出版社出版的「野百合花叢書」。儘管氣候屢變，出版人仍利用了一切可以利用的條件。這種對歷史的責任感令人感佩。上承民國優秀出版業者、媒體人的傳統，他們中正有魯迅所說不愧為「民族的脊樑」的「埋頭苦幹的人」、「拼命硬幹的人」（《中國人失掉自信力了嗎》，《魯迅全集》第六卷，頁118）。

讀者會注意到本書對港版書的利用。香港出版業對大陸當代史研究的貢獻，人所共見。當然，在較之大陸遠為自由的環境中，不免泥沙俱下。卻因大陸出版業受限，港臺（尤其香港）出版的大量相關書籍，貢獻難以估量。《王大賓回憶錄》的《後記》說：「我要感謝中國還有香港這樣一個還有出版自由的地方，讓失敗者也能寫出自己的歷史，且不用藏之深山，留予後人，而能在我生前就可得以出版發行」（頁252）。對此心存感激的，自不止王大賓。不但受害者、而且被認為有過惡甚至罪孽者也可以說話，是文明社會的表徵；即使只能發表、出版於境外，較之1950–70年代，仍可認為「網開一面」。對此，你或許會惋惜有太多重要的當代史人物帶走了他們的聲音。

以文革為時段，稍為開放的話題，乃知青與五七幹校。文革

後有所謂的「知青文學」；幹校回憶有多部在境內出版。關於知青「前身」紅衛兵的著述，就沒有這樣幸運。稍涉敏感——是否敏感，由官方機構判定——問題，只能出版於境外，亦中國特有的現象。我猜想對境外出版機構未必有意放任，只不過暫時鞭長莫及而已。倘既有「外版」又有「內版」，後者多半經了「技術處理」。也證明了對於文革，的確是選擇性地屏蔽。屏蔽哪些，是值得考察的題目。寧任境外「黑幕」類出版物流行，也不能將這段歷史開放給嚴肅的學術研究以正視聽。這種禁抑，不利於培養對於歷史的健全態度。適度開放，逐漸放開，使民眾習於冷靜地面對既往，借用執政黨曾慣用的說法，豈非更明智，更符合民族的「長遠利益」、「根本利益」？

關於文革的非正式出版物，自印書及網刊、網文

　　文革期間的非正式出版物，包括油印、鉛印的小報、傳單等，或不盡能「傳信」，卻保留了「現場感」。文革結束之初，由新成立的中國社會科學院編輯的《未定稿》在「思想解放」運動中發揮的作用，曾受到高度評價。[50]互聯網時代的自媒體，催生了網刊網文與自印書。無論文革中的非正式出版物還是互聯網時代的網刊、自媒體，均突破了官方對資訊的掌控，也改變着固有的「史料意識」。

　　本書較少利用網文網刊，緣於積習，無關價值衡度。毫無疑問，網絡時代的自媒體，提供了拓展傳統史學的契機。我所讀到的文革史中，楊繼繩的《天地翻覆——中國文化大革命史》較多地使用了「文革史料電子刊物」。該書《前言》提到的就有《記憶》、《昨天》、《往事》、《文革博物館》等。民間、草根「存史」的努力，最是希望所在。那些將自己的文革故事上傳到網上的具名不

50　該《未定稿》既非民刊亦非自印本，係由當局特許，作為內部刊物在一定範圍內流傳。

具名的網民，參與的正是歷史記憶的大工程。雖處境艱難，傳播範圍受限，電子刊物仍在輿論管控的縫隙中頑強生存。開一條縫，漏一線光。在被作為獵物的追逐中，留下氣味、印跡。禁制中的寫作不免是戴鐐的跳舞，其寫作姿態必留有痕跡在文本中，有待後人細細辨認。而「禁制」作為情境，對書寫的意義從來是多方面的，既有壓抑，亦有激發，使文本富於張力。

　　已有與當代中國史有關的大型數據庫。當代史研究條件的改善，非前此所能想像。存留至今的文革期間出諸群眾組織的文字材料，批判文章、大事記、年表、大字報彙編、傳單以及小報、刊物等，賴數字技術得以保存與使用。圖書館系統保存有相當數量以文革為議題的學位論文可供查閱。由我所見選題看，論文涉及地方社會的文革，特具價值。查考論文作者所處地域，論文完成的時間，即可測知不同時、地相關言論開放的程度，以及相關選題受制於政治氣候逐漸退出、趨於消失的過程。

　　對搜索引擎的掌控與相關網站的關閉，使網上資訊的獲取增加了難度，勢必對學術文化發展產生負面影響。只是終究不再能控制到鐵桶一般。道高一尺，魔高一丈。較量既在技術層面，也在意志。這種博弈正在不斷刺激社會管理手段的「升級」。由可以預見的未來，尚難以期待一個真正的「開放時代」的到來。

　　「相關鏈接」不但有助於擴大與豐富「資訊」，也在助力打開新的思維空間。卻也要說，儘管科技發展提供了信息處理的更大可能，仍難以避免信息的某種同質性。更多人借助互聯網有了發聲的機會，信息不對稱卻依然存在；包括歷史信息。某些至關重要的信息甚至隨時有消失的可能。科技進步並非總能敵得過集權的力量。某些給定的條件仍將限制對歷史的想像與敘述——或也不惟中國如此。此外還應當說，信息處理技術體現的，不能不是技術操控者的意向。儘管如此，信息量的增大仍有助於多元，使異質信息有傳播的可能。我個人因電子技術方面的低能，較少對「搜索引擎」的依

賴，限制了材料的獲取。或可用以解嘲的是，「手工作坊」的工作方式另有其益處。一本一本一篇一篇地讀過去，固然原始，卻有可能保有對文字(表達，修辭)的敏感。回頭盤點，自以為得大於失。

　　網絡、自媒體鼓勵了個人史、家族史的寫作。微觀歷史的意義自有因人之異。某些關鍵人物的十年固然像是具體而微的文革史，普通人的十年，意義卻可能更在既有文革史所未及的面向，而不止於充當歷史的「血肉」或註腳。諸多微觀歷史的意義或不在可用以整合入大歷史，而是為修訂、擴充已有的歷史認知與想像提供可能。所有上述努力，無不匯入修復、重建當代史的大工程。

　　在紙質出版物受限於審查制度的條件下，有可能作為替代的，是「網上文革」。巴金生前關於建立文革博物館的建議被無限期擱置，卻有民間資本支持的「文革博物館」。更接近於巴金的設想的，或許是由宋永毅主編、香港中文大學中國研究服務中心製作的《中國文化大革命文庫》光盤、《中國文化大革命數據庫》(網絡版)。上述「文庫」與「數據庫」尚在持續擴容。虛擬空間的「文革博物館」始終在「一磚一瓦」地建造中，相信終有一天可告慰巴金的在天之靈。

　　上文提到了被歸為「幫派體系」的人物的回憶錄由境內外出版機構出版。經由網絡，某些曾經敏感的名字漸次脫敏。網絡福壽園徐景賢紀念文館即一例。偶爾看到關於水利專家黃萬里，關於《何日君再來》的詞曲作者劉雪庵的專輯，製作精良，較紙質書別有感染力。這類網絡「人物志」，倘無來自權力的干預，有無窮衍生的可能。

　　「自印書」非即傳統意義上的「非法出版物」；與通過官方機構審批的「正式出版物」不過有傳播方式、渠道的不同。本書一再引用的趙瑜的《犧牲者——太行文革之戰》係自印書。該書採用了其他民間文革史料搜集、整理者提供的材料(參看該書中冊頁260)。[51]在網

51　《犧牲者——太行文革之戰》始作於2004年，至今已長達百萬言。趙瑜因惑

絡顛覆了關於「媒介」的既有定義之後，不妨認為，自印書未必較所謂「正式出版物」缺少可信度。

　　未能利用已相當完備而龐大的數據庫，乃因能力及既經形成的工作習慣。較少利用大陸的網文網刊(據說須「翻牆」才能獲取)，除受困於電子書的難以搜尋，不免對當局的網控缺乏更痛切的感受。據聞近年來非止文革，早已脫敏的「反右」也恢復了敏感性。某搜索引擎竟將一些人物「反右」、文革的歷史生生地抽去。這種鴕鳥式的對歷史的態度，在「信息時代」尤顯荒謬。

文學藝術之於歷史記憶

　　文革結束後最初的十幾年間，對「文化產品」尚有優容的氣度。尤其小說。我對革命史、當代史某些事件最初的瞭解，得之於1980年代的文學，即如張煒的《古船》之於暴力土改，喬良的《靈旗》之於紅軍長征途中的內部整肅。「傷痕文學」的氛圍中，曾由王安憶《流逝》的另類文革敘事感受過觸動。1980–90年代之交轉向明清之際，中斷了當代文學的閱讀。雖曾補課，畢竟錯過了太多。寫作本書，也如考察明清之際，未能利用文學藝術提供的材料，是一大遺憾。但我知道，不但小說而且影視、舞臺藝術對於文革的敘述，從未停止；當代文學研究者的相關研究，也始終在艱難進行。因作品數量龐大，任何舉證都難免掛一漏萬。清理幾十年間海量的作品，是一個必得賴有合作的浩大工程。

　　文革結束後有「重放的鮮花」。被封禁的作者、作品逐一解禁，屬修復殘缺文學史的過程。文學作者、研究者以其書寫，參與了當代史的重新敘述以至改寫的大工程。

　　當代中國文學在一段時間裏，僅僅被外界作為瞭解中國社會的參考性材料。這一接受角度包含了對中國文學作為「文學」的價值

地說，「誰知道為什麼，許多文革著作，非在國外出版不可？」(《再致讀者》，頁3)

的輕視。即使由這一帶有歧視性的角度，中國文學的貢獻也不可低估。「史詩情結」有可能使我們自己低估了文學對於重塑當代史、保存歷史記憶的貢獻。那是幾代文學藝術家的集體貢獻。文革在大量敘事作品(小說、話劇、影視等)中，在大量詩作中。作家的筆觸無所不至，進入了史學難以進入的角隅，由城市的弄堂街巷到窮鄉僻壤，不同地域，社會的各個層面，處境命運互異的個人，尤其邊緣人群，他們的日常生活與私密空間。本書下編《札記之二》談到了「差異—變量」。小說家最是捕捉這類「差異—變量」的好手。即使有諸多禁忌，仍不能使文學敘事標準化，足以令企圖達成輿論一律者徒歎奈何。豐富的差異是文革史的一部分，是文革史不可能被窮盡的一部分。禁抑不能使文革由小說、戲劇、影視、繪畫作品中消失，是文學藝術的性質本身決定的。八十年代至今，不斷有人問何以我們的時代沒有「偉大的作品」，我想也應當因對那些「偉大」的因素視若無睹：它們可能是分散的，散佈在不同的作品中，不同的作家那裏。當然我們不妨期待文學提供更大的反思深度，即使包含了這種深度的作品並不具有「史詩」性質。我們很可能已擁有了這樣的作品，只是指望擁有更多而已。[52]

　　讓細節呈現，以此喚醒記憶，小說有效地承擔了這一任務。小說家的長技，在深入「人倫—人性」層面，梳理歷史生活中人事葛藤的錯綜纏繞。也因此呈現「文革中的日常生活」尤其是文學的強項。文學深刻影響了想像文革的方式。我們由回憶錄中讀到的，往往是當年「紅衛兵小將」的文革，落難官員的文革，知識分子的文革。升斗小民的文革，更賴小說拾遺補闕。正如我們不能避免用別人的方式、憑藉現成的框架思考，我們也常常不免用別人的方式依

52　一些年前詩人于堅說，自己「最重要的作品還沒有寫出來」，那就是「文革時代的經歷」。還說前幾十年自己「總是把文革看成負面的東西」，五十歲之後，「終於看到它的正面意義」，認為「文革就是我的遺產」，他希望能將那段歷史生活中「隱含的東西」寫出來(于堅、河西《寫作就是從世界中出來》，《上海文化》2010年第2期，頁126、127)。不知于堅此後是否寫出了自己「最重要的作品」。

現成的線索記憶、回憶。對於傷害記憶深刻，以至刻骨銘心；最先
忘卻的，是大量平常的日子，十年間的日常狀態。小說較之其他文
類，更宜於「模擬」日常生活，有助於保存、喚醒關於日常情境的
記憶，同時讓你窺見了種種你所不知的別樣、別處的生活。既往生
活的某些角隅，那些光影、響動，被記憶濾掉的，有可能經由文字
復現。文學提醒你，即使在文革這種非常時期，生活的顏色也如此
斑駁陸離。小說保存記憶的功能，包括保存一時期的語言材料、言
說方式。小說這一方面的功能尤不可替代。文學不但給你看到了革
命中人們依然保有的情慾，而且力圖復原激發情慾的具體情境。由
是，「歷史脈絡」變得複雜曖昧了。經由敘事，文學有可能在你我
不覺間，暗中修改了被公認的事件的邏輯。某些複雜隱蔽的線索，
確也宜於由文學藝術梳理。

　　文學作品與回憶錄的不同，也在其中大量「冗餘」的內容，除
非「主題先行」而又「直奔主題」。在好的小說那裏，「冗餘」的
部分攜帶了豐富的信息，將一段歷史生活未經修剪的蒙茸狀態呈現
其間，令你意識到已有的「歷史主題」刪除、省略了一些什麼。回
憶錄以至「紀實文學」不能取代的，也在這種地方。當然，藝術品
質低劣的作品除外。

　　以細節的飽滿豐盈，展示一個生命完成自身的條件，尤其這
條件中極個人因而不可複製的方面，是小說所能做到、而史學方式
難以達成的。這裏有不同文類的臨界點，各自的限度。歷史過程之
於人，是一項難於以學術方式處理的課題：什麼樣的人，何種處境
中的人，處於「過程」的哪一點上的人，等等。不作限定即無從考
察，限定又預先決定了結果的樣態。對於這類題目，文學有可能較
之社會學、歷史學等更有施展的餘地。長篇的容量，不難負載相
當的時間長度與較為複雜錯綜的線索。文學拒絕化約。你仍會忍不住
想，倘若能將已有的作品拼貼，會呈現怎樣的二十世紀中國的圖景？

　　以文革為題材的文學作品難免於「後見之明」。其價值或也正

在此，即在敘事姿態，語態，角度的選取，對記憶的取捨與甄選。即使寫於所謂「現場」的日記、書札，也不但受限於個人經驗、眼界，甚至懾於語境而有所諱飾。我們歸為「史料」者莫不如此。以文學為材料的文革考察，題中應有的，即是被文學揀取並放大、賦予意義的，是何種細節、表象，這些細節、表象被組織在怎樣的敘事結構中。如若不強調修辭的因素，應當說，上述要求在處理其他材料(包括回憶錄、訪談錄等)時同樣適用。由這一點又應當說，固然有虛構/非虛構，文學作為材料與其他材料的區別有可能被誇大了。較之某些非虛構作品，小說等文類對記憶的建構或許更富於反思的深度。回憶錄式的敘述難免於「套路」，小說作為文體畢竟更富於「革命性」。

文革期間尤其文革後期的「隱微修辭」，值得作專項研究。因資源匱乏，那種修辭手法或遠不夠豐富，卻能有效地溝通。文革結束後的小說，是收貯此類修辭的倉庫(如王朔小說)。因對語境的極端依賴，這類言說漸如密碼、接頭暗語，必加註釋才能令後人讀解；卻也因此使文學作品浸染了那個時代特有的空氣，作為語言現象有其特殊的研究價值。

至今以文學為分析材料的論著或已汗牛充棟，我卻僅讀過許子東的《重讀「文革」》(人民文學出版社，2011)。分析「紅衛兵—知青」一代的文革小說，許子東說，「這個群體曾在『文革』中扮演重要角色，這個群體寸步都無法離開自己的視角去記憶『文革』。這是一種只管自己表現宣洩的，只屬一代人的文學。」(《重讀「文革」》頁191)許子東由他所設研究角度發現，「所有的『文革小說』在某種意義上是同一結構的不同變體，是同一『故事』的不同說法，是同一『集體記憶』的不同記述類型。」(同書頁9)我猜想如若許子東繼續這一方向上的研究，所得或已不同，尤其當他的考察不限於「文革小說」，不限於「紅衛兵—知青作者」當代題材的小說。

　　較之小說，我更難以置喙的，是當代詩歌。日本學者岩佐昌暲與中國學者劉福春合編的《紅衛兵詩選》(福岡：中國書店，2001)，收入岩佐《文革文學的研究狀況及本資料集》一文，對大陸「文革文學」的梳理，有日本學者特有的細緻。大陸的當代詩歌研究較之小說，成果應同樣可觀。

　　當局的審查制度應對流行文化或尚有效，卻難以禁絕文學藝術的傳統文類、形式的文革敘事。包括影視，話劇。以我有限的觀影體驗，印象深刻的，就有顧長衛執導的《孔雀》，王小帥執導的《青紅》、《我11歲》，陳凱歌導演的《霸王別姬》，張藝謀導演的《山楂樹之戀》、《歸來》等。至於包含有文革故事的電視劇(如《大工匠》、《老農民》等)，更不勝枚舉。另有舞臺劇。在當局嚴防死守的2017年，北京話劇舞臺演出了萬方編劇、賴聲川導演、藍天野、李立群出演的涉及「告密」的話劇《冬之旅》。意識形態管理部門、文化官僚與有良知的知識人之間的博弈，註定了要持續下去。在嚴肅的當代史研究遭遇困境的條件下，文學藝術仍活力充沛，面向公眾，發出這個時代的知識人本應發出的聲音。

　　文學藝術的當代史敘述，貢獻絕不限於文革。抗日戰爭中的「正面戰場」外，另如涉及「土改」的張煒的《古船》、方方的《軟埋》，尤其「反右」。近年來諜戰片熱播，少有人想到劇中人物1949年後可能的命運。即如姜偉執導的《潛伏》，隨國民黨赴臺的中統臥底共諜在文革中相關機密外泄之後。另如李雪執導的《偽裝者》，汪偽政府中潛伏的共諜能否逃過「潘揚」一案的牽連；軍統特務後受庇於北平地下黨，如何能在鎮反、肅反中得以保全。至於「國際特科」中倖存者的命運，劉進導演的《懸崖》播出後即有文字披露。2018年涉及中共諜報人員1949年後命運的電視劇《風箏》(導演柳雲龍)延宕數年後播出，引發熱議。有相關的歷史知識，上述故事的殘酷性才有可能被感知。上述諜戰片呈現了抗日戰爭期間國共諜報系統間的複雜關係(其中有國共間的灰色地帶)，有

為抗日戰爭時期國民黨情報機構、諜報人員恢復名譽的效果，有助於複雜化與國民政府有關的認知，潛移默化地影響於歷史想像，功效不便低估。

翻開王明賢、嚴善錞著《新中國美術圖史1966–1976》（上海：上海人民美術出版社，2014），文革時代特有的氣息撲面。收入該書的美術作品你都似曾經眼，只因你熟悉那一種繪畫、雕塑語言。今人指為「視覺污染」的，曾無論城鄉，鋪天蓋地，觸目皆是，構成了你呼吸其中的日常環境的一部分。

文革結束後文革題材的繪畫作品，包括了寫實與先鋒藝術（包括「政治波普」）。如陳宜明、劉宇廉、李斌的連環畫《楓》、程叢林的《1968年×月×日》、高小華的《為什麼》、王廣義的《大批判》等。傳統的肖像畫也被用於表達。徐唯辛《歷史中國眾生相：1966–1976》，包括100幅人物肖像及相關的影像訪談資料、實物資料，多重媒材形成互文關係。[53]

2005、2006年之交，艱難地結束了一項研究之後，我給自己放了一段時間的讀書假，補讀因過於功利的定向閱讀而無暇顧及的書。其間選讀的就有部分1990年代後的小說，希望借此休整疲憊困頓的身心，恢復對文學的感覺能力。在此期間閱讀的，有張承志的《心靈史》，王安憶的《長恨歌》、《富萍》、《桃之夭夭》，余華的《在細雨中呼喊》、《活着》、《許三觀賣血記》等。後來還讀了王安憶的《啟蒙時代》，余華的《兄弟》。《長恨歌》與文革有關的敘述，在作者毋寧說有其一貫，即無論怎樣反常、非常態的歷史時期，不但都有飲食男女的凡俗人生，且有雖在通常認為反常、非常的境遇中，卻保有了常態者。僅據如此有限的閱讀經驗，自不足以由本書所設角度評論當代文學。必須承認，經學術工作幾十年的銷磨，我的文學感覺已大大地鈍化。本書不將相關文學作品

53　相關報道見《南風窗》2009年第1期。徐被該報道稱為「公共知識藝術家」。據同篇報道，徐同時創作的，還有《歷史中國眾生相：1957》。

納入，既因對作品量的畏懼，也基於上述自知之明。立此一目，不過意在強調此一向度的重要性罷了。至此應當說，本篇所說的「材料」，不限於本書所用材料，還包括了本書作者因能力所限未能使用但以為應當作為材料的材料。

將傳統史學所認為的「史料」與文學藝術(小說、影視、美術作品等)一併納入對文革的歷史考察，無疑是一項挑戰，尤其處理不同性質材料的方式。不同的材料不但互為註釋，且相互映照——至少值得嘗試。事實是，文學藝術影響於歷史認知，不限於文革。諸多曾被污名化者得以在小說、影視作品中正名，影響之廣，有官方的「平反」、「改正」所不能及者。

影像、實物文革

這裏的「影像」，特指拍攝於文革期間的照片、紀錄片等，它們與收入王明賢、嚴善錞所著《新中國美術圖史1966-1976》的美術作品，均可歸入對文革的視覺記憶。

較之繪畫，攝影非但紀實而且即時。文革的影像資料儘管不可能比之於信息時代，仍可稱豐富。官方媒體外，尚有普通人的攝影。即如當時清華大學學生孫維藩拍攝的該校文革的照片(參看《清華文革親歷——孫維藩日記》)。倘「照片中的文革」彙集出版，想必會是洋洋大觀。

收入有關文革的出版物的照片，拍攝的往往是如下場面：人頭攢動的大字報欄，大型集會、批鬥會，紅衛兵的廣場表演等。上述新聞照片無疑有力地塑造了幾代人的集體記憶。已面世的個人回憶錄中有個人留影或家庭合影。個人照、家庭照，無不滿儲着那一時代的特有信息。想必尚有大量私人生活、日常情景的照片無緣面世，收儲在個人相冊中。

儘管其時電視機尚屬奢侈品，電視已成為重要媒介。畢竟是上海。據李遜《上海文革運動史稿》，上柴(按即上海柴油機廠)武鬥

過程，「被聞訊趕去的天馬電影製片廠與上海科學教育電影製片廠拍攝人員拍下紀錄片」並由電視臺轉播(頁902、906)。上海電視臺甚至1967年轉播了51場批鬥大會(同書，頁1068、1069)。徐景賢在其文革回憶中，提到上海「開創了全國用電視實況轉播批鬥大會的先例」(《十年一夢》頁33)。由「存史」的角度，上述紀錄片無疑是關於文革寶貴的影像資料。特具價值的，更有被特許拍攝、後又遭痛批的意大利著名導演安東尼奧尼(Michelangelo Antonioni)的電影作品《中國》。由該片可見街景，文革期間普通中國人的生活形態；即使擺拍，也示人以當局希望外人看到的樣貌。

　　攝影語言也如繪畫語言，需要不同於文學語言的解讀方式。某些最為人熟知的文革的視覺形象，除毛接見紅衛兵的場面外，如「破四舊」、規模不等的集會(尤其批鬥會)、文藝演出、「忠字化」運動等，被作為文革符號，或許竟是境外人士所知道的文革的全部。文革後作家徐星用時三年多拍攝紀錄片《罪行摘要》，時長135分鐘，是對浙江某地十幾個文革中以「現行反革命」罪入獄服刑的農民的訪談，也屬「搶救史料」的寶貴努力；徐因此被擬之於傑克·凱魯亞克(Jack Kerouac)。儘管其作品尚無在國內播出的條件，那些被遺忘在社會邊緣的曾經的受難者，倘若沒有人採訪或記述，不會有機會發聲。

　　文革文物的收藏，是大陸收藏界的一大熱門。由網上得知有江蘇昆山錦溪的「『文革』藏品博物館」，四川成都大邑縣「博物館聚落」的「建川文革鏡鑒博物館」(該博物館的建造者樊建川尚有建「大饑荒館」、「反右館」的設想)。曾收到過汕頭澄海塔園「文革博物館」的印刷品。不知涉文革言論被嚴控的條件下，這類博物館是否無恙。文革進行中，已有小報、像章等的私下交易；儘管像章在當時屬「非賣品」。可以肯定的是，文革中文革後的文物市場，亦有貢獻於「實物文革」的保存。

　　本書上編第二章《作為局部戰爭的武鬥》一節，提到重慶紅衛

兵墓園存廢之爭。那應當是僅存的文革武鬥死難者墓地。當年長沙的造反派工人陳益南，其回憶錄寫到1970年「一打三反」中當地對武鬥死者「毀棺平墳」（《青春無痕──一個造反派工人的十年文革》頁397-398）。尊重死者遺骸、死者家屬感情這一種思路，非但當時，即使文革後相當一個時期也仍然陌生。

最後應當說，我深信仍有大量史料(包括實物)藏於民間，等待着一朝面世。

略談方法

本篇題為「材料與方法」。關於方法，上文已多處談到，所謂卑之無甚高論。

身為人文學者，而且是有文學研究的專業背景的人文學者，我憑藉的更是得之於文學研究的學術訓練，不認為自己的方法有普遍的適用性。考察文革，仍沿用關於明清之際「問題」（亦「話題」）、「現象」分析的路數。這也是較為適於我的路數。以「問題」、「現象」為分析、討論對象，具體選擇，仍不免受個人經驗以及「後知後覺」的誘導。議題的生成，固然賴有材料的引領；對材料的感覺，卻與先在的經驗與認知有關，否則就不便解釋，何以吸引了你的注意的，是此種而非彼種材料。至於仍以文集為基礎性的材料，則因文集中有人的氣息，是既經整理的文革史不能取代的。感覺到人的氣息，是我進入一段歷史的必要條件。在這方面，文學研究者的背景仍然是近乎底色的東西。我曾說自己從事明清之際思想文化考察所取路徑，是「經由人物進入歷史」。對於文革，仍然主要經由人物「進入」。

考察這一歷史事件，你不能不關心共性。本書諸標題即由「共性」提取。卻也如我前此的學術工作，在「綜論」的框架內，更吸引我的始終是殊相，是具體人的經驗、感受、表達方式，等等。儘管將這種個別性進行綜合，不免有取捨、剪裁，卻仍有可能保存材

料本身的質感。本書第七章選取吳宓、顧頡剛、梁漱溟、聶紺弩等人的日記、書信、運動檔案，多少也緣於形成於學術工作中的「作家論」、「人物論」。考察文革，僅概念層面的清理或無助於形成共識。還是要回到基礎性的工作，梳理史料，包括進入諸種「一個人的文革」。寫作此書，使我有機會得知諸多人的文革，是我僅憑有限的個人經驗無從想像的。

以問題與現象為經緯，固然因我沒有系統、完整地呈現一個歷史過程的條件及能力，無力提供宏觀的視野與判斷，也由於這種結撰方式有助於保持框架的開放性，引進不同方向上的質疑、補充與校正。為此，本書寫作中盡我所能地納入相關鏈接，將大量材料放置在註釋中，不惜蒙繁冗累贅之譏。將自己的弱項、缺欠暴露給讀者，並非書寫策略，而是面對自身局限的現實的選擇。做自己能做的事，在設定的框架、範圍內作最大限度的發揮，在自己選擇的方向上力求使可能性充分實現，一直是我從事學術工作的態度。本書不以「完成度」為追求，希望敞開，吸引更多同道進入，由此創造一種合作方式，推動各相關方向上的探究。這一點，本書的後記還將談到。我將本書的寫作作為學術研究的繼續，並不因種種內外條件的限制降低要求。也如關於明清之際，你可以質疑本書面對的現象是否有分析價值，提出的是否「真問題」，卻不能說那些現象不可討論，那些問題不容觸碰。

本書後記還將討論「親歷」之於文革考察。文革研究的工作倫理，是一個值得鄭重探討的題目。從事這一工作，對「後見之明」保持警覺至為重要。為此有必要隨時檢視自己所處位置，擷取的材料，理論視野與方法，以及其他規範性的因素。你在歷史中。你無法擺脫這一種「現實」。卻也因文革留在社會生活中的痕跡歷歷可見，其「後果」也是那段歷史的一部分，「後見之明」未必全無積極意義。

如實地說，對海量的境外出版物不能廣泛閱讀，也正是寫作本

書的條件。處理龐大的資料，非工作坊不可。以有涯之生應對有限的材料與議題，雖屬不得已的選擇，也是現實的、有可操作性的選擇。數十年間我不厭重複地說「因陋就簡」，絕非故作謙抑。這裏或有一代知識人、學人的宿命。

關於本書
（代後記）

　　本書書名中的「非常」，語義略近於「特殊」而非「不正常」。曰「非常年代」，並無深意，取其較為中性而已。文革的非常態，不過放大、誇張變形了的常態。文革這一時段較之前於它的十七年與後於它的數十年，未必「不正常」。「特殊」意義上的「非常」，或許模糊了價值判斷。考慮到文革所結束與開啟的，稍為模糊的表述或許更有包容度。

　　艾瑞克·霍布斯鮑姆（Eric John Ernest Hobsbawm）在《極端的年代》的《前言與謝語》中說：「任何一位當代人欲寫作20世紀歷史，都與他或她處理歷史上其他任何時期不同。不為別的，單單就因為我們身在其中，自然不可能像研究過去的時期一般，可以（而且必須）由外向內觀察，經由該時期的二手（甚至三手）資料，或依後代的史家撰述為憑。」他說自己「以一個當代人的身份，而非以學者角色，聚積了個人對世事的觀感與偏見」，「亦即扮演社會人種學家所謂的『參與性觀察者』的角色」（中譯本，江蘇人民出版社，1999）。[1]

　　我對自己有限的經驗並不信賴。相信「歷史」有非我所能測度的廣與深。面對自己親歷的一段歷史，從事這項考察既是重溫，也是補課（對於知識盲點），更有（對既有認知的）校正。不消說，「親歷」不足以言「見證」。「經歷」並非可以自然地轉化為資源。親

---

[1]　洪子誠先生曾引我關於經歷、經驗對於當代史研究的「正面意義」的說法，說，「具有『積極意義』的個人經驗，不一定是已為主流的歷史建構，為公共歷史敘述所整合的那些，而是未被賦予『合法性』而被忽略、遮蔽的『異質』的部分」（《回答六個問題》，收入氏著《當代文學的概念》，頁6）。不知本書能否為此提供證明。

歷之於歷史敘述沒有天然的優勢。親歷者被意識形態規範、被「後見之明」誘導的情況,屢見不鮮。我相信自己因所處位置及閱歷,不惟有認識的盲區、盲點,也一定有偏見、成見。本書敘述與判斷中的瞻顧徘徊,也因意識到了種種制約因素。

但親歷確有積極意義。親見、親聞,並不是述史的必要條件,但有所見、聞,畢竟有其助益;見、聞至少可用於勘驗,較之僅得之於紙上,多一種「材料」來源。親歷有可能使你的歷史敘事有溫度。親歷有助於你辨識「隱微修辭」,讀出隱蔽的語義。對於本書考察的時段,曲筆,言外之意,表述中的微妙之處,屬最易在時間中磨損的東西。我的經驗是,激活想像與記憶的,有時不過一個語詞:記憶深處沉埋的部分因之顯影。責任意識——這裏指的不是誰對「文革浩劫」負責,而是文革的敘述、研究者所承擔的對現在以及將來的責任——據說會有妨於敘述、研究的客觀性。我不這樣認為。相信親歷與非親歷者意識到對現在與將來的責任,有可能以更莊重的態度面對過去。

即使如此,我仍不想用「使命」、「責任」一類說辭,將自己的選擇道德化。記憶、反思不是道德義務。文革也如任一段歷史,你可以選擇面對或不面對,記憶或遺忘;只是不應選擇刻意遮蔽。選擇性記憶,人所難免;預設在前、定向搜證,剪裁「事實」以就成見,則有違於學術工作者的工作倫理。我厭惡也拒絕道德綁架,卻更厭惡辯護不公不義,為歷史刮垢洗瘢。倘若你選擇了對這一事件的書寫,有必要自問是否誠實。在這種意義上——只是在這種意義上,對文革的考察的確與道德有關。尤其可鄙的,是魯迅所譏的「屎裏覓道」(《「題未定」草(六至九)》,《魯迅全集》第六卷,頁435),無論借助怎樣深奧的理論,宣稱的是何種堂皇的名義。

本書不屬所謂的「實證研究」。對文革作宏觀描述,更超出了我的能力,也非我的興趣所在。我自始就不認為自己有可能寫一本全面呈現並分析文革的書,更遑論為文革研究提供新的視野、

框架。我的個人條件更適於聚焦，處理具體議題、線索、面向，由此而嘗試為文革研究「擴容」。至於本書上編儼乎其然的綱目、章節，更是在提示頭緒，標明我觸碰了哪些「點」。事件，現象，人物，無不可作為進入「歷史」的路徑，問題更在你能緣此走到哪裏。出於專業人士的職業習慣，我相信這段歷史的繼續發掘，賴有一項項的專題研究，否則即難免於模糊影響，似是而非。我們已不乏「概括」，粗線條的輪廓勾勒。「知識考古學」的探查、發掘，或許訓練有素的年輕學人較我所屬的一代更有優勢。

我所作的工作，仍然在「思想史」的邊緣上。在這一點上，與前此的學術工作相承，只是考察對象不限於知識分子而已。寫作本書，借助於當代史、文革史專家對大量材料的梳理；我個人勾稽的，主要是收入文集的運動檔案、日記、書信，以及回憶錄、訪談錄、口述實錄等。亦如考察明清之際，更是將上述材料作為「言說」，依「話題」為線索梳理，相信「真相」隱現在充滿差異的記憶與敘述中，不同的材料可互為補充，豐富對文革的認知與想像。至於將不同來源的材料依本書的結構組織，體現的自然是我形成於考察中的問題意識。

知識分子對於這項考察依然重要。運動檔案、日記、自述、回憶錄、訪談錄，主要出諸他們；當代史、文革史，也是知識人的著述。關於文革，至今知識人仍然是自覺地敘述且較具反思能力的人群。其他階層的面貌，也經由他們而呈現，包括以小說、戲劇、影視作品的形式。

我曾一再談到考察「明清之際」不能「自上而下」(即由古代到明清)勢必造成的限制。考察文革不能由1950年代更不能由清末民初、20世紀的中國革命入手也如此。這些基於知識積累也緣於能力缺失的遺憾，已無從彌補。

明清史專家謝國楨先生說其不取「煊赫」，我理解為不過事渲染。從事文革考察，我以呈現歷史本有的複雜與豐富自期，避免在絕不相容的對立中為自己的書寫定位。不標榜超然，也不刻意立

異。在知識社群撕裂的語境中保持自己的知識立場，也是知識人面對歷史應有的態度。

我始終意識到自己的視野、認知能力、反思深度、佔有材料的有限。我的不自信，不敢自信，本書行文中處處可見。最初所擬題目是「文革筆記」，最終也仍然更是「筆記」，或者說，是素材與初步分析。

本書的架構非事先擬定，係在工作進行中逐漸形成，結構性缺陷顯而易見。上編看似嚴整，多少因材料相對集中，與「完成度」無關。為避免過於碎片化，將一些經初步整理的材料與思考作為「札記」置於下編——與其勉強敷演成篇，不如存此以便他人取用。正因應對這一課題有伸手可觸的天花板，也就希望本書的結構更「敞開」。我對自己的期許，也在發現可供打開的面向，可繼續生發的思路。本書若有微薄的貢獻，或也在此的吧。至於註釋，或不免臃腫、累贅之譏。我的設想，最好的情形下，註釋與正文互為補充以至對話；而採用不同來源的材料，也為避免孤證。將部分材料作為註釋，也考慮到了正文的可讀性，以為不妨將相關線索提供給有意深究、追索的讀者。保留了有些似可省略的註釋，乃考慮到那些我們曾爛熟的概念、語詞已漸成語言化石，不再為後文革時代的人們更難以為域外的讀者理解。此外，本書略及所涉面向文革後的變化。當代中國政治文明、社會治理的每一進步，都不應被忽略。將文革史置於更長的時段中，作為一段未完成的歷史，或許更有利於對這一具體時段的考察。

從事這項工作，已不再敢以「題無剩義」自期。遵循「多聞闕疑」的古訓，儘管對於材料，作了我力所能及的廣譜的搜尋，仍有諸多未曾寓目的已有研究，尤其大量出版於境外的文獻。我們被優長也被缺陷造就。不能遍覽海量的史料，不能閱讀外文著作，誰說不也是寫出這樣一本書的條件？本書的寫作不求「全」、「備」，詳略依材料而定。我的希冀，不過以千慮之一得，推進這一項賴有眾多人參與的大工程。我曾設想過一種共同研究的組織形式：將自

己尚無力應對的部分標明，徵求合作者，以拼貼的方式，共同完成一項任務。這種設想尚無可能落實到操作層面。但想到許多同道曾在、正在同一方向上努力，深信吾道不孤，仍然感到安慰。

並存異説，或也是在材料缺失的條件下的應對之道。尤其與我既經形成的認知與想像有差異甚或扞格的材料。也如寫《明清之際士大夫研究》，我的興趣不在正譌糾謬、考訂事實。至於採用某種材料，可能非因其信而有徵，而是它「有意味」，有助於將有關的討論引向深入。因內容龐雜，取材渠道多樣，甄選不嚴，本書勢必有更多「硬傷」、可勘之誤，對材料的誤讀或誤植。希望關於本書的反饋不止於簡單的臧否、彈或讚。我期待的，是有志於此的知識人在本書涉及的所有議題上補充、校正、延伸思考。我將視訂正訛誤為指教，甚而至於「合作」，共同致力於一項事業的合作。本書在某種意義上，也是合作的結果。感謝老友子平對這項工作的支持與鼓勵。對於其他提供了極其寶貴的援助的朋友，暫時不便致謝。希望在有生之年，有機會向他們表達謝忱。

某媒體曾有如下標題：「在這裏讀懂中國」。寫作本書，我不敢存此妄想。文革有太多匪夷所思。這種「中國特色」的「革命」，確有一些出於人類普遍經驗之外。將使人「讀懂」、尤其令外國人讀懂作為目標，勢必遷就以至迎合，以省略一部分事實、線索為代價。這種做法大可不必。

寫作本書起意較早。最初不過想在學術工作完成之後，寫一點關於那個年代的憶舊文字。退休後陸續讀相關文獻，漸有「研究」的興趣。學術性寫作不免以犧牲「個人性」、「可讀性」為代價，卻有可能較為深入。上述「緣起」仍然在此後的寫作中留下了痕跡，即散見於本書的若干自傳性文字。儘管最終成書時，已將個人化的部分大多刪除。我注意到上文提到的《極端的年代》一書，著者數度現身，增加了我閱讀中的親切感。

至於作為本書標題的1964–1978，既以史實為根據，也吻合了我的個人經歷：1964年進入北大，1978年返回北大讀研。這裏着眼

的更是兩個年頭。北大不過恰在兩個時間點出現在我的個人史中。

　　費時五六年的寫作，是與自己不斷對話、對已有的認知一再質疑的過程。時有沉痛。但時間起了緩衝作用。畢竟過去了半個世紀，回望中少了一點切身之感。如若二十年前着手，寫出的想必是另一本書，一本不同的書。寫作本書時並未刻意抽離，只是自己的生存狀態已然變化。審視——包括自我審視——的態度，也使我有可能與所寫年代保持距離，有助於防止濫情。即使如此，寫作中仍時有觸動，感動，為一段動人的敘述，為一節坦誠的告白，為勇氣，為真誠，為凜冽冰霜中的人情暖意，為面對歷史的莊肅，憮然，憬然，悲欣交集，五味雜陳。

　　畢竟是暮年。本書處處留下的，或更是衰退的痕跡。勉力收官，更為了放下。總能想起1960年代初與姐妹一起在家鄉城市的公園。記得那天穿的裙子，質料較硬，垂感不好，天藍底色上有一串串白的花。1930年蔣、馮、閻大戰，中原曾是戰場。公園裏有馮玉祥部的墓園，一大片窩頭似的墳堆。四個年輕女子，行走在綠樹中，不時地笑作一團。公園裏滿溢着陽光。那個記憶中的日子如此明亮。卻又懷疑是否真的有過那個陽光燦爛的日子，真的有過那條藍地白花的裙子。當年的四個女子已然老邁，形容枯槁，

　　我又想到了古人的慨歎：歲月之不堪把玩也如此。[2]

2　本書如下技術性的方面尚需説明。文革期間中央文件中的「串連」，當時、事後亦寫作「串聯」；本書統一為「串連」，但對引文不作改動。「五一六」，亦作「5.16」等，書寫方式不統一。本書作「五一六」，但引文不改動。其他如「六一八」、「八一八」等也如此。武漢「七二〇」事件，對引文作「七·二〇」者不改動。「中央文革小組」，文革中通常簡稱「中央文革」，對此不出注。文革不加引號，對引文不作改動。1966年8月8日中共八屆十一中全會正式通過的由中央文革小組起草、經毛澤東審定的《關於無產階級文化大革命的決定》即「十六條」，不寫作《十六條》。引文不改動。「五七幹校」或加引號或不用引號，視上下文而定，對引文不作改動。

徵引書目

巴金《巴金日記》，鄭州：大象出版社，2004。

白吉庵《章士釗傳》，北京：作家出版社，2004。

柏樺《左邊：毛澤東時代的抒情詩人》，南京：江蘇文藝出版社，2009。

北島、曹一凡、維一主編《暴風雨的記憶──1965–1970年的北京四中》，香港：牛津大學出版社，2011。

北島、李陀主編《七十年代》，香港：牛津大學出版社，2008。

卜偉華《「砸爛舊世界」──文化大革命的動亂與浩劫(1966–1969)》，香港：香港中文大學當代中國文化研究中心，2008。

曾彥修《平生六記》，北京：三聯書店，2014。

曾彥修口述、李晉西記錄整理《微覺此生未整人──曾彥修訪談錄》，香港：天地圖書有限公司，2011。

曾志《百戰歸來認此身──曾志回憶錄》，北京：人民文學出版社，2011。

查建英主編《八十年代訪談錄》，北京：三聯書店，2006。

陳白塵《牛棚日記》，北京：三聯書店，1995。

陳伯達《陳伯達：最後口述回憶》，香港：陽光環球出版香港有限公司，2005。

陳東林主編《1966–1976年中國國民經濟概況》，成都：四川人民出版社，2016。

陳楓主編《血與火的歷練──施義之紀念文集》，北京：中國文化藝術出版社，2005。

陳煥仁《紅衛兵日記》，香港：中文大學出版社，2006。

陳凱歌《少年凱歌》，北京：人民文學出版社，2001。

陳流求等《也同歡樂也同愁──憶父親陳寅恪母親唐篔》，北京：三聯書店，2010。

陳平原編《王瑤與現代中國學術》，北京大學出版社，2017。

陳平原主編《鯉魚州紀事》，北京：北京大學出版社，2012。

陳徒手《故國人民有所思：1949年後知識分子思想改造側影》，北京：三聯書店，2013。

陳宜中《永遠的造反派：袁庚華先生訪談錄》，《思想》第18期，臺北：聯經出版事業股份有限公司，2011。

陳益南《青春無痕──一個造反派工人的十年文革》，香港：中文大學出版社，2006。

程千帆《桑榆憶往》，《程千帆全集》第十五卷，石家莊：河北教育出版社，2001。

叢維熙《我的黑白人生》，北京：三聯書店，2014。

鄧小平《鄧小平文選》，北京：人民出版社，1994。

豐一吟《我和爸爸豐子愷》，天津：百花文藝出版社，2008。

馮雪峰《馮雪峰全集》第八卷、第九卷，北京：人民文學出版社，2016。

馮亦代《悔餘日錄》，鄭州：河南人民出版社，2000。

傅宏星《吳宓評傳》，武漢：華中師範大學出版社，2008。

高華《身份和差異——1949–1965年中國社會的政治分層》，香港：香港中文大學出版社，2004。

葛劍雄《悠悠長水：譚其驤後傳》，上海：華東師範大學出版社，2000。

龔楚《龔楚將軍回憶錄》，香港：明報月刊社，1978。

顧頡剛《顧頡剛全集》第三卷，北京：中華書局，2010。

顧頡剛《顧頡剛日記(1951–1955)》，第七卷，同上。

顧頡剛《顧頡剛日記(1964–1967)》，第十卷，同上。

顧頡剛《顧頡剛日記(1968–1980)》，第十一卷，同上。

顧頡剛《顧頡剛自傳》，北京：北京大學出版社，2012。

顧準《顧準日記》，北京：經濟日報出版社，1997。

顧準《顧準文集》，貴陽：貴州人民出版社，1994。

郭德宏、林小波編《「四清」運動親歷記》，北京：人民出版社，2008。

郭德宏、宋淑玉、張藝編《我與「五七幹校」》，北京：人民出版社，2009。

郭齊勇《熊十力傳論》，北京：中國社會科學出版社，2013。

郭小川《郭小川全集》，南寧：廣西師範大學出版社，2000。

郭曉惠等編《檢討書——詩人郭小川在政治運動中的另類文字》，北京：中國工人出版社，2001。

韓少功《革命後記》，香港：牛津大學出版社，2014。

韓石山《李健吾傳》，北京：人民文學出版社，2017。

韓有仁《一場被堙沒了的國內戰爭——記1958年青海平叛擴大化及其糾正始末》，香港：田園書屋，2013。

何方《黨史筆記》，香港：利文出版社，2005。

何方《何方自述——從延安一路走來的反思》，自印本。

何蜀《為毛主席而戰——文革重慶大武鬥實錄》，三聯書店(香港)有限公司、香港浸會大學當代中國研究所，2010。

賀黎、楊健採寫，口述實錄，《無罪流放：66位知識分子五·七幹校告白》，北京：光明日報出版社，1998。

洪子誠《當代文學的概念》，北京大學出版社，2010。

洪子誠《我的閱讀史》，北京大學出版社，2011。

胡鞍鋼《毛澤東與文革》，香港：大風出版社，2008。

胡喬木《胡喬木文集》第二卷，北京：人民出版社，1993。

胡喬木《胡喬木文集》第一卷，北京：人民出版社，1992。

胡繩《胡繩全書》，北京：人民出版社，1998。

黃克誠《黃克誠自述》，北京：人民出版社，2004。

黃志雄《知青家長李慶霖》，北京：中共中央黨校出版社，2015。

黃子平《遠去的文學時代》，復旦大學出版社，2001。

季羨林《季羨林文集》第二卷，南昌：江西教育出版社，1996。

季羨林《牛棚雜記》，北京：中共中央黨校出版社，2005。

賈植芳《獄裏獄外》，上海：上海遠東出版社，1995。

金沖及主編，《周恩來傳》，北京：中央文獻出版社，2011。

金大陸《非常與正常──上海「文革」時期的社會生活》，上海：上海辭書出版社，2011。

孔丹口述、米鶴都編撰《難得本色任天然》，北京：三聯書店，2015。

老鬼《母親楊沫》，武漢：長江文藝出版社，2005。

李城外編《向陽湖紀事──咸寧「五七」幹校回憶錄》，武漢：武漢出版社，2010。

李輝編著《一紙蒼涼──〈杜高檔案〉原始文本》，北京：中國文聯出版社，2004。

李繼凱、劉瑞春選編《追憶吳宓》，北京：社會科學文獻出版社，2001。

李慶西《小故事》，北京：三聯書店，2014。

李慎之《向黨認罪實錄──李慎之的私人卷宗》，香港：新世紀出版及傳媒有限公司，2013。

李維漢《回憶與研究》，北京：中共黨史出版社，1986。

李新《流逝的歲月：李新回憶錄》，太原：山西人民出版社，2008。

李遜《革命造反年代：上海文革運動史稿》，香港：牛津大學出版社，2015。

李作鵬《李作鵬回憶錄》，香港：北星出版社，2011。

梁漱溟《梁漱溟全集》第八卷，濟南：山東人民出版社，

梁漱溟《梁漱溟自述》，鄭州：河南人民出版社，2004。

廖沫沙《甕中雜俎》，北京：中國社會科學出版社，1994。

列寧《列寧選集》，北京：人民出版社，1960。

林賢治主編《烙印──「可以教育好的子女」的集體記憶》，廣州：花城出版社，2010。

凌耿《天讎──一個中國青年的自述》中譯本，香港：新境傳播公司，1972。

劉復之《劉復之回憶錄》，北京：中央文獻出版社，2010。

劉海軍《束星北檔案：一個天才物理學家的命運》，北京：作家出版社，2005。

劉麗英《往事回首》，北京：新華出版社，2009。

魯禮安著，王紹光校《仰天長嘯──一個單監十一年的紅衛兵獄中籲天錄》，香港：中文大學出版社，2005。

魯迅《魯迅全集》，北京：人民文學出版社，1981。

陸鍵東《陳寅恪的最後20年》，北京：三聯書店，1995。

羅榮渠《北大歲月》，北京：商務印書館，2006。

羅銀勝《顧準傳》，北京：團結出版社，1999。

馬克思、恩格斯《馬克思恩格斯選集》，北京：人民出版社，1972。

毛澤東《建國以來毛澤東文稿》，北京：中央文獻出版社，1998。

毛澤東《毛澤東文集》第二卷，人民出版社，1993。

毛澤東《毛澤東文集》第七卷，人民出版社，1999。

毛澤東《毛澤東文集》第五卷，人民出版社，1996。

毛澤東《毛澤東選集》第五卷，人民出版社，1977。

毛澤東《毛澤東選集》第一卷至第四卷，北京：人民出版社，1966。

毛澤東《毛澤東早期文稿(1912.6–1920.11)》，長沙：湖南出版社，1990。

米鶴都主編《回憶與反思——紅衛兵時代風雲人物》，香港：中國書局有限公司，2011。

聶紺弩《聶紺弩全集》，武漢：武漢出版社，2004。

聶紺弩《聶紺弩詩全編》，上海：學林出版社，1992。

聶元梓《聶元梓回憶錄》，香港：時代國際出版有限公司，2005。

戚本禹《戚本禹回憶錄》，香港：中國文革歷史出版有限公司，2016。

千家駒《從追求到幻滅——一個中國經濟學家的自傳》，臺北：時報文化出版企業有限公司，1993。

錢理群《毛澤東時代和後毛澤東時代》，臺北：聯經出版事業股份有限公司，2012。

邱會作《邱會作回憶錄》，香港：出版及傳媒有限公司，2011。

瞿秋白《瞿秋白文集·文學編》第三卷，北京：人民文學出版社，1989。

瞿秋白《瞿秋白文集·政治理論編》第二卷，北京：人民出版社，2013。

尚明軒、唐寶林《宋慶齡傳》，北京：西苑出版社，2013。

邵燕祥《別了，毛澤東——回憶與思考 1945–1958》，香港：牛津大學出版社，2007。

邵燕祥《沉船》，上海：上海遠東出版社，1996。

邵燕祥《人生敗筆——一個滅頂者的掙扎實錄》，鄭州：河南人民出版社，1997。

邵燕祥《一個戴灰帽子的人》，南京：鳳凰出版傳媒股份有限公司、江蘇文藝出版社，2014。

沈從文《沈從文家書》，南京：江蘇教育出版社，2005。

沈從文《沈從文全集》第二十七卷，山西：北嶽文藝出版社，2002。

沈志華《思想與選擇——從知識分子會議到反右派運動(1956–1957)》，香港：中文大學當代中國文化研究中心，2008。

史雲、李丹慧《難以繼續的「繼續革命」——從批林到批鄧(1972–1976)》，香港：中文大學當代中國文化研究中心，2008。

宋柏林《紅衛兵興衰錄——清華附中老紅衛兵手記》，香港：德賽出版有限公司，2006。

宋永毅主編，美國《中國文化大革命文庫》編委會編纂、《中國文化大革命文庫》，香港：中文大學中國研究服務中心，2002。

宋永毅、孫大進主編《文化大革命和它的異端思潮》，香港：田園書屋，1997。

宋永毅主編《文革大屠殺》，香港：開放雜誌社，2002。

孫怒濤《良知的拷問——一個清華文革頭頭的心路歷程》，香港：中國文化傳播出版社，2013。

孫維藩《清華文革親歷——孫維藩日記》，香港：香港新世紀出版社，2008。

譚斌《赤子白話》，北京：北京圖書館出版社，1996。

譚放、趙無眠選輯《文革大字報精選》，香港：明鏡出版社，1996。

譚其驤《譚其驤日記》，上海：文匯出版社，1998。

唐筱菊主編《在「五七幹校」的日子》，中共黨史出版社，2007。

田漢《田漢全集》第二十卷，石家莊：花山文藝出版社，2000。

圖們、祝東力《康生與「內人黨」冤案》，北京：中共中央黨校出版社，1995。

王大賓《王大賓回憶錄》，香港：中國文革歷史出版有限公司，2015。

王力《王力反思錄》，香港：北星出版社，2001。

王明賢、嚴善錞《新中國美術圖史1966–1976》，上海：上海人民美術出版社，
　　2014。

王年一《大動亂的年代》，鄭州：河南人民出版社，1988。

王申西《王申西文集》，香港：高文出版社，2002。

王盛輝《1992年以來「紅衛兵」研究述評》，《思想者》2006年第3期。

王學典主撰《顧頡剛和他的弟子們(增訂本)》，北京：中華書局，2011。

王學泰《監獄瑣記》，北京：三聯書店，2013。

韋君宜《思痛錄》，北京：北京十月文藝出版社，1998。

韋君宜《思痛錄》增訂紀念版，北京：人民文學出版社，2013。

韋韜、陳小曼《父親茅盾的晚年》，北京：文化藝術出版社，2008。

溫濟澤《第一個平反的「右派」：溫濟澤自述》，北京：中國青年出版社，1999。

文潔若《蕭乾與文潔若》，臺北：天下文化出版股份有限公司，1990。

巫寧坤《一滴淚──從肅反到文革的回憶》，臺北：允晨文化實業股份有限公司，
　　2007。

吳德口述、朱元石等訪談、整理《十年風雨紀事──我在北京工作的一些經歷》，
　　北京：當代中國出版社，2004。

吳法憲《歲月艱難──吳法憲回憶錄》，香港：北星出版社，2006。

吳亮《我的羅陀斯──上海七十年代》，北京：人民文學出版社，2012。

吳宓《吳宓日記續編(1949–1953)》第一冊，北京：三聯書店，2006。

吳宓《吳宓日記續編(1963–1964)》第六冊，同上。

吳宓《吳宓日記續編(1965–1966)》第七冊，同上。

吳宓《吳宓日記續編(1967–1968)》第八冊，同上。

吳宓《吳宓日記續編(1969–1971)》第九冊，同上。

吳宓《吳宓日記續編(1972–1974)》第十冊，同上。

吳宓《吳宓書信集》，北京：三聯書店，2011。

吳學昭《吳宓與陳寅恪》，北京：清華大學出版社，1992。

夏鼐《夏鼐日記(1946–1952)》第四卷，上海：華東師範大學出版社，2011。

夏鼐《夏鼐日記(1964–1975)》第七卷，同上。

夏鼐《夏鼐日記(1976–1980)》第八卷，同上。

蕭冬連《歷史的轉軌──從撥亂反正到改革開放(1979–1981)》，香港：香港中文大
　　學當代中國文化研究中心，2008。

曉明《不應遺忘的歷史──論「文革」中的廣西大屠殺》，《思想者》2008年第1
　　期。

徐賁《全球媒體時代的文革記憶——解讀三種文革記憶》：《思想者》2006年第3期。

徐方《幹校札記》，廣州：廣東人民出版社，2016。

徐幹生著、徐賁編《復歸的素人：文字中的人生》，北京：新星出版社，2010。

徐景賢《十年一夢——前上海市委書記徐景賢文革回憶錄》，香港：時代國際出版
　　有限公司，2005。

徐曉、丁東、徐友漁編《遇羅克遺作與回憶》，北京：中國文聯出版公司，1999。

徐曉《半生為人》，北京：同心出版社，2005。

徐曉主編《民間書信》，合肥：安徽文藝出版社，2000。

徐友漁《形形色色的造反——紅衛兵精神素質的形成及演變》，香港：香港中文大
　　學出版社，1999。

徐友漁主編《1966：我們那一代的回憶》，北京：中國文聯出版公司，1998。

徐振保編《復旦大學大字報選》，《上海「文革」史研究資料彙編》。

徐鑄成《徐鑄成回憶錄(修訂版)》，北京：三聯書店，2010。

徐鑄成《徐鑄成日記》，北京：三聯書店，2013。

徐鑄成《徐鑄成自述：運動檔案彙編》，北京：三聯書店，2012。

許子東《重讀「文革」》，北京：人民文學出版社，2011。

閻明復《閻明復回憶錄》，北京：人民出版社，2015。

閻長貴、王廣宇《問史求信集》，北京：紅旗出版社，2009。

楊繼繩《天地翻覆——中國文化大革命史》，香港：天地圖書有限公司，2016。

楊健《文化大革命中的地下文學》，北京：朝華出版社，1993。

楊絳《幹校六記》，北京：三聯書店，1981。

楊絳《我們仨》，北京：三聯書店，2003。

楊絳《洗澡》，北京：三聯書店，1988。

楊絳《楊絳全集》第二卷、第九卷，北京：人民文學出版社，2014。

楊奎松《「邊緣人」紀事——幾個「問題」小人物的悲劇故事》，廣州：廣東人民
　　出版社，2016。

楊奎松《忍不住的「關懷」：1949年前後的書生與政治(增訂版)》，桂林：廣西師
　　範大學出版社，2013。

楊奎松《中華人民共和國建國史研究1》，南昌：江西人民出版社，2009。

楊曦光《牛鬼蛇神錄——文革囚禁中的精靈》，香港：牛津大學出版社，1994。

楊憲益《漏船載酒憶當年》，北京：北京十月文藝出版社，2001。

葉篤義《雖九死其猶未悔》，北京：北京十月文藝出版社，1999。

葉聖陶、葉至善《葉聖陶葉至善幹校家書(1969–1972)》，北京：人民出版社，
　　2007。

葉維麗、馬笑冬《動盪的青春——紅色大院的女兒們》，北京：新華出版社，
　　2008。

葉永烈編《王造時：我的當場答覆》，北京：中國青年出版社，1999。

易彬《穆旦評傳》，南京：南京大學出版社，2012。

印紅標《失蹤者的足跡——文化大革命期間的青年思潮》，香港：中文大學出版
　　社，2009。

于光遠《文革中的我》，上海：上海遠東出版社，1995。

余習廣主編《位卑未敢忘憂國——「文化大革命」上書集》，長沙：湖南人民出版社，1989。

余英時《未盡的才情——從〈日記〉看顧頡剛的內心世界》，《顧頡剛日記(1913-1926)》第一卷，臺北：聯經出版事業股份有限公司，2007。

寓真《聶紺弩刑事檔案》，香港：明報出版社，2009。

寓真《張伯駒身世鉤沉》，太原：山西出版傳媒集團·三晉出版社，2013。

臧克家《憶向陽》，北京：人民出版社，1978。

張光年《向陽日記——詩人幹校蒙難紀實》，上海：上海遠東出版社，2004。

張戎《鴻——三代中國女人的故事》中譯本，臺北：臺灣中華書局股份有限公司，1992。

張新蠶《紅色少女日記——一個女紅衛兵的心靈軌跡》，北京：中國社會科學出版社，2003。

張新穎《沈從文的後半生》，桂林：廣西師範大學出版社，2014。

趙丹《趙丹自述》，鄭州：大象出版社，2003。

趙儷生《籬槿堂自敘》，上海：上海古籍出版社，1999。

趙瑜《犧牲者——太行文革之戰》，2013，自印書。

者永平等編《那個年代中的我們》，呼和浩特：遠方出版社，1998。

鄭念《上海生與死》，臺北：大鴻圖書有限公司，1987。

鄭世平《身邊的江湖》，廣州：廣東人民出版社，2013。

中共廣西壯族自治區委員會整黨領導小組辦公室編，《文革機密檔案——廣西報告》（原題為「廣西文化大革命大事記」），香港：明鏡出版社，2014。

中共中央黨史研究室編，《中國共產黨歷史第二卷(1949–1978)》，北京：中共黨史出版社，2011。

中共中央文獻研究室《〈關於建國以來黨的若干歷史問題的決議〉註釋本》，北京：人民出版社，1983。

中共中央文獻研究室編，《建國以來重要文獻選編》第八冊，北京：中央文獻出版社，1994。

中共中央文獻研究室編，《建國以來重要文獻選編》第三冊，北京：中央文獻出版社，1992。

中共中央文獻研究室編，《建國以來重要文獻選編》第五冊，1993。

中共中央文獻研究室編，逄先知、金沖及主編，《毛澤東傳》第六卷，北京；中央文獻出版社，2011。

中共中央文獻研究室編，逄先知、金沖及主編《毛澤東傳(1949–1976)》，北京；中央文獻出版社，2013。

中共中央文獻研究室編《三中全會以來重要文獻選編》，北京：人民出版社，1982。

中國人民解放軍國防大學黨史黨建政工教研室編《「文化大革命」研究資料》，北京：內部出版，1988。

中央檔案館編《中共中央文件選集(一九四八)》第十七冊，1992。

中央檔案館編《中共中央文件選集（一九四九）》第十八冊，1992。

中央檔案館編《中共中央文件選集》第三冊，北京：中共中央黨校出版社，1989。

周恩來《周恩來選集》，北京：人民出版社，1984。

周良霄、顧菊英編，《瘋狂、扭曲與墮落的年代》之二，《十年文革中首長講話傳信錄》，電子書。

周明主編《歷史在這裏沉思——1966–1976年記實》第三卷，北京：華夏出版社，1986。

周明主編《歷史在這裏沉思——1966–1976年記實》第五、六卷，太原：北嶽文藝出版社，1989。

周一良《畢竟是書生》，北京十月文藝出版社，1998。

周有光《我的人生故事》，北京：當代中國出版社，2013。

朱正《那時多少豪傑》，廣州：廣東人民出版社，2014。

朱正《小書生大時代——朱正口述自傳》，北京：北京大學出版社，1999。

朱正琳《裏面的故事》，北京：三聯書店，2005。

竺可楨《竺可楨全集》第十七卷，上海：上海科技教育出版社，2009。

〔德〕漢娜·阿倫特（Hannah Arendt）《極權主義的起源》中譯本，北京：三聯書店，2008。

〔德〕漢斯·莫德羅（Hans Modrow）《我眼中的改革》中譯本，北京：中央編譯出版社，2012。

〔法〕鮑若望（Jean Pasqualini）、〔美〕魯道爾夫·切爾敏斯基（Rudolph Chelminski）《毛澤東的囚徒》中譯本，北京：求實出版社，1989。

〔法〕潘鳴嘯（Michel Bonnin）《失落的一代——中國的上山下鄉運動（1968至1980)》中譯本，香港：中文大學出版社，2009。

〔法〕托克維爾（Alexis de Tocqueville）《舊制度與大革命》中譯本，北京：商務印書館，1992。

〔美〕陳佩華（Anita Chan）《毛主席的孩子們——紅衛兵一代的成長和經歷》，臺北：桂冠圖書股份有限公司，1997。

〔美〕李敦白（Sidney-Rittenberg）、雅瑪達·伯納（Amanda Bennett）《我在毛澤東身邊的一萬個日子》（中譯本），臺北：智庫文化股份有限公司，1994。

〔美〕羅德里克·麥克法夸爾（Roderick MacFarquhar）、沈邁克（Michael Schoenhals）《毛澤東最後的革命》中譯本，臺北：左岸文化出版社，2009。

〔美〕莫里斯·邁斯納（Maurice J. Meisner）《毛澤東的中國及後毛澤東的中國》中譯本，成都：四川人民出版社，1990。

〔美〕威廉·韓丁（William H. Hinton）《深翻》中譯本，香港中國國際文化出版社，2008。

〔日〕木山英雄《人歌人哭大旗前——毛澤東時代的舊體詩》中譯本，北京：三聯書店，2016。

〔日〕岩佐昌暲、劉福春編《紅衛兵詩選》，福岡：中國書店，2001。

〔匈〕雅諾什・科爾奈(János Kornai)《社會主義體制——共產主義政治經濟學》中
　　譯本，北京：中央編譯出版社，2008。
〔英〕佩里・安德森(Perry Anderson)《兩場革命》，中文譯文刊《思想》第18期，
　　臺北：聯經出版事業股份有限公司，2011。